Kartenübersicht · Key map · Carte d'assemblage · Overzichtskaart
Quadro d'unione · Mapa indice · Oversigtskort · Kartöversikt
1:300.000

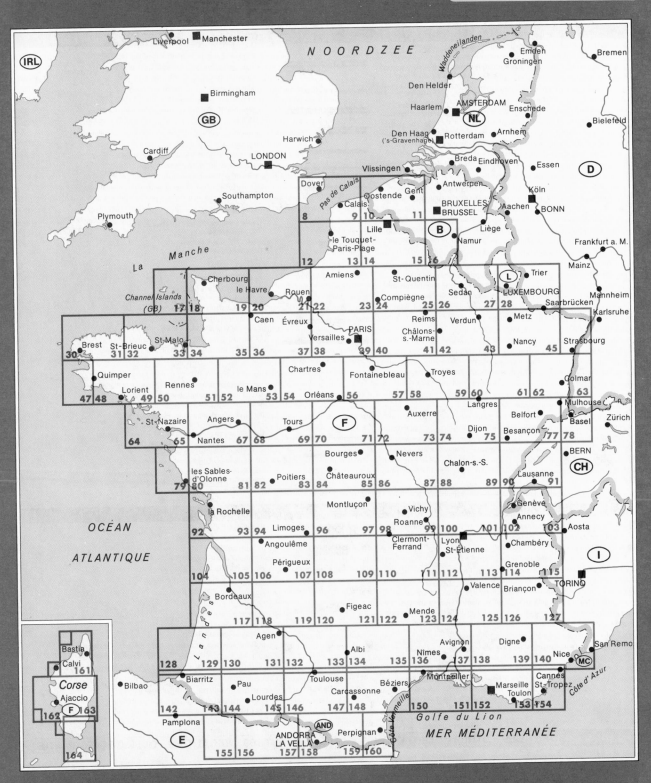

2. 1992/1993
© by RV Reise- und Verkehrsverlag GmbH
Berlin · Gütersloh · Leipzig · München · Potsdam-Werder · Stuttgart
Gesamtherstellung: Neef + Stumme, Wittingen
ISBN 3·575·11870·1
Printed in Germany 1992

Zeichenerklärung · Legend
Légende · Legenda
1:300.000

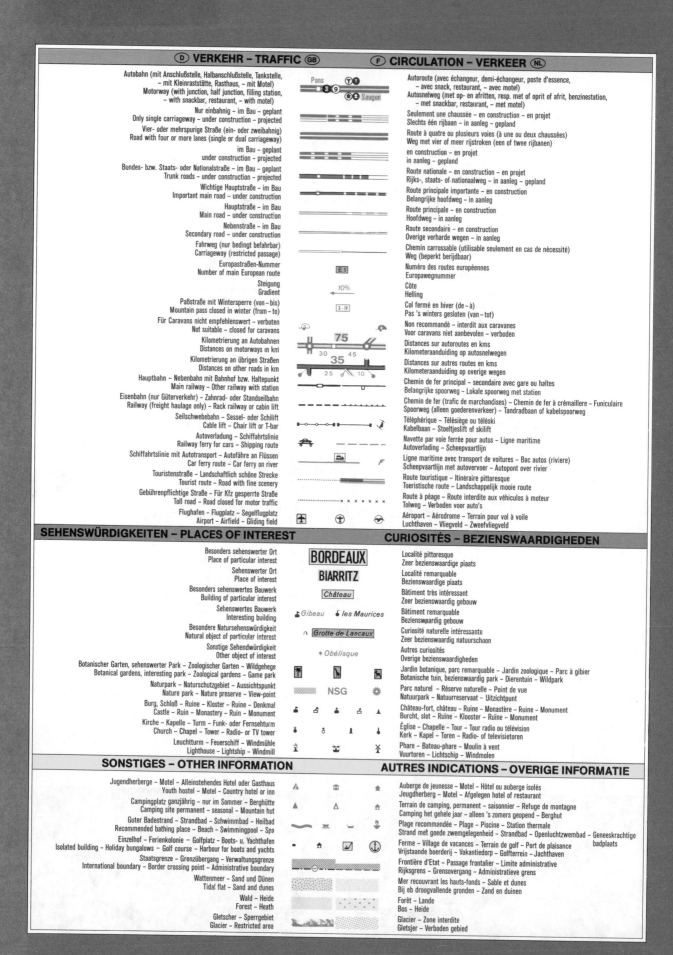

Ⓓ VERKEHR – TRAFFIC ⒼⒷ   Ⓕ CIRCULATION – VERKEER ⓃⓁ

Deutsch / English	Français / Nederlands
Autobahn (mit Anschlußstelle, Halbanschlußstelle, Tankstelle, – mit Kleinraststätte, Rasthaus, – mit Motel) Motorway (with junction, half junction, filling station, – with snackbar, restaurant, – with motel)	Autoroute (avec échangeur, demi-échangeur, poste d'essence, – avec snack, restaurant, – avec motel) Autosnelweg (met op- en afritten, resp. met of oprit of afrit, benzinestation, – met snackbar, restaurant, – met motel)
Nur einbahnig – im Bau – geplant Only single carriageway – under construction – projected	Seulement une chaussée – en construction – en projet Slechts één rijbaan – in aanleg – gepland
Vier- oder mehrspurige Straße (ein- oder zweibahnig) Road with four or more lanes (single or dual carriageway)	Route à quatre ou plusieurs voies (à une ou deux chaussées) Weg met vier of meer rijstroken (een of twee rijbanen)
im Bau – geplant under construction – projected	en construction – en projet in aanleg – gepland
Bundes- bzw. Staats- oder Nationalstraße – im Bau – geplant Trunk roads – under construction – projected	Route nationale – en construction – en projet Rijks-, staats- of nationaalweg – in aanleg – gepland
Wichtige Hauptstraße – im Bau Important main road – under construction	Route principale importante – en construction Belangrijke hoofdweg – in aanleg
Hauptstraße – im Bau Main road – under construction	Route principale – en construction Hoofdweg – in aanleg
Nebenstraße – im Bau Secondary road – under construction	Route secondaire – en construction Overige verharde wegen – in aanleg
Fahrweg (nur bedingt befahrbar) Carriageway (restricted passage)	Chemin carrossable (utilisable seulement en cas de nécessité) Weg (beperkt berijdbaar)
Europastraßen-Nummer Number of main European route	Numéro des routes européennes Europawegnummer
Steigung Gradient	Côte Helling
Paßstraße mit Wintersperre (von – bis) Mountain pass closed in winter (from – to)	Col fermé en hiver (de – à) Pas 's winters gesloten (van – tot)
Für Caravans nicht empfehlenswert – verboten Not suitable – closed for caravans	Non recommandé – interdit aux caravanes Voor caravans niet aanbevolen – verboden
Kilometrierung an Autobahnen Distances on motorways in km	Distances sur autoroutes en kms Kilometeraanduiding op autosnelwegen
Kilometrierung an übrigen Straßen Distances on other roads in km	Distances sur autres routes en kms Kilometeraanduiding op overige wegen
Hauptbahn – Nebenbahn mit Bahnhof bzw. Haltepunkt Main railway – Other railway with station	Chemin de fer principal – secondaire avec gare ou haltes Belangrijke spoorweg – Lokale spoorweg met station
Eisenbahn (nur Güterverkehr) – Zahnrad- oder Standseilbahn Railway (freight haulage only) – Rack railway or cabin lift	Chemin de fer (trafic de marchandises) – Chemin de fer à crémaillère – Funiculaire Spoorweg (alleen goederenverkeer) – Tandradbaan of kabelspoorweg
Seilschwebebahn – Sessel- oder Schilift Cable lift – Chair lift or T-bar	Téléphérique – Télésiège ou téléski Kabelbaan – Stoeltjeslift of skilift
Autoverladung – Schiffahrtslinie Railway ferry for cars – Shipping route	Navette par voie ferrée pour autos – Ligne maritime Autoverlading – Scheepvaartlijn
Schiffahrtslinie mit Autotransport – Autofähre an Flüssen Car ferry route – Car ferry on river	Ligne maritime avec transport de voitures – Bac autos (rivière) Scheepvaartlijn met autovervoer – Autopont over rivier
Touristenstraße – Landschaftlich schöne Strecke Tourist route – Road with fine scenery	Route touristique – Itinéraire pittoresque Toeristische route – Landschappelijk mooie route
Gebührenpflichtige Straße – Für Kfz gesperrte Straße Toll road – Road closed for motor traffic	Route à péage – Route interdite aux véhicules à moteur Tolweg – Verboden voor auto's
Flughafen – Flugplatz – Segelflugplatz Airport – Airfield – Gliding field	Aéroport – Aérodrome – Terrain pour vol à voile Luchthaven – Vliegveld – Zweefvliegveld

Pons · Saugon · E 1 · 10% · X – IV · 75 · 30 · 45 · 35 · 25 · 10 · F

SEHENSWÜRDIGKEITEN – PLACES OF INTEREST   CURIOSITÉS – BEZIENSWAARDIGHEDEN

Deutsch / English	Symbol	Français / Nederlands
Besonders sehenswerter Ort Place of particular interest	BORDEAUX	Localité pittoresque Zeer bezienswaardige plaats
Sehenswerter Ort Place of interest	BIARRITZ	Localité remarquable Bezienswaardige plaats
Besonders sehenswertes Bauwerk Building of particular interest	Château	Bâtiment très intéressant Zeer bezienswaardig gebouw
Sehenswertes Bauwerk Interesting building	Gibeau · les Maurices	Bâtiment remarquable Bezienswaardig gebouw
Besondere Natursehenswürdigkeit Natural object of particular interest	Grotte de Lascaux	Curiosité naturelle intéressante Zeer bezienswaardig natuurschoon
Sonstige Sehendwürdigkeit Other object of interest	* Obélisque	Autres curiosités Overige bezienswaardigheden
Botanischer Garten, sehenswerter Park – Zoologischer Garten – Wildgehege Botanical gardens, interesting park – Zoological gardens – Game park		Jardin botanique, parc remarquable – Jardin zoologique – Parc à gibier Botanische tuin, bezienswaardig park – Dierentuin – Wildpark
Naturpark – Naturschutzgebiet – Aussichtspunkt Nature park – Nature preserve – View-point	NSG	Parc naturel – Réserve naturelle – Point de vue Natuurpark – Natuurreservaat – Uitzichtpunt
Burg, Schloß – Ruine – Kloster – Ruine – Denkmal Castle – Ruin – Monastery – Ruin – Monument		Château-fort, château – Ruine – Monastère – Ruine – Monument Burcht, slot – Ruïne – Klooster – Ruïne – Monument
Kirche – Kapelle – Turm – Funk- oder Fernsehturm Church – Chapel – Tower – Radio- or TV tower		Église – Chapelle – Tour – Tour radio ou télévision Kerk – Kapel – Toren – Radio- of televisietoren
Leuchtturm – Feuerschiff – Windmühle Lighthouse – Lightship – Windmill		Phare – Bateau-phare – Moulin à vent Vuurtoren – Lichtschip – Windmolen

SONSTIGES – OTHER INFORMATION   AUTRES INDICATIONS – OVERIGE INFORMATIE

Deutsch / English	Symbol	Français / Nederlands
Jugendherberge – Motel – Alleinstehendes Hotel oder Gasthaus Youth hostel – Motel – Country hotel or inn		Auberge de jeunesse – Motel – Hôtel ou auberge isolés Jeugdherberg – Motel – Afgelegen hotel of restaurant
Campingplatz ganzjährig – nur im Sommer – Berghütte Camping site permanent – seasonal – Mountain hut		Terrain de camping, permanent – saisonnier – Refuge de montagne Camping het gehele jaar – alleen 's zomers geopend – Berghut
Guter Badestrand – Strandbad – Schwimmbad – Heilbad Recommended bathing place – Beach – Swimmingpool – Spa		Plage recommandée – Plage – Piscine – Station thermale Strand met goede zwemgelegenheid – Strandbad – Openluchtzwembad – Geneeskrachtige badplaats
Einzelhof – Ferienkolonie – Golfplatz – Boots- u. Yachthafen Isolated building – Holiday bungalows – Golf course – Harbour for boats and yachts		Ferme – Village de vacances – Terrain de golf – Port de plaisance Vrijstaande boerderij – Vakantiedorp – Golfterrein – Jachthaven
Staatsgrenze – Grenzübergang – Verwaltungsgrenze International boundary – Border crossing point – Administrative boundary		Frontière d'Etat – Passage frontalier – Limite administrative Rijksgrens – Grensovergang – Administratieve grens
Wattenmeer – Sand und Dünen Tidal flat – Sand and dunes		Mer recouvrant les hauts-fonds – Sable et dunes Bij eb droogvallende gronden – Zand en duinen
Wald – Heide Forest – Heath		Forêt – Lande Bos – Heide
Gletscher – Sperrgebiet Glacier – Restricted area		Glacier – Zone interdite Gletsjer – Verboden gebied

Frankreich
France
Frankrijk
Francia
Frankrig
Frankrike

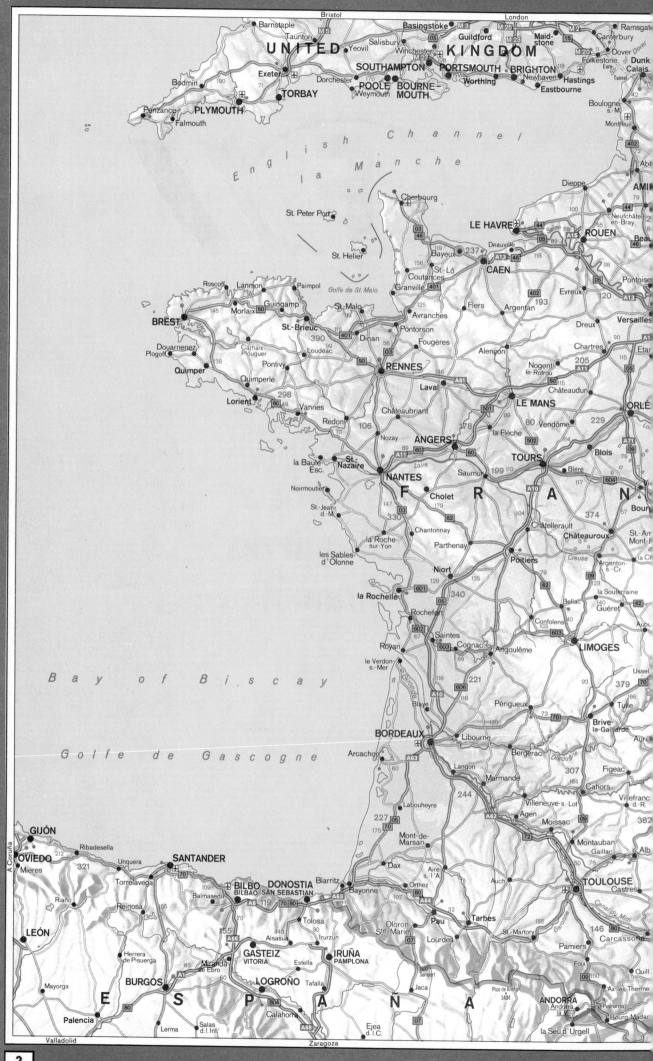

Inhaltsverzeichnis · Contents · Sommaire · Inhoud · Indice
Índice · Inholdsfortegnelse · Innehållsförteckning

Segni convenzionali · Signos convencionales
Tegnforklaring · Teckenförklaring
1:300.000

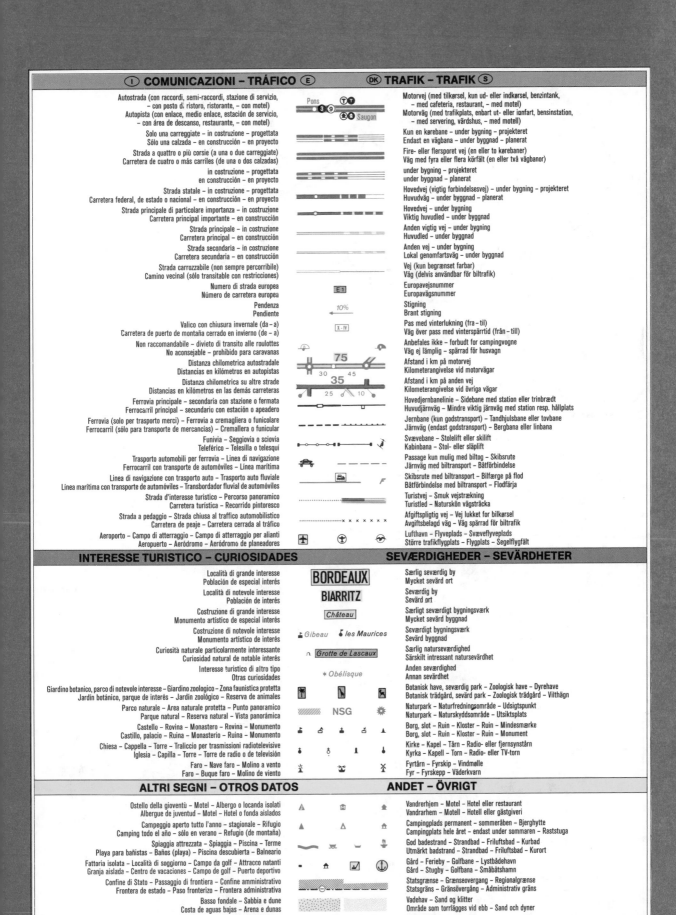

(I) COMUNICAZIONI – TRÁFICO (E)   (DK) TRAFIK – TRAFIK (S)

Autostrada (con raccordi, semi-raccordi, stazione di servizio,
– con posto di ristoro, ristorante, – con motel)
Autopista (con enlace, medio enlace, estación de servicio,
– con área de descanso, restaurante, – con motel)
→ Motorvej (med tilkørsel, kun ud- eller indkørsel, benzintank,
– med cafeteria, restaurant, – med motel)
Motorväg (med trafikplats, enbart ut- eller iønfart, bensinstation,
– med servering, värdshus, – med motell)

Solo una carreggiate – in costruzione – progettata
Sólo una calzada – en construcción – en proyecto
→ Kun en kørebane – under bygning – projekteret
Endast en vägbana – under byggnad – planerat

Strada a quattro o più corsie (a una o due carreggiate)
Carretera de cuatro o más carriles (de una o dos calzadas)
→ Fire- eller flersporet vej (en eller to kørebaner)
Väg med fyra eller flera körfält (en eller två vägbanor)

in costruzione – progettata
en construcción – en proyecto
→ under bygning – projekteret
under byggnad – planerat

Strada statale – in costruzione – progettata
Carretera federal, de estado o nacional – en construcción – en proyecto
→ Hovedvej (vigtig forbindelsesvej) – under bygning – projekteret
Huvudväg – under byggnad – planerat

Strada principale di particolare importanza – in costruzione
Carretera principal importante – en construcción
→ Hovedvej – under bygning
Viktig huvudled – under byggnad

Strada principale – in costruzione
Carretera principal – en construcción
→ Anden vigtig vej – under bygning
Huvudled – under byggnad

Strada secondaria – in costruzione
Carretera secundaria – en construcción
→ Anden vej – under bygning
Lokal genomfartsväg – under byggnad

Strada carrozzabile (non sempre percorribile)
Camino vecinal (sólo transitable con restricciones)
→ Vej (kun begrænset farbar)
Väg (delvis användbar för biltrafik)

Numero di strada europea
Número de carretera europea
[E 1] → Europavejsnummer
Europavägsnummer

Pendenza
Pendiente
10% → Stigning
Brant stigning

Valico con chiusura invernale (da – a)
Carretera de puerto de montaña cerrado en invierno (de – a)
[X · IV] → Pas med vinterlukning (fra – til)
Väg över pass med vinterspärrtid (från – till)

Non raccomandabile – divieto di transito alle roulottes
No aconsejable – prohibido para caravanas
→ Anbefales ikke – forbudt for campingvogne
Väg ej lämplig – spärrad för husvagn

Distanza chilometrica autostradale
Distancias en kilómetros en autopistas
75 *30* *45* → Afstand i km på motorvej
Kilometerangivelse vid motorvägar

Distanza chilometrica su altre strade
Distancias en kilómetros en las demás carreteras
35 *25* *10* → Afstand i km på anden vej
Kilometerangivelse vid övriga vägar

Ferrovia principale – secondaria con stazione o fermata
Ferrocarril principal – secundario con estación o apeadero
→ Hovedjernbanelinie – Sidebane med station eller trinbrædt
Huvudjärnväg – Mindre viktig järnväg med station resp. hållplats

Ferrovia (solo per trasporto merci) – Ferrovia a cremagliera o funicolare
Ferrocarril (sólo para transporte de mercancías) – Cremallera o funicular
→ Jernbane (kun godstransport) – Tandhjulsbane eller tovbane
Järnväg (endast godstransport) – Bergbana eller linbana

Funivia – Seggiovia o sciovia
Teleférico – Telesilla o telesquí
→ Svævebane – Stolelift eller skilift
Kabinbana – Stol- eller släplift

Trasporto automobili per ferrovia – Linea di navigazione
Ferrocarril con transporte de automóviles – Línea marítima
→ Passage kun mulig med biltog – Skibsrute
Järnväg med biltransport – Båtförbindelse

Linea di navigazione con trasporto auto – Trasporto auto fluviale
Línea marítima con transporte de automóviles – Transbordador fluvial de automóviles
→ Skibsrute med biltransport – Bilfærge på flod
Båtförbindelse med biltransport – Flodfärja

Strada d'interesse turistico – Percorso panoramico
Carretera turística – Recorrido pintoresco
→ Turistvej – Smuk vejstrækning
Turistled – Naturskön vägsträcka

Strada a pedaggio – Strada chiusa al traffico automobilistico
Carretera de peaje – Carretera cerrada al tráfico
→ Afgiftspligtig vej – Vej lukket for biltrafik
Avgiftsbelagd väg – Väg spärrad för biltrafik

Aeroporto – Campo di atterraggio – Campo di atterraggio per alianti
Aeropuerto – Aeródromo – Aeródromo de planeadores
→ Lufthavn – Flyveplads – Svæveflyveplads
Större trafikflygplats – Flygplats – Segelflygfält

INTERESSE TURISTICO – CURIOSIDADES   SEVÆRDIGHEDER – SEVÄRDHETER

Località di grande interesse
Población de especial interés
BORDEAUX → Særlig seværdig by
Mycket sevärd ort

Località di notevole interesse
Población de interés
BIARRITZ → Seværdig by
Sevärd ort

Costruzione di grande interesse
Monumento artístico de especial interés
Château → Særligt seværdigt bygningsværk
Mycket sevärd byggnad

Costruzione di notevole interesse
Monumento artístico de interés
Gibeau *les Maurices* → Seværdigt bygningsværk
Sevärd byggnad

Curiosità naturale particolarmente interessante
Curiosidad natural de notable interés
Grotte de Lascaux → Særlig naturseværdighed
Särskilt intressant natursevärdhet

Interesse turistico di altro tipo
Otras curiosidades
Obélisque → Anden seværdighed
Annan sevärdhet

Giardino botanico, parco di notevole interesse – Giardino zoologico – Zona faunistica protetta
Jardín botánico, parque de interés – Jardín zoológico – Reserva de animales
→ Botanisk have, seværdig park – Zoologisk have – Dyrehave
Botanisk trädgård, sevärd park – Zoologisk trädgård – Vilthägn

Parco naturale – Area naturale protetta – Punto panoramico
Parque natural – Reserva natural – Vista panorámica
NSG → Naturpark – Naturfredningsområde – Udsigtspunkt
Naturpark – Naturskyddsområde – Utsiktsplats

Castello – Rovina – Monastero – Rovina – Monumento
Castillo, palacio – Ruina – Monasterio – Ruina – Monumento
→ Borg, slot – Ruin – Kloster – Ruin – Mindesmærke
Borg, slot – Ruin – Kloster – Ruin – Monument

Chiesa – Cappella – Torre – Traliccio per trasmissioni radiotelevisive
Iglesia – Capilla – Torre – Torre de radio o de televisión
→ Kirke – Kapel – Tårn – Radio- eller fjernsynstårn
Kyrka – Kapell – Torn – Radio- eller TV-torn

Faro – Nave faro – Molino a vento
Faro – Buque faro – Molino de viento
→ Fyrtårn – Fyrskib – Vindmølle
Fyr – Fyrskepp – Väderkvarn

ALTRI SEGNI – OTROS DATOS   ANDET – ÖVRIGT

Ostello della gioventù – Motel – Albergo o locanda isolati
Albergue de juventud – Motel – Hotel o fonda aislados
→ Vandrerhjem – Motel – Hotel eller restaurant
Vandrarhem – Motell – Hotell eller gästgiveri

Campeggio aperto tutto l'anno – stagionale – Rifugio
Camping todo el año – sólo en verano – Refugio (de montaña)
→ Campingplads permanent – sommeråben – Bjerghytte
Campingplats hele året – endast under sommaren – Raststuga

Spiaggia attrezzata – Spiaggia – Piscina – Terme
Playa para bañistas – Baños (playa) – Piscina descubierta – Balneario
→ God badestrand – Strandbad – Friluftsbad – Kurbad
Utmärkt badstrand – Strandbad – Friluftsbad – Kurort

Fattoria isolata – Località di soggiorno – Campo da golf – Attracco natanti
Granja aislada – Centro de vacaciones – Campo de golf – Puerto deportivo
→ Gård – Ferieby – Golfbane – Lystbådehavn
Gård – Stugby – Golfbana – Småbåtshamn

Confine di Stato – Passaggio di frontiera – Confine amministrativo
Frontera de estado – Paso fronterizo – Frontera administrativa
→ Statsgrænse – Grænseovergang – Regionalgrænse
Statsgräns – Gränsövergång – Administrativ gräns

Basso fondale – Sabbia e dune
Costa de aguas bajas – Arena e dunas
→ Vadehav – Sand og klitter
Område som torrlägges vid ebb – Sand och dyner

Bosco – Brughiera
Bosque – Brezal
→ Skov – Hede
Skog – Hed

Ghiacciaio – Zona vietata
Glaciar – Zona prohibida
→ Gletscher – Afspærret område
Glaciär – Militärt skyddsområde

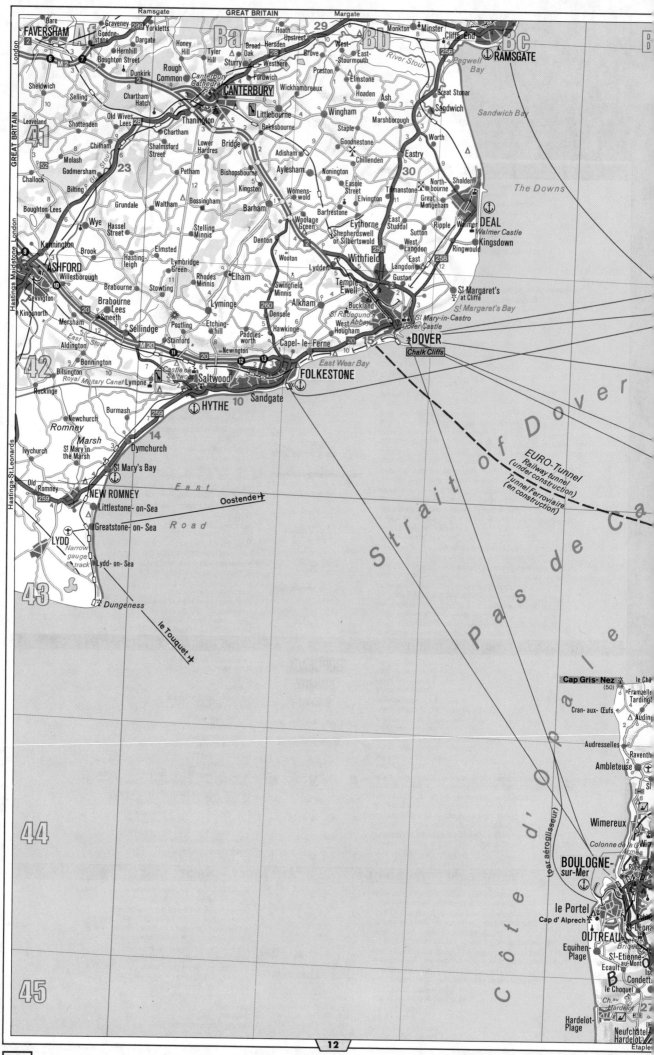

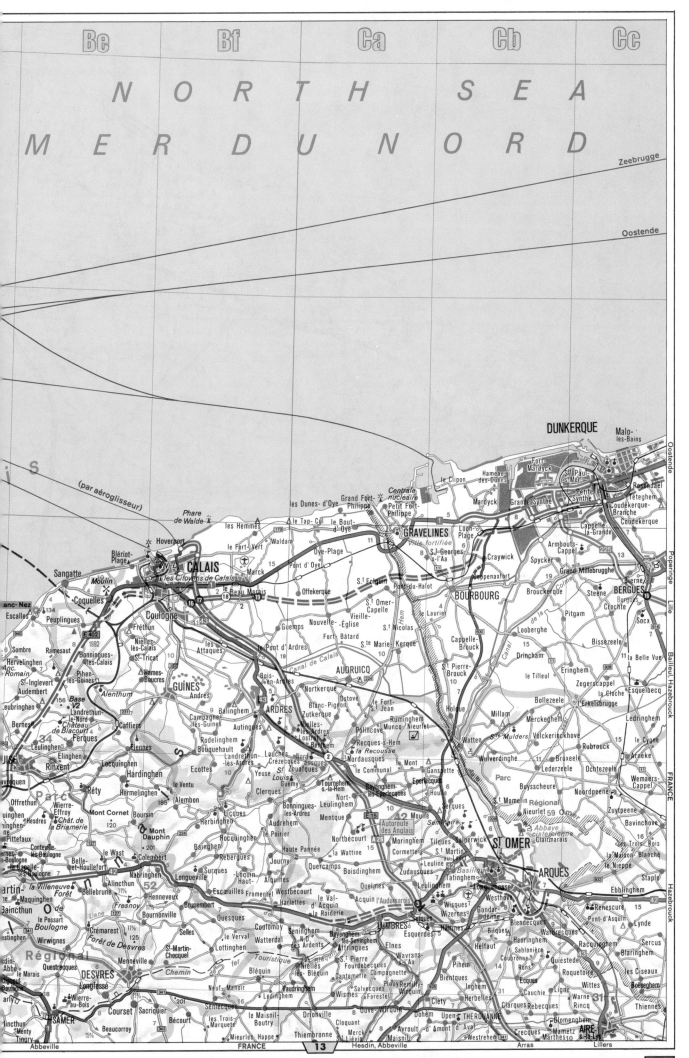

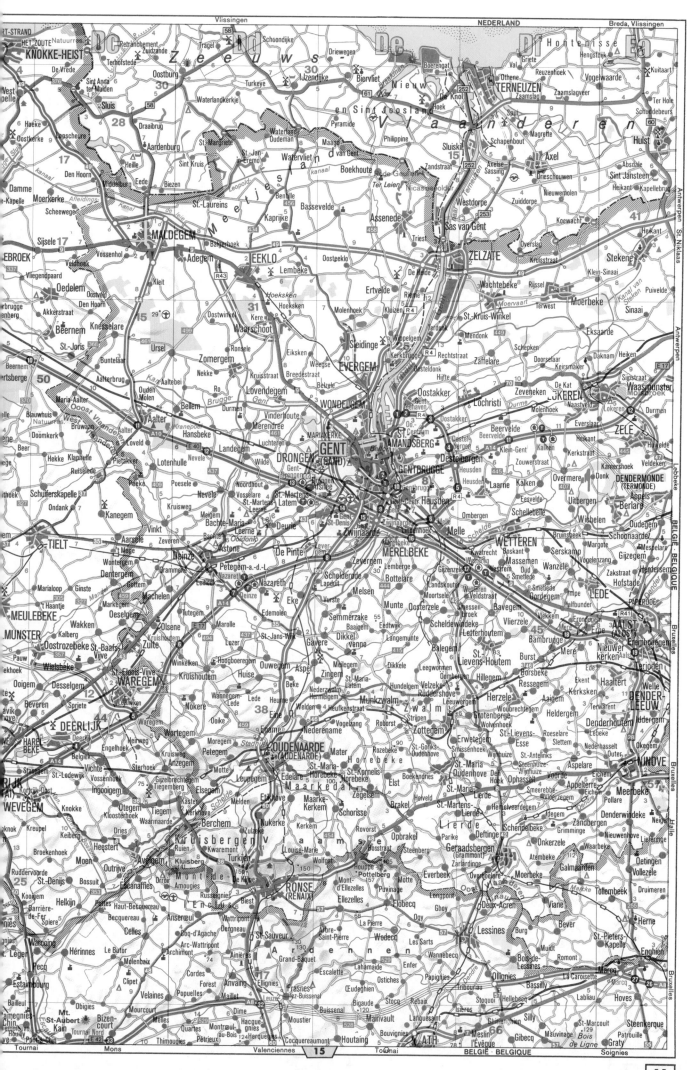

Af Ba Bb Bc Bd

45

46

47

48

49

Hardelot-Plage
Mont St Frieux
Neufc
Harde
Dunes

Plage-Ste-Cécile

Embouchure
de la Canche
ETA

le Touquet-
Paris-Plage

Trépied
Villi

Stella-
Plage
Cuc

Merlimont-
Plage

Merlimont
Air
Parc de
Bagatelle

Berck-s-Mer
Rang
du-Flie

Berck-
Plage
Vert

Groffliers
Wab

Baie de l'Authie
Canc
le-le

le Vieux
Fort-Mahon

Fort-Mahon-
Plage
Canal
de

Quend-
Plage
Quend

Aqualand

Moncheaux
Froise

Dunes

St-Quentin-
en-Tourmont

Parc Ornithologique
du Marquenterre
Chât. du B
St-F

Baie de la Somme

le Hourdel
le Crotoy

la Molière
ST-VA
sur So

Brighton
Maison de
l'Oiseau

Cayeux-
sur-Mer
Wathiehurt
44

Chemin de
fer Touristique
Salenelle

Lanchères
Pinchef

Pendé
Estrébœuf

Hâble
d'Au

Brutelles
Tilloy

Hautebut
29
Arrest
Bo

Vaudricourt
St-Blimont
Woignarue

AULT
Ochanc

le Bois-
de-Cise
Bourseville

Allenay
Nibas
Franle

Friville-
Escarbotin
Mers-
les-Bains
Tully

Martaigneville
St-Quentin-
la-Motte-Croix-
au-Bailly
Béthencourt-
sur-Mer
33

le Tréport
Ménéslies
Fressenneville

Mesnil-Val
Flocques
Woincourt
Feuquière
en-Vimeu

EU
Yzengremer

Criel Plage
Oust-Marest
Dargnies
Hocquélus
Aignev

Etalondes
Ponts-
et-Marais
Bouvaincourt-
sur-Bresle
Embreville

Criel-
sur-Mer
St-Pierre-
en-Val
Buigny-
lès-Gamaches
Maisni

Mesnil-
en-Caux
Boscrocourt
Beauchamps

Tocqueville-sur-Eu
Incheville
Monchelet
Frette

Neuvillette
le Fresne
GAMACHES
Wiamm

Biville-
sur-Mer
Litteville
St-Remy
Boscrocourt
Traige
Tilloy-
Floriville

Centrale
nucléaire
Monchy-
sur-Eu
Longroy
Infray

St-Martin-Plage
Penly
Assigny
Canehan
Etocquigny
la Tuilerie
Busm

Brunville
St-Martin-
le-Gaillard
Baromesnil
le Mesnil-
Réaume
Millebosc
Bouillancourt-
en-Sery
Ansen

Belleville-
sur-Mer
Guilmécourt
Cuverville-
sur-Yères
d'Eu
Bazinval

Berneval-
le-Grand
24
Greny
Melleville
Guerville
Grande
Vallée
Monthières
Soreng

Bracquemont
St-Martin-
en-Campagne
Tourville-
la-Chapelle
Sept-
Meules
Villy-
le-Bas
Haute
Monchaux
Rieux

DIEPPE
Musée
Puys
Glicourt
Auquemesnil
Fumechon
Forêt

Phare d'Ailly
Pourville-
sur-Mer
St-
Jacques
Graincourt
Derchigny
Intraville
St-Quentin-
au-Bosc
St-Aignan
Villy-
le-Haut
Brandcourt
Blangy-
sur-Bresle

Ste-
Marguerite-
sur-Mer
Vastérival
Moustre
Neuville-
lès-Dieppe
Martin-
Eglise
la Vauvaye
Saulchay-le-Haut
Gouchaupré
Bailly-
en-Rivière
Avesnes-
en-Val
Neufchâtel

Varengeville-
sur-Mer
Parc du
Petit
Appeville
Rouxmesnil-
Bouteilles
Ancourt
Bellengreville
Saulchay-le-Bas

Brighton

Lydd

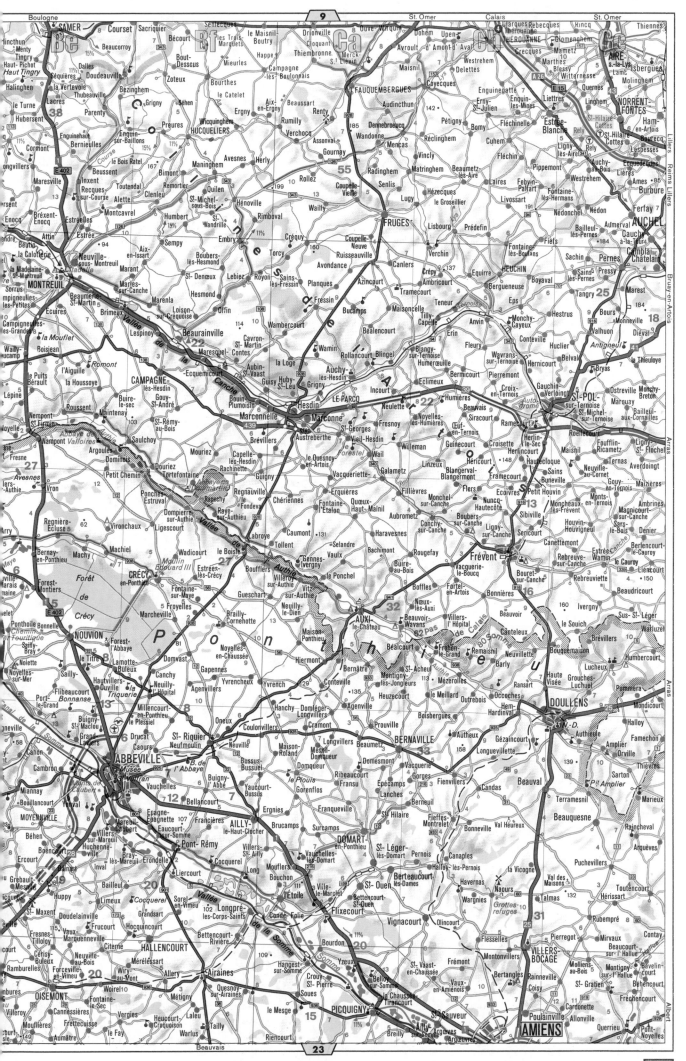

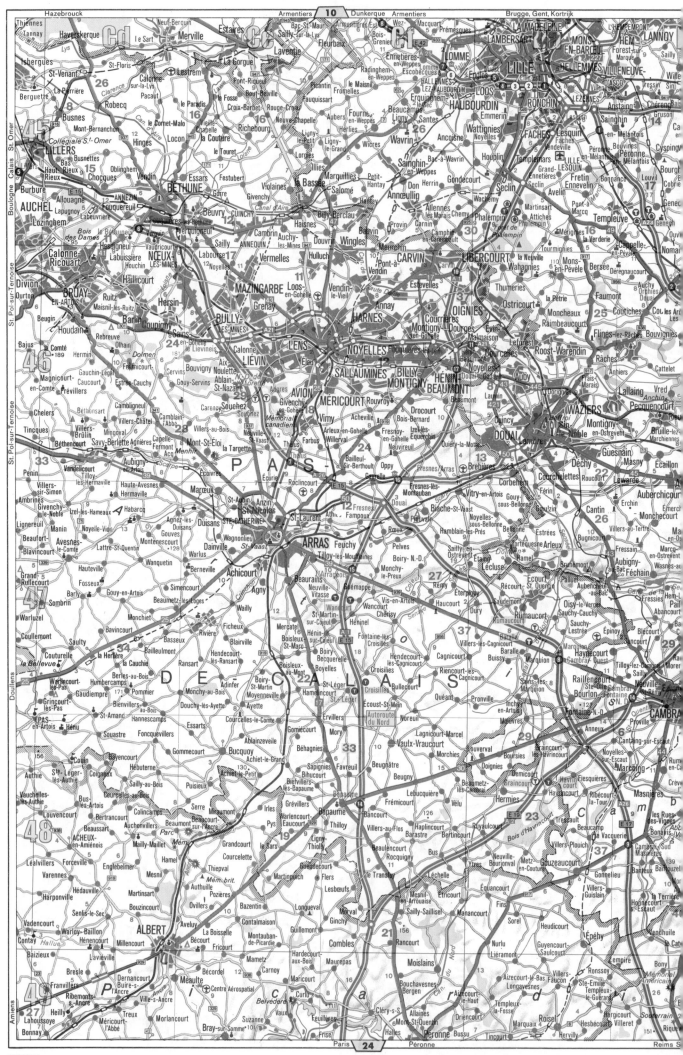

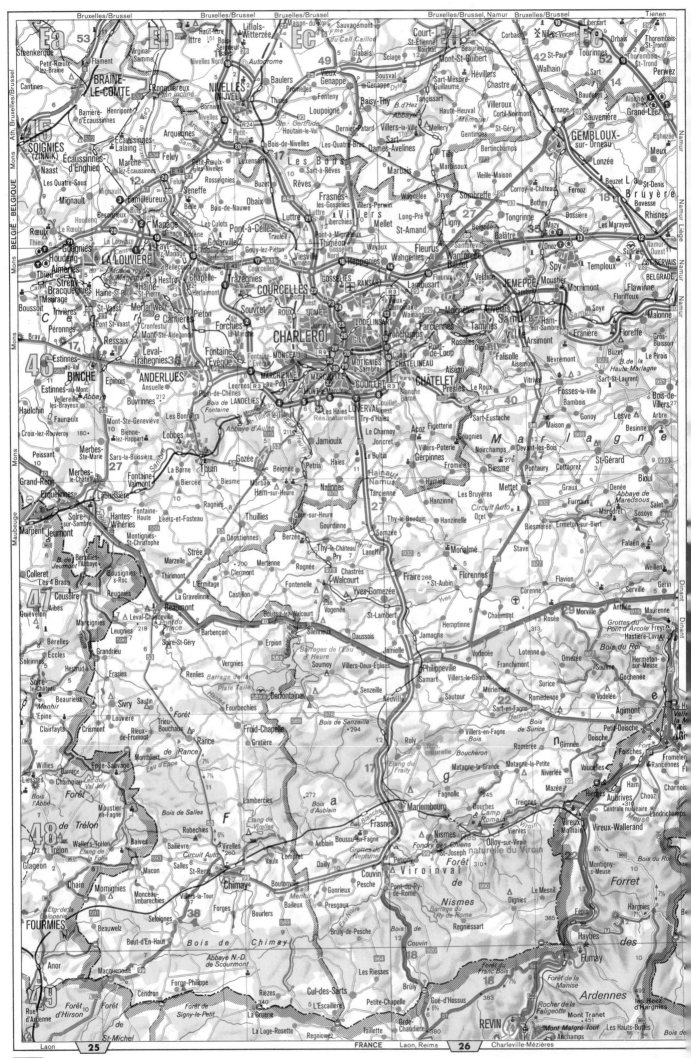

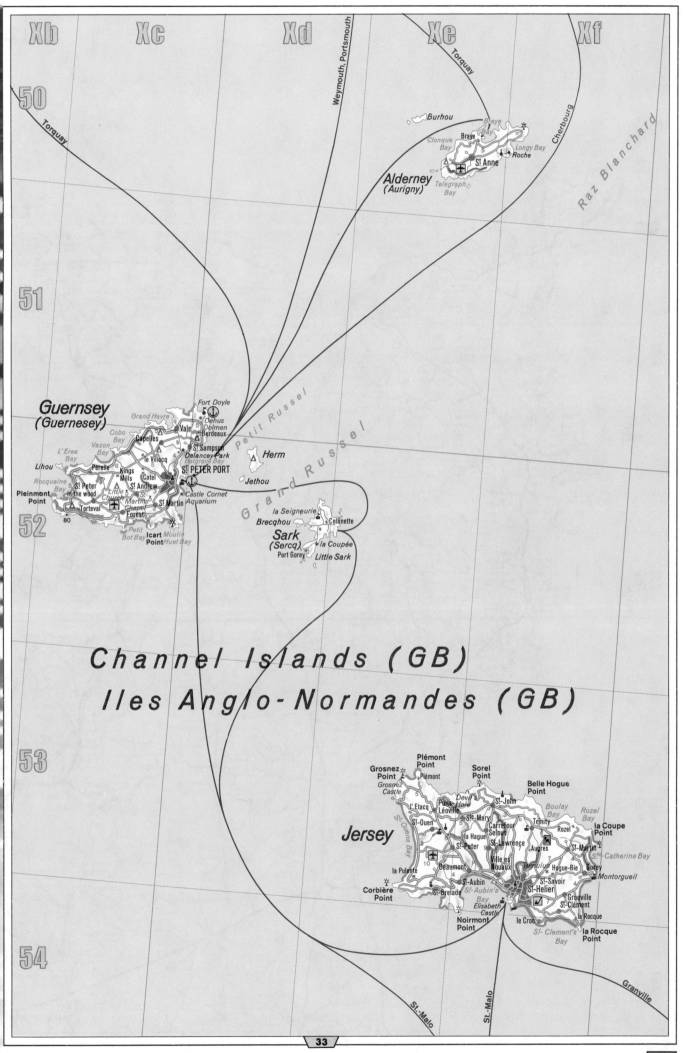

Weymouth, Portsmouth

Torquay

Cherbourg

Torquay

Raz Blanchard

Burhou

Braye
Braye Bay

Clonque Bay

St Anne
Longy Bay
Roche

**Alderney
(Aurigny)**

Telegraph Bay

Torquay

**Guernsey
(Guernesey)**

Grand Havre
Fort Doyle

Déhus Dolmen

Vale
Bordeaux

Cobo Bay
Vazon Bay
Capelles
St Sampson

le Viliocq
Delancey Park
Belgrave Bay

L'Eree Bay
St PETER PORT

Petit Russel

Herm

Grand Russel

Lihou
Perelle
Kings Mills
Catel
St Andrew
St Peter in the wood

Jethou

Rocquaine Bay
Little Chapel
St Martins
Forest
St Martin

Castle Cornet
Aquarium

Pleinmont Point
Torteval
80

Icart Point
Moulin Huet Bay
Petit Bot Bay

la Seigneurie
Collinette

Brecqhou
la Coupée

**Sark
(Sercq)**
Port Gorey
Little Sark

Channel Islands (GB)

Iles Anglo-Normandes (GB)

Plémont Point

Grosnez Point
Plémont
Sorel Point

Grosnez Castle

Belle Hogue Point

Devil's Hole
St-John

Boulay Bay
Rozel Bay

l'Etacq
Puits Léoville
Ste-Mary
Carrefour Selous
Trinity
Rozel
la Coupe Point

St-Ouen
St-Ouens Bay
la Hague
St-Lawrence
Augrès
St-Martin

Jersey

St-Peter
Ville es Nouaux
Hougue-Bie
Gorey
Ste-Catherine Bay

la Pulente
Beaumont
St-Helier
Montorgueil

St-Aubin
St-Savoir

Corbière Point
St-Brelade
St-Aubin's Bay
Elisabeth Castle
Grouville
St-Clément
la Rocque

Noirmont Point
le Croc
la Rocque Point
St-Clément's Bay

St-Malo

St-Malo

Granville

50

Cap de la Hague
Auderville
la Roche
St-Germain-des-Vaux
Port-Racine
Pointe Jardeheu
Baie d'Ecalgrain
Omonville-la-Petite
Omonville-la-Rogue
Diguleville
Mont Pall
Jobourg
Herqueville
Nez de Jobourg
Dannery
Usine Atomique
Gruchy
Rocher du Castel Vendon
Urville-Naqueville
BEAUMONT
la Rue de Beaumont
Pierre Pouquelée
Branville-Hague
Nacqueville
Hainneville
Quercqueville
le Hameau de la Mer
Prieuré
Vauville
Ste-Croix-Hague
Rue d'Ozuville
Flottemanville-Hague
EQUEURDREVILLE
HAINNEVILLE
CHERBOURG
Musée des Beaux Arts
Fort du Roule
TOURLAVILLE
la Glacerie

Grande Rade

Cap Lévy
Cosqueville
Vrasville
Réthoville
Neuville-sur-Mer
Cour d'Intheville
Angoville-en-Saire
Gouberville
Batteville-le-Phare
Pointe de Barfle
Phare
Fermanville
Maupertus-sur-Mer
Théville
Carneville
St-Pierre-Église
Varouville
Roville
Tocqueville
Barfleur
Clitourps
Mont Roty
la Rue de Sauxtour
Ste-Geneviève
Cantelou
Valcanville
Anneville-en-Saire
Montfarville
Crasvillerie
la Froide Ru
Réville
Jonville

51

Nouainville
Octeville
Biville
Calvaire des Dunes
Champ de Tir
Pénitot
Vasteville
Sideville
Acqueville
Teurthéville-Hague
Héauville
Siouville-Hague
la Viesville
Helleville
Diélette
Virandeville
St-Christophe-du-Foc
Couville
St-Martin-Gréard
Martinvast
Hardinvast
Tollevast
les Quesnes
Breuville
Brix
Flamanville
E.D.F. Centrale nucléaire du Cap de Flamanville
Tréauville
Sotteville
Quesney
Benoitville
Bricquebosq les Fontaines
la Vieville
Ragonde
Sortevast
LES PIEUX
Grosville
Rauville-la-Bigot
St-Martin-le-Hébert
Rocheville
Croix Jacob
Pointe du Rozel
le Rozel
Fritot
St-Germain-le-Gaillard
N.-D.-de-Grâce
Digosville
Gonneville
le Mesnil-au-Val
le Theil
la Réveillerie
Mouchel
l'Entreprise
la Gde Rue
Saussemesnil
Rochemont
St-Joseph
Chiffrevast
Beaumont
Tamerville
Huberville
Bois de Blanqueville
Valognes
Teurthéville-Bocage
Brevolle
le Vast
la Pernelle
le Vicel
QUETTEHOU
St-Vaast-la-Hougue
le Rivage
Fort de la Hougue
Morsalines
Vidécosville
Octeville-l'Avenel
Grasville
Auneville-Lestre
St-Martin-Audouville
Lestre
VALOGNES
Vaudreville
Bourg-de-Lestre
Quinéville

52

Surtainville
la Mare du Parc
Hauteville
Pierreville
Quettetot
la Croix Morain
Sénoville
Sortosville-en-Beaumont
Beaubigny la Vallée de Beaubigny
Hameau Bonnard
les Moitiers-d'Allonne
le Bosquet
Valdécie
Bredonchel
Néhou
la Haye d'Ectot
la Bretonnière
Ste-Colombe
Biniville
Carteret
BARNEVILLE-CARTERET
les Rivières
Cap de Carteret
Barneville-Plage
St-Jean-de-la-Rivière
le Mesnil
St-Georges-de-la-Rivière
Bosqueville
St-Siméon
Portbail
Huanville
Besneville
St-Lô-d'Ourville
Varenville
Fierville-les-Mines
St-Maurice-en-Cotentin
le Pont aux Moines
Carmesnil
Neuville-en-Beaumont
Catteville
St-Jacques-de-Néhou
Aurville
Crosville-sur-Douve
St-Clair
Reigneville-Bocage
Amfreville
les Hauts Vents
St-SAUVEUR-le-Vicomte
Rauville-la-Place
la Rue de Tourville
la Bonneville
Vains
Gambosville
Picauville
Chef-du-Pont
les Forges
Ste-Marie-du-Mont
BRICQUEBEC
l'Etang Bertrand
Hameau du Mesnil
Gd Hameau
Colomby
Morville
Négreville
Yvetot-Bocage
Flotte
St-Cyr
St-Floxel
Ozeville
Hameau du Nord
Fontenay-sur-Mer
Dangueville
Crisbec
St-Marcouf
Ravenoville-Plage
Sortosville
Eroudeville
Joganville
Ecausseville
Emondeville
Azeville
Ravenoville
Foucarville
Baudienville
Neuville-au-Plain
Beuzeville-au-Plain
St-Germain-de-Varreville
St-Martin-de-Varreville
les Mézières
STE-MÈRE-ÉGLISE
Turqueville
Audouville-la-Hubert
Ecoqueneauville
Sébeville
les Forges
Blosville
Hiesville
Carquebut
Hautmesnil
Moitiers-en-Bauptois
Bedzeville-la-Bastille
Liesville-sur-Dove
Houesville
St-Côme-du-Mont
Vierville
Angoville-au-Plain
la Basse Addeville

53

Lindberg-Plage
Denneville
Baudreville
Denneville-la-Plage
la Tannière
Ste-Remy-des-Landes
Glatigny
Surville
la Cosnardière
la Renaudière
Bretteville-sur-Ay
Angoville-sur-Ay
Salenel
les Ormeaux
St-Germain-Plage
la Gâverie
Havre de Lessay
St-Germain-sur-Ay
la Londe
LESSAY
Bellefontaine
Pissot
Gonfreville
Nay
les Forges
la Guillotterie
Sainteny
Bois Grimot
St-André-de-Bohon
Rougéville
la Brianderie
le Mesnil-Angot
Tribehou
Coigny
Vindefontaine
Pretot-Ste-Suzanne
les Asselines
Vindelonde
Appeville
Baupte
Auvers
Cantepie
la Rue Mary
N.-D.-
Brévands
Catz
CARENTAN
la Godelière
la Lande Godard
Méautis
le Port St-Pierre
Houtteville
Gretteville
Crettteville
Neufmesnil
Abb. de Blanchelande
la Danguerie
la Fauvrerie
Lithaire
St-Jores
les Boucaux
la Butte
Plessis
la Rue de Gorges
Capelot
Garbassue
Gorges
Bléhou
Raffoville
Culot
St-Georges-de-Bohon
St-Sebastien-de-Raids
Remilly-sur-Lozon
les Champs-de-Losque
Esglande
Montgardon
Mobecq
Vesly
Laulne
la Londe
St-Patrice-de-Claids
St-Germains-sur-Sèves
la Roserie
Village Fautrat
les Milleries
Sèves
Raids
la Poignavanderie
le Mesnil
Marchésieux
le Rivet
le Glinel

54

la Plage
Anneville-sur-Mer
Armanville-Plage
Pirou-Plage
Château de Pirou
Pirou
Bourgogne
le Pont
la Verderie
la Maresquière
Geffosses
la Terrerie
la Quèze
Corbuchon
la Soriere
Muneville-le-Bingard
le Bingard
Montsurvent
la Ronde Haye
St-SAUVEUR-LENDELIN
Montcuit
Créances
Rue de la Mer
la Martinerie
Millières
a Feuillie
la Gislarderie
Vaudrimesnil
Lessay
St-Martin-d'Aubigny
St-Michel-de-la-Pierre
St-Aubin-du-Perron
la Rachinière
la Goudrie
le Mesnil-Vigot
Feugères
PÉRIERS
le Bourg d'Aubigny
la Tortinière
le Champ de Tir
Remilly
Lozon
le Mesnilbus
Montreuil-sur-Lozon
la Chapelle-en-Juger

34   Coutances

Îles St-Marcouf

Côte de Nacre

Grandcamp-Maisy
Pointe du Hoc
St-Pierre-du-Mont
Maisy
le Douet
Cricqueville-en-Bessin
Englesqueville-la-Percée
Omaha Beach
Vierville-sur-Mer
les Moulins
St-Laurent-sur-Mer
Gefosse-Fontenay
Asnières-en-Bessin
Louvières
le G⁴ Hameau
St⁹ Honorine-des-Pertes
Port-en-Bessin-Huppain
le Chaos
Gold Beach
Juno Beach
St-Clément
la Cambe
Deux-Jumeaux
Colleville-sur-Mer
Villiers sur Port
Russy
Commes
Longues-sur-Mer
Manvieux
Arromanches-les-Bains
le Paisty Vert
Bernières-sur-Mer
St-Aubin-sur-Mer
Osmanville
Cardonville
St-Germain-du-Pert
Longueville
Ecramme-ville
Aignerville
Surrain
Escures
Abbaye St⁹ Marie
Tracy-sur-Mer
St-Côme-de-Fresne
Asnelles
Ver-s.-Mer
Graye-sur-Mer
IGNY
les Mares
Canchy
Trévières
Fontenailles
Meuvaines
Crépon
St⁹-Croix-s.-Mer
Courseulles-sur-Mer
Bessin
Hameau Minet
Colombières
Mosles
Etréham
Maisons
Manoir d'Argouges
Magny-en-Bessin
RYES
Bazenville
Colombiers-sur-Seulles
Banville
Reviers
DOUVRES-LA-DÉLIVRANDE
Madeleine
les Oubeaux
Vouilly
Bricqueville
Dungy
Mandeville-en-Bessin
Vaux-sur-Aure
St-Sulpice
Villiers-le-Sec
Amblie
Bény-sur-Mer
la Forêt
Neuilly-la-Forêt
Castilly
les Landes-du-Rosel
Mestry
Bernesq
Rubercy
Cussy
Vaucelles
BAYEUX
Sommervieu
Tierceville
Moulineaux
Basly
les Clerbosq
la Folie
Saonnet
Saon
Blay
la Goherrerie
Barbeville
N.-D. Cathédrale
St-Vigor-le-Grand
le Manoir
CREULLY
Fontaine-Henry
Thaon
Colomby-sur-Thaon
Anguerny
Château de la Rivière
Lison
la Lande
St-Martin-de-Blagny
le Molay
le Breuil-en-Bessin
Crouay
Cottun
St-Loup-Hors
St-Martin-des-Entrées
Vienne-en-Bessin
Vaussieux
St-Gabriel-Brécy
Lantheuil
le Fresne-Camilly
Anisy
Cartigny-l'Epinay
Ranchy
Guéron
Poussiard
Vaux-sur-Seulles
Rucqueville
Coulombs
Cully
Cainet
Secqueville-en-Bessin
Cairon
Villons-les-Buissons
Mathieu
Airel
la Forge Fallot
la Fotelaie
Baynes
Tournières
le Molay-Littry
Campigny
Subles
Arganchy
Mondeaux-en-Bessin
Nonant
Martragny
St-Léger
Ducy-Ste-Marguerite
Ste-Croix-Grand' Tonne
Bray
Lasson
Rosel
Buron
Gruchy
Mâlon
Cambes-en-Plaine
Epron
St-CLAIR-sur-l'Elle
St-Jean-de-Savigny
Littry
les Petits Carreaux
le Tronquay
Noron-la-Poterie
St-André
la Tuilerie
Ellon
Carcagny
Loucelles
Brouay
Authie
Bretteville-l'Orgueilleuse
Rots
Contest
CAEN
Paris
la Meauffe
Hébert
Villiers-Fossard
Cerisy-la-Forêt
Forêt de Cerisy
Vaubadon
Castillon
Trungy
Juaye-Mondaye
St-Paul-du-Vernay
Couvert
Chouain
Audrieu
le Pont Roc les Hauts-Vents
Putot-en-Bessin
Abbaye Ardenne
la-Blanche-Herbe
St-Germain
le Mesnil-Rouxelin
Couvains
St-Quentin
Montfiquet
BALLEROY
Bernières-Bocage
Verrières
le Mesnil-Patry
Norrey-en-Bessin
Marcelet
Carpiquet
Abbaye aux Hommes
la Luzerne
St-Georges-d'Elle
Litteau
la Bazoque
Planquery
Foulognes
Ste-Honorine-de-Ducy
Cahagnolles
Torteval-Quesnay
Lingèvres
TILLY-sur-Seulles
Juvigny-sur-Seulles
Vendes
le Bosq
Tessel
Cheux
St-Manvieu-Norrey
Bretteville-sur-Odon
Louvigny
St-Georges-Montcocq
la Luzerne
Bérigny
Longraye
Hattot-les-Bagues
Mouen
Verson

-Lô, Vire   St.-Lô   Villedieu-les-Poêles   Flers

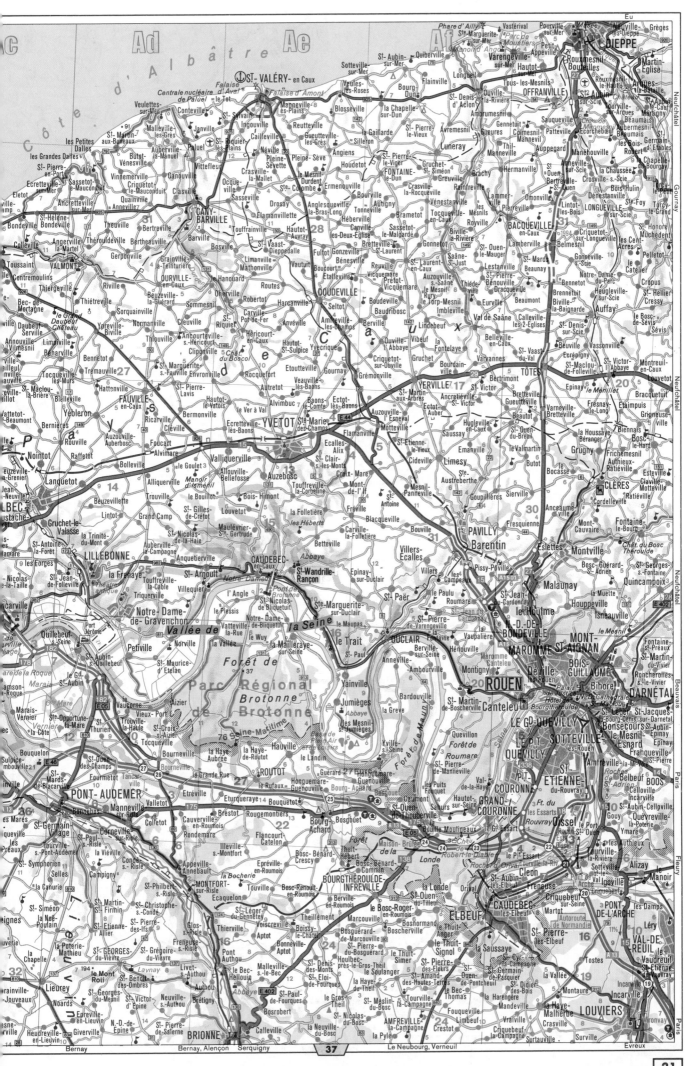

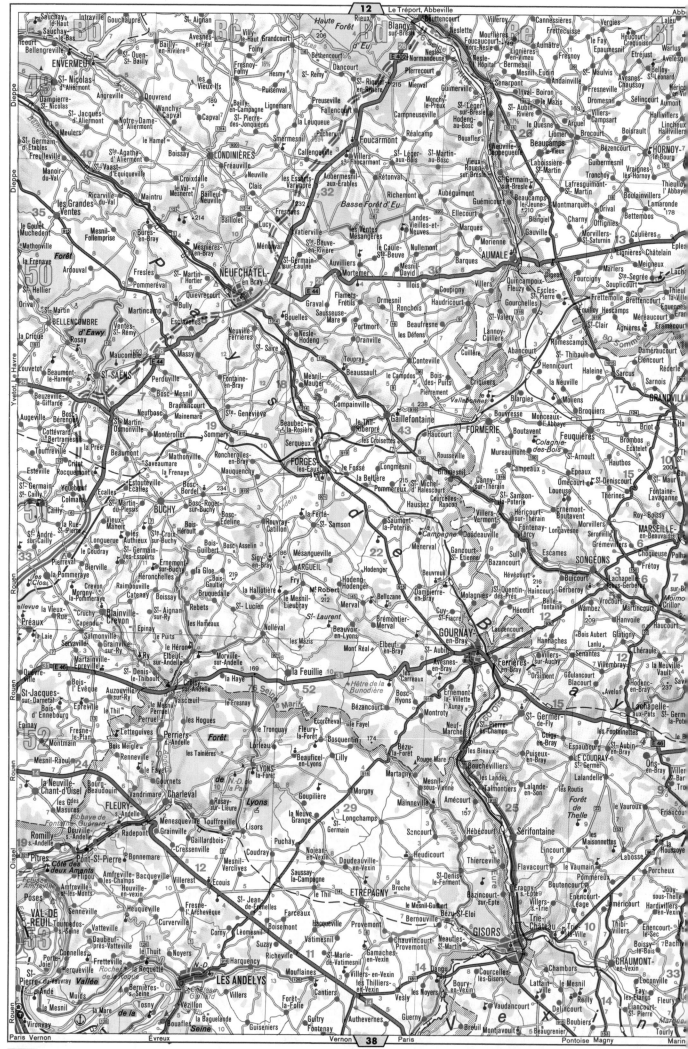

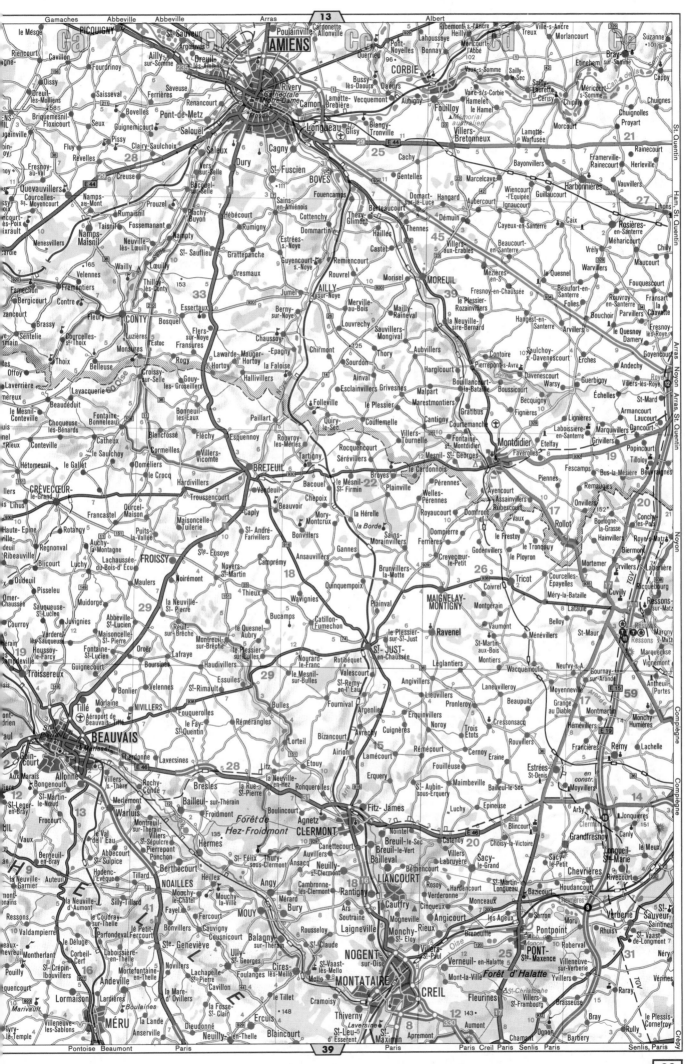

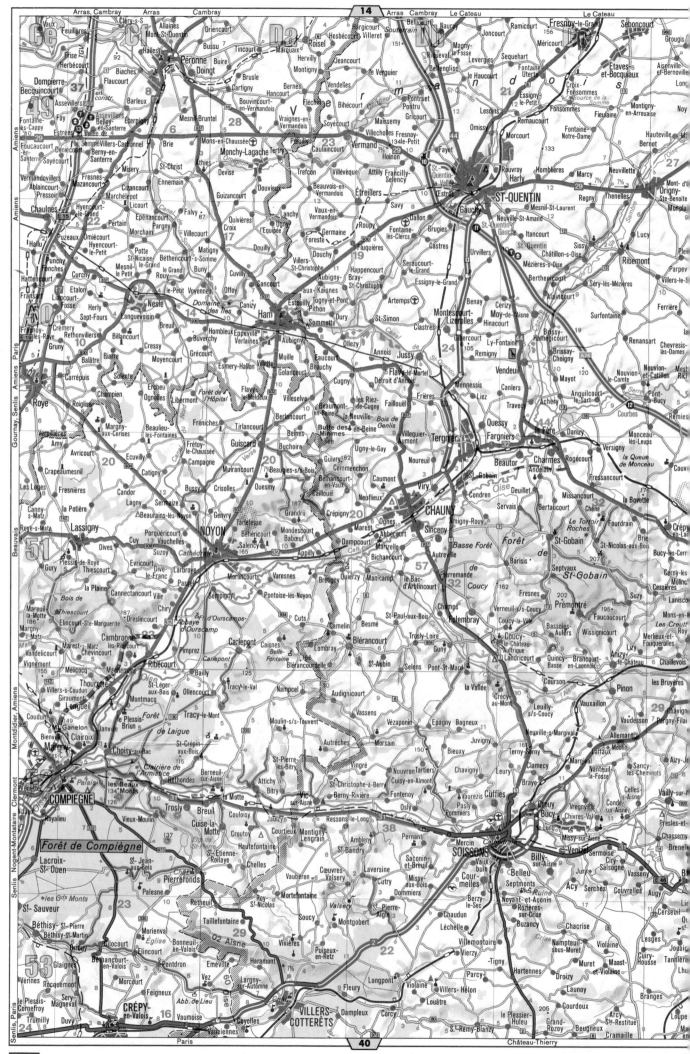

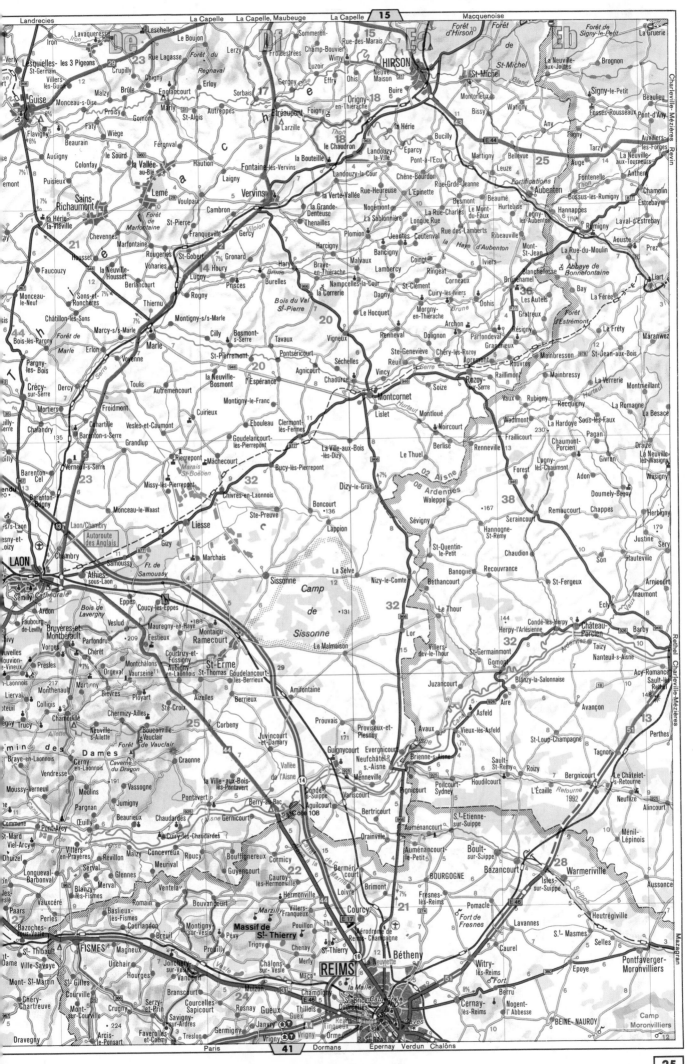

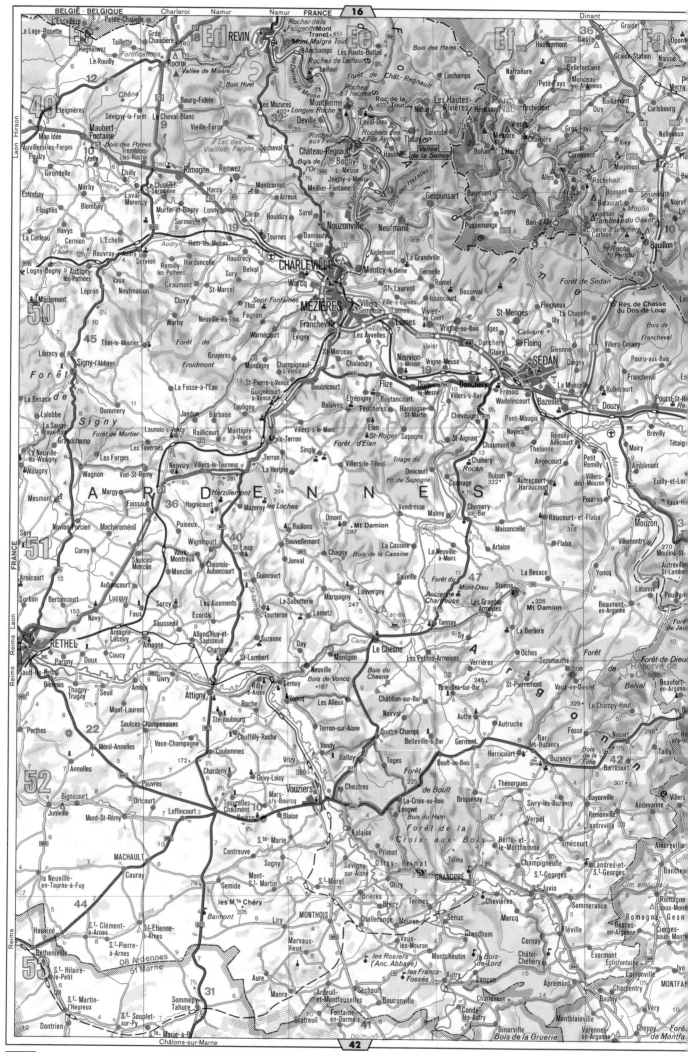

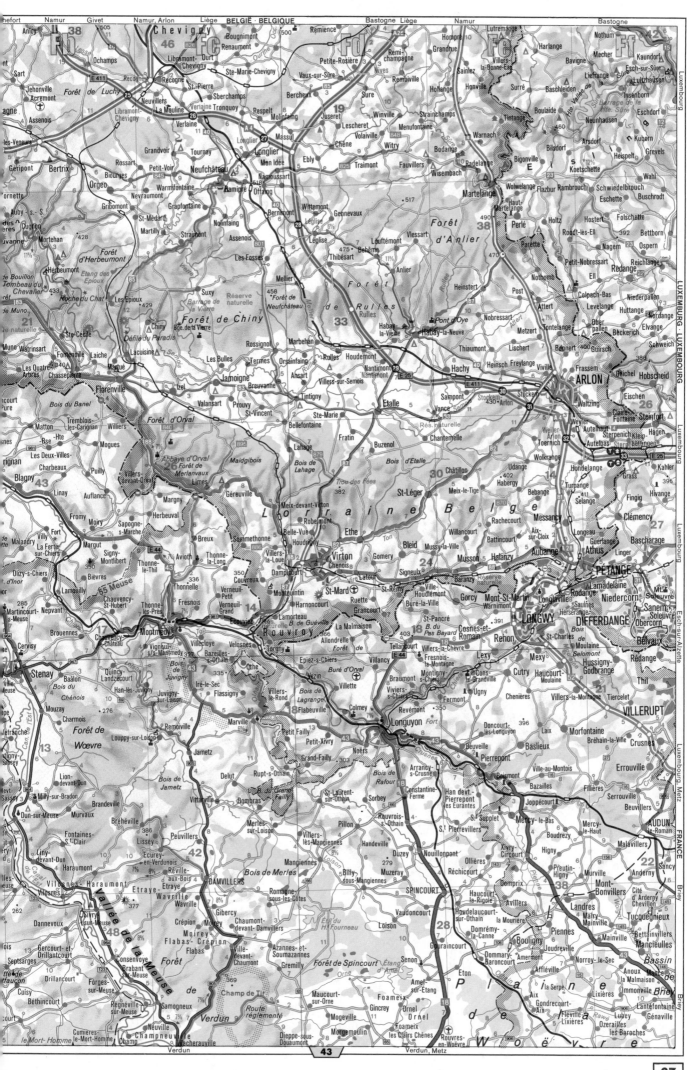

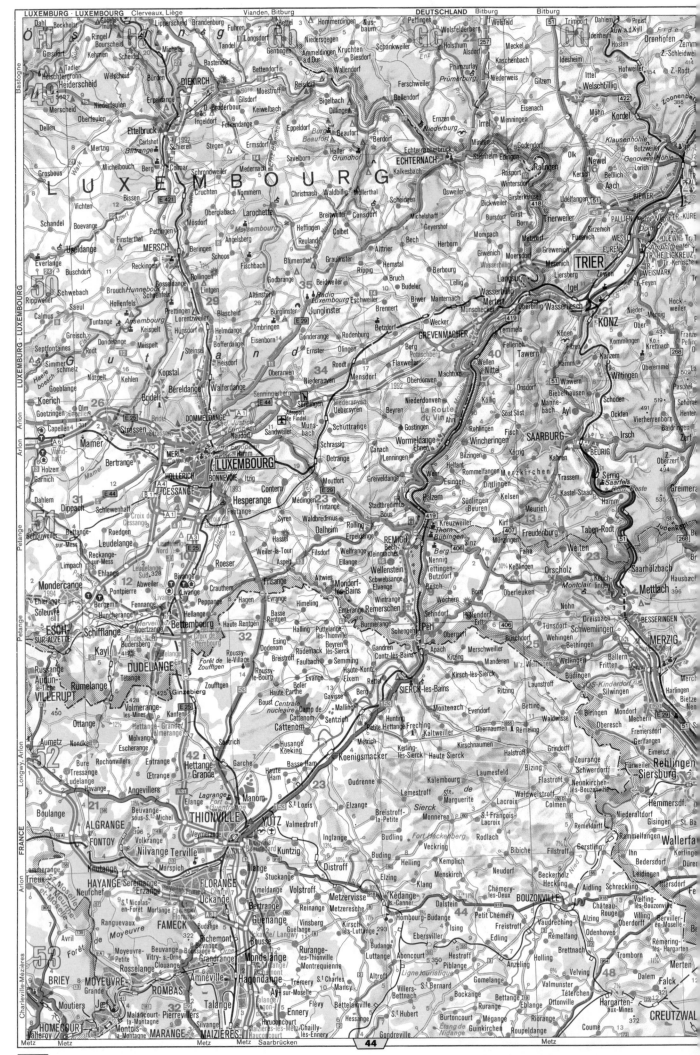

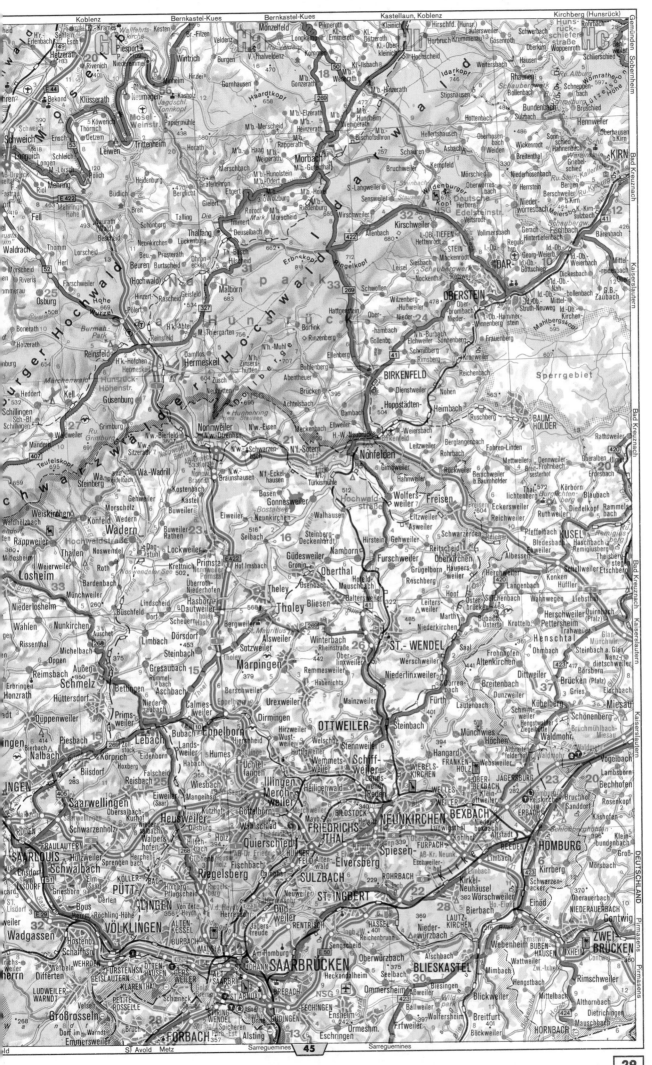

Xc Xd Xe Xf Ya

St. Peter Port, Sark (Sercq)

St. Helier

Côte d' Émeraude

Cap Fréhel
Anse des Sévignés
Fort la Latte
la Motte
Vieux-Bourg
Plévenon
la Freinaye
Pointe de St-Cast

Ile de Cézembre
37
Rochers Sculptés
Guimorais
le Verger
Pointe de la Varde
Rothéneuf
la Guimorais
St-Vincent
St-Coulomb
St-MALO
Paramé
355

Cap d'Erquy
Tu-es-Roa
les Hôpitaux
la Darquois
Sables d'Or-les-Pins
Plurien
Fréhel
la Baillie
la Ruée
Coëtbily
Plédéliac

Pointe du Décollé
Grotte des Sirènes
DINARD
St-Lunaire
la Chapelle
St-Briac-sur-Mer
Fourberie
Ile Harbour
Chât. St-Vincent
la Croix Desilles
St-Meloir-des-Ondes
la Beuglais
la Buzardière

Plage de Caroual
Caroual
Erquy
786
Pointe de Pléneuf
le Val André
PLÉNEUF-VAL-ANDRÉ
Bienassis
Dahouet
la Ville Cochard
la Cotentin
le Poirier
St-Marc
St-Alban
St-Jacques
St-Pabu
St-Laurent
Launay
la Bouillie
Montbran
l'Hôpital
Ruca
St-Germain
N-D
la Cour
MATIGNON
St-Jaguel
la Croix-aux-Merles
N-D-de-Guildo
Trégon
la Giclais
PLOUBALAY
la Samsonnais
les Rues
la Hamonais
la Landriais
les Gastines
137
Pleurtuit
le Minihic-sur-Rance
St-Suliac
St-George
la Motte
St-Guinoux

St-Cast-le-Guildo
Pointe de la Garde
Ile Ebihens
Pointe de Bay
Pointe du Chevet
St-Jacut-de-la-Mer
Lancieux
Prévotais
la Richardais
la Vicomte
Hélpe
la Passagère
Château-Malo
la Gouesnière
St-Jouan-des-Guérets
St-Père
St-Bonaban
24

Pointe de Pléneuf
le Val André
Hénansal
St-Aaron
les Rigaudais
33
St-Denoual Bas
l'Hôtel-Boulay-Juhel
Haut-
Quintenic
766
Landébia
Etang de Guébriant
le Clos-Noël
la Ville-Robert
St-Lormel
Pluduno
Créhen
Pont Cornou
Pont-Arson
la Croix-Janet
Plessis-Balisson
la Ville-es-Marchand
Pleslin Trigavou
Trigavou
Plouer-Langroïay-sur-Rance
Mordreuc
CHÂTEAUNEUF-d'Ille-et-Villaine
la Ville-es-Nonais
Langrolay-sur-Rance
la Vallée
la Mare
Lillemer
l'Angle
19

Hánanbihen
Ville-Briend
Forêt de la Hunaudaie
PLANCOËT
Nazareth
Treguihé
Languénan
Tréméreuc
Trébafour
St-Samson-sur-Rance
Pleudihen-sur-Rance
Hervelin
la Vicomté
Gouillon
Miniac-Morvan

LAMBALLE
Haras nationaux
N-D
la Poterie
St-Aubin
St-Symphorien
Forêt de St-Aubin
la Hunaudaie
Trégomar
Pléven
Arguenon
la Cannelaye
Bourseul
Carimel
29
Corseul
Chât. de la Garaye
Taden
la Vicomté
la Lande
7
St-Helen
Tressé

2
Haras nationaux
Marouė
Noyal
Landéhen
la V. Commaux
Bréhand
Probrien
St-Trimoël
Plestan
la Malhourne
St-Sulien
St-Rieul
Plédéliac
Trégomar
Chât. de St-Aubin
la Hunaudaie
Plorec-s.-Arguenon
la Perverie
St-Méloir
le Breuil
Quévert
Aucaleuc
DINAN
Lanvallay
St-Piat
le Breuil
la Renardières
St-Pierre-de-Plesguen
la Peltrie

E 401
Quercy
Lorgeril
St-Igneuc
Beaubois
Pléven
St-Michel-de-Plélan
PLÉLAN-le-Petit
la Landec
Vildé-Guingalan
St-Maudez
St-Esprit
Château
Léhon
St-James
St-Solent
Plesder
les Champs-Géraux
le Tremblais
le Breuil-Caulnette

E 50
Tramain
JUGON-les-Lacs
Kergu
29
Brusvily
Trélivan
le Bocule
St-Carne
Tressaint
la Touche
Calorguen
la Touche
la Bourbansais
Pleugueneuc

Penguily
le Lorrain
Dolo
Quesny
Mégrit
Languédias
Trébédan
Bobital
le Hinglé-les-Granits
le Hinglé
Trévron
la Lande-du-Tournay
Grabuisson
la Croix-Juhel

Tréby
St-Glen
Plénée-Jugon
35
Véau Ruset
Ranléon
Grand Etang de Jugon
la Chalonge
la Roussais
766
ÉVRAN
Trévinal

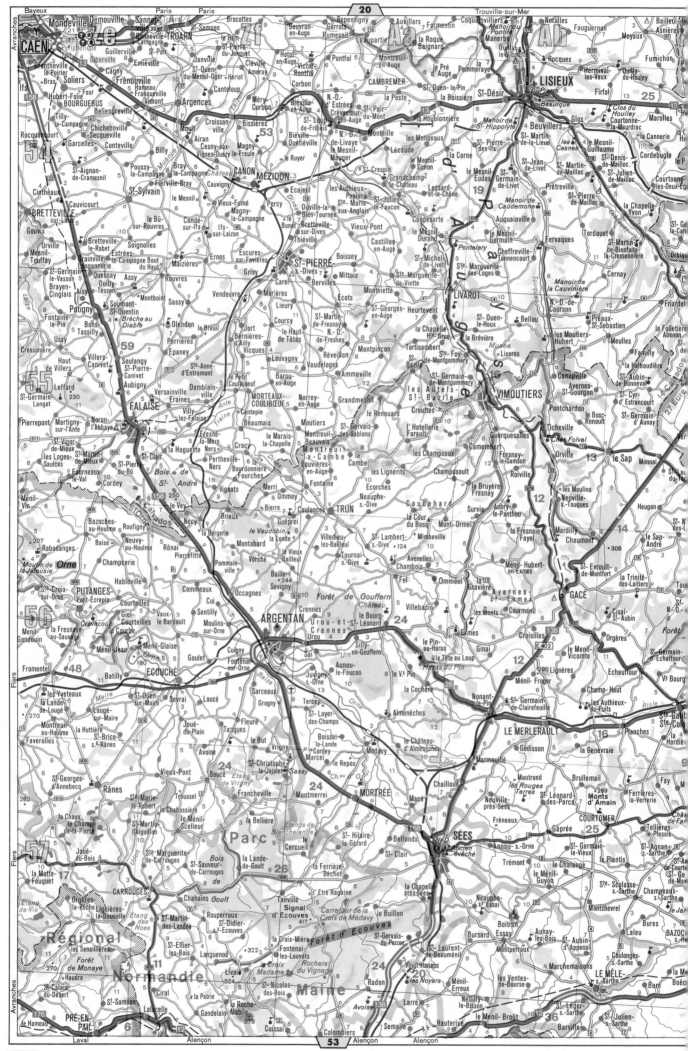

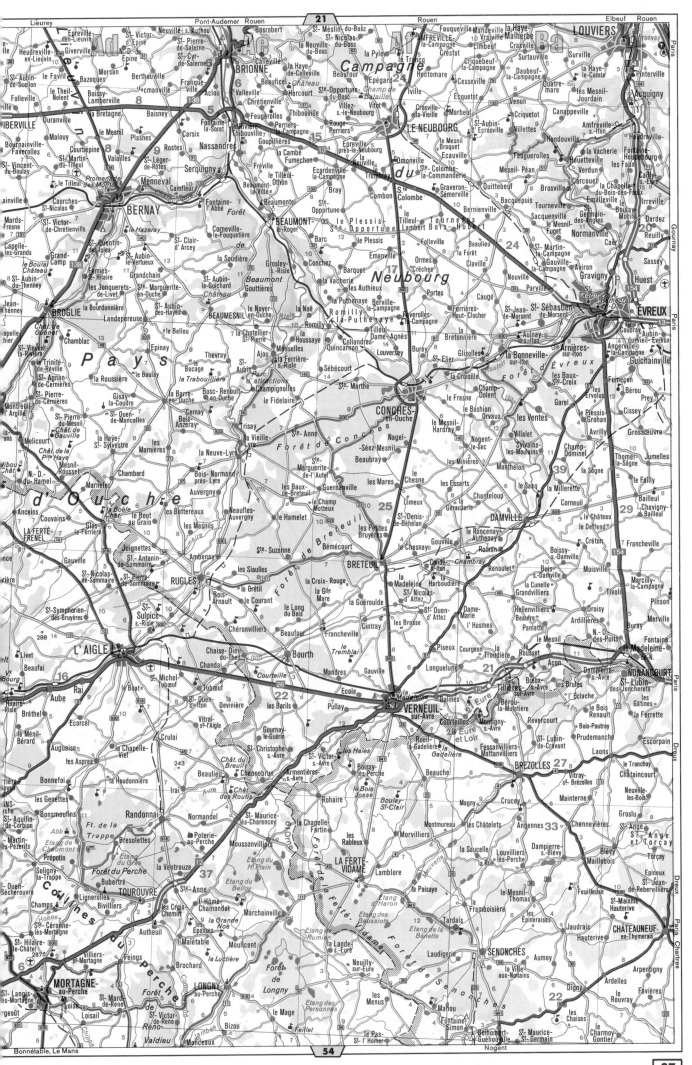

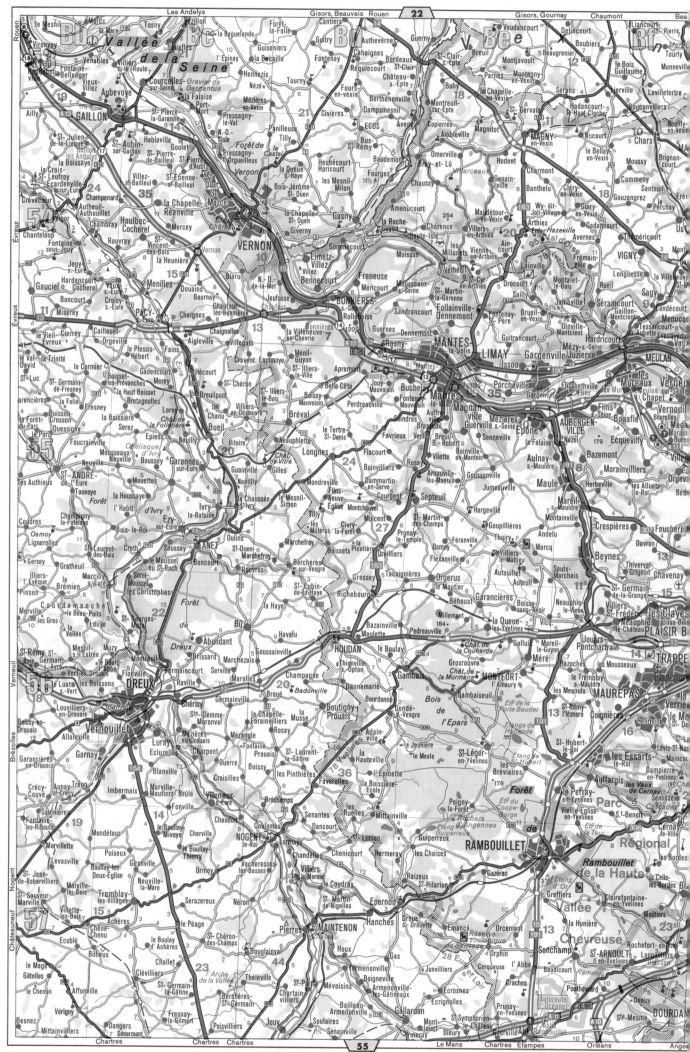

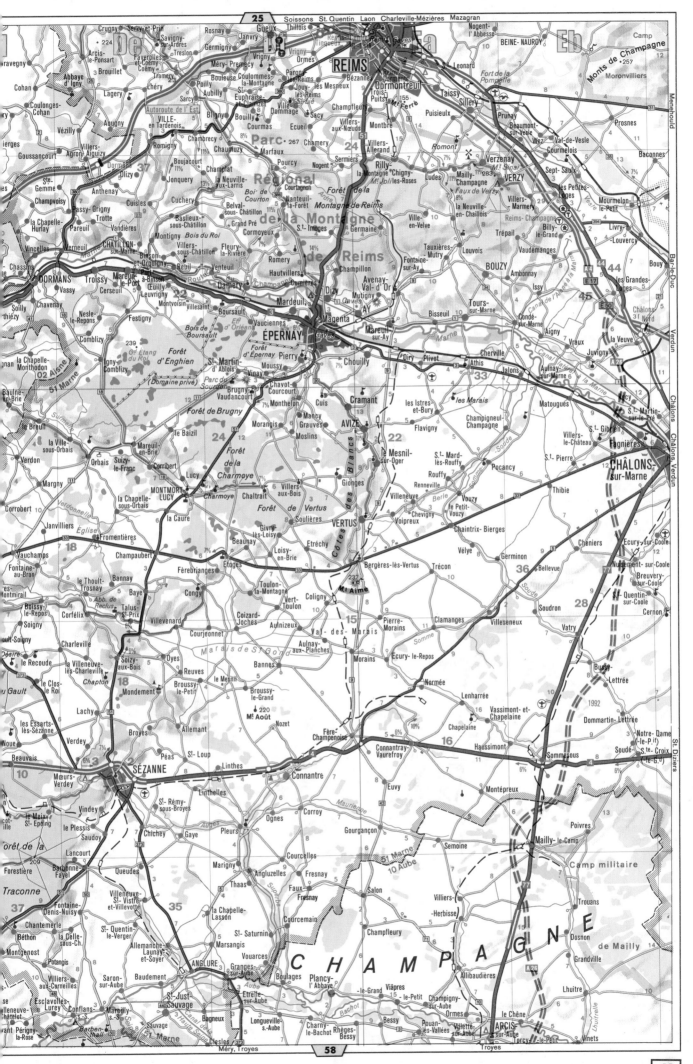

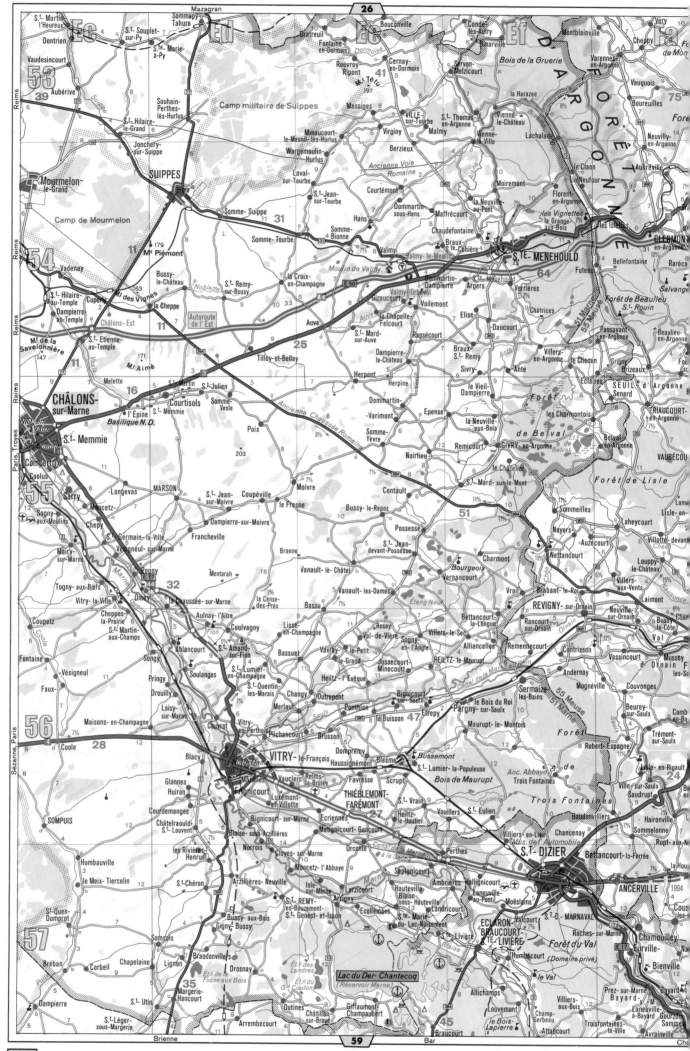

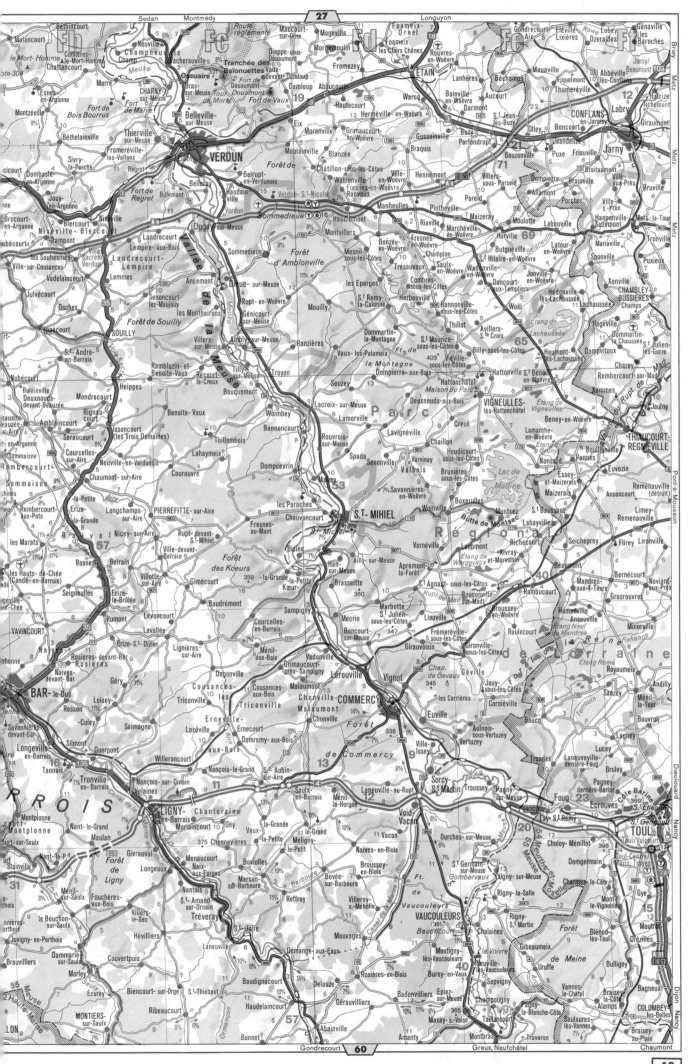

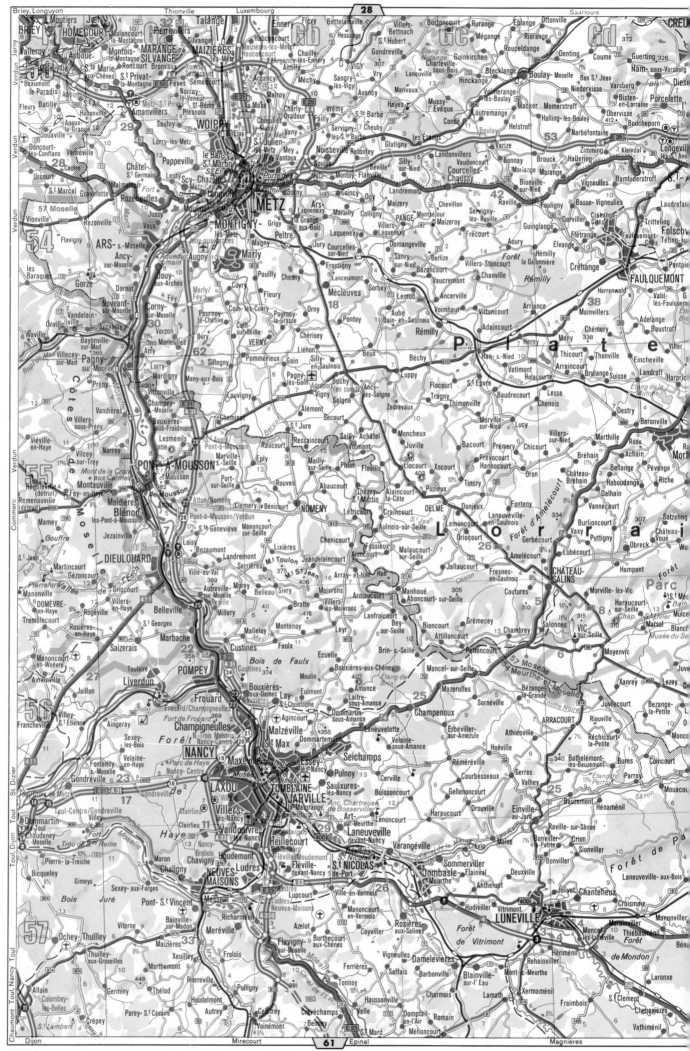

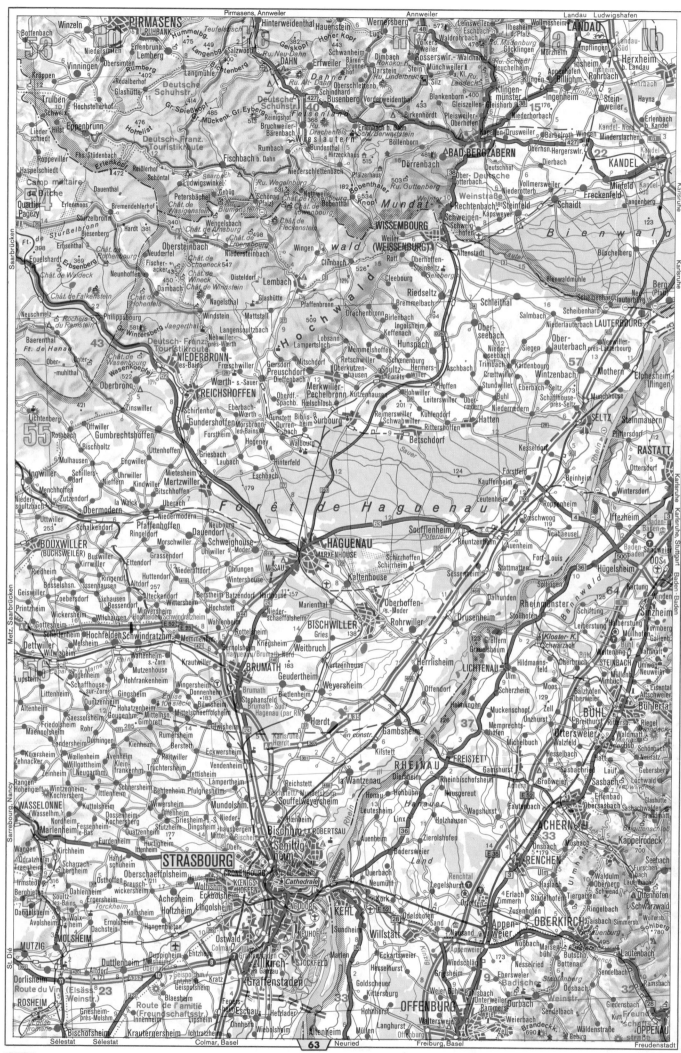

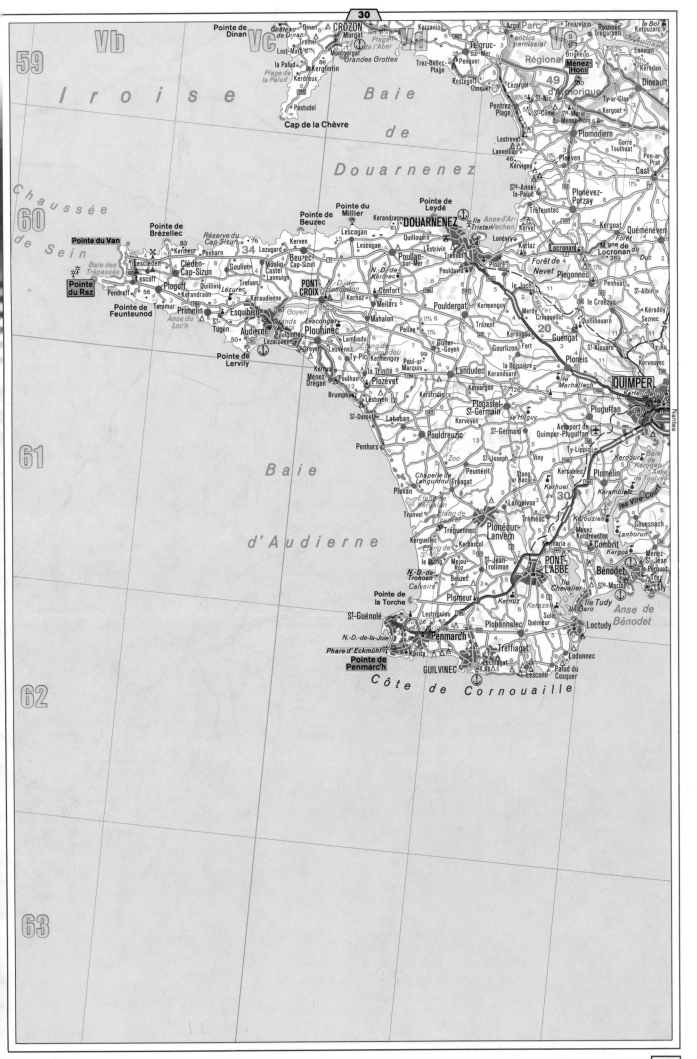

Vb

Pointe de Dinan VC Château de Dinan Dinan △ **CROZON** Kersaniou Argol Parc Treuzelom Rosnoën Tregarvan le Bot Kerouzac'h Aulne

59 Tromel Morgat enclos paroissial Régional Brigneun Lanvian Kéredan

Lost-Mars'h Montourgar Grandes Grottes Plage de l'Aber Telgruc-sur-Mer Penguer 49 d'Armorique 380 **Menez-Hom** Dineault

la Palud Kerglintin Trez-Bellec-Plage Rostegoff Cosquer St-Nic Ste-Marie-du-Menez-Hom Plomodiern Gorré Toulhoat Pen-ar-Prat Cast

Plage de la Palud Kerdreux Postudel Pentrez Plage Ste-Côme Ploeven Plonévez-Porzay Kergoat Quéménéven

Cap de la Chèvre Lestrevet Lanvelliau Kervigen Ste-Anne-la-Palud Tréfeuntec Kergoat Forêt M.ne de Locronan du Duc

I r o i s e B a i e de D o u a r n e n e z **Locronan** Kéradily

Pointe de Beuzec **Pointe du Millier** **Pointe de Leydé** Anse d'Ar-Tristan/echen Kerlaz Forêt de Nevet Penhoat St-Albin Seznec

C h a u s s é e Kerandraon **DOUARNENEZ** Île d'Ar-Tristan Lonévry Plogonnec le Croëzou

Pointe du Van **Pointe de Brézellec** Réserve du Cap Sizun Quillouarn Tréboul Ploaré Forêt de Quillihouarn Kéradily

60 Kermeur Kerven Lescogan Léstrivin Pouldavid le Juch Quillhouarn Guilvinec

de S e i n **Pointe du Van** Penharn Lezugard Lescogan Poullan-sur-Mer N.-D. de Kérinec Pouldavid le Juch Crinquellic Merdy

Lesclèden Cléden-Cap-Sizun Moulin-Castel Beuzec-Cap-Sizun N.-D. de Kérinec Confort 20 Guengat Ty-Ru

Lescoff Goulien Lannuign N.-D. du Rosprden Kerhoz Pouldergat Kermenguy Ploneis Kervouyec

Pointe du Raz Plogoff Quillivic Lézurec Keraudierne Meilars Mahalon Trézent Kerougou St-Alouarn

Baie des Trépassés Troloan PONT-CROIX Mahalon Pellay Gourlizon Fort la Boissière QUIMPER

Pendreff **Primelin** Kerandraon Grands Vars Lescongar Goyen Guiler-s-Goyen Kervargon le Marhallach Pluguffan

Pointe de Feunteunod Toramur Esquibien Goyen Lesvenez Ty-Pic Poul-ar-Marquis Landudec Kerandoaré Gallet-Mare

St-Tugen Audierne Poulgoazec Lambadu Kermenguy Guler-s-Goyen 126 le Hilguy Kerveyen St-Germain Baie de Kerogan

Anse du Loc'h Lezarouen St-Dreyer **Plouhinec** Poulhan la Trinité Kervra Plozévet Kerstridic Plogastel-St-Germain St-Germain Viny

Pointe de Lervily Kervra Ménez-Drégan Plozévet Lababan Kerveyen Aéroport de Quimper-Pluguffan Ty-Lippic Plomélin

61 B a i e Brumphuez Lestuyen Pouldreuzic Zoo St-Joseph Kersabiec Kerhuel Kerambleiz Anse de Toulvén

Penhors Penhors Peumérit Stang ar Bacol 30 les Vire-Cour

d' A u d i e r n e Plovan Chapelle de Languidou Tréogat Languivoa Tréméoc Kerouzien Gouesnach

Étang de Kergalan Étang de Trunvel Tréguennec Plonéour-Lanvern Menez Kerdréanton Lanhorun Combrit

Trunvel Kerguellec Kerbascol Kermaria Kergos Ménez-St-Jean-le-Perguet

le Stang Méjou-Roz St-Jean-Trolimon Kermana **PONT-L'ABBÉ** **Bénodet** Trez-Léty

N.-D.-de-Tronoën Calvaire Beuzec St-Jean-Trolimon Île Chevalier Ste-Marine

Pointe de la Torche Plomeur Kernuz Île Tudy Île Garo Anse de Bénodet

St-Guénolé Lestriguiou Plobannalec Quémeur Loctudy

N.-D.-de-la-Joie **Penmarch** Treffiagat Lodonnec

Phare d' Eckmühl Kérity Léchiagat Palud du Cosquer

Pointe de Penmarc'h **GUILVINEC** Lesconil

C ô t e d e C o r n o u a i l l e

62

63

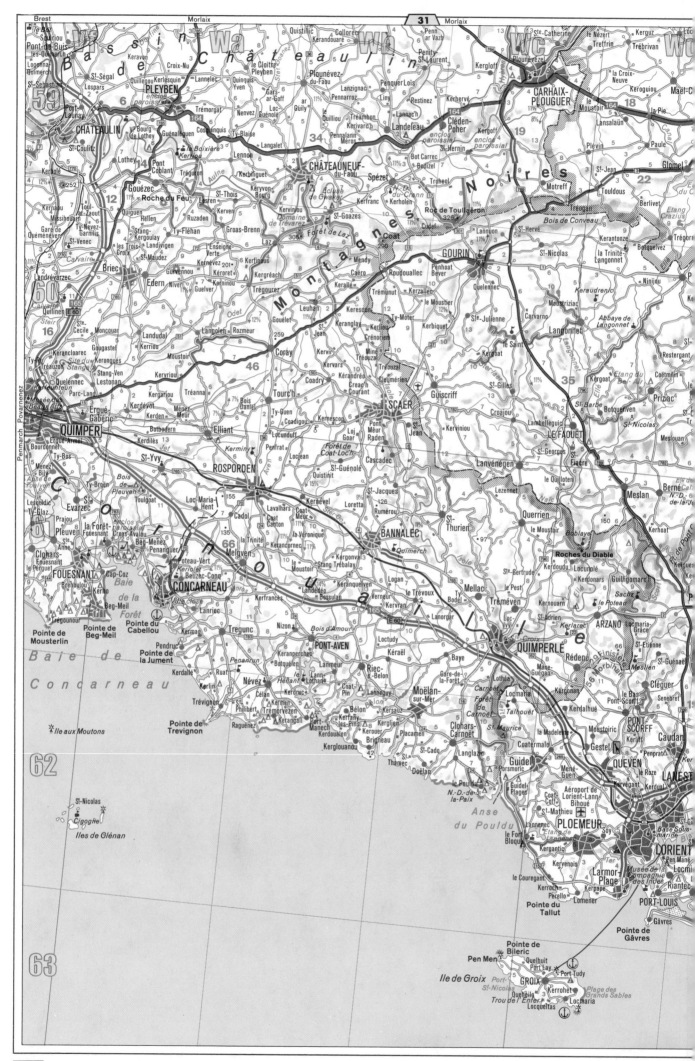

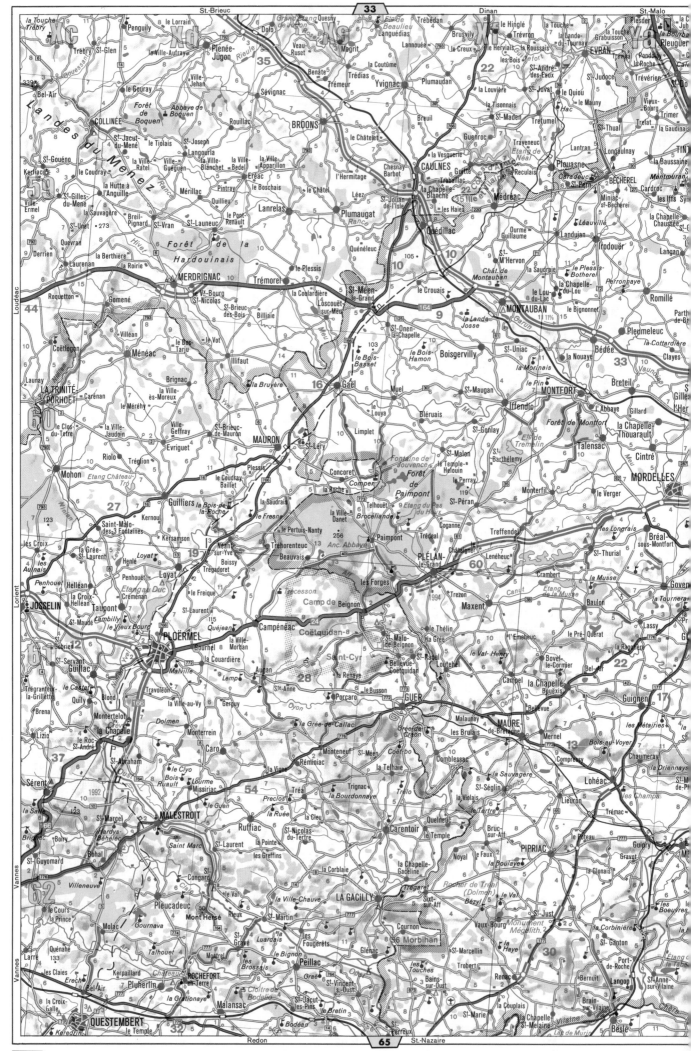

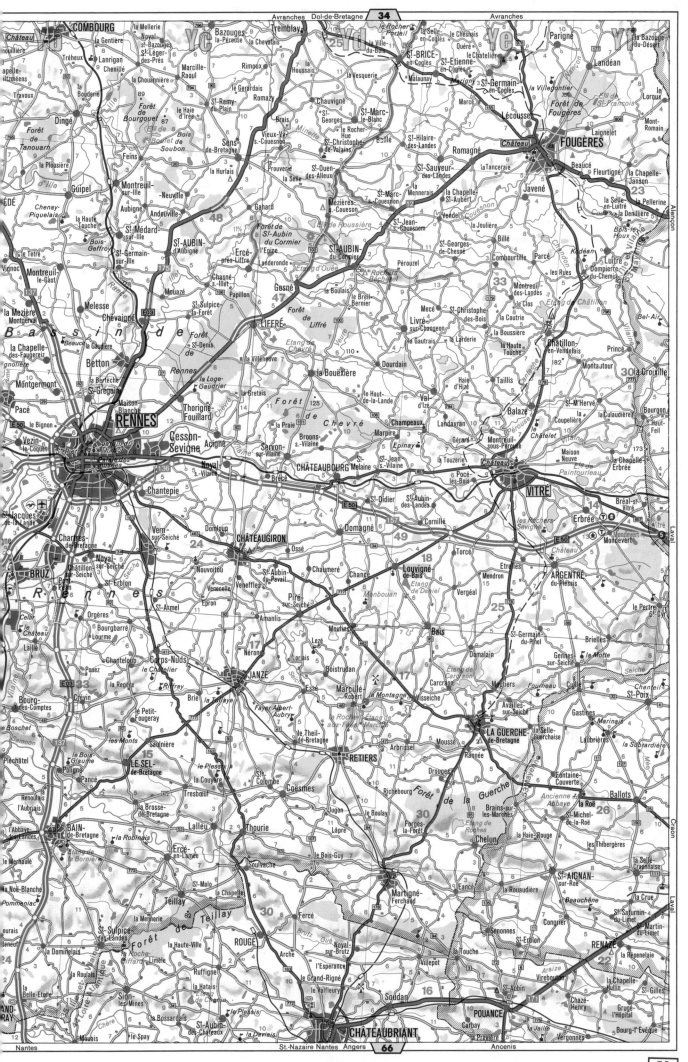

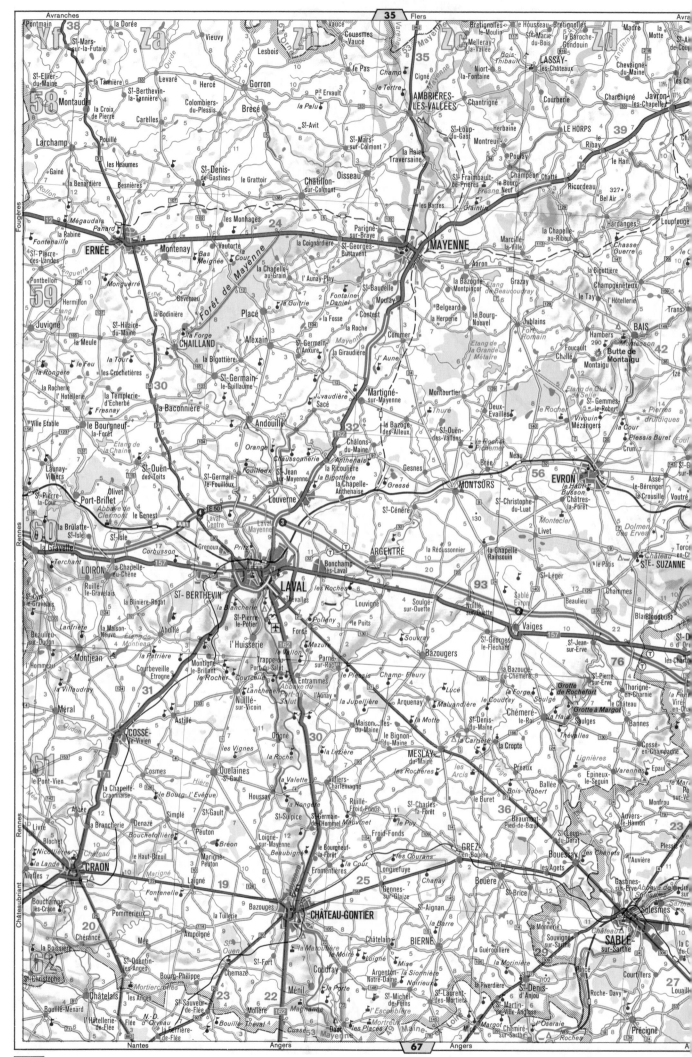

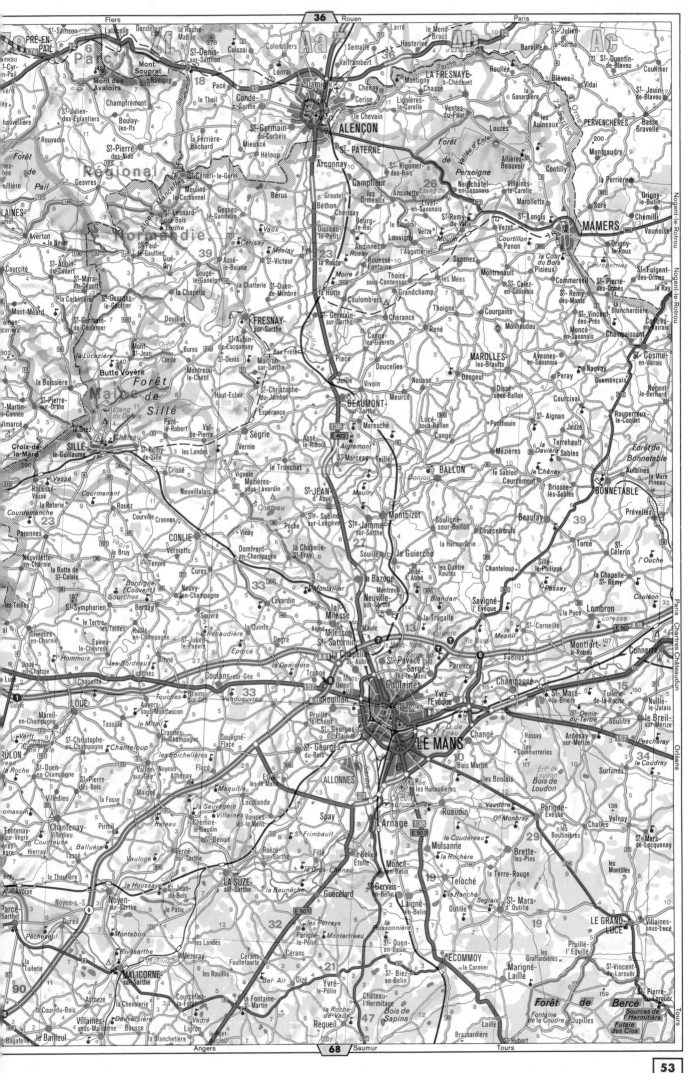

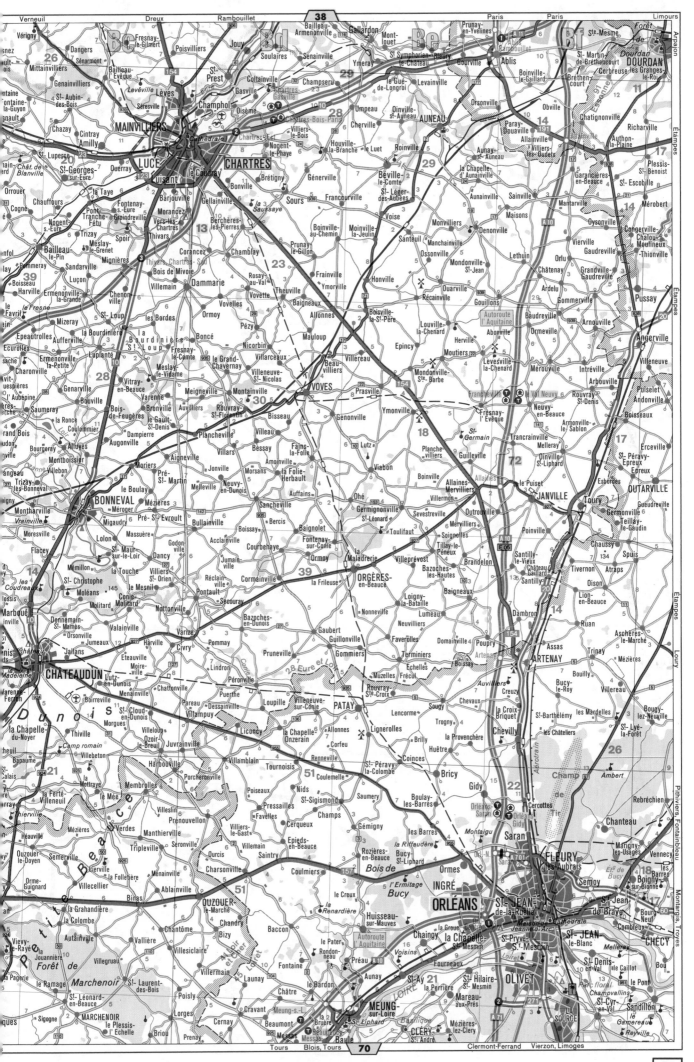

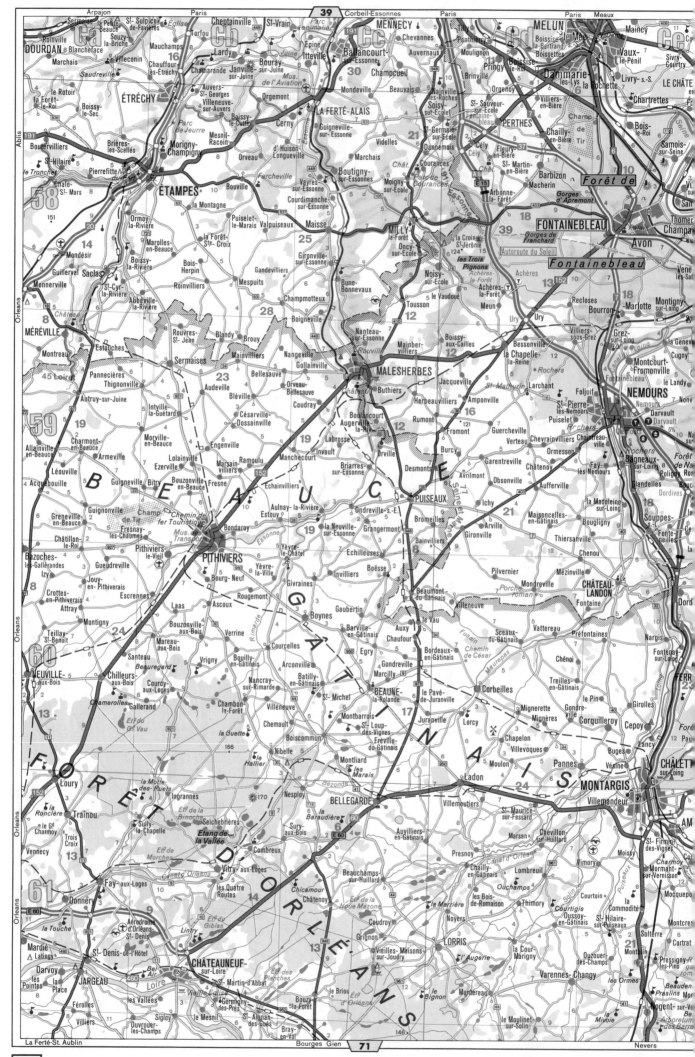

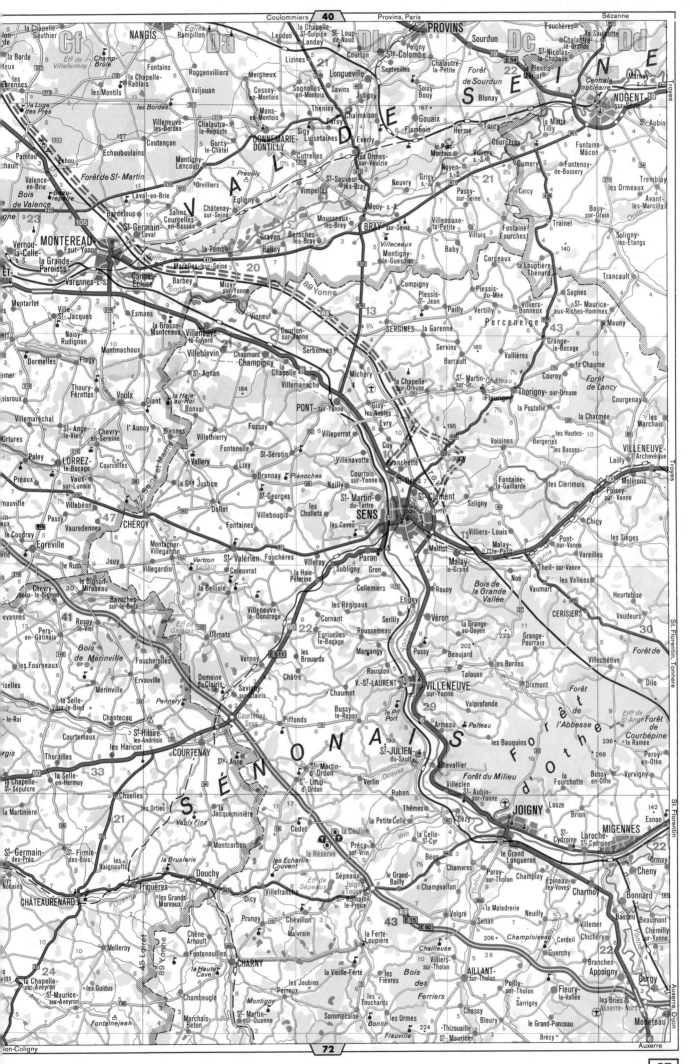

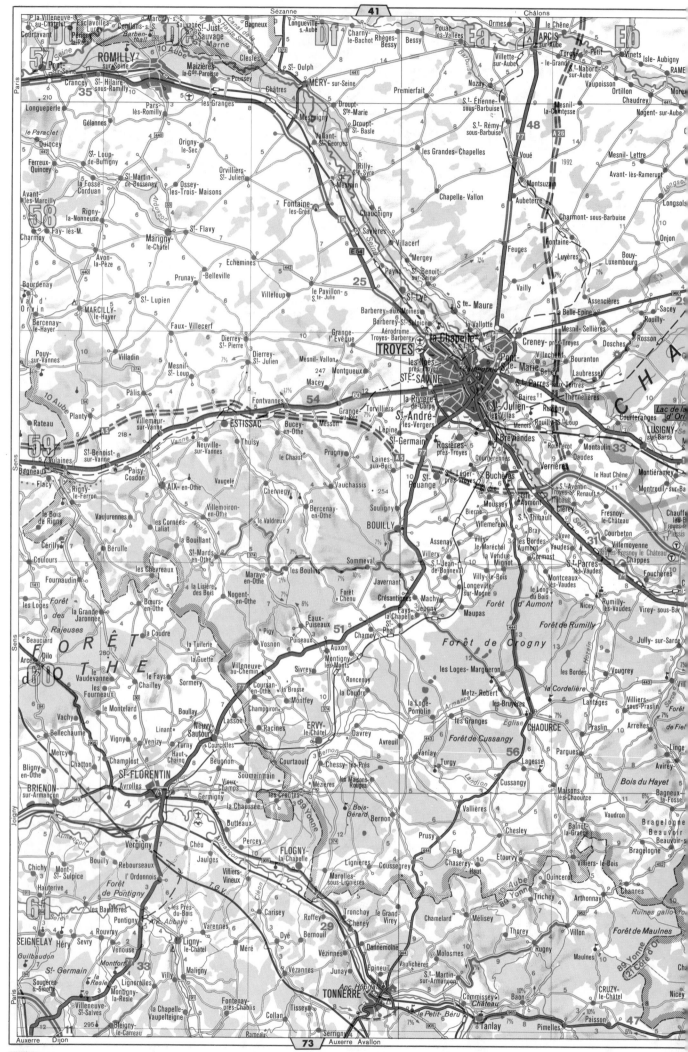

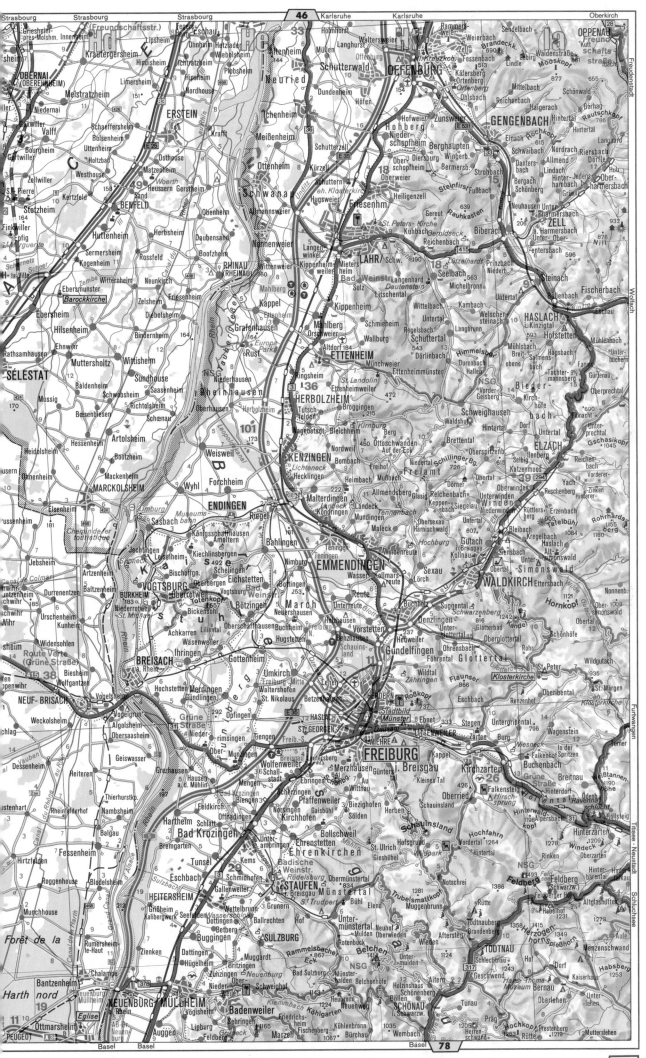

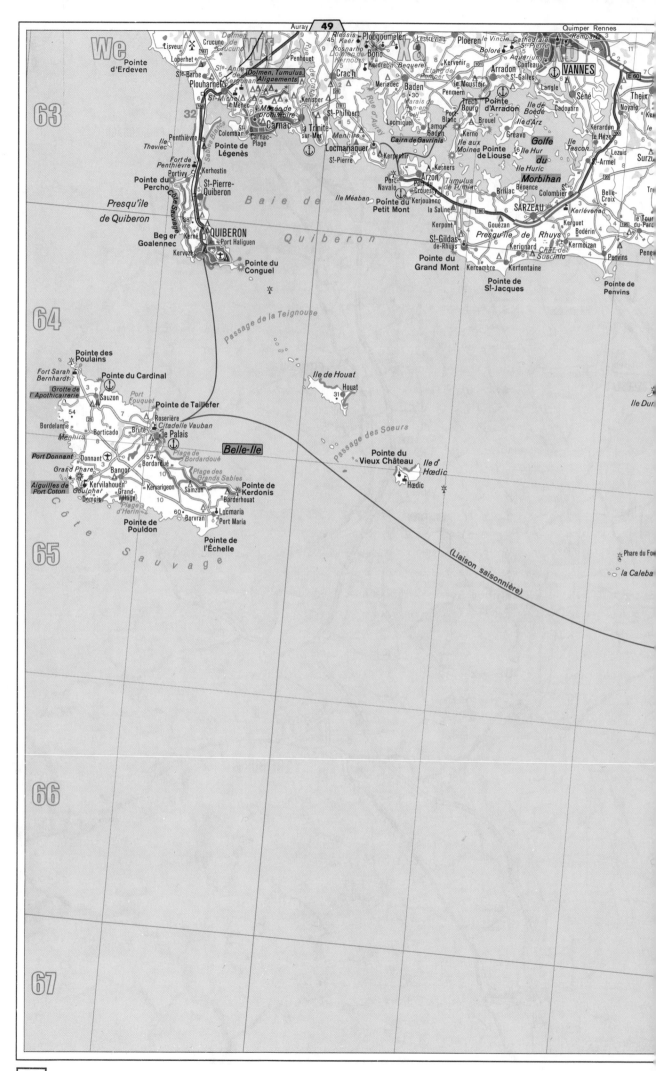

We

Pointe
d'Erdeven

63

Lisveur
Loperhet

Crucuno

Ste-Barbe
Plouharnel

St-Michel

le Menec

Penthièvre
Île
Theviec

Fort de
Penthièvre
Portivy

Pointe du
Percho

Kerhostin

St-Pierre-
Quiberon

Presqu'île
de Quiberon

Beg er
Goalennec

QUIBERON
Kerné
Port Haliguen
Kervozes

Pointe du
Conguel

64

Pointe des
Poulains

Fort Sarah
Bernhardt

Pointe du Cardinal

Grotte de
l'Apothicairerie

Sauzon

Port
Fouquet

Pointe de Taillefer

54

Bordelame

Borticado

Bruté

Roserière
Citadelle Vauban
le Palais

Menhirs

Belle-Île

Port Donnant

Donnant

Grand Phare

Bangor

Plage de
Bordardoué

Bordardué

Aiguilles de
Port Coton

Kervilahouen
Goulphar
Demois

Plage des
Grands Sables

Kervarigeon

Grand-
Village

Samzun

Pointe de
Kerdonis

Borderhouat

Plage
d'Herlin

Locmaria

Pointe de
Pouldon

Borvran
Port Maria

Pointe de
l'Échelle

65

Côte Sauvage

Dolmen de
Crucuno

Ste-Anne
d'Auray

Penhouet

Carnac-
Plage

Colomban

Crac'h

Dolmen, Tumulus,
Alignements

Musée de
préhistoire

CARNAC

Kerisper

St-Philibert

la Trinité-
sur-Mer

Menhirs

St-Pierre

Pointe de
Légenès

Sables Blancs

Baie de

Plessis
Kaër

Rosnarho

Locmariaquer

Kerpenhir

Quiberon

Ile Méaban

Pointe du
Petit Mont

Passage de la Teignouse

Ile de Houat

Houat

31

Passage des Soeurs

Pointe du
Vieux Château

Hoedic

Île d'
Hoedic

(Liaison saisonnière)

Plobgoumelen
Lestreviau
Boho

Kerdrec'h
Bequerel

Meriadec

Baden

Marais de
Pen-en-
Toul

Lomiquel

Lamor
Baden

Port
Blanc

Ploeren
Boloré

Kervenir

le Vincin
St-Pierre

Cathédrale

Aquarium

Etang de
Pomper

Arradon
St-Gildas

le Moustoir

Trech
Bourg

Penmern

Kerno

Île aux
Moines

Pointe
d'Arradon

Île d'Arz

Gréavo

Pointe
de Liouse

Île Huric

Arzon

Port
Navalo

Pointe de
Crouesty

Tumulus
de Tumiac

la Saline

Kerjouanno

Kerpont

St-Gildas
de-Rhuys

Brillac

Bénance

Presqu'île

Kerignard

Kercambre

Pointe du
Grand Mont

Kerfontaine

Pointe de
St-Jacques

VANNES

Séné

Langle

Île de
Boëdé

Conleau

Kerarden
le Hézo

le Hur

Golfe
du
Morbihan

Île
Tascon

St-
Colombier

de

Rhuys

Kerguet

Kermoizan

Chât. de
Suscinio

Theix

Noyalo

Surzur

Belle-
Croix

le Tour
du-Parc

Pointe de
Penvins

Île Dur

Phare du Fou

la Caleba

64

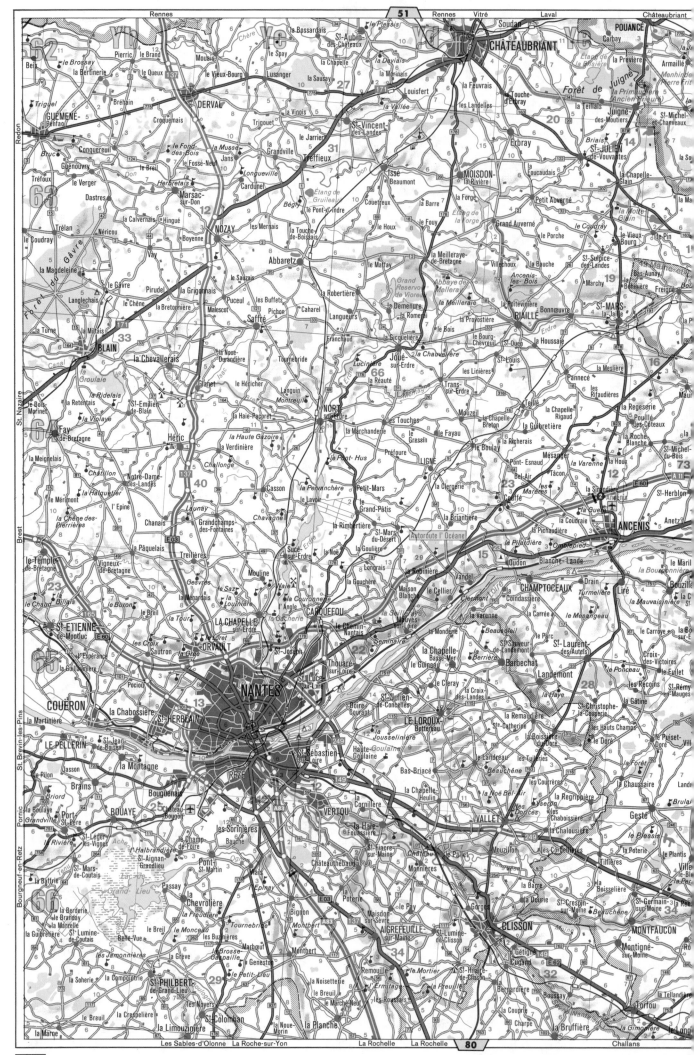

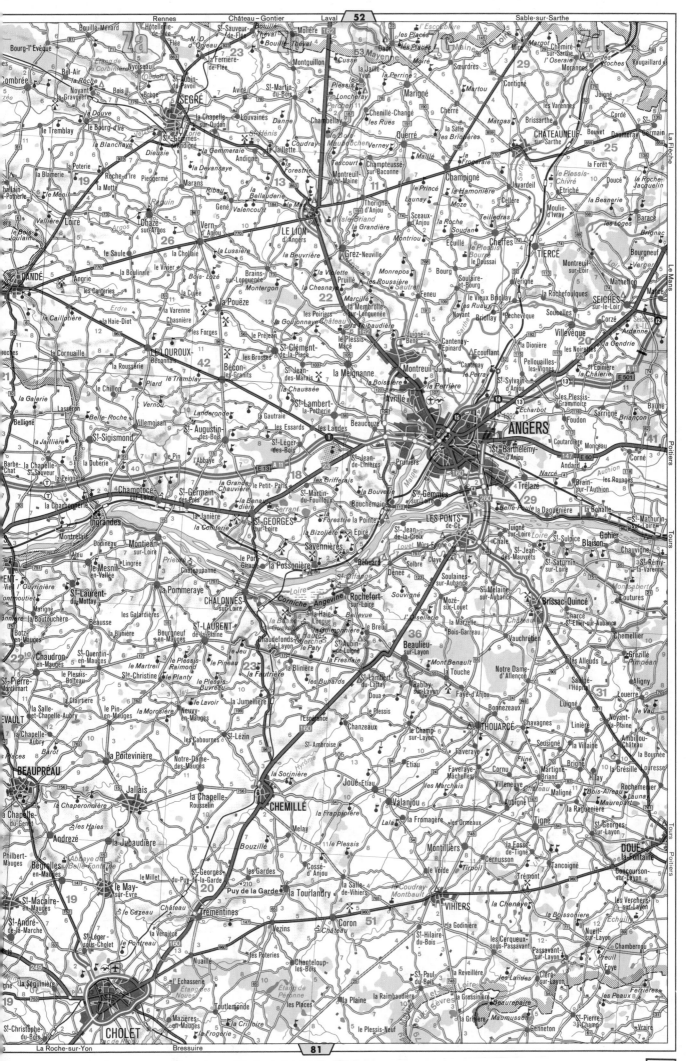

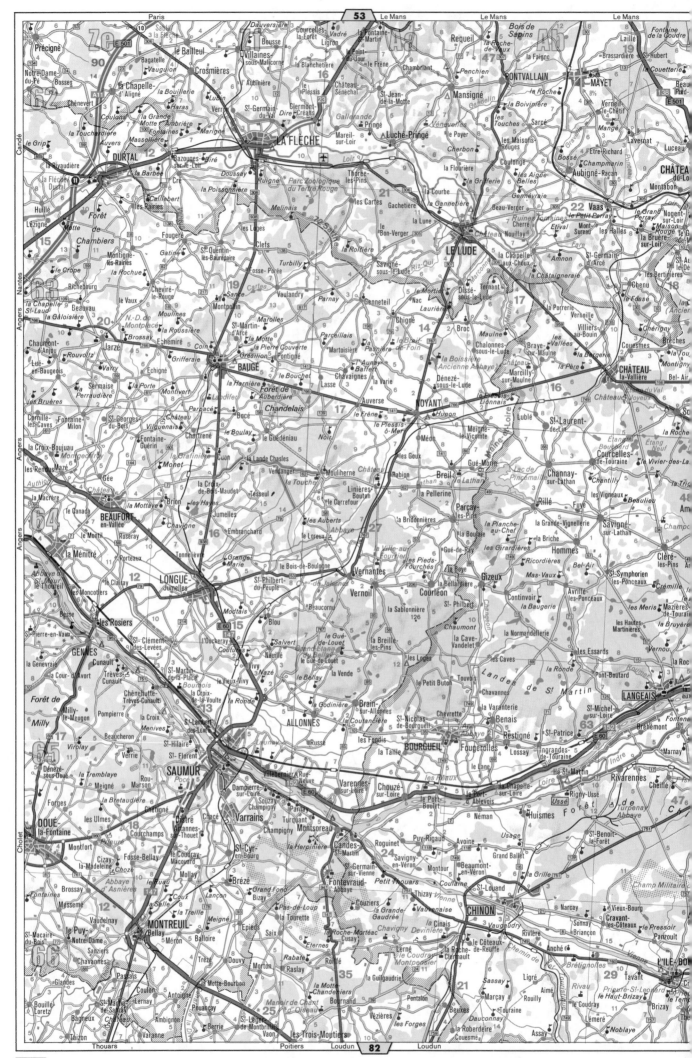

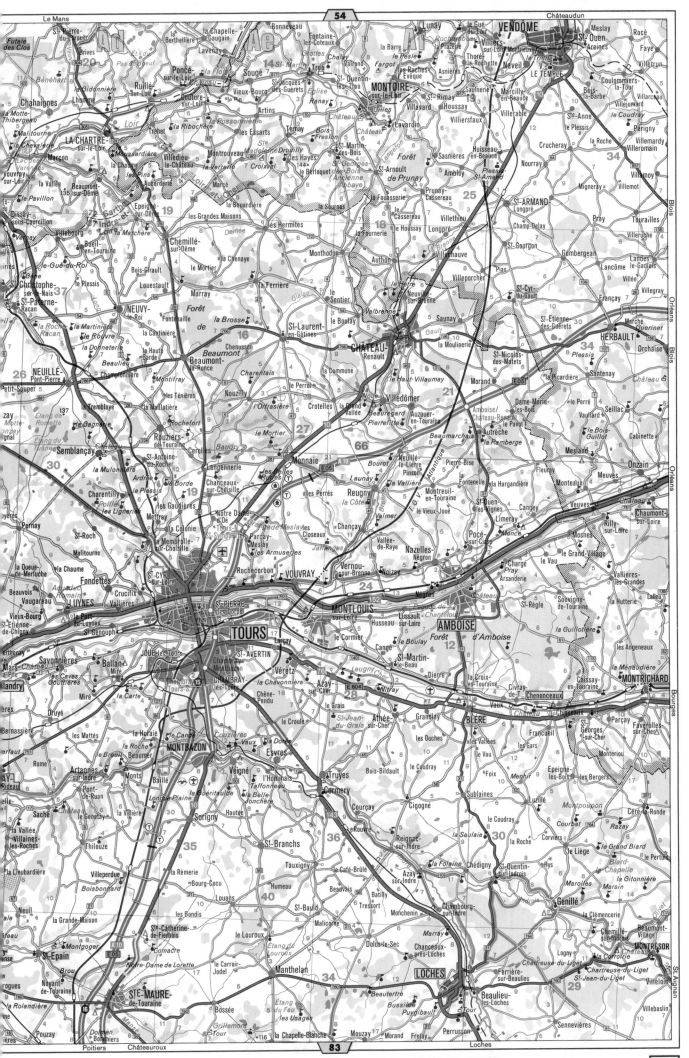

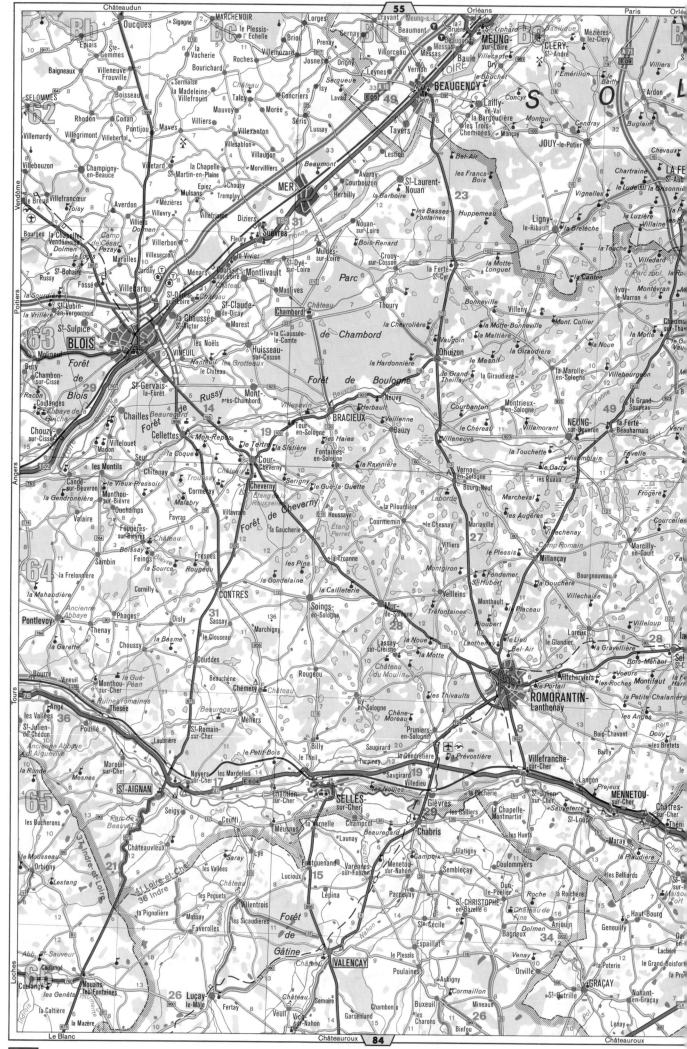

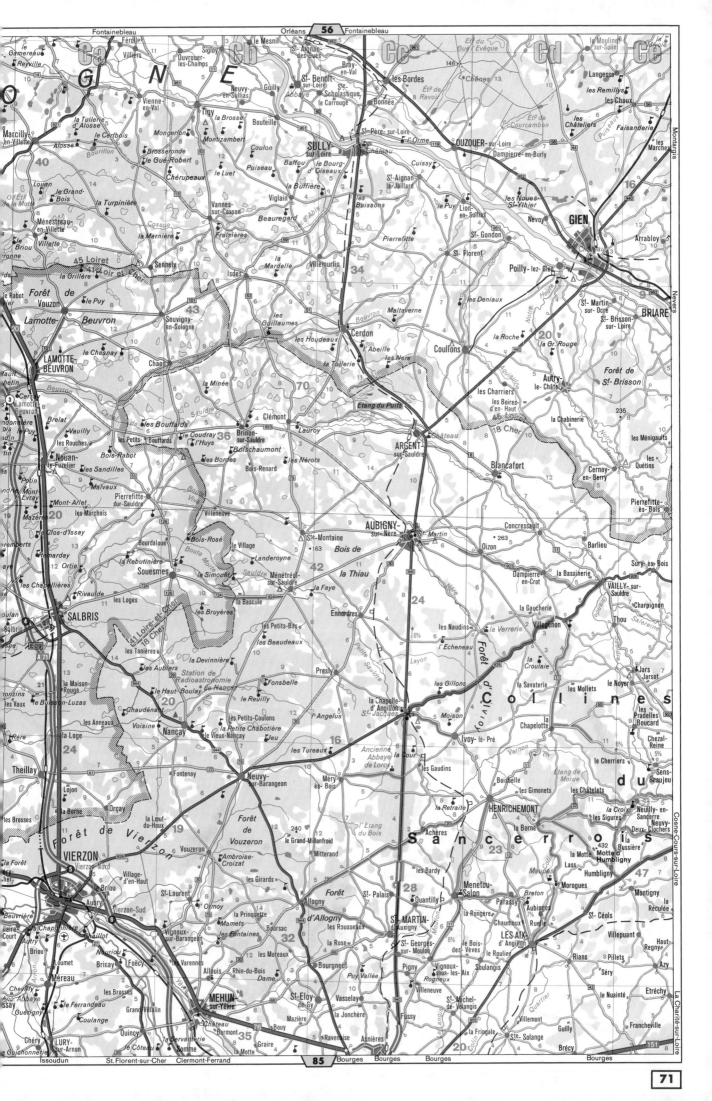

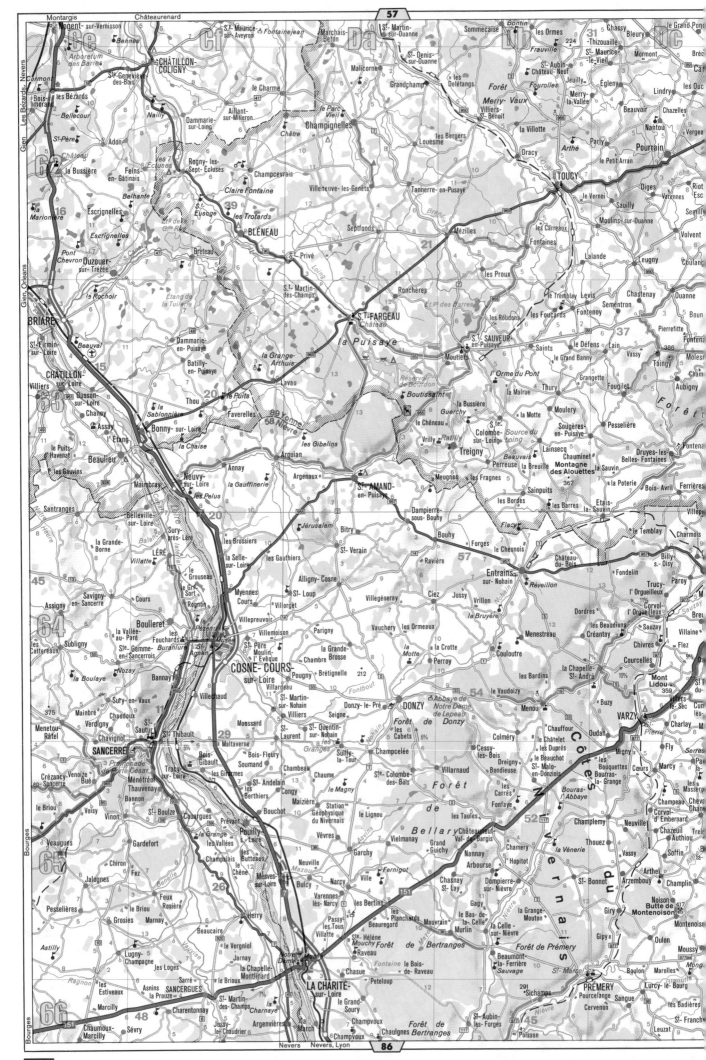

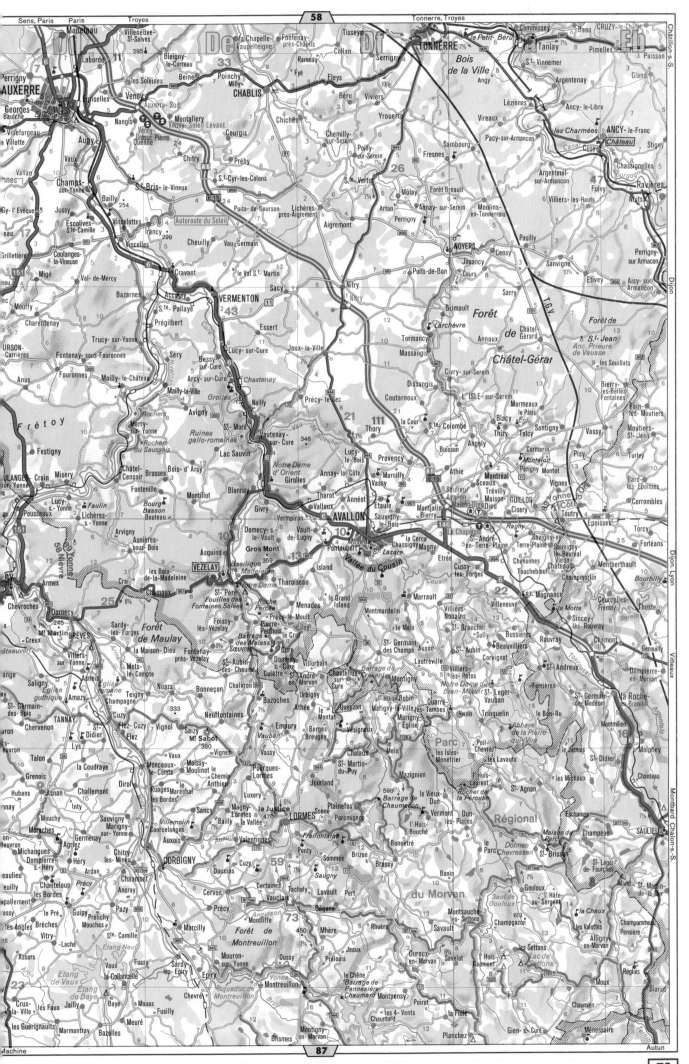

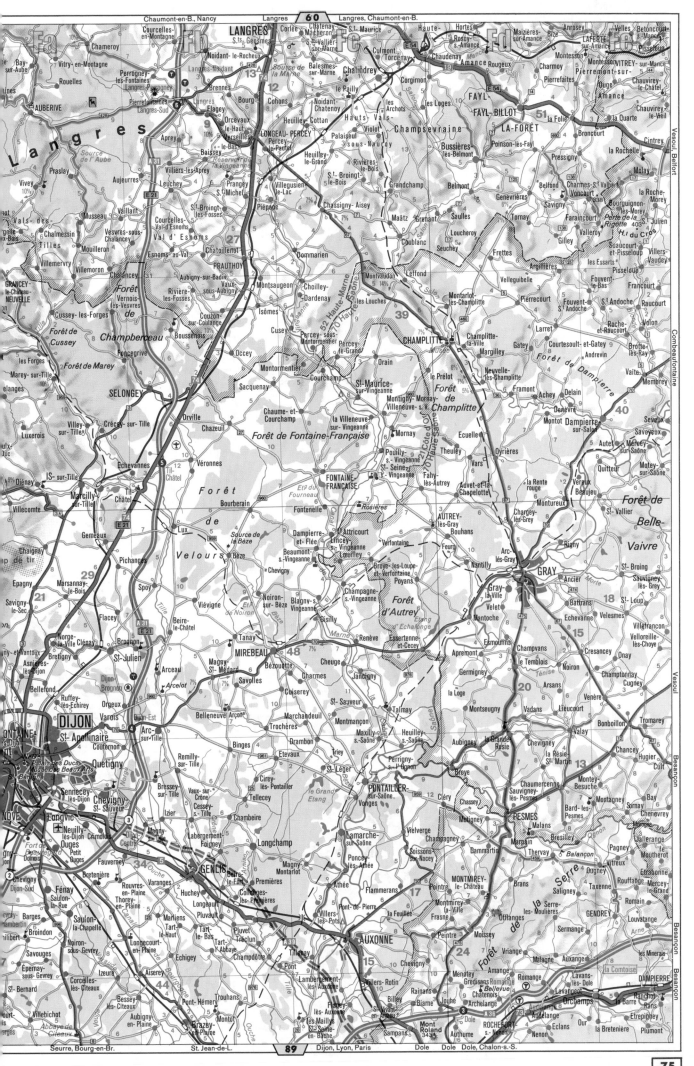

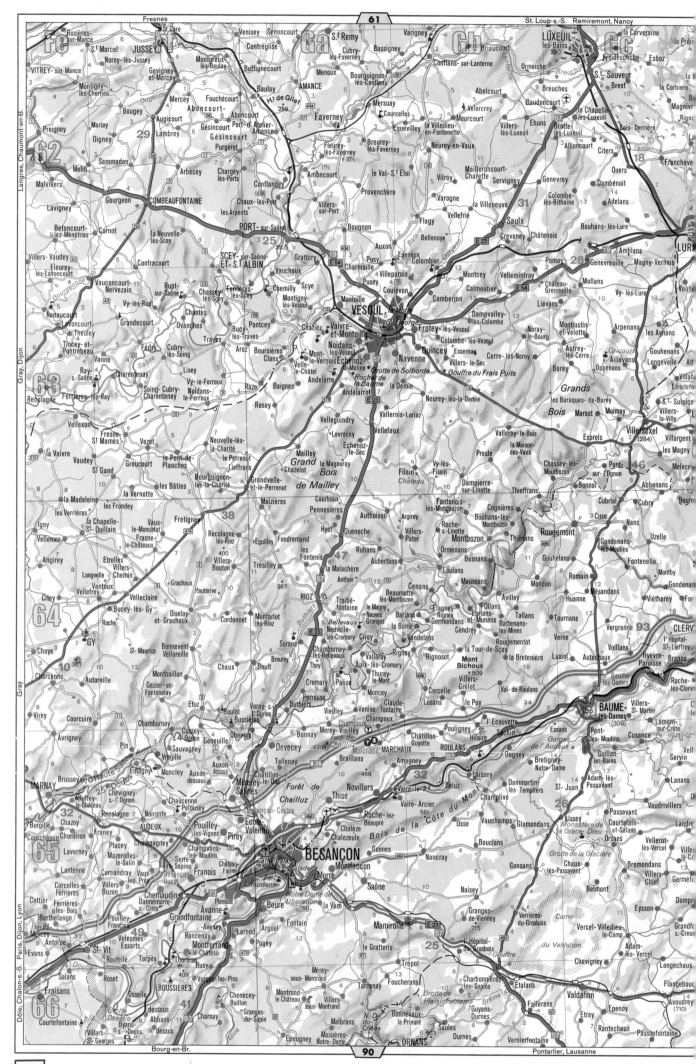

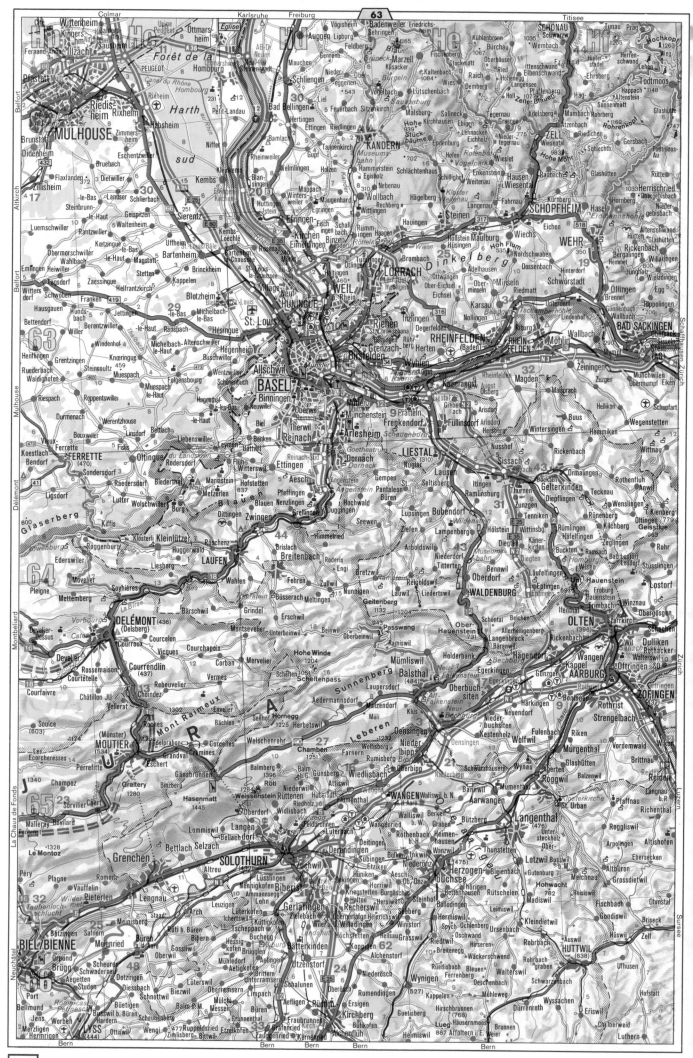

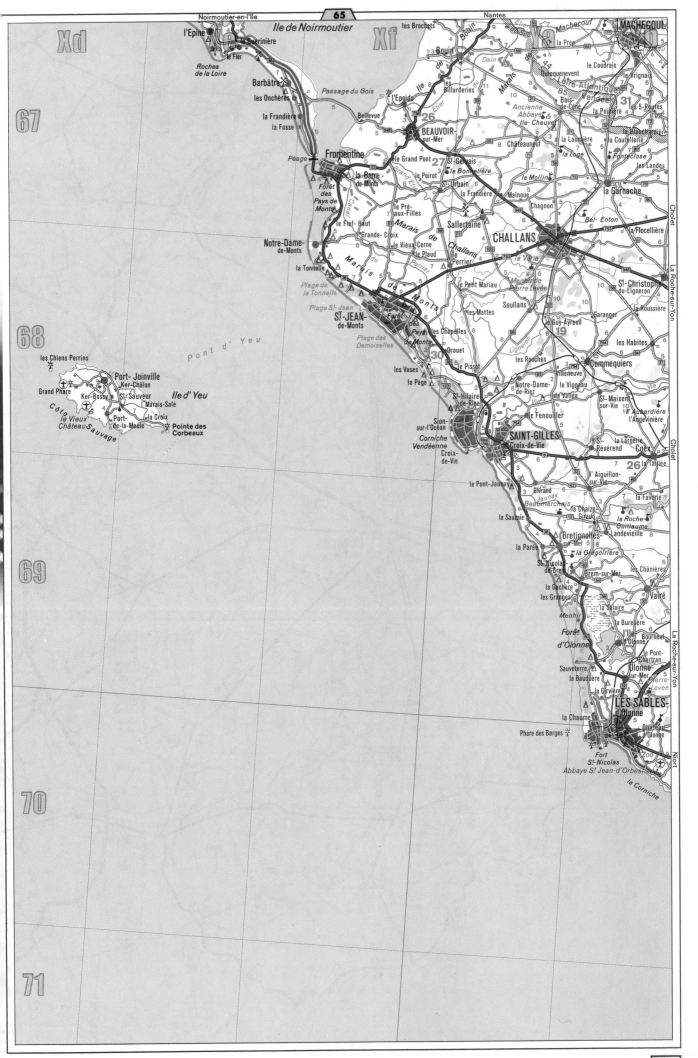

Noirmoutier-en-l'Ile
Ile de Noirmoutier
Nantes
MACHECOUL

Xd
Xf
Ya

l'Epine
les Brochets
Machecoul
la Prée
le Coudrais

la Guérinière
Bouin
Dain
Quinquenevent
le Vrignais

le Fier
Loire-Atlantique
85 Vendée
31

Roches
de la Loire
les Billarderies
Bois-
de-Céné
la Poirière
les 5-Routes

67
Barbâtre
Passage du Gois
l'Epoids
Ancienne
Abbaye
Ile-Chauvet
la Blanchardière
la Coutellerie

les Onchères
Bellevue
BEAUVOIR-
sur-Mer
Châteauneuf
la Laumière
la Loge
Fonteclose
les Landes

la Frandière
la Fosse
le Grand Pont
St-Gervais
la Bonnetière
le Mollin
la Garnache

Fromentine
27
St-Urbain
la Frandière
Malnoue
Chagnon
Bel- Enton
la Flocellière

Péage
la Barre-
de-Monts
le Poirot
Sallertaine
la Varie
St-Christophe
du-Ligneron

Forêt
des Pays de
Monts
le Pré-
aux-Filles
Marais
de
Challans
CHALLANS
la Roussière

le Fief- Haut
Grande- Croix
le Vieux-Cerne
le Plaud
le Perrier
Menhir de
Pierre Levée
St-Maixent
sur-Vie
les Habites

Notre-Dame-
de-Monts
la Tonnelle
le Petit Mariau
Soullans
le Guy-Ayraud
19
Garanger

Plage de
la Tonnelle
Marais
de
Monts
les Mattes
Commequiers

Plage St- Jean
Forêt
les Chapelles
les Rouches
Villeneuve

68
les Chiens Perrins
Pont d' Yeu
ST-JEAN-
de-Monts
des
Pays
de Monts
Orouet
le Vigneau
la Vallée

Grand Phare
Port- Joinville
Ker-Châlon
Ile d' Yeu
le Pissot
Notre-Dame-
de-Riez
Aubardière
l'Angevinière

Ker-Bossy
St-Sauveur
Marais-Salé
les Vases
la Pège
St-Hilaire-
de-Riez
le Fenouiller
St-Révérend
Coëx

le Vieux
Château
Côte Sauvage
Port-
de-la-Meule
la Croix
Pointe des
Corbeaux
Sion-
sur-l'Océan
SAINT-GILLES-
Croix-de-Vie
la Largerie
26
la Taillée

Corniche
Vendéenne
Croix-
de-Vie
le Pont-Jaumay
Givrand
Jaunay
Beaumarchais
l' Aiguillon-
sur-Vie
la Faverie

69
la Sauzaie
la Chaize-
Giraud
la Roche
Guillaume
Landevieille

Bretignolles-
sur-Mer
la Grégoirière
les Chânières

la Parée
St-Nicolas-
de-Brem
Brem-sur-Mer
Vairé

la Gachère
les Granges
la Salaire

Menhir
la Burelière

Forêt
d'Olonne
l'Ile-
d'Olonne
Bourneuf
le Pont-
Chartran

Sauveterre
la Baudière
Olonne-
sur-Mer
Pierre-
Levée

la Girvière

70
LES SABLES-
d'Olonne

la Chaume
Château
d'Olonne

Phare des Barges
Fort
St-Nicolas
Zoo

Abbaye St Jean-d'Orbestier
la Corniche

71

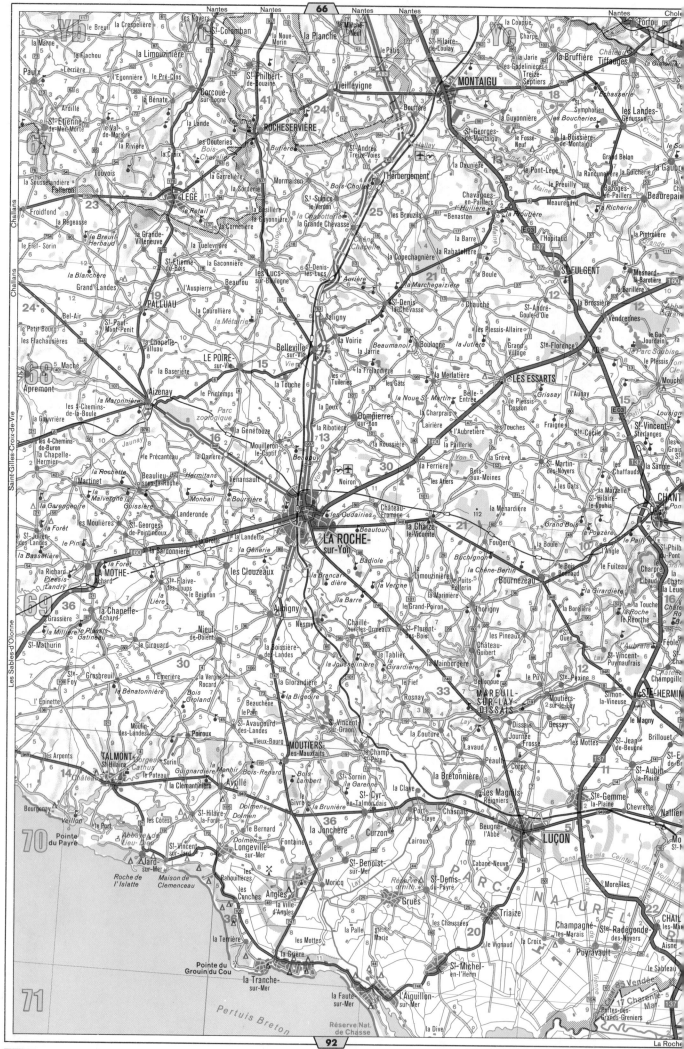

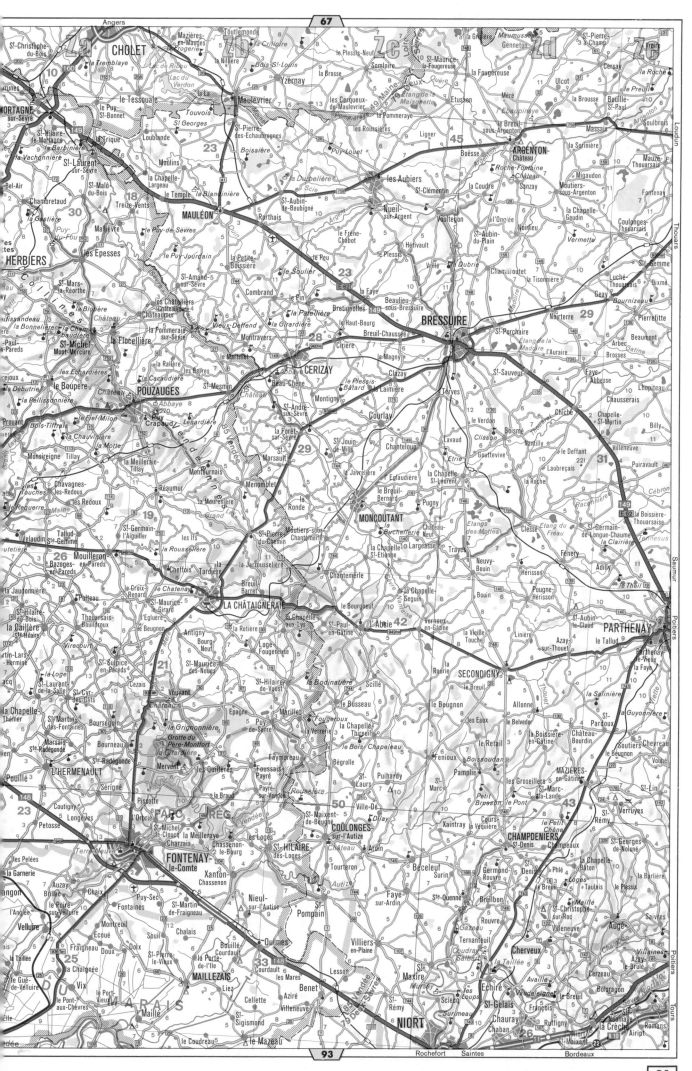

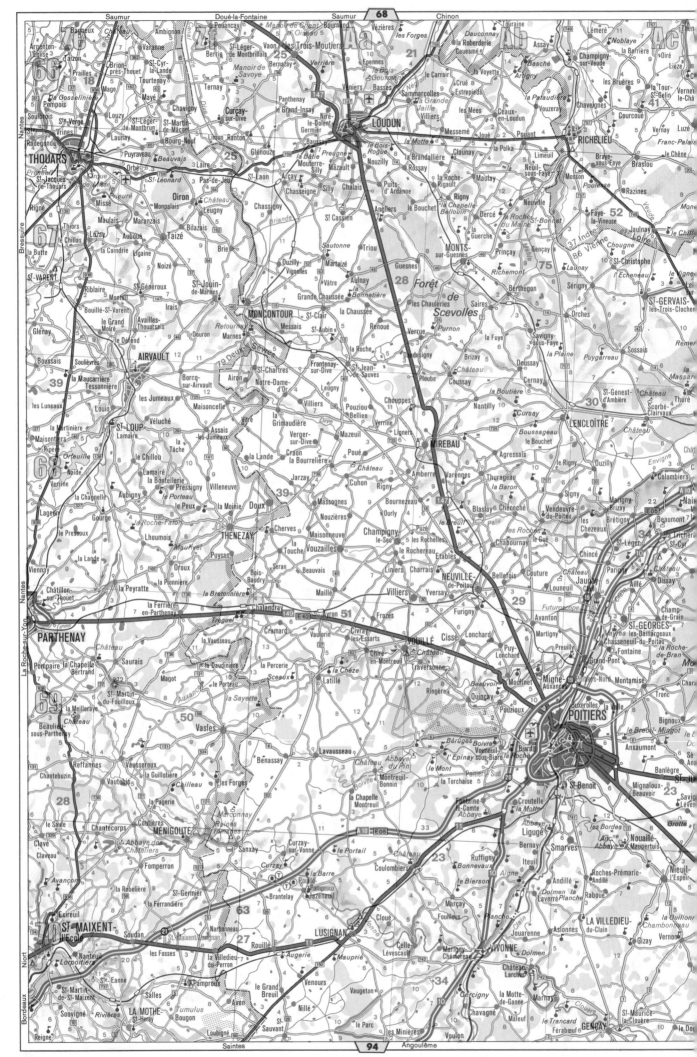

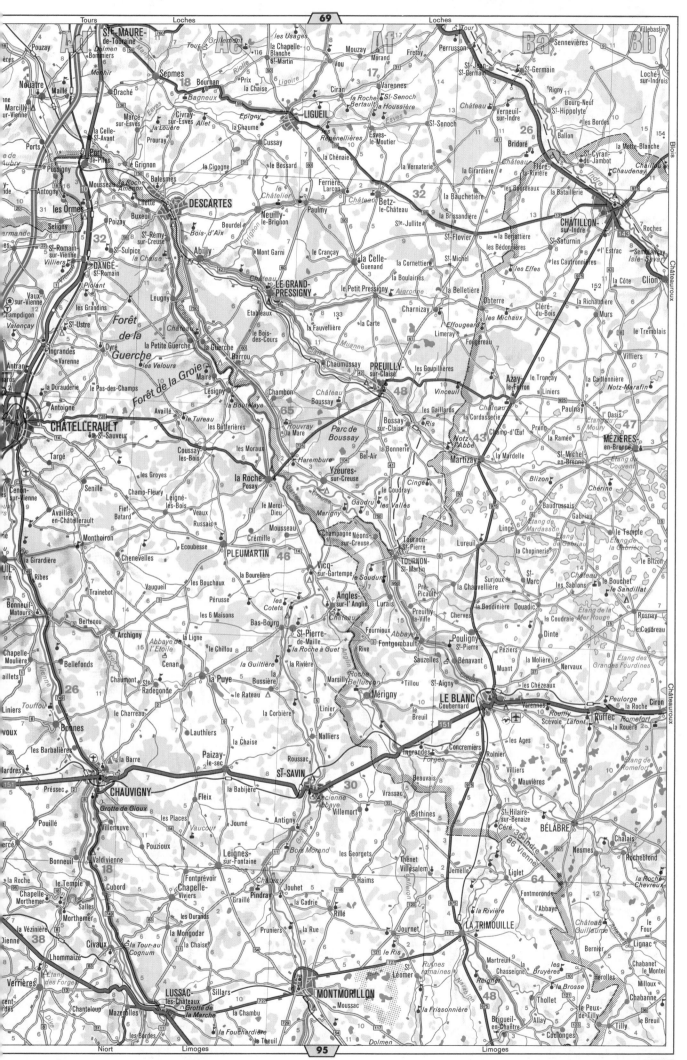

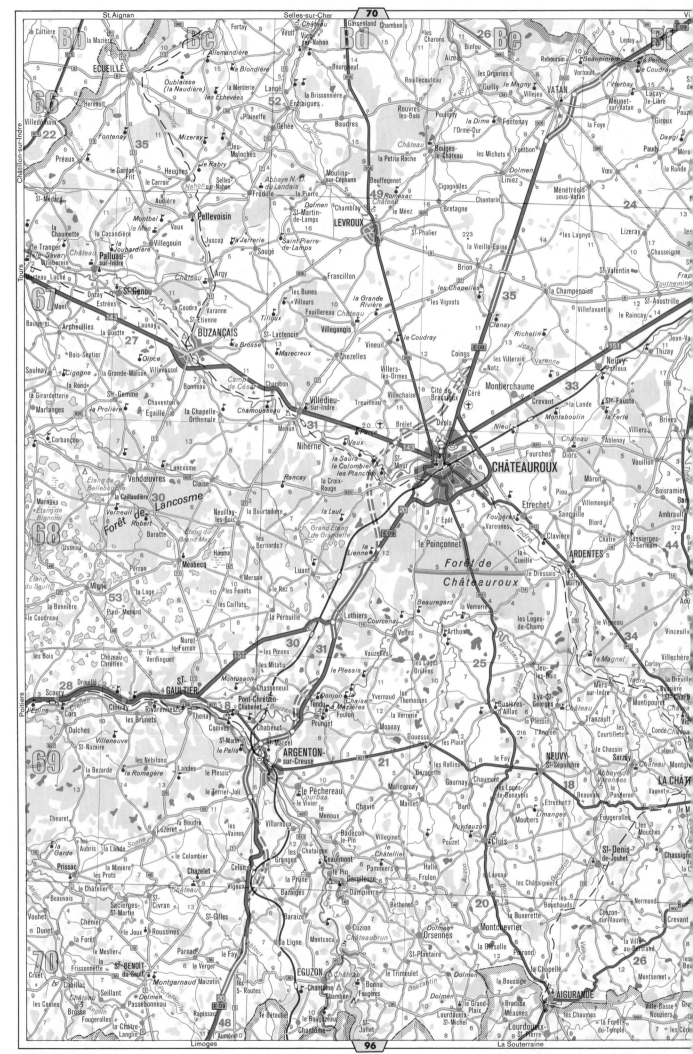

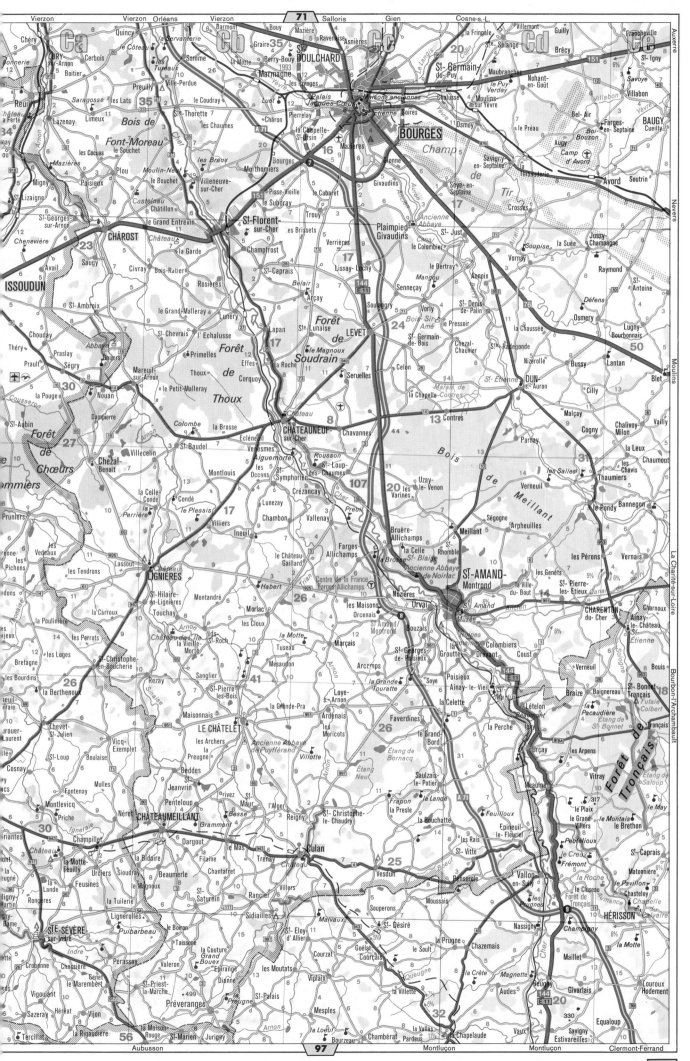

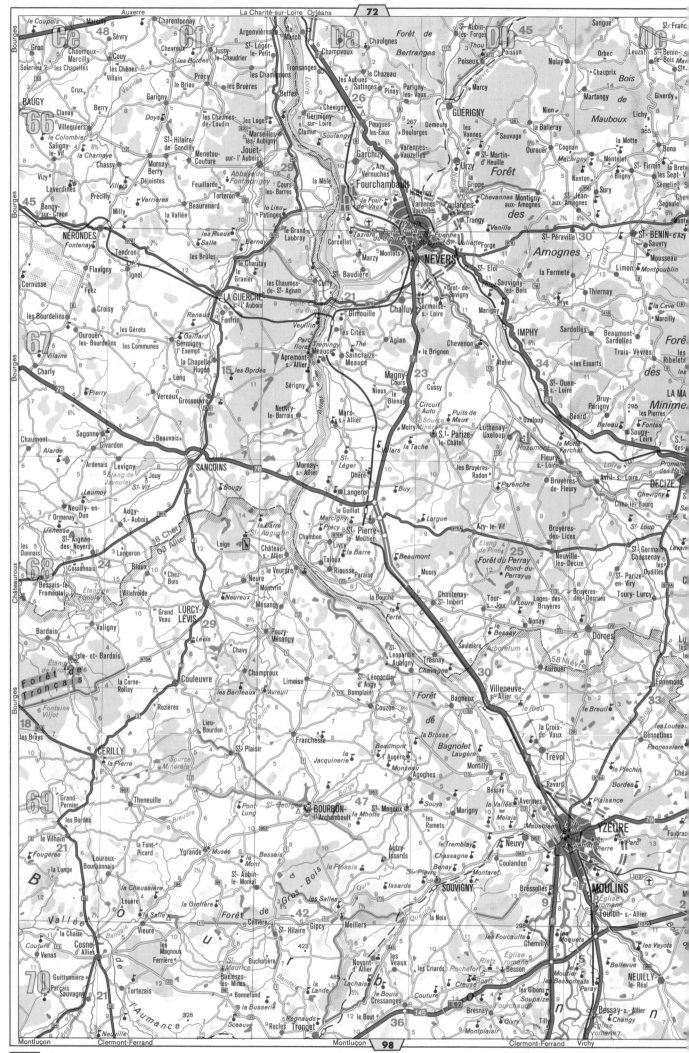

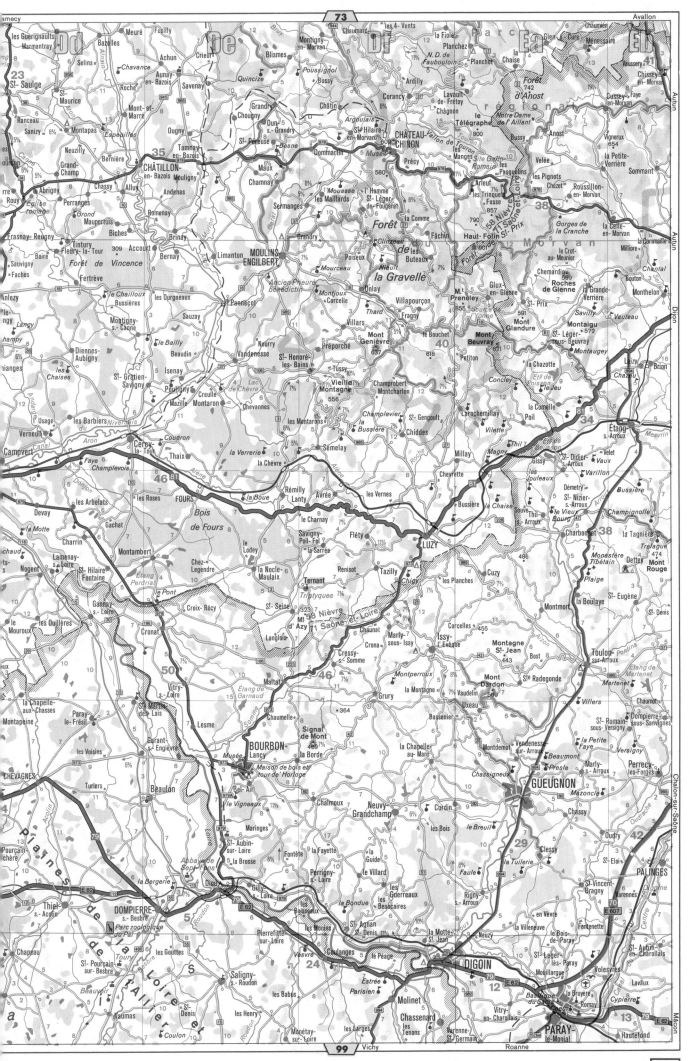

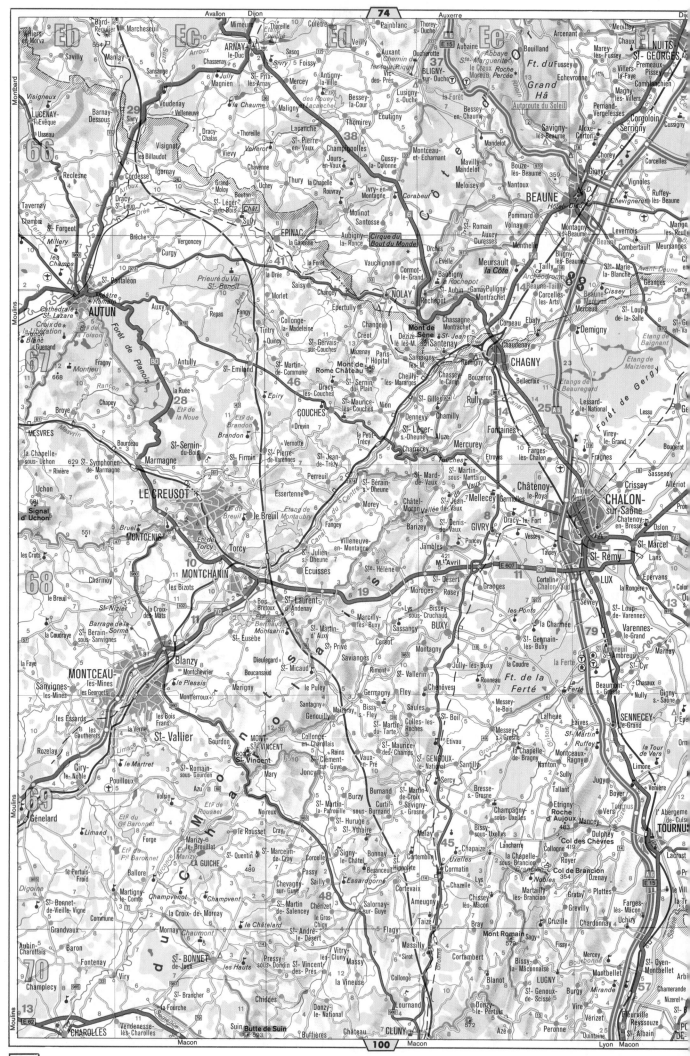

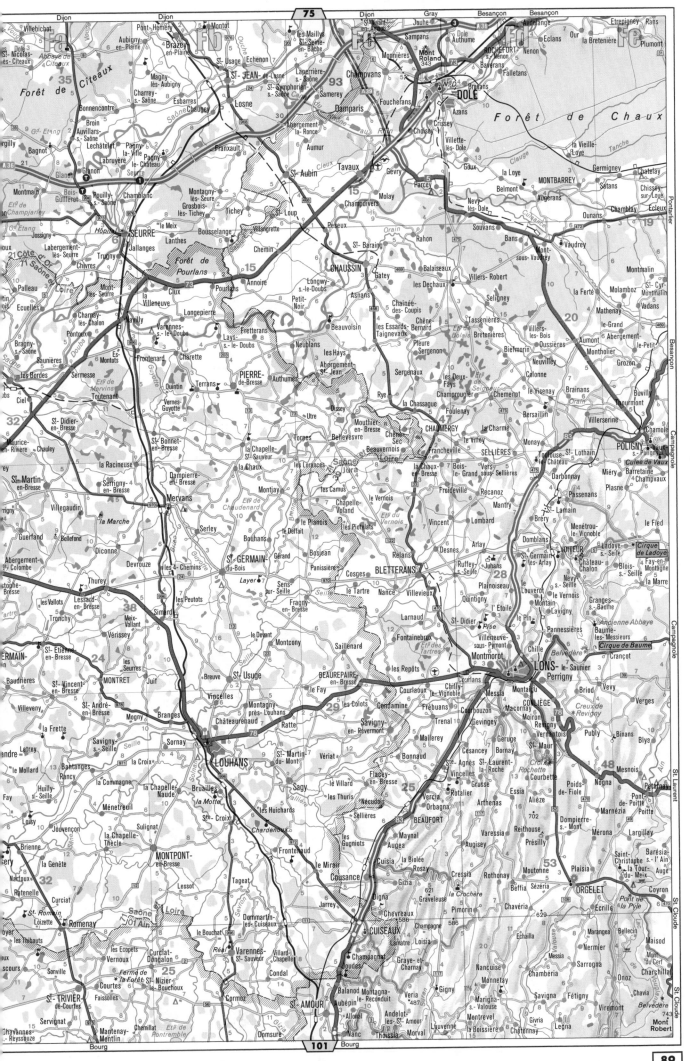

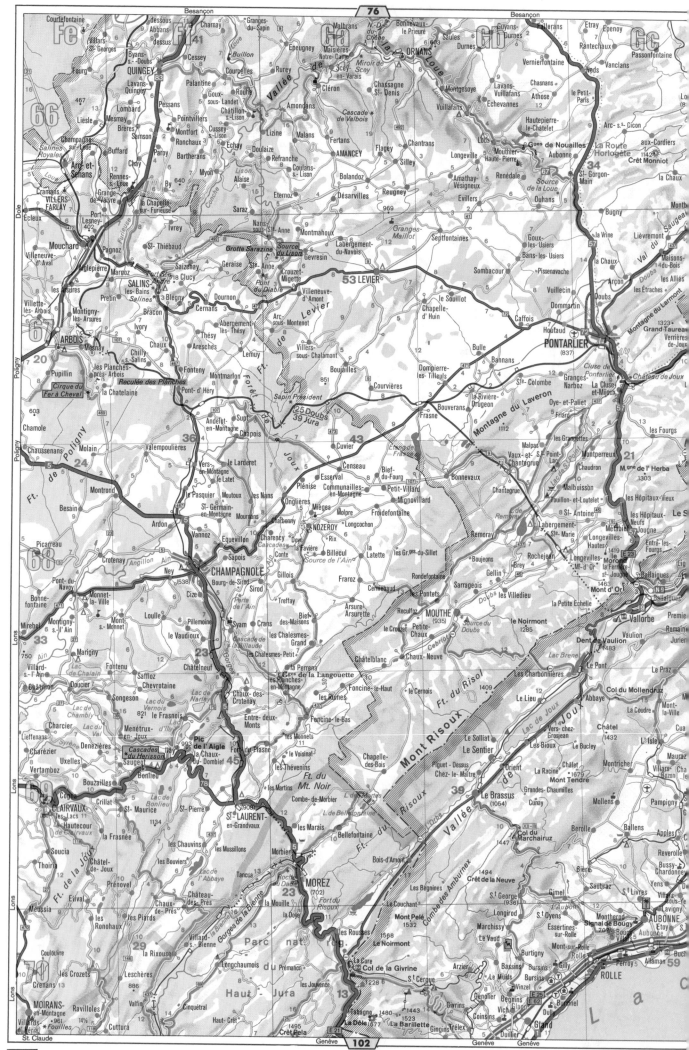

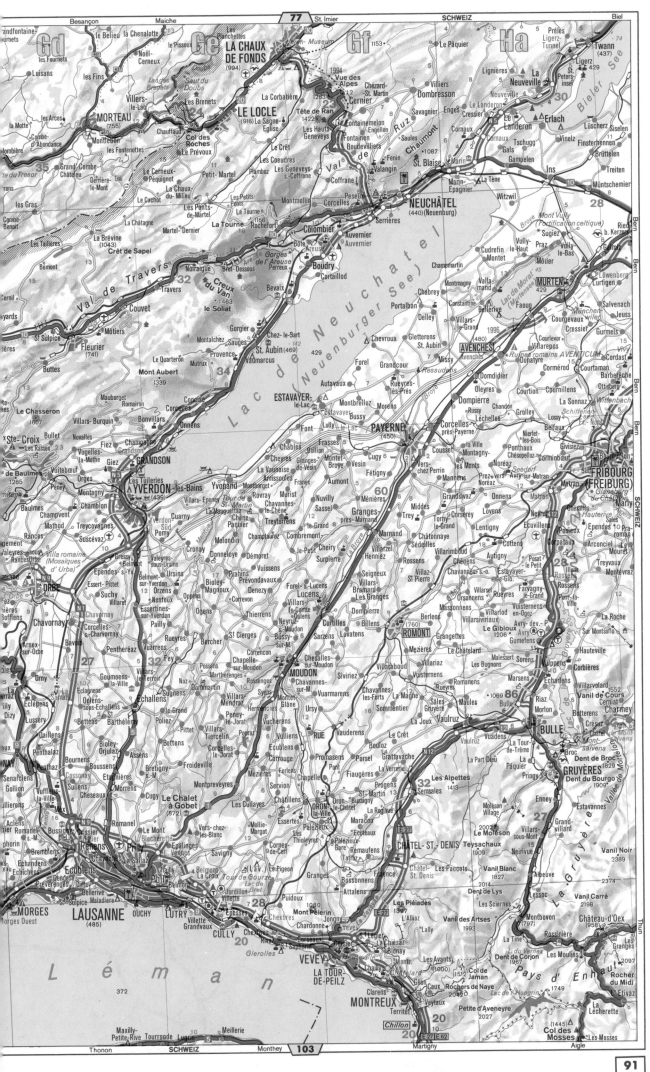

Yc Yd Ye Yf Za

Nantes

Pertuis Breton

la Faute-sur-Mer
l'Aiguillon-sur-Mer
la Dive
le Génie
les Sablons
Réserve Nat.
de Chasse
Portes-des-Grands-breniers
l'Ile-d'Elle
Vendée
Charente-Canal Mer

Anse
de l'Aiguillon
Bourg-Chapon
MARANS
10

Phare des Baleineaux

Phare des Baleines
le Gillieux
St-Clément-des-Baleines
les Portes-en-Ré
ILE DE RÉ
Pointe du Groin
Fier d'Ars
Loix
Charron
Esnandes
Andilly
St-Ouen-d'Aunis
Villedoux
Longèves
Luché
St-Je-de-Liver

71

ARS-en-Ré
Fosse de Loix
ST-MARTIN-de-Ré
Citadelle
Pointe de l'Aiguillon
Pointe St. Clément
Marsilly
Nieul-sur-Mer
Lauzières
Sérigny
St-Sauveur-d'Aunis
Nuaillé-d'Aunis
Angliers
Rio

la Couarde-sur-Mer
le Morinant
la Flotte
Abbaye des Châteliers
Fort de la Prée
la Pallice
Lagord
St-Xandre
la Sauzaie
le Raguenaud
Usseau
Dompierre-sur-Mer
11
Ste-Spulle
Belle-Croix
Vérines

Phare de Chanchardon
le Bois-Plage-en-Ré
41
le Morinant
Rivedoux-Plage
Puilboreau
les Brandes
Chagnolet
Périgny
Bourgneuf
St-Médard-d'Aunis
les Touches
la Martinière

lesGrenettes
la Noue
Ste-Marie-de-Ré
Villeneuve
St-Rogatien
Montroy
Clavette
l'Aubertière
Cugné
St-Christophe

Phare de Chauveau
Tour du Lavardin
LA ROCHELLE
Aytré
Buzay
la Jarne
Puyvineux
Anais
Mille-Eaux

72

Pertuis d'Antioche
Angoulins
Cramahé
Salles-sur-Mer
le Roullet
Croix Chapeau
LA JARRIE
Virson
Ram

Rocher d'Antioche
Châtelaillon-Plage
St-Vivien
l'Herbaudière
Mortagne
Gigogne
le Thou
AIGREFEUILLE-d'Aunis
31
Forges

Phare de Chassiron
la Gauthie
St-Denis-d'Oléron
Rade des Basques
les Boucholeurs
Thairé
Voutron
Ballon
33
Ciré-d'Aunis
Ardillières

la Brée-les-Bains
Ile d'Aix
Fort Liedot
Baie d'Yves
le Marouillet
Grand Agère
Flay
Al

les Huttes
les Boulassiers
Port du Douhet
Plaisance
Plage de la Gautrelle
Fort Boyard
Ile-d'Aix
Fort de la Rade
Yves
la Fumée
Liron
Moulin-de-la-Croisée
Loire-les-Marais

ILE
D'OLÉRON
Chaucre
l'Ile
St-Georges-d'Oléron
Sauzelle
274
Rade de l'Ile d' Aix
Fort Enet
Fouras
la Barre
Breuil-Magné

Domino
Chéray
Bovardville
Ile Madame
Soumard
St-Laurent-de-la-Prée
Champservé
TONNAY-Charente
la Noue

l'Ileau
St-Gilles
St-PIERRE-d'Oléron
les Alards
Port-des-Barques
la Roche
Piemont
ROCHEFORT
St-Hippolyte

73

la Biroire
41
Dolus-d'Oléron
Soubise
St-Froult
la Renaissance
St-Nazaire-sur-Charente
125

la Cotinière
la Perroche
la Remigeasse
la Gaconnière
Plaisance
Moëze
Thionnet
Echillais
Ancienne Abbaye
Trizay
137

Vert-Bois
ILE CHÂTEAU-d'Oléron
Loubresse
l'Essert
Beurla

Plage de Vert-Bois
la Chevalerie
Ors
Viaduc d'Oléron
Brouage
Hiers-Brouage
Beaugeay
Ancienne Abbaye
Montierneuf
St-Agnant
Razour
Villeneuve
Champagne
St-Radegonde

le Grand-Village-Plage
Saint Trojan-les-Bains
la Plage
Pointe de Manson
Boursefranc-le-Chapus
la Gataudière
MARENNES
Malaigre
Pont-l'Ab
d'Arnoul

Chemin de fer Touristique
la Grande Plage
Marennes-Plage
Ronce-les-Bains
le Lindron
Mauzac
St-Just-Luzac
la Gripperie-St-Symphorien
Beurla
l'E

74

Pointe de Gâteau
Pertuis de Maumusson
Tour des 4 Fontaines
Luzac
Rochebonne
13
Broue
St-Jean-d'Arnle
St-Sulpice-d'Arnoult
Islea

Côte
Sauvage
LA TREMBLADE
Forêt
de la
Coux
le Pinchet
Artouan
les Touches
Saint Sornin
Sainte Gemme
la Petite Vergne
le Mur
la Mouline
Corme

Bouverie
Arvert
Avallon
Chatressac
Breu-Assis
Saint Nadeau
Colombier
Nancras
Corme

Brisouettes
Tour
les Mathes
l'Ile-d'Etaules
le Maine-Auriou
Challevette
Souhe
Chalons
Saint Martin
Balanzac

Coubre
Etaules
Mornac-sur-Seudre
le Gua
Sablonceaux
Ancienne Abbaye
Sablonceaux

Phare de la Coubre
la Palmyre
Saint Augustin
le Billeau
l'Ile-d'Etaules
Montsanson
Eguille
Plordonnier
le Pont
Saint Ror

Zoo
le Grallet
Breuillet
Dercie
18

Pointe de la Coubre
Plage de la Palmyre
Charosson
le Breuil
Lafont
Taupignac
Fontbedeau
Saint Sulpice-de-Royan
le Breuil
Camp
Romain

75

Plage de Grande Côte
Coudray-sur-Mer
Champagnolle
SAUJON
le Vivier
Vaux-sur-Mer
les Maries
Beaunant

la Grande Côte
le Palou
la Grande Gorce
Médis
Briagne

Saint Palais-sur-Mer
Médis
la Chay
Couven
Corme-Ecluse
le Cormier

Pontaillac
les Brandes
Musson
Trignac

ROYAN

Bergerac

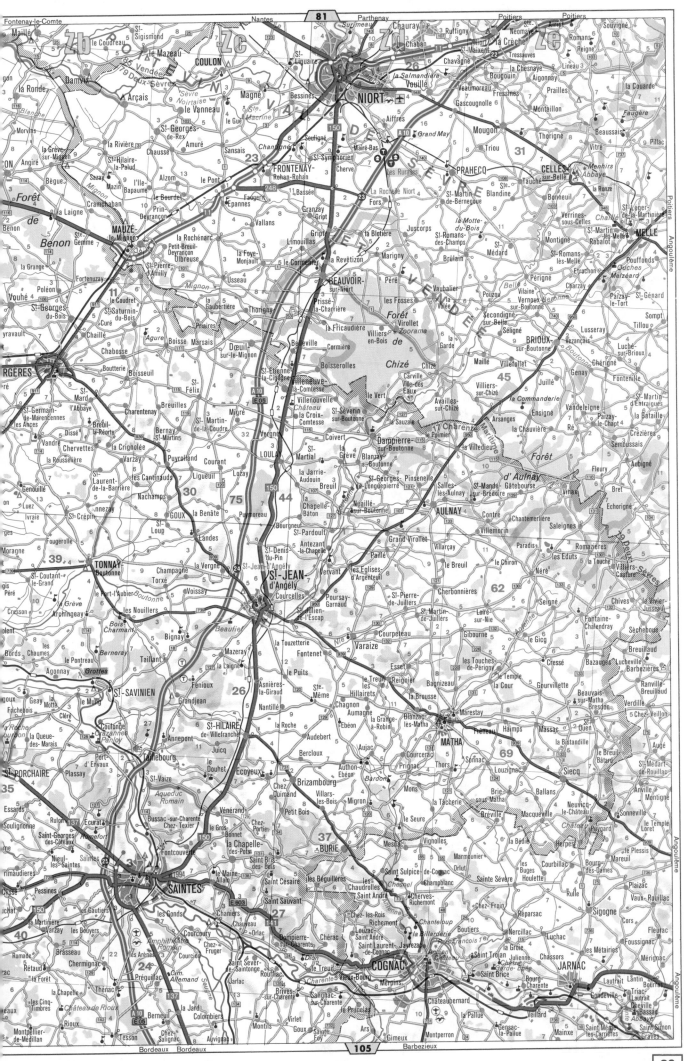

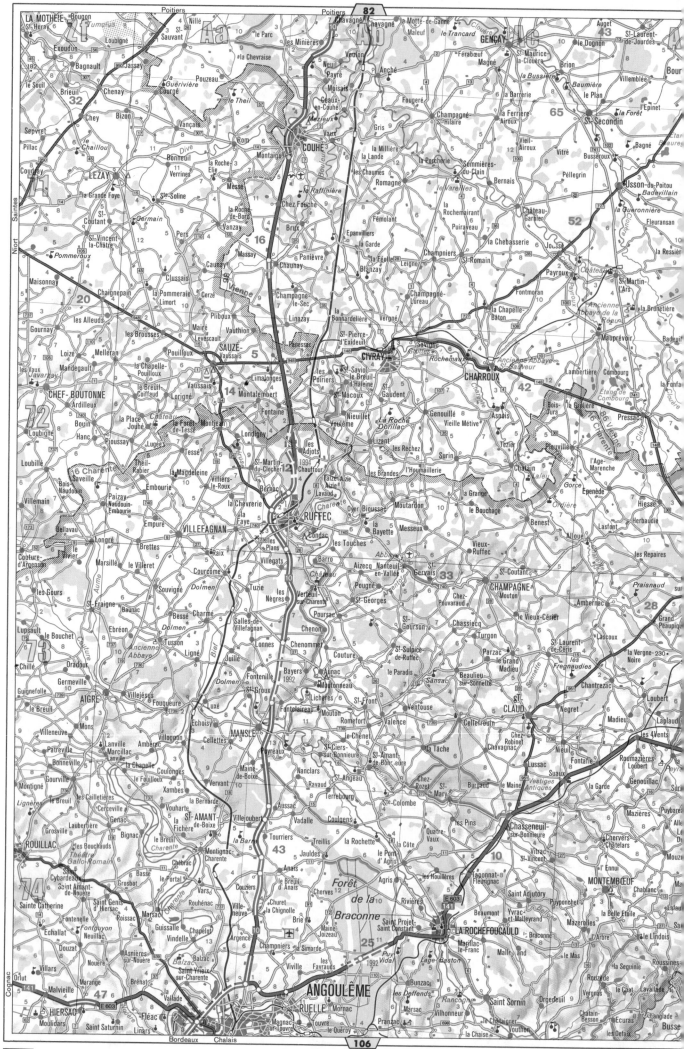

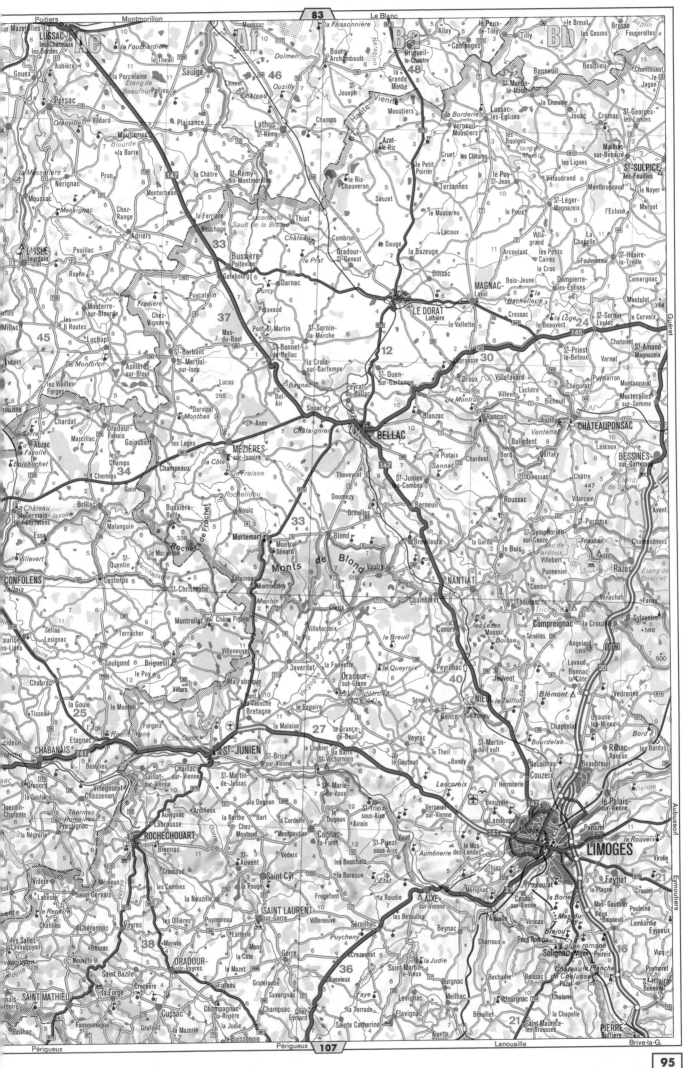

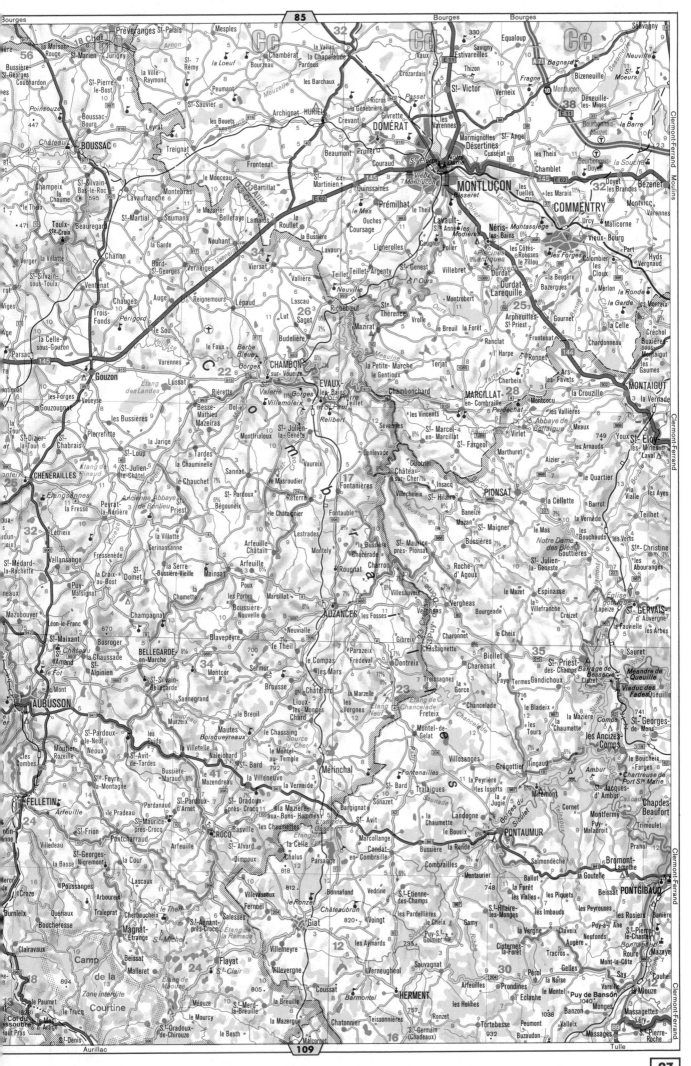

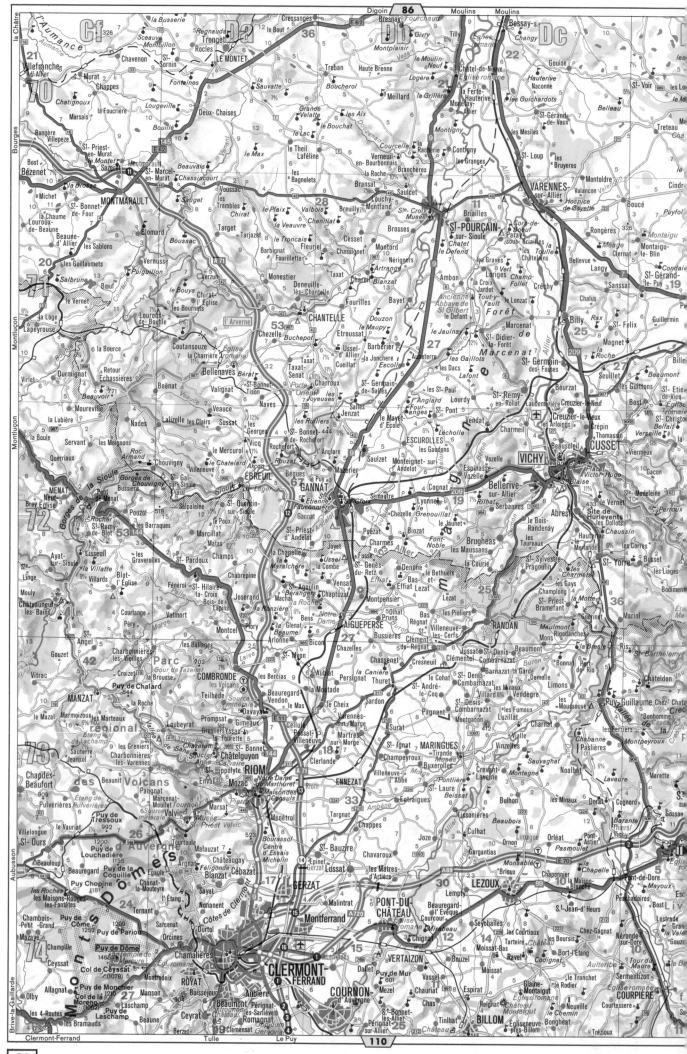

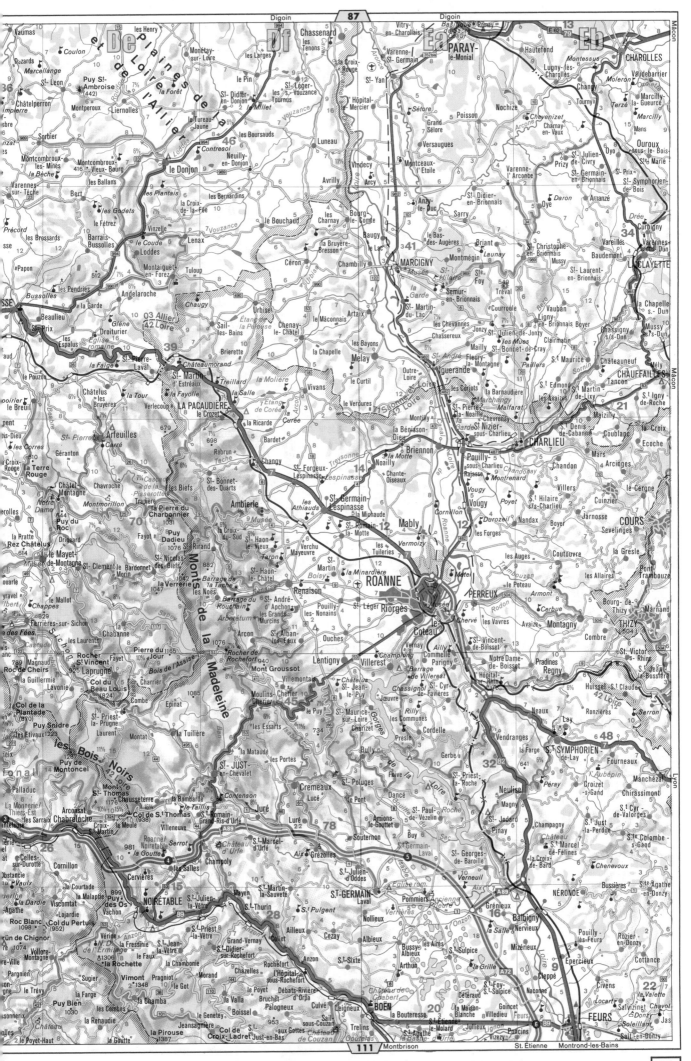

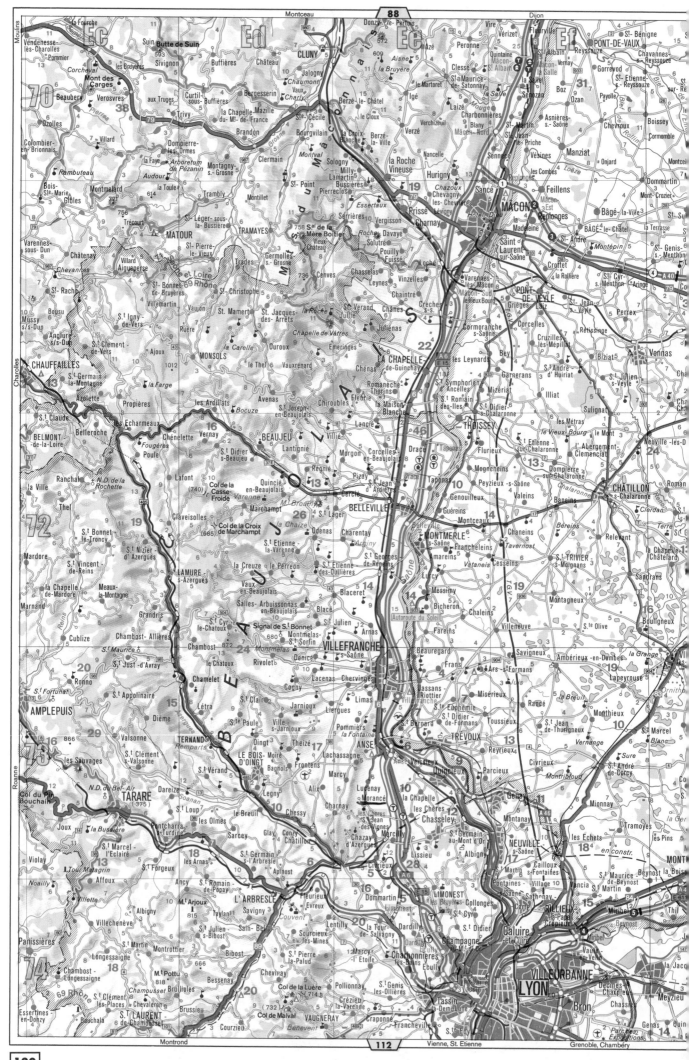

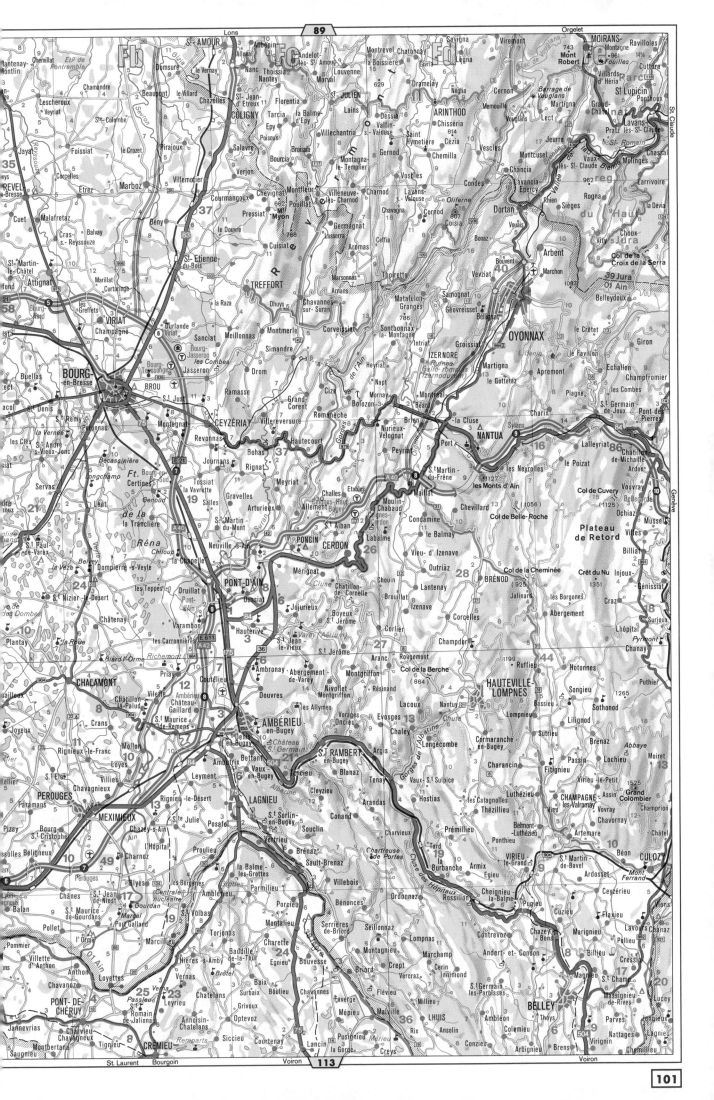

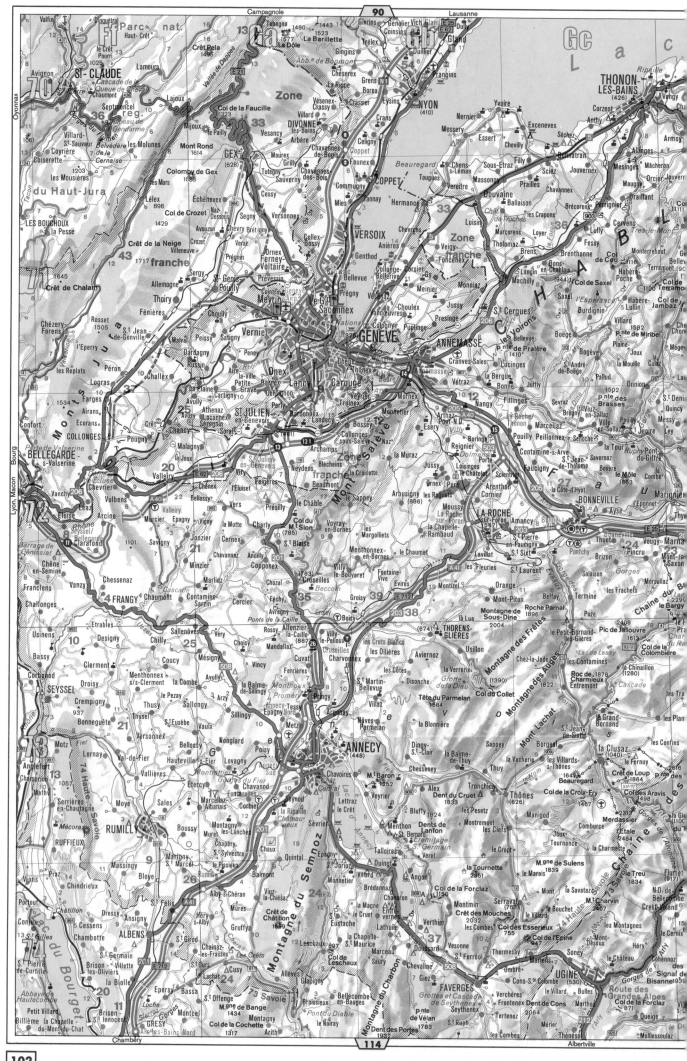

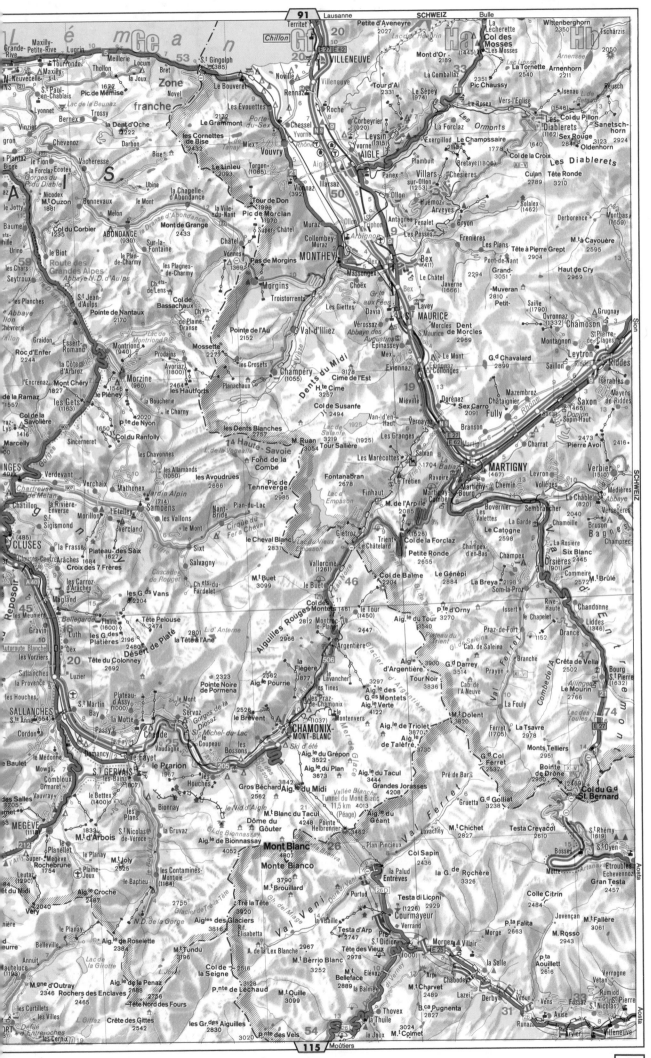

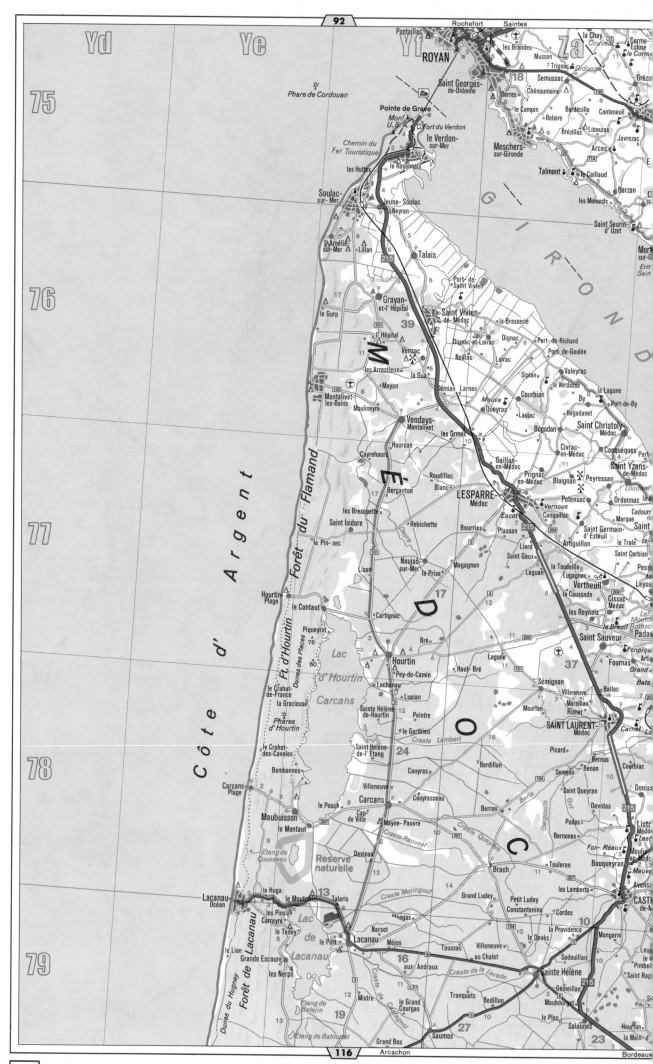

Yd

Ye

75

Rochefort   Saintes
Pontaillac
les Brandes
ROYAN   la Chay
                     Couven
                     Corme-
                     Ecluse
                     le Corm
Musson
7 Trignac   Didonne
Saint Georges-   18
de-Didonne
Semussac
Serres   Chénaumoine   Gréza
l'le Compin   Bardécille   Conteneuil
Beloire
Phare de Cordouan
Pointe de Grave
Mont   Brézillas   Liboulas
U.S.A.   Fort du Verdon   Arces
le Verdon-   Javrezac
sur-Mer
Chemin du   Meschers-
Fer Touristique   sur-Gironde
Talmont   le Caillaud
les Huttes   le Royannais
Barzan

76

les Monards
Soulac-
sur-Mer   Jeune- Soulac
Neyran   Saint Seurin-
                    d' Uzet
l'Amélie-
sur-Mer   Lillan   Mor
Talais   sur-G
Port- de-   Erm
Saint Vivien   Sain
le Gurp   Grayan-
et-l'Hôpital   39
Saint Vivien-
de-Médoc   la Brasserie
l'Hôpital   Jau-   Dignac
Vensac   Dignac-et-Loirac   Port- de-Richard
les Arrestieux   Noillac   Loirac   Port- de-Goulée
la Gua   Sémian Larnas   Sipian   Valeyrac
Mayan   la Verdasse
Montalivet-   Mouva   la Lagune
les-Bains   Moulineyre   Queyrac Courbian By   Port-de-By
Vendays-   Laujac   Bégadanet
Montalivet   les Ormes   Bégadan   Saint Christoly-
Houréan   Médoc
Cayrehours   Gaillan-   Civrac-   Conquèques   Port
en-Médoc   en-Médoc
Roudillac   Prignac-   Blaignan   Saint Yzans-
Berganton   Blanc   en-Médoc   Peyressan   de-Médoc
LESPARRE-   Loude
Médoc   Potensac   Ordonnac   la
les Bresquette   Escot   Vernous   Cadourr
Saint Isidore   Rebichette   Canquillac   Marque
Bourries   Plassan   204   Saint Germain-   le Trale-
le Pin- sec   d' Esteuil   de-
Liard   Saint Corbian
Naujac-   la Prise   Magagnan   Saint Gaux   Artiguillon
sur-Mer   Pes
Lisan   Laguan   la Toudeille   M
17   Lugagnac   Leyss
Hourtin-   Vertheuil   204
Plage   le Contaut   la Caussade   Cissac-   La
Cartignac   12   Saint Sauveur   les Reynals   Médoc   Mouto
Piqueyrot   le Breuil Rothsc
76   Bré   205   37   Fonpiqu   Pada
60   Lac   Fournas   Arti
d'Hourtin   Hourtin   Laguna   101   Grand
le Crohot-   Pey-de-Camin   Haut- Bré   Sémignan   Bata
de-France   Lachenau   Villeneuve
la Gracieuse   Lupian   Marsilian   Ballac
Carcans   Sainte Hélène   Peintre   Mourlan   Rionet
Phares   de-Hourtin   12   SAINT LAURENT-
d'Hourtin   le Garthieu   Craste Lambert   16   Médoc   Carnet   L
le Crohot-   Saint Hélène-
des-Cavales   de-l'Etang   24   Picard   Bernos
Bombannes   Couyras   Berdillan   Benon   Courbiac
Carcans-   Villeneuve   Senajou   Saint Queyran   Donis
Plage   le Pouch   Carcans   Couyrasseau   104   Devidas
Maubuisson   Cap   Mayne- Pauvre   Berron   Pudos   Listr
le Montaut   de Ville   207   Bernones   Fon- Réaux   Médo
Etang de   Devinas   Craste Raouset   Toulèron   Bouqueyran   Mouli
Cousseau   Réserve   Brach   les Lambers   Avens
naturelle   12   Craste Queyran   14   Grand Ludey   CAST
le Huga   13   Craste Moringou   Petit Ludey   la Providence   10
Lacanau-   le Moutchic   Talaris   Constantenins   Cordes   Mongarni
Océan   les Pins   Méogas   le Devès   Sainte Hélène
Carreyre   Lac   Narsot   Taussac   Villeneuve
le Tedey   de   Méjos   16   au Chalet   Sadouillan
le Lion   le Port   Lacanau   aux- Andraux   Leu
Grande Escoure   Craste de la Levade   le
les Nerps   Sainte Hélène   Pimbel
Etang de   Bedillon   Gémeillan   Saint Rap
Batejin   Mistre   Tronquats   Maubourget
19   le Grand   27   le Plec   23
Courgas   Salaunes
Grand Bos   Houfton
Saumos   la Main-d

77

78

79

Côte   d'   Argent
Forêt   du   Flamand
Ft. d'Hourtin
Dunes des Places

GIRONDE

M
É
D
O
C

Côte d' Argent
Forêt de Lacanau
Dunes du Hugney

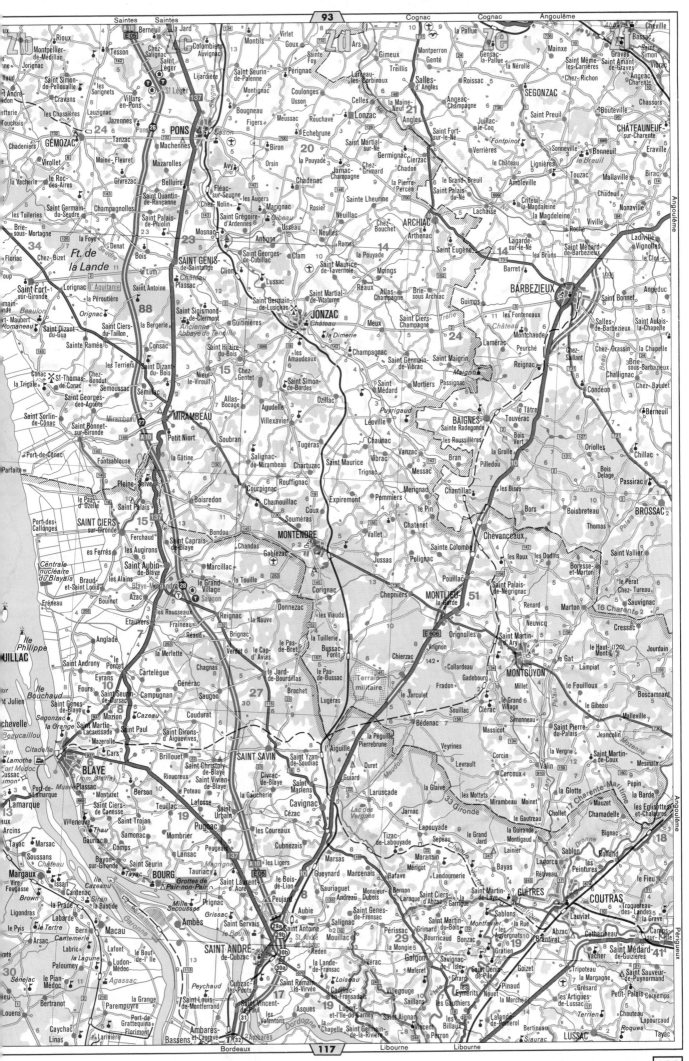

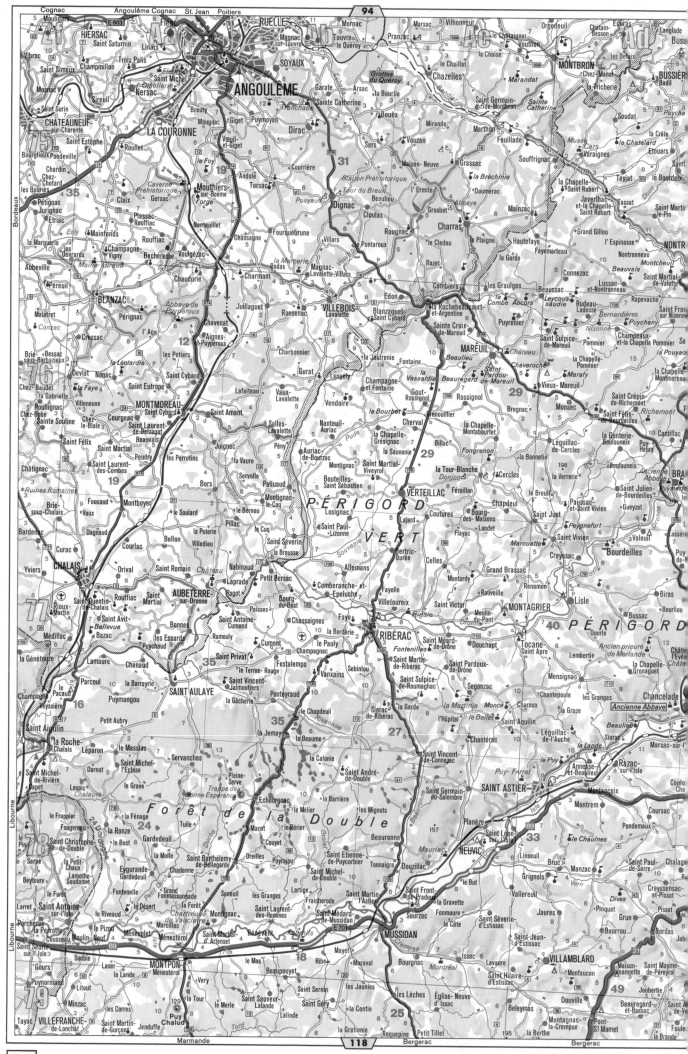

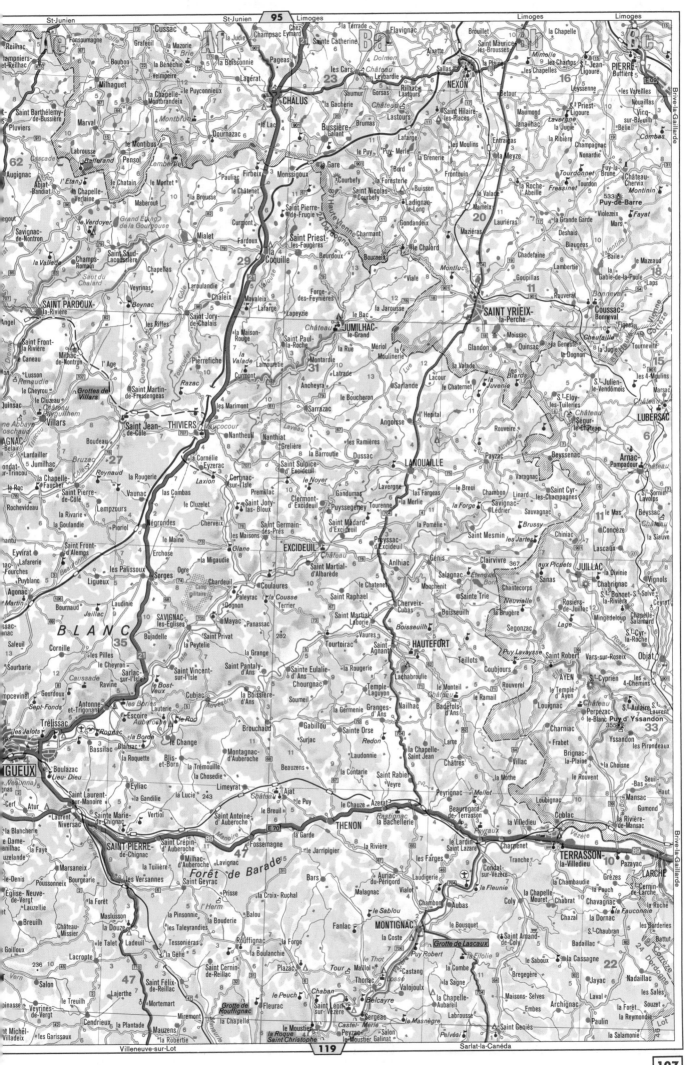

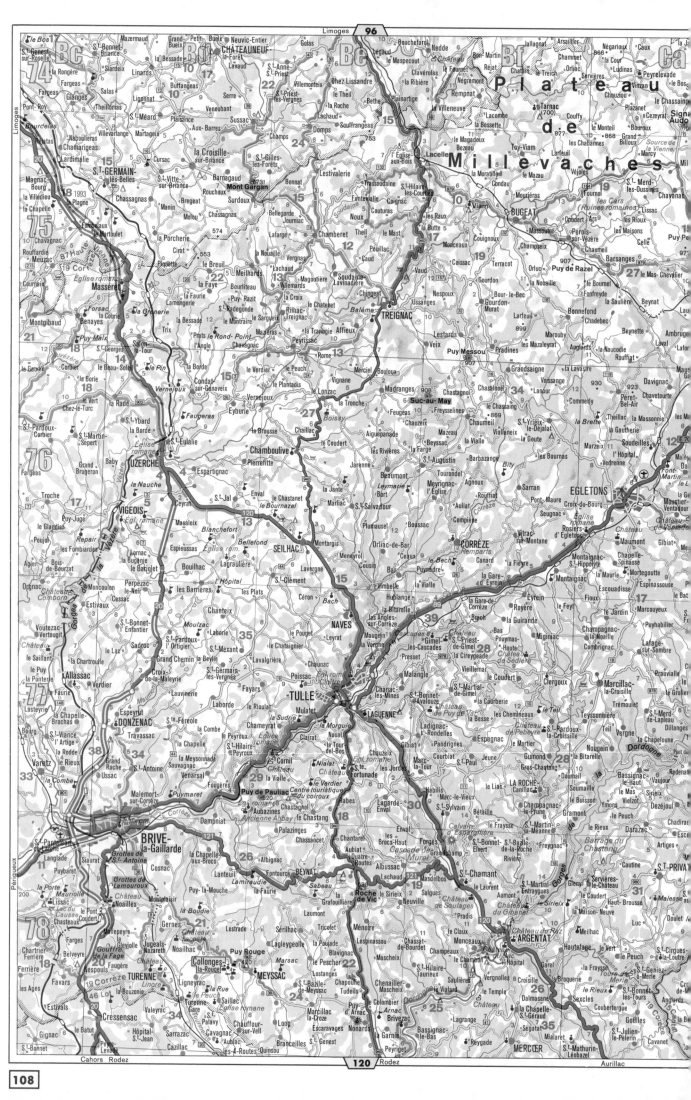

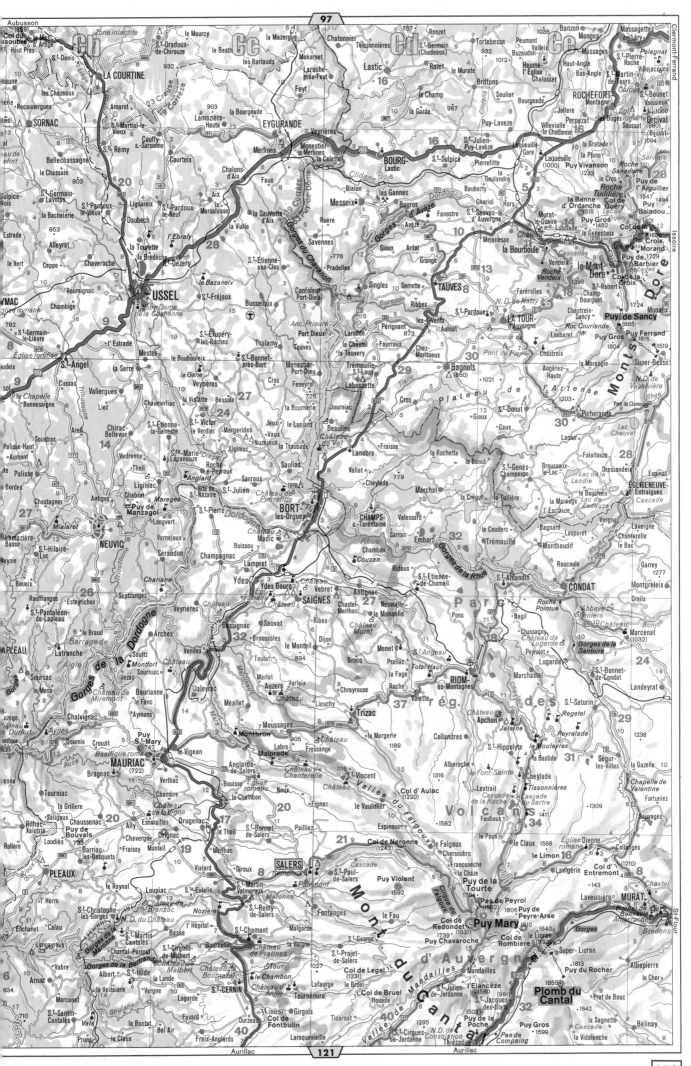

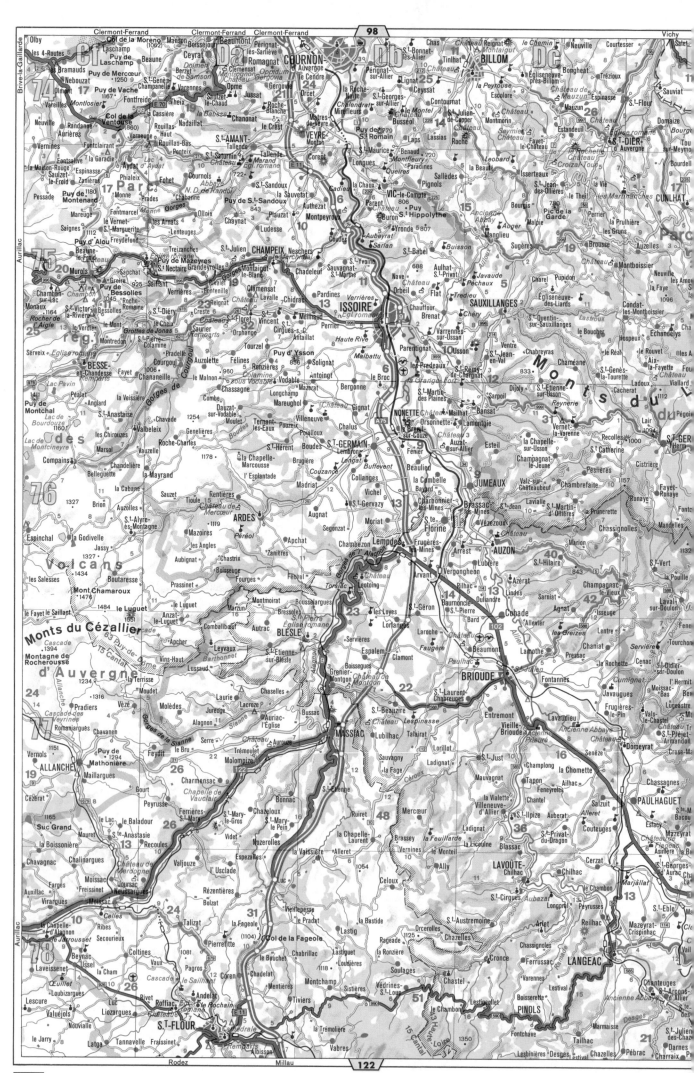

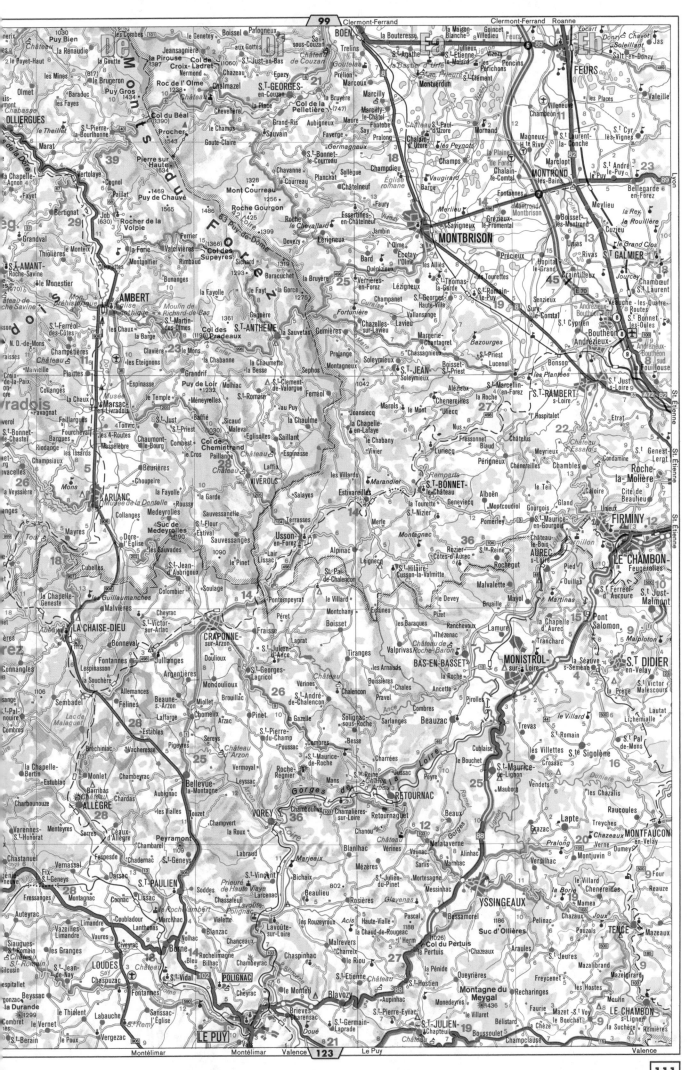

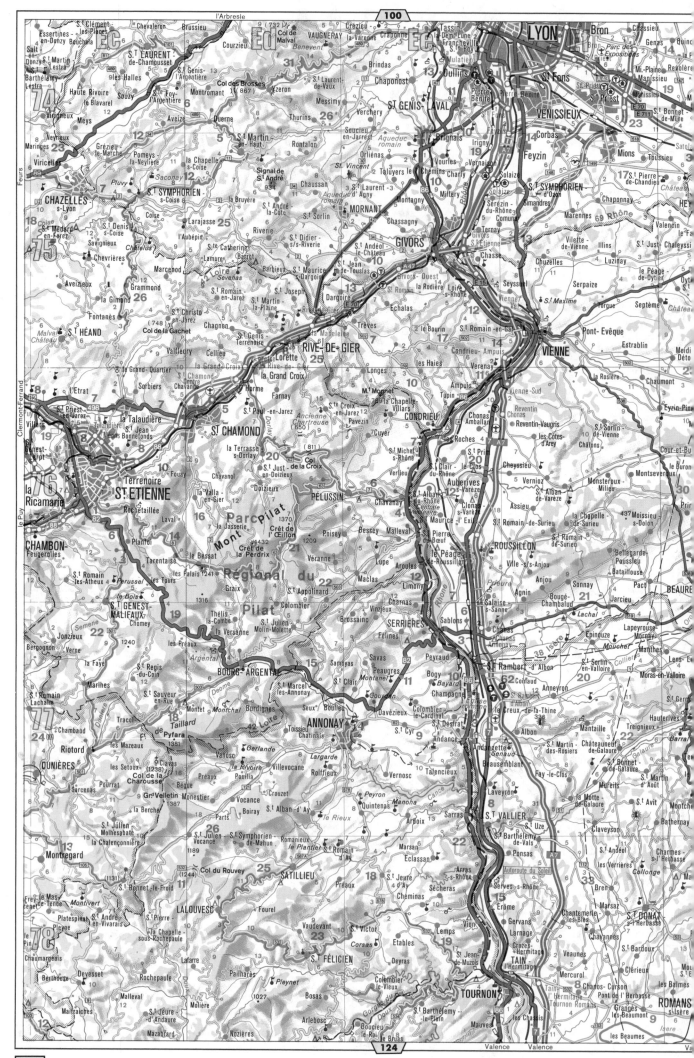

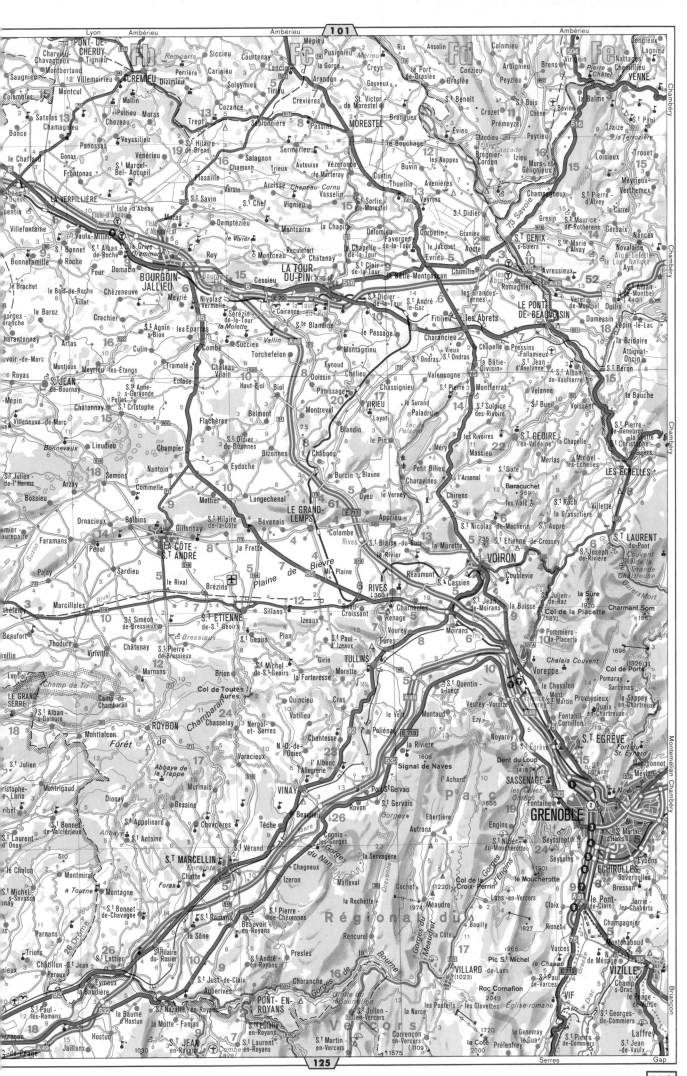

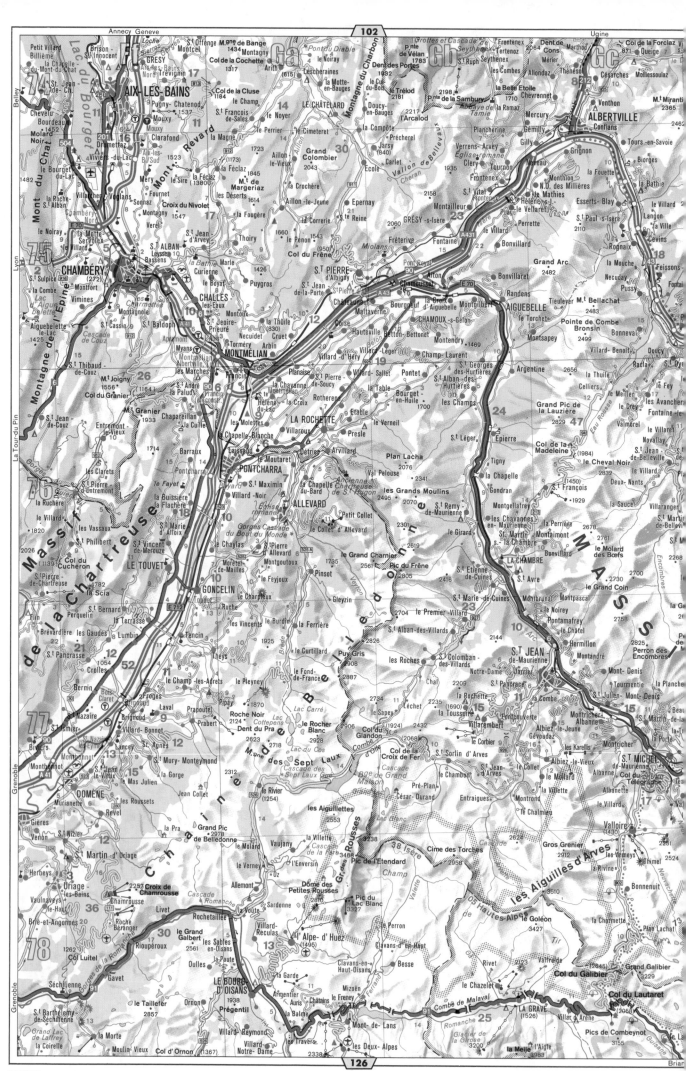

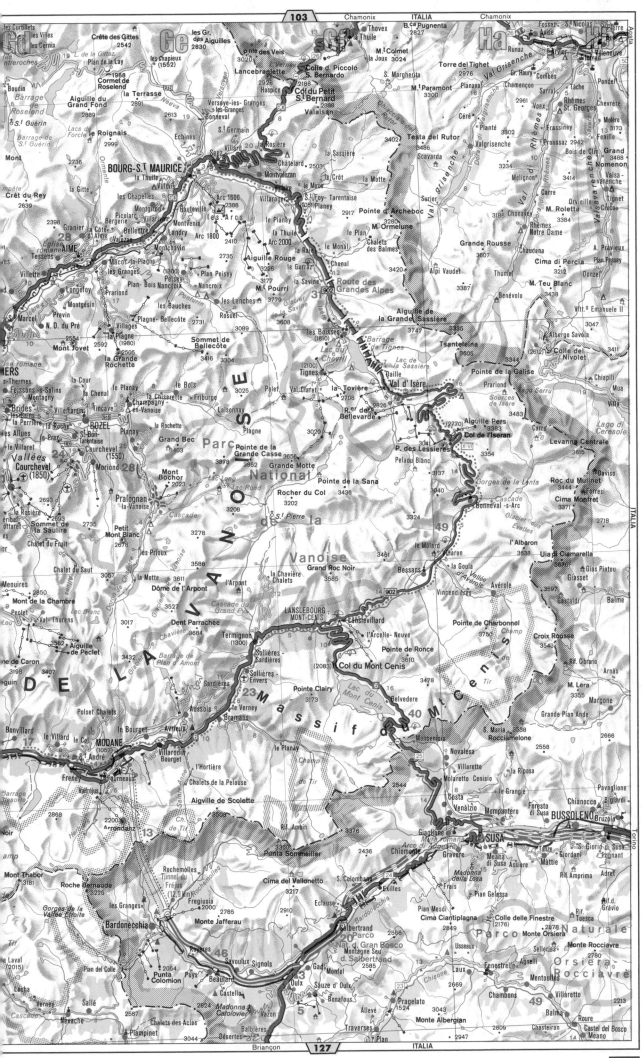

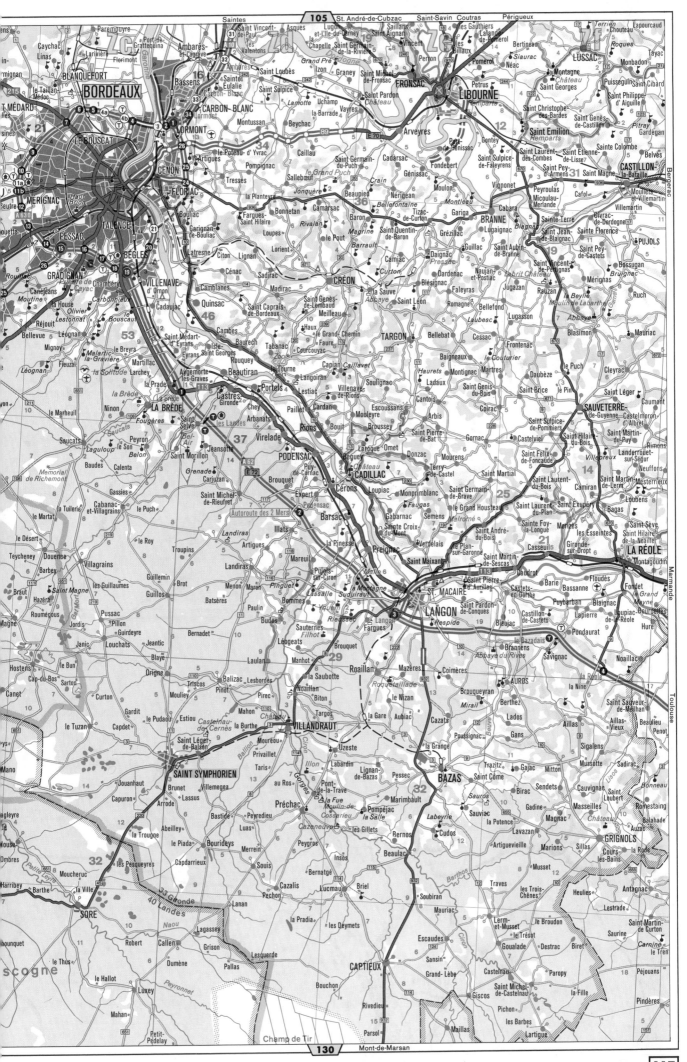

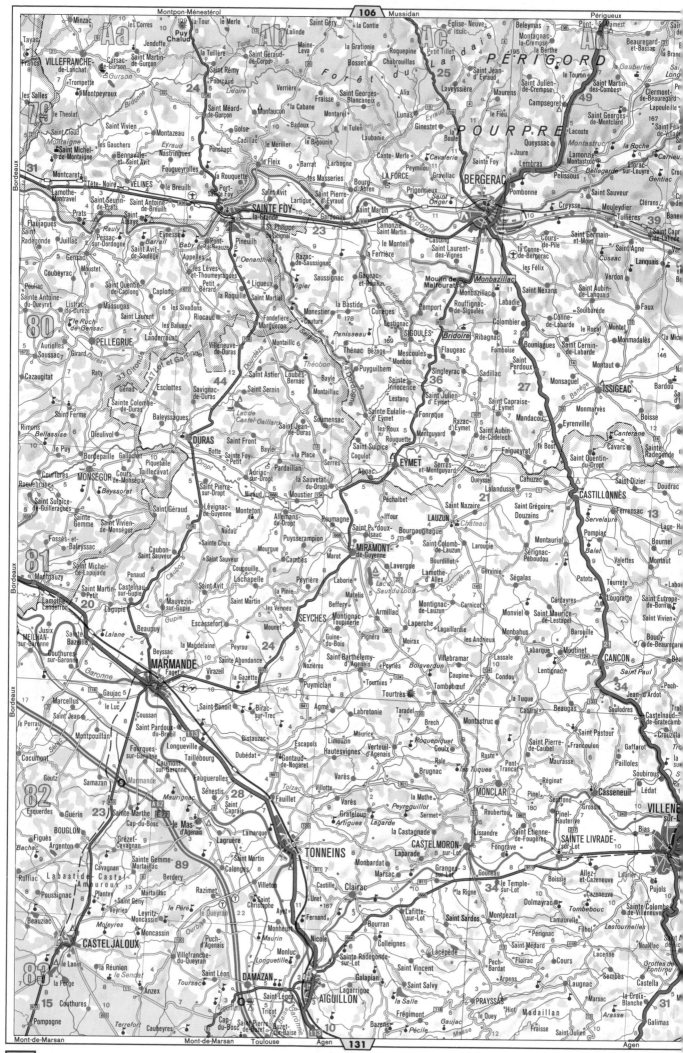

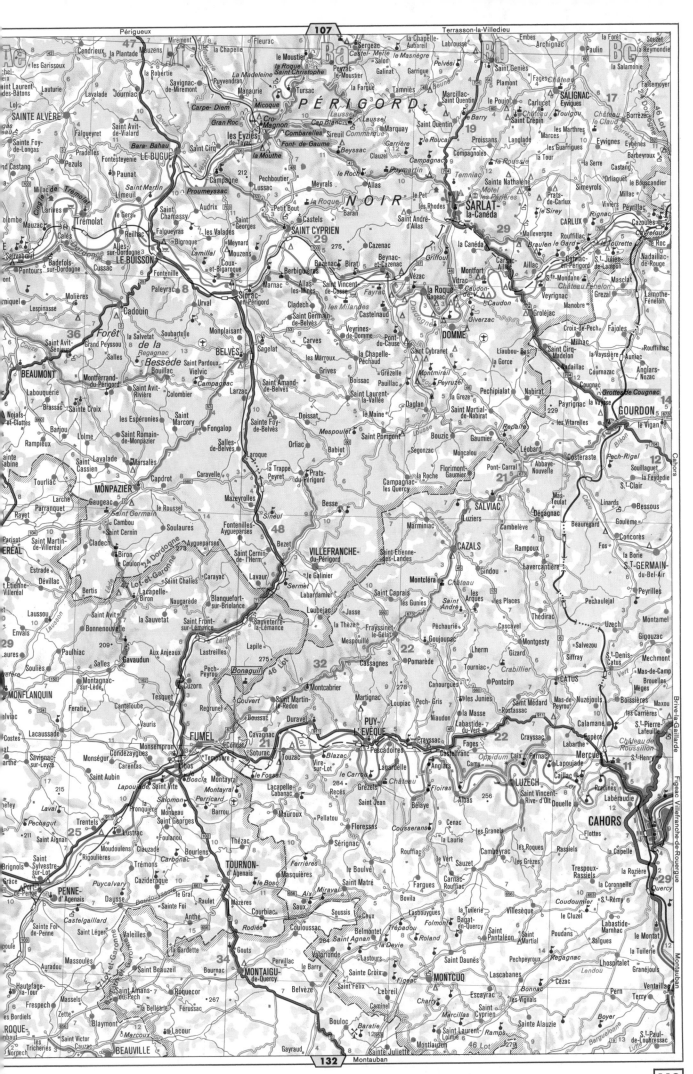

PÉRIGORD

NOIR

SARLAT-la-Canéda

SALIGNAC

17

19

CARLUX

29

GOURDON

14

DOMME

SALVIAC

21

CAZALS

12

S.-GERMAIN-du-Bel-Air

MONPAZIER

BELVÈS

SAINT CYPRIEN

LE BUISSON

LE BUGUE

SAINTE ALVÈRE

36

BEAUMONT

48

VILLEFRANCHE-du-Périgord

22

32

FUMEL

PUY-L'ÉVEQUE

22

LUZECH

MERCUÈS

11

CAHORS

29

MONFLANQUIN

TOURNON-d'Agenais

25

PENNE-d'Agenais

BEAUVILLE

MONTAIGU-de-Quercy

34

MONTCUQ

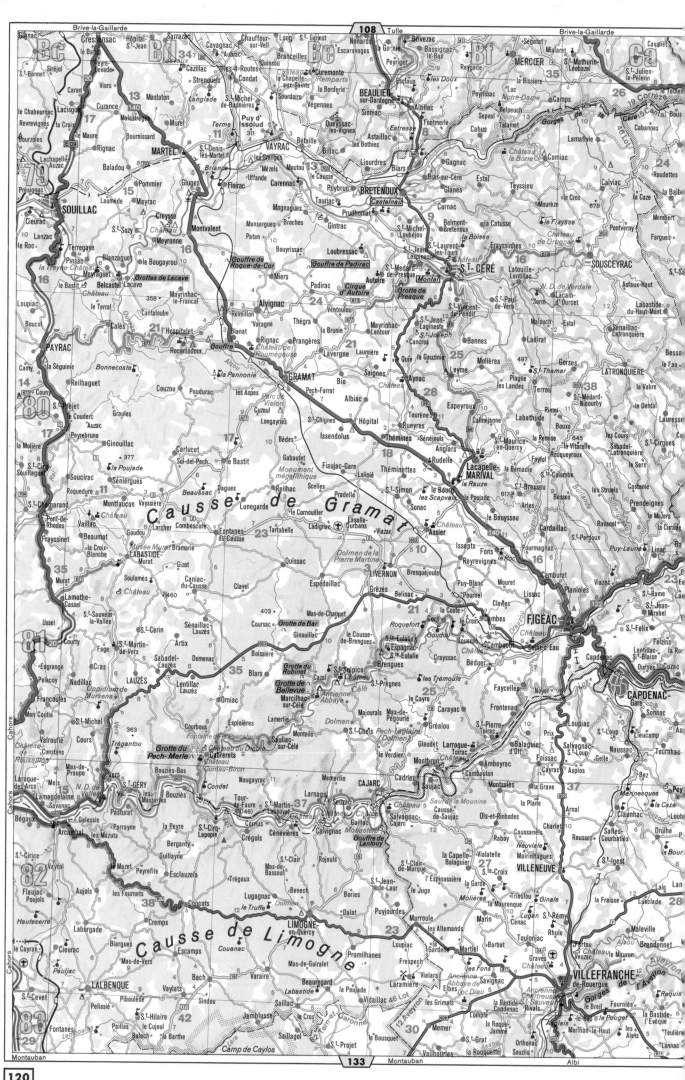

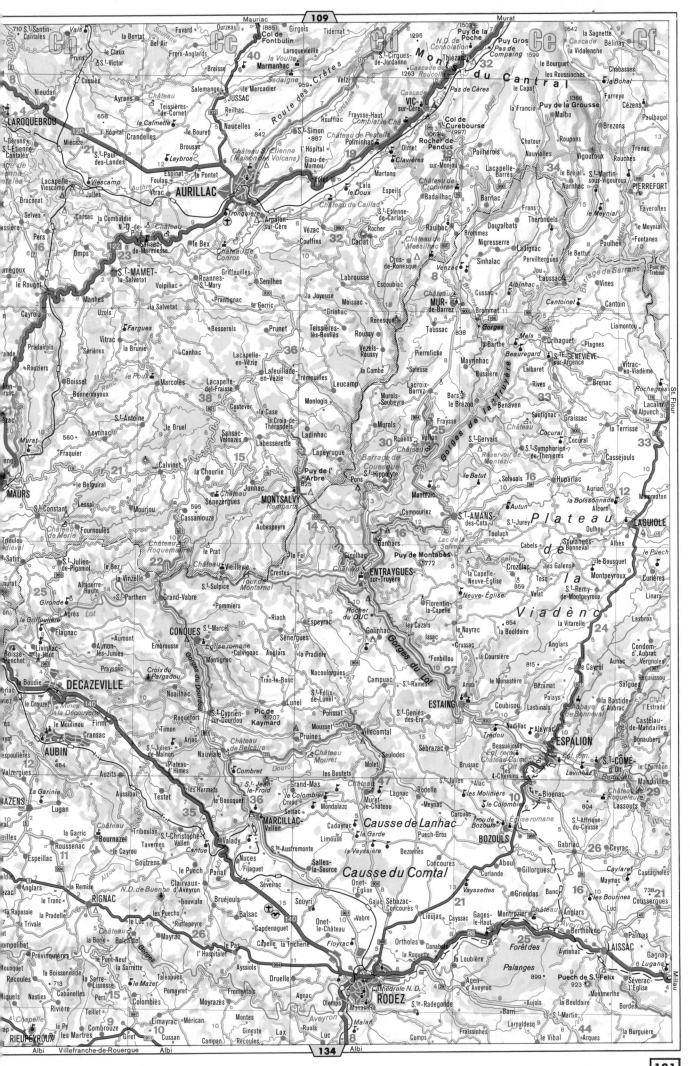

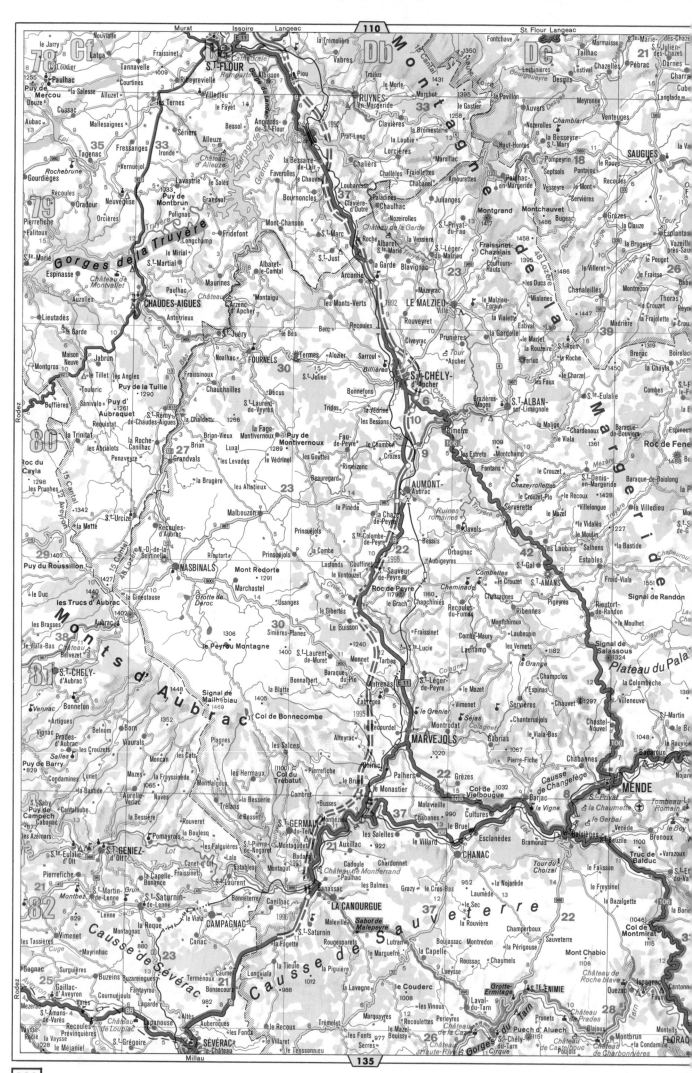

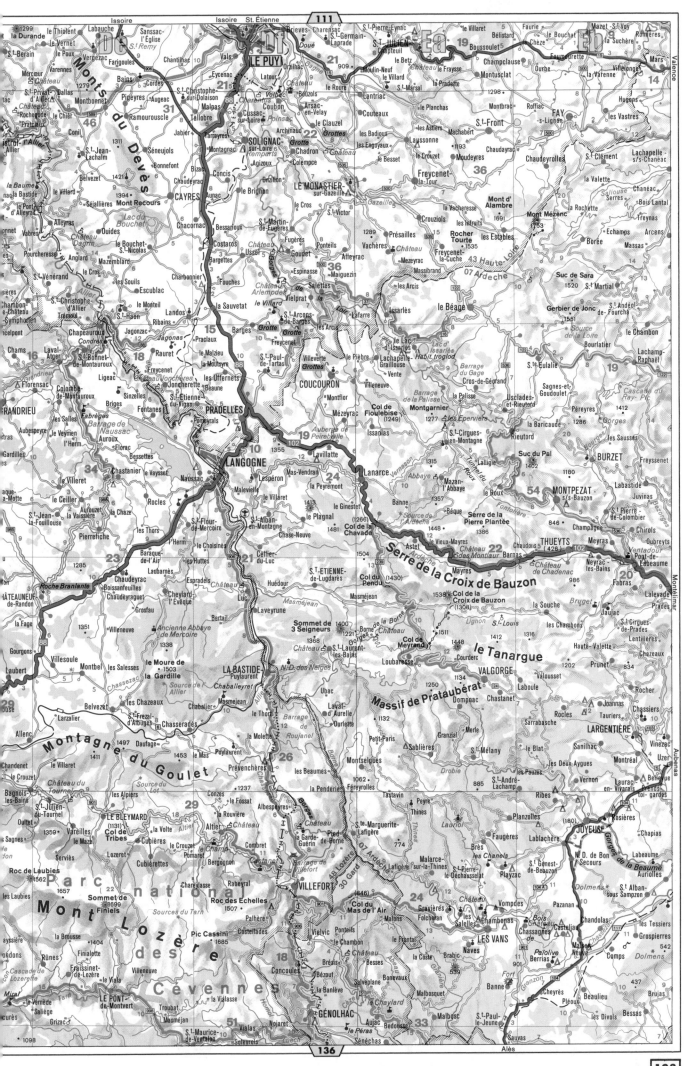

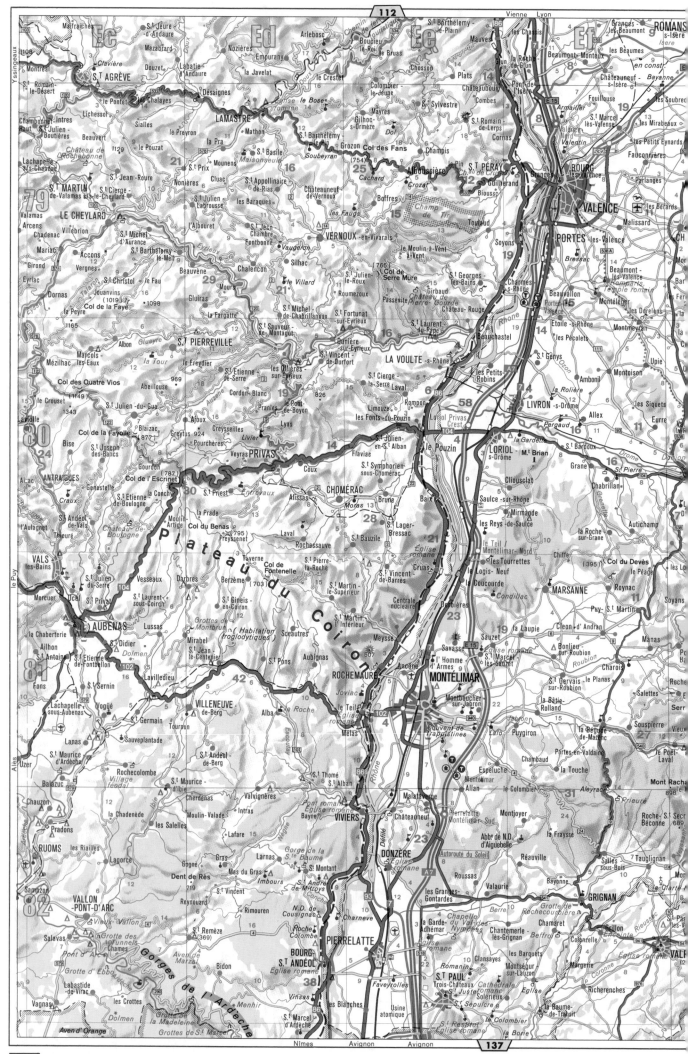

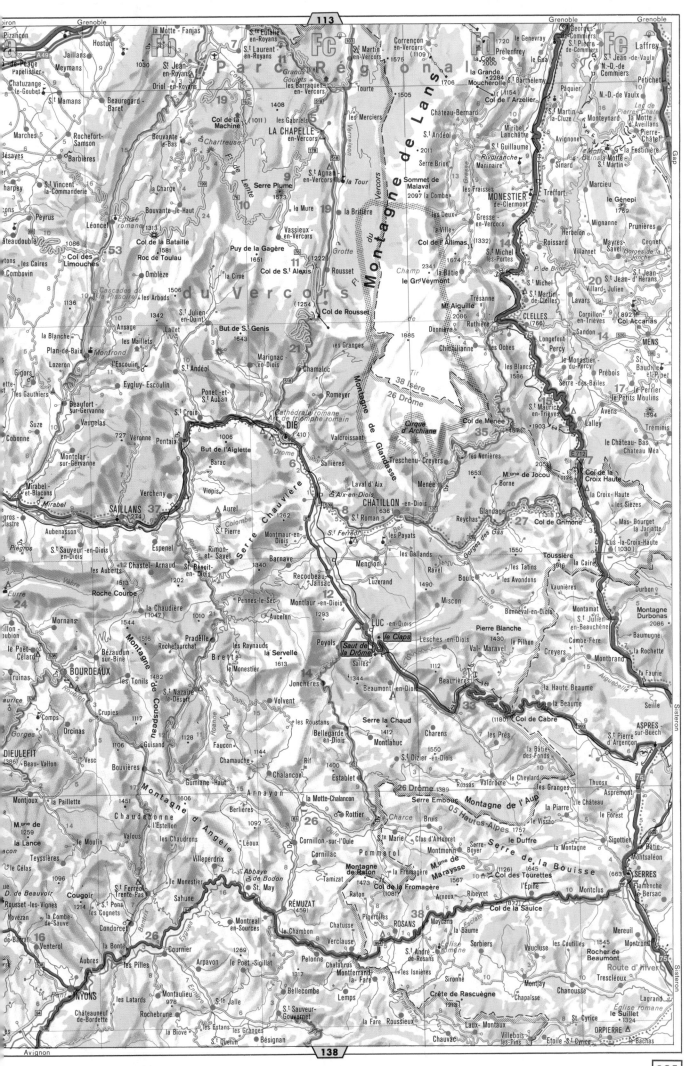

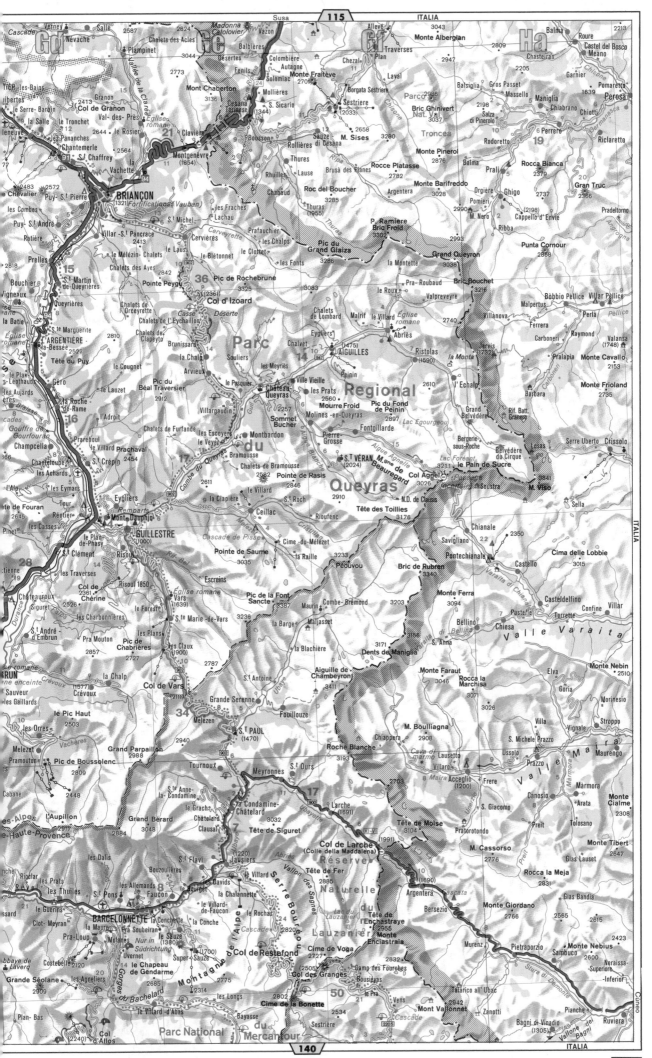

ITALIA

84

85

86

87

88

Golfe de

Gascogne

Côte d'Argent

Huc
P

Moliets-Plage

d'
Éta
de La

Messanges-
Plage

Vieux-Boucau-
les-Bains

Plage
des Casernes

le Penon

les Estagnots

Hossegor

Capbreton

Gaillou-
Pountaou

62

Étang
Blanc

Seignosse

Soorts-
Hossegor

Sau
Ang

Capbreton
33

Labenne

Orx

Labenne-
Océan

Ondres-
Plage

Beyres

Larroque

Ondres

Lalanne

Monchoisi

St-André-
de-Seignanx

Tarnos

St-Martin-
de-Seignanx

Vincennes

Quartier-Ne

la Barre
Chiberta

Castillon

BOUCAU

Saint-Bar

Plage Miramar
Grand Plage

ANGLET

BAYONNE

BIARRITZ

Bayonne-7
Esprit

Lahonce

Hendaye Cambo-l.-B. Hendaye

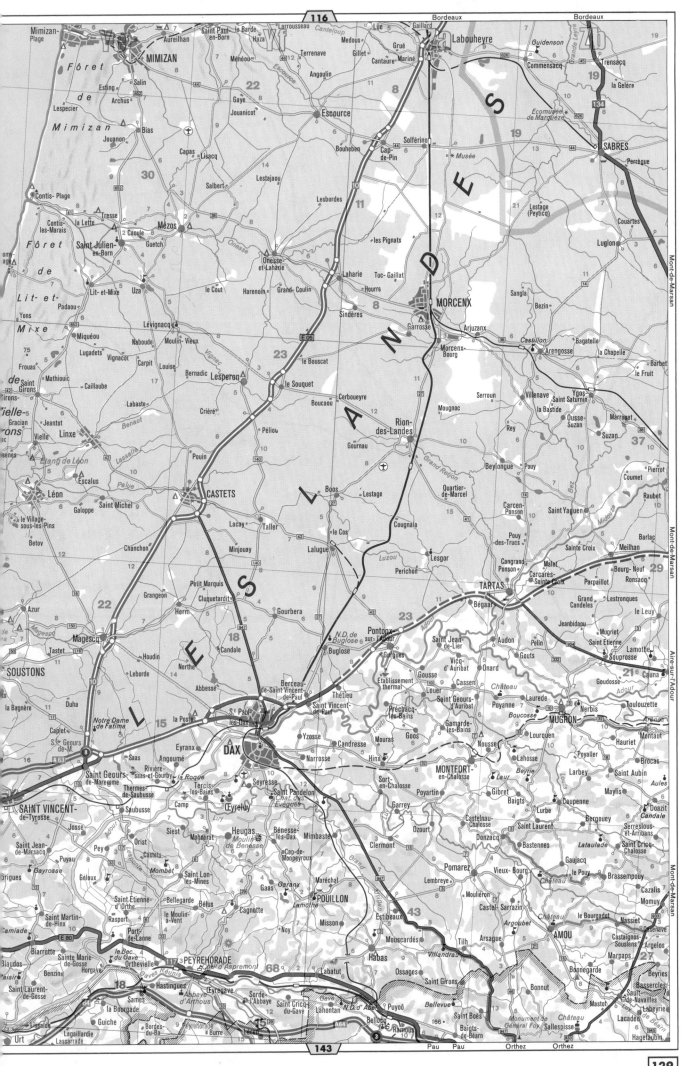

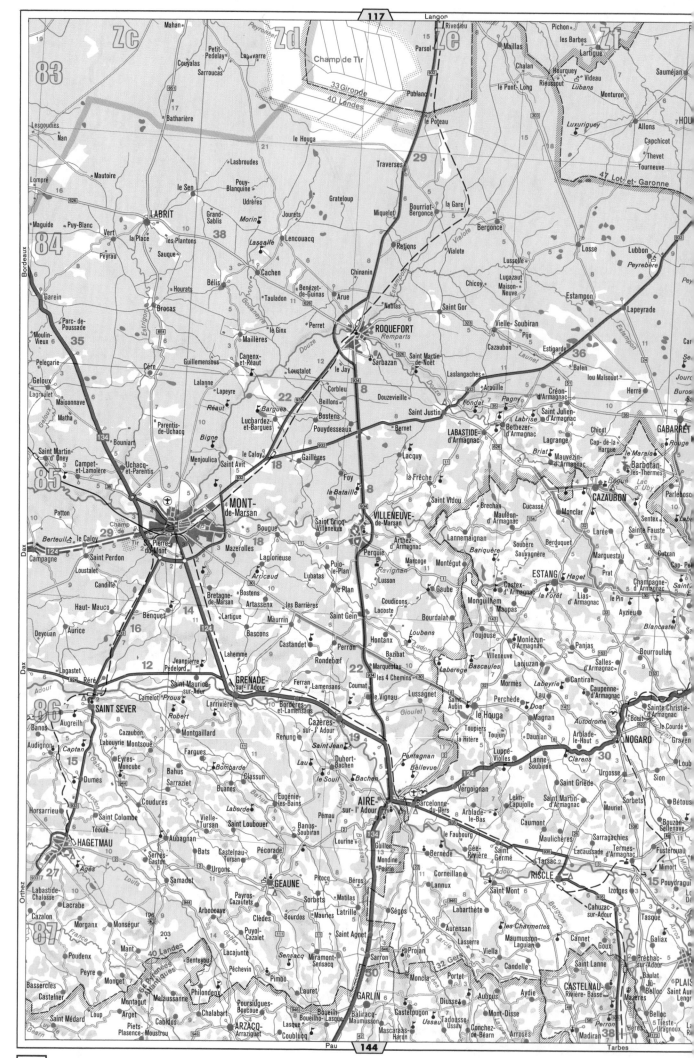

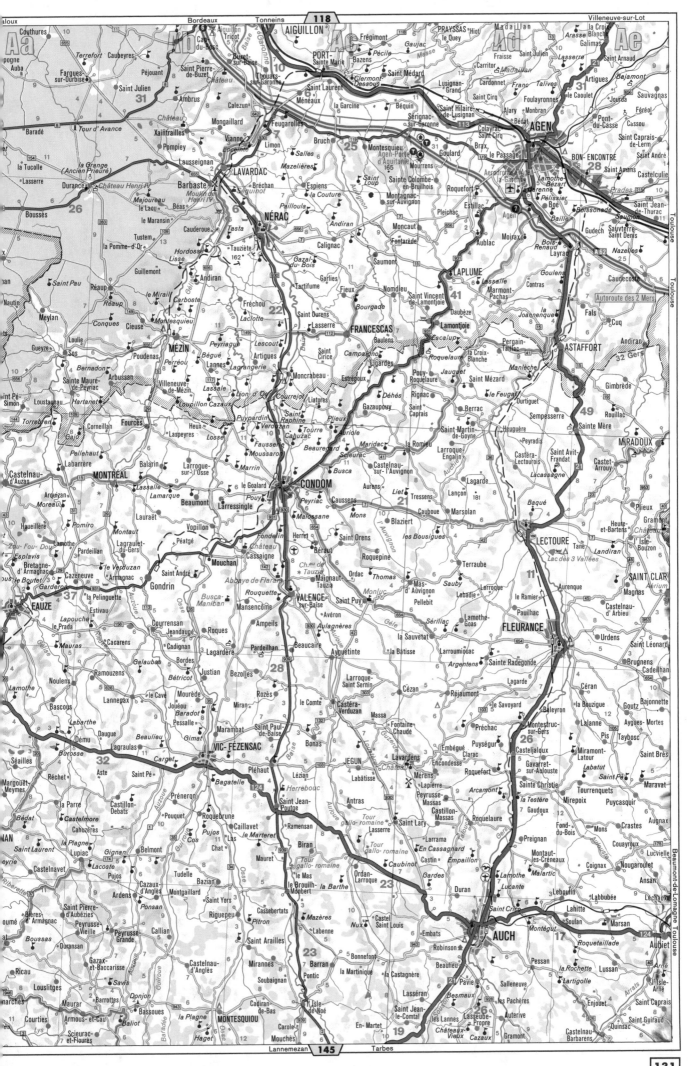

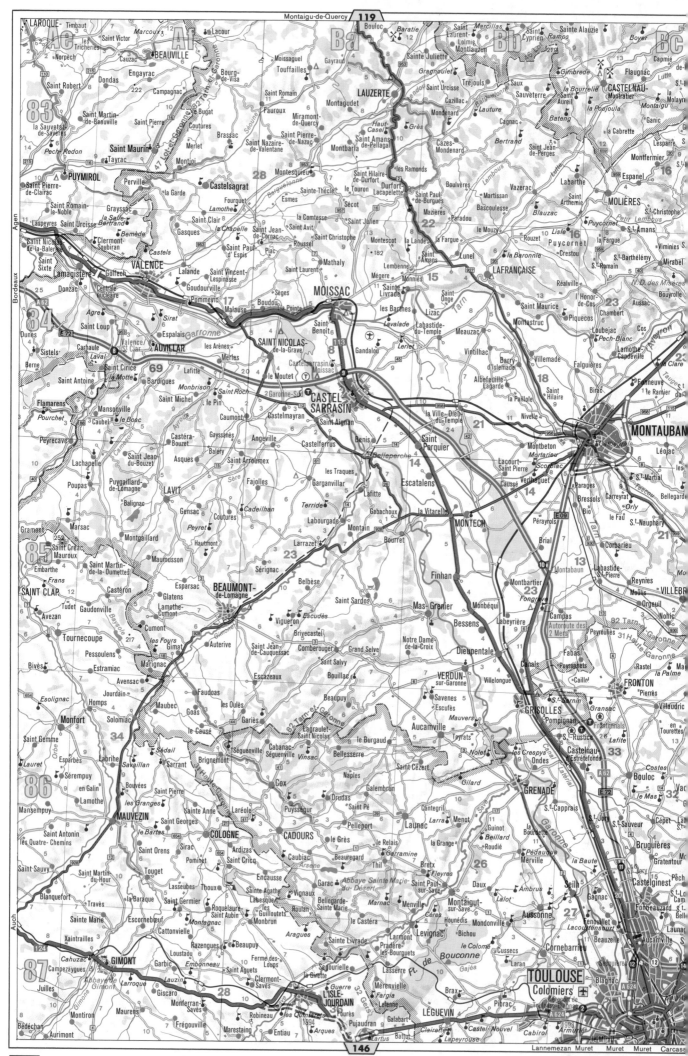

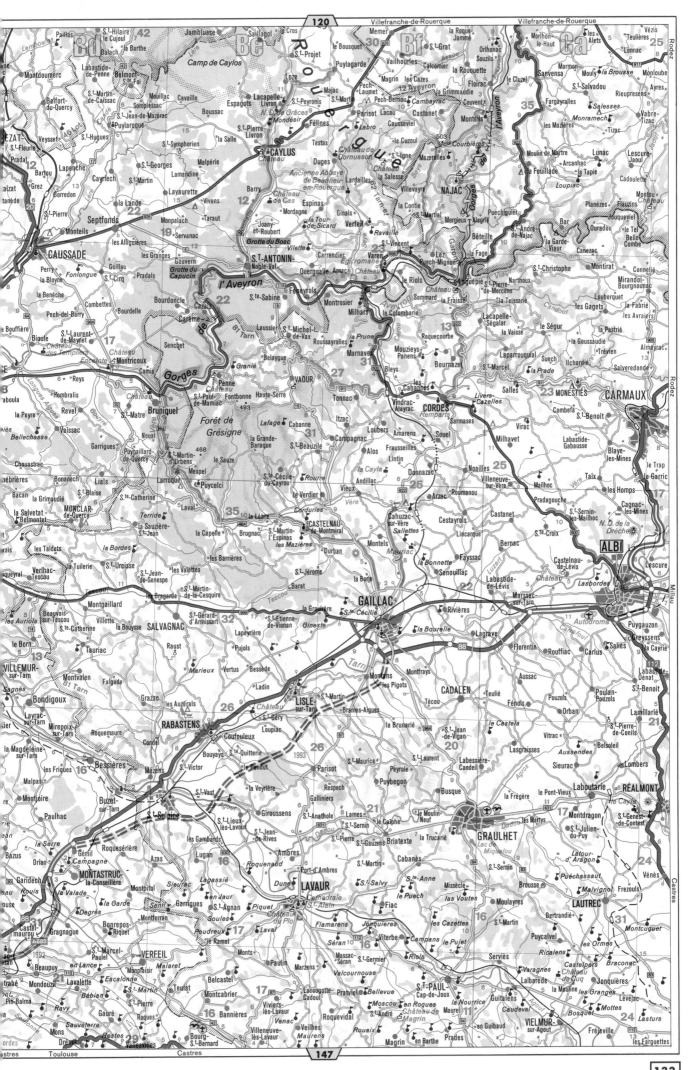

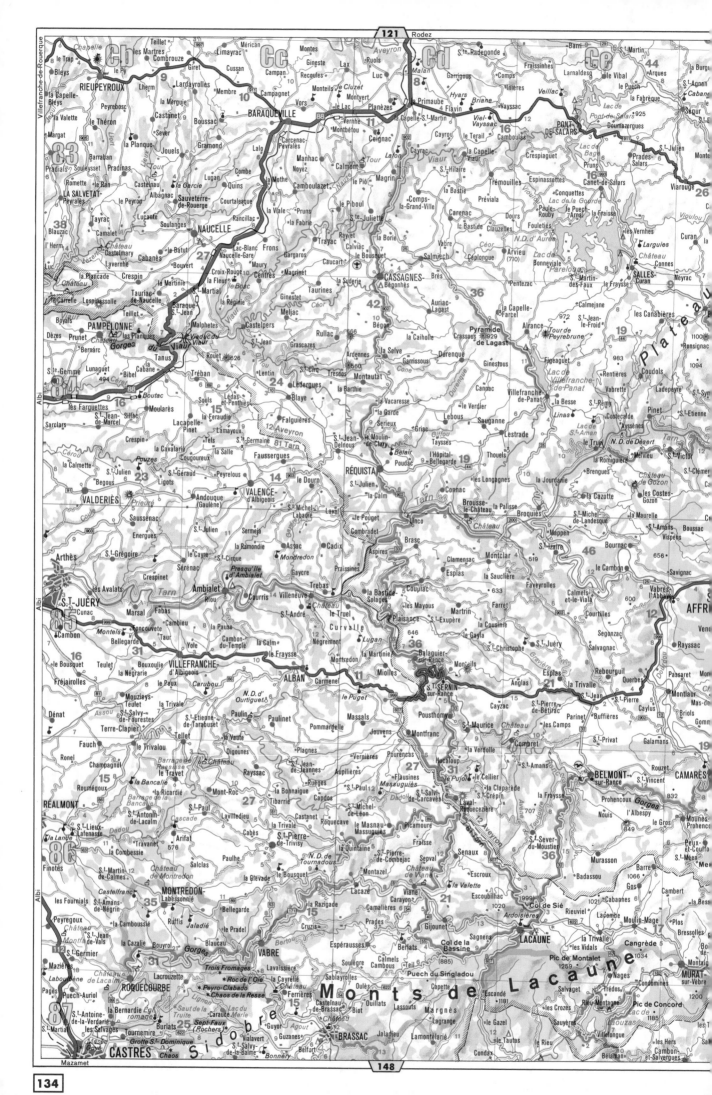

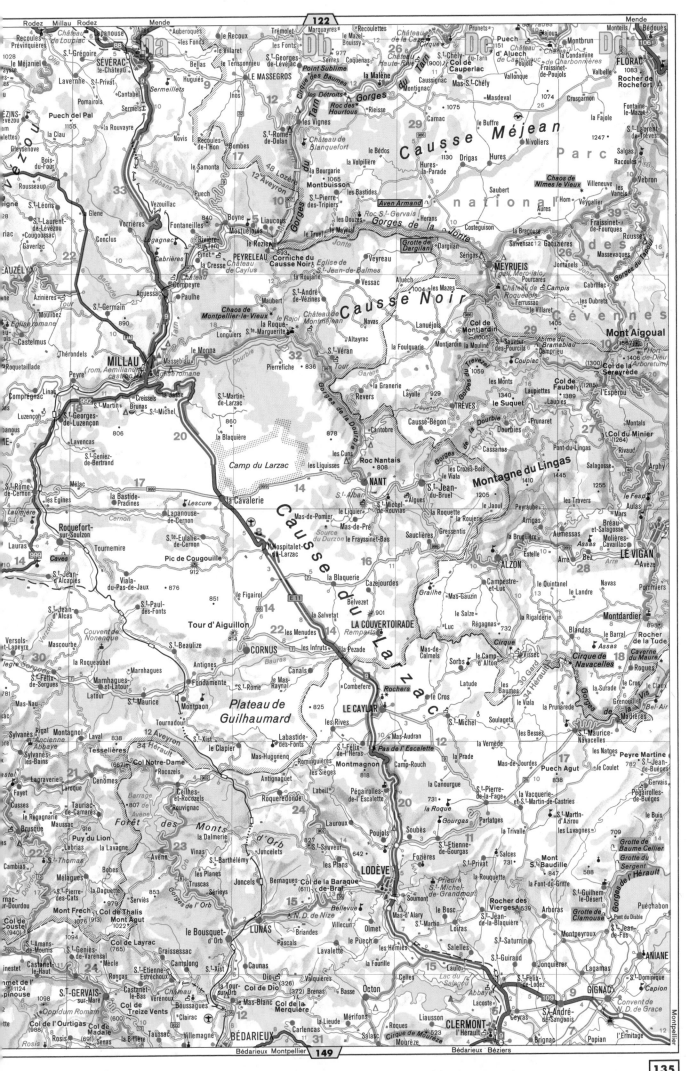

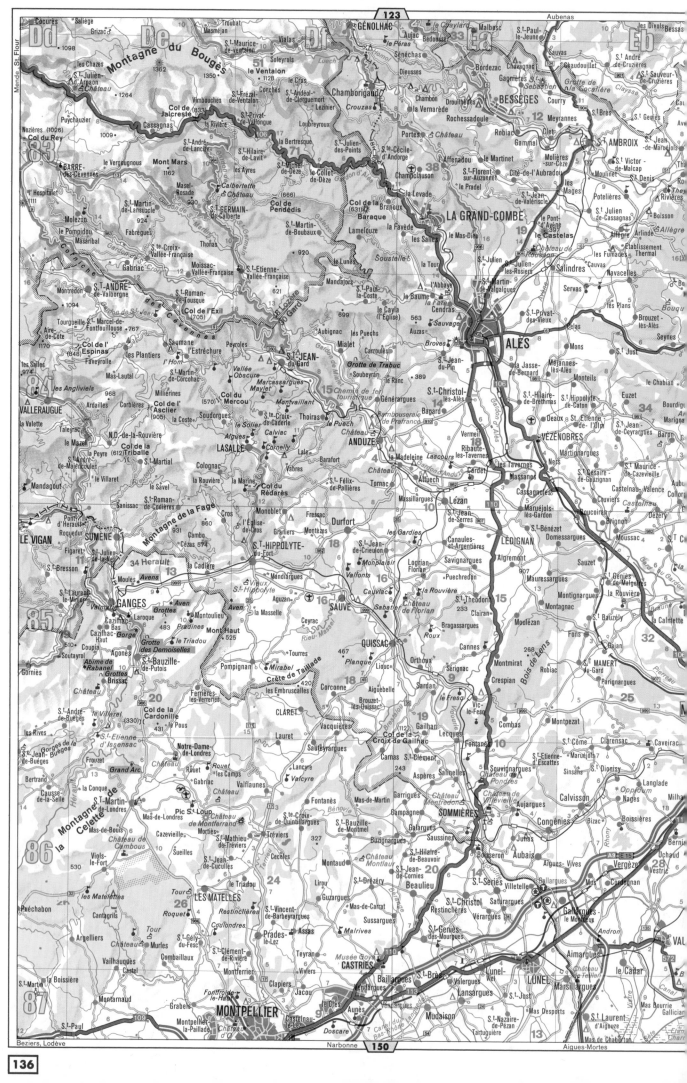

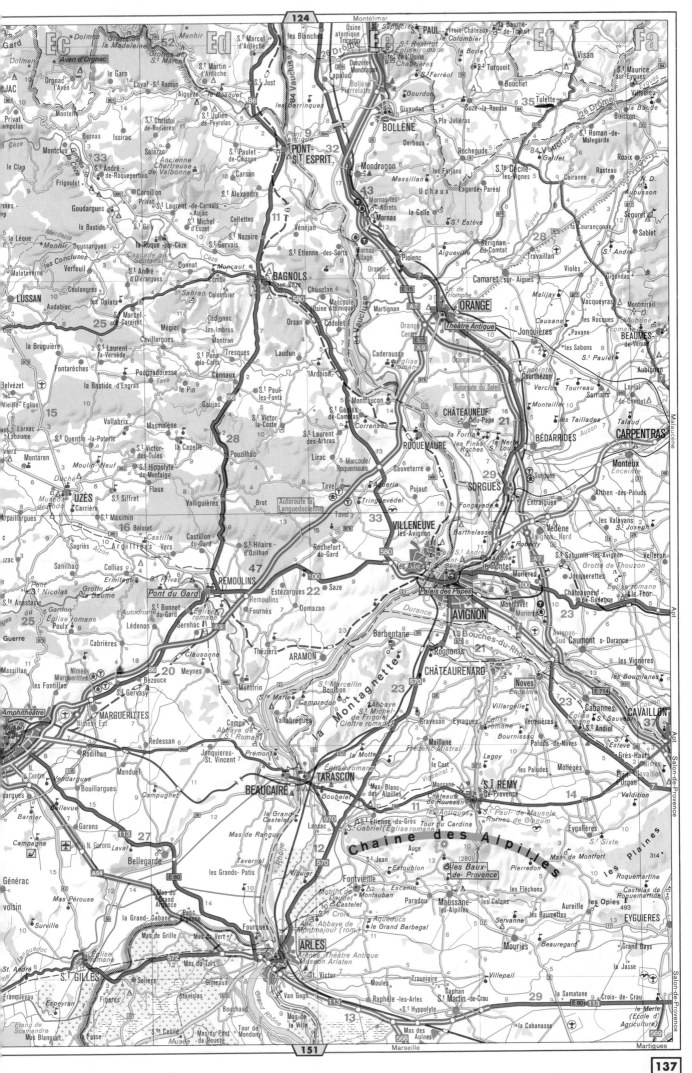

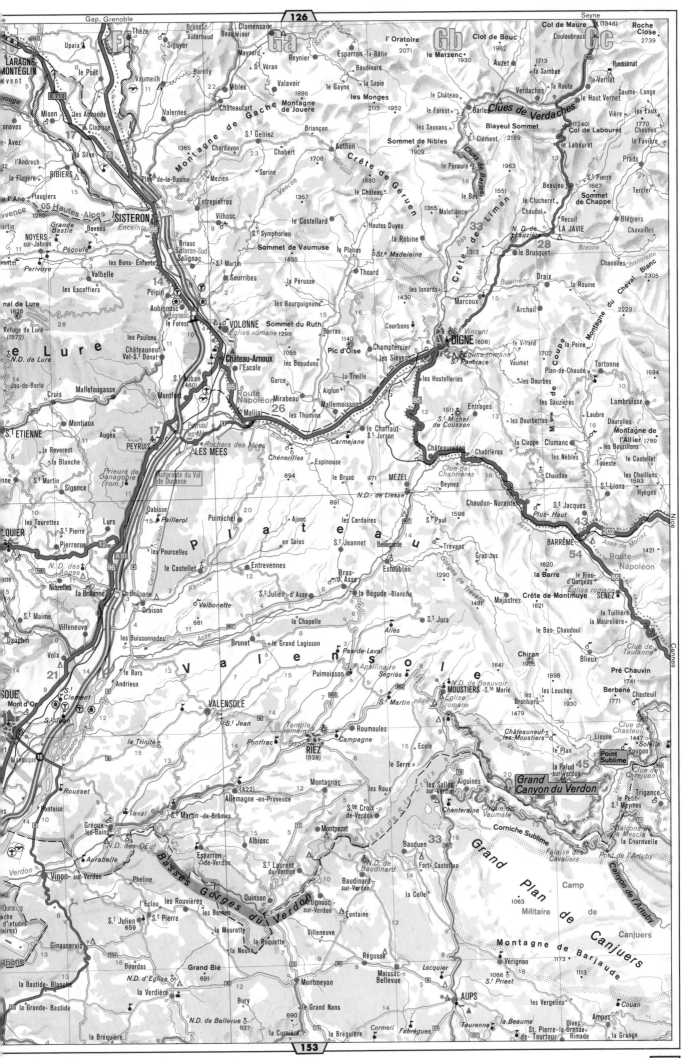

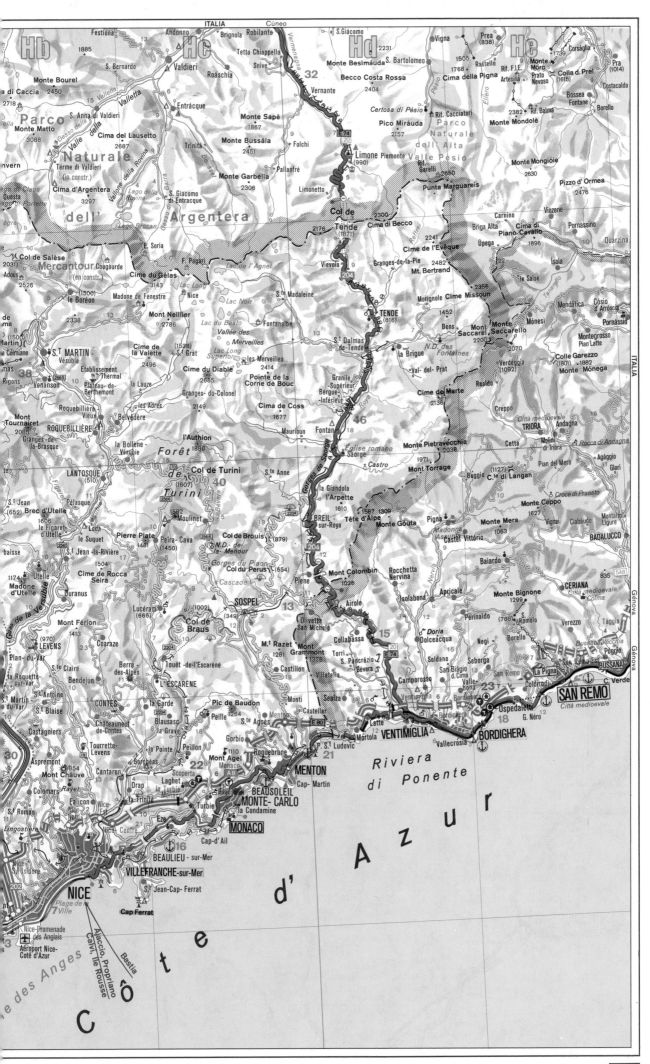

Golfe de Gascogne

Côte Basque

DONOSTIA
SAN SEBASTIÁN

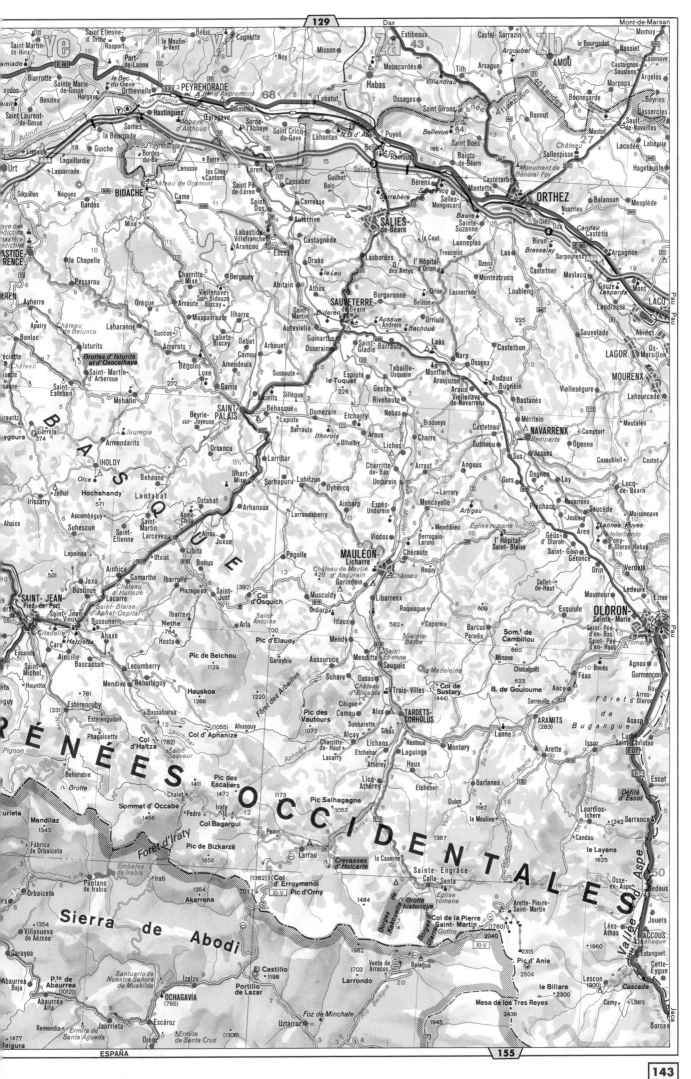

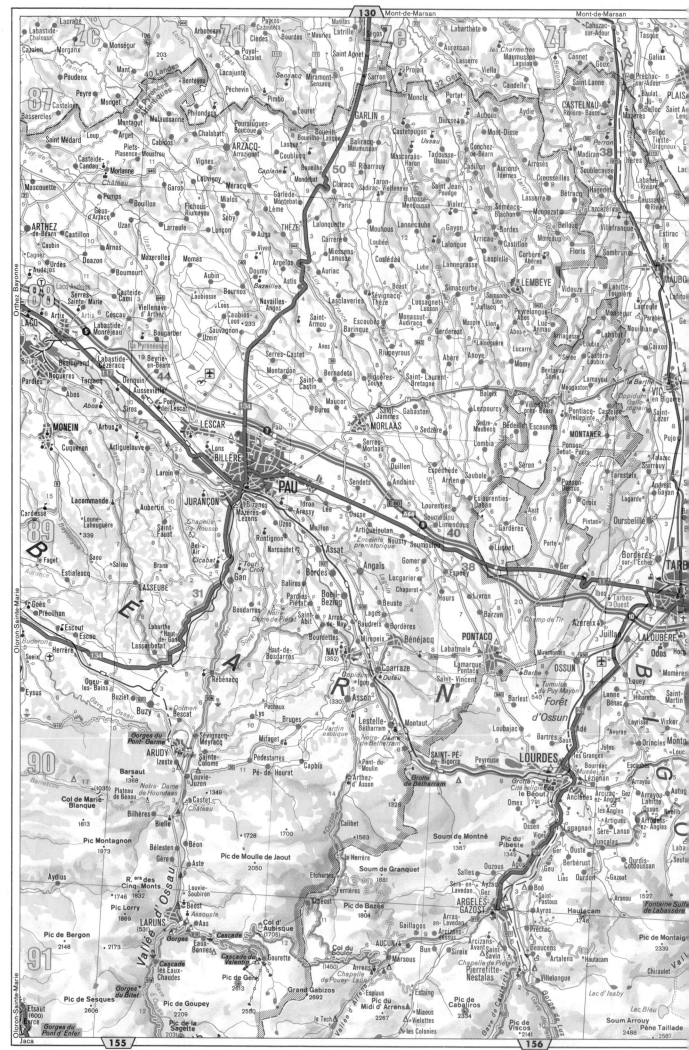

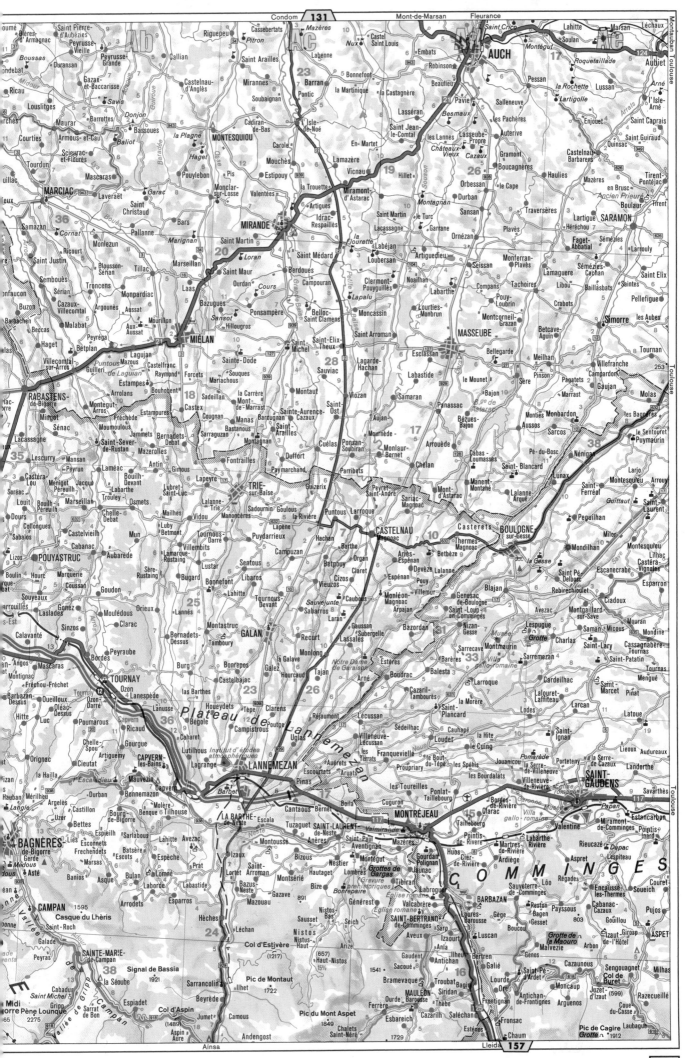

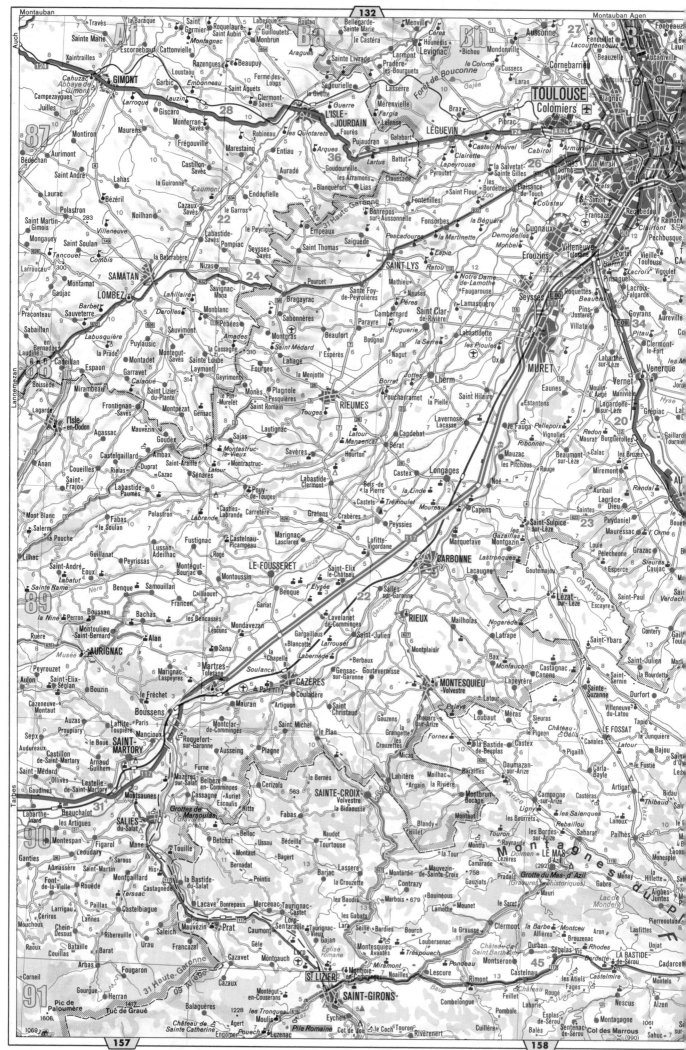

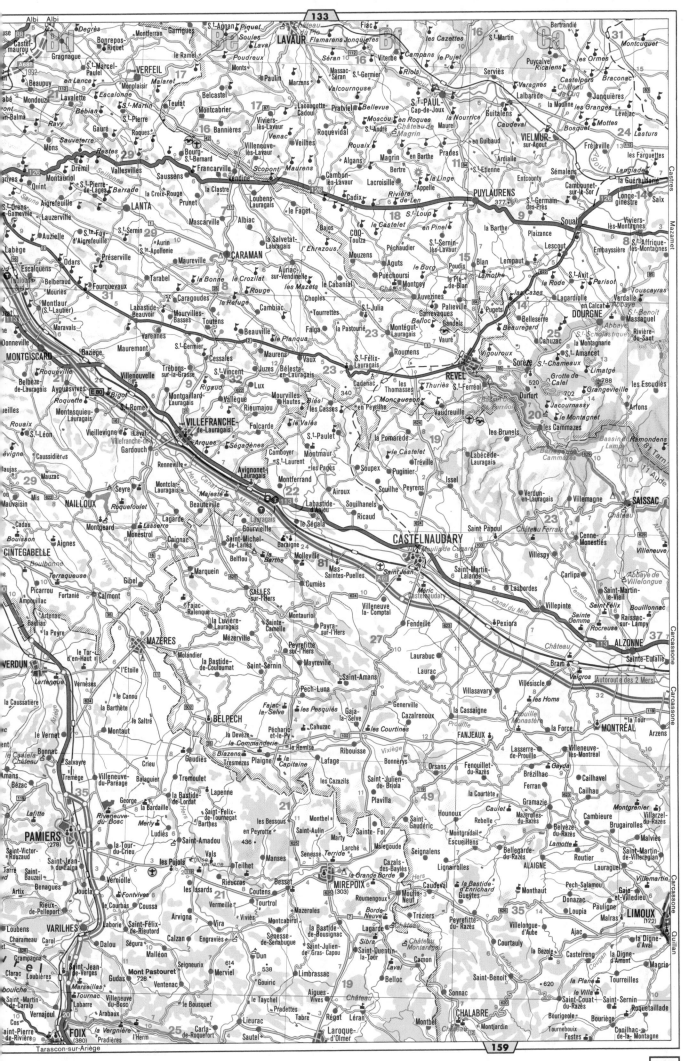

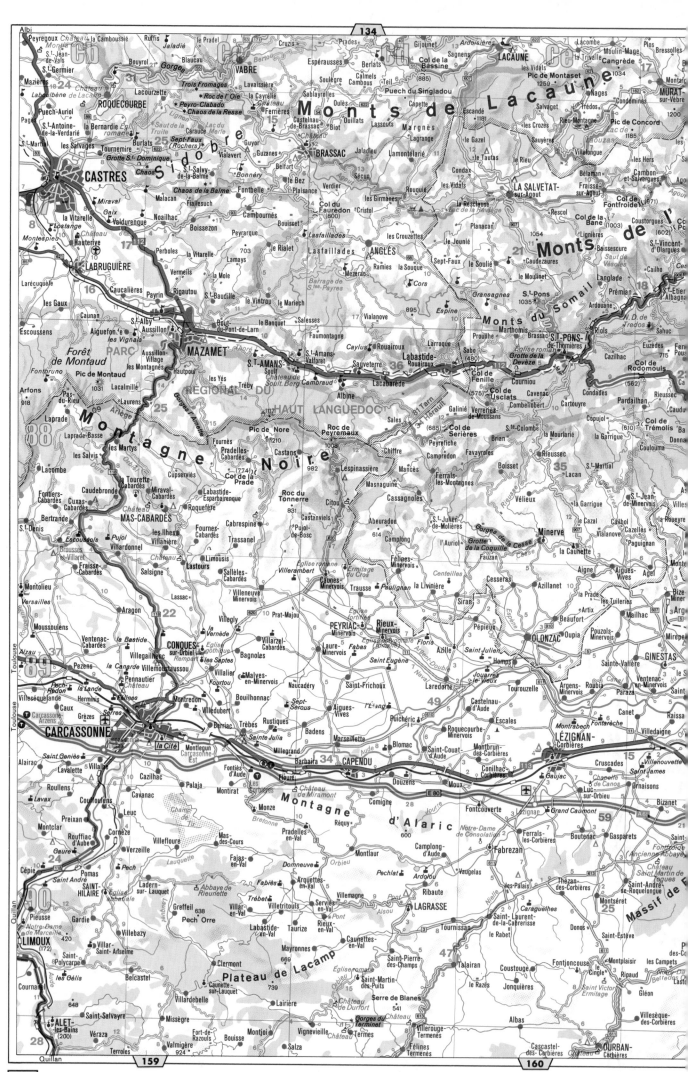

Golfe du Lion

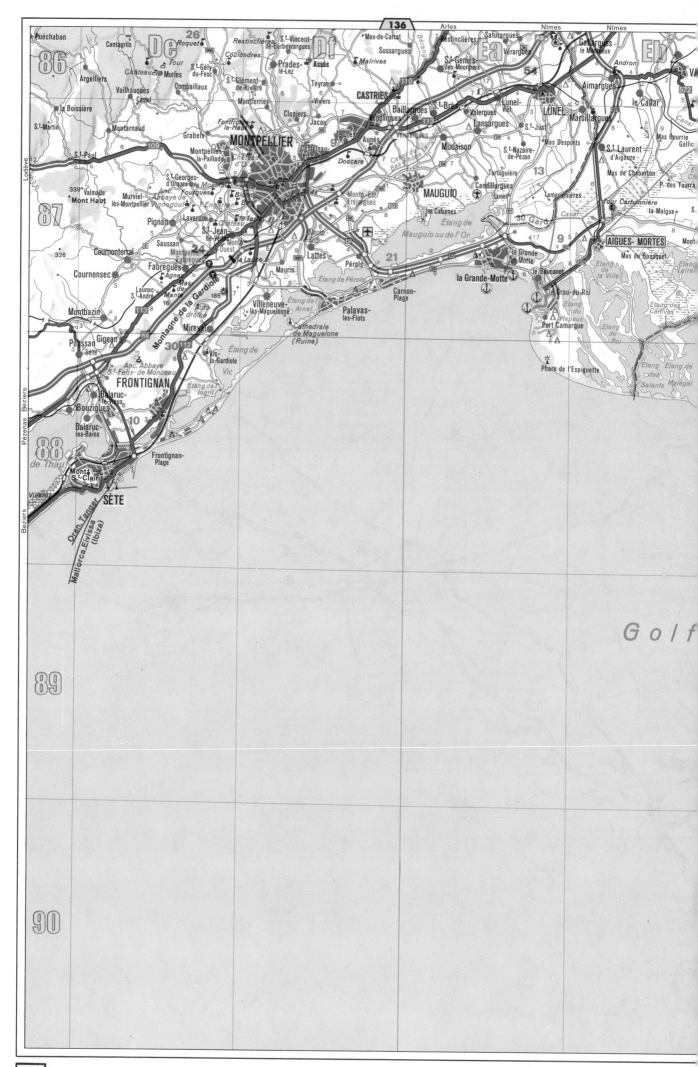

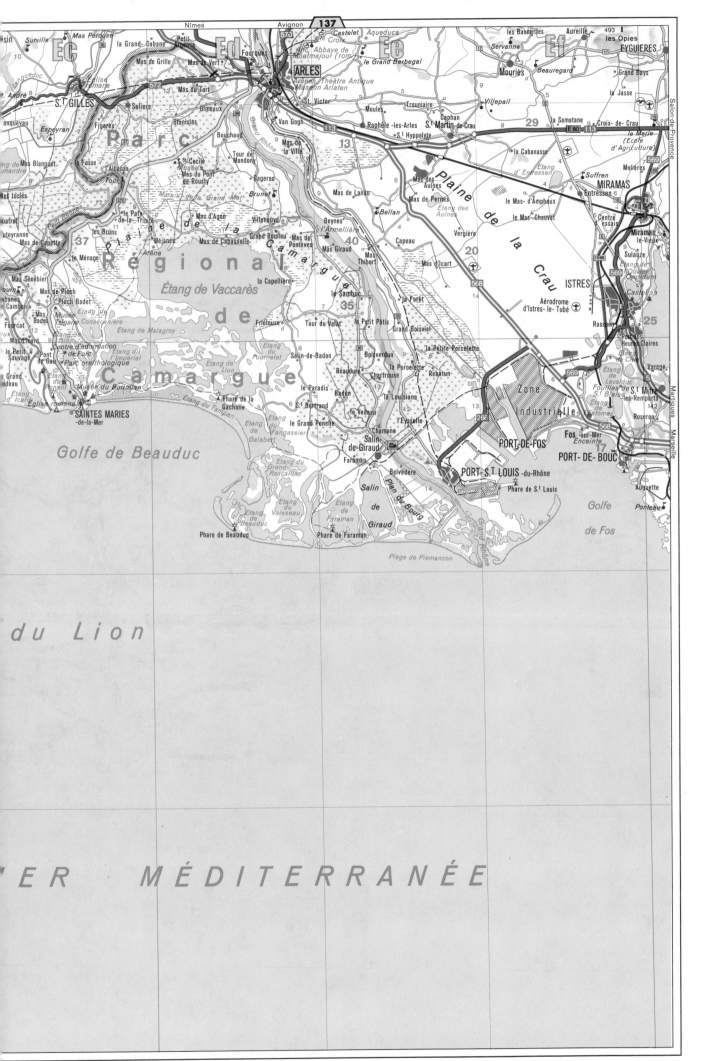

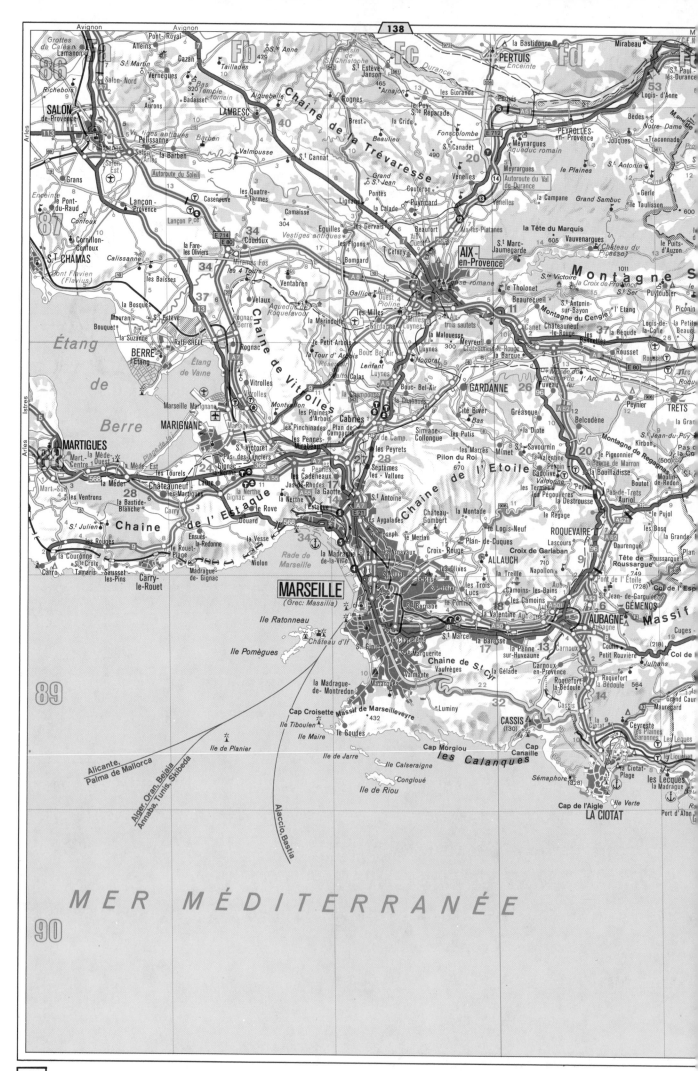

MER MÉDITERRANÉE

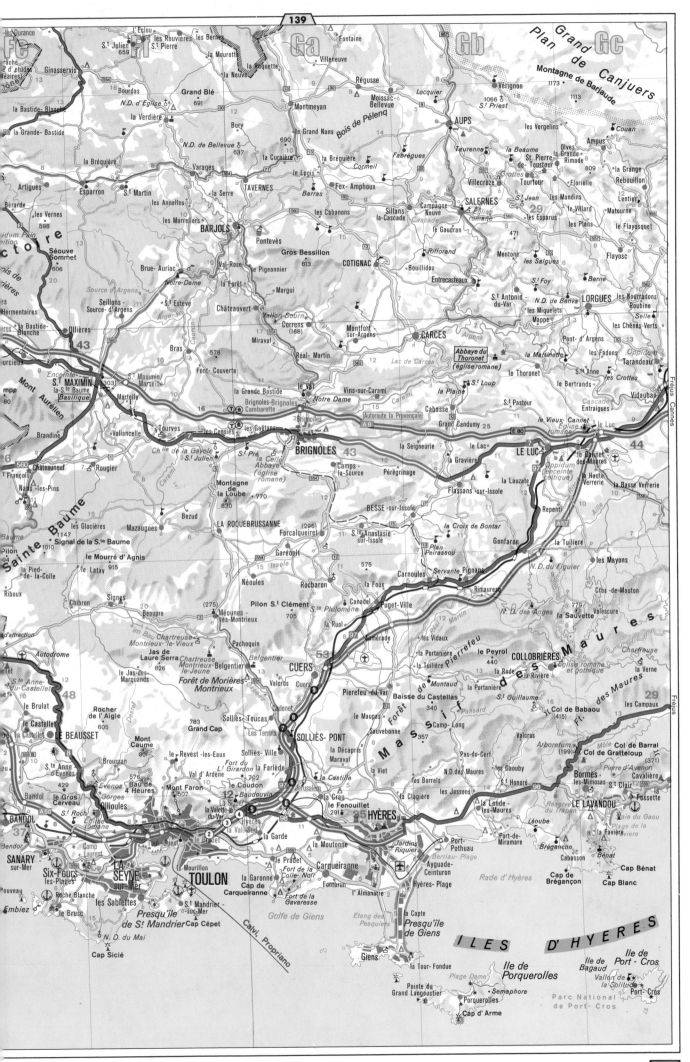

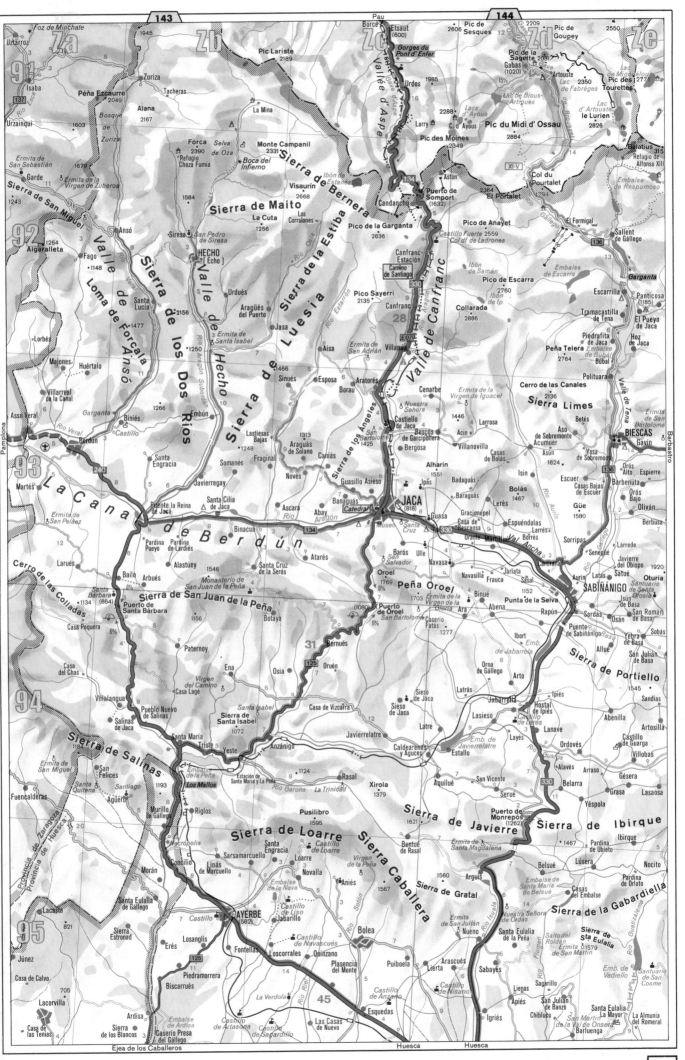

Za Zb Zc Zd Ze

Pau
Borce
Etsaut
(600)

Foz de Minchate
Urzainqui
91
Isaba
137
Urzainqui

Pic Lariste
2189

Pic de Sesques
2606

Pic de Goupey
2209

Pic de Goupey
2550

Gorges du
Pont d' Enfer

Urdos
1985

Gabas
(1020)

Pic de la
Sagette 2091

Artouste
Lac
de Fabrèges
2350

Pic des
Tourettes
2771

Péña Ezcaurre
2049

Zuriza

Tacheras

La Mina

Alana
2167

Bosque
de
Zuriza

1603

Larry

Lac de
Bious-
Artigues

2288

Lacs
d'Ayous

Lac
d'Artouste
2826

le Lurien

Ermita de
San Sebastián
1679

Garde
11

Ermita de la
Virgen de Zuberoa
1243

Forca
2390

Selva
de Oza

Monte Campanil
2331

Sierra de Bernera

Ibón de
Estañés

Astún

Pic du Midi d'Ossau
2884

Pic des Moines
2349

Col du
Pourtalet
2364

El Portalet

Balaitous 3146

Refugio
de Alfonso XIII

Embalse
de Respumoso

Sierra de San Miguel

Valle de Aspe

134

Puerto de
Somport
(1632)

Candanchú

Refugio
Choza Fumia

Boca del
Infierno

Visaurín
2668

Sierra de Maito

La Cuta
1256

Los
Corralones

Pico de la Garganta
2636

Castillo Fuerte 2559
Col de Ladrones

Pico de Anayet

El Formigal

136

Sallent
de Gállego

92
Aigarralleta
1264

Ansó

Siresa

San Pedro
de Siresa

Canfranc-
Estación

330

Camino
de Santiago

Ibón
de Samán

Pico de Escarra
2760

Garganta

Escarrilla

Panticosa
(1185)

Fago
1148

Santa
Lucía

2156

HECHO
[Echo]

2

Río Osia

Pico Sayerri
2135

Ibón de Ip

Tramacastilla
de Tena

El Pueyo
de Jaca

Loma de Forcala

Valle de Hecho

Valle de los Dos Ríos

Urdués

Aragüés
del Puerto

Jasa

1250

1466

Sierra de la Estiba

Sierra de Luesia

Ermita de
Santa Isabel

Aísa

Canfranc

Collarada
2886

28

E07C

Peña Telera
2764

Piedrafita
de Jaca

Embalse
de Búbal

Hoz
de Jaca

Lorbés

Huértalo

Majones

Villarreal
de la Canal

1266

Garganta

Biniés

Castillo

Embún

Lastiesas
Bajas
1248

1313

Sinués

Esposa

Borau

Aratorés

Villanúa

Ermita de
San Adrián

Polituara

Valle de Tena

Cerro de las Canales
2136

Sierra Limes

Betés

Ermita de
San Bártolomé

BIESCAS

Pamplona

Assó Veral

Berdún

Santa
Engracia

Somanés

Araguás
de Solano

Caniás

Fraginal

Novés

Sierra de los Ángeles

San
Bartolomé
1425

Castiello
de Jaca

Bescós
de Garcipollera

Acín

Larrosa

Aso
de Sobremonte
Acumuer

Asún

Yosa
de Sobremonte

Escuer

Casas Bajas
de Escuer

Gavín

14

Orós
Alto

Espierre

Barbenuta

Orós
Bajo

Olivan

93
Martés
240

La Caña de Berdún

Javierregay

Santa Cilia
de Jaca

Ascara

Abay

Río Aragón

Binacua

Guasillo

Banaguás

134

Asieso

Catedral

JACA
(818)

Guasa

Ipás

Alharin
1551

Badaguás

Baraguás

Graciónepel

Casa de
Bescansa

Isin

1624

Güe
1580

Berbusa

Puente la Reina
de Jaca

Pardina
Pueyo

Pardina
de Lardiés

Atarés

Barós

Ulle

Navasa

Museo

Santa
Cruz

330

Drante

Val Ancha

Martillué

Bolás
1467

Lerés

Espéndolas

Larrés

Borrés

Sorripas

Lárrede

Senegüé

Javierre
del Obispo
1920

Ermita de
San Peláez

12

Larués

Alastuey
1546

Santa Cruz
de la Serós

Oroel
1769

San
Salvador

Navasilla

Frauca

Sasal

1152

Aurín

Oturia
Santuario
de Santa
Orosia

Isun
de Basa

Latas

Satué

Cerro de las Colladas

Santa
Bárbara
1134 (864)

Bailo

Arbués

Puerto de
Santa Bárbara

Monasterio de
San Juan de la Peña

1156

Botaya

Sierra de San Juan de la Peña

1080

Peña Oroel

Puerto de Oroel

San Bartolomé

1703

Ermita de la
Virgen de la
Gloria

Ara

Binué

Abena

Punta de la Selva

Rapún

Aurín

SABIÑÁNIGO

Sardas

Osán

San Román
de Basa

Sobás

Yebra
de Basá

1545

Sierra de Portiello

Casa
Pequera

6%

6%

Paternoy

Ena

Osia

Virgen
del Camino
Casa Lagé

Oruén

125

Bernués

31

1277

Ibort

Orna
de Gállego

Arto

Latrás

1545

Allué

Puente
de Sabiñánigo

Emb. de
Jabarrella

San Julián
de Basa

Sandias

Artosilla

94

Villalangua

Pueblo Nuevo
de Salinas

Salinas
de Jaca

Santa María

Triste

Santa Isabel

Sierra de
Santa Isabel
1072

Casa de Vizcarra

12

Sieso
de Jaca

Sieso
de Jaca

Latre

Jabarrella

Hostal
de Ipiés

Castillo
de Lerés

Ipiés

Lanave

Layés

Lasieso

Emb. de
Javierrelatre

Estallo

Río Guarga

Ordovés

Arraso

Villobás

Castillo
de Guarga

Gésera

Ermita de
San Miguel

Santa
Quitena

Santiago

1193

Agüero

San
Felices

Embalse
de la Peña

Estación de
Santa María y La Peña

Anzánigo

Yeste

Javierrelatre

Caldearenas
y Aguces

San Vicente

Aquilué

Serué

330

Belarra

11

Yéspola

Grasa

Lasaosa

Fuencalderas

Los Mallos

Sierra de Salinas

1193

Santa
Quitena

Río Garona

Rasal

La Trinidad

Xirola
1379

Sierra de Javierre

Puerto de
Monrepós
(1262)

Sierra de Ibirque

Pardina
de Ubieto

Ibirque

Murillo
de Gállego

Riglos

Pusilibro
1595

1621

Bentué
de Rasal

Ermita de
Santa Magdalena

1467

95

Lacasta
821

Sierra
Estronad

Erés

Losanglis

Ayerbe
(582)

Castillo

Castillo
de Liso
Jabarillo

Santa
Engracia

Castillo
de Loarre

Sierra de Loarre

Loarre

Novalla

Virgen
de la Peña

Sierra Caballera

1560

Arguis

Embalse de
Santa María
de Belsué

Belsué

Lúsera

Sierra de Gratal

Ermita de
San Julián

1467

Nocito

Pardina
de Orlato

Casas
del Embalse

Sierra de la Gabardiella

Júnez

Casa de Calvo

705

Casa de
las Tenias

Lacorvilla

Ardisa

Sierra
de los Blancos

Caserío Presa
del Gállego

Embalse
de Ardisa

Castillo
de Artosona

Piedramorrera

Biscarrués

125

Fontellas

Loscorrales

Quinzano

Plasencia
del Monte

14

Bolea

Puibuela

Lierta

Arascués

Sabayés

Castillo
de Navascués

Aniés
1567

Sotón

Castillo
de Anzano

Castillo
de Nisano

Apiés

San Julián
de Banzo

Lienas

Sagarillo

Santa Eulalia
la Mayor

Chibluco

San Martín
de la Val de Onsera

Ermita
de San Martín

Santa Eulalia
de Sta. Eulalia

1579

Emb. de
Vadiello

Santuario
de San
Cosme

La Almunia
del Romeral
Barluenga

Nuestra Señora
de Ordás

Salto del
Roldán

Santa Eulalia
de la Peña

Nueno

Igriés

La Verdola

Las Casas
de Nuevo

Esquedas

Río Isuela

Río Flumen

45

Río Riel

Ejea de los Caballeros

Huesca

Huesca

Barbastro

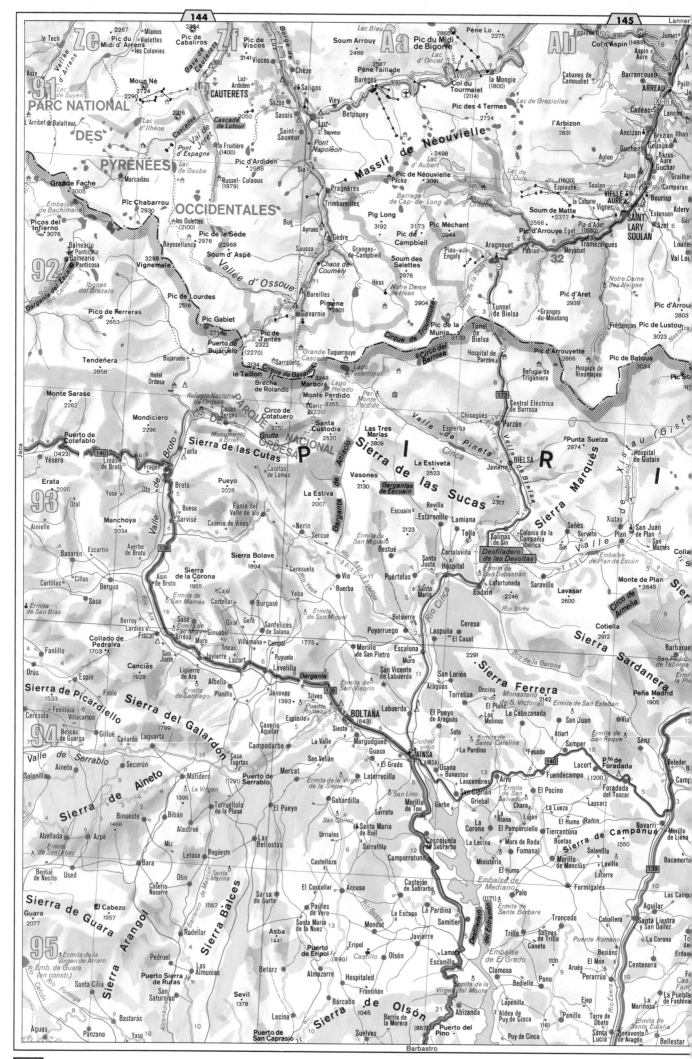

Barbastro

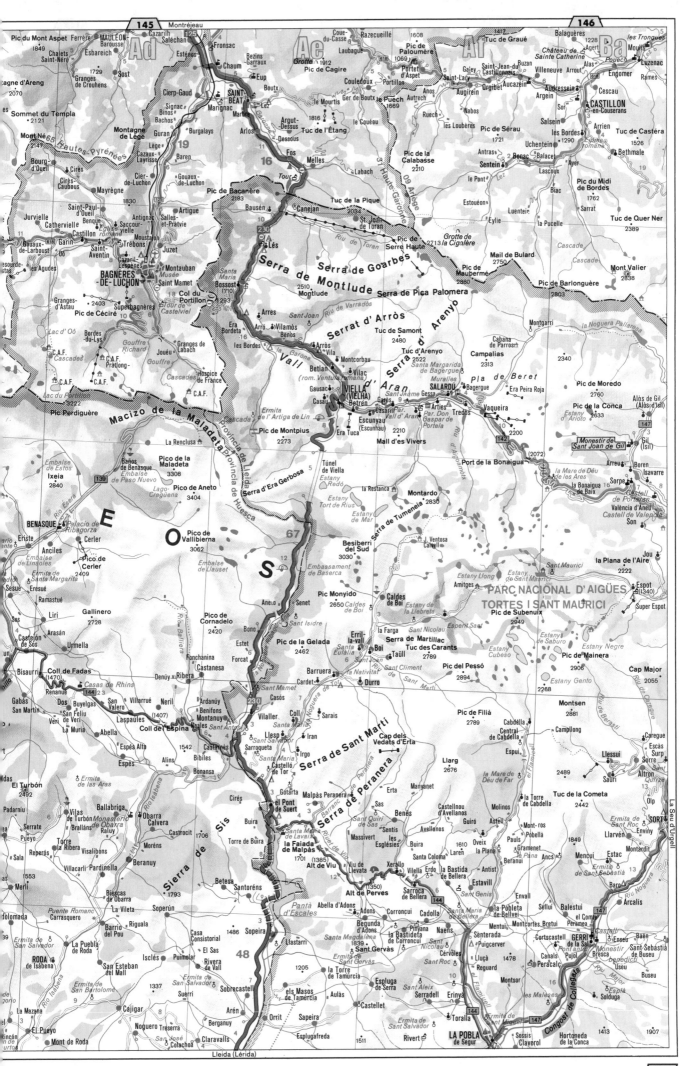

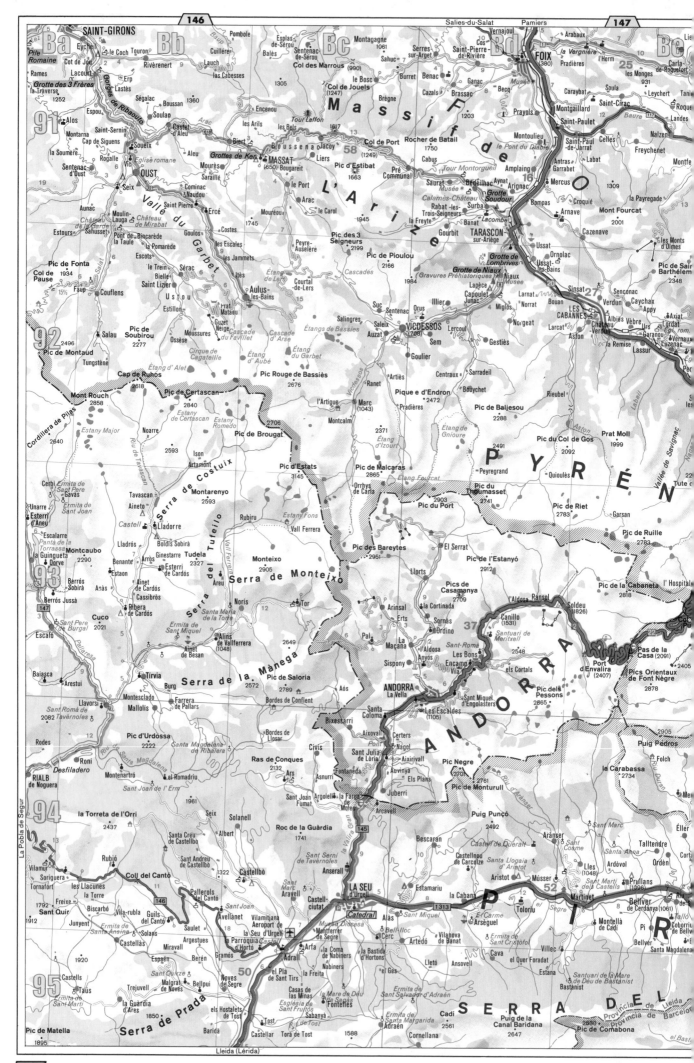

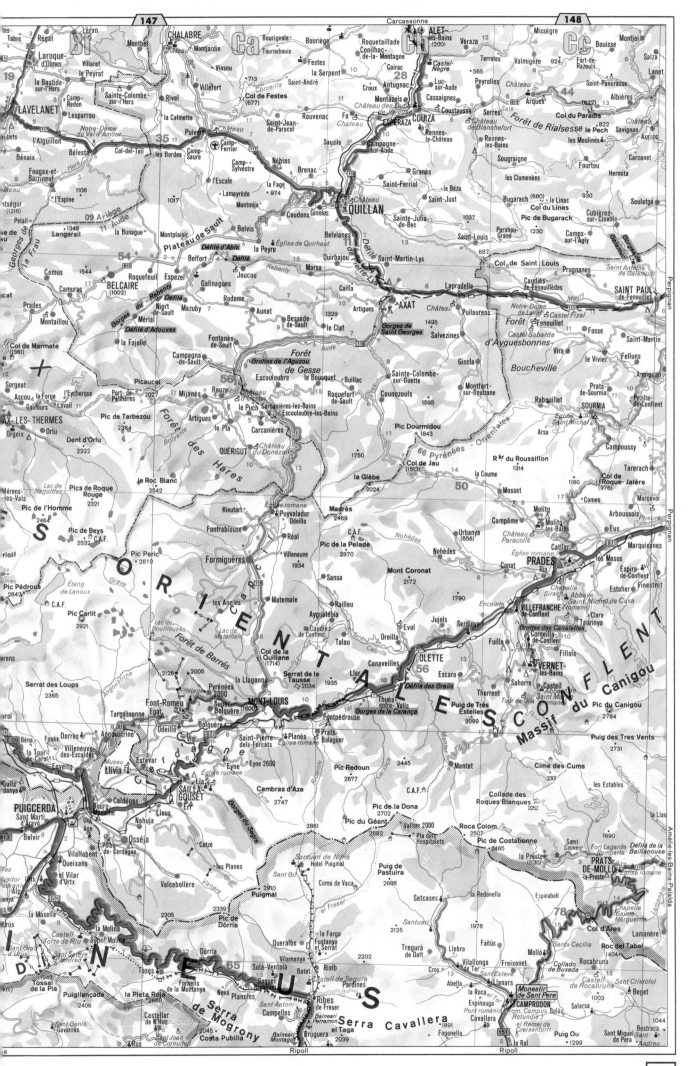

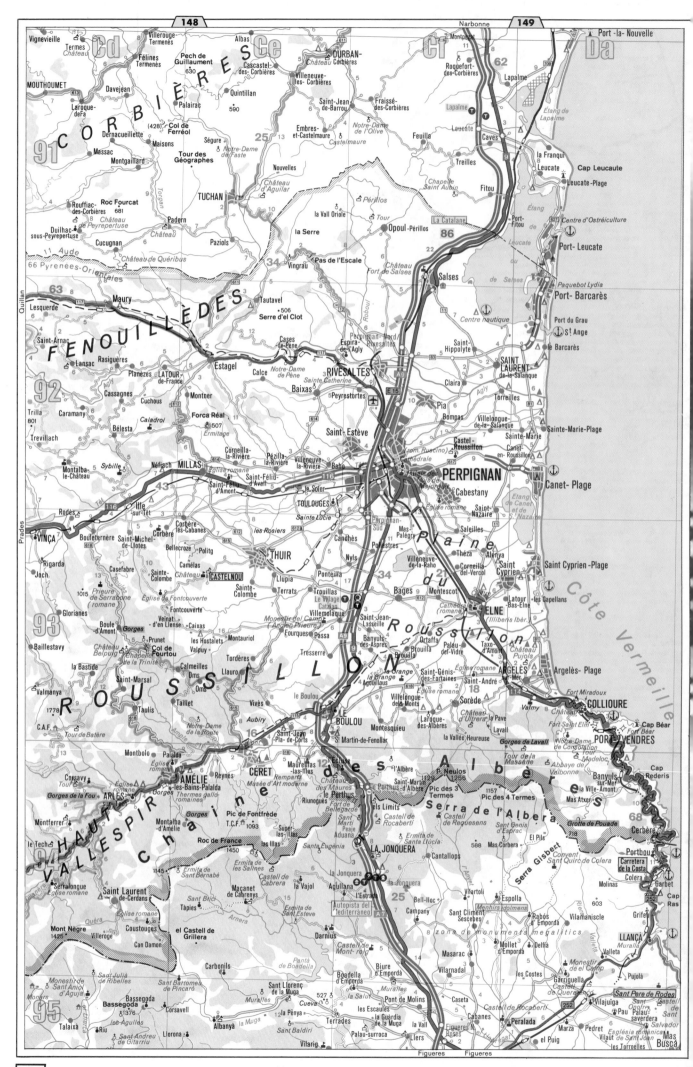

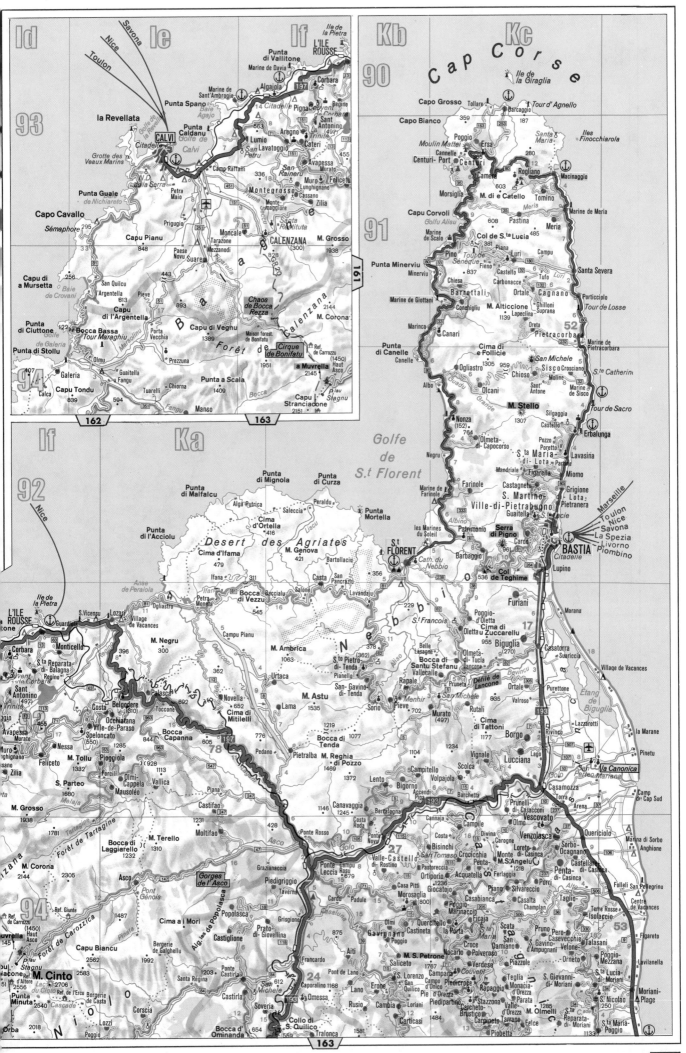

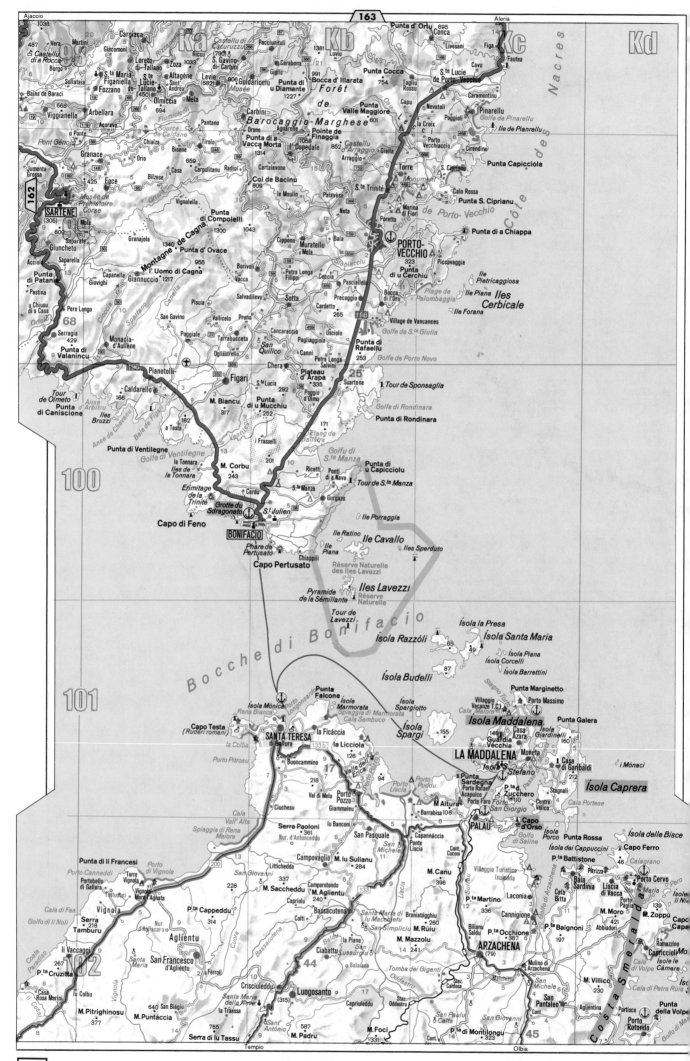

Ortsnamenverzeichnis · Index of place names · Index des localités
Register van plaatsnamen · Elenco dei nomi di località
Índice de topónimos · Stednavnsfortegnelse · Ortnamnsförteckning

Arles **13** 137 Ed 86
① ② ③ ④

① Ortsname
  Place name
  Localité
  Plaatsnaam
  Località
  Topónimo
  Stednavn
  Ortnamn

② Verwaltungseinheit („Département")
  Administrative district
    ("Département")
  Département
  Bestuursdistrict ("Département")
  Circondario amministrativo
    («Département»)
  Distrito ("Département")
  Forvaltningsområde ("Département")
  Förvaltningsområde ("Département")

③ Seitenzahl
  Page number
  Nº de page
  Nummer v.d. bladzijde
  Nº di pagina
  Nro. de página
  Sidetal
  Sidnummer

④ Suchfeldangabe
  Grid search reference
  Carreau
  Zoekveld-gegevens
  Riquadro nel quale
    si trova il nome
  Datos casilla de
    localización
  Kvadratangivelse
  Kartrutangivelse

01	Ain	33	Gironde	66	Pyrénées-Orientales
02	Aisne	34	Hérault	67	Bas-Rhin
03	Allier	35	Ille-et-Vilaine	68	Haut-Rhin
04	Alpes-de-Haute-Provence	36	Indre	69	Rhône
05	Hautes-Alpes	37	Indre-et-Loire	70	Haute-Saône
06	Alpes-Maritimes	38	Isère	71	Saône-et-Loire
07	Ardèche	39	Jura	72	Sarthe
08	Ardennes	40	Landes	73	Savoie
09	Ariège	41	Loir-et-Cher	74	Haute-Savoie
10	Aube	42	Loire	75	Paris
11	Aude	43	Haute-Loire	76	Seine-Maritime
12	Aveyron	44	Loire-Atlantique	77	Seine-et-Marne
13	Bouches-du-Rhône	45	Loiret	78	Yvelines
14	Calvados	46	Lot	79	Deux-Sèvres
15	Cantal	47	Lot-et-Garonne	80	Somme
16	Charente	48	Lozère	81	Tarn
17	Charente-Maritime	49	Maine-et-Loire	82	Tarn-et-Garonne
18	Cher	50	Manche	83	Var
19	Corrèze	51	Marne	84	Vaucluse
2A	Corse-du-Sud	52	Haute-Marne	85	Vendée
2B	Haute-Corse	53	Mayenne	86	Vienne
21	Côte-d'Or	54	Meurthe-et-Moselle	87	Haute-Vienne
22	Côtes-d'Armor	55	Meuse	88	Vosges
23	Creuse	56	Morbihan	89	Yonne
24	Dordogne	57	Moselle	90	Territoire-de-Belfort
25	Doubs	58	Nièvre	91	Essonne
26	Drôme	59	Nord	92	Hauts-de-Seine
27	Eure	60	Oise	93	Seine-St-Denis
28	Eure-et-Loir	61	Orne	94	Val-de-Marne
29	Finistère	62	Pas-de-Calais	95	Val-d'Oise
30	Gard	63	Puy-de-Dôme		
31	Haute-Garonne	64	Pyrénées-Atlantiques	[AND]	Andorra
32	Gers	65	Hautes-Pyrénées	[MC]	Monaco

A

Aast 64 144 Zf 89
Abainville 55 43 Fd 57
Abancourt 59 14 Db 47
Abancourt 60 22 Be 50
Abaucourt 54 44 Gb 55
Abaucourt-Hautecourt 55 43 Fd 53
Abbans-Dessous 25 76 Ff 66
Abbaretz 44 66 Yc 63
Abbécourt 02 24 Db 51
Abbecourt 60 23 Ca 52
Abbenans 25 76 Gc 64
Abbeville 80 13 Bf 48
Abbéville-la-Rivière 91 56 Ca 58
Abbéville-lès-Conflans 54 43 Ff 53
Abbeville-Saint-Lucien 60 23 Cb 51
Abbévillers 25 77 Gf 64
Abeilhan 34 149 Db 88
Abelcourt 70 76 Gb 62
Abère 64 144 Ze 88
Abergement-Clémenciat, l' — 01 100 Ef 72
Abergement-de-Varey, l' — 01 101 Fc 73
Abergement-la-Ronce 39 89 Fc 66
Abergement-le-Grand 39 89 Fe 67
Abergement-le-Petit 39 89 Fe 67
Abergement-lès-Thésy 39 90 Ff 67
Abidos 64 143 Zc 88
Abilly 37 83 Ae 67
Abitain 64 143 Za 88
Abjat-sur-Bandiat 24 107 Ae 75
Ablain-Saint-Nazaire 62 14 Ce 46
Ablaincourt-Pressoir 80 24 Ce 49
Ablainzevelle 62 14 Ce 48
Ablancourt 51 42 Ed 56
Ableiges 95 38 Bf 54
Ableuvenettes, les — 88 61 Gb 59
Ablis 78 38 Be 57
Ablon 14 20 Ab 52
Aboncourt 54 61 Ff 58
Aboncourt 57 28 Gc 53
Aboncourt-Gésincourt 70 76 Ff 62
Aboncourt-sur-Seille 57 44 Gc 56
Abondance 74 103 Ge 71
Abondant 28 38 Bc 56
Abos 64 144 Zc 88
Abos 64 144 Zf 88
Abreschwiller 57 45 Ha 57
Abrest 03 98 Dc 72
Abrets, les — 38 113 Fd 75
Abriès 05 127 Gf 80
Abscon 59 15 Db 46
Abzac 16 95 Ae 72
Abzac 33 105 Zf 78
Accolans 25 77 Gd 64
Accolay 89 73 De 63
Accons 07 124 Ec 79
Accous 64 143 Zc 91
Achain 57 44 Gd 55
Achen 57 45 Hb 54
Achenheim 67 46 Hd 57
Achères 18 71 Cc 65
Achères 28 38 Bc 57
Achères 78 39 Ca 55
Achères-la-Forêt 77 56 Cd 58
Achery 02 24 Dc 50
Acheux-en-Amiénois 80 14 Cd 48
Acheux-en-Vimeu 80 13 Be 48
Acheville 62 14 Cf 46
Achey 70 31 Fd 63
Achicourt 62 14 Cd 47
Achiet-le-Grand 62 14 Ce 48
Achiet-le-Petit 62 14 Ce 48
Achun 58 87 De 66
Achy 60 22 Bf 51
Acigné 35 51 Yc 60
Aclou 27 37 Ae 53
Acon 27 37 Ba 56
Acq 62 14 Cd 46
Acqueville 14 35 Zd 55
Acqueville 50 18 Yb 51
Acquigny 27 37 Bb 53
Acquin 62 9 Ca 44
Acy 02 24 Dc 52
Acy-en-Multien 60 40 Cf 54
Acy-Romance 08 25 Ec 51
Adaincourt 57 44 Gc 54
Adainville 78 38 Bd 56
Adam-lès-Passavant 25 76 Cc 65
Adam-lès-Vercel 25 76 Gc 65
Adamswiller 67 45 Hb 55
Adelange 57 44 Gd 54
Adelans 70 76 Gc 62
Adervielle 65 156 Ac 92
Adinfer 62 14 Ce 47
Adissan 34 149 Dc 87
Adjots, les — 16 94 Ab 72
Adompt 88 61 Gb 59
Adon 45 72 Ce 62
Adrets-de-l'Esterel, les — 83 154 Ge 87
Adriers 86 95 Ae 71
Afa 2A 162 Ie 97
Affieux 19 108 Be 75
Affléville 54 27 Fe 53
Affoux 69 100 Ec 74
Affracourt 54 61 Gb 58
Affringues 62 9 Ca 43
Agassac 31 146 Af 88
Agde 34 149 Dc 89
Agel 34 148 Cf 89
Agen 47 131 Ad 83
Agen-d'Aveyron 12 121 Ce 82
Agencourt 21 74 Ef 66
Agenville 80 13 Ca 47
Agenvillers 80 13 Bf 47
Ageux, les — 60 23 Cd 53
Ageville 52 60 Fc 60
Agey 21 74 Ee 65
Aghione 2B 163 Kc 96
Agincourt 54 44 Gb 56
Agmé 47 118 Ac 82
Agnat 43 110 Dc 76
Agneaux 50 35 Yf 54
Agnetz 60 23 Cc 52
Agnez-lès-Duisans 62 14 Cd 47
Agnicourt 02 25 Df 50
Agnières 62 14 Cd 46
Agnières-en-Dévoluy 05 126 Ff 80
Agnin 38 112 Ef 76
Agnos 64 143 Zc 90
Agny 62 14 Cd 47
Agon 50 34 Yc 54
Agonac 24 107 Ae 77
Agonès 34 136 De 85
Agonges 03 86 Da 69
Agos 65 144 Zf 90
Agos 65 156 Ac 91
Agris 16 94 Ab 74
Agudelle 17 105 Zd 76
Aguessac 12 135 Da 84
Aguilcourt 02 25 Df 52
Aguts 81 147 Bf 87
Agy 14 19 Zb 53
Ahaxe 64 143 Yf 90
Ahetze 64 142 Yc 88
Ahéville 88 61 Gb 59
Ahuillé 53 52 Za 60
Ahun 23 96 Ca 72
Ahuy 21 75 Fa 64
Aibes 59 16 Ea 47
Aibre 25 77 Ge 63
Aïcirits 64 143 Yf 88
Aiffres 79 93 Zd 71
Aigle, L' — 61 37 Ad 56
Aiglemont 08 26 Ee 50
Aiglepierre 39 90 Fe 67
Aigleville 27 38 Bc 54
Aiglun 06 140 Gf 85
Aignay-le-Duc 21 74 Ee 63
Aigne 34 148 Ce 89
Aigné 72 53 Aa 60
Aignerville 14 19 Za 53
Aignes 31 147 Bd 89
Aignes-et-Puypéroux 16 106 Aa 76
Aigneville 80 12 Bd 48
Aigny 51 41 Eb 54
Aigonnay 79 93 Ze 71
Aigre 16 94 Aa 73
Aigrefeuille 31 147 Bd 87
Aigrefeuille-d'Aunis 17 92 Za 72
Aigrefeuille-sur-Maine 44 66 Yd 66
Aigremont 30 136 Ea 85
Aigremont 52 60 Fe 60
Aigremont 78 39 Ca 55
Aiguebelette-le-Lac 73 114 Fe 75
Aiguebelle 73 114 Gb 75
Aigueblanche 73 114 Gd 75
Aiguefonde 81 148 Cb 88
Aigueperse 63 98 Db 72
Aigueperse 69 100 Ec 71
Aigues-Juntes 09 146 Bc 90
Aigues-Mortes 30 150 Eb 87
Aigues-Vives 09 147 Bf 91
Aigues-Vives 11 148 Cd 89
Aigues-Vives 30 136 Eb 86
Aigues-Vives 34 148 Ce 88
Aiguèze 30 137 Ed 83
Aiguilles 05 127 Gf 80
Aiguillon 47 118 Ac 83
Aiguillon, l' — 09 159 Bf 91
Aiguillon-sur-Mer, l' — 85 80 Ye 71
Aiguillon-sur-Vie, l' — 85 79 Yb 68
Aiguines 83 139 Gb 86
Aigurande 36 84 Be 70
Ailhon 07 124 Ec 81
Aillant-sur-Milleron 45 72 Cf 62
Aillant-sur-Tholon 89 57 Dc 61
Aillas 33 117 Zf 82
Ailleux 42 99 Df 74
Aillevans 70 76 Gc 53
Ailleville 10 59 Ee 59
Aillevillers-et-Lyaumont 70 61 Gc 61
Aillianville 52 60 Fc 58
Aillon-le-Vieux 73 114 Ga 75
Ailloncourt 70 76 Gc 62
Ailly 27 38 Bb 54
Ailly-le-Haut-Clocher 80 13 Bf 48
Ailly-sur-Noye 80 23 Cc 50
Ailly-sur-Somme 80 13 Cb 49
Aimargues 30 136 Eb 86
Aime 73 115 Gd 75
Ainay-le-Château 03 85 Ce 68
Ainay-le-Vieil 18 85 Cd 68
Aincille 64 143 Ye 90
Aincourt 95 38 Be 54
Aincreville 55 26 Fa 52
Aingeray 54 44 Ga 56
Aingeville 88 60 Fe 59
Aingoulaincourt 52 60 Fb 58
Ainharp 64 143 Za 89
Ainhice 64 143 Yf 89
Ainhoa 64 142 Yc 89
Ainvelle 70 61 Gb 61
Ainvelle 88 60 Ff 60
Airaines 80 13 Bf 49
Airan 14 36 Zf 54
Aire 08 25 Eb 52
Aire-sur-la-Lys 62 9 Cc 45
Aire-sur-l'Adour 40 130 Ze 86
Airel 50 19 Yf 53
Aires, les — 34 149 Da 87
Airion 60 23 Cc 52
Airon-Notre-Dame 62 12 Bd 46
Airon-Saint-Vaast 62 13 Bd 46
Airoux 11 147 Bf 88
Airvault 79 82 Zf 68
Aiserey 21 75 Fa 65
Aisey-sur-Seine 21 74 Ed 62
Aisonville-et-Bernoville 02 24 Dd 49
Aïssey 25 76 Gc 65
Aisy-sous-Thil 21 74 Eb 64
Aisy-sur-Armançon 89 73 Eb 63
Aiti 2B 161 Kb 94
Aiton 73 114 Gb 75
Aix 19 109 Cc 75
Aix-d'Angillon, les — 18 71 Cd 65
Aix-en-Ergny 62 13 Bf 45
Aix-en-Issart 62 13 Be 46
Aix-en-Othe 10 58 De 59
Aix-en-Provence 13 152 Fc 87
Aix-la-Fayette 63 110 Dd 75
Aix-les-Bains 73 114 Ff 74
Aix-Noulette 62 14 Ce 46
Aixe-sur-Vienne 87 95 Ba 74
Aizac 07 124 Ec 80
Aizanville 52 59 Ef 60
Aize 36 84 Be 66
Aizecourt-le-Bas 80 14 Da 49
Aizecourt-le-Haut 80 14 Cf 49
Aizelles 02 25 De 52
Aizenay 85 80 Yc 68
Aizier 27 21 Ad 52
Aizy-Jouy 02 24 Dd 52
Ajac 11 147 Ca 90
Ajaccio 2A 162 Ie 97
Ajain 23 96 Bf 71
Ajat 24 107 Ba 78
Ajou 27 37 Ae 55
Ajoux 07 124 Ed 80
Alaigne 11 147 Ca 90
Alaincourt 02 24 Dc 50
Alaincourt-la-Côte 57 44 Gc 55
Alairac 11 148 Cb 89
Alan 31 146 Af 89
Alando 2B 163 Kb 95
Alata 2A 162 Ie 97
Alba 07 124 Ed 81
Alban 81 134 Cc 85
Albaret-le-Comtal 48 122 Da 79
Albaret-Sainte-Marie 48 122 Db 79
Albas 11 148 Ce 91
Albas 46 119 Bb 82
Albé 67 62 Hb 58
Albefeuille-Lagarde 82 132 Bb 84
Albenc, l' — 38 113 Fc 77
Albens 73 102 Ff 74
Albepierre 15 109 Ce 78
Albère, l' — 66 160 Cf 94
Albert 80 14 Cd 48
Albertacce 2B 163 If 95
Albertacce 2B 163 If 95
Albertville 73 114 Gc 74
Albestroff 57 45 Gf 55
Albi 81 133 Ca 85
Albiac 31 147 Be 87
Albiac 46 120 Be 80
Albias 82 132 Bc 84
Albières 11 159 Cc 91
Albiès 09 158 Be 92
Albiez-le-Jeune 73 114 Gc 77
Albigny 69 100 Ec 74
Albignac 19 108 Be 78
Albigny-sur-Saône 69 100 Ee 73
Albine 81 148 Cd 88
Albitreccia 2A 163 If 97
Albon 07 124 Ec 80
Albon 26 112 Ef 77
Alboussières 07 124 Ee 79
Albussac 19 108 Bf 78
Alby-sur-Chéran 74 102 Ga 74
Alçay 64 143 Za 90
Aldudes 64 142 Yd 90
Alembon 62 9 Bf 44
Alençon 61 53 Aa 58
Alénya 66 160 Cf 93
Aleria 2B 163 Kd 96
Alès 30 136 Ea 84
Alet-les-Bains 11 148 Cb 91
Alette 62 13 Be 45
Aleu 09 158 Bb 91
Alex 74 102 Gb 73
Alexain 53 52 Zb 59
Algajola 2B 161 If 93
Algajola 2B 161 If 93
Algans 81 147 Bf 87
Algolsheim 68 63 Hd 60
Algrange 57 28 Ga 52
Alièze 39 89 Fd 69
Alignan-du-Vent 34 149 Dc 88
Alincourt 08 25 Ec 52
Alincthun 62 9 Be 44
Alise-Sainte-Reine 21 74 Ec 63
Alissas 07 124 Ed 80
Alix 69 100 Ed 73
Alixan 26 124 Fa 79
Alizay 27 21 Bb 53
Allain 54 43 Ff 57
Allaines 80 14 Cf 49
Allaines-Mervilliers 28 55 Be 59
Allainville 28 38 Bb 56
Allainville 78 55 Bf 58
Allaire 56 65 Xf 63
Allamont 54 43 Fe 54
Allan 26 124 Ee 81
Allanche 15 110 Cf 77
Alland'Huy-et-Sausseuil 08 26 Ed 51
Allarmont 88 62 Ha 58
Allas-Bocage 17 105 Zd 76
Allas-Champagne 17 105 Zd 76
Allas-les-Mines 24 119 Ba 80
Allassac 19 108 Bc 77
Allauch 13 152 Fc 88
Allègre 30 136 Eb 83
Allègre 43 111 De 77
Alleins 13 138 Fa 86
Allemagne-en-Provence 04 139 Ga 86
Allemanche-Launay-et-Soyer 51 41 De 57
Allemans 24 106 Ab 77
Allemans-du-Dropt 47 118 Ab 81
Allemant 02 24 Dc 52
Allemant 51 41 De 56
Allemond 38 114 Ga 78
Allenay 80 12 Bc 48
Allenc 48 123 Dd 81
Allenjoie 25 77 Gf 63
Allennes-les-Marais 59 14 Cf 45
Allenwiller 67 45 Hc 57
Allerey 21 74 Ec 64
Allerey 21 74 Ec 65
Allerey-sur-Saône 71 89 Ef 67
Allériot 71 88 Ef 68
Allery 80 13 Bf 49
Alles-sur-Dordogne 24 119 Af 49
Alleuds, les — 49 67 Zd 65
Alleuds, les — 79 94 Zf 72
Alleux, les — 08 26 Ee 52
Alleuze 15 122 Da 79
Allevard 38 114 Ga 76
Allèves 74 102 Ga 74
Allex 26 124 Ef 80
Alleyrac 43 123 De 79
Alleyrac 43 123 Df 79
Alleyrat 19 109 Cb 75
Alleyrat 23 97 Ca 73
Allez-et-Cazeneuve 47 118 Ad 82
Alliancelles 51 42 Ef 56
Allibaudières 10 41 Ea 57
Allichamps 52 42 Ef 57
Allier 65 145 Aa 89
Allières 09 146 Bc 90
Alliés, les — 25 90 Gc 67
Alligny-Cosne 58 72 Da 64
Allineuc 22 49 Xa 59
Allinges 74 102 Gc 71
Allogny 18 71 Cb 65
Allondans 25 77 Ge 63
Allondaz 73 102 Gc 74
Allondrelle 54 27 Fd 51
Allonne 60 23 Ca 52
Allonne 79 81 Zd 69
Allonnes 28 55 Bd 59
Allonnes 49 68 Aa 65
Allonnes 72 53 Aa 61
Allons 04 140 Gd 85
Allons 47 130 Zf 83
Allonville 80 13 Cc 49
Allonzier-la-Caille 74 102 Ga 73
Allos 04 140 Gd 83
Allouagne 62 14 Cd 45
Alloue 16 94 Ad 72
Allouis 18 71 Cb 65
Allouville-Bellefosse 76 21 Ae 51
Allues, les — 73 115 Gd 76
Alluets-le-Roi, les — 78 38 Bf 55
Alluy 58 87 Dd 66
Alluyes 28 55 Bc 59
Ally 15 109 Cb 77
Ally 15 110 Db 78
Almayrac 81 133 Cb 84
Almenêches 61 36 Aa 56
Almon-les-Junies 12 121 Cb 81
Alos 09 158 Ba 91
Alos 64 143 Za 90
Alos 81 133 Bf 84
Alouette, l' — 33 117 Zb 80
Aloxe-Corton 21 88 Ef 66
Alpeuch 12 121 Cf 80
Alquines 62 9 Bf 44
Alrance 12 134 Ce 84
Alsting 57 45 Ha 53
Altagène 2A 163 Ka 98
Alteckendorf 67 46 Hd 56
Altenach 68 77 Ha 63
Altenheim 67 46 Hc 56
Althen-des-Paludes 84 137 Ef 84
Altiani 2B 163 Kb 95
Altier 48 123 Df 82
Altillac 19 120 Bf 79
Altkirch 68 77 Hb 63
Altrippe 57 45 Ge 54
Altviller 57 45 Ge 54
Aluze 71 88 Ee 67
Alvignac 46 120 Be 80
Alvimare 76 21 Ad 51
Alzen 09 146 Bc 91
Alzi 2B 163 Kb 95
Alzing 57 28 Gd 53
Alzon 30 135 Dc 85
Alzonne 11 147 Cb 89
Amage 70 61 Gc 61
Amagne 08 26 Ed 51
Amagney 25 76 Ga 65
Amance 10 59 Ed 59
Amance 70 76 Ga 62
Amancey 25 90 Ga 66
Amancy 74 102 Gb 72
Amange 39 75 Fd 66
Amanlis 35 51 Yd 61
Amanty 55 60 Fd 57
Amanvillers 57 44 Ga 53
Amanzé 54 44 Gb 56
Amareins-Francheleins-Cesseins 01 100 Ee 72
Amarens 81 133 Bf 84
Amathay-Vésigneux 25 90 Gb 66
Amayé-sur-Orne 14 35 Zd 54
Amayé-sur-Seulles 14 35 Zb 54
Amazy 58 73 Dd 64
Ambacourt 88 61 Ga 58
Ambarès-et-Lagrave 33 117 Zd 79
Ambax 31 146 Af 88
Ambazac 87 96 Bc 73
Ambenay 27 37 Ae 56
Ambérac 16 94 Aa 73
Ambérieu-en-Bugey 01 101 Fc 73
Ambérieux-en-Dombes 01 100 Ef 73
Ambernac 16 94 Ad 73
Amberre 86 82 Aa 68
Ambert 63 111 De 75
Ambès 33 105 Zc 78
Ambeyrac 12 120 Bf 81
Ambiegna 2A 162 Ie 96
Ambierle 42 99 Df 72
Ambiévillers 70 61 Ga 61
Ambillou 37 69 Ac 64
Ambillou-Château 49 67 Zd 65
Amblagnieu, Porcieu- 38 101 Fc 74
Amblainville 60 39 Ca 53
Amblans-et-Velotte 70 76 Gc 62
Ambleny 02 24 Db 52
Ambléon 01 101 Fd 74
Ambleteuse 62 8 Bd 44
Ambleville 16 105 Ze 75
Ambleville 95 38 Be 54
Amblie 14 19 Zd 53
Amblimont 08 26 Fa 51
Ambloy 41 69 Af 62
Ambly 08 26 Ec 52
Ambly-sur-Meuse 55 43 Fc 54
Amboise 37 69 Af 64
Ambon 56 65 Xc 63
Ambonil 26 124 Ef 80
Ambonnay 51 41 Eb 54
Ambonville 52 59 Fa 59
Ambrault 36 84 Bf 68
Ambres 81 133 Be 86
Ambricourt 62 13 Cb 46
Ambrières 51 42 Ef 57
Ambrières-les-Vallées 53 52 Zc 58
Ambrines 62 13 Cc 47
Ambronay 01 101 Fc 73
Ambrugeat 19 108 Ca 75
Ambrumesnil 76 21 Af 49
Ambrus 47 131 Ab 83
Ambutrix 01 101 Fc 73
Amécourt 27 22 Be 52
Amelécourt 57 44 Gd 55
Amélie-les-Bains-Palalda 66 160 Ce 94
Amendeuix 64 143 Yf 88
Amenoncourt 54 45 Ge 57
Amenucourt 95 38 Bd 54
Ames 62 13 Cc 45
Amettes 62 13 Cc 45
Ameugny 71 88 Ee 69
Ameuvelle 88 61 Ff 61
Amfréville 14 20 Ze 53
Amfreville 50 18 Yd 52
Amfreville-la-Campagne 27 21 Af 53
Amfreville-la-Mi-Voie 76 21 Ba 52
Amfreville-les-Champs 27 22 Bb 53
Amfreville-les-Champs 76 21 Ae 50
Amfreville-sous-les-Monts 27 22 Bb 53
Amfreville-sur-Iton 27 37 Ba 54
Amfroipret 59 15 De 47
Amiens 80 23 Cb 49
Amifontaine 02 25 Df 52
Amigny 50 18 Ye 54
Amigny-Rouy 02 24 Db 51
Amillis 77 40 Da 56
Amilly 28 55 Bc 58
Amilly 45 56 Ce 61
Amions 42 99 Ea 73
Amirat 06 140 Ge 85
Ammerschwihr 68 62 Ha 60
Ammerzwiller 68 77 Ha 62
Amné 72 53 Zf 60
Amnéville 57 28 Ga 53
Amoncourt 70 76 Ga 62
Amondans 25 90 Ga 66
Amorots 64 143 Yf 88
Amou 40 129 Zb 87
Ampilly-le-Sec 21 74 Ed 62
Ampilly-les-Bordes 21 74 Ed 63
Amplier 62 13 Cc 48
Ampoigné 53 52 Zb 62
Amponville 77 56 Cd 59
Ampriani 2B 163 Kc 95
Ampuis 69 112 Ee 76
Ampus 83 139 Gc 87
Amuré 79 93 Zc 71
Amy 60 24 Ce 51
Anais 16 94 Ab 74
Anais 17 92 Za 71
Anan 31 146 Ae 88
Ance 64 143 Zb 90
Anceaumeville 76 21 Ba 51
Anceins 61 37 Ad 55
Ancelle 05 126 Gb 81
Ancemont 55 43 Fc 54
Ancenis 44 66 Ye 64
Ancerville 55 42 Fa 57
Ancerville 57 44 Gc 54
Ancerviller 54 45 Gf 57
Ancey 21 74 Ee 65
Anchamps 08 26 Ee 49
Anché 37 68 Ab 66
Anché 86 94 Ab 70
Anchenoncourt-et-Chazel 70 61 Ga 61
Ancienville 02 40 Db 53
Ancier 70 75 Fd 64
Ancinnes 72 53 Ab 58
Ancizan 65 156 Ac 91
Ancizes-Comps, les — 63 97 Ce 73
Ancône 26 124 Ee 81
Ancourt 76 12 Bb 49
Ancourteville-sur-Héricourt 76 21 Ad 50
Ancretteville-sur-Mer 76 21 Ad 50
Ancteville 50 34 Yd 54
Anctoville 14 35 Zb 54
Ancy 69 100 Ed 74
Ancy-le-Franc 89 73 Eb 62
Ancy-le-Libre 89 73 Ea 62
Ancy-sur-Moselle 57 44 Ga 54
Andainville 80 22 Be 49
Andance 07 112 Ee 77
Andancette 26 112 Ee 77
Andard 49 67 Zd 64
Andé 27 22 Bb 53
Andechy 80 23 Ce 50
Andel 22 33 Xc 58
Andelain 02 24 Dc 51
Andelaroche 03 99 De 71
Andelarre 70 76 Ga 63
Andelarrot 70 76 Ga 63
Andelat 15 110 Da 78
Andelot-Blancheville 52 60 Fb 59
Andelot-en-Montagne 39 90 Ff 67
Andelot-Morval 39 89 Fc 70
Andelu 78 38 Be 55
Andelys, les — 27 22 Bc 53
Andernay 55 42 Ef 56
Andernos-les-Bains 33 116 Yf 80
Anderny 54 27 Ff 52
Andert-et-Condon 01 101 Fd 74
Andeville 60 23 Ca 53
Andigné 49 67 Zb 63
Andill 17 92 Yf 71
Andillac 81 133 Bf 85
Andilly 54 43 Ff 56
Andilly 74 102 Ga 72
Andilly 95 39 Cb 54
Andilly-en-Bassigny 52 60 Fd 61
Andiran 47 131 Ab 84
Andlau 67 62 Hc 58
Andoins 64 144 Ze 89
Andolsheim 68 63 Hc 60
Andon 06 140 Ge 86
Andonville 45 55 Ca 59
Andornay 70 77 Gd 63
Andorra La Vella [AND] 158 Bd 93
Andouillé 53 52 Zb 59
Andouque (Gaulène) 81 134 Cc 84
Andouville-Neuville 35 51 Yc 59
Andrein 64 143 Za 88
Andres 62 9 Bf 42
Andrest 65 144 Aa 89
Andrésy 78 39 Ca 55
Andrezé 49 67 Za 65
Andrezel 77 40 Ce 57
Andrézieux-Bouthéon 42 111 Eb 75
Andryes 89 73 Dc 63
Anduze 30 136 Df 84
Anères 65 145 Ac 90
Anet 28 38 Bc 55
Anetz 44 66 Yf 64
Angaïs 64 144 Ze 89
Angé 41 70 Bb 65
Angeac-Champagne 16 105 Ze 75
Angeac-Charente 16 105 Zf 75
Angecourt 08 26 Ef 51
Angeduc 16 105 Zf 76
Angely 89 73 Ea 63
Angeot 90 77 Ha 62
Angers 49 67 Zc 64
Angerville 91 55 Bf 59
Angerville-Bailleul 76 21 Ac 50
Angerville-la-Campagne 27 37 Ba 55
Angerville-la-Martel 76 21 Ad 50
Angerville-l'Orcher 76 20 Ab 51
Angervilliers 91 39 Ca 57
Angeville 82 132 Ba 84
Angevillers 57 28 Ga 52
Angey 50 34 Yd 56
Angicourt 60 23 Cd 53
Angiens 76 21 Ae 49
Angirey 70 76 Fe 64
Angivillers 60 23 Cd 52
Anglade 33 105 Zc 77
Anglards-de-Saint-Flour 15 122 Da 79
Anglards-de-Salers 15 109 Cc 77
Anglars 12 121 Cb 82
Anglars 12 121 Cc 81
Anglars 12 121 Ce 81
Anglars 12 121 Ce 82
Anglars 46 119 Bb 82
Anglars 46 120 Bf 80
Anglars-Nozac 46 119 Bc 80
Anglefort 01 101 Fe 73
Anglemont 88 62 Ge 58
Angles 04 140 Gd 85
Anglès 81 148 Cd 87
Angles 85 80 Yd 70
Angles, les — 65 144 Aa 90
Angles, les — 66 159 Ca 93
Angles-sur-Corrèze, les — 19 108 Be 77
Angles-sur-l'Anglin 86 83 Af 68
Anglesqueville-la-Bras-Long 76 21 Ae 50
Anglesqueville-l'Esneval 76 20 Ab 51
Anglet 64 128 Yc 88
Angliers 17 92 Za 71
Angliers 86 82 Aa 67
Anglure 51 41 De 57
Anglure-sous-Dun 71 100 Ec 71
Angluzelles 51 41 Df 57
Angoisse 24 107 Ba 76
Angomont 54 45 Gf 57
Angos 65 145 Aa 89
Angoulême 16 106 Aa 75
Angoulins 17 92 Yf 72
Angoumé 40 129 Yf 86
Angous 64 143 Zb 89
Angoustrine 66 159 Bf 94
Angoville 14 35 Zd 55
Angoville-au-Plain 50 18 Ye 52
Angoville-sur-Ay 50 18 Yc 53
Angresse 40 128 Yd 87
Angrie 49 67 Za 63
Anguerny 14 19 Zd 53
Anguilcourt-le-Sart 02 24 Dc 50
Angy 60 23 Cb 53
Anhiers 59 14 Da 46
Aniane 34 135 Dd 86
Aniche 59 15 Db 47
Anisy 14 19 Zd 53
Anizy-le-Château 02 24 Dc 51
Anjeux 70 61 Gb 61
Anjou 38 112 Ef 76
Anjouin 36 70 Be 65
Anjoutey 90 77 Gf 62
Anla 65 145 Ad 90
Anlezy 58 87 Dd 67
Anlhiac 24 107 Ba 77
Annay 58 72 Cf 63
Annay 62 14 Cf 46
Annay-la-Côte 89 73 Df 63
Annay-sur-Serein 89 73 Df 62
Annebault 14 20 Aa 53
Annecy 74 102 Ga 73
Annelles 08 26 Ec 52
Annemasse 74 102 Gb 71
Annéot 89 73 Df 63
Annepont 17 93 Zc 73
Annequin 62 14 De 45
Annesse-et-Beaulieu 24 106 Ad 78
Annet-sur-Marne 77 39 Ce 55
Anneux 59 14 Da 48
Anneville-Ambourville 76 21 Af 52
Annéville-la-Prairie 52 59 Fa 59
Anneville-sur-Mer 50 18 Yc 54
Anneville-sur-Scie 76 21 Ba 49
Anneyron 26 112 Ef 77
Annezay 17 93 Zb 69
Annezin 62 14 Cd 45
Annœulin 59 14 Cf 45
Annoire 39 89 Fb 67
Annois 02 24 Db 50
Annoisin-Chatelans 38 101 Fb 74
Annoix 18 85 Cd 67
Annonay 07 112 Ed 77
Annonville 52 60 Fb 58
Annot 04 140 Gd 85
Annoux 89 73 Ea 63
Annoville 50 34 Yc 55
Anor 59 15 Ea 49
Anos 64 144 Ze 88
Anost 65 145 Aa 88
Anost 71 87 Ea 66
Anould 88 62 Gf 59
Anoux 54 27 Ff 53
Anoye 64 144 Zf 88
Anquetierville 76 21 Ad 51
Anrosey 52 60 Fe 61
Ansac-sur-Vienne 16 94 Ad 73
Ansacq 60 23 Cc 52
Ansan 32 131 Ae 86
Ansauville 54 43 Fe 56
Ansauvillers 60 23 Cc 51
Anse 69 100 Ee 73
Anserville 60 23 Cb 53
Ansignan 66 159 Cd 92
Ansouis 84 138 Fc 86
Anstaing 59 14 Db 45
Antagnac 47 117 Aa 82
Anterrieux 15 122 Da 79
Anteuil 25 77 Gd 64
Antezant-la-Chapelle 17 93 Zd 73
Anthé 47 119 Af 82
Anthelupt 54 44 Gc 57
Anthenay 51 41 De 54
Antheny 08 25 Eb 49
Anthéor 83 154 Gf 88
Antheuil 21 74 Ee 65
Antheuil-Portes 60 23 Ce 52
Anthien 58 73 De 65
Anthon 38 101 Fb 74
Antibes 06 140 Ha 87
Antichan 65 145 Ad 91
Antichan-de-Frontignes 31 145 Ae 91
Antignac 15 109 Cd 76
Antignac 17 105 Zc 75
Antignac 31 157 Ad 92
Antigny 85 81 Zb 69
Antigny 86 83 Af 69
Antilly 57 44 Gb 53
Antilly 60 40 Cf 54
Antin 65 145 Ab 89
Antisanti 2B 163 Kc 95
Antist 65 145 Aa 90
Antogny 37 83 Ad 67
Antoigné 49 68 Zf 66
Antoigny 61 35 Zd 57
Antoingt 63 110 Db 75
Antonaves 05 139 Fe 83
Antonne-et-Trigonant 24 107 Ae 77
Antony 92 39 Cb 56
Antorpe 25 76 Fe 65
Antraigues 07 124 Ec 80
Antrain 35 34 Yd 58
Antran 86 83 Ad 67
Antras 09 157 Af 91
Antras 09 158 Bd 91
Antras 32 131 Ac 86
Antrenas 48 122 Db 81
Antugnac 11 159 Cb 91
Antully 71 88 Ec 67
Anvéville 76 21 Ae 50
Anville 16 93 Zf 74
Anvin 62 13 Cb 46
Any 02 25 Eb 49
Anzat-le-Luguet 63 110 Da 77
Anzeling 57 28 Gc 53
Anzême 23 96 Bf 71
Anzex 47 118 Aa 83
Anzin 59 15 Dd 46
Anzin 62 14 Cd 47
Anzy-le-Duc 71 99 Ea 71
Aoste 38 113 Fd 75
Aougny 51 41 De 53

166 Aast—Aougny

Aoury 57 44 Gc 54
Aouste 08 25 Eb 50
Aouze 88 60 Ff 58
Apach 57 28 Gc 52
Apchat 63 110 Da 76
Apchon 15 109 Ce 77
Appelle 81 147 Bf 87
Appenai-sous-Bellême 61 54 Ad 58
Appenans 25 77 Gd 64
appendet 81 134 Cc 85
Appenwihr 68 63 Hc 60
Appeville 50 18 Yd 53
Appeville-Annebault 27 21 Ad 53
Appietto 2A 162 Ie 96
Appilly 60 24 Da 51
Appoigny 89 57 Dd 61
Apprieu 38 113 Fd 76
Appy 09 159 Be 92
Apremont 01 101 Fe 71
Apremont 08 26 Ef 53
Apremont 60 23 Cd 53
Apremont 70 75 Fd 64
Apremont 85 80 Yb 68
Apremont-la-Forêt 55 43 Fd 55
Apremont-sur-Allier 18 86 Da 67
Aprey 52 75 Fb 62
Apt 84 138 Fc 85
Arabaux 09 147 Bd 91
Arâches 74 103 Gd 72
Aragnouet 65 156 Ab 92
Aragon 11 148 Cb 89
Aramits 64 143 Zb 90
Aramon 30 137 Ee 85
Aranc 01 101 Fd 73
Arandon 38 113 Fc 74
Araujuzon 64 143 Zb 88
Araules 43 111 Eb 78
Araux 64 143 Zb 88
Arbanats 33 117 Zd 80
Arbas 31 146 Af 91
Arbellara 2A 163 If 98
Arbent 01 101 Fe 71
Arbéost 65 144 Ze 91
Arbignieu 01 101 Fd 74
Arbigny-sous-Varennes 52 60 Fd 61
Arbin 73 114 Ga 75
Arbis 33 117 Ze 80
Arblade-le-Bas 32 130 Ze 86
Arblade-le-Haut 32 130 Zf 86
Arbois 39 90 Fe 67
Arbon 31 145 Ae 90
Arbonne 64 142 Yc 88
Arbonne-la-Forêt 77 56 Cd 58
Arboras 34 135 Dc 86
Arbori 2A 162 Ie 96
Arbot 52 59 Fa 61
Arboucave 40 130 Zd 87
Arbouet 64 143 Yf 88
Arbourse 58 72 Db 65
Arboussols 66 159 Cc 93
Arbresle, l' — 69 100 Ed 74
Arbrissel 35 51 Ye 61
Arbus 64 144 Zc 89
Arbusigny 74 102 Gb 72
Arc-en-Barrois 52 59 Fa 61
Arc-et-Senans 25 90 Fe 66
Arc-lès-Gray 70 75 Fd 64
Arc-sous-Cicon 25 90 Gc 66
Arc-sous-Montenot 25 90 Ga 67
Arc-sur-Tille 21 75 Fb 64
Arcachon 33 116 Ye 81
Arçais 79 93 Zb 71
Arcambal 46 120 Bd 82
Arcangues 64 142 Yc 88
Arçay 18 85 Cc 67
Arçay 86 82 Aa 67
Arceau 21 75 Fb 64
Arcenant 21 74 Ef 66
Arcens 07 124 Eb 79
Arces 17 104 Za 75
Arces-Dilo 89 58 Dd 60
Arcey 21 74 Ee 65
Arcey 25 77 Gd 63
Archail 04 139 Gc 84
Archamps 74 101 Ga 72
Archelange 39 75 Fd 66
Arches 15 109 Cb 77
Arches 88 61 Gd 60
Archettes 88 61 Gd 60
Archiac 17 105 Ze 75
Archignac 24 107 Bb 78
Archignat 03 97 Cc 70
Archigny 86 82 Ad 69
Archingeay 17 93 Zb 73
Archon 02 25 Ea 50
Arcins 33 105 Zb 78
Arcis-le-Ponsart 51 25 De 53
Arcis-sur-Aube 10 41 Ea 57
Arcizac-Adour 65 144 Aa 90
Arcizac-ez-Angles 65 144 Aa 90
Arcizans-Avant 65 144 Zf 91
Arcizans-Dessus 65 144 Zf 91
Arcomps 18 85 Cc 68
Arçon 25 90 Gc 67
Arcon 42 99 Df 72
Arconcey 21 74 Ec 65
Arçonnay 72 53 Aa 58
Arconsat 63 99 De 73
Arconville 10 59 Ee 60
Arcs, les — 83 154 Gc 88
Arcy-Sainte-Restitue 02 24 Dc 53
Arcy-sur-Cure 89 73 De 63
Ardelles 28 37 Bb 57
Ardelu 28 55 Bf 58
Ardenais 18 85 Cc 69
Ardenay-sur-Mérize 72 53 Ac 61
Ardentes 36 84 Be 68
Ardes 63 110 Da 76
Ardeuil-et-Montfauxelles 08 26 Ee 53
Ardiège 31 145 Ad 90
Ardilleux 79 94 Zf 72
Ardillières 17 92 Za 72
Ardin 79 81 Zc 70
Ardizas 32 132 Ba 86
Ardoix 07 112 Ee 77
Ardon 39 90 Ff 68
Ardon 45 70 Bf 62
Ardouval 76 22 Bb 50
Ardres 62 9 Bf 43
Aregno 2B 161 If 93
Aregno 2B 161 If 93
Areines 41 54 Ba 62
Aren 64 143 Zb 89
Arengosse 40 129 Zb 84
Arenthon 74 102 Gb 72
Aresches 39 90 Ff 67
Aressy 64 144 Ze 89
Arette 64 143 Zb 90
Arette-Pierre-Saint-Martin 64 143 Zb 91
Arfeuille-Châtain 23 97 Cc 72
Arfeuilles 03 98 De 72
Arfons 81 147 Cb 88
Argagnon 64 143 Zb 88
Arganchy 14 19 Zb 53
Argançon 10 59 Ed 59
Argancy 57 44 Gb 53
Argein 09 157 Af 91
Argelès 65 145 Ab 90
Argelès-Gazost 65 144 Zf 90
Argelès-sur-Mer 66 160 Da 93
Argeliers 11 148 Cf 89
Argelliers 34 136 De 86
Argelos 40 129 Zc 87
Argelos 64 144 Zd 88
Argelouse 40 117 Zc 82
Argences 14 36 Zf 54
Argens-Minervois 11 148 Ce 89
Argent-sur-Sauldre 18 71 Cc 63
Argentan 61 36 Zf 56
Argentat 19 108 Bf 78
Argentenay 89 73 Ea 62
Argenteuil 95 39 Cb 55
Argenteuil-sur-Armançon 89 73 Ea 62
Argentière-la-Bessée, l' — 05 127 Gd 80
Argentières 77 40 Cf 57
Argentine 73 114 Gb 76
Argenton 47 118 Aa 82
Argenton-Château 79 81 Zd 67
Argenton-l'Eglise 79 82 Ze 66
Argenton-Notre-Dame 53 52 Zc 62
Argenton-sur-Creuse 36 84 Bd 69
Argentré 53 52 Zc 60
Argentré-du-Plessis 35 51 Yf 60
Argenvières 18 72 Da 66
Argenvilliers 28 54 Af 59
Argers 51 42 Ef 54
Arget 64 130 Zc 87
Argiésans 90 77 Ge 63
Argillières 70 75 Fd 62
Argilliers 30 137 Ec 85
Argilly 21 89 Fa 66
Argis 01 101 Fc 73
Argiusta-Moriccio 2A 163 Ka 98
Argœuves 80 13 Cb 49
Argol 29 30 Ve 59
Argonay 74 102 Ga 73
Argouges 50 34 Yd 57
Argoules 80 13 Be 46
Argueil 76 22 Bd 51
Arguel 25 76 Ga 65
Arguel 80 22 Be 49
Arguenos 31 145 Ae 91
Argut-Dessous 31 157 Ae 91
Argy 36 84 Bc 67
Arhansus 64 143 Yf 89
Ariès-Espénan 65 145 Ad 89
Arifat 81 134 Cc 86
Arignac 09 158 Bd 91
Arinthod 39 101 Fd 70
Arith 73 102 Ga 74
Arjuzanx 40 129 Za 84
Arlanc 63 111 De 76
Arlay 39 89 Fd 68
Arlebosc 07 112 Ed 78
Arles 13 137 Ed 86
Arles-sur-Tech 66 160 Cd 94
Arlet 43 110 Dc 78
Arleuf 58 87 Ea 66
Arleux 59 14 Da 47
Arleux-en-Gohelle 62 14 Cf 46
Arlos 31 157 Ae 91
Armaillé 49 66 Yf 62
Armancourt 80 23 Ce 50
Armaucourt 54 44 Gb 56
Armbouts-Cappel 59 9 Cc 43
Armeau 89 57 Db 60
Armendarits 64 143 Ye 89
Armentières 59 10 Cf 44
Armentières-en-Brie 77 40 Da 55
Armentières-sur-Avre 27 37 Ae 56
Armentières-sur-Ourcq 02 40 Dc 53
Armentieux 32 145 Aa 87
Armes 58 73 Dd 64
Armillac 47 118 Ac 81
Armissan 11 149 Da 89
Armix 01 101 Fd 73
Armous-et-Cau 32 131 Ab 87
Armoy 74 102 Gd 70
Arnac 15 109 Cb 78
Arnac-la-Poste 87 96 Bc 71
Arnac-Pompadour 19 107 Bc 76
Arnac-sur-Dourdou 12 135 Cf 86
Arnage 72 53 Ab 61
Arnancourt 52 59 Ef 58
Arnas 69 100 Ee 72
Arnas, les — 69 100 Ed 73
Arnaud-Guilhem 31 146 Af 90
Arnave 09 158 Bd 91
Arnaville 54 44 Ga 54
Arnay-le-Duc 21 73 Ec 66
Arnay-sous-Vitteaux 21 74 Ec 64
Arnayon 26 125 Fb 82
Arné 65 145 Ad 89
Arnéguy 64 143 Ye 90
Arnèke 59 9 Cc 43
Arnicourt 08 25 Ec 51
Arnières-sur-Iton 27 37 Ba 55
Arnos 64 144 Zc 89
Arnouville-lès-Gonesse 95 39 Cc 55
Arnouville-lès-Mantes 78 38 Be 55
Aroffe 88 61 Ff 58
Aromas 39 101 Fc 71
Aroue 64 143 Zb 89
Aroz 70 76 Ga 63
Arpaillargues 30 137 Ec 84
Arpajon 91 39 Cb 57
Arpajon-sur-Cère 15 121 Cc 79
Arpavon 26 125 Fb 82
Arpenans 70 76 Gc 63
Arpheuilles 18 85 Cd 68
Arpheuilles 36 84 Bb 67
Arpheuilles-Saint-Priest 03 97 Ce 71
Arphy 30 135 Dd 84
Arquenay 53 52 Zc 61
Arques 11 159 Cc 91
Arques 12 121 Ce 83
Arques 62 9 Cb 44
Arques, les — 46 119 Bb 81
Arques-la-Bataille 76 22 Ba 49
Arquettes-en-Val 11 148 Cd 90
Arquèves 80 13 Cc 48
Arquian 58 72 Cf 63
Arracourt 54 44 Gd 56
Arradon 56 64 Xb 63
Arraincourt 57 44 Gd 55
Arrancy-sur-Crusne 55 27 Fd 52
Arrans 21 74 Eb 62
Arras 62 14 Ce 47
Arras-en-Lavedan 65 144 Zf 91
Arras-sur-Rhône 07 112 Ee 78
Arrast 64 143 Zb 89
Arraute 64 143 Yf 88
Array-et-Han 54 44 Gb 55
Arrayou-Lahitte 65 144 Aa 90
Arre 30 135 Dd 85
Arreau 65 156 Ac 91
Arrelles 10 58 Eb 60
Arrembécourt 10 58 Ed 57
Arrènes 23 96 Bd 72
Arrens 65 144 Ze 91
Arrentès-de-Corcieux 88 62 Gf 60
Arrentières 10 59 Ee 59
Arrest 80 12 Bd 48
Arreux 08 26 Ed 50
Arriance 57 44 Gd 54
Arricau 64 144 Zf 88
Arrien 09 157 Ba 91
Arrigas 30 135 Dc 85
Arrigny 51 42 Ee 57
Arro 2A 162 Ie 96
Arrodets 65 145 Ab 90
Arrodets-ez-Angles 65 144 Aa 90
Arromanches-les-Bains 14 19 Zc 52
Arronnes 03 98 Dd 72
Arronville 95 39 Ca 53
Arros 64 144 Zf 89
Arros-de-Nay 64 144 Ze 89
Arrosès 64 130 Zf 87
Arrou 28 54 Ba 60
Arrouède 32 145 Ad 88
Arrout 09 157 Ba 91
Arry 57 44 Ga 54
Arry 80 13 Be 47
Ars 16 93 Zd 75
Ars 23 96 Ca 72
Ars-en-Ré 17 92 Yc 71
Ars-Laquenexy 57 44 Gb 54
Ars-les-Favets 63 97 Ce 71
Ars-sur-Formans 01 100 Ee 73
Ars-sur-Moselle 57 44 Ga 54
Arsac 33 105 Zb 79
Arsac-en-Velay 43 123 Df 79
Arsague 40 129 Zb 87
Arsans 70 75 Fd 64
Arsonval 10 59 Ed 59
Arsure-Arsurette 39 90 Ga 68
Arsures, les — 39 90 Fe 67
Arsy 60 23 Ce 52
Art-sur-Meurthe 54 44 Gb 57
Artagnan 65 144 Aa 88
Artaise 08 26 Ef 51
Artaix 71 99 Ea 71
Artalens 65 144 Zf 91
Artannes-sur-Indre 37 69 Ad 65
Artannes-sur-Thouet 49 68 Zf 65
Artas 38 113 Fa 75
Artassenx 40 130 Zd 85
Artemare 01 101 Fe 73
Artemps 02 24 Db 50
Artenay 45 55 Be 60
Arthaz-Pont-Notre-Dame 74 102 Gb 72
Arthel 58 72 Dc 65
Arthenac 17 105 Ze 75
Arthenas 39 89 Fd 69
Arthès 81 134 Cb 85
Arthez-d'Armagnac 40 130 Ze 85
Arthez-d'Asson 64 144 Ze 90
Arthez-de-Béarn 64 144 Zc 89
Arthezé 72 53 Zf 62
Arthies 95 38 Be 54
Arthon 36 84 Be 68
Arthon-en-Retz 44 65 Ya 66
Arthonnay 89 58 Eb 61
Arthun 42 99 Ea 74
Artigat 09 146 Bc 90
Artignosc-sur-Verdon 83 139 Ga 86
Artigue 31 157 Ad 92
Artigueloutan 64 144 Ze 89
Artiguelouve 64 144 Zd 89
Artiguemy 65 145 Ab 90
Artigues 09 159 Ca 92
Artigues 11 159 Cb 92
Artigues 33 117 Zd 79
Artigues 47 131 Ac 84
Artigues 65 144 Aa 90
Artigues 83 153 Fe 87
Artigues-de-Lussac, les — 33 105 Zf 79
Artins 41 69 Ae 62
Artix 09 147 Bd 90
Artix 64 144 Zc 89
Artolsheim 67 63 Hd 59
Artonges 02 40 Dd 55
Artres 59 15 Dd 47
Artzenheim 68 63 Hd 60
Arudy 64 144 Zd 90
Arue 40 130 Zd 84
Arvant 43 110 Db 76
Arvert 17 92 Yf 74
Arveyres 33 117 Ze 79
Arvieu 12 134 Cd 83
Arvieux 05 127 Ge 80
Arvigna 09 147 Be 90
Arvillard 73 114 Ga 76
Arville 41 54 Af 60
Arville 77 56 Cd 59
Arvillers 80 23 Cd 50
Arx 40 131 Aa 84
Arzacq-Arraziguet 64 130 Zd 87
Arzal 56 65 Xd 63
Arzano 29 48 Wd 61
Arzay 38 113 Fa 76
Arzembouy 58 72 Dc 65
Arzenc-d'Apcher 48 122 Da 79
Arzenc-de-Randon 48 123 Dd 81
Arzens 11 147 Cb 89
Arzillières-Neuville 51 58 Ed 57
Arzon 56 64 Xa 63
Arzviller 57 45 Ha 56
Asasp 64 143 Zc 90
Ascain 64 142 Yc 88
Ascarat 64 143 Ye 89
Aschères-le-Marché 45 55 Ca 60
Asco 2B 161 Ka 94
Ascou 09 159 Bf 92
Ascoux 45 56 Cb 60
Ascros 06 140 Ha 85
Asfeld 08 25 Ea 52
Aslonnes 86 82 Ac 70
Asnan 58 73 Dd 65
Asnans-Beauvoisin 39 89 Fc 67
Asnelles 14 19 Zc 52
Asnières 27 20 Ac 53
Asnières-en-Bessin 14 19 Za 52
Asnières-en-Montagne 21 74 Eb 62
Asnières-la-Giraud 17 93 Zc 73
Asnières-lès-Dijon 21 75 Fa 64
Asnières-sous-Bois 89 73 Dd 64
Asnières-sur-Blour 86 95 Ae 72
Asnières-sur-Nouère 16 94 Aa 74
Asnières-sur-Oise 95 39 Cc 54
Asnières-sur-Saône 01 100 Ef 70
Asnières-sur-Seine 92 39 Cb 55
Asnières-sur-Vègre 72 53 Ze 61
Asnois 58 73 Dd 64
Asnois 86 94 Ac 72
Aspach 57 45 Gf 56
Aspach 68 77 Hb 63
Aspach-le-Bas 68 77 Ha 62
Aspach-le-Haut 68 77 Ha 62
Aspères 30 136 Ea 86
Aspet 31 145 Ae 90
Aspin-Aure 65 145 Ac 91
Aspiran 34 149 Dc 87
Aspremont 05 125 Fe 82
Aspremont 06 141 Hb 86
Aspres, les — 61 37 Ad 56
Aspres-lès-Corps 05 126 Ff 80
Aspres-sur-Buëch 05 125 Fe 81
Aspret 31 145 Ae 90
Asprières 12 120 Ca 81
Asque 65 145 Ab 90
Asques 33 105 Zd 79
Asques 82 132 Af 85
Asquins 89 73 De 64
Assac 81 134 Cc 85
Assainvillers 80 23 Cd 51
Assais-les-Jumeaux 79 82 Zf 68
Assas 34 136 Df 86
Assat 64 144 Ze 89
Assay 37 68 Ab 66
Assé-le-Bérenger 53 52 Ze 60
Assé-le-Boisne 72 53 Zf 59
Assé-le-Riboul 72 53 Aa 59
Assenay 10 58 Ea 59
Assencières 10 58 Eb 58
Assenoncourt 57 45 Ge 56
Assérac 44 65 Xd 64
Assevillers 80 24 Ce 49
Assier 46 120 Bf 80
Assieu 38 112 Ef 76
Assignan 34 148 Cf 88
Assigny 18 72 Ce 64
Assigny 76 12 Bb 49
Assis-sur-Serre 02 24 Dd 50
Asson 64 144 Ze 90
Asswiller 67 45 Hb 55
Astaffort 47 131 Ad 84
Astaillac 19 120 Be 79
Aste 64 144 Zd 90
Asté 65 145 Ab 90
Aste 65 156 Ze 91
Astillé 53 52 Za 61
Astis 64 144 Zd 88
Aston 09 158 Be 92
Astugue 65 144 Aa 90
Athée 21 75 Fc 65
Athée 53 52 Za 61
Athée-sur-Cher 37 69 Af 65
Athesans-et-Etroitefontaine 70 76 Gd 63
Athie 21 74 Eb 63
Athie 89 73 Df 63
Athienville 54 44 Gc 56
Athies 62 14 Cf 47
Athies 80 24 Cf 49
Athies-sous-Laon 02 25 De 51
Athis 51 41 Ea 54
Athis-de-l'Orne 61 35 Zd 56
Athis-Mons 91 39 Cc 56
Athos 64 143 Za 88
Athose 25 90 Gb 66
Attainville 95 39 Cc 54
Attancourt 52 59 Ef 57
Attaques, les — 62 9 Bf 42
Attiches 59 14 Da 45
Attichy 60 24 Da 52
Attignat 01 101 Fa 71
Attignat-Oncin 73 113 Fe 75
Attignéville 88 60 Fe 58
Attigny 08 26 Ed 52
Attilloncourt 57 44 Gc 56
Attilly 02 24 Db 49
Attin 62 13 Be 46
Atton 54 44 Ga 55
Attray 45 56 Ca 60
Attricourt 70 75 Fc 64
Atur 24 107 Ae 78
Aubagnan 40 130 Zd 86
Aubagne 13 152 Fd 89
Aubaine 21 74 Ee 66
Aubais 30 136 Ea 86
Aubarède 65 145 Ab 89
Aubas 24 107 Bb 78
Aubazines 19 108 Be 78
Aube 57 44 Gc 54
Aube 61 37 Ad 56
Aubenas 07 124 Ec 81
Aubenas-les-Alpes 04 138 Fe 85
Aubencheul-au-Bac 59 14 Da 47
Aubencheul-aux-Bois 02 14 Db 48
Aubenton 02 25 Eb 49
Aubepierre-Ozouer-le-Repos 77 40 Cf 57
Aubepierre-sur-Aube 52 59 Ef 61
Aubépin, l' — 39 89 Fc 70
Auberchicourt 59 14 Db 47
Aubercourt 80 23 Cd 50
Aubergenville 78 38 Bf 55
Aubérive 51 42 Ec 53
Auberive 52 75 Fa 62
Auberives-sur-Varèze 38 112 Ee 76
Aubermesnil-Beaumais 76 21 Ba 49
Aubers 59 14 Ce 45
Aubertin 64 144 Zd 89
Auberville 14 20 Zf 53
Auberville-la-Campagne 76 21 Ad 51
Auberville-la-Manuel 76 21 Ad 49
Auberville-la-Renault 76 20 Ac 50
Aubervilliers 93 39 Cc 55
Aubeterre 10 58 Ea 58
Aubeterre-sur-Dronne 16 106 Ab 77
Aubeville 16 106 Zf 76
Aubevoye 27 38 Bb 53
Aubiac 33 117 Ze 82
Aubiat 63 97 Db 73
Aubie 33 105 Zd 78
Aubière 63 98 Da 74
Aubiers, les — 79 81 Zc 67
Aubiet 32 131 Ae 87
Aubignan 84 137 Fa 84
Aubignas 07 124 Ed 81
Aubigné 35 51 Yc 59
Aubigné 49 67 Zd 65
Aubigné 79 93 Zf 72
Aubigné-Racan 72 68 Ab 62
Aubignosc 04 139 Ff 84
Aubigny 03 86 Db 68
Aubigny 14 36 Ze 55
Aubigny 79 82 Zf 68
Aubigny 80 23 Cc 49
Aubigny 80 24 Da 50
Aubigny 85 80 Yd 69
Aubigny-au-Bac 59 14 Da 47
Aubigny-aux-Kaisnes 02 24 Da 50
Aubigny-en-Artois 62 14 Cd 46
Aubigny-en-Laonnais 02 25 De 52
Aubigny-en-Plaine 21 75 Fb 66
Aubigny-la-Ronce 21 88 Ed 67
Aubigny-lès-Pothées 08 26 Ec 50
Aubigny-lès-Sombernon 21 74 Ed 65
Aubigny-sur-Nère 18 71 Cc 64
Aubilly 51 41 Df 53
Aubin 12 121 Cb 81
Aubin 64 144 Zd 88
Aubin-Saint-Vaast 62 13 Bf 46
Aubinges 18 71 Cd 65
Aublac 47 131 Ad 84
Auboncourt 08 26 Ec 51
Aubonne 25 90 Gc 66
Aubord 30 136 Eb 86
Auboué 54 44 Ff 53
Aubous 64 130 Zf 87
Aubréville 55 42 Fa 54
Aubrives 08 26 Ee 48
Aubrometz 62 13 Cb 47
Aubry-du-Hainaut 59 15 Dc 46
Aubry-le-Panthou 61 36 Ab 55
Aubure 68 62 Hb 59
Aubussargues 30 136 Eb 84
Aubusson 23 97 Cb 73
Aubusson 61 35 Zc 56
Aubvillers 80 23 Cc 50
Auby 59 14 Da 46
Aucaleuc 22 33 Xf 58
Aucamville 31 132 Bc 87
Aucamville 82 132 Bb 86
Aucazein 09 157 Af 91
Aucelon 26 125 Fc 81
Aucey-la-Plaine 50 34 Yd 57
Auch 32 131 Ad 87
Auchel 62 14 Cc 45
Auchonvillers 80 14 Cd 48
Auchy 59 14 Db 46
Auchy-au-Bois 62 13 Cc 45
Auchy-la-Montagne 60 23 Ca 51
Auchy-lès-Hesdin 62 13 Ca 46
Auchy-les-Mines 62 14 De 45
Aucun 65 144 Ze 91
Audaux 64 143 Zb 88
Audelange 39 75 Fd 66
Audeloncourt 52 60 Fd 60
Audembert 62 9 Be 43
Auderville 50 18 Ya 50
Audes 03 85 Cd 70
Audeux 25 76 Ff 65
Audeville 45 56 Cb 59
Audierne 29 47 Vc 60
Audignicourt 02 24 Db 52
Audignon 40 130 Zc 86
Audigny 02 25 Dd 49
Audin-le-Tiche 57 28 Ff 52
Audincourt 25 77 Gf 64
Audincthun 62 13 Ca 44
Audincthun 62 13 Ca 45
Audinghen 62 8 Bd 43
Audon 40 129 Zb 86
Audouville-la-Hubert 50 18 Ye 52
Audrehem 62 9 Bf 44
Audressein 09 157 Ba 91
Audresselles 62 8 Bd 44
Audrieu 14 19 Zc 53
Audrix 24 119 Af 49
Audruicq 62 9 Ca 43
Audun-le-Roman 54 27 Ff 52
Auenheim 67 46 Ia 56
Auffargis 78 38 Bf 56
Auffay 76 21 Ba 50
Aufferville 77 56 Cd 59
Auffreville-Brasseuil 78 38 Be 55
Auflance 08 27 Fb 51
Auga 64 144 Zd 88
Auge 08 25 Eb 49
Augé 16 93 Ze 73
Auge 23 97 Cb 71
Augé 79 81 Ze 69
Augea 39 89 Fc 69
Auger-Saint-Vincent 60 40 Ce 53
Augerans 39 89 Fd 66
Augères 23 96 Be 72
Augerolles 63 99 Dd 74
Augers-en-Brie 77 40 Dc 56
Augerville-la-Rivière 45 56 Cc 59
Augicourt 70 76 Ff 62
Augignac 24 107 Ae 75
Augirein 09 157 Af 91
Augisey 39 89 Fd 69
Augnat 63 110 Db 76
Augnax 32 131 Ae 86
Augne 87 96 Be 74
Augny 57 44 Ga 54
Auguaise 61 37 Ad 56
Augy 02 24 Dd 52
Augy 89 73 Dd 62
Augy-sur-Aubois 18 86 Cf 68
Aujac 17 93 Zd 73
Aujac 30 123 Ea 82
Aujac 30 137 Ed 83
Aujan-Mournède 32 145 Ad 88
Aujargues 30 136 Ea 86
Aujeurres 52 75 Fb 62
Aujols 46 120 Bd 82
Aulas 30 135 Dd 85
Aulhat-Saint-Privat 63 110 Db 75
Aullène 2A 163 Ka 98
Aulnat 63 109 Cd 75
Aulnay 10 59 Ec 58
Aulnay 17 93 Zd 72
Aulnay 86 82 Aa 67
Aulnay-la-Rivière 45 56 Cc 59
Aulnay-l'Aître 51 42 Ed 56
Aulnay-sous-Bois 93 39 Cd 55
Aulnay-sur-Iton 27 37 Ba 55
Aulnay-sur-Marne 51 41 Eb 54
Aulnay-sur-Mauldre 78 38 Bf 55
Aulnois 88 60 Fe 59
Aulnois-en-Perthois 55 43 Fa 57
Aulnois-sous-Laon 02 25 Dd 51
Aulnois-sur-Seille 57 44 Gb 55
Aulnoy 77 40 Da 55
Aulnoy-lez-Valenciennes 59 15 Dd 46
Aulnoy-sur-Aube 52 59 Fa 61
Aulnoye-Aymeries 59 15 Df 47
Aulon 23 96 Be 72
Aulon 31 146 Ae 89
Aulon 65 156 Ab 91
Ault 80 12 Bc 48
Aulus-les-Bains 09 158 Bc 92
Aulx-lès-Cromary 70 76 Ga 64
Aumagne 17 93 Zd 73
Aumale 76 22 Be 50
Aumâtre 80 13 Be 49
Aumenancourt 51 25 Ea 52
Aumerval 62 13 Cc 45
Aumes 34 149 Dc 88
Aumessas 30 135 Dd 85
Aumetz 57 28 Ff 52
Aumeville-Lestre 50 18 Ye 51
Aumont 39 89 Fd 67
Aumont 60 23 Cd 53
Aumont 80 22 Bf 49
Aumont-Aubrac 48 122 Db 80
Aumur 39 89 Fc 66
Aunac 16 94 Ab 73
Aunat 11 159 Ca 92
Aunay-en-Bazois 58 87 De 66
Aunay-les-Bois 61 37 Ab 57
Aunay-sous-Auneau 28 55 Be 58
Aunay-sous-Crécy 28 38 Bb 56
Aunay-sur-Odon 14 35 Zc 54
Auneau 28 38 Be 58
Auneuil 60 23 Bf 52
Auppegard 76 21 Ba 49
Aups 83 139 Gb 87
Auquainville 14 36 Ab 54
Auquemesnil 76 12 Bb 49
Auradé 32 146 Ba 87
Auradou 47 119 Ae 82
Auray 56 49 Xa 63
Aure 08 26 Ed 53
Aurec-sur-Loire 43 111 Eb 76
Aureil 87 96 Bc 74
Aureilhan 40 116 Ye 83
Aureilhan 65 144 Aa 89
Aureille 13 137 Ef 86
Aurel 26 125 Fb 80
Aurel 84 138 Fc 84
Aurelle-Verlac 12 122 Da 81
Aurensan 32 130 Ze 87
Aurensan 65 144 Aa 89
Aureville 31 146 Bc 88
Auriac 11 159 Cc 91
Auriac 19 109 Ca 77
Auriac 64 144 Ze 88
Auriac-du-Périgord 24 107 Ba 78
Auriac-Lagast 12 134 Cd 84
Auriac-l'Eglise 15 110 Da 77
Auriac-sur-Dropt 47 118 Ab 81
Auriac-sur-Vendinelle 31 147 Be 87
Auribail 31 146 Bc 88
Auribeau 06 140 Gf 87
Auribeau 84 138 Fc 85
Aurice 40 130 Zc 86
Auriébat 65 144 Aa 88
Aurières 63 110 Cf 74
Aurignac 31 146 Af 89
Aurillac 15 121 Cc 79
Aurimont 32 132 Ae 87
Aurin 31 147 Be 87
Auriol 13 152 Fd 88
Auriolles 33 118 Aa 80
Aurions-Idernes 64 144 Zf 87
Auris 38 114 Ga 78
Aurons 13 138 Fa 86
Auros 33 117 Zf 82
Aurouër 03 86 Db 68
Auroux 48 123 De 80
Aussac 16 94 Ab 74
Aussac 81 133 Ca 85
Ausseing 31 146 Ba 90
Aussevielle 64 144 Zd 88
Aussillon 81 148 Cc 88
Aussois 73 115 Ge 77
Aussonce 08 25 Eb 52
Aussonne 31 132 Bb 86
Aussos 32 145 Ad 88
Aussurucq 64 143 Za 90
Autainville 41 55 Bc 61
Autechaux 25 76 Gc 64
Autechaux-Roide 25 77 Ge 64
Autels, les — 02 25 Eb 50
Autels-Villevillon, les — 28 54 Ba 59
Auterive 31 146 Bc 88
Auterive 82 132 Af 85
Auterrive 64 143 Yf 88
Autet 70 75 Fe 63
Auteuil 60 23 Ca 52
Auteuil 78 38 Be 55
Autevielle 64 143 Za 88
Authe 08 26 Ef 52
Autheuil 28 55 Bb 61
Autheuil 61 37 Ae 57
Autheuil-Authouillet 27 38 Bb 54
Autheuil-en-Valois 60 40 Da 53
Autheux 80 13 Cb 48
Authevernes 27 22 Bd 53
Authezat 63 110 Db 75
Authie 14 19 Zd 53
Authie 80 13 Cc 48
Authieule 80 13 Cc 48
Authieux, les — 27 37 Af 54
Authieux, les — 27 38 Bb 55
Authieux, les — 76 21 Ba 52
Authieux-du-Puits, les — 61 36 Ab 56
Authieux-Papion, les — 14 36 Aa 54
Authieux-Ratiéville 76 21 Ba 51
Authieux-sur-Calonne, les — 14 20 Ab 53
Authiou 58 72 Dc 65
Authoison 70 76 Ga 64
Authon 04 139 Ga 83
Authon 41 69 Af 63
Authon-du-Perche 28 54 Af 59
Authon-Ebéon 17 93 Zd 73
Authou 27 21 Ae 53
Authuille 80 14 Ce 48
Authume 39 75 Fd 66
Authumes 71 89 Fb 67
Autichamp 26 124 Ef 80
Autignac 34 149 Db 88
Autigny 76 21 Af 50
Autigny-la-Tour 88 60 Fe 58
Autigny-le-Grand 52 60 Fa 58
Autigny-le-Petit 52 60 Fa 58
Autingues 62 9 Bf 42
Autoire 46 120 Be 79
Autoreille 70 76 Fe 64
Autouillet 78 38 Be 55
Autrac 43 110 Da 77
Autrans 38 113 Fd 77
Autrêches 60 24 Da 52
Autrecourt-Haraucourt 08 26 Ef 51
Autrécourt-sur-Aire 55 43 Fa 54
Autremencourt 02 25 De 50
Autrepierre 54 45 Ge 57

Aoury—Autrepierre 167

Autreppes 02 25 Df 49
Autretot 76 21 Ae 51
Autreville 02 24 Db 51
Autreville 88 60 Ff 58
Autréville-Saint-Lambert 55 26 Fa 51
Autreville-sur-la-Renne 52 59 Ef 60
Autreville-sur-Moselle 54 44 Ga 56
Autrey 54 44 Ga 57
Autrey 88 62 Ge 59
Autrey-lès-Cerre 70 62 Gc 53
Autrey-lès-Gray 70 75 Fc 64
Autricourt 21 59 Ed 61
Autruche 08 26 Ef 52
Autruy-sur-Juine 45 56 Ca 59
Autry 08 26 Ef 53
Autry-Issards 03 86 Da 69
Autry-le-Châtel 45 71 Cd 63
Autun 71 74 Ed 67
Auty 82 132 Bc 83
Auvare 06 140 Gf 85
Auve 51 42 Ee 54
Auvernaux 91 39 Cc 57
Auvers 43 122 Dc 79
Auvers 50 18 Ye 53
Auvers-le-Hamon 72 52 Zd 61
Auvers-Saint-Georges 91 56 Cb 58
Auvers-sous-Montfaucon 72 53 Zf 61
Auvers-sur-Oise 95 39 Ca 54
Auverse 49 69 Aa 63
Auvet-et-la-Chapelotte 70 75 Fd 64
Auvillar 82 132 Af 84
Auvillars 14 20 Aa 53
Auvillars-sur-Saône 21 89 Fa 66
Auvilliers-les-Forges 08 25 Ec 49
Auvilliers 76 22 Bd 50
Auvilliers-en-Gâtinais 45 56 Cc 61
Aux-Aussat 32 145 Ab 88
Auxais 50 18 Ye 53
Auxelles-Bas 90 77 Ge 62
Auxelles-Haut 90 77 Ge 62
Auxerre 89 73 Dd 62
Auxey-Duresses 21 88 Ee 67
Auxi-le-Château 62 13 Ca 47
Auxon 10 58 Df 60
Auxon 70 76 Gb 62
Auxon-Dessous 25 76 Ff 65
Auxon-Dessus 25 76 Ff 65
Auxonne 21 75 Fc 65
Auxy 71 88 Ec 67
Auzainvilliers 88 60 Ff 59
Auzances 23 97 Cd 72
Auzas 31 146 Af 89
Auzat 09 158 Bc 92
Auzat-sur-Allier 63 110 Db 76
Auzay 85 81 Za 70
Auzebosc 76 21 Ae 51
Auzelles 63 110 Dd 75
Auzérals, les — 81 133 Be 85
Auzers 15 109 Cc 77
Auzet 04 139 Gb 83
Auzeville-Tolosane 31 146 Bc 87
Auzielle 31 147 Bd 87
Auzits 12 121 Cb 81
Auzon 43 110 Dc 76
Auzouer-en-Touraine 37 69 Af 63
Auzouville-Auberbosc 76 21 Ad 51
Auzouville-sur-Ry 76 22 Bb 52
Auzouville-sur-Saâne 76 21 Af 50
Availles-Limouzine 86 95 Ad 72
Availles-sur-Seiche 35 51 Ye 61
Availles-Thouarsais 79 82 Zf 67
Avajan 65 156 Ac 91
Avallon 89 73 Df 64
Avançon 05 126 Gb 81
Avançon 08 25 Eb 52
Avanne-Aveney 25 76 Ff 65
Avant-lès-Marcilly 10 58 Dd 58
Avant-lès-Ramerupt 10 58 Eb 58
Avanton 86 82 Ab 69
Avapessa 2B 161 If 93
Avapessa 2B 161 If 93
Avaray 41 70 Bd 62
Avaux 08 25 Ea 52
Aveize 69 100 Ec 74
Aveizieux 42 112 Ec 75
Avelanges 21 75 Fa 63
Avelesges 80 22 Bf 49
Avelin 59 14 Da 45
Aveluy 80 14 Cd 48
Avenas 69 100 Ed 71
Avenay 14 35 Zd 54
Avenay-Val-d'Or 51 41 Ea 54
Aveney, Avanne- 25 76 Ff 65
Avenières, les — 38 113 Fd 75
Avensac 32 132 Af 86
Avensan 33 104 Zb 78
Aventignan 65 145 Ad 90
Averan 65 144 Aa 90
Averdoingt 62 13 Cb 46
Averdon 41 70 Bb 62
Avermes 03 86 Db 69
Avernes 95 38 Bf 54
Avernes-Saint-Gourgon 61 36 Ab 55
Avernes-sous-Exmes 61 36 Ab 56
Avéron-Bergelle 32 130 Aa 86
Averton 53 52 Zf 59
Avesnelles 59 15 Df 48
Avesnes 62 13 Bf 45
Avesnes-Chaussoy 80 22 Bf 49
Avesnes-en-Bray 76 22 Be 52
Avesnes-en-Saosnois 72 53 Ac 59
Avesnes-en-Val 76 12 Bc 49
Avesnes-le-Sec 59 15 Dc 47
Avesnes-le-Comte 62 14 Cd 47
Avesnes-les-Aubert 59 15 Dd 47
Avesnes-Saint-Léonard 60 39 Cd 53
Avilley 25 76 Gb 64
Avilly-Saint-Léonard 60 39 Cd 53
Avion 62 14 Ce 46
Avioth 55 27 Fc 51
Aviré 49 67 Zb 62

Avirey-Lingey 10 58 Eb 60
Aviron 27 37 Ba 54
Avize 51 41 Ea 55
Avocourt 55 43 Fa 53
Avoine 37 68 Ab 65
Avoine 61 36 Zf 56
Avoise 72 53 Ze 61
Avolsheim 67 46 Hc 57
Avon 77 56 Ce 58
Avon 79 82 Zf 70
Avon-la-Pèze 10 58 Dd 58
Avon-les-Roches 37 68 Ac 66
Avondance 62 13 Ca 46
Avosnes 21 74 Ed 64
Avot 21 75 Fa 63
Avoudrey 25 76 Gb 65
Avrainville 54 44 Ff 56
Avrainville 88 60 Ff 58
Avrainville 91 39 Cb 57
Avranches 50 34 Yd 56
Avranville 88 60 Fd 59
Avrechy 60 23 Cc 52
Avrée 58 87 Df 68
Avremesnil 76 21 Af 49
Avressieux 73 113 Fe 75
Avricourt 54 45 Ge 57
Avricourt 57 45 Ge 57
Avricourt 60 24 Cf 51
Avrieux 73 115 Ge 77
Avrigney-Virey 70 76 Fe 65
Avril 54 28 Ff 53
Avril-sur-Loire 58 87 Db 68
Avrillé 49 67 Zc 64
Avrillé 85 80 Yc 70
Avrillé-les-Ponceaux 37 68 Ab 64
Avrilly 03 99 Df 70
Avrilly 27 37 Ba 55
Avrilly 61 35 Zf 57
Avroult 62 9 Ca 44
Awy 17 105 Zc 75
Awoingt 59 15 Db 48
Ax-les-Thermes 09 159 Bf 92
Axat 11 159 Cb 92
Axiat 09 158 Be 92
Ay 51 41 Ea 54
Ay-sur-Moselle 57 28 Gb 53
Ayat-sur-Sioule 63 98 Cf 72
Aydat 63 110 Cf 75
Aydie 64 130 Ze 87
Aydius 64 144 Zc 90
Aydoilles 88 61 Gd 59
Ayen 19 107 Bb 77
Ayencourt 80 23 Cd 51
Ayette 62 14 Ce 47
Aygemorte-les-Graves 33 117 Zd 80
Ayguatébia 66 159 Cb 93
Ayguesvives 31 147 Bd 88
Ayguetinte 32 131 Ac 85
Ayherre 64 143 Ye 88
Ayn 73 113 Fe 75
Aynac 46 120 Bf 80
Aynans, les — 70 76 Gc 63
Ayrens 15 121 Cb 79
Ayron 86 82 Aa 69
Ayros 65 144 Zf 90
Ayssènes 12 134 Ce 84
Aytré 17 92 Yf 72
Ayvelles, les — 08 26 Ee 50
Ayzac 65 144 Zf 90
Ayzieu 32 130 Zf 85
Azannes-et-Soumazannes 55 27 Fc 53
Azas 31 133 Be 86
Azat-Châtenet 23 96 Bc 72
Azat-le-Ris 87 95 Ba 71
Azay-le-Brûlé 79 81 Ze 70
Azay-le-Ferron 36 83 Ba 67
Azay-le-Rideau 37 83 Ac 65
Azay-sur-Cher 37 69 Af 64
Azay-sur-Indre 37 69 Af 65
Azay-sur-Thouet 79 81 Zd 69
Azé 41 54 Af 61
Azé 71 88 Ee 70
Azelot 54 44 Gb 57
Azerables 23 96 Bc 70
Azerailles 54 62 Gd 58
Azerat 24 107 Ba 78
Azérat 43 110 Dc 76
Azereix 65 144 Zf 89
Azet 65 156 Ac 92
Azeville 50 18 Ye 52
Azillanet 34 148 Ce 89
Azille 11 148 Cd 89
Azilone-Ampaza 2A 163 Ka 97
Azincourt 62 13 Ca 46
Azolette 69 100 Ec 71
Azoudange 57 45 Ge 56
Azur 40 129 Ye 86
Azy 02 40 Dc 54
Azy 18 71 Ce 65
Azy-le-Vif 58 86 Db 68
Azzana 2A 162 If 96

B

Baâlon 55 27 Fb 52
Baâlons 08 26 Ed 51
Babeau 34 148 Cf 88
Babœuf 60 24 Da 51
Baby 77 57 Dc 58
Baccarat 54 62 Ge 58
Baccon 45 55 Bd 61
Bach 46 120 Be 82
Bachant 59 15 Df 47
Bachas 31 146 Af 89
Bachellerie, la — 24 107 Ba 78
Bachivillers 60 22 Bf 53
Bachos 31 157 Ad 91
Bachy 59 14 Db 45
Bacilly 50 34 Yd 56
Baconnes 51 41 Ec 54
Baconnière, la — 53 52 Za 59
Bacouël 60 23 Cc 51
Bacouël-sur-Selle 80 23 Cb 49
Bacourt 57 44 Gc 55
Bacquepuis 27 37 Ba 54
Bacqueville 27 22 Bc 53
Bacqueville-en-Caux 76 21 Ba 50
Badailhac 15 121 Cd 79
Badaroux 48 122 Db 82
Badaroux 48 122 Db 82
Badecon-le-Pin 36 84 Bd 69
Badefols-d'Ans 24 107 Bb 77
Badefols-sur-Dordogne 24 119 Ae 79
Baden 56 64 Xa 63
Badménil-aux-Bois 88 61 Gd 59

Badonviller 54 45 Gf 57
Badonvilliers-Gérauvilliers 55 43 Fd 57
Baerenthal 57 46 Ha 55
Baffe, la — 88 61 Gd 60
Baffie 63 111 De 76
Bagard 30 136 Ea 84
Bagas 33 117 Zf 81
Bagat-en-Quercy 46 119 Bb 82
Bâge-la-Ville 01 100 Ef 71
Bâge-le-Châtel 01 100 Ef 71
Bagert 09 146 Ba 90
Bages 11 149 Cf 90
Bages 66 160 Cf 93
Baghols 65 157 Ac 91
Bagiry 31 157 Ae 91
Bagnac-sur-Célé 46 121 Ca 80
Bagneaux 89 58 Dd 59
Bagneaux-sur-Loing 77 56 Ce 59
Bagneux 02 25 Db 52
Bagneux 03 86 Db 69
Bagneux 36 70 Be 65
Bagneux 51 41 De 57
Bagneux 54 43 Ff 57
Bagneux 92 39 Cb 56
Bagneux-la-Fosse 10 58 Eb 61
Bagnizeau 17 93 Zc 73
Bagnoles 11 148 Cc 89
Bagnoles-de-l'Orne 61 35 Zd 57
Bagnols 63 109 Cd 76
Bagnols 69 100 Ed 73
Bagnols-en-Forêt 83 154 Ge 87
Bagnols-les-Bains 48 123 Dd 81
Bagnols-sur-Cèze 30 137 Ed 84
Bagnot 21 89 Fa 66
Baguer-Morvan 35 34 Yd 57
Baguer-Pican 35 34 Yb 57
Baho 66 160 Cf 92
Bahus-Soubiran 40 130 Ze 86
Baigneaux 28 55 Bd 58
Baigneaux 28 55 Be 60
Baigneaux 33 117 Ze 80
Baigneaux 41 70 Bb 62
Baignes 70 76 Ga 63
Baignes-Sainte-Radegonde 16 105 Ze 76
Baigneux-les-Juifs 21 74 Ed 63
Baignolet 28 55 Bd 59
Baigts 40 129 Zb 86
Baigts-de-Béarn 64 129 Za 87
Baillargues 34 136 Ea 87
Baillé 35 51 Yd 58
Bailleau-Armenonville 28 38 Bd 57
Bailleau-le-Pin 28 55 Bc 58
Bailleau-l'Évêque 28 55 Bc 58
Baillestavy 66 160 Cd 93
Baillet-en-France 95 39 Cb 54
Bailleul 59 10 Ce 44
Bailleul 61 36 Zf 56
Bailleul 80 13 Bf 48
Bailleul, le — 72 53 Zf 62
Bailleul-aux-Cornailles 62 13 Cc 46
Bailleul-la-Vallée 27 20 Ac 53
Bailleul-le-Soc 60 23 Cd 52
Bailleul-lès-Pernes 62 13 Cc 45
Bailleul-Neuville 76 22 Bc 50
Bailleul-Sir-Berthoult 62 14 Cf 46
Bailleul-sur-Thérain 60 23 Cb 52
Bailleulmont 62 14 Cd 47
Bailleval 60 23 Cc 52
Baillolet 76 22 Bc 50
Bailly 60 24 Cf 51
Bailly 78 39 Ca 56
Bailly-aux-Forges 52 59 Ef 58
Bailly-en-Rivière 76 12 Bb 49
Bailly-le-Franc 10 59 Ed 57
Bailly-Romainvilliers 77 40 Cd 55
Bain-de-Bretagne 35 51 Yb 61
Bainchun 62 9 Be 44
Bainghen 62 9 Bf 44
Bains 43 123 De 78
Bains-les-Bains 88 61 Gb 61
Bains-sur-Oust 35 50 Xf 62
Bainville-aux-Miroirs 54 61 Gb 58
Bainville-aux-Saules 88 61 Gb 59
Bainville-sur-Madon 54 44 Ga 57
Bairols 06 140 Ha 85
Bais 35 51 Ye 60
Bais 53 52 Zd 59
Baisieux 59 14 Db 45
Baissey 52 75 Fb 62
Baives 59 15 Ea 47
Baix 07 124 Ee 80
Baixas 66 160 Cf 92
Baizieux 80 14 Cd 49
Baizil, le — 51 41 De 55
Bajamont 47 131 Ab 83
Bajonnette 32 131 Ae 85
Bajus 62 14 Cc 46
Balacet 09 157 Af 91
Baladou 46 120 Bd 79
Balagny-sur-Thérain 60 23 Cc 53
Balaguères 09 146 Ba 91
Balaguier-d'Olt 12 120 Bf 81
Balaguier-sur-Rance 12 134 Cd 85
Balaiseaux 39 89 Fc 67
Balaives-et-Butz 08 26 Ee 51
Balan 01 101 Fa 74
Balanod 39 89 Fc 70
Balansun 64 143 Zb 88
Balanzac 17 92 Za 74
Balaruc-le-Vieux 34 150 De 88
Balaruc-les-Bains 34 149 De 88
Balâtre 80 24 Cf 50
Balazé 35 51 Ye 59
Balazuc 07 124 Ec 81
Balbigny 42 99 Eb 74
Balbins 38 113 Fb 76
Balbronn 67 45 Hc 57
Baldenheim 67 63 Hd 59
Baldersheim 68 62 Hc 62
Baleine, la — 50 34 Ye 55
Baleix 64 144 Zf 88
Balesmes-sur-Marne 52 75 Fc 62
Balesta 31 145 Ad 89
Baleyssagues 47 118 Aa 80
Balgau 63 63 Hd 61
Balignac 82 132 Af 85
Balignicourt 10 59 Ec 57
Balines 27 37 Af 56
Balinghem 62 9 Bf 42
Baliracq-Maumusson 64 130 Ze 87
Baliros 64 144 Ze 89
Balizac 33 117 Zd 82
Ballainvilliers 91 39 Cb 56
Ballaison 74 102 Gb 71
Ballan-Miré 37 68 Ad 65
Ballancourt-sur-Essonne 91 39 Cc 57
Ballans 17 93 Ze 74

Ballay 08 26 Ee 52
Ballée 53 52 Zd 61
Balleroy 14 19 Zb 53
Balleroy 14 19 Zb 53
Ballon 17 92 Za 72
Ballon 72 53 Aa 59
Ballons 26 138 Fd 83
Ballore 71 88 Ec 69
Ballots 53 51 Yf 61
Balloy 77 57 Da 58
Balma 31 133 Bd 87
Balme, la — 73 113 Fe 74
Balme-de-Sillingy, la — 74 102 Ga 73
Balme-de-Thuy, la — 74 102 Gb 73
Balme-d'Epy, la — 39 101 Fc 70
Balmont 74 102 Ga 74
Balnot-la-Grange 10 58 Eb 61
Balnot-sur-Laignes 10 59 Ec 60
Balot 21 74 Ec 62
Balsac 12 121 Cc 82
Balschwiller 68 62 Ha 62
Balsièges 48 122 Dc 82
Baltzenheim 68 63 Hd 60
Balzac 16 94 Aa 74
Bambecque 59 10 Cd 43
Bambiderstroff 57 44 Gd 54
Ban-de-Laveline 88 62 Ha 59
Ban-de-Sapt 88 62 Ha 58
Ban-Saint-Martin, le — 57 44 Ga 54
Ban-sur-Meurthe 88 62 Gf 60
Banassac 48 122 Db 82
Banca 64 142 Yd 90
Bancigny 02 25 Ea 50
Bancourt 62 14 Cf 48
Bandol 83 153 Fe 90
Baneins 01 100 Ef 72
Baneuil 24 118 Ae 79
Banios 65 145 Ab 90
Banize 23 96 Bf 73
Bannalec 29 48 Wb 61
Bannans 25 90 Gb 67
Bannay 18 72 Cf 64
Bannay 51 41 De 55
Bannay 57 44 Gc 55
Banne 07 123 Ea 82
Bannegon 18 85 Ce 68
Bannes 46 120 Bf 80
Bannes 51 41 Df 56
Bannes 52 60 Fc 61
Bannes 53 52 Zd 61
Banneville-la-Campagne 14 20 Ze 53
Banneville-sur-Ajon 14 35 Zc 54
Bannières 81 133 Be 87
Bannoncourt 55 43 Fd 55
Bannost-Villegagnon 77 40 Db 56
Banogne 08 25 Ea 51
Banon 04 138 Fd 84
Banos 40 130 Zc 86
Bans 39 89 Fd 67
Bansat 63 110 Dc 76
Bantanges 71 89 Fa 69
Banteux 14 Db 48
Banthelu 95 38 Be 54
Bantheville 55 26 Fa 52
Bantigny 59 14 Cb 47
Bantouzelle 59 14 Db 48
Bantzenheim 68 63 Hd 62
Banvillars 90 77 Ge 63
Banville 14 19 Zd 53
Banvou 61 35 Zc 57
Banyuls-des-Aspres 66 160 Cf 93
Banyuls-sur-Mer 66 160 Da 94
Baon 89 58 Ea 61
Baons-le-Comte 76 21 Ae 51
Bapaume 62 14 Cf 48
Bar-le-Duc 55 43 Fb 55
Bar-sur-Aube 10 59 Ee 59
Bar-sur-Loup, le — 06 140 Gf 86
Bar-sur-Seine 10 59 Ec 60
Baracé 49 67 Zd 63
Baraigne 11 147 Be 89
Baraize 36 84 Bd 70
Baralle 62 14 Cf 47
Baraqueville 12 134 Cc 83
Barastre 62 14 Cf 48
Baratier 05 127 Gc 81
Barbachen 65 145 Aa 88
Barbaggio 2B 161 Kc 92
Barbaira 11 148 Cd 89
Barbas 54 45 Ge 57
Barbaste 47 131 Ab 83
Barbâtre 85 79 Xe 67
Barbazan 31 145 Ad 90
Barbazan-Debat 65 145 Aa 89
Barbazan-Dessus 65 145 Aa 90
Barbe-Chat 44 67 Yf 64
Barbechat 44 66 Ye 65
Barben, la — 13 138 Fb 87
Barbentane 13 137 Ee 85
Barberaz 73 114 Ff 75
Barbery 14 20 Ze 54
Barbery 60 39 Ce 53
Barbeville 14 19 Zb 52
Barbey 77 57 Da 58
Barbey-Seroux 88 62 Gf 60
Barbezières 16 93 Zf 73
Barbezieux-Saint-Hilaire 16 105 Zf 76
Barbières 26 125 Fa 79
Barbirey-sur-Ouche 21 74 Ee 65
Barbonne-Fayel 51 41 De 57
Barbonville 54 44 Gc 57
Barboux, le — 25 77 Ge 66
Barbuise 10 41 Df 57
Barby 08 25 Eb 51
Barc 27 37 Ae 54
Bard 42 111 Ea 75
Bard-le-Régulier 21 74 Eb 66
Bard-lès-Époisses 21 73 Eb 63
Bard-lès-Pesmes 70 75 Fd 65
Barde, la — 17 105 Zf 78
Bardigues 82 132 Af 84
Bardon, le — 45 55 Bd 61
Bardou 24 118 Ae 80
Bardouville 76 21 Af 52
Barèges 65 156 Aa 91
Bareilles 65 156 Ac 91

Bareilles 65 157 Ac 91
Barembach 67 62 Hb 58
Baren 31 157 Ad 91
Barentin 76 21 Af 51
Barenton 50 35 Zb 57
Barenton-Bugny 02 25 Dd 51
Barenton-Cel 02 25 Dd 51
Barenton-sur-Serre 02 25 De 50
Barésia-sur-l'Ain 39 89 Fe 69
Barfleur 50 18 Ye 50
Bargème 83 140 Gd 86
Bargemon 83 140 Gd 87
Barges 21 75 Fa 65
Barges 43 123 Df 79
Barges 70 60 Ff 61
Bargny 60 40 Cf 53
Barie 33 117 Zf 81
Barinque 64 144 Ze 88
Barisis 02 24 Dc 51
Barizey 71 88 Ee 68
Barjac 09 146 Ba 90
Barjac 30 137 Ec 83
Barjac 48 122 Dc 81
Barjols 83 153 Ga 88
Barjon 21 74 Ef 63
Barjouville 28 55 Bc 58
Barles 04 139 Gb 83
Barlest 65 144 Zf 90
Barleux 80 24 Cf 49
Barlieu 18 71 Cd 64
Barlin 62 14 Cd 46
Barly 62 14 Cd 47
Barly 80 13 Cb 47
Barnas 07 123 Df 81
Barnave 26 125 Fc 81
Barnay 71 88 Eb 66
Barneville-Carteret 50 18 Yb 52
Barneville-la-Bertran 14 20 Aa 53
Barneville-sur-Seine 27 21 Af 52
Baroche-sous-Lucé, la — 61 35 Zc 57
Baromesnil 76 12 Bc 49
Baron 30 136 Eb 84
Baron 33 117 Ze 80
Baron 60 39 Ce 54
Baron 71 88 Eb 70
Baron-sur-Odon 14 35 Zd 54
Baronville 57 44 Gc 55
Barou-en-Auge 14 36 Zf 55
Baroville 10 59 Ee 59
Barp, le — 33 116 Zb 81
Barquet 27 37 Af 54
Barr 67 63 Hc 58
Barrais-Bussolles 03 99 De 71
Barran 32 131 Ac 87
Barrancoueu 65 156 Ac 91
Barras 04 139 Ga 84
Barraute 64 143 Za 88
Barre 81 134 Cb 86
Barre, la — 39 75 Fe 66
Barre, la — 70 76 Gb 64
Barre, la — 87 95 Ba 73
Barre-de-Monts, la — 85 79 Xf 67
Barre-de-Semilly, la — 50 35 Yf 54
Barre-des-Cévennes 48 136 Dd 83
Barre-en-Ouche, la — 27 37 Ad 55
Barrème 04 139 Gc 85
Barret 16 105 Zf 76
Barret-de-Lioure 26 138 Fd 83
Barret-les-Bas 05 138 Fe 83
Barretaine 39 89 Fe 67
Barrettali 2B 161 Kc 91
Barriac-les-Bosquets 15 109 Cb 78
Barro 16 94 Ab 73
Barrou 37 83 Ae 67
Barroux, le — 84 138 Fa 84
Barry-d'Islemade 82 132 Bb 84
Bars 24 107 Ba 78
Bars 32 145 Ab 87
Barsac 33 117 Ze 81
Barst 57 45 Gf 54
Bart 25 77 Ge 64
Bartenheim 68 78 Hc 63
Bartenheim-la-Chaussée 68 78 Hd 63
Bartès 65 144 Zf 89
Barthe 65 145 Ac 89
Barthe-de-Neste, la — 65 145 Ac 90
Bartherans 25 90 Ff 66
Barthes, les — 82 132 Ba 84
Barville 27 37 Ac 54
Barville 61 36 Ac 58
Barville 88 60 Fe 58
Barville-en-Gâtinais 45 56 Cc 60
Barzan 17 104 Za 75
Barzun 64 144 Zf 89
Barzy-en-Thiérache 02 15 De 48
Barzy-sur-Marne 02 40 Dd 54
Bas-en-Basset 43 111 Ea 77
Bas-et-Lezat 63 98 Db 72
Bascons 40 130 Zd 86
Bascous 32 131 Aa 86
Basières 54 27 Fe 64
Basliex-lès-Fismes 51 25 De 53
Baslieux-sous-Châtillon 51 41 De 54
Basly 14 19 Zd 53
Bassac 16 93 Zf 75
Bassan 34 149 Db 88
Bassanne 83 117 Zf 81
Basse-Ham 57 28 Gb 52
Basse-Rentgen 57 28 Gb 51
Basse-sur-le-Rupt 88 62 Ge 61
Bassée, la — 59 14 Ce 45
Bassemberg 67 62 Hb 58
Basseneville 14 20 Zf 53
Bassens 33 117 Zc 79
Bassens 73 114 Ff 75
Bassercles 40 130 Zc 87
Basses 86 82 Aa 66
Basseux 62 14 Cd 47
Bassevelle 77 40 Db 55
Bassignac 15 109 Cc 77
Bassignac-le-Bas 19 108 Bf 78
Bassignac-le-Haut 19 108 Ca 77
Bassigney 70 61 Gb 62
Bassing 57 45 Ge 55
Bassoles-Aulers 02 24 Dc 51
Bassoncourt 52 60 Fd 60
Bassou 89 73 Dd 62
Bassoues 32 131 Ab 87
Bassu 51 42 Ee 55
Bassuet 51 42 Ee 56
Bassussarry 64 142 Yc 88
Bassy 74 102 Fe 73
Bastanès 64 143 Zb 88
Bastelica 2A 163 Ka 96
Basteliccia 2A 162 If 97
Bastennes 40 129 Zb 87
Bastia 2B 161 Kc 92
Bastide, la — 66 160 Cd 93
Bastide, la — 83 140 Gd 86
Bastide-Blanche, la — 83 153 Fe 87

Bastide-Blanche, la — 83 154 Gd 89
Bastide-de-Besplas, la — 09 146 Bb 90
Bastide-de-Bousignac, la — 09 147 Bf 90
Bastide-de-Lordat, la — 09 147 Be 90
Bastide-de-Sérou, la — 09 146 Bc 90
Bastide-d'Engras, la — 30 137 Ec 84
Bastide-des-Jourdans, la — 84 138 Fd 86
Bastide-du-Salat, la — 09 146 Af 90
Bastide-l'Évêque, la — 12 120 Ca 82
Bastide-Pradines, la — 12 135 Da 84
Bastide-Puylaurent, la — 48 123 Df 81
Bastide-Solages, la — 12 134 Cd 85
Bastide-sur-l'Hers, la — 09 159 Bf 91
Bastidonne, la — 84 138 Fd 86
Bastit, le — 46 120 Bd 79
Basville 23 97 Cc 73
Bataille, la — 79 93 Zf 72
Bathelémont-lès-Bauzemont 54 44 Gd 56
Bâthie, la — 73 114 Gc 75
Bâtie-des-Fonds, la — 26 125 Fd 81
Bâtie-Divisins, la — 38 113 Fd 75
Bâtie-Montgascon, la — 38 113 Fd 75
Bâtie-Montsaléon 05 125 Fe 82
Bâtie-Neuve, la — 05 126 Gb 81
Bâtie-Rolland, la — 26 124 Ef 81
Bâtie-Vieille, la — 05 126 Ga 81
Batilly 54 44 Ff 53
Batilly 61 36 Ze 56
Batilly-en-Bâtois 45 56 Cc 60
Batilly-en-Puisaye 45 72 Cf 63
Bats 40 130 Zd 86
Batsère 65 145 Ab 90
Battenans-les-Mines 25 76 Gb 64
Battenans-Varin 25 77 Ge 65
Battenheim 68 62 Hc 62
Battexey 88 61 Gb 58
Battigny 54 61 Ff 58
Battrans 70 75 Fd 64
Batz, Ile de — 29 31 Vf 56
Batz-sur-Mer 44 65 Xd 65
Batzendorf 67 46 He 56
Baubigny 21 88 Ee 67
Bauche, la — 73 113 Fe 76
Baud 56 49 Wf 61
Baudement 51 41 De 57
Baudemont 71 99 Eb 71
Baudignan 40 131 Aa 84
Baudignécourt 55 43 Fc 57
Baudinard-sur-Verdon 83 139 Ga 86
Baudoncourt 70 76 Gc 62
Baudonvilliers 55 42 Fa 56
Baudre 50 35 Yf 54
Baudrecourt 52 59 Ef 58
Baudrecourt 57 44 Gc 55
Baudreix 64 144 Ze 89
Baudrémont 55 43 Fc 55
Baudres 36 84 Bc 66
Baudreville 28 55 Bf 59
Baudreville 50 18 Yc 53
Baudricourt 88 61 Ga 59
Baudrières 71 89 Fa 68
Bauduen 83 139 Gb 86
Baugé 49 68 Zf 63
Baugy 18 85 Ce 66
Baugy 71 99 Ea 71
Baulay 70 76 Ga 62
Baule 45 55 Bd 61
Baule-Escoublac, La — 44 65 Xd 65
Baulme-la-Roche 21 74 Ee 64
Baulne-en-Brie 02 41 Dd 55
Baulny 55 26 Fa 53
Baulou 09 146 Bc 90
Baume, la — 74 103 Gd 71
Baume-Cornillane, la — 26 124 Fa 80
Baume-d'Hostun, la — 26 113 Fb 78
Baume-les-Dames 25 76 Gc 64
Baume-les-Messieurs 39 89 Fd 68
Bauné 49 67 Ze 64
Baupte 50 18 Yd 53
Baurech 33 117 Zd 80
Baussaine, la — 35 50 Ya 59
Bauvin 59 14 Cf 45
Baux-de-Breteuil, les — 27 37 Ae 55
Baux-de-Provence, les — 13 137 Ee 86
Baux-Sainte-Croix, les — 27 37 Ba 55
Bauzemont 54 44 Gd 56
Bauzy 41 70 Bd 63
Bavans 25 77 Ge 64
Bavay 59 15 De 47
Bavelincourt 80 13 Cc 49
Bavent 14 20 Ze 53
Baverans 39 89 Fd 66
Bavilliers 90 77 Ge 63
Bavinchove 59 9 Cc 44
Bavincourt 62 14 Cd 47
Bax 31 146 Bb 89
Bay 70 75 Fe 65
Bay-sur-Aube 52 75 Fa 62
Bayac 24 119 Ae 80
Bayard-sur-Marne 52 59 Fa 58
Bayas 33 105 Ze 78
Baye 29 48 Wc 61
Baye 51 41 De 55
Bayecourt 88 61 Gc 59
Bayel 10 59 Ee 59
Bayencourt 80 14 Cd 48
Bayenghem-lès-Éperlecques 62 9 Ca 44
Bayenghem-lès-Seninghem 62 9 Ca 44
Bayers 16 94 Ab 73
Bayet 03 98 Db 71
Bayeux 61 19 Zb 53
Bayon 54 61 Gb 58
Bayon-sur-Gironde 33 105 Zc 78
Bayonne 64 142 Yd 88
Bayons 04 126 Ga 82
Bayonville 08 26 Fa 52
Bayonville-sur-Mad 54 44 Ff 54
Bayonvillers 80 23 Cd 49
Bazac 16 106 Aa 77
Bazaiges 36 84 Bd 70
Bazailles 54 27 Fe 52
Bazainville 78 38 Bd 56
Bazarnes 89 73 De 63
Bazas 33 117 Ze 82
Bazauges 17 93 Ze 73
Bazegney 88 61 Gb 59
Bazeilles 08 26 Ef 50
Bazeilles-sur-Othain 55 27 Fc 52
Bazelat 23 96 Bd 70
Bazemont 78 38 Bf 55
Bazens 47 118 Ac 83
Bazentin 80 14 Ce 48
Bazenville 14 19 Zc 53
Bazet 65 144 Aa 89

Bazeuge, la — **87** 95 Ba 71
Bazian **32** 131 Ab 86
Bazicourt **60** 23 Cd 52
Baziège **31** 147 Bd 88
Bazien **88** 62 Ge 58
Bazillac **65** 145 Aa 88
Bazincourt-Montplonne **55** 43 Fa 56
Bazincourt-sur-Epte **27** 22 Be 53
Bazincourt-sur-Saulx **55** 43 Fa 56
Bazinghen **62** 9 Bd 44
Bazinval **76** 12 Bd 49
Bazoche-en-Dunois **28** 55 Bd 60
Bazoche-Gouët, la — **28** 54 Af 60
Bazoches **58** 73 De 64
Bazoches **78** 38 Bf 56
Bazoches-au-Houlme **61** 36 Ze 56
Bazoches-lès-Bray **77** 57 Db 58
Bazoches-les-Gallérandes **45** 56 Ca 60
Bazoches-les-Hautes **28** 55 Be 60
Bazoches-sur-Hoëne **61** 36 Ac 57
Bazoches-sur-le-Betz **45** 57 Cf 60
Bazoches-sur-Vesle **02** 25 Dd 53
Bazoge, la — **50** 35 Yf 57
Bazoge, la — **72** 53 Aa 60
Bazoge-des-Alleux, la — **53** 52 Zc 59
Bazoge-Montpinçon, la — **53** 52 Zc 59
Bazoges-en-Paillers **85** 80 Yf 67
Bazoilles-et-Menil **88** 61 Ga 59
Bazoilles-sur-Meuse **88** 60 Fd 59
Bazolles **58** 73 Dd 66
Bazoncourt **57** 44 Gc 54
Bazoque, la — **14** 19 Za 54
Bazoque, la — **61** 35 Zc 56
Bazoques **27** 37 Ad 53
Bazordon **65** 145 Ad 89
Bazouge-de-Désert, la — **35** 34 Yf 58
Bazougers **53** 52 Zc 60
Bazouges **53** 52 Zb 62
Bazouges-la-Pérouse **35** 34 Yc 58
Bazouges-sur-le-Loir **72** 68 Zf 62
Bazuel **59** 15 Dd 48
Bazugues **32** 145 Ac 88
Bazus **31** 133 Bd 86
Bazus-Aure **65** 156 Ac 91
Bazus-Neste **65** 145 Ac 90
Béage, le — **07** 123 Ea 79
Béalcourt **80** 13 Cb 47
Béalencourt **62** 13 Ca 46
Béard **58** 86 Db 67
Beaubec-la-Rosière **76** 22 Bd 51
Beaubery **71** 100 Ec 70
Beaubigny **50** 18 Yb 52
Beaubray **27** 37 Af 55
Beaucaire **30** 137 Ed 86
Beaucaire **32** 131 Ac 85
Beaucamps-le-Jeune **80** 22 Be 50
Beaucamps-le-Vieux **80** 22 Be 49
Beaucamps-Ligny **59** 14 Cf 45
Beaucé **35** 51 Yf 58
Beaucens **65** 144 Zf 91
Beaucet, le — **84** 138 Fa 85
Beauchalot **31** 146 Af 90
Beauchamp **95** 39 Cb 54
Beauchamps **50** 34 Yd 56
Beauchamps **80** 12 Bd 48
Beauchamps-sur-Huillard **45** 56 Cc 61
Beauchastel **07** 124 Ee 80
Beauche **28** 37 Af 56
Beauchêne **41** 54 Af 61
Beauchêne **41** 70 Bc 64
Beauchêne **61** 35 Zb 56
Beauchery-Saint-Martin **77** 40 Dc 57
Beauclair **55** 26 Fa 52
Beaucoudray **50** 34 Yf 55
Beaucourt **90** 77 Gf 64
Beaucourt-en-Santerre **80** 23 Cd 50
Beaucourt-sur-l'Ancre **80** 14 Ce 48
Beaucourt-sur-l'Hallue **80** 13 Cc 49
Beaucouzé **49** 67 Zc 64
Beaucroissant **38** 113 Fc 76
Beaudéan **65** 145 Aa 90
Beaudéduit **60** 23 Ca 50
Beaudignies **59** 15 Dd 47
Beaudricourt **62** 13 Cc 47
Beaufai **61** 37 Ad 56
Beaufay **72** 53 Ac 60
Beauficel **50** 35 Za 56
Beauficel-en-Lyons **27** 22 Bd 52
Beaufort **31** 146 Ba 88
Beaufort **34** 148 Ce 89
Beaufort **38** 113 Fa 77
Beaufort **39** 89 Fc 69
Beaufort **59** 15 Df 47
Beaufort **73** 103 Gd 74
Beaufort-Blavincourt **62** 14 Cd 47
Beaufort-en-Argonne **55** 26 Fa 52
Beaufort-en-Santerre **80** 23 Ce 50
Beaufort-en-Vallée **49** 68 Ze 64
Beaufort-sur-Gervanne **26** 125 Fa 80
Beaufou **85** 80 Yc 68
Beaufour-Druval **14** 20 Aa 53
Beaufremont **88** 60 Fe 59
Beaugas **47** 118 Ad 81
Beaugeay **17** 92 Za 73
Beaugency **45** 70 Bd 62
Beaugies-sous-Bois **60** 24 Da 51
Beaujeu **04** 126 Gc 83
Beaujeu **69** 100 Ed 72
Beaujeu-Saint-Vallier-Pierrejux-et-Quitteur **70** 75 Fe 64
Beaulandais **61** 35 Zc 57
Beaulencourt **62** 14 Cf 48
Beaulieu **07** 123 Eb 82
Beaulieu **14** 35 Zb 55
Beaulieu **15** 109 Cd 76
Beaulieu **21** 74 Ee 62
Beaulieu **34** 136 Ea 86
Beaulieu **36** 95 Bb 70
Beaulieu **38** 113 Fc 77
Beaulieu **43** 111 Df 78
Beaulieu **45** 72 Ce 63
Beaulieu **58** 73 Dd 65
Beaulieu **61** 37 Ae 56
Beaulieu **63** 110 Db 76
Beaulieu-en-Argonne **55** 42 Fa 54
Beaulieu-les-Fontaines **60** 24 Cf 51
Beaulieu-lès-Loches **37** 69 Ba 66
Beaulieu-sous-Bressuire **79** 81 Zc 67
Beaulieu-sous-la-Roche **85** 80 Yc 68
Beaulieu-sous-Parthenay **79** 82 Ze 69
Beaulieu-sur-Dordogne **19** 120 Bf 79
Beaulieu-sur-Layon **49** 67 Zc 65
Beaulieu-sur-Mer **06** 141 Hb 86
Beaulieu-sur-Oudon **53** 52 Za 61
Beaulieu-sur-Sonnette **16** 94 Ac 73
Beaulon **03** 87 De 69
Beaumais **14** 36 Zf 55
Beaumarchés **32** 131 Aa 87
Beaumat **46** 120 Bd 81
Beaumé **02** 25 Ea 49
Beaume, la — **05** 125 Fd 81
Beauménil **88** 62 Ge 59
Beaumerie-Saint-Martin **62** 13 Be 46
Beaumes-de-Venise **84** 137 Fa 84
Beaumesnil **27** 37 Ae 54
Beaumettes **84** 138 Fb 85
Beaumetz **80** 13 Ca 48
Beaumetz-lès-Aire **62** 13 Cb 45
Beaumetz-lès-Cambrai **62** 14 Cf 48
Beaumetz-lès-Loges **62** 14 Cd 47
Beaumont **19** 108 Be 76
Beaumont **24** 119 Ae 80
Beaumont **32** 131 Ab 85
Beaumont **43** 110 Dc 77
Beaumont **50** 18 Ya 50
Beaumont **54** 43 Fe 55
Beaumont **63** 98 Da 74
Beaumont **63** 98 Dc 73
Beaumont **74** 102 Ga 72
Beaumont **80** 14 Cd 48
Beaumont **86** 82 Ac 68
Beaumont **89** 57 Dd 61
Beaumont-de-Lomagne **82** 132 Af 85
Beaumont-de-Pertuis **84** 138 Fe 86
Beaumont-du-Gâtinais **77** 56 Cc 60
Beaumont-du-Lac **87** 96 Bf 75
Beaumont-du-Ventoux **84** 138 Fa 83
Beaumont-en-Argonne **08** 26 Fa 51
Beaumont-en-Auge **14** 20 Aa 53
Beaumont-en-Beine **02** 24 Da 50
Beaumont-en-Diois **26** 125 Fc 81
Beaumont-en-Véron **37** 68 Ab 65
Beaumont-la-Ferrière **58** 72 Db 65
Beaumont-la-Ronce **37** 69 Ae 63
Beaumont-le-Hareng **76** 22 Bb 50
Beaumont-le-Roger **27** 37 Ae 54
Beaumont-les-Autels **28** 54 Af 59
Beaumont-les-Nonains **60** 23 Ca 53
Beaumont-lès-Valence **26** 124 Ef 79
Beaumont-Monteux **26** 124 Ef 78
Beaumont-Pied-de-Bœuf **53** 52 Zd 61
Beaumont-Pied-de-Bœuf **72** 68 Ac 62
Beaumont-Sardolles **58** 86 Dc 67
Beaumont-sur-Dême **72** 69 Ad 62
Beaumont-sur-Grosne **71** 88 Ef 69
Beaumont-sur-Lèze **31** 146 Bc 88
Beaumont-sur-Oise **95** 39 Cb 54
Beaumont-sur-Sarthe **72** 53 Aa 59
Beaumont-sur-Vesle **51** 41 Eb 53
Beaumont-sur-Vingeanne **21** 75 Fc 64
Beaumont-Village **37** 69 Bb 65
Beaumontel **27** 37 Ae 54
Beaumotte-Aubertrans **70** 76 Gb 64
Beaumotte-lès-Pin **70** 76 Ff 65
Beaunay **51** 41 Df 55
Beaune **21** 88 Ef 66
Beaune **73** 114 Gc 77
Beaune-d'Allier **03** 98 Cf 71
Beaune-la-Rolande **45** 56 Cc 60
Beaune-sur-Arzon **43** 111 De 77
Beaunotte **21** 74 Ee 62
Beaupont **01** 101 Fb 70
Beaupouyet **24** 106 Ab 79
Beaupréau **49** 67 Za 65
Beaupuy **31** 133 Bd 87
Beaupuy **32** 132 Ba 87
Beaupuy **47** 118 Aa 81
Beaupuy **82** 132 Ba 86
Beauquesne **80** 13 Cc 48
Beaurain **59** 15 Dd 47
Beaurains **62** 14 Cd 47
Beaurains-lès-Noyon **60** 24 Cf 51
Beaurainville **62** 13 Bf 46
Beaurecueil **13** 152 Fd 87
Beauregard **01** 100 Ee 73
Beauregard **46** 119 Bc 81
Beauregard **46** 120 Be 82
Beauregard-Baret **26** 125 Fb 79
Beauregard-de-Terrasson **24** 107 Bb 78
Beauregard-et-Bassac **24** 106 Ad 79
Beauregard-l'Évêque **63** 98 Dd 74
Beauregard-Vendon **63** 98 Da 73
Beaurepaire **38** 112 Fa 76
Beaurepaire **76** 20 Ab 50
Beaurepaire **85** 80 Yf 67
Beaurepaire-en-Bresse **71** 89 Fc 68
Beaurepaire-sur-Sambre **59** 15 De 48
Beaurevoir **02** 15 Db 49
Beaurières **26** 125 Fd 81
Beaurieux **02** 25 De 52
Beaurieux **59** 16 Ea 47
Beauronne **24** 106 Ac 78
Beausemblant **26** 112 Ee 77
Beausite **55** 43 Fb 55
Beausoleil **06** 141 Hc 86
Beaussac **24** 106 Ac 76
Beaussais **79** 93 Zf 71
Beaussault **76** 22 Bd 50
Beausse **49** 67 Za 65
Beausset, le — **83** 153 Fe 89
Beauteville **31** 147 Be 88
Beautheil **77** 40 Da 56
Beautiran **33** 117 Zd 80
Beautor **02** 24 Dc 51
Beautot **76** 21 Ba 51
Beauvain **61** 35 Ze 57
Beauvais **60** 23 Ca 52
Beauvais-sur-Matha **17** 93 Ze 73
Beauvais-sur-Tescou **81** 133 Bd 85
Beauval **80** 13 Cb 48
Beauvallon **26** 124 Ef 79
Beauvau **49** 68 Ze 63
Beauvène **07** 124 Ed 79
Beauvernois **71** 89 Fc 67
Beauvezer **04** 140 Gd 84
Beauville **31** 147 Be 88
Beauville **47** 119 Af 83
Beauvilliers **28** 55 Bd 59
Beauvilliers **41** 54 Bb 62
Beauvilliers **89** 73 Ea 64
Beauvoir **60** 23 Cb 51
Beauvoir **77** 40 Cf 57
Beauvoir **89** 72 Dc 62
Beauvoir-de-Marc **38** 113 Fa 75
Beauvoir-en-Lyons **76** 22 Bd 51
Beauvoir-en-Royans **38** 113 Fc 78
Beauvoir-sur-Mer **85** 79 Xf 67
Beauvoir-sur-Niort **79** 93 Zd 71
Beauvoir-Wavans **62** 13 Ca 47
Beauvois **62** 13 Cb 46
Beauvois-en-Cambrésis **59** 15 Dc 48
Beauvois-en-Vermandois **02** 24 Da 49
Beauvoisin **26** 138 Fb 83
Beauvoisin **30** 136 Eb 86
Beaux **43** 111 Ea 77
Beauzac **43** 111 Ea 77
Beauzelle **31** 132 Bc 87
Beauziac **47** 118 Aa 83
Beblenheim **68** 62 Ha 60
Bébling **57** 45 Gf 56
Bec-de-Mortagne **76** 21 Ac 50
Bec-Hellouin, le — **27** 21 Ae 53
Bec-Thomas, le — **27** 21 Af 53
Beccas **32** 145 Aa 88
Béceleuf **79** 81 Zc 70
Béchamps **54** 43 Fe 53
Becherel **35** 50 Ya 59
Bécheresse **16** 106 Aa 75
Béchy **57** 44 Gc 55
Bécordel **80** 14 Ce 49
Bécourt **62** 9 Bf 45
Becquigny **02** 15 Dc 48
Becquigny **80** 23 Cd 50
Bédarieux **34** 149 Da 87
Bédarrides **84** 137 Ef 84
Beddes **18** 85 Cb 69
Bédéchan **32** 132 Ae 87
Bédée **35** 50 Ya 59
Bédeilhac **09** 158 Bd 91
Bédeille **09** 146 Ba 90
Bédeille **64** 144 Zf 88
Bédenac **17** 105 Ze 78
Bédoin **04** 138 Fb 84
Bédouès **48** 122 Dd 82
Bedous **64** 143 Zc 90
Béduer **46** 120 Bf 81
Beffes **18** 86 Da 66
Beffia **39** 89 Fd 69
Beffu-et-le-Morthomme **08** 26 Ef 52
Bégaar **40** 129 Za 86
Bégandan **33** 104 Za 76
Béganne **56** 65 Xe 63
Begard **22** 32 We 57
Bègles **33** 117 Zc 80
Begnécourt **88** 61 Ga 59
Bégole **65** 145 Ab 90
Bégude-de-Mazenac, le — **26** 124 Ef 81
Bègues **03** 98 Da 72
Béguios **64** 143 Yf 88
Béhagnies **62** 14 Cf 48
Béhasque **64** 143 Yf 89
Béhen **80** 13 Be 48
Béhencourt **80** 13 Cc 49
Béhéricourt **60** 24 Da 51
Behonne **55** 43 Fb 56
Béhorléguy **64** 143 Yf 90
Béhoust **78** 38 Be 56
Behren-lès-Forbach **57** 45 Gf 54
Beignon **56** 50 Xe 61
Beillé **72** 54 Ad 60
Beine **89** 73 De 62
Beine-Nauroy **51** 25 Eb 53
Beinheim **67** 46 Ia 55
Beire-le-Châtel **21** 75 Fb 64
Beire-le-Fort **21** 75 Fa 65
Beissat **23** 97 Cb 74
Bélâbre **36** 83 Ba 69
Belan-sur-Ource **21** 59 Ed 61
Bélarga **34** 149 Dc 87
Bélaye **46** 119 Bb 82
Belberaud **31** 147 Bd 87
Belbèse **82** 132 Ba 85
Belbeuf **76** 21 Ba 52
Belbèze-de-Lauragais **31** 147 Bd 88
Belbèze-en-Comminges **31** 146 Ba 90
Belcaire **11** 159 Bf 92
Belcastel **12** 121 Cc 82
Belcastel **81** 133 Be 87
Belcastel-et-Buc **11** 148 Cc 90
Belcodène **13** 152 Fd 88
Bélesta **09** 159 Bf 91
Bélesta **66** 160 Cd 92
Beleymas **24** 106 Ad 79
Belfahy **70** 77 Ge 62
Belfays **25** 77 Gf 65
Belflou **11** 147 Be 89
Belfonds **61** 36 Aa 57
Belfort **90** 77 Gf 63
Belfort-sur-Rebeteny **11** 159 Ca 92
Belgeard **53** 52 Zc 59
Belgentier **83** 153 Ga 89
Belgodère **2B** 161 Ka 93
Belhade **40** 117 Zb 82
Belhomert-Guéhouville **28** 37 Ba 57
Belieu, le — **25** 77 Gd 66
Béligneux **01** 101 Fa 73
Belin-Béliet **33** 116 Zb 82
Bélis **40** 130 Zd 84
Bellac **87** 95 Ba 72
Bellaffaire **04** 126 Gb 82
Bellaing **59** 15 Dc 46
Bellancourt **80** 13 Bf 48
Bellange **57** 44 Gd 55
Bellavilliers **61** 54 Ad 58
Bellay-en-Vexin, le — **95** 38 Bf 54
Belle-Église **60** 39 Cb 53
Belle-et-Houllefort **62** 9 Be 44
Belle-Isle-en-Terre **22** 32 Wd 57
Belleau **02** 40 Db 54
Belleau **54** 44 Gb 55
Bellebat **33** 117 Ze 80
Bellebrune **62** 9 Be 44
Bellechassagne **19** 109 Cb 75
Bellechaume **89** 58 Dd 60
Bellefond **21** 75 Fa 64
Bellefond **33** 117 Ze 80
Bellefonds **86** 82 Ad 69
Bellefontaine **39** 90 Ga 69
Bellefontaine **50** 35 Za 56
Bellefontaine **95** 39 Cc 54
Bellegarde **30** 137 Ed 86
Bellegarde **32** 145 Ad 88
Bellegarde **45** 56 Cc 61
Bellegarde **81** 134 Cb 85
Bellegarde **81** 134 Cc 86
Bellegarde-du-Razès **11** 147 Ca 90
Bellegarde-en-Diois **26** 125 Fc 81
Bellegarde-en-Forez **42** 111 Eb 75
Bellegarde-en-Marche **23** 97 Cb 73
Bellegarde-Poussieu **38** 112 Ef 76
Bellegarde-Sainte Marie **31** 132 Ba 86
Bellegarde-sur-Valserine **01** 101 Ff 72
Belleherbe **25** 77 Gd 65
Bellême **61** 54 Ad 58
Bellenaves **03** 98 Da 71
Bellencombre **76** 22 Bb 50
Belleneuve **21** 75 Fb 64
Bellenglise **02** 24 Db 49
Bellengreville **14** 36 Ze 54
Bellengreville **76** 12 Bb 49
Bellenod-sur-Seine **21** 74 Ed 62
Bellenot-sous-Pouilly **21** 74 Ed 65
Belleray **55** 43 Fc 54
Bellerive-sur-Allier **03** 98 Dc 72
Belleserre **81** 147 Ca 88
Bellesserre **31** 132 Ba 86
Belleu **02** 24 Dc 52
Belleuse **80** 23 Ca 50
Bellevaux **74** 102 Gd 71
Bellevesvre **71** 89 Fc 67
Belleville **54** 44 Ga 56
Belleville **69** 100 Ee 72
Belleville **79** 93 Zc 70
Belleville-en-Caux **76** 21 Af 50
Belleville-sur-Bar **08** 26 Ee 52
Belleville-sur-Loire **18** 72 Cf 63
Belleville-sur-Mer **76** 12 Ba 49
Belleville-sur-Meuse **55** 43 Fc 53
Belleville-sur-Vie **85** 80 Yd 68
Bellevue-la-Montagne **43** 111 De 77
Belley **01** 101 Fe 74
Belleydoux **01** 101 Fe 71
Bellicourt **02** 14 Db 49
Bellière, la — **61** 36 Zf 57
Bellière, la — **76** 22 Bd 51
Belligné **44** 67 Yf 64
Bellignies **59** 15 De 46
Belliole, la — **89** 57 Da 60
Belloc **09** 146 Ba 90
Belloc **09** 147 Bf 90
Belloc-Saint-Clamens **32** 145 Ac 88
Bellocq **64** 129 Za 87
Bellocq **64** 144 Zf 88
Bellon **16** 106 Aa 77
Bellonne **62** 14 Da 47
Bellot **77** 40 Db 55
Bellou **14** 36 Ab 55
Bellou-en-Houlme **61** 35 Zd 56
Bellou-le-Trichard **61** 54 Ad 59
Bellou-sur-Huisne **61** 54 Ae 58
Belloy **60** 23 Cd 51
Belloy-en-France **95** 39 Cc 54
Belloy-en-Santerre **80** 24 Cf 49
Belloy-Saint-Leonard **80** 22 Bf 49
Belloy-sur-Somme **80** 13 Ca 49
Belluire **17** 105 Zc 75
Belmont **25** 76 Gc 65
Belmont **38** 113 Fc 76
Belmont **39** 89 Fd 66
Belmont **52** 75 Fd 62
Belmont **70** 76 Gc 62
Belmont-Bretenoux **46** 120 Bf 79
Belmont-de-la-Loire **69** 100 Ec 72
Belmont-lès-Darney **88** 61 Ga 60
Belmont-Luthézieu **01** 101 Fd 73
Belmont-Sainte-Foi **46** 133 Bd 83
Belmont-sur-Buttant **88** 62 Ge 59
Belmont-sur-Rance **12** 134 Ce 86
Belmont-sur-Vair **88** 61 Ff 59
Belmontet **46** 119 Bb 82
Belonchamp **70** 77 Gd 62
Belpech **11** 147 Be 89
Belrupt **88** 61 Ga 60
Belrupt-en-Verdunois **55** 43 Fc 54
Bélus **40** 129 Yf 87
Belval **08** 26 Ed 50
Belval **50** 34 Yd 54
Belval **88** 62 Ha 58
Belval-en-Argonne **51** 42 Fa 55
Belval-sous-Châtillon **51** 41 Df 54
Belvédère **06** 141 Hb 84
Belvédère-Campomoro **2A** 162 If 99
Belverne **70** 77 Gd 53
Belvès **24** 119 Ba 80
Belvès **33** 117 Zf 79
Belvèze **82** 119 Ba 83
Belvèze-du-Razès **11** 147 Ca 90
Belvézet **30** 137 Ec 84
Belvezet **48** 123 De 79
Belvianes-et-Cavirac **11** 159 Cb 91
Belvis **11** 159 Ca 91
Belvoir **25** 77 Gd 65
Belz **56** 49 We 62
Bémécourt **27** 37 Af 55
Benac **09** 158 Bd 91
Bénac **65** 144 Aa 90
Benagues **09** 147 Bd 90
Benais **37** 68 Ab 65
Bénaix **09** 159 Bf 91
Bénaménil **54** 45 Ge 57
Bénarville **76** 21 Ac 50
Benassay **86** 82 Aa 69
Benâte, la — **17** 93 Zc 70
Benay **02** 24 Db 50
Benayes **19** 108 Bc 75
Bendejun **06** 140 Hb 85
Bénéjacq **64** 144 Ze 89
Bénerville-sur-Mer **14** 20 Aa 52
Bénesse-lès-Dax **40** 129 Yf 87
Bénesse-Maremme **40** 128 Yd 87
Benest **16** 94 Ac 72
Bénestroff **57** 45 Ge 55
Bénesville **76** 21 Ae 50
Benet **85** 81 Zc 70
Beneuvre **21** 74 Ef 62
Bénévent **23** 96 Bd 72
Bénévent-et-Charbillac **05** 126 Ga 80
Beney-en-Woëvre **55** 43 Fe 55
Benfeld **67** 63 Hd 58
Bengy-sur-Craon **18** 86 Ce 66
Béning **57** 45 Gf 54
Bénisson-Dieu, la — **42** 99 Ea 72
Bennecourt **78** 38 Bd 54
Bennetot **76** 21 Ad 50
Benney **54** 44 Gb 57
Bennwihr **68** 62 Hb 60
Bénodet **29** 47 Vf 61
Benoisey **21** 74 Ec 63
Benoîtville **50** 18 Yb 51
Benon **17** 93 Zb 71
Bénonces **01** 101 Fc 74
Bénouville **76** 20 Ab 50
Benque **31** 146 Af 89
Benque **31** 146 Ba 89
Benque **31** 157 Ad 92
Benque **65** 145 Ab 90
Bentayou-Sérée **64** 144 Zf 88
Bény **01** 101 Fb 71
Béon **01** 101 Fe 73
Béon **89** 57 Db 61
Béost **64** 144 Zd 91
Bérat **31** 146 Bb 88
Berbérust **65** 144 Zf 90
Berbezit **43** 110 Dd 77
Berbiguières **24** 119 Ba 79
Bercenay-en-Othe **10** 58 Df 59
Bercenay-le-Hayer **10** 58 Dd 58
Berchères-les-Pierres **28** 55 Bd 58
Berchères-Saint-Germain **28** 38 Bc 57
Berchères-sur-Vesgre **28** 38 Bd 55
Berck **62** 12 Bd 46
Bercloux **17** 93 Zd 73
Berd'huis **61** 54 Ae 58
Berdoues **32** 145 Ac 88
Bérelles **59** 16 Ea 47
Berentzwiller **68** 78 Hc 63
Bérenx **64** 143 Za 88
Béréziat **01** 100 Fa 70
Berfay **72** 54 Ae 61
Berg **57** 28 Gb 52
Berg **67** 45 Ha 55
Berganty **46** 120 Bd 82
Bergbieten **67** 46 Hc 57
Bergerac **24** 118 Ac 79
Bergères **10** 59 Ed 59
Bergères-lès-Vertus **51** 41 Ea 55
Bergères-sous-Montmirail **51** 41 Dd 55
Bergesserin **71** 100 Ed 70
Bergheim **68** 62 Hc 59
Bergholtz **68** 62 Hb 61
Bergholtzzell **68** 62 Hb 61
Bergicourt **80** 23 Ca 50
Bergnicourt **08** 25 Eb 52
Bergonne **63** 110 Db 75
Bergouey **40** 129 Zb 86
Bergouey **64** 143 Yf 88
Bergueneuse **62** 13 Cb 46
Bergues **02** 15 De 48
Bergues **59** 9 Cc 43
Berguette **62** 14 Cc 45
Berhet **22** 32 We 56
Bérig **57** 45 Ge 55
Bérigny **50** 19 Za 54
Berjou **61** 35 Zd 55
Berlaimont **59** 15 De 47
Berlancourt **02** 25 De 50
Berlancourt **60** 24 Da 50
Berlats **81** 134 Cd 86
Berlencourt-le-Cauroy **62** 14 Cc 47
Berles-au-Bois **62** 14 Cd 47
Berlière, la — **08** 26 Ef 51
Berling **57** 45 Hb 56
Berlise **02** 25 Ea 50
Berlou **34** 149 Cf 88
Bermerain **59** 15 Dd 47
Berméricourt **51** 25 Df 52
Bermeries **59** 15 De 47
Bermering **57** 45 Ge 55
Bermesnil **80** 22 Be 49
Bermicourt **62** 13 Cb 46
Bermonville **76** 21 Ad 51
Bernac **16** 94 Aa 72
Bernac **81** 133 Ca 85
Bernac-Debat **65** 145 Aa 90
Bernac-Dessus **65** 145 Aa 90
Bernadets **64** 144 Ze 88
Bernadets-Debat **65** 145 Ab 88
Bernadets-Dessus **65** 145 Ab 89
Bernard, le — **85** 80 Yd 70
Bernardière, la — **85** 66 Ye 66
Bernardswiller **67** 63 Hc 58
Bernardvillé **67** 62 Hc 58
Bernâtre **80** 13 Ca 47
Bernaville **80** 13 Ca 48
Bernay **27** 37 Ad 54
Bernay **72** 53 Zf 60
Bernay-en-Ponthieu **80** 13 Be 47
Bernay-Saint-Martin **17** 93 Zc 70
Bernay-Vilbert **77** 40 Cf 56
Berné **56** 48 Wd 61
Bernécourt **54** 43 Ff 55
Bernède **32** 130 Ze 86
Bernerie-en-Retz, la — **44** 65 Xf 66
Bernes **80** 24 Da 49
Bernes-sur-Oise **95** 39 Cb 54
Bernesq **14** 19 Za 53
Berneuil **16** 105 Zf 76
Berneuil **80** 13 Cb 48
Berneuil **87** 95 Ba 72
Berneuil-en-Bray **60** 23 Ca 52
Berneuil-sur-Aisne **60** 24 Da 52
Berneval-le-Grand **76** 12 Bb 49
Berneville **62** 14 Ce 47
Bernex **74** 103 Ge 70
Bernienville **27** 37 Ba 54
Bernières **76** 21 Ac 51
Bernières-d'Ailly **14** 36 Zf 55
Bernières-sur-Mer **14** 19 Zd 52
Bernières-sur-Seine **27** 22 Bc 53
Bernieulles **62** 13 Be 45
Bernin **38** 114 Ff 77
Bernis **30** 136 Eb 86
Bernolsheim **67** 46 He 56
Bernon **10** 58 Df 61
Bernos **33** 117 Ze 82
Bernot **02** 24 Dd 49
Bernouil **89** 58 Df 61
Bernouville **27** 22 Be 53
Bernwiller **68** 77 Hb 62
Berny-en-Santerre **80** 24 Cf 49
Berny-Rivière **02** 24 Da 52
Bérou-la-Mulotière **28** 37 Ba 56
Berrac **32** 131 Ad 84
Berre-des-Alpes **06** 140 Hb 85
Berre-l'Étang **13** 152 Fa 88
Berrias **07** 123 Eb 82
Berric **56** 65 Xc 63
Berrie **86** 68 Zf 66
Berrien **29** 31 Wb 58
Berrieux **02** 25 Df 52
Berrogain-Laruns **64** 143 Za 89
Berru **51** 25 Ea 53
Berrwiller **68** 62 Hb 61
Berry-au-Bac **02** 25 Df 52
Berry-Bouy **18** 85 Cb 66
Bersac, le — **05** 125 Fe 82
Bersac-sur-Rivalier **87** 96 Bc 72
Bersaillin **39** 89 Fd 67
Bersée **59** 14 Da 46
Bersillies **59** 15 Ea 47
Berstett **67** 46 Hd 56
Berstheim **67** 46 He 56
Bert **03** 99 De 71
Bertangles **80** 13 Cb 49
Bertaucourt **02** 24 Dc 51
Berteaucourt **80** 23 Cc 50
Berteaucourt-lès-Dames **80** 13 Ca 48
Bertheauville **76** 21 Ad 50
Berthecourt **60** 23 Cb 52
Berthegon **86** 82 Ab 67
Berthelange **25** 76 Fe 65
Berthelville, Dainville — **55** 60 Fd 58
Berthelming **57** 45 Ha 56
Berthen **59** 10 Ce 44
Berthenay **37** 69 Ad 64
Berthenicourt **02** 24 Dc 50
Berthenonville **27** 38 Bd 53
Berthenoux, la — **36** 85 Ca 69
Berthez **33** 117 Zf 82
Bertholène **12** 121 Ce 82
Berthouville **27** 37 Ad 53
Bertignat **63** 111 De 75
Bertignolles **10** 59 Ed 60
Bertincourt **62** 14 Cf 48
Bertoncourt **08** 26 Ec 51
Bertrambois **54** 45 Gf 57
Bertrancourt **80** 14 Cd 48
Bertrange **57** 28 Gb 53
Bertre **81** 147 Bf 87
Bertren **65** 145 Ad 91
Bertreville-Saint-Ouen **76** 21 Ba 50
Bertric-Burée **24** 106 Ac 77
Bertrichamps **54** 62 Ge 58
Bertricourt **02** 25 Ea 52
Bertrimont **76** 21 Ba 50
Bertrimoutier **88** 62 Ha 59
Bertry **59** 15 Dc 48
Béru **89** 73 Df 62
Bérulle **10** 58 De 59
Bérus **72** 53 Aa 58
Bérus **72** 53 Ab 58
Berville **76** 21 Ae 50
Berville **95** 39 Ca 53
Berville-en-Roumois **27** 21 Ae 53
Berville-la-Campagne **27** 37 Af 54
Berville-sur-Mer **27** 20 Ac 52
Berville-sur-Seine **76** 21 Af 52
Berviller-en-Moselle **57** 28 Gd 53
Berzé-la-Ville **71** 100 Ee 70
Berzé-le-Châtel **71** 100 Ee 70
Berzème **07** 124 Ed 81
Berzieux **51** 42 Ee 54
Berzy-le-Sec **02** 24 Db 52
Besace, la — **08** 25 Ec 50
Besace, la — **08** 26 Ef 51
Besain **39** 90 Fe 68
Besançon **25** 76 Ga 65
Bésayes **26** 125 Fa 79
Bescat **64** 144 Zd 90
Bésingrand **64** 144 Zc 89
Besion **50** 34 Yf 55
Besmé **02** 24 Db 51
Besmont **02** 25 Ea 49
Besnans **70** 76 Gb 64
Besné **44** 65 Xf 64
Besneville **50** 18 Yc 52
Besny-et-Loizy **02** 25 Dd 51
Bessac **16** 106 Zf 76
Bessais-le-Fromental **18** 86 Ce 68
Bessamorel **43** 111 Ea 78
Bessan **34** 149 Dc 88
Bessancourt **95** 39 Cb 54
Bessans **73** 115 Gf 77
Bessas **07** 123 Eb 82
Bessat, le — **42** 112 Ed 76
Bessay **85** 80 Yf 69
Bessay-sur-Allier **03** 86 Dc 70
Besse **15** 109 Cc 78
Bessé **16** 94 Aa 73
Besse **24** 119 Ba 80
Besse **38** 114 Gb 78
Besse, la — **63** 111 Df 75
Besse-en-Chandesse **63** 110 Cf 75
Bessé-sur-Braye **72** 54 Ae 62
Besse-sur-Issole **83** 153 Gb 88
Bessède-de-Sault **11** 159 Ca 92
Bessèges **30** 136 Ea 83
Bessenay **69** 100 Ed 74
Bessens **82** 132 Bb 85
Besset **09** 147 Bf 90
Bessey **42** 112 Ee 76
Bessey-en-Chaume **21** 88 Ee 66
Bessey-la-Cour **21** 88 Ed 66
Bessey-lès-Cîteaux **21** 75 Fa 66
Besseyre-Saint-Mary, la — **43** 122 Dc 79
Bessières **31** 133 Bd 86
Bessines **79** 93 Zc 71
Bessines-sur-Gartempe **87** 95 Bc 72
Bessins **38** 113 Fb 77
Besson **03** 86 Db 70
Bessoncourt **90** 77 Gf 63
Bessonies **46** 121 Ca 80
Bessons, les — **48** 122 Db 80
Bessuéjouls **12** 121 Ce 81
Bessy-sur-Cure **89** 73 De 63
Bestiac **09** 159 Be 92
Bétaille **46** 120 Be 79
Betaucourt **70** 61 Ff 61
Betbèze **65** 145 Ad 89
Betbezer-d'Armagnac **40** 130 Ze 85
Betcave-Aguin **32** 145 Ae 88
Betchat **09** 146 Ba 90
Bétête **23** 96 Ca 70
Béthancourt-en-Valois **60** 24 Cf 53
Béthancourt-en-Vaux **02** 24 Da 51
Bethelainville **55** 43 Fb 53
Béthemont-la-Forêt **95** 39 Cb 54
Béthencourt **59** 15 Dc 48
Béthencourt-sur-Mer **80** 12 Bd 48
Béthencourt-sur-Somme **80** 24 Cf 50
Bétheniville **51** 26 Ec 53
Bétheny **51** 25 Ea 53
Béthincourt **55** 27 Fb 53
Béthines **86** 83 Af 69
Béthisy-Saint-Martin **60** 24 Ce 53
Béthisy-Saint-Pierre **60** 24 Ce 53
Bethmale **09** 157 Ba 91
Béthon **51** 41 Dd 57
Béthon **72** 53 Aa 58
Béthoncourt **25** 77 Ge 63
Béthonsart **62** 14 Cd 46
Béthonvilliers **28** 54 Af 59
Béthune **62** 14 Cd 45
Bétignicourt **10** 59 Ec 58
Béton-Bazoches **77** 40 Db 56
Betoncourt-les-Ménétries **70** 76 Fe 62
Betoncourt-Saint-Pancras **70** 61 Gb 61
Betoncourt-sur-Mance **70** 60 Fe 61
Bétous **32** 130 Aa 86
Betpouey **65** 156 Aa 91
Betpouy **65** 145 Ac 89
Bétracq **64** 144 Zf 87
Betschdorf **67** 46 Hf 55
Bettainvillers **54** 27 Ff 53
Bettancourt-la-Ferrée **52** 42 Ef 57
Bettancourt-la-Longue **51** 42 Ef 56
Bettange **57** 28 Gc 53
Bettant **01** 101 Fb 73
Bettborn **57** 45 Ha 56
Bettegney-Saint-Brice **88** 61 Gb 59
Bettelainville **57** 28 Gb 53
Bettembos **80** 22 Bf 50
Bettencourt-Rivière **80** 13 Bf 48
Bettencourt-Saint-Ouen **80** 13 Ca 48
Bettendorf **68** 77 Hb 63
Bettes **65** 145 Ab 90
Betteville **76** 21 Ae 51
Bettignies **59** 15 Df 46
Betting **57** 45 Ge 54
Bettlach **68** 78 Hc 63
Betton **35** 51 Yc 59
Betton-Bettonet **73** 114 Gb 75

Bazeuge, la — — Betton-Bettonet 169

Bettoncourt 88 61 Ga 58
Bettrechies 59 15 De 47
Bettwiller 67 45 Hb 55
Betz 60 40 Cf 54
Beugnâtre 62 14 Cf 48
Beugneux 02 24 Db 52
Beugnies 59 15 Ea 47
Beugnon 89 58 De 60
Beugnon, le — 79 81 Zc 69
Beugnon, le — 79 81 Ze 69
Beugny 62 14 Cf 48
Beuil 06 140 Gf 84
Beulay, le — 88 62 Ha 59
Beulotte-Saint-Laurent 70 62 Ge 61
Beure 25 76 Ga 65
Beurey 10 59 Ec 59
Beurey-Bauguay 21 74 Ec 65
Beurey-sur-Saulx 55 42 Fa 56
Beurières 63 111 De 76
Beurizot 21 74 Ec 64
Beurlay 17 92 Zb 73
Beurville 52 59 Ef 59
Beussent 62 13 Be 45
Beutin 62 13 Be 46
Beuvardes 02 40 Dc 54
Beuvezin 54 61 Ff 58
Beuvigny 50 35 Za 55
Beuvillers 14 36 Ab 54
Beuvillers 54 27 Ff 52
Beuvraignes 80 23 Ce 51
Beuvrequen 62 9 Bd 44
Beuvron 58 73 Dc 64
Beuvron-en-Auge 14 20 Zf 53
Beuvry 62 14 Ce 45
Beuvry-la-Forêt 59 15 Db 46
Beux 57 44 Gb 54
Beuxes 86 88 Ab 66
Beuzec-Cap-Sizun 29 47 Vc 60
Beuzeville 27 20 Ac 52
Beuzeville-au-Plain 50 18 Ye 52
Beuzeville-la-Bastille 50 18 Yd 52
Beuzeville-la-Grenier 76 21 Ac 51
Beuzeville-la-Guérard 76 21 Ad 50
Beuzevillette 76 21 Ad 51
Beveuge 70 76 Gc 63
Béville-le-Comte 28 38 Be 58
Bévillers 59 15 Dc 48
Bevons 04 139 Ef 83
Bévy 21 74 Ef 65
Bey 01 100 Ef 71
Bey 71 88 Ef 68
Bey-sur-Seille 54 44 Gc 56
Beylongue 40 129 Zb 85
Beynac 87 95 Bb 74
Beynac-et-Cazenac 24 119 Ba 79
Beynat 19 108 Ca 75
Beynes 04 139 Gb 84
Beynes 78 38 Bf 55
Beynost 01 100 Ef 73
Beyrède 65 145 Ac 91
Beyrie-en-Béarn 64 144 Zd 88
Beyrie-sur-Joyeuse 64 143 Yf 89
Beyries 40 129 Zc 87
Beyssac 19 108 Bf 76
Beyssenac 19 107 Bb 76
Bez 30 130 Df 85
Bez, le — 81 148 Cd 87
Bézac 09 147 Bd 90
Bezalles 77 40 Db 56
Bézancourt 76 22 Bd 52
Bezange-la-Petite 57 44 Gd 56
Bezannes 51 41 Df 53
Bézaudun-les-Alpes 06 140 Ha 85
Bézaudun-sur-Bîne 26 125 Fb 81
Bezaumont 54 44 Ga 55
Bèze 21 75 Fb 64
Bezenac 24 119 Ba 79
Bézenet 03 97 Cf 70
Bézéril 32 146 Af 87
Béziers 34 149 Db 88
Bezinghem 62 13 Be 45
Bezins-Garraux 31 145 Ae 91
Bezole, la — 11 147 Ca 90
Bezolles 32 131 Ac 86
Bezons 95 39 Cb 55
Bézouotte 21 75 Fc 64
Bézu-le-Guéry 02 40 Db 54
Bézu-Saint-Eloi 27 22 Be 53
Bézu-Saint-Germain 02 40 Dc 54
Bézues-Bajon 32 145 Ad 88
Biaches 80 24 Cf 49
Bians-les-Usiers 25 90 Gb 67
Biar-sur-Cère 46 120 Bf 79
Biard 86 82 Ab 69
Biarne 39 75 Fc 66
Biarre 80 24 Cf 50
Biarritz 64 142 Yc 88
Biarrotte 40 128 Ye 87
Bias 40 129 Ye 84
Bias 47 118 Ae 82
Biaudos 40 129 Ye 87
Bibiche 57 28 Gc 52
Biblisheim 67 46 He 55
Bibost 69 100 Ed 74
Bichancourt 02 24 Db 51
Biches 58 87 Dd 66
Bicqueley 54 44 Ff 57
Bidache 64 143 Yf 88
Bidarray 64 142 Yd 89
Bidart 64 142 Yc 88
Bidestroff 57 45 Ge 55
Biding 57 45 Ge 54
Bidon 07 124 Ed 82
Biécourt 88 61 Ff 59
Biederthal 68 78 Hc 64
Bief-des-Maisons 39 90 Ga 68
Bief-du-Fourg 39 90 Ga 68
Biefmorin 39 89 Fd 67
Biefvillers-lès-Bapaume 62 14 Ce 48
Bielle 64 144 Zd 90
Biencourt 80 13 Be 49
Biencourt-sur-Orge 55 43 Fc 57
Bienville 60 24 Cf 52
Bienvillers-au-Bois 62 14 Cd 47
Biermes 08 26 Ec 52
Biermont 60 23 Ce 51
Bierné 53 52 Zc 62
Bierne 59 9 Cc 43
Bierre-lès-Semur 21 74 Eb 64
Bierry-les-Belles-Fontaines 89 73 Eb 63
Biert 09 158 Bb 91
Bierville 76 22 Bb 51
Biesheim 68 63 Hd 60

Biesles 52 60 Fb 60
Bietlenheim 67 46 He 56
Bieujac 33 117 Zf 81
Bieuxy 02 24 Db 52
Biéville 50 35 Za 54
Biéville-Beuville 14 20 Ze 53
Biéville-Quétiéville 14 36 Zf 54
Bièvres 02 25 De 52
Bièvres 08 27 Fb 51
Bièvres 91 39 Cb 56
Biffontaine 88 62 Ge 59
Biganos 33 116 Za 81
Bignac 16 94 Aa 74
Bignan 56 49 Xb 61
Bignay 17 93 Zb 73
Bigne, la — 14 35 Zb 54
Bignicourt-sur-Marne 51 42 Ed 56
Bignicourt-sur-Saulx 51 42 Ee 56
Bignon, le — 44 66 Yd 66
Bignon-du-Maine, le — 53 52 Zc 61
Bignon-Mirabeau, le — 45 57 Cf 60
Bignoux 86 82 Ac 69
Bignycourt 08 26 Ec 52
Bigorno 2B 161 Kb 93
Bigottière, la — 53 52 Zb 59
Biguglia 2B 161 Kd 93
Bihorel 76 21 Ba 52
Bihucourt 62 14 Ce 48
Bilhères 64 144 Zd 90
Bilia 2A 162 If 99
Billancelles 28 54 Bb 58
Billancourt 80 24 Cf 50
Billaux, les — 33 105 Ze 79
Billé 35 51 Yd 59
Billecul 39 90 Ga 68
Billère 64 144 Zd 89
Billey 21 75 Fc 66
Billezois 03 98 Dd 71
Billiat 01 101 Fe 72
Billième 73 102 Fe 74
Billiers 56 65 Xd 63
Billio 56 49 Xc 61
Billom 63 98 Dc 74
Billy 03 98 Dc 71
Billy 14 36 Ze 54
Billy 41 70 Bd 65
Billy-Berclau 62 14 Cf 45
Billy-Chevannes 58 86 Dc 66
Billy-le-Grand 51 41 Eb 54
Billy-lès-Chanceaux 21 74 Ee 63
Billy-Montigny 62 14 Cf 46
Billy-sous-Mangiennes 55 27 Fd 52
Billy-sur-Oisy 58 72 Dc 64
Billy-sur-Ourcq 02 40 Db 53
Bilwisheim 67 46 Hd 56
Bilzheim 68 62 Hc 61
Bimont 62 13 Bf 45
Binarville 51 26 Ef 53
Binas 41 55 Bc 61
Bindernheim 67 63 Hd 59
Binges 21 75 Fb 64
Binic 22 32 Xb 57
Bining 57 45 Hb 54
Biniville 50 18 Yd 52
Binos 31 157 Ad 91
Binson-et-Orquigny 51 41 De 54
Bio 46 120 Bd 80
Biol 38 113 Fc 76
Biolle, la — 73 102 Ff 74
Biollet 63 97 Ce 73
Bion 50 35 Za 57
Bioncourt 57 44 Gc 56
Bionville-sur-Nied 57 44 Gc 54
Biot 06 154 Ha 87
Biot, le — 74 103 Gd 71
Bioule 82 133 Bd 84
Bioussac 16 94 Ab 72
Biozat 03 98 Db 72
Birac 16 105 Zf 75
Birac 33 117 Zf 82
Birac-sur-Trec 47 118 Ab 82
Biran 32 131 Ac 86
Biras 24 106 Ad 77
Biriatou 64 142 Yb 88
Birkenwald 67 45 Hc 56
Biron 17 105 Zd 75
Biron 24 119 Af 81
Biron 64 143 Zb 88
Biscarrosse 40 116 Yf 82
Biscarrosse-Plage 40 116 Ye 82
Bischheim 67 46 He 57
Bischholtz 67 46 Hd 55
Bischoffsheim 67 46 Hc 58
Bischwihr 68 63 Hc 60
Bischwiller 67 46 Hf 56
Bisel 68 78 Ha 64
Bisinchi 2B 161 Kc 94
Bislée 55 43 Fc 55
Bissert 67 45 Ha 55
Bisseuil 51 41 Ea 54
Bissey-la-Côte 21 59 Ee 61
Bissey-la-Pierre 21 59 Ec 61
Bissey-sous-Cruchaud 71 88 Ee 68
Bissezeele 59 9 Cc 43
Bissières 14 36 Zf 54
Bissy-la-Mâconnaise 71 88 Ee 70
Bissy-sous-Uxelles 71 88 Ee 69
Bissy-sur-Fley 71 88 Ed 69
Bisten-en-Lorraine 57 44 Gd 53
Bistroff 57 45 Ge 54
Bitche 57 45 Hc 54
Bitry 58 72 Da 64
Bitry 60 24 Da 52
Bitschhoffen 67 46 Hd 55
Bitschwiller-lès-Thann 68 62 Ha 62
Bivès 32 132 Ae 85
Biviers 38 114 Fe 77
Biville 50 18 Yb 51
Biville-la-Baignarde 76 21 Ba 50
Biville-la-Rivière 76 21 Af 50
Biville-sur-Mer 76 12 Bb 49
Bizanet 11 148 Cf 90
Bizanos 64 144 Zd 89
Bize 52 60 Fd 61
Bize 65 145 Ac 90
Bize-Minervois 11 148 Cf 89
Bizeneuille 03 97 Ce 70
Biziat 01 100 Ef 71
Bizonnes 38 113 Fc 76
Bizot, le — 25 77 Ge 66
Bizots, les — 71 88 Ec 68
Bizou 61 37 Ae 58
Bizous 65 145 Ac 90
Blacé 69 100 Ed 72
Blacourt 60 22 Bf 52
Blacqueville 76 21 Af 51

Blacy 51 42 Ed 56
Blacy 89 73 Ea 63
Blaesheim 67 46 Hd 57
Blagnac 31 132 Bc 87
Blagny-sur-Vingeanne 21 75 Fc 64
Blaignac 33 117 Zf 81
Blaignan 33 104 Za 77
Blain 44 66 Yb 64
Blaincourt 02 25 Cd 53
Blainville-Crevon 76 22 Bb 51
Blainville-sur-l'Eau 54 44 Gc 57
Blainville-sur-Mer 50 34 Yc 54
Blainville-sur-Orne 14 20 Ze 53
Blaise-sous-Arzillières 51 42 Ed 56
Blaiserives 52 59 Ef 58
Blaisy-Bas 21 74 Ee 64
Blaisy-Haut 21 74 Ee 64
Blajan 31 145 Ad 89
Blamont 25 77 Gf 64
Blâmont 54 45 Gf 57
Blan 81 147 Ca 87
Blanc, le — 36 83 Ba 69
Blanc-Mesnil, le — 93 39 Cc 55
Blancafort 18 71 Cd 63
Blancey 21 74 Ec 65
Blancfossé 60 23 Cb 51
Blanchefosse 08 25 Eb 50
Blancherupt 67 62 Hb 58
Blandainville 28 55 Bb 59
Blandas 30 130 Dd 84
Blandin 38 113 Fc 76
Blandouet 53 52 Ze 60
Blandy 77 39 Ce 57
Blandy 91 56 Cb 59
Blangerval-Blangermont 62 13 Cb 47
Blangy-le-Château 14 20 Ab 53
Blangy-sous-Poix 80 23 Ca 50
Blangy-sur-Bresle 76 22 Bd 49
Blangy-sur-Ternoise 62 13 Cb 46
Blangy-Tronville 80 23 Cc 49
Blannay 89 73 De 63
Blanot 21 74 Eb 65
Blanot 71 88 Ee 70
Blanquefort 32 132 Ae 86
Blanquefort 33 146 Ba 87
Blanquefort 33 117 Zc 79
Blanquefort-sur-Brioiance 47 119 Af 81
Blanzac 43 111 Df 78
Blanzac 87 95 Ba 73
Blanzac-Porcheresse 16 106 Aa 76
Blanzaguet-Saint-Cybard 16 106 Ab 76
Blanzat 63 98 Da 74
Blanzay 86 94 Ab 71
Blanzay-sur-Boutonne 17 93 Zd 72
Blanzée 55 43 Fd 54
Blanzy 71 88 Ec 68
Blanzy-la-Salonnaise 08 25 Eb 52
Blanzy-lès-Fismes 02 25 De 52
Blargies 60 22 Bf 50
Blarians 25 76 Gb 64
Blaringhem 59 9 Cc 44
Blars 46 120 Be 81
Blasimon 33 117 Zf 80
Blaslay 86 82 Ab 68
Blassac 43 110 Dc 77
Blaudeix 23 96 Ca 71
Blauvac 84 138 Fb 84
Blauzac 30 137 Ed 84
Blavignac 48 122 Dd 81
Blavozy 43 111 Df 78
Blay 14 19 Za 53
Blaye 33 105 Zd 78
Blaye-les-Mines 81 133 Ca 84
Blaymont 47 119 Af 83
Blaziert 32 131 Ac 85
Blécourt 52 60 Fa 58
Blécourt 59 14 Db 47
Bleigny-le-Carreau 89 58 De 61
Blémerey 54 45 Gd 56
Blémerey 88 61 Ga 58
Blendecques 62 9 Cb 44
Bléneau 89 72 Cf 62
Blennes 77 56 Da 59
Blénod-lès-Toul 54 43 Fe 57
Blénod-lès-Pont-à-Mousson 54 44 Ga 55
Bléquin 62 9 Bf 44
Blérancourt 02 24 Da 51
Bléré 37 69 Af 65
Bléruais 35 50 Xf 60
Blésignac 33 117 Ze 80
Blesle 43 110 Db 77
Blesme 51 42 Ee 56
Blesmes 02 40 Dc 54
Blessac 23 97 Ca 73
Blessey 21 74 Ee 64
Blessonville 52 59 Ef 60
Blessy 62 13 Cb 45
Blet 18 85 Cf 67
Bletterans 39 89 Fc 68
Bleurville 88 61 Ff 60
Bleury 28 38 Be 57
Blévaincourt 88 60 Fe 60
Bleymard, le — 48 123 De 82
Blicourt 60 23 Ca 51
Blienschwiller 67 62 Hc 58
Blies-Guersviller 57 45 Ha 54
Bliesbruck 57 45 Hb 54
Blieux 04 139 Gc 85
Blignicourt 10 59 Ed 58
Bligny 10 59 Ed 59
Bligny 51 41 Df 53
Bligny-le-Sec 21 74 Ee 64
Bligny-lès-Beaune 21 88 Ee 67
Bligny-sur-Ouche 21 88 Ee 66
Blincourt 60 23 Cd 52
Blingel 62 13 Ca 46
Blis-et-Born 24 107 Af 77
Blismes 58 73 De 66
Blodelsheim 68 63 Hd 61
Blois 41 70 Bb 63
Blois-sur-Seille 39 89 Fc 68
Blomac 11 148 Cd 89
Blomard 03 98 Cf 71
Blombay 08 26 Ec 50
Blond 87 95 Ba 72
Blondefontaine 70 61 Ff 61
Blonville-sur-Mer 14 20 Aa 52
Blosseville 76 21 Ae 49
Blosville 50 18 Ye 52
Blot-l'Église 63 98 Cf 72
Blotzheim 68 78 Hc 63
Blou 49 68 Zf 64

Blousson-Sérian 32 145 Ab 88
Bloutière, la — 50 34 Ye 55
Bloye 74 102 Ff 74
Bluffy 74 102 Gb 73
Blumeray 52 59 Ef 58
Blussans 25 77 Gd 64
Blye 39 89 Fe 68
Bô, le — 14 35 Zc 55
Bobigny 93 39 Cc 55
Bobital 22 33 Xf 58
Bocasse, le — 76 21 Ba 51
Bocé 49 68 Zf 64
Bocognano 2A 161 Ka 96
Bocquegney 88 61 Gb 59
Bocquence 61 37 Ac 56
Bodéo, la — 22 49 Xa 59
Bodilis 29 31 Vf 57
Boé 47 131 Ad 84
Boëcé 61 36 Ac 57
Boëge 74 102 Gc 71
Boeil-Bezing 64 144 Zc 89
Boën 42 99 Df 74
Boersch 67 62 Hc 58
Boeschepe 59 10 Ce 44
Boëseghem 59 9 Cc 44
Bœsenbiesen 67 63 Hd 59
Bœsse 45 56 Cc 60
Bœsse 79 81 Zd 67
Bœssé-le-Sec 72 54 Ad 60
Boffles 63 13 Cb 47
Boffres 07 124 Ee 80
Bogève 74 102 Gc 71
Bogny-sur-Meuse 08 26 Ee 49
Bogy 07 112 Ee 77
Bohain-en-Vermandois 02 15 Dc 49
Bohal 56 50 Xd 62
Bohalle, la — 49 67 Zd 64
Bohars 29 30 Vc 58
Bohas-Meyriat-Rignat 01 101 Fc 72
Boigneville 91 56 Cc 59
Boigny-sur-Bionne 45 56 Ca 61
Boinville-en-Mantois 78 38 Bc 55
Boinville-en-Woëvre 55 43 Fc 53
Boinville-le-Gaillard 78 55 Bf 58
Boinvilliers 78 38 Bd 55
Boiry-Becquerelle 62 14 Cf 47
Boiry-Notre-Dame 62 14 Cf 47
Boiry-Saint-Martin 62 14 Ce 47
Bois 17 105 Zc 76
Bois-Anzeray 27 37 Ae 55
Bois-Arnault 27 37 Ae 56
Bois-Bernard 62 14 Cf 46
Bois-d'Arcy 78 39 Ca 56
Bois-d'Arcy 89 73 De 63
Bois-de-Cené 85 79 Ya 67
Bois-de-Champ 88 62 Ha 59
Bois-de-la-Pierre 31 146 Ba 88
Bois-d'Ennebourg 76 22 Bb 52
Bois-d'Oingt, le — 69 100 Ed 73
Bois-Guilbert 76 22 Bb 51
Bois-Guillaume 76 21 Ba 52
Bois-Héroult 76 22 Bc 51
Bois-Herpin 91 56 Cb 58
Bois-Himont 76 21 Ae 51
Bois-Jérôme-Saint-Ouen 27 38 Bd 54
Bois-le-Roi 27 38 Bc 55
Bois-le-Roi 77 56 Ce 58
Bois-lès-Pargny 02 25 Dd 50
Bois-Normand-près-Lyre 27 37 Ae 55
Bois-Plage-en-Ré, le — 17 92 Yd 71
Bois-Robert, le — 76 21 Ba 49
Bois-Sainte-Marie 71 100 Ec 71
Boisbergues 80 13 Cb 48
Boisbreteau 16 105 Zf 76
Boiscommun 45 56 Cc 60
Boisdinghem 62 9 Ca 44
Boisdon 77 40 Db 56
Boisemont 27 38 Bd 53
Boisemont 95 38 Bf 54
Boisgasson 28 54 Ba 60
Boisgervilly 35 50 Xf 60
Boisjean 62 13 Be 46
Boisle, le — 80 13 Bf 47
Boisleux-au-Mont 62 14 Ce 47
Boisleux-Saint-Marc 62 14 Ce 47
Boismont 54 27 Fe 52
Boismont 80 13 Be 48
Boismorand 45 72 Ce 62
Boisney 27 37 Ad 54
Boisredon 17 105 Zc 77
Boisroger 50 34 Yc 54
Boissay 76 22 Bc 51
Boisse 24 118 Ad 80
Boisse-Penchot 12 121 Cb 81
Boisseau 41 70 Bb 62
Boisseaux 45 55 Bf 59
Boissède 31 146 Ae 88
Boissei-la-Lande 61 36 Aa 56
Boisserolles 79 93 Zd 72
Boisseron 34 136 Ea 86
Boisset 15 121 Cb 80
Boisset 34 148 Ce 88
Boisset 43 111 Df 77
Boisset-lès-Montrond 42 111 Eb 75
Boisset-lès-Prévanches 27 38 Bb 55
Boisset-Saint-Priest 42 111 Ea 75
Boissets 78 38 Bb 55
Boissettes 77 56 Cd 57
Boisseuil 87 95 Bc 74
Boisseuilh 24 107 Bb 77
Boissey 01 100 Fa 70
Boissey 14 36 Aa 54
Boissezon 81 148 Cc 87
Boisse2on-de-Masviel 81 134 Cf 86
Boissière, la — 14 36 Aa 54
Boissière, la — 27 38 Bc 55
Boissière, la — 34 136 Cd 87
Boissière, la — 39 136 Cd 87
Boissière-d'Ans, la — 24 107 Af 77
Boissière-de-Montaigu, la — 85 80 Ye 67
Boissière-des-Landes, la — 85 80 Yd 69
Boissière-du-Doré, la — 44 66 Ye 65
Boissière-École, la — 78 38 Bd 56
Boissière-en-Gâtine, la — 79 81 Zd 69
Boissière-sur-Evre, la — 49 66 Yf 65
Boissières 30 136 Eb 86
Boissières 46 119 Bc 81
Boissise-la-Rivière 77 39 Cd 57
Boissise-le-Roi 77 39 Cd 57
Boissy-aux-Cailles 77 56 Cd 59
Boissy-en-Drouais 28 38 Bb 56
Boissy-Fresnoy 60 40 Cf 53
Boissy-la-Rivière 91 56 Ca 58
Boissy-l'Aillerie 95 39 Ca 54

Boissy-Lamberville 27 37 Ad 54
Boissy-le-Bois 60 22 Bf 53
Boissy-le-Châtel 77 40 Da 56
Boissy-le-Cutté 91 56 Cb 58
Boissy-le-Repos 51 41 Dd 55
Boissy-le-Sec 91 56 Ca 58
Boissy-lès-Perche 28 37 Af 56
Boissy-Maugis 61 37 Ad 57
Boissy-Mauvoisin 78 38 Bd 55
Boissy-Saint-Léger 94 39 Cd 56
Boissy-sans-Avoir 78 38 Bd 55
Boissy-sous-Saint-Yon 91 39 Cb 57
Boistrudan 35 51 Yd 60
Boisville-la-Saint-Père 28 55 Be 59
Boisvyon 50 34 Yf 56
Boitron 35 51 Yd 58
Boitron 77 40 Db 55
Bolandoz 25 90 Ga 66
Bolazec 29 31 Wc 58
Bolbec 76 21 Ac 51
Bollène 84 137 Ee 83
Bollène-Vesubie, la — 06 141 Hb 84
Bolleville 70 18 Yc 53
Bolleville 76 21 Ad 51
Bollezeele 59 9 Cc 43
Bollwiller 68 62 Hb 61
Bologne 52 60 Fa 59
Bolozon 01 101 Fc 71
Bolsenheim 67 63 Hd 58
Bombon 7 40 Cf 57
Bommes 33 117 Zd 81
Bommiers 36 84 Bf 68
Bompas 09 158 Bd 91
Bompas 66 160 Cf 92
Bomy 62 13 Cb 45
Bon-Encontre 47 131 Ad 83
Bona 58 86 Dc 66
Bonac 09 157 Ba 91
Bonboillon 70 75 Fe 64
Boncé 28 55 Bd 59
Bonchamp-lès-Laval 53 52 Zb 60
Boncourt 02 25 Df 51
Boncourt 27 38 Bb 54
Boncourt 28 38 Bc 56
Boncourt-le-Bois 21 75 Ef 66
Boncourt-sur-Meuse 55 43 Fd 56
Bondaroy 45 56 Cb 59
Bondeval 25 77 Gf 64
Bondigoux 31 133 Bd 85
Bondons, les — 48 123 Dd 82
Bondoufle 91 39 Cc 57
Bondues 59 10 Da 44
Bondy 93 39 Cc 55
Bongheat 63 98 Dc 74
Bonhomme, le — 68 62 Ha 59
Bonifacio 2A 164 Kb 100
Bonin 58 73 Df 65
Bonlier 60 23 Ca 52
Bonlieu 39 90 Ff 69
Bonlieu-sur-Roubion 26 124 Ef 81
Bonloc 64 143 Ye 88
Bonnac 09 147 Bd 90
Bonnac 15 110 Da 77
Bonnac-la-Côte 87 95 Bb 73
Bonnard 89 57 Dd 61
Bonnat 23 96 Bf 71
Bonnaud 39 89 Fc 69
Bonnay 25 76 Gb 65
Bonnay 71 88 Ed 69
Bonnay 80 14 Cc 49
Bonne 74 102 Gb 72
Bonnebosq 14 20 Aa 53
Bonnecourt 52 60 Fc 61
Bonnée 45 71 Cc 62
Bonnelles 78 39 Ca 57
Bonnemain 35 34 Yb 58
Bonnemaison 14 35 Zc 54
Bonnemazon 65 145 Ab 90
Bonnencontre 21 89 Fa 66
Bonneil 02 40 Dc 54
Bonnes 16 106 Aa 77
Bonnes 86 83 Ad 69
Bonnesvalyn 02 40 Db 54
Bonnet 55 43 Fb 57
Bonnétable 72 53 Ac 59
Bonnétage 25 77 Ge 65
Bonnetan 33 117 Zd 80
Bonneuil 16 105 Zf 75
Bonneuil 36 95 Bb 70
Bonneuil-en-Valois 60 24 Cf 53
Bonneuil-les-Eaux 60 23 Cb 51
Bonneuil-Matours 86 83 Ad 68
Bonneuil-sur-Marne 94 39 Cd 56
Bonneval 28 55 Bb 60
Bonneval 43 110 Dd 78
Bonneval 73 115 Ha 76
Bonneval-sur-Arc 73 115 Ha 76
Bonnevaux 25 90 Gb 67
Bonnevaux 30 123 Ea 82
Bonnevaux 74 103 Gd 71
Bonnevaux-le-Prieuré 25 76 Gb 66
Bonneveau 41 54 Ae 62
Bonnevent-Velloreille 70 76 Ff 64
Bonneville 16 94 Ze 73
Bonneville 74 102 Gc 72
Bonneville 80 13 Cb 48
Bonneville, la — 50 18 Yd 52
Bonneville-Aptot 27 21 Ae 53
Bonneville-et-Saint-Avit 24 118 Aa 79
Bonneville-la-Louvet 14 20 Ac 53
Bonneville-sur-Iton, la — 27 37 Ba 55
Bonnières 62 13 Cb 47
Bonnières 60 22 Bf 51
Bonnières-sur-Seine 78 38 Bd 54
Bonnieux 84 138 Fb 86
Bonningues-lès-Ardres 62 13 Cc 45
Bonningues-lès-Calais 62 9 Be 43
Bonnœuvre 44 66 Ye 63
Bonnut 64 129 Zb 87
Bonny-sur-Loire 45 72 Cf 63
Bono 56 49 Xa 62
Bonrepos 65 145 Ac 89
Bonrepos-Riquet 31 133 Bd 86
Bonrepos-sur-Aussonnelle 31 146 Ba 87
Bons-en-Chablais 74 102 Gc 71
Bons-Tassilly 14 36 Zf 55
Bonsecours 76 21 Ba 52
Bonsmoulins 61 37 Ad 57
Bonson 06 141 Ha 85
Bonson 42 111 Eb 75

Bonsons 06 140 Hb 85
Bonvillaret 73 114 Gb 75
Bonviller 54 44 Gc 57
Bonvillers 60 23 Cb 53
Bonvillers 60 23 Cb 51
Bonvillet 88 61 Ga 60
Bony 02 14 Db 49
Bonzac 33 105 Ze 78
Bonzée 33 43 Fd 54
Bonzée-en-Woëvre 55 43 Fd 54
Boofzheim 67 63 He 58
Boos 76 21 Bb 52
Bootzheim 67 63 Hd 59
Boqueho 22 32 Xa 58
Boran-sur-Oise 60 39 Cc 53
Borce 64 143 Zc 91
Bord-Saint-Georges 23 97 Cb 71
Bordeaux 33 117 Zd 79
Bordeaux-en-Gâtinais 45 56 Cd 60
Bordeaux-Saint-Clair 76 20 Ab 50
Bordères 64 144 Zd 89
Bordères-et-Lamensans 40 130 Zd 86
Bordères-Louron 65 156 Ac 91
Bordères-sur-l'Echez 65 144 Aa 89
Bordes 64 144 Ze 89
Bordes 65 145 Ab 89
Bordes 65 145 Ab 89
Bordes, les — 09 157 Ba 91
Bordes, les — 36 84 Bf 67
Bordes, les — 45 71 Cc 62
Bordes, les — 71 89 Fa 67
Bordes, les — 89 57 Dc 60
Bordes, les — 89 72 Cf 63
Bordes-Aumont, les — 10 58 Ea 59
Bordes-de-Rivière 31 145 Ad 90
Bordes-du-Bac 31 129 Yf 87
Bordes-sur-Arize, les — 09 146 Bc 90
Bordezac 30 136 Ea 83
Bords 17 93 Zb 73
Borée 07 123 Eb 79
Boresse-et-Martron 17 105 Zf 77
Borest 60 39 Ce 53
Borey 70 76 Gc 63
Borgo 2B 161 Kd 93
Bormes-les-Mimosas 83 153 Gc 90
Born, le — 31 133 Bd 85
Born, le — 48 122 Dd 81
Bornambusc 76 20 Ac 51
Bornay 39 89 Fd 69
Borne 43 111 De 78
Bornel 60 39 Cb 53
Boron 97 77 Ha 64
Borre 59 10 Cd 44
Borrèze 24 119 Bc 79
Bors 16 105 Ze 77
Bors 16 106 Ab 76
Bort-les-Orgues 19 109 Cc 76
Bort-l'Étang 63 98 Dc 74
Borville 54 61 Gc 58
Bosas 07 112 Ed 78
Bosc 07 112 Ed 78
Bosc, le — 09 158 Bc 91
Bosc, le — 34 136 Cd 86
Bosc-Bénard-Commin 27 21 Af 53
Bosc-Bénard-Crescy 27 21 Ae 53
Bosc-Bérenger 76 22 Bb 51
Bosc-Bordel 76 22 Bc 51
Bosc-Edeline 76 22 Bc 51
Bosc-Guérard-Saint-Adrien 76 21 Ba 51
Bosc-Hyons 76 22 Bd 52
Bosc-le-Hard 76 21 Bb 51
Bosc-Mesnil 76 22 Bc 51
Bosc-Renoult, le — 61 36 Ab 55
Bosc-Renoult-en-Ouche 27 37 Ae 55
Bosc-Renoult-en-Roumois 27 21 Ae 53
Bosc-Roger-en-Roumois, le — 27 21 Af 53
Bosc-Roger-sur-Buchy 76 22 Bc 51
Boscamnant 17 105 Zf 77
Bosdarros 64 144 Zd 89
Bosgouet 27 21 Af 52
Bosguérard-de-Marcouville 27 21 Af 53
Bosjean 71 89 Fc 68
Bosmont-sur-Serre 02 25 Df 50
Bosnormand 27 21 Af 53
Bosquel 80 23 Cc 50
Bosquentin 27 22 Bd 52
Bosrobert 27 21 Ae 53
Bosroger 23 97 Cb 73
Bossay-sur-Claise 37 83 Af 68
Bosse, la — 25 77 Gd 66
Bosse, la — 72 54 Ad 60
Bosse-de-Bretagne, la — 35 51 Yc 61
Bossée 37 69 Ae 66
Bossendorf 67 46 Hd 56
Bosset 24 118 Ac 79
Bosseval 28 26 Ef 50
Bossey 74 101 Ga 72
Bossieu 38 113 Fa 76
Bossugan 33 117 Zf 80
Bossus-lès-Rumigny 08 25 Eb 49
Bost 03 98 Dd 71
Bost 03 98 Dd 71
Bostens 40 130 Zd 85
Bosville 76 21 Ae 50
Botans 90 77 Gf 63
Botmeur 29 31 Wa 58
Botsorhel 29 31 Wc 57
Bottereaux, les — 27 37 Ae 55
Botz-en-Mauges 49 67 Za 65
Bou 45 55 Ca 61
Bouafle 78 38 Bf 55
Bouafles 27 22 Bc 53
Bouan 09 158 Bd 92
Bouaye 44 66 Yb 66
Boubers-lès-Hesmond 62 13 Be 46
Boubers-sur-Canche 62 13 Cb 47
Boubiers 60 22 Bf 53
Bouc-Bel-Air 13 152 Fc 88
Boucagnères 32 145 Ad 87
Boucau 64 128 Yd 87
Boucé 03 98 Da 71
Boucé 61 36 Zf 57
Bouchage 38 113 Fd 74
Bouchage, le — 16 94 Ac 72
Bouchain 59 14 Db 47
Bouchamps-lès-Craon 53 52 Za 62
Bouchaud, le — 03 99 Df 71
Bouchavesnes-Bergen 80 14 Cf 49
Bouchemaine 49 67 Zc 64
Boucheporn 57 44 Gd 54
Bouchet, le — 74 102 Gc 74
Bouchet, le — 86 82 Aa 67
Bouchet-Saint-Nicolas, le — 43 123 De 79
Bouchevilliers 27 22 Be 52
Bouchoir 80 23 Ce 50
Bouchon 33 105 Zd 78
Bouchon 13 Ca 48
Bouchon-sur-Saulx, le — 55 43 Fb 57
Bouchoux, les — 39 102 Fe 71

Bouchy-Saint-Genest **51** 40 Dd 57
Boucieux-le-Roi **07** 112 Ee 78
Bouclans **25** 76 Gb 65
Boucoiran **30** 136 Eb 84
Bouconville **08** 26 Ee 53
Bouconville-sur-Madt **55** 43 Fe 55
Bouconville-Vauclair **02** 25 De 52
Bouconvillers **60** 38 Bf 53
Boudes **63** 109 Db 76
Boudeville **76** 21 Af 50
Boudou **82** 132 Ba 84
Boudrac **31** 145 Ad 89
Boudreville **21** 59 Ee 61
Boudy-de-Beauregard **47** 118 Ae 81
Bouée **44** 65 Ya 65
Boueilh-Boueilho-Lasque **64** 130 Ze 87
Bouelles **76** 22 Bc 50
Bouër **72** 54 Ad 60
Bouère **53** 52 Zd 61
Bouessay **53** 52 Zd 61
Bouesse **36** 84 Be 69
Bouëx **16** 106 Ab 75
Bouëxière, la — **35** 51 Yd 59
Bouffémont **95** 39 Cb 54
Boufféré **85** 80 Yd 67
Bouffignereux **02** 25 Df 52
Boufflers **80** 13 Ca 47
Bougainville **80** 23 Ca 49
Bougarber **64** 144 Zd 88
Bougé-Chambalud **38** 112 Ef 77
Bouges-le-Château **36** 84 Be 66
Bougey **70** 76 Ff 62
Bouglainval **28** 38 Bd 57
Bougligny **77** 56 Cd 59
Bouglon **47** 118 Aa 82
Bougneau **17** 105 Zc 75
Bougnon **70** 76 Ga 62
Bougon **79** 82 Zf 70
Bougue **40** 130 Zd 85
Bouguenais **44** 66 Yc 65
Bougy **14** 35 Zc 54
Bougy-lez-Neuville **45** 55 Ca 60
Bouhans **71** 89 Fb 68
Bouhans-lès-Lure **70** 76 Gc 62
Bouhans-lès-Montbozon **70** 76 Gb 64
Bouhanset-et-Feurg **70** 75 Fd 64
Bouhet **17** 92 Za 72
Bouhey **21** 74 Ee 65
Bouhy **58** 72 Da 64
Bouilh-Devant **65** 145 Ab 89
Bouilh-Péreuilh **65** 145 Ab 89
Bouilhonnac **11** 148 Cc 89
Bouillac **12** 120 Ca 81
Bouillac **24** 119 Af 80
Bouillac **82** 132 Ba 85
Bouilladise, la — **13** 152 Fd 88
Bouillancourt-en-Séry **80** 12 Bd 49
Bouillancourt-la-Bataille **80** 23 Cd 50
Bouillancy **60** 40 Cf 54
Bouilland **21** 74 Ee 66
Bouillargues **30** 137 Ec 86
Bouillé-Courdault **85** 81 Zb 70
Bouillé-Loretz **79** 68 Ze 66
Bouillé-Ménard **49** 52 Za 62
Bouillé-Saint-Paul **79** 81 Zd 66
Bouillie, la — **22** 33 Xd 57
Bouillon **64** 144 Zc 88
Bouillonville **54** 43 Ff 55
Bouilly **10** 58 Df 59
Bouilly **51** 41 Df 53
Bouilly-en-Gâtinais **45** 56 Cb 60
Bouin **79** 94 Zf 72
Bouin **85** 65 Xf 67
Bouin-Plumoisin **62** 13 Bf 46
Bouisse **11** 148 Cc 91
Boulx **21** 59 Ec 61
Boujailles **25** 90 Ga 67
Boujan-sur-Libron **34** 149 Db 88
Boulages **10** 41 Df 57
Boulaincourt **88** 61 Ga 58
Boulancourt **77** 56 Cc 59
Boulange **57** 28 Ff 52
Boulaur **32** 145 Ae 87
Boulay-les-Barres **45** 55 Be 61
Boulay-les-Ifs **53** 53 Zf 58
Boulay-Morin, le — **27** 37 Bb 54
Boulay-Moselle **57** 44 Gc 53
Boulaye, la — **71** 87 Ea 68
Boulazac **24** 107 Ae 77
Boulbon **13** 137 Ee 85
Boule-d'Amont **66** 160 Cd 93
Bouleternère **66** 160 Cd 93
Bouleurs-le-Mont **77** 40 Cf 55
Bouleuse **51** 41 Df 53
Bouliac **33** 117 Zc 80
Boulieu **07** 112 Ed 77
Bouligneux **01** 100 Ef 72
Bouligney **70** 61 Gb 61
Bouligny **55** 27 Fe 53
Boulin **65** 145 Aa 89
Boullarre **60** 40 Da 54
Boullay-les-Deux-Églises **28** 38 Bb 57
Boullay-les-Troux **91** 39 Ca 56
Boullay-Mivoye, le — **28** 38 Bc 57
Boullay-Thierry, le — **28** 38 Bc 57
Boulleret **18** 72 Cf 64
Boulleville **27** 20 Ac 52
Bouloc **31** 132 Bc 86
Bouloc **82** 119 Ba 83
Boulogne **85** 80 Ye 68
Boulogne-Billancourt **92** 39 Cb 55
Boulogne-la-Grasse **60** 23 Ce 51
Boulogne-sur-Gesse **31** 145 Ad 89
Boulogne-sur-Helpe **59** 15 Df 48
Boulogne-sur-Mer **62** 8 Bd 44
Bouloire **72** 54 Ad 61
Boulon **14** 35 Zd 54
Boulot **70** 76 Ff 64
Boulou, le — **66** 160 Ce 93
Boult **70** 76 Ga 64
Boult-au-Bois **08** 26 Ef 52
Boult-sur-Suippe **51** 25 Ea 52
Boulvé, le — **46** 119 Ba 82
Boulzicourt **08** 26 Ee 50
Boumourt **64** 144 Zc 89
Bouniagues **24** 118 Ad 80
Boupère, le — **85** 81 Za 68
Bouquehault **62** 9 Bf 42
Bouquelon **27** 21 Ac 52
Bouquemaison **80** 13 Cc 47
Bouquemont **55** 43 Fc 55
Bouquet **30** 136 Eb 84
Bouquetot **27** 21 Ae 52
Bouqueval **95** 39 Cc 54
Bouranton **10** 58 Eb 59
Bouray-sur-Juine **91** 56 Cb 57
Bourbach-le-Bas **68** 77 Ha 62
Bourbach-le-Haut **68** 62 Ha 62
Bourberain **21** 75 Fb 64
Bourbévelle **70** 61 Ff 61
Bourbon-Lancy **71** 87 De 69
Bourbon-l'Archambault **03** 86 Da 69
Bourbonne-les-Bains **52** 60 Fe 61
Bourboulé, la — **63** 109 Ce 75
Bourbourg **59** 9 Cb 43
Bourbriac **22** 32 We 58
Bourcia **39** 101 Fc 70
Bourcq **08** 26 Ed 52
Bourdainville **76** 21 Af 50
Bourdalat **40** 130 Ze 85
Bourdeau **73** 114 Ff 74
Bourdeaux **26** 125 Fa 81
Bourdeilles **24** 106 Ad 77
Bourdeix, le — **24** 106 Ad 75
Bourdelles **33** 117 Aa 81
Bourdet, le — **79** 93 Zc 71
Bourdic **30** 137 Eb 85
Bourdinière-Saint-Loup, la — **28** 55 Bc 59
Bourdon **80** 13 Ca 49
Bourdonnay **57** 45 Ge 56
Bourdonné **78** 38 Bd 56
Bourdons-sur-Rognon **52** 60 Fc 60
Bourecq **62** 13 Cc 45
Bouresches **02** 40 Db 54
Bouresse **86** 94 Ad 70
Bouret-sur-Canche **62** 13 Cb 47
Boureuilles **55** 42 Fa 53
Bourg **33** 105 Zc 78
Bourg **52** 75 Fb 62
Bourg, le — **46** 120 Bf 80
Bourg-Achard **27** 21 Ae 52
Bourg-Archambault **86** 95 Ba 70
Bourg-Argental **42** 112 Ed 77
Bourg-Beaudouin **27** 22 Bb 52
Bourg-Blanc **29** 30 Vd 57
Bourg-Bruche **67** 62 Ha 58
Bourg-Charente **16** 93 Ze 74
Bourg-de-Bigorre **65** 145 Ab 90
Bourg-de-Péage **26** 113 Fa 78
Bourg-de-Sirod **39** 90 Ff 68
Bourg-de-Thizy **69** 99 Eb 72
Bourg-de-Visa **82** 132 Af 83
Bourg-des-Comptes **35** 51 Yb 61
Bourg-des-Maisons **24** 106 Ac 76
Bourg-d'Hem, le — **23** 96 Be 71
Bourg-d'Iré, le — **49** 67 Za 62
Bourg-d'Oisans, le — **38** 114 Ga 78
Bourg-d'Oueil **31** 157 Ac 91
Bourg-du-Bost **24** 106 Ab 77
Bourg-Dun **76** 21 Af 49
Bourg-en-Bresse **01** 101 Fb 71
Bourg-Fidèle **08** 26 Ed 49
Bourg-Lastic **63** 109 Cd 75
Bourg-le-Comte **71** 99 Df 71
Bourg-le-Roi **72** 53 Aa 58
Bourg-lès-Valence **26** 124 Ef 79
Bourg-l'Évêque **49** 51 Yf 62
Bourg-Madame **66** 159 Bf 94
Bourg-Saint-Andéol **07** 124 Ed 82
Bourg-Saint-Bernard **31** 133 Be 87
Bourg-Saint-Christophe **01** 101 Fa 73
Bourg-Saint-Léonard, le — **61** 36 Aa 56
Bourg-Saint-Maurice **73** 115 Ge 75
Bourg-Sainte-Marie **52** 60 Fd 59
Bourgaltroff **57** 45 Ge 55
Bourganeuf **23** 96 Be 73
Bourgbarré **35** 51 Yc 61
Bourgeauville **14** 20 Aa 53
Bourges **18** 85 Cc 66
Bourget-du-Lac, le — **73** 114 Ff 75
Bourget-en-Huile **73** 114 Gb 76
Bourgheim **67** 63 Hc 58
Bourghelles **59** 14 Db 45
Bourgneuf **17** 92 Yf 72
Bourgneuf **73** 114 Gb 75
Bourgneuf-en-Mauges **49** 67 Za 65
Bourgneuf-en-Retz **44** 65 Ya 66
Bourgneuf-la-Forêt, le — **53** 52 Za 60
Bourgogne **51** 25 Ea 52
Bourgoin-Jallieu **38** 113 Fb 75
Bourgon **53** 51 Yf 60
Bourgonce, la — **88** 62 Ge 59
Bourgougnague **47** 118 Ac 81
Bourgthéroulde-Infreville **27** 20 Af 53
Bourguébus **14** 36 Ze 54
Bourgueil **37** 68 Aa 65
Bourguenolles **50** 34 Ye 56
Bourguet, le — **83** 140 Gd 86
Bourguignon **25** 77 Ge 64
Bourguignon-lès-Conflans **70** 76 Ga 62
Bourguignon-lès-la-Charité **70** 76 Ff 64
Bourguignon-lès-Morey **70** 75 Fe 62
Bourguignons **10** 59 Ec 60
Bourgvilain **71** 100 Ed 70
Bourideys **33** 117 Zd 82
Bouriège **11** 147 Ca 91
Bourigeole **11** 147 Ca 91
Bourisp **65** 156 Ac 92
Bourlens **47** 119 Af 82
Bourlon **62** 14 Da 47
Bourmont **52** 60 Fd 59
Bournainville-Faverolles **27** 37 Ac 54
Bournan **37** 83 Ae 66
Bournand **86** 68 Aa 66
Bournazel **12** 121 Cb 82
Bournazel **81** 133 Bf 84
Bourneau **85** 81 Zb 69
Bournel **47** 118 Ae 81
Bourneville **27** 21 Ad 52
Bournezeau **85** 80 Ye 69
Bourniquel **24** 119 Ae 80
Bournois **25** 76 Gc 64
Bournonville **62** 9 Bf 44
Bournos **64** 144 Zd 88
Bourogne **90** 77 Gf 63
Bourran **47** 118 Ac 82
Bourré **41** 70 Bb 64
Bourréac **65** 144 Aa 90
Bourret **82** 132 Ba 85
Bourriot-Bergonce **40** 130 Ze 84
Bourron-Marlotte **77** 56 Ce 58
Bourrou **24** 106 Ad 78
Bourroullan **32** 130 Zf 86
Bours **62** 13 Cb 46
Bours **65** 144 Aa 89
Boursault **51** 41 Df 54
Boursay **41** 54 Af 60
Bourscheid **57** 45 Hb 56
Boursefranc-le-Chapus **17** 92 Yf 73
Bourseul **22** 33 Xe 58
Bourseville **80** 12 Bd 48
Boursières **70** 76 Ga 63
Boursies **59** 14 Da 48
Boursin **62** 9 Be 44
Boursonne **60** 40 Da 53
Bourth **27** 37 Ae 56
Bourthes **62** 13 Bf 45
Bourville **76** 21 Ae 50
Boury-en-Vexin **60** 22 Be 53
Bousbach **57** 45 Gf 54
Bousbecque **59** 10 Da 44
Bouscat, le — **33** 117 Zc 79
Bousies **59** 15 Dd 48
Bousignies **59** 15 Dc 46
Bousignies-sur-Roc **59** 16 Eb 47
Bousquet, le — **11** 159 Ca 92
Bousquet-d'Orb, le — **34** 135 Da 86
Boussac **12** 134 Cc 83
Boussac **12** 134 Cf 85
Boussac **23** 96 Cb 70
Boussac **23** 97 Cb 71
Boussac **46** 120 Bf 81
Boussac, la — **35** 34 Yc 57
Boussac-Bourg **23** 97 Cb 70
Boussagues **34** 135 Da 87
Boussan **31** 146 Af 89
Boussay **37** 83 Af 67
Boussay **44** 66 Ye 66
Bousse **57** 28 Gb 53
Bousse **72** 53 Zf 62
Bousselange **21** 89 Fb 67
Boussenac **09** 158 Bc 91
Boussenois **21** 75 Fb 63
Boussens **31** 146 Af 89
Bousseraucourt **70** 61 Ff 61
Boussès **47** 131 Aa 84
Bousseviller **57** 45 Hc 54
Boussey **21** 74 Ed 64
Boussicourt **80** 23 Cd 50
Boussières **25** 76 Ff 66
Boussières **59** 15 Df 47
Boussières-en-Cambrésis **59** 15 Dc 47
Boussois **59** 15 Ea 47
Boussoulet **43** 111 Ea 78
Boussy **74** 102 Ff 73
Boussy-Saint-Antoine **91** 39 Cd 56
Boust **57** 28 Gb 52
Boustroff **57** 44 Gd 54
Bout-du-Pont-de-Larn **81** 148 Cc 88
Boutancourt **08** 26 Ee 50
Boutavent **60** 22 Be 51
Bouteille, la — **02** 25 Df 49
Boutenac **11** 148 Ce 90
Boutenac-Touvent **17** 105 Zb 76
Boutencourt **60** 22 Bf 53
Boutervilliers **91** 56 Ca 58
Bouteville **16** 105 Zf 75
Boutiers **16** 93 Ze 74
Boutigny **77** 40 Cf 55
Boutigny-Prouais **28** 38 Bd 56
Boutigny-sur-Essonne **91** 56 Cc 58
Bouttencourt **80** 12 Bd 49
Boutteville **50** 18 Ye 52
Boutx **31** 157 Ae 91
Bouvaincourt-sur-Bresle **80** 12 Bc 48
Bouvancourt **51** 25 Df 52
Bouvante-le-Bas **26** 125 Fb 79
Bouvante-le-Haut **26** 125 Fb 79
Bouvellemont **08** 26 Ed 51
Bouverans **25** 90 Gb 67
Bouvesse **38** 101 Fc 74
Bouvières **26** 125 Fb 81
Bouvignies **59** 14 Db 46
Bouvigny **62** 14 Ce 46
Bouville **28** 55 Bc 59
Bouville **76** 21 Af 51
Bouville **91** 56 Cb 58
Bouvincourt-en-Vermandois **80** 24 Da 49
Bouvines **59** 14 Db 45
Bouvresse **60** 22 Be 51
Bouvron **44** 65 Ya 64
Bouvron **54** 43 Ff 56
Boux-sous-Salmaise **21** 74 Ed 64
Bouxières-aux-Bois **88** 61 Gb 59
Bouxières-aux-Chênes **54** 44 Gb 56
Bouxières-aux-Dames **54** 44 Gb 56
Bouxières-sous-Froidmont **54** 44 Ga 55
Bouxurulles **88** 61 Gb 58
Bouxwiller **67** 46 Hc 55
Bouxwiller **68** 78 Hb 63
Bouy **51** 41 Ec 54
Bouy-Luxembourg **10** 58 Eb 58
Bouy-sur-Orvin **10** 57 Dc 58
Bouyssou, le — **46** 120 Bf 80
Bouzais **18** 85 Cc 68
Bouzancourt **52** 59 Ef 59
Bouzanville **54** 61 Ga 58
Bouze-lès-Beaune **21** 88 Ee 66
Bouzel **63** 98 Db 74
Bouzemont **88** 61 Gb 59
Bouzic **24** 119 Bb 80
Bouziès **46** 120 Bd 82
Bouzigues **34** 150 Dd 88
Bouzillé **49** 66 Yf 65
Bouzin **31** 146 Af 89
Bouzincourt **80** 14 Cd 48
Bouzon-Gellenave **32** 130 Aa 86
Bouzonville **57** 28 Gd 53
Bouzonville-aux-Bois **45** 56 Cb 60
Bouzy **51** 41 Ea 54
Bouzy-la-Forêt **45** 56 Cc 61
Bovée-sur-Barboure **55** 43 Fd 57
Bovel **35** 50 Ya 61
Bovelles **80** 23 Ca 49
Boves **80** 23 Cc 49
Boviolles **55** 43 Fc 57
Boyardville **17** 92 Ye 73
Boyaval **62** 13 Cb 46
Boyelles **62** 14 Ce 47
Boyer **42** 99 Eb 72
Boyer **71** 88 Ef 69
Boyeux-Saint-Jérôme **01** 101 Fc 72
Boynes **45** 56 Cc 60
Boyon **06** 140 Ha 85
Boz **01** 100 Ef 70
Bozel **73** 115 Gd 76
Bozouls **12** 121 Ce 82
Brabant-le-Roi **55** 42 Ef 55
Brabant-sur-Meuse **55** 27 Fb 53
Brach **33** 104 Za 78
Brachay **52** 59 Fa 58
Brachy **76** 21 Af 50
Bracieux **41** 70 Bd 63
Bracon **39** 90 Ff 67
Bracquemont **76** 12 Ba 49
Bracquetuit **76** 21 Ba 50
Bradiancourt **76** 22 Bc 51
Braffais **50** 34 Ye 56
Bragassargues **30** 136 Ea 85
Bragayrac **31** 146 Ba 88
Brageloġne-Beauvoir **10** 58 Eb 61
Bragny-sur-Saône **71** 89 Fa 67
Brahic **07** 123 Ea 82
Braillans **25** 76 Ga 65
Brailly-Cornehotte **80** 13 Bf 47
Brain **21** 74 Ed 64
Brain-sur-Allonnes **49** 68 Aa 65
Brain-sur-l'Authion **49** 67 Zd 64
Brain-sur-Longuenée **49** 67 Zb 63
Brain-sur-Vilaine **35** 50 Ya 62
Brainans **39** 89 Fd 67
Braine **02** 24 Dd 52
Brains **44** 66 Yb 65
Brains-sur-Gée **72** 53 Zf 60
Brains-sur-les-Marches **53** 49 Ye 61
Brainville **50** 34 Yd 54
Brainville **54** 43 Fe 54
Brainville-sur-Meuse **52** 60 Fd 59
Braize **03** 85 Cd 69
Bralleville **54** 61 Gb 58
Bram **11** 147 Ca 89
Bramans **73** 115 Ge 77
Brametot **76** 21 Af 50
Bramevaque **65** 145 Ad 91
Bran **17** 105 Ze 76
Branceilles **19** 108 Be 78
Branches **89** 57 Dc 61
Brancourt-en-Laonnois **02** 24 Dc 51
Brancourt-le-Grand **02** 15 Dc 49
Brandérion **56** 49 We 62
Brandeville **55** 27 Fb 52
Brando **2B** 161 Kc 92
Brandon **71** 100 Ed 70
Brandonnet **12** 120 Ca 82
Brandonvillers **51** 58 Ed 57
Branges **71** 89 Fb 69
Brangues **38** 113 Fd 74
Brannay **89** 57 Da 59
Branne **25** 76 Gc 64
Branne **33** 117 Ze 80
Brannens **33** 117 Zf 81
Branoux **30** 136 Df 83
Brans **39** 75 Fd 65
Bransat **03** 98 Db 71
Branscourt **51** 25 De 53
Bransles **77** 57 Cf 60
Brantes **84** 138 Fb 83
Brantes **84** 138 Fc 83
Brantigny **88** 61 Gb 58
Brantôme **24** 106 Ad 76
Branville **14** 20 Aa 53
Branville-Hague **50** 18 Yb 51
Bras **83** 153 Ff 88
Bras-d'Asse **04** 139 Ga 85
Bras-sur-Meuse **55** 43 Fc 53
Brasc **12** 134 Cd 85
Brasles **02** 40 Dc 54
Braslou **37** 82 Ac 67
Brasparts **29** 31 Wa 59
Brassac **09** 158 Bd 91
Brassac **81** 134 Cd 87
Brassac **82** 132 Af 83
Brassac-les-Mines **63** 110 Dc 76
Brassempouy **40** 129 Zb 87
Brasseuse **60** 23 Ce 53
Brassy **58** 73 Df 65
Brassy **80** 23 Ca 50
Bratte **54** 44 Gb 56
Braud-et-Saint-Louis **33** 105 Zc 77
Brauvilliers **55** 43 Fa 57
Braux **04** 140 Ge 85
Braux **10** 59 Ec 58
Braux **21** 74 Ec 64
Braux-le-Châtel **52** 59 Ef 60
Braux-Saint-Rémy **51** 42 Ef 54
Brax **31** 132 Bb 87
Brax **47** 131 Ad 83
Bray **27** 37 Af 54
Bray **71** 88 Ee 69
Bray-Dunes **59** 10 Cd 42
Bray-en-Val **45** 56 Cc 62
Bray-et-Lû **95** 38 Bd 54
Bray-lès-Mareuil **80** 13 Bf 48
Bray-sur-Seine **77** 57 Db 58
Bray-sur-Somme **80** 14 Ce 49
Braye **02** 24 Dc 52
Braye-en-Laonnais **02** 25 Dd 52
Braye-en-Thiérache **02** 25 Df 50
Braye-sous-Faye **37** 82 Ac 67
Braye-sur-Maulne **37** 68 Ab 63
Brazey-en-Morvan **21** 74 Eb 65
Brazey-en-Plaine **21** 75 Fb 66
Bréal-sous-Montfort **35** 50 Ya 60
Bréal-sous-Vitré **35** 51 Yf 60
Bréançon **95** 39 Ca 54
Bréau **77** 40 Cf 57
Bréau-et-Salagosse **30** 135 Dd 85
Bréauté **76** 20 Ac 51
Brebières **62** 14 Da 46
Brebotte **90** 77 Gf 63
Brécé **35** 51 Yd 60
Brecé **53** 52 Zb 58
Brécey **50** 34 Yf 56
Brech **56** 49 Xa 62
Bréchamps **28** 38 Bd 56
Bréchaumont **68** 77 Ha 62
Brectouville **50** 35 Yf 54
Brécy **02** 40 Dc 54
Brécy **08** 26 Ee 53
Brécy **18** 71 Cd 66
Brée **53** 52 Zc 60
Brée-les-Bains, la — **17** 92 Yd 72
Bréel **61** 35 Zd 56
Brégnier-Cordon **01** 113 Fd 75
Brégy **60** 40 Cf 54
Bréhain **57** 44 Gd 55
Bréhain-la-Ville **54** 27 Ff 52
Bréhal **50** 34 Yc 55
Bréhand **22** 33 Xc 58
Bréhéville **55** 27 Fc 52
Breidenbach **57** 45 Hc 54
Breil **49** 68 Aa 64
Breil-sur-Mérize, le — **72** 53 Ac 61
Breil-sur-Roya **06** 140 Hd 85
Breille-les-Pins, la — **49** 68 Aa 64
Breistroff **57** 28 Gb 52
Breitenau **67** 62 Hb 59
Breitenbach **67** 62 Hb 58
Breitenbach-Haut-Rhin **68** 62 Ha 60
Brélidy **22** 32 We 57
Brem-sur-Mer **85** 79 Yb 69
Bréménil **54** 45 Gf 57
Brémoncourt **54** 61 Gc 58
Bremondans **25** 76 Gc 65
Brémontier-Merval **76** 22 Bd 51
Brémoy **14** 35 Zb 55
Brémur-et-Vaurois **21** 74 Ed 62
Bren **26** 112 Ef 78
Brenac **11** 159 Ca 91
Brenas **34** 135 Db 87
Brenat **63** 110 Db 75
Brénaz **01** 101 Fc 73
Brénaz **01** 101 Fe 73
Brenelle **02** 24 Dd 52
Brengues **46** 120 Be 81
Brennes **52** 75 Fb 62
Brennilis **29** 31 Wa 58
Brénod **01** 101 Fd 72
Brenon **83** 140 Gd 86
Brenouille **60** 23 Cd 53
Brenoux **48** 122 Dd 82
Brens **01** 101 Fe 74
Brenthonne **74** 102 Gc 71
Breny **02** 40 Dc 53
Bréole, la — **04** 126 Gb 82
Brères **25** 90 Ff 66
Brery **39** 89 Fd 68
Bresdon **17** 93 Ze 73
Bréseux, les — **25** 77 Ge 65
Bresilley **70** 75 Fd 65
Bresle **80** 14 Cd 49
Bresles **60** 23 Cb 52
Bresnay **03** 86 Db 70
Bresolettes **61** 37 Ad 57
Bresse, la — **88** 62 Gf 60
Bresse-sur-Grosne **71** 88 Ee 69
Bressey-sur-Tille **21** 75 Fb 65
Bressolles **01** 101 Fa 73
Bressolles **03** 86 Db 69
Bressols **82** 132 Bc 85
Bresson **38** 113 Fe 78
Bressuire **79** 81 Zd 67
Brest **29** 30 Vd 58
Brestot **27** 21 Ae 52
Bretagne **36** 84 Be 67
Bretagne **90** 77 Gf 63
Bretagne-d'Armagnac **32** 131 Aa 85
Bretagne-de-Marsan **40** 130 Zd 85
Bretagnolles **27** 38 Bc 55
Breteau **45** 72 Cf 62
Bréteil **35** 50 Ya 60
Bretenière **21** 75 Fa 65
Bretenière, la — **25** 76 Gb 64
Bretenière, la — **39** 75 Fe 66
Bretenières **39** 89 Fd 67
Bretenoux **46** 120 Bf 79
Breteuil **27** 37 Af 55
Breteuil **60** 23 Cb 51
Bréthel **61** 37 Ad 56
Brethenay **52** 60 Fa 60
Bretigney-Notre-Dame **25** 76 Gb 65
Bretignolles **79** 81 Zc 67
Bretignolles-sur-Mer **85** 79 Ya 69
Brétigny **21** 75 Fa 64
Brétigny **27** 21 Ae 53
Brétigny **60** 24 Da 51
Brétigny-sur-Orge **91** 39 Cb 57
Bretoncelles **61** 54 Af 58
Bretonnière, la — **85** 80 Ye 70
Bretonvillers **25** 77 Gd 65
Brette-les-Pins **72** 53 Ac 61
Bretten **68** 77 Ha 62
Brettes **16** 94 Aa 72
Bretteville **50** 18 Yc 51
Bretteville-du-Grand-Caux **76** 20 Ac 50
Bretteville-l'Orgueilleuse **14** 19 Zc 53
Bretteville-Saint-Laurent **76** 21 Af 50
Bretteville-sur-Ay **50** 18 Yc 53
Bretteville-sur-Dives **14** 36 Zf 54
Bretteville-sur-Laize **14** 36 Ze 54
Bretteville-sur-Odon **14** 19 Zd 53
Brettnach **57** 28 Gd 53
Bretx **31** 132 Bb 86
Breuches **70** 76 Gb 62
Breugnon **58** 72 Dc 64
Breuil **51** 25 De 53
Breuil **80** 24 Cf 50
Breuil, le — **03** 97 Cd 71
Breuil, le — **03** 99 Dd 71
Breuil, le — **51** 41 Dd 55
Breuil, le — **69** 100 Ed 73
Breuil, le — **71** 88 Ec 68
Breuil-Bernard, le — **79** 81 Zc 68
Breuil-Bois-Robert **78** 38 Be 55
Breuil-Coiffaud, le — **79** 94 Aa 72
Breuil-en-Auge, le — **14** 20 Ab 53
Breuil-en-Bessin, le — **14** 19 Za 53
Breuil-la-Réorte **17** 93 Zb 72
Breuil-le-Sec **60** 23 Cc 52
Breuil-le-Vert **60** 23 Cc 52
Breuil-Magné **17** 92 Za 73
Breuil-sous-Argenton, le — **79** 81 Zd 67
Breuil-sur-Couze, le — **63** 109 Db 76
Breuilaufa **87** 95 Ba 72
Breuilh **24** 107 Ae 78
Breuilh, le — **24** 118 Aa 79
Breuillet **17** 92 Yf 74
Breuillet **91** 39 Cb 57
Breuilpont **27** 38 Bc 55
Breurey-lès-Faverney **70** 76 Ga 62
Breuschwickersheim **67** 46 Hd 57
Breuvannes-en-Bassigny **52** 60 Fd 60
Breuvery-sur-Coole **51** 41 Eb 55
Breuville **50** 18 Yb 51
Breux **55** 27 Fc 51
Breux-Jouy **91** 39 Cb 57
Breux-sur-Avre **27** 37 Ba 56
Brévainville **41** 55 Bb 61
Bréval **78** 38 Bd 55
Brévands **50** 18 Ye 53
Brevans **39** 89 Fd 66
Brévedent, le — **14** 20 Ab 53
Brévialres, les — **78** 38 Be 56
Bréviaire, la — **14** 36 Ab 55
Bréville **14** 20 Ze 53
Bréville **16** 93 Ze 74
Bréville-sur-Mer **50** 34 Yc 55
Brévillers **62** 13 Ca 46
Brévillers **80** 13 Cc 47
Brévilliers **70** 77 Ge 63
Brévilly **08** 26 Fa 51
Bréxent-Enocq **62** 13 Be 45
Brey-et-Maison-du-Bois **25** 90 Gb 68
Brézé **49** 68 Zf 65
Brézilhac **11** 147 Ca 90
Brézins **38** 113 Fb 76
Brezolles **28** 37 Ba 56
Brezons **15** 121 Ce 79
Briançon **05** 126 Gd 79
Briançonnet **06** 140 Ge 85
Brianny **21** 74 Ec 64
Briant **71** 99 Ea 71
Briare **45** 72 Ce 63
Briarres-sur-Essonne **45** 56 Cc 59
Briastre **59** 15 Dc 47
Briatexte **81** 133 Bf 86
Briaucourt **52** 60 Fb 59
Briaucourt **70** 61 Gb 62
Bricon **52** 59 Ef 60
Bricquebec **50** 18 Yc 52
Bricquebosq **50** 18 Yb 51
Bricqueville-sur-Mer **50** 34 Yc 55
Bricy **45** 55 Be 61
Brides-les-Bains **73** 115 Gd 76
Bridoire, la — **73** 113 Fe 75
Bridoré **37** 83 Ba 66
Brie **02** 24 Dc 51
Brie **09** 147 Bd 89
Brie **16** 94 Ab 74
Brie **35** 51 Yc 61
Brie **79** 82 Zf 67
Brie **80** 24 Cf 49
Brie-Comte-Robert **77** 39 Cd 56
Brie-et-Angonnes **38** 114 Fe 78
Brie-sous-Archiac **17** 105 Ze 76
Brie-sous-Barbazieux **16** 106 Zf 76
Brie-sous-Matha **17** 93 Ze 74
Brie-sous-Mortagne **17** 105 Zb 76
Briec **29** 48 Vf 60
Briel-sur-Barse **10** 59 Ec 59
Brielles **35** 51 Yf 60
Brienne **71** 89 Fa 69
Brienne-la-Vieille **10** 59 Ed 58
Brienne-le-Château **10** 59 Ed 58
Brienne-sur-Aisne **08** 25 Ea 52
Briennon **42** 99 Ea 72
Brienon-sur-Armançon **89** 58 Dd 61
Brières-les-Scellés **91** 56 Ca 58
Brieuil **79** 94 Zf 71
Brieulles-sur-Bar **08** 26 Ef 52
Brieulles-sur-Meuse **55** 27 Fb 52
Brieux **61** 36 Zf 55
Brieves-Charensac **43** 111 Df 78
Briey **54** 28 Ff 53
Briffons **63** 109 Cd 74
Brignac **34** 135 Dc 87
Brignac **56** 50 Xd 60
Brignac-la-Plaine **19** 107 Bc 77
Brignais **69** 112 Ee 75
Brignancourt **95** 38 Bf 54
Brigné **49** 67 Zd 65
Brignemont **31** 132 Af 86
Brignogan-Plage **29** 30 Ve 56
Brignoles **83** 153 Ga 88
Brignon, le — **43** 123 Df 79
Brigue, la — **06** 141 Hd 84
Brigueil-le-Chantre **86** 83 Ba 70
Brigueuil **16** 95 Af 73
Briis-sous-Forges **91** 39 Ca 57
Brillac **16** 95 Ae 72
Brillecourt **10** 59 Ec 58
Brillevast **50** 18 Yd 51
Brillon **59** 15 Db 46
Brillon-en-Barrois **55** 42 Fa 56
Brimeux **62** 13 Be 46
Brimont **51** 25 Ea 52
Brin-sur-Seille **54** 44 Gc 56
Brinay **18** 71 Ca 65
Brinay **58** 87 De 66
Brinckheim **68** 78 Hc 63
Brindas **69** 100 Ee 74
Bringolo **22** 32 Xa 57
Brinon-sur-Beuvron **58** 73 Dc 65
Brinon-sur-Sauldre **18** 71 Cb 63
Briod **39** 89 Fd 69
Briollay **49** 67 Zc 63
Brion **01** 101 Fd 72
Brion **36** 84 Be 67
Brion **38** 113 Fb 77
Brion **48** 122 Da 80
Brion **49** 68 Zf 64
Brion **63** 110 Cf 76
Brion **71** 87 Eb 67
Brion **86** 94 Ac 70
Brion **89** 57 Dc 61
Brion-près-Thouet **79** 82 Ze 66
Brion-sur-Ource **21** 59 Ed 61
Brionne **27** 21 Ae 53
Brionne, la — **23** 96 Be 72
Briord **01** 101 Fc 74
Bricsne-lès-Sables **72** 53 Ac 59
Briot **60** 22 Bf 51
Briou **41** 55 Bc 62
Brioude **43** 110 Dc 77
Brioux-sur-Boutonne **79** 93 Ze 72
Briouze **61** 35 Zd 56
Briquemesnil-Floxicourt **80** 23 Ca 49
Briquenay **08** 26 Ef 52
Briscous **64** 142 Yd 88
Brison-Saint-Innocent **73** 102 Ff 74
Brissac **34** 136 De 85
Brissac-Quincé **49** 67 Zd 64
Brissarthe **49** 67 Zd 62
Brissay-Choigny **02** 24 Dc 50
Brissy-Hamégicourt **02** 24 Dc 50
Brive-la-Gaillarde **19** 108 Bd 78
Brives **36** 84 Bf 67
Brives **72** 54 Ad 62
Brives-sur-Charente **17** 93 Zd 74
Brix **50** 18 Yc 51
Brixey-aux-Chanoines **55** 60 Fe 58
Brizambourg **17** 93 Zd 74
Brizay **37** 68 Ac 66
Brizeaux **55** 42 Fa 54
Brizon **74** 102 Gc 72
Broc **49** 68 Ab 63
Broc, le — **06** 140 Ha 86
Broc, le — **63** 110 Db 75
Brocas **40** 129 Zb 86
Brocas **40** 130 Zc 84
Brochon **21** 74 Ef 65
Brocourt **80** 22 Be 49
Broglie **27** 37 Ad 54
Brognard **25** 77 Gf 63
Brognon **08** 25 Eb 49
Brognon **21** 75 Fb 64
Broin **21** 89 Fa 66
Broindon **21** 75 Fa 65
Broissanc **07** 112 Ee 77
Broissia **39** 101 Fc 70
Brombos **60** 22 Bf 51
Bromeilles **45** 56 Cc 59
Brommat **12** 121 Ce 80
Bromont-Lamothe **63** 97 Ce 73
Bron **69** 100 Ef 74
Bronvaux **57** 44 Ga 53
Broons **22** 50 Xe 59
Broquiers **60** 22 Be 50
Broquiès **12** 134 Ce 84
Brossac **16** 105 Zf 77
Brossay **49** 68 Ze 66
Brosse-Montceaux, la — **77** 57 Da 58
Brosses **89** 73 De 63
Brosville **27** 37 Ba 54
Brotte-lès-Luxeuil **70** 76 Gc 62
Brotte-lès-Ray **70** 75 Fe 63
Brou **28** 54 Bb 59
Brou-sur-Chantereine **77** 39 Cd 55
Brouains **50** 35 Za 56
Brouay **14** 19 Zc 53
Brouchaud **24** 107 Af 77

Bouchy-Saint-Genest — Brouchaud 171

Brouchy **80** 24 Da 50
Brouck **57** 44 Gd 54
Brouckerque **59** 9 Cb 43
Brouderdorff **57** 45 Ha 56
Broué **28** 38 Bd 56
Brouennes **55** 27 Fb 51
Brouilh-Monbert, le — **32** 131 Ac 86
Brouilla **66** 160 Cf 93
Brouillet **51** 41 De 53
Brouqueyran **33** 117 Ze 82
Brousse **23** 97 Cc 73
Brousse **63** 110 Dc 75
Brousse **81** 133 Ca 86
Brousse, la — **17** 93 Zd 73
Brousse, la — **63** 98 Da 73
Brousse-le-Château **12** 134 Cd 85
Brousses-et-Villaret **11** 148 Cb 88
Broussey-en-Blois **55** 43 Fd 57
Broussey-en-Woëvre **55** 43 Fe 56
Broussy-le-Grand **51** 41 Df 56
Broussy-le-Petit **51** 41 De 56
Broût-Vernet **03** 98 Db 71
Brouvelieures **88** 62 Ge 59
Brouville **54** 62 Ge 57
Brouviller **57** 45 Ha 56
Brouy **91** 56 Cb 59
Brouzet-lès-Alès **30** 136 Eb 84
Brouzet-lès-Quissac **30** 136 Df 85
Broxeele **59** 9 Cb 43
Broye **71** 88 Eb 67
Broye-Aubigney-Montseugny **70** 75 Fd 65
Broye-les-Loups-et-Verfontaine **70** 75 Fc 64
Broyes **51** 41 De 56
Broyes **60** 23 Cc 51
Brû **88** 62 Ge 58
Bruailles **71** 89 Fb 69
Bruay-en-Artois **62** 14 Cd 46
Bruay-sur-l'Escaut **59** 15 Dd 46
Bruc-sur-Aff **35** 50 Xf 62
Brucamps **80** 13 Ca 48
Bruch **47** 131 Ac 83
Brucheville **50** 18 Ye 52
Brucourt **14** 20 Zf 53
Brue-Auriac **83** 153 Ff 87
Bruebach **68** 78 Hc 62
Brueil-en-Vexin **78** 38 Be 54
Bruère-Allichamps **18** 85 Cc 68
Bruère-sur-Loir, la — **72** 68 Ac 63
Bruffière, la — **85** 66 Ye 66
Brugairolles **11** 147 Ca 90
Brugeron, le — **63** 111 De 74
Bruges **64** 144 Ze 90
Brugheas **03** 98 Dc 72
Brugnac **47** 118 Ac 82
Brugny-Vaudancourt **51** 41 Df 55
Bruguière, la — **30** 135 Dc 85
Bruguière, la — **30** 137 Ec 84
Bruguières **31** 132 Bc 86
Bruille-lez-Marchiennes **59** 14 Db 46
Bruille-Saint-Amand **59** 15 Dd 46
Bruis **05** 125 Fd 82
Brûlain **79** 93 Ze 71
Brulais, les — **35** 50 Xf 61
Brulange **57** 44 Gd 55
Brûlatte-Saint-Isle, la — **53** 52 Za 60
Bruley **54** 43 Ff 56
Brullemail **61** 37 Ab 57
Brullioles **69** 100 Ec 74
Brûlon **72** 53 Ze 61
Brumath **67** 46 He 56
Brumetz **02** 40 Da 54
Brunehamel **02** 25 Eb 50
Brunelles **28** 54 Af 59
Brunembert **62** 9 Bf 44
Brunémont **59** 14 Da 47
Brunet **04** 139 Ga 85
Bruniquel **82** 133 Bd 84
Brunoy **91** 39 Cc 56
Brunstatt **68** 78 Hb 62
Brunville **76** 12 Bb 49
Brunvillers-la-Motte **60** 23 Cc 51
Brusc, le — **83** 153 Fe 90
Brusque **12** 135 Cf 86
Brusquet, le — **04** 139 Gb 83
Brussey **70** 76 Fe 65
Brussieu **69** 100 Ed 74
Brusson **51** 42 Ee 56
Brusvily **22** 33 Xf 58
Brutelles **80** 12 Bd 48
Bruville **54** 43 Ff 54
Brux **86** 94 Ab 71
Bruxières-sous-les-Côtes **55** 43 Fe 55
Bruyères **88** 62 Ge 59
Bruyères-et-Montberault **02** 25 De 51
Bruyères-le-Châtel **91** 39 Cb 57
Bruyères-sur-Fère **02** 40 Dc 53
Bruyères-sur-Oise **95** 39 Cb 54
Bruz **35** 51 Yb 60
Bruzet-sur-Tarn **31** 133 Bd 86
Bry **59** 15 De 47
Bryas **62** 13 Cb 46
Bû **28** 38 Bc 56
Bû-sur-Rouvres, le — **14** 36 Ze 54
Buais **50** 35 Za 57
Buanes **40** 130 Zd 86
Bubertré **61** 37 Ad 57
Bubry **56** 49 We 61
Buc **78** 39 Ca 56
Buc **90** 77 Ge 63
Bucamps **60** 23 Cb 51
Bucey-en-Othe **10** 58 Df 59
Bucey-lès-Gy **70** 76 Ff 64
Bucey-les-Traves **70** 76 Ff 63
Buchelay **78** 38 Bd 55
Buchères **10** 58 Ea 59
Buchy **57** 44 Gb 55
Buchy **76** 22 Bc 51
Bucilly **02** 25 Ea 49
Bucquoy **62** 14 Ce 48
Bucy-le-Long **02** 24 Dc 52
Bucy-le-Roy **45** 55 Bf 60
Bucy-lès-Cerny **02** 24 Dd 51
Bucy-lès-Pierrepont **02** 25 Df 51
Bucy-Saint-Liphard **45** 55 Be 61
Budelière **23** 97 Cc 71
Buding **57** 28 Gb 52
Budos **33** 117 Zd 81
Bué **18** 72 Ce 65
Bueil **27** 38 Bc 55
Bueil-en-Touraine **37** 69 Ad 63
Buellas **01** 101 Fa 71
Buffard **25** 90 Fe 66
Buffières **71** 100 Ed 70
Buffignécourt **70** 76 Ga 62
Buffon **21** 74 Eb 63
Bugarach **11** 159 Cc 91
Bugard **65** 145 Ab 89
Bugeat **19** 108 Bf 75
Bugnein **64** 143 Zb 88
Bugnicourt **59** 14 Db 47
Bugnières **52** 59 Fa 61
Bugny **25** 90 Gc 66
Bugue, le — **24** 119 Af 79
Buhl **67** 46 Hf 55
Buhl **68** 62 Hb 61
Buhl-Lorraine **57** 45 Ha 56
Buhy **95** 38 Be 53
Buicourt **60** 22 Be 51
Buigny-l'Abbé **80** 13 Bf 48
Buigny-lès-Gamaches **80** 12 Bd 48
Buigny-Saint-Maclou **80** 13 Be 48
Buire **02** 25 Ea 49
Buire **80** 24 Da 49
Buire-au-Bois **62** 13 Ca 47
Buire-le-sec **62** 13 Be 46
Buire-sur-l'Ancre **80** 14 Cd 49
Buironfosse **02** 15 Df 49
Buis, le — **87** 95 Bb 72
Buis-les-Baronnies **26** 138 Fb 83
Buis-sur-Damville **27** 37 Ba 56
Buissard **05** 126 Ga 81
Buisse, la — **38** 113 Fd 77
Buisson **84** 124 Ee 83
Buisson, le — **24** 119 Af 79
Buisson, le — **48** 122 Db 81
Buisson, le — **51** 42 Ee 56
Buissoncourt **54** 44 Gc 56
Buissy **62** 14 Da 47
Bujaleuf **87** 96 Bd 74
Bulainville **28** 55 Bd 59
Bulan **65** 145 Ab 90
Bulat-Pestivien **22** 32 We 58
Bulcy **58** 72 Da 65
Buléon **56** 49 Xb 61
Bulgnéville **88** 60 Ff 59
Bulhon **63** 98 Dc 73
Bulle **25** 90 Gb 67
Bullecourt **62** 14 Cf 47
Bulles **60** 23 Cb 52
Bulligny **54** 43 Ff 57
Bullion **78** 38 Bf 57
Bullou **28** 54 Bb 59
Bully **42** 99 Ea 73
Bully **76** 22 Bc 50
Bully-les-Mines **62** 14 Ce 46
Bulson **08** 26 Ef 51
Bult **88** 61 Gd 59
Bun **65** 144 Zf 91
Buncey **21** 74 Ed 62
Buneville **62** 13 Cc 47
Buno-Bonnevaux **91** 56 Cc 58
Bunus **64** 143 Yf 89
Bunzac **16** 94 Ac 74
Buoux **84** 138 Fc 85
Burbach **67** 45 Ha 55
Burbanche, la — **01** 101 Fd 73
Burbure **62** 14 Cc 45
Burcy **14** 35 Zb 55
Burcy **77** 56 Cd 59
Burdignes **42** 112 Ed 77
Burdignin **74** 102 Gc 71
Bure **55** 60 Fc 57
Buré **61** 36 Ac 57
Bure-les-Templiers **21** 74 Ef 62
Burelles **02** 25 Df 50
Bures **54** 44 Gd 56
Bures **61** 36 Ac 57
Bures-en-Bray **76** 22 Bb 50
Bures-sur-Yvette **91** 39 Ca 56
Buret, le — **53** 52 Zc 61
Burey **27** 37 Af 55
Burey-en-Vaux **55** 43 Fe 57
Burey-la-Côte **55** 60 Fe 57
Burg **65** 145 Ab 89
Burgalays **31** 157 Ad 91
Burgaronne **64** 143 Za 88
Burgaud, le — **31** 132 Ba 86
Burgille **25** 76 Fe 65
Burgnac **87** 95 Ba 74
Burgy **71** 88 Ee 70
Burie **17** 93 Zd 74
Buriville **54** 45 Ge 57
Burlats **81** 134 Cb 87
Burlioncourt **57** 44 Gd 55
Burnand **71** 88 Ed 69
Burnevillers **25** 77 Ha 65
Burnhaupt-le-Bas **68** 77 Ha 62
Burnhaupt-le-Haut **68** 77 Ha 62
Buros **64** 144 Ze 88
Burosse-Mendousse **64** 144 Ze 87
Burret **09** 158 Bc 91
Bursard **61** 36 Ab 57
Burthecourt-aux-Chênes **54** 44 Gb 57
Burtoncourt **57** 28 Gc 53
Bury **60** 23 Cc 53
Burzet **07** 123 Eb 80
Burzy **71** 88 Ed 69
Bus **62** 14 Cf 48
Bus-la-Mésière **80** 23 Ce 51
Bus-lès-Artois **80** 14 Cd 48
Bus-Saint-Rémy **27** 38 Bd 54
Buschwiller **68** 78 Hd 63
Busigny **59** 15 Dc 48
Busloup **41** 54 Ba 61
Busnes **62** 14 Cd 45
Busque **81** 133 Bf 86
Bussac **24** 106 Ad 77
Bussac-Forêt **17** 105 Zd 77
Bussac-sur-Charente **17** 93 Zc 74
Bussang **88** 62 Gf 61
Busseau, le — **79** 81 Zc 69
Busseaut **21** 74 Ed 62
Busséol **63** 110 Db 74
Busserotte-et-Montenaille **21** 74 Ef 63
Busset **03** 98 Dd 72
Bussiares **02** 40 Db 54
Bussière **42** 99 Eb 74
Bussière, la — **23** 97 Cd 72
Bussière, la — **45** 72 Ce 62
Bussière, la — **86** 83 Ae 69
Bussière-Badil **24** 106 Ad 75
Bussière-Boffy **87** 95 Af 72
Bussière-Dunoise **23** 96 Be 71
Bussière-Galant **87** 107 Ba 75
Bussière-Poitevine **87** 95 Af 71
Bussière-Saint-Georges **23** 97 Ca 70
Bussière-sur-Ouche, la — **21** 74 Ee 65
Bussières **21** 74 Ef 63
Bussières **63** 97 Cd 72
Bussières **70** 76 Ff 64
Bussières **71** 100 Ee 71
Bussières **77** 40 Db 55
Bussières **89** 73 Ea 64
Bussières-et-Pruns **63** 98 Db 72
Busson **52** 60 Fc 59
Bussu **80** 14 Cf 49
Bussunarits **64** 143 Ye 90
Bussus-Bussuel **80** 13 Bf 48
Bussy **18** 85 Cd 67
Bussy **60** 24 Cf 51
Bussy-Albieux **42** 99 Ea 74
Bussy-en-Othe **89** 57 Dd 60
Bussy-la-Pesle **21** 74 Ee 64
Bussy-la-Pesle **58** 72 Dc 65
Bussy-le-Château **51** 42 Ed 54
Bussy-le-Grand **21** 74 Ed 63
Bussy-le-Repos **51** 42 Ee 55
Bussy-le-Repos **89** 57 Db 60
Bussy-lès-Daours **80** 23 Cc 49
Bussy-lès-Poix **80** 23 Ca 50
Bussy-Lettrée **51** 41 Eb 56
Bussy-Saint-Georges **77** 39 Ce 55
Bust **67** 45 Hb 55
Bustanico **2B** 163 Kb 95
Bustince **64** 143 Ye 89
Buswiller **67** 46 Hd 56
Busy **25** 76 Ff 65
Butgnéville **55** 43 Fe 54
Buthiers **70** 76 Ga 64
Buthiers **77** 56 Cc 59
Butot **76** 21 Ba 51
Butot-Vénesville **76** 21 Ad 50
Butry-sur-Oise **95** 39 Cb 54
Butteaux **89** 58 De 61
Butten **67** 45 Hb 55
Buverchy **80** 24 Cf 50
Buvilly **39** 89 Fe 67
Buvin **38** 113 Fd 75
Buxerette, la — **36** 84 Be 70
Buxerolles **21** 74 Ef 62
Buxerolles **86** 82 Ac 69
Buxeuil **10** 59 Ec 60
Buxeuil **36** 70 Be 66
Buxeuil **86** 83 Ae 67
Buxières-d'Aillac **36** 84 Be 69
Buxières-lès-Clefmont **52** 60 Fc 60
Buxières-les-Mines **03** 86 Cf 70
Buxières-lès-Villiers **52** 59 Fa 60
Buxières-sous-Montaigut **63** 97 Cf 71
Buxières-sur-Arce **10** 59 Ec 60
Buxy **71** 88 Ee 68
Buysscheure **59** 9 Cc 44
Buzan **09** 157 Af 91
Buzançais **36** 84 Bc 67
Buzancy **02** 24 Dc 53
Buzancy **08** 26 Ef 52
Buzeins **12** 122 Cf 82
Buzet-sur-Baïse **47** 118 Ab 83
Buziet **64** 144 Zd 90
Buzignargues **34** 136 Ea 86
Buzon **65** 145 Aa 88
Buzy **55** 43 Fe 53
Buzy **64** 144 Zd 90
By **25** 90 Ff 66
Byans-sur-Doubs **25** 76 Ff 66

C

Cabanac **65** 145 Ab 89
Cabanac-et-Villagrains **33** 117 Zc 81
Cabanac-Séguenville **31** 132 Ba 86
Cabanès **12** 134 Cb 83
Cabanès **81** 133 Bf 86
Cabanes-de-Fleury, les — **11** 149 Db 89
Cabanial, le — **31** 147 Bf 87
Cabannes **13** 137 Ef 85
Cabannes **81** 134 Ce 86
Cabannes, les — **09** 158 Be 92
Cabannes, les — **81** 133 Bf 84
Cabara **33** 117 Zf 80
Cabariot **17** 92 Za 73
Cabas-Loumasses **32** 145 Ad 88
Cabasse **83** 153 Gb 88
Cabestany **66** 160 Cf 92
Cabidos **64** 130 Zd 87
Cabourg **14** 20 Zf 53
Cabrerets **46** 120 Bd 81
Cabrerolles **34** 149 Da 87
Cabrespine **11** 148 Cc 88
Cabrières **30** 136 Ec 85
Cabrières **34** 149 Dc 87
Cabrières **84** 138 Fa 85
Cabrières-d'Aigues **84** 138 Fc 86
Cabriès **13** 152 Fc 88
Cabris **06** 140 Gf 86
Cachan **94** 39 Cb 56
Cachen **40** 130 Zd 84
Cachy **80** 23 Cc 49
Cadalen **81** 133 Bf 85
Cadarcet **09** 146 Bd 90
Cadarsac **33** 117 Ze 79
Cadaujac **33** 117 Zc 80
Cadéac **65** 156 Ac 91
Cadeilhan **32** 131 Ae 86
Cadeillan **32** 146 Af 88
Caden **56** 65 Xe 63
Cadenet **84** 138 Fc 86
Caderousse **84** 137 Ef 84
Cadière, la — **30** 136 De 85
Cadière-d'Azur, la — **83** 153 Fe 89
Cadillac **33** 117 Ze 81
Cadillac-en-Fronsadais **33** 105 Zd 79
Cadillon **64** 144 Zf 87
Cadix **81** 134 Cc 85
Cadix **81** 147 Bf 87
Cadolive **13** 152 Fd 88
Cadours **31** 132 Ba 86
Cadrieu **46** 120 Bf 82
Caen **14** 20 Ze 53
Caëstre **59** 10 Cd 44
Caffiers **62** 9 Be 43
Cagnac-les-Mines **81** 133 Ca 85
Cagnano **2B** 161 Kc 91
Cagnes-sur-Mer **06** 140 Ha 86
Cagnicourt **62** 14 Cf 47
Cagnoncles **59** 15 Db 47
Cagnotte **40** 129 Yf 87
Cagny **14** 36 Ze 54
Cagny **80** 23 Cc 49
Cahagnes **14** 35 Zb 54
Cahagnolles **14** 19 Zb 54
Cahaignes **27** 38 Bd 53
Cahan **61** 35 Zd 55
Caharet **65** 145 Ab 90
Cahon **80** 13 Be 48
Cahors **46** 119 Bc 82
Cahus **46** 120 Bf 79
Cahuzac **11** 147 Bf 89
Cahuzac **47** 118 Ad 81
Cahuzac **81** 147 Ca 88
Cahuzac-sur-Adour **32** 130 Zf 87
Cahuzac-sur-Vère **81** 133 Bf 85
Caignac **31** 147 Be 89
Cailhau **11** 147 Ca 90
Cailhavel **11** 147 Ca 90
Caillac **46** 119 Bc 82
Caillavet **32** 131 Ac 86
Caille **06** 140 Ge 86
Caillère-Saint-Hilaire, la — **85** 81 Za 69
Cailleville **76** 21 Ae 49
Caillouël **02** 24 Da 51
Caillouet-Orgeville **27** 38 Bb 54
Cailly **76** 22 Bb 51
Cailly-sur-Eure **27** 37 Bb 54
Cairanne **84** 124 Ee 83
Cairon **14** 19 Zd 53
Caisargues **30** 137 Ec 86
Caisnes **60** 24 Da 51
Caix **80** 23 Cd 50
Caixas **66** 160 Ce 93
Caixon **65** 144 Aa 88
Cajarc **46** 120 Bf 82
Calacuccia **2B** 163 Ka 94
Calais **62** 9 Bf 43
Calamane **46** 119 Bc 81
Calan **56** 48 We 61
Calanhel **22** 31 Wd 58
Calavanté **65** 145 Ab 89
Calcatoggio **2A** 162 Ie 96
Calce **66** 160 Cf 92
Calenzana **2B** 161 If 93
Calenzana **2B** 161 If 93
Calès **46** 120 Bd 80
Calignac **47** 131 Ac 84
Caligny **61** 35 Zc 56
Callac **22** 31 Wd 58
Callas **83** 140 Gd 87
Callen **40** 117 Zd 83
Callengeville **76** 22 Bd 49
Calleville **27** 21 Ae 53
Calleville-les-Deux-Eglises **76** 21 Ba 50
Callian **32** 131 Ab 87
Callian **83** 140 Ge 87
Calmeilles **66** 160 Ce 93
Calmels-et-le-Viala **12** 134 Ce 85
Calmette, la — **30** 136 Eb 85
Calmont **31** 147 Bd 89
Calmoutier **70** 76 Gb 63
Caloire **42** 111 Eb 76
Calonges **47** 118 Ab 82
Calonne-Ricouart **62** 14 Cc 46
Calonne-sur-la-Lys **62** 14 Cd 45
Calorguen **22** 33 Xf 58
Calotterie, la — **62** 13 Be 46
Caluire-et-Cuire **69** 100 Ef 74
Calvi **2B** 161 Ie 93
Calvi **2B** 161 Ie 93
Calviac **46** 120 Ca 79
Calviac-en-Périgord **24** 119 Bb 79
Calvignac **46** 120 Be 82
Calvinet **15** 121 Cc 80
Calvisson **30** 136 Eb 86
Calzan **09** 147 Be 90
Camales **65** 144 Aa 88
Camarade **09** 146 Bb 90
Camaret-sur-Aigues **84** 124 Ee 83
Camaret-sur-Mer **29** 30 Vc 59
Camarsac **33** 117 Zd 80
Cambayrac **46** 119 Bb 82
Cambernard **31** 146 Bb 88
Cambernon **50** 34 Yd 54
Cambes **33** 117 Zd 80
Cambes **46** 120 Bf 81
Cambes **47** 118 Ab 81
Cambes-en-Plaine **14** 19 Zd 53
Cambia **2B** 161 Kb 94
Cambiac **31** 147 Be 88
Cambieure **11** 147 Ca 90
Camblain-Châtelain **62** 13 Cc 46
Camblain-l'Abbé **62** 14 Cd 46
Cambligneul **62** 14 Cd 46
Cambo-les-Bains **64** 142 Yd 88
Cambon **81** 134 Cb 85
Cambon-du-Temple **81** 134 Cc 85
Cambon-lès-Lavaur **81** 147 Bf 87
Camboulazet **12** 134 Cc 83
Camboulit **46** 120 Bf 81
Cambounès **81** 148 Cc 87
Cambounet-sur-le-Sor **81** 147 Ca 87
Cambout, le — **22** 49 Xc 60
Cambrai **59** 14 Db 47
Cambremer **14** 36 Aa 54
Cambrin **62** 14 De 45
Cambron **80** 13 Be 48
Cambronne-lès-Clermont **60** 23 Cc 52
Cambronne-lès-Ribécourt **60** 24 Cf 51
Camburat **46** 120 Bf 81
Came **64** 143 Yf 88
Camelas **66** 160 Ce 93
Camelin **02** 24 Da 51
Camembert **61** 36 Ab 55
Cametours **50** 34 Ye 54
Camiac **33** 117 Ze 80
Camiers **62** 12 Bd 45
Camiran **33** 117 Zf 81
Camlez **22** 32 We 56
Cammazes, les — **81** 147 Ca 88
Camoël **56** 65 Xd 64
Camon **09** 147 Bf 90
Camon **80** 23 Cc 49
Camors **56** 49 Xa 61
Camou **64** 143 Yf 88
Camou **64** 143 Za 90
Camous **65** 145 Ac 91
Campagnac **12** 122 Da 82
Campagnac-les-Quercy **24** 119 Bb 80
Campagnan **34** 149 Dc 87
Campagne **24** 119 Af 49
Campagne **34** 136 Ea 86
Campagne **40** 130 Zc 85
Campagne **60** 24 Cf 51
Campagne-de-Sault **11** 159 Ca 92
Campagne-lès-Boulonnais **62** 13 Bf 45
Campagne-lès-Guînes **62** 9 Bf 42
Campagne-lès-Hesdin **62** 13 Bf 46
Campagne-sur-Arize **09** 146 Bc 90
Campagne-sur-Aude **11** 159 Cb 91
Campagnolles **14** 35 Za 55
Campan **65** 145 Ab 90
Campana **2B** 161 Kc 94
Campandré-Valcongrain **14** 35 Zc 55
Camparan **65** 156 Ac 91
Campeaux **60** 22 Be 51
Campénéac **56** 50 Xe 61
Campestre-et-Luc **30** 135 Dc 85
Campet-et-Lamolère **40** 130 Zc 85
Camphin-en-Carembault **59** 14 Cf 45
Camphin-en-Pévèle **59** 14 Db 45
Campi **2B** 163 Kc 95
Campigneulles-les-Grandes **62** 13 Be 46
Campigneulles-les-Petites **62** 13 Be 46
Campigny **27** 21 Ad 53
Campile **2B** 161 Kc 94
Campistrous **65** 145 Ac 90
Campitello **2B** 161 Kb 93
Camplong **34** 135 Da 86
Camplong-d'Aude **11** 148 Cd 90
Campneuseville **76** 22 Bd 49
Campo **2A** 163 Ka 97
Campôme **66** 159 Cc 93
Campouriez **12** 121 Cd 80
Campoussy **66** 159 Cc 92
Camprémy **60** 23 Cb 51
Camprond **50** 34 Yd 54
Camps-en-Amiénois **80** 22 Bf 49
Camps-la-Source **83** 153 Ga 88
Camps-sur-l'Agly **11** 159 Cc 91
Camps-sur-l'Isle **33** 105 Zf 79
Campsas **82** 132 Bb 85
Campsegret **24** 118 Ad 79
Campuac **12** 121 Cd 81
Campugnan **33** 105 Zc 77
Campuzan **65** 145 Ac 89
Camurac **11** 159 Bf 92
Canale-di-Verde **2B** 163 Kc 95
Canals **82** 132 Bb 85
Canaples **80** 13 Cb 48
Canappeville **27** 37 Ba 54
Canapville **14** 20 Aa 53
Canapville **61** 36 Ab 55
Canari **2B** 161 Kc 91
Canaules-et-Argentières **30** 136 Ea 85
Canavaggia **2B** 161 Kb 93
Canaveilles **66** 159 Cb 93
Cancale **35** 34 Ya 56
Canchy **14** 19 Za 53
Canchy **80** 13 Bf 47
Cancon **47** 118 Ad 81
Candas **80** 13 Cb 48
Candé **49** 67 Yf 63
Candé-sur-Beuvron **41** 70 Bb 64
Candes-Saint-Martin **37** 68 Aa 65
Candillargues **34** 150 Ea 87
Candor **60** 24 Cf 51
Candresse **40** 129 Za 86
Canehan **76** 12 Bc 49
Canéjeans **33** 117 Zc 80
Canens **31** 146 Bc 89
Canenx-et-Réaut **40** 130 Zd 84
Canet **11** 148 Cf 89
Canet **34** 149 Dc 87
Canet-de-Salars **12** 134 Ce 83
Canet-en-Roussillon **66** 160 Da 92
Canet-Plage **66** 160 Da 92
Canettemont **62** 13 Cc 47
Cangey **37** 69 Ba 64
Caniac-du-Causse **46** 120 Bd 81
Canihuel **22** 32 Wf 58
Canilhac **48** 122 Da 82
Canillo [AND] 158 Bd 93
Canisy **50** 34 Yf 54
Canlers **62** 13 Ca 46
Canly **60** 23 Ce 52
Cannectancourt **60** 24 Cf 51
Cannelle **2A** 162 Ie 96
Cannes **06** 154 Ha 87
Cannes **30** 136 Ea 85
Cannes-Ecluse **77** 57 Cf 58
Cannessières **80** 13 Be 49
Cannet **32** 130 Zf 87
Cannet, le — **06** 154 Ha 87
Cannet-des-Maures, le — **83** 153 Gc 88
Canny-sur-Matz **60** 24 Ce 51
Canny-sur-Thérain **60** 22 Be 51
Canohès **66** 160 Ce 93
Canon, le — **33** 116 Ye 80
Canourgue, la — **48** 122 Db 82
Canouville **76** 21 Ad 50
Cantaing-sur-Escaut **59** 14 Da 48
Cantaous **65** 145 Ac 90
Cantaron **06** 141 Hb 86
Canté **09** 147 Bd 89
Canteleu **76** 21 Ba 52
Canteleux **62** 13 Cb 47
Canteloup **14** 36 Zf 54
Canteloup **50** 18 Yd 51
Cantenac **33** 105 Zc 78
Cantenay-Epinard **49** 67 Zc 63
Cantiers **27** 22 Bd 53
Cantigny **80** 23 Cc 50
Cantillac **24** 106 Ad 76
Cantin **59** 14 Da 47
Cantoin **12** 121 Ce 79
Cantois **33** 117 Ze 80
Canville-la-Rocque **50** 18 Yc 52
Canville-les-Deux-Eglises **76** 21 Af 50
Cany-Barville **76** 21 Ad 50
Caorches-Saint-Nicolas **27** 37 Ad 54
Caouënnec-Lanvézéac **22** 32 Wd 56
Caours **80** 13 Bf 48
Cap d'Agde, le — **34** 149 Dd 89
Cap-d'Ail **06** 141 Hc 86
Cap Ferret **33** 116 Ye 81
Capbreton **40** 128 Ye 87
Capdenac **46** 120 Ca 81
Capdenac-Gare **12** 120 Ca 81
Capdrot **24** 119 Af 80
Capelle **59** 15 Dd 47
Capelle, la — **02** 15 Df 49
Capelle-Balaguier, la — **12** 120 Bf 82
Capelle-Banance, la — **12** 122 Da 82
Capelle-Bleys, la — **12** 134 Cb 83
Capelle-Fermont **62** 14 Cd 46
Capelle-lès-Boulogne, la — **62** 9 Be 44
Capelle-les-Grands **27** 37 Ac 54
Capelle-lès-Hesdin **62** 13 Be 46
Capendu **11** 148 Cd 89
Capens **31** 146 Bb 89
Capestang **34** 149 Da 89
Capian **33** 117 Zd 80
Caplong **33** 118 Aa 80
Capoulet **09** 158 Bd 92
Cappel **57** 45 Gf 54
Cappelle-Brouck **59** 9 Cb 43
Cappelle-en-Pévèle **59** 14 Db 45
Cappelle-la-Grande **59** 9 Cc 43
Cappy **80** 23 Ce 49
Captieux **33** 117 Ze 83
Capvern **65** 145 Ab 90
Capvern-les-Bains **65** 145 Ab 90
Caragoudes **31** 147 Be 88
Caraman **31** 147 Be 87
Caramany **66** 160 Cd 92
Carantec **29** 31 Wa 56
Carantilly **50** 34 Ye 54
Carayac **46** 120 Bf 81
Carbay **49** 51 Ye 62
Carbini **2A** 163 Ka 98
Carbon-Blanc **33** 117 Zc 79
Carbonne **31** 146 Bb 89
Carbuccia **2A** 163 If 96
Carcagny **14** 19 Zc 53
Carcanières **09** 159 Ca 92
Carcans **33** 104 Yf 78
Carcarès-Sainte-Croix **40** 129 Zb 85
Carcassonne **11** 148 Cb 89
Carcen-Ponson **40** 129 Zb 85
Carces **83** 153 Gb 88
Carcheto-Brustico **2B** 161 Kc 94
Cardaillac **46** 120 Bf 80
Cardan **33** 117 Zd 80
Cardeilhac **31** 145 Ae 89
Cardesse **64** 144 Zc 89
Cardet **30** 136 Ea 84
Cardo-Torgia **2A** 163 If 97
Cardonette **80** 13 Cc 49
Cardonnet **47** 131 Ad 83
Cardonnois, le — **80** 23 Cc 51
Cardroc **35** 50 Ya 59
Carelles **53** 52 Za 58
Carency **62** 14 Ce 46
Carennac **46** 120 Be 79
Carentan **50** 18 Ye 53
Carentoir **56** 50 Xf 62
Cargèse **2A** 162 Id 96
Carhaix-Plouguer **29** 48 Wc 59
Carignan **08** 27 Fb 51
Carignan-de-Bouliac **33** 117 Zd 80
Carisey **89** 58 Df 61
Carla-Bayle **09** 146 Bc 90
Carla-de-Roquefort **09** 147 Be 91
Carlat **15** 121 Cd 79
Carlencas **34** 135 Db 87
Carlepont **60** 24 Da 51
Carling **57** 45 Ge 53
Carlipa **11** 147 Ca 89
Carlucet **46** 120 Bd 80
Carlus **81** 133 Ca 85
Carlux **24** 119 Bc 79
Carly **62** 9 Be 45
Carmaux **81** 134 Cb 84
Carnac **56** 64 Wf 63
Carnac-Rouffiac **46** 119 Bb 82
Carnas **30** 136 Df 86
Carneille, la — **61** 35 Zd 56
Carnet **50** 34 Yd 57
Carneville **50** 18 Yd 50
Carnières **59** 15 Dc 47
Carnin **59** 14 Cf 45
Carnoët **22** 31 Wc 58
Carnoules **83** 153 Gb 89
Carnoux-en-Provence **13** 152 Fd 89
Carnoy **80** 14 Ce 49
Caro **56** 50 Xe 61
Caro **64** 143 Ye 90
Carolles **50** 34 Yc 56
Caromb **84** 138 Fa 84
Carpentras **84** 138 Fa 84
Carpineto **2B** 161 Kc 94
Carpiquet **14** 19 Zd 53
Carquebut **50** 18 Ye 52
Carquefou **44** 66 Yd 65
Carqueiranne **83** 153 Ga 90
Carrépuis **80** 24 Ce 50
Carrère **64** 144 Ze 88
Carresse **64** 143 Za 89
Carrières-sous-Poissy **78** 39 Ca 55
Carros **06** 141 Hb 86
Carry-le-Rouet **13** 152 Fa 88
Cars **33** 105 Zc 78
Cars, les — **87** 107 Ba 74
Carsac-Aillac **24** 119 Bb 79
Carsac-de-Gurson **24** 118 Aa 79
Carsan **30** 137 Ed 83
Carsix **27** 37 Ae 54
Carspach **68** 77 Hb 63
Cartelègue **33** 105 Zc 77
Carteret **50** 18 Yb 52
Carticasi **2B** 161 Kb 94
Cartignies **59** 15 Df 48
Cartigny **80** 24 Da 49
Cartigny-l'Epinay **14** 19 Yf 53
Carves **24** 119 Ba 80
Carville-la-Folletière **76** 21 Ae 51
Carville-Pot-de-Fer **76** 21 Ae 50
Carvin **62** 14 Cf 46
Casabianca **2B** 161 Kc 94
Casaglione **2A** 162 Ie 96
Casalabriva **2A** 162 If 98
Casalta **2B** 161 Kc 94
Casamaccioli **2B** 163 Ka 95
Casanova **2B** 163 Kb 95
Cascastel-des-Corbières **11** 160 Ce 91
Casefabre **66** 160 Cd 93
Caseneuve **84** 138 Fc 85
Cases-de-Pène **66** 160 Cf 92
Casevecchie **2B** 163 Kc 96
Cassagnabère-Tournas **31** 145 Ae 89
Cassagnas **48** 136 De 83
Cassagne **31** 146 Af 90
Cassagne, la — **24** 107 Bb 78
Cassagnes **46** 119 Ba 81
Cassagnes **66** 160 Cd 92
Cassagnes-Bégonhès **12** 134 Cd 84
Cassagnoles **30** 136 Ea 84
Cassagnoles **34** 148 Cd 88
Cassaigne **32** 131 Ac 85
Cassaigne, la — **11** 147 Bf 89
Cassaignes **11** 159 Cb 91
Cassaniouze **15** 121 Cc 80
Casséjouls **12** 121 Ce 80
Cassel **59** 10 Cc 44
Cassen **40** 129 Za 86
Casseneuil **47** 118 Ad 82
Casseuil **33** 117 Zf 81
Cassis **13** 152 Fd 89
Casson **44** 66 Yc 64
Cast **29** 47 Vf 60
Castagnac **31** 146 Bc 89
Castagnède **31** 146 Af 90
Castagnède **64** 143 Za 89
Castagniers **06** 141 Hb 86
Castaignos-Souslens **40** 129 Zc 87
Castandet **40** 130 Zd 86
Castanet **12** 134 Cb 83
Castanet **81** 133 Ca 85
Castanet **82** 133 Bf 83
Castanet-le-Bas **34** 135 Da 87
Castanet-le-Haut **34** 135 Cf 87
Castanet-Tolosan **31** 147 Bd 87
Castans **11** 148 Cc 88
Casteide-Cami **64** 144 Zc 89
Casteide-Candau **64** 144 Zc 87
Casteide-Doat **64** 144 Zf 88
Casteil **66** 159 Cc 93
Castel-Sarrazin **40** 129 Zb 87
Castelau-de-Mandailles **12** 121 Cf 81
Castelbajac **65** 145 Ac 89
Castelbiague **31** 146 Af 90
Castelculier **47** 131 Ae 83

172 **Brouchy—Castelculier**

Castelferrus 82 132 Ba 84
Castelfranc 46 119 Bb 81
Castelgaillard 31 146 Af 88
Castelginest 31 132 Bc 86
Casteljaloux 47 118 Aa 83
Casteljau 07 123 Eb 82
Castella 47 118 Ae 83
Castellane 04 140 Gd 85
Castellar 06 141 Hc 86
Castellare-di-Casinca 2B 161 Kc 94
Castellare-di-Mercurio 2B 163 Kb 95
Castellet 84 138 Fc 85
Castellet, le — 04 139 Ff 85
Castellet, le — 83 153 Fe 89
Castello-di-Rostino 2B 161 Kb 94
Castelmary 12 134 Cb 83
Castelmaurou 31 133 Bd 86
Castelmayran 82 132 Ba 84
Castelmoron-d'Albret 33 117 Zf 80
Castelmoron-sur-Lot 47 118 Ac 82
Castelnau 09 146 Bc 90
Castelnau-Barbarens 32 131 Ae 87
Castelnau-Chalosse 40 129 Za 87
Castelnau-d'Anglès 32 131 Ab 87
Castelnau-d'Arbieu 32 131 Ae 85
Castelnau-d'Aude 11 148 Ce 89
Castelnau-d'Auzan 32 131 Aa 85
Castelnau-de-Brassac 81 134 Cd 87
Castelnau-de-Guers 34 149 Dc 88
Castelnau-de-Lévis 81 133 Ca 85
Castelnau-de-Médoc 33 104 Zb 78
Castelnau-de-Montmiral 81 133 Be 85
Castelnau-d'Estrétefonds 31 132 Bc 86
Castelnau-le-Lez 34 136 Cf 87
Castelnau-Magnoac 65 145 Ad 89
Castelnau-Montratier 46 132 Bc 82
Castelnau-Pégayrols 12 135 Cf 84
Castelnau-Picampeau 31 146 Ba 89
Castelnau-Rivière-Basse 65 130 Zf 87
Castelnau-sur-Gupie 47 118 Aa 81
Castelnau-sur-l'Auvignon 32 131 Ac 85
Castelnau-Tursan 40 130 Zd 87
Castelnau-Valence 30 136 Eb 84
Castelnaud 24 119 Ba 80
Castelnaud-de-Gratecambe 47 118 Ae 82
Castelnaudary 11 147 Bf 89
Castelnavet 32 131 Aa 86
Castelner 40 130 Zc 87
Castelnou 66 160 Ce 93
Castelreng 11 147 Ca 90
Castels 24 119 Ba 79
Castelsagrat 82 132 Af 83
Castelsarrasin 82 132 Ba 84
Castelvieilh 65 145 Ab 89
Castelviel 33 117 Zf 80
Castéra, le — 31 132 Ba 86
Castéra-Bouzet 82 132 Af 84
Castéra-Lectourois 32 131 Ad 85
Castéra-Lou 65 145 Aa 89
Castéra-Loubix 64 144 Zf 88
Castéra-verduzan 32 131 Ac 86
Castéra-Vignoles 31 145 Ae 89
Castéras 09 146 Bc 90
Casterets 65 145 Ad 89
Castéron 32 132 Af 85
Castet 64 143 Zc 89
Castet 64 144 Zd 90
Castet-Arrouy 32 131 Ae 85
Castetbon 64 143 Zb 88
Castétis 64 143 Zb 88
Castetnau 64 143 Zb 89
Castetpugon 64 130 Ze 87
Castets 40 129 Ye 87
Castets 40 129 Yf 85
Castets-en-Dorthe 33 117 Zf 81
Castex 09 146 Bb 90
Castex 32 145 Ab 88
Castex-d'Armagnac 32 130 Zf 85
Casties-Labrande 31 146 Ba 89
Castifao 2B 161 Ka 93
Castiglione 2B 161 Ka 94
Castillon 06 141 Hc 85
Castillon 31 157 Ad 92
Castillon 64 144 Zc 89
Castillon 64 144 Zf 88
Castillon 65 145 Ab 90
Castillon-de-Castets 33 117 Zf 81
Castillon-Debats 32 131 Ab 86
Castillon-du-Gard 30 137 Ed 85
Castillon-en-Auge 14 36 Aa 54
Castillon-en-Couserans 09 157 Ba 91
Castillon-la-Bataille 33 117 Zf 79
Castillon-Massas 32 131 Ad 86
Castillon-savès 32 146 Af 87
Castillonnès 47 118 Ad 81
Castilly 14 19 Yf 53
Castin 32 131 Ad 86
Castineta 2B 161 Kb 94
Castirla 2B 161 Ka 94
Castres 02 24 Db 50
Castres 81 134 Cb 87
Castres-Gironde 33 117 Zd 80
Castries 34 149 Df 86
Cateau-Cambrésis, le — 59 15 Dd 48
Catelet, le — 02 14 Db 48
Catelier, le — 76 21 Ba 50
Catenay 76 22 Bb 51
Catenoy 60 23 Cd 52
Cateri 2B 161 If 93
Cateri 2B 161 If 93
Cathervielle 31 157 Ad 92
Catheux 60 23 Ca 51
Catigny 60 24 Cf 51
Catillon-Fumechon 60 23 Cc 51
Catillon-sur-Sambre 59 15 Dd 48
Catllar 66 159 Cc 93
Cattenières 59 15 Db 48
Cattenom 57 28 Gb 52
Catteville 50 18 Yc 52
Cattonvielle 32 132 Af 87
Catus 46 122 Bb 81
Catz 50 18 Ye 53
Caubeyres 47 118 Ab 83
Caubiac 31 132 Ba 86
Caubios-Loos 64 144 Zd 88
Caubon-Saintsauveur 47 118 Ab 81
Caucalières 81 148 Cb 87
Cauchie 62 9 Cb 44
Cauchie, la — 62 14 Cd 47
Cauchy-à-la-Tour 62 13 Cc 45
Caucourt 62 14 Cd 46
Caudan 56 48 Wd 62
Caudebec-en-Caux 76 21 Ae 51
Caudebec-lès-Elbeuf 76 21 Ba 53
Caudebronde 11 148 Cb 88
Caudecoste 47 131 Ae 84
Caudeval 11 147 Bf 90
Caudies-de-Confent 66 159 Ca 93
Caudiès-de-Fenouillèdes 66 159 Cc 92
Caudrot 33 117 Zf 81
Caudry 59 15 Dc 48
Cauffry 60 23 Cc 53
Caugé 27 37 Ba 54
Caujac 31 146 Bc 89
Caulaincourt 02 24 Da 49
Caule-Sainte-Beuve, le — 76 22 Bd 50
Caulières 80 22 Bf 50
Caullery 59 15 Dc 48
Caulnes 22 50 Xf 59
Caumont 02 24 Db 51
Caumont 09 146 Ba 90
Caumont 27 21 Af 52
Caumont 32 130 Zf 86
Caumont 33 117 Zf 80
Caumont 62 13 Ca 47
Caumont 82 132 Ba 84
Caumont-l'Eventé 14 35 Zb 54
Caumont-sur-Durance 84 137 Ef 85
Caumont-sur-Garonne 47 118 Ab 82
Caumont-sur-Orne 14 35 Zd 55
Cauna 40 129 Zc 86
Caunay 79 94 Aa 71
Caunes-Minervois 11 148 Cd 89
Caunette, la — 34 148 Ce 88
Caunette-sur-Lauquet 11 148 Cc 90
Caunettes-en-Val 11 148 Cd 90
Caupenne 40 129 Zb 86
Caupenne-d-'Armagnac 32 130 Zf 86
Caure, la — 51 41 De 55
Caurel 22 49 Wf 59
Cauro 2A 162 If 97
Cauroir 59 15 Db 47
Cauroy 08 26 Ec 52
Cauroy-lès-Hermonville 51 25 Df 52
Causé, le — 82 132 Af 86
Cause-de-Clérans 24 118 Ae 79
Caussade 82 133 Bd 84
Caussade-Rivière 65 144 Aa 87
Causse-Bégon 30 135 Dc 84
Causse-de-la-Selle 34 136 Dd 86
Causse-de-Saujac 12 120 Bf 82
Caussens 32 131 Ac 85
Causses-et-Veyron 34 149 Da 88
Caussols 06 140 Gf 86
Caussou 09 158 Be 92
Cauterets 65 156 Zf 91
Cauverville-en-Roumois 27 21 Ad 52
Cauvicourt 14 36 Ze 54
Cauvignac 33 117 Zf 82
Cauvigny 60 23 Cb 53
Cauville 14 35 Zc 55
Cauville 76 20 Aa 51
Caux 34 149 Dc 87
Caux-et-Sauzens 11 148 Cb 89
Cauzac 47 119 Af 83
Cavagnac 46 108 Bd 78
Cavaillon 84 138 Fa 85
Cavalaire-sur-Mer 83 154 Gd 89
Cavan 22 32 Wd 56
Cavanac 11 148 Cb 90
Cavarc 47 118 Ad 80
Caveirac 30 136 Eb 86
Caves 11 160 Cf 91
Cavignac 33 105 Zd 78
Cavigny 50 19 Yf 53
Cavillargues 30 137 Ed 84
Cavillon 80 23 Ca 49
Cavron-Saint-Martin 62 13 Bf 46
Caychax 09 159 Be 92
Cayeux-en-Santerre 80 23 Cd 50
Cayeux-sur-Mer 80 12 Bc 47
Caylar, le — 34 135 Db 85
Caylus 82 133 Be 83
Cayrac 82 132 Bc 84
Cayres 43 123 De 79
Cayriech 82 133 Bd 83
Cayrol, le — 12 121 Ce 81
Cayrols 15 121 Cb 80
Cazac 31 146 Af 88
Cazalis 33 117 Zd 82
Cazalis 40 129 Zc 87
Cazalrenoux 11 147 Bf 89
Cazals 46 119 Bb 81
Cazals 82 133 Be 84
Cazals-des-Baylès 09 147 Bf 90
Cazaril-Lespènes 31 157 Ad 92
Cazaril-Tambourès 31 145 Ad 89
Cazarilh 65 145 Ad 91
Cazats 33 117 Ze 82
Cazaubon 32 130 Zf 85
Cazaugitat 33 118 Aa 80
Cazaunous 31 145 Ae 91
Cazaux 09 146 Ba 91
Cazaux 09 147 Bd 90
Cazaux 33 116 Yf 81
Cazaux-d'Anglès 32 131 Ab 87
Cazaux-Debat 65 156 Ac 91
Cazaux-Layrisse 31 157 Ad 91
Cazaux-savès 32 146 Af 87
Cazaux-Villecomtal 32 145 Ab 88
Cazavet 09 146 Ba 90
Cazenave 09 158 Be 91
Cazeneuve 32 131 Aa 85
Cazeneuve-Montaut 31 146 Af 89
Cazères 31 146 Ba 89
Cazères-sur-l'Adour 40 130 Ze 86
Cazes-Mondenard 82 132 Bb 83
Cazevieille 34 136 De 86
Cazideroque 47 119 Af 82
Cazilhac 11 148 Cc 89
Cazilhac 34 148 Ce 88
Cazillac 46 120 Bd 79
Cazoulès 24 119 Bc 79
Cazouls-d'Hérault 34 149 Dc 87
Cazouls-lès-Béziers 34 149 Da 88
Ceaucé 61 35 Zc 58
Ceaulmont 36 84 Bd 69
Céaux 50 34 Yd 57
Céaux-d'Allègre 43 111 De 77
Ceaux-en-Couhé 86 94 Ab 71
Ceaux-en-Loudun 86 82 Ab 66
Cébazan 34 149 Cf 88
Cébazat 63 98 Da 74
Ceffonds 52 59 Ee 58
Ceilhes-et-Rocozels 34 135 Da 86
Ceillac 05 127 Ge 80
Ceintrey 54 44 Gb 57
Celette, la — 18 85 Cd 69
Cellé 41 54 Ae 62
Celle, la — 03 97 Ce 71
Celle, la — 18 85 Cc 68
Celle, la — 63 97 Cc 73
Celle-Condé, la — 18 85 Cb 68
Celle-Dunoise, la — 23 96 Be 71
Celle-en-Morvan, la — 71 87 Eb 66
Celle-Guenand, la — 37 83 Af 67
Celle-les-Bordes, la — 78 38 Bf 57
Celle-Lévescault 86 82 Ab 70
Celle-Saint-Avant, la — 37 83 Ad 66
Celle-Saint-Cloud, la — 78 39 Ca 55
Celle-Saint-Cyr, la — 89 57 Db 61
Celle-sous-Chantemerle, la — 51 41 De 57
Celle-sous-Gouzon, la — 23 97 Cb 71
Celle-sous-Montmirail, la — 02 40 Dc 55
Celle-sur-Loire, la — 58 72 Cf 64
Celle-sur-Nièvre, la — 58 72 Db 65
Cellefrouin 16 94 Ac 73
Celles 09 158 Be 91
Celles 17 105 Zd 75
Celles 24 106 Ac 77
Celles 34 135 Dc 87
Celles-en-Bassigny 52 60 Fd 61
Celles-lès-Condé 02 40 Dd 54
Celles-sur-Aisne 02 24 Dc 52
Celles-sur-Belle 79 93 Ze 71
Celles-sur-Durolle 63 99 Dd 73
Celles-sur-Ource 10 59 Ec 60
Celles-sur-Plaine 88 62 Gf 58
Cellette, la — 23 96 Ca 70
Cellette, la — 63 97 Ce 72
Cellettes 16 94 Aa 73
Cellien 42 112 Ed 75
Cellier, le — 44 66 Yd 65
Celloville 76 21 Ba 52
Cellule 63 98 Da 73
Celon 36 84 Bc 69
Celoux 15 110 Db 78
Celsoy 52 60 Fc 61
Cély 77 56 Cd 58
Cemboing 70 60 Ff 61
Cempuis 60 23 Ca 50
Cénac 33 117 Zd 80
Cenans 70 76 Gb 64
Cendre, le — 63 110 Db 74
Cendrecourt 70 61 Ff 61
Cendrey 25 76 Gb 64
Cendrieux 24 107 Ae 79
Cénevières 46 120 Be 82
Cenne-Monestiés 11 147 Ca 89
Cenon 33 117 Zc 79
Cenon-sur-Vienne 86 83 Ad 68
Censerey 21 74 Ec 65
Censy 89 73 Ea 62
Cent-Acres, les — 76 21 Ba 50
Centrès 12 134 Cc 84
Centuri 2B 161 Kc 91
Cenves 69 100 Ed 71
Cépet 31 132 Bc 86
Cépie 11 148 Cb 90
Cepoy 45 56 Ce 60
Céran 32 131 Ae 86
Cérans-Foulletourte 72 53 Ab 62
Cerbère 66 160 Da 94
Cerbois 18 85 Ca 66
Cercier 74 102 Ga 72
Cerclé 69 100 Ee 72
Cercles 24 106 Ac 76
Cercottes 45 55 Bf 61
Cercoux 17 105 Ze 78
Cercueil, le — 61 36 Aa 57
Cercy-la-Tour 58 87 Dd 67
Cerdon 01 101 Fc 72
Cerdon 45 71 Cc 63
Cère 40 130 Zc 85
Céré-la-Ronde 37 69 Bb 65
Cérelles 37 69 Ae 64
Cérences 50 34 Yd 55
Céreste 04 138 Fd 85
Céret 66 160 Ce 94
Cerfontaine 59 15 Ea 47
Cergne, la — 42 99 Eb 72
Cergy-Pontoise 95 39 Ca 54
Cérilly 03 86 Ce 69
Cérilly 21 59 Ec 61
Cérilly 89 58 Dd 59
Cerisé 61 53 Aa 58
Cerisières 52 59 Fa 59
Cerisiers 89 57 Dc 60
Cerisy 80 23 Cd 49
Cerisy-Belle-Etoile 61 35 Zc 56
Cérisy-Buleux 80 13 Be 49
Cerisy-la-Forêt 50 19 Za 53
Cerisy-la-Salle 50 34 Ye 54
Cerizay 79 81 Zc 68
Cerizols 09 146 Ba 90
Cerizy 02 24 Db 50
Cerlangue, la — 76 20 Ac 51
Cernay 14 36 Ab 54
Cernay 28 54 Bb 58
Cernay 68 62 Hb 62
Cernay 86 82 Ab 68
Cernay-en-Dormois 51 42 Ee 53
Cernay-la-Ville 78 38 Bf 56
Cernay-l'Eglise 25 77 Gf 65
Cernay-lès-Reims 51 25 Ea 53
Cerneux 77 40 Dc 56
Cernex 74 102 Ga 72
Cerniébaud 39 90 Ga 68
Cernion 08 26 Ec 50
Cernon 39 101 Fd 70
Cernon 51 41 Ec 55
Cernoy 60 23 Cd 52
Cernoy-en-Berry 45 71 Cd 63
Cernusson 49 67 Zd 65
Cerny 91 56 Cb 58
Cerny-en-Laonnois 02 25 De 52
Cerny-lès-Bucy 02 24 Dd 51
Céron 71 99 Df 71
Cérons 33 117 Zd 81
Cerqueux-de-Maulevrier, les — 49 81 Zc 65
Cerqueux-sous-Passavant 49 67 Zd 66
Cerre-lès-Nordy 70 76 Gb 63
Cers 34 149 Db 89
Cersay 79 81 Zd 66
Cerseuil 02 24 Dd 53
Cersot 71 88 Ed 68
Certilleux 88 60 Fe 59
Certines 01 101 Fb 72
Cervens 74 102 Gc 71
Cervières 05 126 Ge 79
Cervières 42 99 De 73
Cerville 54 44 Gb 56
Cervione 2B 163 Kc 95
Cervon 58 73 De 65
Cerzat 43 110 Dc 78
Césarches 73 114 Gc 74
Césarville-Dossainville 45 56 Cb 59
Cescau 09 157 Ba 91
Cescau 64 144 Zc 89
Cesny-aux-Vignes-Ouezy 14 36 Zf 54
Cesny-Bois-Halbaut 14 35 Zd 55
Cessac 33 117 Ze 80
Cessales 31 147 Be 88
Cesse 55 27 Fa 51
Cessenon-sur-Orb 34 149 Da 88
Cessens 73 102 Ff 74
Cesseras 34 148 Ce 89
Cesset 03 98 Db 71
Cesseville 27 37 Af 53
Cessey 25 90 Ff 66
Cessey-sur-Tille 21 75 Fb 65
Cessières 02 24 Dd 51
Cessieu 38 113 Fc 75
Cesson 22 32 Xb 57
Cesson 77 39 Cd 57
Cesson-Sevigne 35 51 Yc 60
Cessoy-en-Montois 77 57 Da 57
Cessy 01 102 Ha 71
Cessy-les-Bois 58 72 Db 65
Cestas 33 117 Zb 80
Cestayrols 81 133 Bf 85
Ceton 61 54 Ae 59
Cette-Eygun 64 143 Zc 91
Cevins 73 114 Gc 75
Ceyras 34 135 Dc 87
Ceyrat 63 98 Da 74
Ceyreste 13 152 Fd 89
Ceyroux 23 96 Bd 72
Ceyssat 63 110 Db 74
Ceyssat 63 98 Cf 74
Ceyzériat 01 101 Fd 73
Ceyzérieu 01 101 Fe 74
Cézac 33 105 Zd 78
Cézac 46 119 Bc 82
Cezais 85 81 Zb 69
Cézan 32 131 Ad 86
Cezay 42 99 Df 74
Cézens 15 121 Cf 79
Cézia 39 101 Fd 70
Cézy 89 57 Dc 61
Chabanais 16 95 Ae 73
Chabanne 63 110 Da 75
Chabanne, la — 03 99 De 72
Chabanne, la — 63 109 Ce 75
Chabanne, la — 63 111 Df 75
Chabestan 05 126 Fe 82
Chabeuil 26 124 Fa 79
Chablis 89 73 De 62
Chabottes 05 126 Gb 81
Chabournay 86 82 Ab 68
Chabrac 16 95 Ae 73
Chabreloche 63 99 De 73
Chabrignac 19 107 Bc 77
Chabrillan 26 124 Ef 80
Chabris 36 70 Bd 65
Chacé 49 68 Zf 65
Chacenay 10 59 Ed 60
Chacrise 02 24 Dc 53
Chadeleuf 63 110 Db 75
Chadenac 17 105 Zd 75
Chadron 43 123 Df 79
Chaffois 25 90 Gb 67
Chaffois 25 90 Gb 67
Chagey 70 77 Ge 63
Chagnolet 17 92 Yf 71
Chagny 08 26 Ee 51
Chagny 71 88 Ee 67
Chahaignes 72 69 Ad 62
Chahains 61 36 Zf 57
Chaignay 21 75 Fa 64
Chaignes 27 38 Bc 54
Chaillac-sur-Vienne 87 95 Af 73
Chailland 53 52 Za 59
Chaillé-les-Marais 85 80 Yf 70
Chaillé-sous-les-Ormeaux 85 80 Yd 69
Chailles 41 70 Bb 63
Chaillevette 17 92 Yf 74
Chaillevois 02 24 Dd 51
Chailley 89 58 De 60
Chaillon 55 43 Fd 55
Chailloué 61 36 Ab 57
Chailly-en-Bière 77 56 Cd 58
Chailly-en-Brie 77 40 Da 56
Chailly-en-Gâtinais 45 56 Cd 61
Chailly-lès-Ennery 57 44 Gb 53
Chailly-sur-Armançon 21 74 Ec 65
Chainaz-les-Frasses 74 102 Ff 74
Chaînée-des-Coupis 39 89 Fc 67
Chaingy 45 55 Be 61
Chaintré 71 100 Ee 71
Chaintreaux 77 57 Ce 59
Chaintrix-Bierges 51 41 Ea 55
Chaise, la — 10 59 Ed 58
Chaise-Baudouin, la — 50 34 Ye 56
Chaise-Dieu, la — 43 111 De 77
Chaise-Dieu-du-Theil 27 37 Ae 56
Chaises, les — 28 37 Ba 57
Chaix 85 81 Za 70
Chaize-Giraud, la — 85 79 Yb 69
Chaize-le-Vicomte, la — 85 80 Ye 68
Chalabre 11 147 Ca 91
Chalagnac 24 106 Ae 78
Chalain-d'Uzore 42 111 Ea 74
Chalain-le-Comtal 42 111 Eb 75
Chalaines 55 43 Fe 57
Chalais 16 106 Aa 77
Chalais 36 83 Bb 69
Chalais 86 82 Aa 67
Chalamont 01 101 Fb 73
Chalampé 68 63 Hd 62
Chalancey 52 75 Fa 62
Chalancon 26 125 Fc 81
Chalandray 86 82 Zf 69
Chalandry 02 25 Dd 50
Chalandry 08 26 Ee 50
Chalange, le — 61 37 Ab 57
Chalard, le — 87 107 Ba 75
Chalautre-la-Grande 77 40 Dc 57
Chalautre-la-Reposte 77 57 Da 58
Chalaux 58 73 Df 65
Chaleins 01 100 Ee 72
Chaleix 24 107 Af 75
Chalencon 07 124 Ed 79
Chalesmes-Grand, les — 39 90 Ga 68
Chalesmes-Petit, les — 39 90 Ga 68
Châlette-sur-Loing 45 56 Ce 60
Chalette-sur-Voire 10 59 Ec 58
Chaley 01 101 Fd 73
Chalèze 25 76 Ga 65
Chalezeule 25 76 Ga 65
Chaliers 15 122 Db 79
Chaligny 54 44 Ga 57
Chalinargues 15 110 Cf 78
Chalindrey 52 75 Fc 62
Chalivoy-Milon 18 85 Ce 67
Challain-la-Potherie 49 67 Yf 63
Challans 85 79 Ya 67
Challement 58 73 Dd 65
Challerange 08 26 Ee 53
Challes 01 101 Fc 72
Challes 72 53 Ac 61
Challes-les-Eaux 73 114 Ff 75
Challet 28 38 Bc 57
Challex 01 102 Ef 71
Challignac 16 105 Zf 76
Challonges 74 101 Ff 72
Challuy 58 86 Da 67
Chalmaison 77 57 Db 58
Chalmazel 42 111 Df 74
Chalmoux 71 87 Df 69
Chalo-Saint-Mars 91 56 Ca 58
Chalon, le — 26 113 Fa 78
Chalon-sur-Saône 71 88 Ef 68
Chalonnes-sous-le-Lude 49 68 Ab 63
Chalonnes-sur-Loire 49 67 Zb 64
Châlons-sur-Marne 51 42 Ec 55
Châlons-sur-Vesle 51 25 Df 53
Châlonvillars-Mandrevillars 70 77 Ge 63
Chalou-Moulineux 91 55 Ca 58
Chalus 63 109 Db 76
Chalus 63 97 Cc 73
Chalvignac 15 109 Cb 77
Chalvraines 52 60 Fc 59
Chamadelle 33 105 Zf 78
Chamagne 88 61 Gb 58
Chamagnieu 38 113 Fa 74
Chamalières 63 98 Da 74
Chamalières-sur-Loire 43 111 Df 77
Chamaloc 26 125 Fc 80
Chamant 60 39 Cd 53
Chamarande 91 56 Cb 57
Chamarandes-Choignes 52 60 Fb 60
Chamaret 26 124 Ef 82
Chamba, la — 42 99 De 74
Chambain 21 74 Ef 62
Chambeire 21 75 Fb 65
Chambellay 49 67 Zb 62
Chambeon 42 111 Eb 74
Chambérat 03 85 Cc 70
Chamberaud 23 96 Ca 72
Chamberet 19 108 Be 75
Chambéria 39 89 Fd 70
Chambéry 73 114 Ff 75
Chambeugle 89 57 Da 61
Chambezon 43 110 Db 76
Chambilly 71 99 Ea 71
Chamblac 27 37 Ad 55
Chamblanc 21 89 Fa 66
Chambles 42 111 Eb 76
Chamblet 03 97 Ce 70
Chambley-Bussières 54 43 Ff 54
Chambly 60 39 Cb 53
Chambœuf 21 74 Ef 65
Chambœuf 42 111 Eb 75
Chambois 61 36 Aa 56
Chambolle-Musigny 21 74 Ef 65
Chambon 17 92 Za 72
Chambon 18 85 Cb 68
Chambon 37 83 Ae 67
Chambon, le — 07 123 Eb 80
Chambon, le — 30 123 Df 82
Chambon-Feugerolles, le — 42 111 Eb 76
Chambon-la-Forêt 45 56 Cb 60
Chambon-le-Château 48 123 Dd 79
Chambon-Sainte-Croix 23 96 Be 70
Chambon-sur-Cisse 41 70 Bb 63
Chambon-sur-Dolore 63 111 Dd 76
Chambon-sur-Lac 63 110 Cf 75
Chambon-sur-Lignon, le — 43 111 Eb 78
Chambon-sur-Voueize 23 97 Cc 71
Chambonas 07 123 Ea 82
Chambonchard 23 96 Cc 72
Chamborand 23 96 Bd 72
Chamborand 27 37 Ad 55
Chambord 41 70 Bd 63
Chamborêt 87 95 Ba 72
Chamborigaud 30 136 Df 83
Chambornay-lès-Bellevaux 70 76 Ga 64
Chambornay-lès-Pins 70 76 Ff 64
Chambors 60 22 Be 53
Chambost-Allières 69 100 Ec 72
Chambost-Longessaigne 69 100 Ec 74
Chamboulive 19 108 Be 76
Chambourcy 78 39 Ca 55
Chambourg-sur-Indre 37 69 Af 65
Chambray 27 38 Bb 54
Chambray-lès-Tours 37 69 Ae 64
Chambrecy 51 41 De 53
Chambres, les — 50 34 Yd 56
Chambretaud 85 81 Za 67
Chambroncourt 52 60 Fc 58
Chambry 02 25 Dd 51
Chambry 77 40 Cf 54
Chaméane 63 110 Dc 75
Chamelet 69 100 Ed 73
Chamery 51 41 Df 53
Chamesey 25 77 Gd 65
Chamesol 25 77 Gf 64
Chamesson 21 74 Ed 62
Chameyrat 19 108 Be 78
Chamigny 77 40 Da 55
Chamilly 71 88 Ee 67
Chammes 53 52 Zd 60
Chamole 39 90 Fe 67
Chamonix-Mont-Blanc 74 103 Gf 73
Chamouillac 17 105 Zd 77
Chamouille 02 25 De 52
Chamouilley 52 42 Fa 57
Chamousset 73 114 Gb 75
Chamoux 89 73 Dd 64
Chamoy 10 58 Df 60
Champ-de-la-Pierre, le — 61 36 Ze 57
Champ-d'Oiseau 21 74 Ec 63
Champ-Dolent 27 37 Ba 55
Champ-du-Boult 14 35 Yf 56
Champ-Haut 61 36 Ab 56
Champ-Laurent 73 114 Gb 75
Champ-le-Duc 88 62 Ge 59
Champ-Saint-Père, le — 85 80 Ye 69
Champ-sur-Barse 10 59 Ec 59
Champ-sur-Drac 38 113 Fe 78
Champ-sur-Layon, le — 49 67 Zc 65
Champagnac 15 109 Cc 76
Champagnac 17 105 Zd 76
Champagnac-de-Belair 24 107 Ae 76
Champagnac-la-Noaille 19 108 Ca 77
Champagnac-la-Prune 19 108 Bf 77
Champagnac-la-Rivière 87 95 Af 74
Champagnac-le-Vieux 43 110 Dd 76
Champagnat 23 97 Cb 72
Champagnat 71 89 Fc 70
Champagnat-le-Jeune 63 110 Dc 76
Champagne 07 112 Ee 77
Champagne 07 123 Eb 80
Champagne 17 92 Za 74
Champagne 28 38 Bd 56
Champagne 39 89 Fc 70
Champagné 72 53 Ac 60
Champagne-au-Mont-d'Or 69 100 Ee 74
Champagne-en-Valromey 01 101 Fe 73
Champagne-le-Sec 86 94 Ab 71
Champagné-les-Marais 85 80 Yf 70
Champagne-Mouton 16 94 Ac 73
Champagné-Saint-Hilaire 86 94 Ab 71
Champagne-sur-Oise 95 39 Cb 54
Champagne-sur-Seine 77 57 Ce 58
Champagne-sur-Vingeanne 21 75 Fc 64
Champagne-Vigny 16 106 Aa 75
Champagney 25 76 Ff 65
Champagney 39 75 Fd 65
Champagney 70 77 Ge 62
Champagnier 38 113 Fe 78
Champagnole 39 90 Ff 68
Champagnolles 17 105 Zc 75
Champagny 21 74 Ee 64
Champagny-en-Vanoise 73 115 Ge 76
Champagny-sous-Uxelles 71 88 Ee 69
Champallement 58 73 Dc 65
Champanges 74 102 Gd 70
Champaubert 51 41 De 55
Champcella 05 127 Gd 80
Champcenest 77 40 Db 56
Champcerie 61 36 Ze 56
Champcervon 50 34 Yd 56
Champcevinel 24 107 Ae 77
Champcevrais 89 72 Cf 62
Champcey 50 34 Yd 56
Champclause 43 111 Eb 78
Champcueil 91 56 Cc 57
Champdeniers-Saint-Denis 79 81 Zd 70
Champdeuil 77 39 Ce 57
Champdieu 42 111 Ea 75
Champdivers 39 89 Fc 66
Champdolent 17 93 Zb 73
Champdor 01 101 Fd 72
Champdôtre 21 75 Fa 65
Champdray 88 62 Ge 60
Champeau 21 73 Ea 65
Champeaux 35 51 Ye 60
Champeaux 77 40 Ce 57
Champeaux, les — 61 36 Aa 55
Champeaux-et-la Chapelle Pommier 24 106 Ad 76
Champeaux-sur-Sarthe 61 36 Ac 57
Champeix 63 110 Da 75
Champenard 27 38 Bc 54
Champenoise, la — 36 84 Be 67
Champenoux 54 44 Gc 56
Champéon 53 52 Zc 58
Champétières 63 111 De 75
Champey 70 77 Ge 63
Champey-sur-Moselle 54 44 Ga 55
Champfleur 72 53 Aa 58
Champfleury 10 41 Ea 57
Champfleury 51 41 Ea 53
Champfrémont 53 53 Zf 58
Champfromier 01 101 Fe 71
Champgénéteux 53 52 Zd 59
Champguyon 51 40 Dd 56
Champhol 28 38 Bd 58
Champien 80 24 Cf 50
Champier 38 113 Fb 76
Champigné 49 67 Zc 63
Champignelles 89 72 Da 62
Champigneul-Champagne 51 41 Eb 55
Champigneul-sur-Vence 08 26 Ed 50
Champigneulles-en-Bassigny 52 60 Fd 60
Champignol-lez-Mondeville 10 59 Ee 60
Champignolles 21 88 Ed 66
Champignolles 27 37 Ae 55
Champigny 89 57 Da 59
Champigny-en-Beauce 41 70 Bb 62
Champigny-la-Futelaye 27 38 Bb 55
Champigny-le-Sec 86 82 Aa 68
Champigny-lès-Langres 52 60 Fc 61
Champigny-sous-Varennes 52 60 Fd 61
Champigny-sur-Aube 10 41 Ea 57
Champigny-sur-Marne 94 39 Cd 56
Champigny-sur-Veude 37 82 Ab 66
Champillet 36 85 Ca 69
Champillon 51 41 Df 54
Champingneulles 54 44 Ga 56
Champis 07 124 Ee 79
Champlan 91 39 Cb 56
Champlat 51 41 Df 54
Champlay 89 57 Dc 61
Champlecy 71 88 Eb 70
Champlemy 58 72 Dc 65
Champlin 08 25 Ec 49
Champlin 58 72 Dc 65
Champlitte 70 75 Fd 63
Champlive 25 76 Gb 65
Champlost 89 58 De 60
Champmillon 16 106 Aa 75
Champmotteux 91 56 Cb 58
Champnétery 87 96 Bd 74
Champneuville 55 27 Fb 53
Champniers 16 94 Ab 74
Champniers 86 94 Ac 71
Champoléon 05 126 Gb 80
Champoly 42 99 Df 73
Champosoult 61 36 Ab 55
Champougny 55 43 Fe 57
Champoux 25 76 Ga 64
Champrenault 21 74 Ee 64
Champrepus 50 34 Ye 56
Champrond-en-Gâtine 28 54 Ba 58
Champrond-en-Perchet 28 54 Af 59
Champrougier 39 89 Fd 67
Champs 02 24 Db 51
Champs 61 37 Ad 57
Champs 63 98 Da 72
Champs-de-Losque, le — 50 18 Ye 53
Champs-Géraux, les — 22 33 Ya 58
Champs-Romain 24 107 Ae 75
Champs-sur-Tarentaine 15 109 Cd 76
Champs-sur-Yonne 89 73 Dd 62
Champsac 87 95 Af 74
Champsanglard 23 96 Bf 71
Champsecret 61 35 Zc 57
Champseru 28 55 Bd 58
Champsevraine 52 75 Fd 62
Champtercier 04 139 Ga 84
Champteussé-sur-Baconne 49 67 Zc 63
Champtocé-sur-Loire 49 67 Za 64
Champtoceaux 49 66 Ye 65
Champtonnay 70 75 Fe 64
Champvallon 89 57 Dc 61
Champvans 70 75 Fd 64
Champvans-les-Moulins 25 76 Ff 65
Champvert 58 87 Dd 67
Champvoisy 51 41 Dd 54
Champvoux 58 72 Da 66
Chamvres 89 57 Dc 61
Chanac-les-Mines 19 108 Be 78
Chanaleilles 43 122 Dc 79
Chanas 38 112 Ef 77
Chanat-la-Mouteyre 63 98 Da 74

Castelferrus—Chanat-la-Mouteyre 173

Chavanat 23 96 Bf 73
Chavanatte 90 77 Ha 63
Chavanay 42 112 Ee 76
Chavanges 10 59 Ed 57
Chavaniac-Lafayette 43 110 Dd 78
Chavannas 26 112 Ef 78
Chavannaz 74 102 Ga 72
Chavanne, les — 70 61 Gc 61
Chavannes 18 85 Cc 67
Chavannes-en-Maurienne, les — 73 114 Gb 76
Chavannes-les-Grandes 90 77 Ha 63
Chavannes-sur-l'Étang 68 77 Ha 63
Chavannes-sur-Reyssouze 01 89 Ee 70
Chavannes-sur-Suran 01 101 Fc 71
Chavanod 74 102 Ga 73
Chavaroux 63 98 Db 73
Chavatte, la — 80 23 Ce 50
Chaveignes 37 82 Ac 66
Chavelot 88 61 Gc 59
Chavenat 16 106 Ab 76
Chavenay 78 38 Bf 55
Chavençon 60 38 Bf 53
Chavenon 03 98 Cf 70
Chaventon 36 84 Bc 67
Chavéria 39 89 Fd 69
Chaveroche 19 109 Cb 75
Chaveyriat 01 100 Fa 71
Chavignol 18 72 Ce 65
Chavignon 02 24 Dd 52
Chavigny 02 24 Db 52
Chavigny 54 44 Ga 57
Chavigny-Bailleul 27 37 Bb 55
Chavin 36 84 Bd 69
Chavonne 02 25 Dd 52
Chavornay 01 101 Fe 73
Chavot-Courcourt 51 41 Df 55
Chavoy 50 34 Ye 56
Chavroches 03 99 Dd 70
Chay 25 90 Ff 66
Chay, la — 17 92 Za 75
Chazay-d'Azergues 69 100 Ee 73
Chaze-de-Peyre, la — 48 122 Db 80
Chazé-Henry 49 51 Yf 62
Chazé-sur-Argos 49 67 Za 63
Chazeaux 07 123 Eb 81
Chazelet 36 84 Bc 69
Chazelles 15 110 Dc 78
Chazelles 16 106 Ac 75
Chazelles 39 101 Fc 70
Chazelles 42 99 Df 74
Chazelles 43 122 Dc 78
Chazelles-sur-Albe 54 45 Ge 57
Chazelles-sur-Lyon 42 112 Ec 75
Chazemais 03 85 Cd 70
Chazeuil 21 75 Fb 63
Chazeuil 58 72 Dc 65
Chazey-Bons 01 101 Fe 74
Chazey-sur-Ain 01 101 Fb 73
Chazilly 21 74 Ed 65
Chazot 25 77 Gd 65
Chécy 45 55 Ca 61
Chef-Boutonne 79 94 Zf 72
Chef-du-Pont 50 18 Yd 52
Chef-Haut 88 61 Ga 58
Cheffes 49 67 Zc 63
Chefresne, le — 50 34 Yf 55
Chéhéry 08 26 Ef 51
Cheignieu-la-Balme 01 101 Fd 74
Cheillé 37 68 Ac 65
Cheilly-lès-Maranges 71 88 Ee 67
Chein-Dessus 31 146 Af 90
Cheissoux 87 96 Bd 74
Cheix, le — 63 110 Da 75
Cheix, le — 63 97 Cd 74
Cheix, le — 63 97 Ce 72
Cheix, le — 63 98 Db 73
Cheix-en-Retz 44 65 Yb 65
Chelers 62 14 Cc 46
Chélieu 38 113 Fc 76
Chelle-Debat 65 145 Ab 89
Chelle-Spou 65 145 Ab 90
Chelles 60 24 Da 52
Chelles 77 39 Cd 55
Chelun 35 51 Ye 61
Chemaudin 25 76 Ff 65
Chemazé 53 52 Zb 62
Chemellier 49 67 Zd 64
Chemenot 39 89 Fd 67
Chéméré 44 65 Ya 66
Chémeré-le-Roi 53 52 Zd 61
Chémery 41 70 Bc 64
Chémery-les-Deux 57 28 Gc 53
Chémery-sur-Bar 08 26 Ef 51
Chemilla 39 101 Fd 70
Chemillé 49 67 Zb 65
Chemillé-sur-Dême 37 69 Ad 63
Chemillé-sur-Indrois 37 69 Bb 66
Chemilli 61 53 Ac 58
Chemilly 03 86 Db 70
Chemilly 70 76 Ga 63
Chemilly-sur-Serein 89 73 Df 62
Chemilly-sur-Yonne 89 57 Dd 61
Chemin 39 89 Fb 67
Chemin, le — 51 42 Ef 54
Chemin-d'Aisey 21 74 Ed 62
Cheminas 07 112 Ee 78
Cheminot 57 44 Ga 55
Chemiré-en-Charnie 72 53 Ze 60
Chemiré-le-Gaudin 72 53 Zf 61
Chemiré-sur-Sarthe 49 52 Zd 62
Chemy 59 14 Cf 45
Chenac-sur-Gironde 17 104 Zb 75
Chenailler-Mascheix 19 108 Bf 78
Chenalotte, la — 25 77 Ge 66
Chénas 69 100 Ee 71
Chenaud 24 106 Aa 77
Chenay 51 25 Df 53
Chenay 72 53 Aa 58
Chenay 79 94 Zf 71
Chenay-le-Châtel 71 99 Df 71
Chêne, le — 10 41 Eb 57
Chêne-Arnoult 89 57 Da 61
Chêne-Bernard 39 89 Fc 67
Chêne-Chenu 28 38 Bb 57
Chêne-en-Semine 74 101 Ff 72
Chêne-Sec 39 89 Fc 67
Chenebier 70 77 Ge 63
Chenecey-Buillon 25 76 Ff 66
Cheneché 86 82 Ab 68
Chênedouit 61 35 Zd 56
Chênehutte-Trèves-Cunault 49 68 Zf 65
Chênelette 69 100 Ec 72
Chénérailles 23 97 Cb 72
Chenereilles 42 111 Ea 76
Chénereilles 42 111 Eb 76
Chenereilles 43 111 Eb 78
Chenevelles 86 83 Ad 68
Chenevières 54 44 Gd 57
Chenevrey-et-Morogne 70 75 Fe 65
Chênex 74 101 Ff 72
Cheney 89 58 Df 61
Chenicourt 54 44 Gb 55
Chenières 54 27 Fe 52
Chéniers 23 96 Be 70
Cheniers 51 41 Eb 55
Chenillé-Changé 49 67 Zc 62
Cheniménil 88 61 Gd 60
Chennebrun 27 37 Ae 56
Chennegy 10 58 Df 59
Chennevières-lès-Louvres 95 39 Cd 54
Chennevières-sur-Marne 94 39 Cd 56
Chenois 57 44 Gd 55
Chenoise 77 40 Db 57
Chenommet 16 94 Ab 73
Chenon 16 94 Ab 73
Chenonceaux 37 69 Ba 65
Chenou 77 56 Cd 60
Chenôve 21 75 Fa 65
Chenôves 71 88 Ee 68
Chens-sur-Léman 74 102 Gb 71
Chenu 72 68 Ac 63
Cheny 89 57 Dd 61
Chepniers 17 105 Ze 77
Chepoix 60 23 Cc 51
Cheppe, la — 51 42 Ec 54
Cheppes-la-Prairie 51 42 Ec 56
Cheppy 55 26 Fa 53
Cheptainville 91 39 Cb 57
Chepy 51 42 Ec 55
Chépy 80 12 Bd 48
Chéraute 64 143 Za 89
Cherbonnières 17 93 Zd 73
Cherbourg 50 18 Yc 51
Chérence 95 38 Be 54
Chérence-le-Héron 50 34 Ye 56
Chérences-le-Roussel 50 35 Yf 56
Chéreng 59 14 Db 45
Chères, les — 69 100 Ee 73
Chérêt 02 25 De 51
Chériennes 62 13 Ca 47
Cherier 42 99 Df 73
Chérigné 79 93 Ze 72
Chéris, les — 50 34 Ye 57
Chérisay 72 53 Aa 58
Chérisy 28 38 Bc 56
Chérisy 62 14 Cf 47
Chérizet 71 88 Ed 69
Chermignac 17 93 Zb 74
Chermisey 88 60 Fd 58
Chermizy-Ailles 02 25 De 52
Chéronnac 87 95 Ae 74
Chéronvilliers 27 37 Ae 56
Chéroy 89 57 Da 59
Cherré 49 67 Zc 62
Cherré 72 54 Ad 60
Cherreau 72 54 Ae 59
Cherval 24 106 Ac 76
Cherveix-Cubas 24 107 Ba 77
Chervers-Châtelars 16 94 Ad 74
Cherves 86 82 Aa 68
Cherves-Richemont 16 93 Zd 74
Chervettes 17 93 Zb 72
Cherveux 79 81 Zd 70
Cherville 51 41 Eb 54
Chéry 18 71 Ca 66
Chéry-Chartreuve 02 25 Dd 53
Chéry-les-Pouilly 02 25 Dd 51
Chéry-lès-Rozoy 02 25 Ea 50
Chesley 10 58 Ea 61
Chesnay, le — 78 39 Ca 56
Chesne, le — 08 26 Ee 51
Chesne, le — 27 37 Af 55
Chesnois-Auboncourt 08 26 Ed 51
Chesny 57 44 Gb 54
Chessenaz 74 101 Ff 72
Chessy 69 100 Ed 73
Chessy 77 39 Ce 55
Chéu 89 58 De 61
Cheuge 21 75 Fc 64
Cheux 14 19 Zc 54
Chevagnes 03 87 Dd 69
Chevagny-les-Chevrières 71 100 Ee 71
Chevagny-sur-Guye 71 88 Ed 69
Chevaigné 35 51 Yc 59
Chevaigné-du-Maine 53 52 Zd 58
Chevain, le — 72 53 Aa 58
Cheval-Blanc 84 138 Fa 86
Chevaline 74 102 Gb 74
Chevallerais, la — 44 66 Yb 64
Chevanceaux 17 105 Ze 77
Chevannay 21 74 Ed 64
Chevannes 45 57 Cf 60
Chevannes 89 73 Dc 62
Chevannes 89 73 Ea 64
Chevannes 91 39 Cc 57
Chevannes-Changy 58 72 Dc 65
Chevennes 02 25 De 50
Chevennes 21 74 Ef 66
Chevenon 58 86 Db 67
Chevenoz 74 102 Gd 71
Cheverny 41 70 Bc 64
Cheveuges 08 26 Ef 50
Chevières 08 26 Ef 52
Chevigney 25 76 Gc 66
Chevigney 70 75 Fd 65
Chevigney-sur-l'Ognon 25 76 Ff 65
Chevigny 21 75 Fa 65
Chevigny 39 75 Fc 65
Chevigny-en-Valière 21 88 Ef 67
Chevigny-Saint-Sauveur 21 75 Fa 65
Chevillard 01 101 Fd 72
Chevillé 72 53 Ze 61
Chevillon 52 43 Fa 57
Chevillon 89 57 Da 61
Chevillon-sur-Huillard 45 56 Cd 61
Chevilly 45 55 Be 60
Chevinay 69 100 Ed 74
Chevincourt 60 24 Cf 51
Cheviré-le-Rouge 49 68 Ze 63
Chevrainvilliers 77 56 Cd 59
Chevreaux 39 89 Fc 69
Chevregny 02 25 Dd 52
Chèvremont 90 77 Gf 63
Chèvrerie, la — 16 94 Aa 72
Chevresis 02 25 Dd 50
Chevreuse 78 39 Ca 56
Chèvreville 50 35 Yf 57
Chèvreville 60 40 Ce 54
Chevrier 74 101 Ff 72
Chevrières 38 113 Fb 77
Chevrières 42 112 Ec 75
Chevrières 60 23 Ce 52
Chevroches 58 73 Dd 64
Chevrolière, la — 44 66 Yc 66
Chevrotaine 39 90 Ff 69
Chevroux 01 100 Ee 70
Chevroz 25 76 Ga 65
Chevru 77 40 Db 56
Chevry 01 102 Ga 71
Chevry 50 34 Yf 55
Chevry-Cossigny 77 39 Cd 56
Chevry-en-Sereine 77 57 Cf 59
Chevry-sous-le-Bignon 45 57 Cf 60
Chey 79 94 Zf 71
Cheylade 15 109 Ce 77
Cheylard, le — 07 124 Ec 79
Cheylard-l'Evêque 48 123 De 81
Cheyssieu 38 112 Ef 76
Chezal-Benoît 18 85 Ca 68
Chèze 65 156 Zf 91
Chèze, la — 22 49 Xc 60
Chézeau 52 60 Fd 61
Chezelle 03 98 Da 71
Chezelle 03 98 Db 72
Chezelles 36 84 Bd 67
Chézelles 37 82 Ac 66
Chézeneuve 38 113 Fb 75
Chézery-Forens 01 102 Ff 71
Chézy 03 86 Dc 69
Chézy-en-Orxois 02 40 Db 54
Chézy-sur-Marne 02 40 Dc 55
Chiatra 2B 163 Kc 95
Chiché 79 81 Zd 68
Chicheboville 14 36 Ze 54
Chichée 89 73 Df 62
Chichery 89 57 Dd 61
Chichey 51 41 De 56
Chichilianne 38 125 Fd 80
Chicourt 57 44 Gd 55
Chiddes 58 87 Df 67
Chiddes 71 88 Ed 70
Chidrac 63 110 Da 75
Chierry 02 40 Dc 54
Chieulles 57 44 Gb 54
Chigné 49 69 Aa 63
Chigny 02 25 De 49
Chigny-les-Roses 51 41 Ea 54
Chigy 89 57 Dc 59
Chilhac 43 110 Dc 78
Chillac 16 105 Zf 76
Chille 39 89 Fd 68
Chilleurs-aux-Bois 45 56 Ca 60
Chillou, le — 79 82 Zf 68
Chilly 08 26 Ec 49
Chilly 74 102 Ff 73
Chilly 80 23 Ce 50
Chilly-le-Vignoble 39 89 Fd 69
Chilly-Mazarin 91 39 Cb 56
Chilly-sur-Salins 39 90 Ff 67
Chimilin 38 113 Fd 75
Chindrieux 73 102 Ff 74
Chinon 37 68 Ab 66
Chipilly 80 23 Cd 49
Chirac 16 95 Ad 73
Chirac 48 122 Db 81
Chirac-Bellevue 19 109 Cd 76
Chirassimont 42 99 Eb 73
Chirat-l'Église 03 98 Da 71
Chiré-en-Montreuil 86 82 Aa 69
Chirens 38 113 Fd 76
Chirmont 80 23 Cc 50
Chirols 07 123 Eb 80
Chiroubles 69 100 Ed 71
Chiry 60 24 Cf 51
Chis 65 145 Aa 89
Chisa 2B 163 Kb 97
Chissay-en-Touraine 41 69 Ba 64
Chisseaux 37 69 Ba 65
Chisséria 39 101 Fd 70
Chissey-en-Morvan 71 87 Eb 66
Chissey-lès-Mâcon 71 88 Ee 69
Chissey-sur-Loue 39 89 Fe 66
Chitenay 41 70 Bc 64
Chitray 36 84 Bc 69
Chitry 89 73 De 62
Chitry-les-Mines 58 73 Dd 65
Chivres 21 89 Fa 67
Chivres-en-Laonnais 02 25 Df 51
Chivres-Val 02 24 Dc 52
Chivy 02 25 Dd 51
Chizé 79 93 Zd 72
Chouain 14 19 Zc 53
Chocques 62 14 Cd 45
Choilley-Dardenay 52 75 Fc 63
Choisel 78 39 Ca 56
Choiseul 52 60 Fd 60
Choisey 39 89 Fc 66
Choisies 59 15 Ea 47
Choisy 74 102 Ga 73
Choisy-au-Bac 60 24 Cf 52
Choisy-en-Brie 77 40 Db 56
Choisy-la-Victoire 60 23 Cd 52
Choisy-le-Roi 94 39 Cc 56
Cholet 49 67 Za 66
Cholonge 38 126 Fe 78
Choloy-Ménillot 54 43 Fe 57
Chomelix 43 111 De 77
Chomérac 07 124 Ed 80
Chomette, la — 43 110 Dc 77
Chonas-l'Amballan 38 112 Ee 76
Chooz 08 16 Ee 48
Choqueuse-les-Bénards 60 23 Ca 51
Choranche 38 113 Fc 78
Chorey 21 88 Ef 66
Chorges 05 126 Gb 81
Chouday 36 85 Ca 67
Chougny 58 87 De 66
Chouilly 51 41 Ea 54
Chouppes 86 82 Aa 68
Chourgnac 24 107 Ba 77
Choussy 41 70 Bc 64
Chouvigny 03 98 Da 72
Choux 39 101 Fe 71
Choux, les — 45 71 Ce 62
Chouy 02 40 Db 53
Chouzé-sur-Loire 37 68 Aa 65
Chouzy-sur-Cisse 41 70 Bb 63
Choye 70 76 Fe 64
Chuelles 45 57 Cf 60
Chuffilly-Roche 08 26 Ed 52
Chuignes 80 23 Ce 49
Chuignolles 80 23 Ce 49
Chuisnes 28 54 Bb 58
Chusclan 30 137 Ef 84
Chuzelles 38 112 Ef 75
Ciadoux 31 145 Ae 89
Ciamannacce 2A 163 Ka 97
Ciboure 64 142 Yb 88
Cideville 76 21 Af 51
Ciel 71 89 Fa 67
Cier-de-Luchon 31 157 Ad 91
Cier-de-Rivière 31 145 Ad 90
Cierges 02 41 Dd 53
Cierges-sous-Montfaucon 55 26 Fa 53
Cierp 31 157 Ad 91
Cierrey 27 38 Bb 54
Cierzac 17 105 Ze 75
Cieurac 46 120 Bc 79
Cieurac 46 120 Bd 82
Cieutat 65 145 Ab 90
Cieux 87 95 Ba 73
Ciez 58 72 Da 64
Cigogné 37 69 Af 65
Cilly 02 25 Df 50
Cinais 37 68 Ab 66
Cindré 03 98 Dd 71
Cinq-Mars-la-Pile 37 69 Ac 64
Cinqueux 60 23 Cd 53
Cintegabelle 31 147 Bd 89
Cintheaux 14 36 Ze 54
Cintray 27 37 Af 56
Cintray 28 55 Bc 58
Cintré 35 50 Ya 60
Cintrey 70 75 Fe 62
Ciotat, la — 13 152 Fd 89
Cipières 06 140 Gf 86
Ciral 61 36 Zf 58
Ciran 37 83 Ba 66
Circourt 88 61 Gb 59
Circourt-sur-Mouzon 88 60 Fe 59
Cirès 31 157 Ad 91
Cires-lès-Mello 60 23 Cc 53
Cirey 70 76 Ga 64
Cirey-lès-Mareilles 52 60 Fb 59
Cirey-lès-Pontailler 21 75 Fb 65
Cirey-sur-Blaise 52 59 Ef 58
Cirey-sur-Vezouze 54 45 Gf 57
Cirfontaines-en-Azois 52 59 Ef 60
Cirfontaines-en-Ornois 52 60 Fc 58
Ciron 36 83 Bb 69
Ciry-le-Noble 71 88 Eb 69
Ciry-Salsogne 02 24 Dc 52
Cisai-Saint-Aubin 61 36 Ac 56
Cisery 89 73 Ea 63
Cissac-Médoc 33 104 Zb 77
Cissé 86 82 Ab 69
Cisternes-la-Forêt 63 97 Ce 74
Cistrières 43 111 Dd 77
Citerne 80 13 Be 49
Citers 70 76 Gc 62
Citey 70 76 Fe 64
Citou 11 148 Cd 88
Citry 77 40 Db 55
Civaux 86 83 Ad 70
Civens 42 99 Eb 73
Civières 27 38 Bd 53
Civrac-de-Blaye 33 105 Zd 78
Civrac-de-Dordogne 33 117 Zf 80
Civrac-en-Médoc 33 104 Za 76
Civray 18 85 Cb 67
Civray 86 94 Ab 72
Civray-de-Touraine 37 69 Ba 65
Civray-sur-Esves 37 83 Ae 66
Civrenne 36 85 Ca 68
Civrieux 01 100 Ef 73
Civrieux-d'Azergues 69 100 Ee 73
Civry 28 55 Bc 60
Civry-en-Montagne 21 74 Ed 65
Civry-la-Forêt 78 38 Bd 55
Cizancourt 80 14 Cf 49
Cizay-la-Madeleine 49 68 Ze 65
Cize 01 101 Fc 71
Cize 39 90 Ff 64
Cizely 58 87 Dc 67
Cizos 65 145 Ac 89
Clacy-et-Thierret 02 25 Dd 51
Cladech 24 119 Af 81
Cladech 24 119 Ba 80
Claira 66 160 Cf 92
Clairac 47 118 Ac 82
Clairefontaine-en-Yvelines 78 38 Bf 57
Clairefougère 61 35 Zb 56
Clairegoutte 70 77 Gd 53
Clairfayts 59 16 Ea 48
Clairfontaine 02 15 Df 49
Clairmarais 62 9 Cb 44
Clairoix 60 24 Cf 52
Clairvaux-d'Aveyron 12 121 Cc 82
Clairvaux-les-Lacs 39 90 Fe 69
Clairy-Saulchoix 80 23 Cb 49
Clais 76 22 Bc 50
Claix 16 106 Aa 75
Claix 38 113 Fe 78
Clam 17 105 Zd 76
Clamanges 51 41 Ea 56
Clamart 92 39 Cb 56
Clamecy 02 24 Dc 52
Clamecy 58 73 Dd 64
Clamensane 04 126 Ga 83
Clamerey 21 74 Ec 64
Clamour 58 86 Da 66
Clans 06 140 Ha 84
Clans 70 76 Ga 63
Clansayes 26 124 Ee 82
Claon, le — 55 42 Ef 54
Claouey 33 116 Ye 80
Clapier, le — 12 135 Db 86
Clapiers 34 136 Cf 87
Clara 66 159 Cc 93
Clarac 31 145 Ad 90
Clarac 65 145 Ab 89
Claracq 64 144 Ze 87
Clarafond 74 101 Ff 72
Clarbec 14 20 Aa 53
Clarens 65 145 Ac 90
Clarensac 30 136 Eb 86
Claret 04 126 Ff 82
Claret 34 136 Df 85
Clarques 62 9 Cb 45
Clary 59 15 Dc 48
Classun 40 130 Zd 86
Clastres 02 24 Db 50
Clasville 76 21 Ad 50
Clat, le — 11 159 Cb 92
Claudon 88 61 Ga 60
Claunay 86 82 Ab 67
Claux, le — 15 109 Cb 78
Claux, le — 15 109 Ce 78
Clavans-en-Haut-Oisans 38 114 Ga 78
Claveisolles 69 100 Ec 72
Claveyson 26 112 Ef 77
Clavière 36 84 Be 68
Clavières 15 122 Db 79
Claviers 83 140 Gd 87
Claville 27 37 Ba 54
Claville-Motteville 76 21 Bb 51
Clavy 08 26 Ed 50
Claye, la — 85 80 Ye 70
Claye-Souilly 77 39 Ce 55
Clayes 35 50 Ya 59
Clayes-sous-Bois, les — 78 38 Bf 56
Clayette, la — 71 99 Eb 71
Clayeures 54 61 Gc 58
Clécy 14 35 Zd 55
Cléden-Cap-Sizun 29 47 Vc 60
Cléden-Poher 29 48 Wb 59
Cléder 29 31 Vf 57
Clèdes 40 130 Zd 87
Cleebourg 67 46 Hf 54
Clefcy 88 62 Gf 59
Clefmont 52 60 Fd 60
Clefs 49 68 Zf 63
Clefs, les — 74 102 Gb 73
Cléguer 56 48 Wd 61
Cléguérec 56 49 Wf 60
Clelles 38 125 Fd 80
Clémencey 21 74 Ef 65
Clémensat 63 110 Da 75
Clemensat 63 98 Da 74
Clémery 54 44 Gb 55
Clémont 18 71 Cb 63
Clénay 21 75 Fa 64
Clenleu 62 13 Bf 45
Cléon 76 21 Ba 53
Cleon-d'Andran 26 124 Ef 81
Cleppé 42 99 Eb 74
Clérac 17 105 Ze 77
Cléré-du-Bois 36 83 Ba 67
Cléré-les-Pins 37 68 Ac 64
Cléré-sur-Layon 49 67 Zd 66
Clères 76 21 Ba 51
Clérey 10 58 Eb 59
Clérey-la-Côte 88 60 Fe 58
Clérey-sur-Brénon 54 61 Ga 57
Clergoux 19 108 Bf 77
Clérieux 26 112 Ef 78
Clérimois, les — 89 57 Dc 59
Clerjus, le — 88 61 Gb 61
Clerlande 63 98 Db 73
Clermain 71 100 Ed 70
Clermont 09 146 Bb 90
Clermont 40 129 Za 87
Clermont 60 23 Cc 52
Clermont 74 102 Ff 73
Clermont-Créans 72 68 Zf 62
Clermont-de-Beauregard 24 118 Ad 79
Clermont-d'Excideuil 24 107 Ba 76
Clermont-en-Argonne 55 42 Fa 54
Clermont-Ferrand 63 98 Da 74
Clermont-le-Fort 31 146 Bc 88
Clermont-lès-Fermes 02 25 Df 50
Clermont-l'Hérault 34 135 Dc 87
Clermont-Pouyguillès 32 145 Ad 88
Clermont-savès 32 132 Ba 87
Clermont-soubiran 47 132 Ae 84
Clermont-sur-Lauquet 11 148 Cc 90
Cléron 25 90 Ga 66
Clerques 62 9 Bf 43
Clerval 25 76 Gc 64
Cléry 21 75 Fd 65
Cléry 73 114 Gb 75
Cléry-en-Vexin 95 38 Bf 54
Cléry-Grand 55 27 Fa 52
Cléry-Petit 55 27 Fb 52
Cléry-Saint-André 45 55 Be 62
Cléry-sur-Somme 80 14 Cf 49
Clesles 51 41 De 57
Clessé 79 81 Zd 68
Clessy 71 87 Ea 69
Cléty 62 9 Cb 45
Cleurie 88 62 Ge 60
Cleuville 76 21 Ad 50
Cléville 14 36 Zf 54
Cléville 76 21 Ad 51
Clévilliers 28 38 Bc 57
Cleyrac 33 117 Zf 80
Cleyzieu 01 101 Fc 73
Clézentaine 88 61 Gd 58
Clichy 92 39 Cb 55
Climbach 67 46 Hf 54
Clinchamp 52 60 Fc 59
Clinchamps-sur-Orne 14 35 Zd 54
Clion 17 105 Zc 76
Clion 36 83 Bb 67
Cliousclat 26 124 Ef 80
Cliponville 76 21 Ad 50
Clisse, la — 17 93 Zb 74
Clisson 44 66 Ye 66
Clitourps 50 18 Yd 51
Clohars-Carnoët 29 48 Wc 62
Clohars-Fouesnant 29 48 Vf 61
Cloître-Pleyben, le — 29 48 Wa 59
Cloître-Saint-Thégonnec 29 31 Wb 58
Clomot 21 74 Ec 65
Clonaz-sur-Varèze 38 112 Ee 76
Clos-Fontaine 77 40 Da 57
Clouange 57 28 Ga 53
Cloué 86 82 Aa 70
Clouzeaux, les — 85 80 Ye 69
Cloyes-sur-le-Loir 28 54 Bb 61
Cloyes-sur-Marne 51 58 Ed 57
Clucy 39 90 Ff 67
Clugnat 23 97 Ca 71
Cluis 36 84 Be 69
Clumanc 04 139 Gc 84
Cluny 71 88 Ed 70
Clusaz, la — 74 102 Gc 73
Cluse, la — 05 126 Ff 81
Cluse-et-Mijoux, la — 25 90 Gc 67
Cluses 74 103 Gd 72
Clussais 79 94 Aa 71
Clux 71 89 Fb 67
Coadut 22 32 We 57
Coaraze 06 140 Hb 85
Coarraze 64 144 Ze 89
Coat-Méal 29 30 Vc 57
Coatascorn 22 32 We 56
Coatréven 22 32 We 56
Cobonne 26 125 Fa 80
Cobrieux 59 14 Db 45
Cochère, la — 61 36 Aa 56
Cocherel 77 40 Da 54
Cocheren 57 45 Gf 54
Coclois 10 58 Ec 58
Cocquerel 80 13 Bf 48
Cocumont 47 118 Aa 82
Cocurès 48 123 Dd 82
Codognan 30 136 Eb 86
Codolet 30 137 Ef 84
Coëtlogon 22 50 Xc 60
Coëtmieux 22 33 Xd 58
Cœuvres-et-Valsery 02 24 Da 52
Coëx 85 79 Yb 68
Coffery 77 40 Db 56
Coggia 2A 162 Ie 96
Coglès 35 34 Yd 58
Cogna 39 90 Fe 69
Cognac 16 93 Ze 74
Cognac-la-Forêt 87 95 Ba 73
Cognat-Lyonne 03 98 Db 72
Cogners 72 54 Ad 61
Cognet 38 125 Fe 79
Cognières 70 76 Gb 64
Cognin-les-Gorges 38 113 Fc 77
Cognocoli-Monticchi 2A 162 If 98
Cogny 18 85 Cd 67
Cogny 69 100 Ed 73
Cogolin 83 154 Gd 89
Cohade 43 110 Dc 76
Cohiniac 22 32 Xa 58
Cohons 52 75 Fc 62
Coiffy-le-Bas 52 60 Fe 61
Coiffy-le-Haut 52 60 Fe 61
Coigneux 80 14 Cd 48
Coignières 78 38 Bf 56
Coigny 50 18 Yd 53
Coimères 33 117 Ze 82
Coin-lès-Cuvry 57 44 Ga 54
Coin-sur-Seille 57 44 Ga 54
Coinces 45 55 Be 60
Coinches 88 62 Ha 59
Coincourt 54 44 Gd 56
Coincy 02 40 Dc 54
Coincy 57 44 Gb 54
Coings 36 84 Be 67
Coingt 02 25 Ea 50
Coirac 33 117 Ze 80
Coise 69 112 Ec 75
Coiserette 39 102 Ff 70
Coisevaux 70 77 Ge 63
Coisia 39 101 Fd 71
Coisy 80 13 Cb 49
Coivert 17 93 Zd 72
Coivrel 60 23 Cd 51
Coizard-Joches 51 41 Df 56
Colayrac-Saint-Cirq 47 131 Ad 83
Colembert 62 9 Be 44
Coligny 01 101 Fc 70
Colincamps 80 14 Cd 48
Collan 89 58 Df 61
Collandres 15 109 Cd 77
Collandres-Quincarnon 27 37 Af 55
Collanges 63 110 Db 76
Collanges 63 111 De 76
Collat 43 111 Dd 77
Collégien 77 39 Ce 55
Collemiers 89 57 Db 60
Collenges 69 100 Ee 74
Colleret 59 16 Ea 47
Colletot 27 21 Ad 52
Colleville 76 21 Ac 50
Colleville-Montgomery 14 20 Ze 53
Colleville-sur-Mer 14 19 Za 52
Collias 30 137 Ec 85
Colligis 02 25 Dd 52
Colligny 57 44 Gb 54
Colline-Beaumont 62 13 Be 46
Collinée 22 50 Xc 59
Collioure 66 160 Da 93
Collobrières 83 153 Gb 89
Collonge-en-Charollais 71 88 Ed 69
Collonge-la-Madeleine 71 88 Ed 67
Collonges 01 102 Ff 72
Collonges-la-Rouge 19 108 Bd 78
Collonges-lès-Bévy 21 74 Ef 65
Collonges-lès-Premières 21 75 Fa 65
Collonges-sous-Salève 74 101 Ga 72
Collongues 06 140 Gf 85
Collongues 65 145 Aa 89
Collorec 29 31 Wa 59
Collorgues 30 136 Eb 84
Colmar 68 62 Hc 60
Colmars 04 140 Gd 83
Colmen 57 28 Gd 52
Colmesnil-Manneville 76 21 Ba 49
Colmey 54 27 Fd 52
Colmier-le-Bas 52 74 Ef 62
Colmier-le-Haut 52 74 Ef 62
Colognac 30 136 De 84
Cologne 32 132 Af 86
Colombe 38 113 Fc 76
Colombe, la — 41 55 Bc 61
Colombe, la — 50 34 Ye 55
Colombé-la-Fosse 10 59 Ee 59
Colombé-le-Sec 10 59 Ee 59
Colombe-lès-Vesoul 70 76 Gb 63
Colombelles 14 20 Ze 53
Colombes 92 39 Cb 55
Colombey-lès-Choiseul 52 60 Fd 60
Colombey-les-deux-Églises 52 59 Ef 59
Colombier 03 97 Ce 71
Colombier 21 74 Ee 65
Colombier 24 118 Ad 80
Colombier 42 112 Ed 77
Colombier 69 113 Fa 74
Colombier, le — 18 85 Cd 67
Colombier-en-Brionnais 71 100 Eb 70
Colombier-Fontaine 25 77 Ge 64
Colombier-le-Cardinal 07 112 Ee 77
Colombier-le-Jeune 07 124 Ee 78
Colombier-le-Vieux 07 112 Ee 78
Colombières-sur-Orb 34 149 Da 87
Colombiers 17 93 Zc 75
Colombiers 34 149 Da 89
Colombiers 61 36 Aa 58
Colombiers 86 82 Ab 68
Colombiers-du-Plessis 53 52 Za 58
Colombiers-sur-Seulles 14 19 Zc 53
Colombiès 12 121 Cc 82
Colomby 50 18 Yd 52
Colomby-sur-Thaon 14 19 Zd 53
Colomiers 31 132 Bc 87
Colomieu 01 101 Fd 74
Colonard-Corubert 61 54 Ad 58
Colondannes 23 96 Bd 71
Colonne 39 89 Fd 67
Colonzelle 26 124 Ef 82
Colpo 56 49 Xa 62
Colroy-la-Grande 88 62 Ha 59
Colroy-la-Roche 67 62 Hb 58
Coltainville 28 55 Bd 58
Coltines 15 110 Cf 78
Coly 24 107 Bb 78
Combaillaux 34 136 De 86
Combas 30 136 Ea 85
Combeaufontaine 70 76 Ff 62
Combefa 81 133 Ca 84
Comberanche-et-Epeluche 24 106 Ab 77
Comberjon 70 76 Gb 63
Comberouger 82 132 Ba 85
Combertault 21 88 Ef 67
Combes 34 149 Da 87
Combiers 16 106 Ac 76
Comblanchien 21 88 Ef 66
Combles 80 14 Cf 48
Combles-en-Barrois 55 42 Fa 56
Comblessac 35 50 Xf 61
Combleux 45 55 Bf 61
Comblot 61 54 Ad 58
Combloux 74 103 Gd 73
Combon 27 37 Af 54
Combourg 35 34 Yb 58

Chavanat—Combourg 175

Crèches-sur-Saône **71** 100 Ee 71
Créchy **03** 98 Dc 71
Crécy-au-Mont **02** 24 Db 52
Crécy-Couvé **28** 38 Bb 56
Crécy-en-Ponthieu **80** 13 Bf 47
Crécy-la-Chapelle **77** 40 Cf 55
Crécy-sur-Serre **02** 25 Dd 50
Crédin **56** 49 Xb 60
Crégols **46** 120 Be 82
Crégy-lès-Meaux **77** 40 Cf 55
Créhange **57** 44 Gd 54
Créhen **22** 33 Xe 57
Creil **60** 23 Cc 53
Creissan **34** 149 Da 88
Crémarest **62** 9 Be 44
Cremeaux **42** 99 Df 73
Crémery **80** 24 Ce 50
Crémieu **38** 101 Fb 74
Crempigny **74** 102 Ff 73
Cremps **46** 120 Bd 82
Crenans **39** 90 Fe 70
Creney-près-Troyes **10** 58 Ea 58
Crennes-sur-Fraubée **53** 53 Ze 58
Créon **33** 117 Zd 80
Créon-d'Armagnac **40** 130 Zf 85
Créot **71** 88 Ed 67
Crépand **21** 74 Eb 63
Crépey **54** 43 Ff 57
Crépol **26** 113 Fa 77
Crépon **14** 19 Zc 53
Crépy **62** 13 Cb 46
Crépy-en-Laonnais **02** 24 Dd 51
Crépy-en-Valois **60** 24 Cf 53
Créquy **62** 13 Ca 46
Crès, le - **34** 136 Cf 87
Cresancey **70** 75 Fd 64
Crésantignes **10** 58 Ea 60
Cresnays, les - **50** 34 Yf 56
Crespian **30** 136 Ea 85
Crespières **78** 38 Bf 55
Crespin **12** 134 Cb 84
Crespin **59** 15 Dd 46
Crespin **81** 134 Cb 84
Crespinet **81** 134 Cb 85
Crespy-le-Neuf **10** 59 Ed 58
Cressac-Saint-Denis **16** 106 Aa 76
Cressanges **03** 86 Da 70
Cressat **23** 96 Ca 72
Cressé **17** 93 Ze 73
Cresse, la - **12** 135 Da 83
Cressensac **46** 108 Bd 78
Cresserveuille **14** 20 Aa 53
Cressia **39** 89 Fc 69
Cressin **01** 101 Fe 74
Cressonsacq **60** 23 Cd 52
Cressy **76** 21 Ba 50
Cressy **80** 24 Cf 50
Cressy-sur-Somme **71** 87 Df 68
Crest **26** 113 Fa 75
Crest, le - **63** 110 Da 74
Crest-Voland **73** 102 Gc 74
Creste **63** 110 Da 75
Crestet **84** 138 Fa 83
Crestet, le - **07** 124 Ed 78
Crestot **21** 41 Bf 52
Créteil **94** 39 Cc 56
Cretteville **50** 18 Yd 52
Creully **14** 19 Zc 53
Creuse **80** 23 Ca 49
Creusot, le - **71** 88 Ec 68
Creuzier-le-Neuf **03** 98 Dc 71
Creuzier-le-Vieux **03** 98 Dc 72
Crevans-et-la-Chapelle-lès-Granges **70** 77 Gd 63
Crevant **36** 84 Bf 70
Crevant-Laveine **63** 98 Dc 73
Crèvechamps **54** 44 Gb 57
Crèvecœur-en-Auge **14** 36 Aa 54
Crèvecœur-en-Brie **77** 40 Cf 55
Crèvecœur-le-Grand **60** 23 Ca 51
Crèvecœur-le-Petit **60** 23 Cd 51
Crèvecœur-sur-l'Escaut **59** 14 Db 48
Creveney **70** 76 Gb 64
Crévic **54** 44 Gc 57
Crévin **35** 51 Yc 61
Crévoux **05** 127 Gd 81
Creyssac **24** 106 Ad 77
Creysse **24** 118 Ad 79
Creysse **46** 120 Bd 79
Creysseilles **07** 124 Ed 80
Creyssensac-et-Pissot **24** 106 Ad 78
Crézancy **18** 85 Cc 68
Crézancy **02** 40 Dd 54
Crézancy-en-Sancerre **18** 72 Ce 65
Crézières **79** 93 Zf 72
Crézilles **54** 43 Ff 57
Cricqueville-en-Auge **14** 20 Zf 53
Cricqueville-en-Bessin **14** 19 Za 52
Criel-sur-Mer **76** 12 Bb 48
Crillat **39** 90 Ff 69
Crillon **60** 22 Bf 51
Crillon-le-Brave **84** 138 Fa 84
Crimolois **21** 75 Fa 65
Crique, la - **76** 22 Bb 50
Criquebeuf-la-Campagne **27** 21 Ba 53
Criquebeuf-sur-Seine **27** 21 Ba 53
Criquebœuf **14** 20 Aa 52
Criquetot-le-Mauconduit **76** 21 Ad 50
Criquetot-l'Esneval **76** 20 Ab 51
Criquetot-sur-Longueville **76** 21 Ba 50
Criquetot-sur-Ouville **76** 21 Af 50
Criquiers **76** 22 Be 50
Crisenoy **77** 39 Cd 56
Crisolles **60** 24 Da 51
Crissay-sur-Manse **37** 69 Ac 66
Crissé **72** 53 Zf 60
Crissey **39** 89 Fc 66
Crissey **71** 88 Ef 68
Cristinacce **2A** 162 If 95
Cristinacce **2A** 162 If 95
Cristol **14** 19 Zc 53
Criteuil-la-Magdeleine **16** 105 Ze 75
Critot **76** 22 Bb 51
Croce **2B** 161 Kc 94
Crocq, le - **60** 23 Cb 51
Crochte **59** 9 Cc 43
Crocq **23** 97 Cc 73
Crocy **14** 36 Zf 55
Crœttwiller **67** 46 Ia 55
Croisances **43** 123 Dd 79
Croisette **62** 13 Cb 46
Croisette, la - **74** 102 Gb 72
Croisic, le - **44** 65 Xc 64
Croisille, la - **27** 37 Af 55
Croisille-sur-Briance, la - **87** 108 Bd 75
Croisilles **14** 35 Dd 55
Croisilles **28** 38 Bc 56
Croisilles **61** 36 Ab 56

Croisilles **62** 14 Cf 47
Croismare **54** 44 Gd 57
Croissanville **14** 36 Zf 54
Croissy-Beaubourg **77** 39 Cd 56
Croissy-sur-Seine **78** 39 Ca 55
Croissy-sur-Selle **60** 23 Cb 51
Croisty, le - **56** 48 Wd 60
Croisy **18** 86 Ce 67
Croisy-sur-Andelle **76** 22 Bc 52
Croisy-sur-Eure **27** 38 Bc 54
Croix **59** 10 Da 44
Croix **80** 24 Da 50
Croix **90** 77 Gf 64
Croix, la - **73** 114 Ga 76
Croix-aux-Bois, la - **08** 26 Ee 52
Croix-aux-Mines, la - **88** 62 Ha 59
Croix-Avranchin, la - **50** 34 Yd 57
Croix-Blanche, la - **47** 118 Ae 83
Croix-Chapeau **17** 92 Yf 72
Croix-Comtesse **17** 93 Zd 72
Croix-du-Perche, la - **28** 54 Ba 59
Croix-en-Brie, la - **77** 40 Da 57
Croix-en-Champagne, la - **51** 42 Ed 54
Croix-en-Ternois **62** 13 Cb 46
Croix-en-Touraine **37** 69 Af 64
Croix-Fonsommes **02** 24 Dc 49
Croix-Hélléan, la - **56** 50 Xd 61
Croix-Mare **76** 21 Af 51
Croix-Saint-Leufroy, la - **27** 38 Bb 54
Croix-sur-Gartempe, la - **87** 95 Af 72
Croix-sur-Ourcq, la - **02** 40 Dc 53
Croix-sur-Roudoule, la - **06** 140 Gf 84
Croix-Valmer, la - **83** 154 Gb 89
Croixanvec **56** 49 Xa 60
Croixdalle **76** 22 Bc 50
Croixille, la - **53** 51 Yf 59
Croixrault **80** 23 Bf 50
Croizet-sur-Gand **42** 99 Eb 73
Crollon **50** 34 Yd 57
Cromac **87** 95 Bb 70
Cromary **70** 76 Ga 64
Cronat **71** 87 Df 68
Cronce **43** 110 Dc 78
Cropte, la - **53** 52 Zd 61
Cropus **76** 21 Ba 50
Cros **30** 136 De 85
Cros **63** 109 Cd 76
Cros, le - **30** 135 Dd 85
Cros, le - **34** 135 Dc 85
Cros, le - **63** 109 Ce 75
Cros, le - **63** 111 De 76
Cros-de-Montvert **15** 109 Ca 78
Cros-de-Ronesque **15** 121 Cd 79
Crosey-le-Grand **25** 77 Gd 64
Crosey-le-Petit **25** 76 Gc 64
Crosmières **72** 68 Zf 62
Crosne **91** 39 Cc 56
Crossac **44** 65 Xe 64
Crosses **18** 85 Cc 66
Crosville-la-Vieille **27** 37 Af 54
Crosville-sur-Douve **50** 18 Yd 52
Crosville-sur-Scie **76** 21 Ba 50
Crotelles **37** 69 Af 63
Crotenay **39** 89 Fe 68
Croth **27** 38 Bc 55
Crotoy, le - **80** 12 Bd 47
Crots **05** 126 Gc 81
Crottes-en-Pithiverais **45** 56 Ca 60
Crottet **01** 100 Ef 71
Crouay **14** 19 Zb 53
Croutelle **86** 82 Ab 69
Croûtes, les - **10** 58 Df 61
Croutoy **60** 24 Da 52
Crouttes **61** 36 Aa 55
Crouttes-sur-Marne **02** 40 Db 55
Crouy **02** 24 Dc 52
Crouy-en-Thelle **60** 39 Cb 53
Crouy-Saint-Pierre **80** 13 Ca 49
Crouy-sur-Cosson **41** 70 Bd 63
Crouy-sur-Ourcq **77** 40 Da 54
Crouzet, le - **25** 90 Ga 68
Crouzet-Migette **25** 90 Ga 67
Crouzille, la - **63** 97 Ce 71
Crouzilles **37** 68 Ac 66
Crozant **23** 96 Bd 70
Croze **23** 96 Cb 73
Crozes-Hermitage **26** 112 Ef 78
Crozet **01** 102 Ga 71
Crozet, le - **01** 101 Fb 70
Crozets, les - **39** 90 Fe 70
Crozon **29** 30 Vd 59
Crozon-sur-Vauvre **36** 84 Bf 70
Cruas **07** 124 Ee 81
Crucey **28** 37 Ba 56
Cruchery **41** 69 Ba 62
Cruet **73** 114 Ga 75
Crugey **21** 74 Ed 65
Cruguel **56** 49 Xc 61
Cruis **04** 139 Ff 84
Crulai **61** 37 Ae 56
Crupies **26** 125 Fb 81
Crupilly **02** 25 De 49
Cruscades **11** 148 Ce 89
Cruseilles **74** 102 Ga 72
Crusnes **54** 27 Ff 52
Cruviers-lès-Mépillat **01** 100 Ef 71
Crux-la-Ville **58** 73 Dd 66
Cruzille **71** 88 Ee 69
Cruzilles-lès-Mépillat **01** 100 Ef 71
Cruzy **34** 149 Cf 88
Cruzy-le-Châtel **89** 58 Eb 61
Cry **89** 74 Eb 62
Cubelles **43** 122 Dd 78
Cubières **48** 123 De 82
Cubières-sur-Cinoble **11** 159 Cc 91
Cubiérettes **48** 123 De 82
Cubjac **24** 107 Af 77
Cublac **19** 107 Bb 78
Cublize **69** 100 Ea 72
Cubnezais **33** 105 Zd 78
Cubrial **25** 76 Gc 64
Cubry **25** 76 Gc 64
Cubry-lès-Faverney **70** 61 Ga 62
Cubzac-les-Ponts **33** 105 Zd 79
Cucharmoy **77** 40 Db 57
Cuchery **51** 41 De 54
Cucq **62** 12 Bd 46
Cucugnan **11** 160 Cd 91
Cucuron **84** 138 Fc 86
Cudos **33** 117 Ze 82
Cudot **89** 57 Db 61
Cuébris **06** 140 Ha 85
Cuélas **32** 145 Ac 88
Cuers **83** 153 Ga 89
Cuffies **02** 24 Dc 52
Cuffy **18** 86 Da 67

Cugand **85** 66 Yc 66
Cuges-les-Pins **13** 152 Fe 89
Cugnaux **31** 146 Bc 87
Cugney **70** 75 Fe 64
Cugny **02** 24 Da 50
Cuguen **35** 34 Yc 58
Cuguron **31** 145 Ad 90
Cuhon **86** 82 Aa 68
Cuignières **60** 23 Cd 52
Cuigy-en-Bray **60** 22 Be 52
Cuillé **53** 51 Yf 61
Cuinchy **62** 14 Ce 45
Cuincy **59** 14 Da 46
Cuinzier **42** 99 Eb 72
Cuire, Caluire-et- **69** 100 Ef 74
Cuirieux **02** 25 De 51
Cuiry-Housse **02** 24 Dc 53
Cuiry-lès-Chaudardes **02** 25 De 52
Cuiry-lès-Iviers **02** 25 Ea 50
Cuis **51** 41 Df 55
Cuise-la-Motte **60** 24 Da 52
Cuiseaux **71** 89 Fc 70
Cuiserey **21** 75 Fb 64
Cuisery **71** 89 Fa 69
Cuisia **39** 89 Fc 69
Cuissai **61** 36 Aa 58
Cuisy **55** 27 Fa 53
Cuisy **77** 39 Ce 54
Cuisy-en-Almont **02** 24 Db 52
Culan **18** 85 Cc 69
Culey-le-Patry **14** 35 Zc 55
Culhat **63** 98 Dc 73
Culin **38** 113 Fb 75
Culles-les-Roches **71** 88 Ed 69
Cully **14** 19 Zc 53
Culmont **52** 60 Fc 61
Culoz **01** 101 Fe 73
Cult **70** 75 Fe 64
Cultures **48** 122 Dc 82
Cumières **51** 41 Df 54
Cumières-le-Mort-Homme **55** 27 Fb 53
Cumiès **11** 147 Bf 89
Cumont **82** 132 Af 85
Cunac **81** 134 Cb 85
Cuncy-lès-Varzy **58** 72 Dc 64
Cuneges **24** 118 Ac 80
Cunel **55** 26 Fa 52
Cunelières **90** 77 Gf 63
Cunfin **10** 59 Ee 60
Cunlhat **63** 110 Dd 75
Cuon **49** 68 Ze 64
Cuperly **51** 42 Ec 54
Cuperly **51** 42 Ec 54
Cuq **47** 131 Ae 84
Cuq-Toulza **81** 147 Bf 87
Cuqueron **64** 144 Zc 89
Curac **16** 106 Aa 77
Curan **12** 134 Cf 83
Curbans **04** 126 Ga 82
Curbigny **71** 99 Eb 71
Curçay-sur-Dive **86** 82 Zf 66
Curchy **80** 24 Cf 50
Curciat-Dongalon **01** 89 Fa 70
Curdin **71** 87 Ea 69
Curel **04** 138 Fd 83
Curel-Autigny **52** 60 Fa 58
Curemonte **19** 120 Be 79
Cures **72** 53 Aa 60
Curey **50** 34 Yd 57
Curgies **59** 15 Dd 46
Curgy **71** 88 Ec 67
Curienne **73** 114 Ga 75
Curières **12** 121 Cf 81
Curley **21** 74 Ef 64
Curlu **80** 14 Ce 49
Curmont **52** 59 Ef 58
Curtafond **01** 101 Fa 71
Curtil-Saint-Seine **21** 74 Ef 64
Curtil-sous-Buffières **71** 100 Ed 70
Curtil-sous-Burnand **71** 88 Ed 69
Curtil-Vergy **21** 74 Ef 65
Curvalle **81** 134 Cd 85
Curverville **27** 38 Bc 53
Curzay-sur-Vonne **86** 82 Aa 70
Curzon **85** 80 Ye 70
Cusance **25** 76 Gc 65
Cuse-et-Adrisans **25** 76 Gc 64
Cusey **52** 75 Fc 63
Cussac **15** 121 Cf 79
Cussac **33** 105 Zb 78
Cussac-sur-Loire **43** 123 Df 79
Cussangy **10** 58 Ea 60
Cussay **37** 83 Ae 66
Cusset **03** 98 Dc 72
Cussey-les-Forges **21** 75 Fa 63
Cussey-sur-Lison **25** 90 Ff 66
Cussey-sur-l'Ognon **25** 76 Ga 64
Cussy-en-Morvan **71** 87 Ea 66
Cussy-la-Colonne **21** 88 Ed 66
Cussy-le-Châtel **21** 74 Ed 65
Cussy-les-Forges **89** 73 Ea 64
Custines **54** 44 Ga 56
Cutry **02** 24 Db 52
Cutry **54** 27 Fe 52
Cuts **60** 24 Da 51
Cutting **57** 45 Gf 55
Cuttoli-Corticchiato **2A** 162 If 97
Cuttura **39** 90 Fe 70
Cuve **70** 61 Gb 61
Cuvergnon **60** 40 Cf 53
Cuverville **14** 20 Ze 53
Cuverville **27** 22 Bc 53
Cuverville **76** 20 Ab 50
Cuverville-sur-Yères **76** 12 Bc 49
Cuves **50** 34 Yf 56
Cuves **52** 60 Fd 60
Cuvier **39** 90 Ga 68
Cuvillers **59** 14 Db 47
Cuvilly **60** 23 Ce 51
Cuvry **57** 44 Ga 54
Cuxac-d'Aude **11** 149 Cf 89
Cuxas-Cabardès **11** 148 Cb 88
Cuy **89** 57 Db 59
Cuy **60** 24 Ce 51
Cuy-Saint-Fiacre **76** 22 Be 51
Cuzac **46** 120 Ca 81
Cuzance **46** 120 Bd 79
Cuzieu **01** 101 Fe 74
Cuzieu **42** 111 Eb 75
Cuzion **36** 84 Bd 70
Cuzorn **47** 119 Af 81
Cuzy **71** 87 Ea 68
Cys-la-Commune **02** 25 Dd 52
Cysoing **59** 14 Db 45

D

Dabo **57** 45 Hb 57
Dachstein **67** 46 Hd 57
Daglan **24** 119 Bb 80
Dagneux **01** 101 Fb 74
Dagny **02** 25 Ea 50
Dagny **77** 40 Db 56
Dagny-Lambercy **02** 25 Ea 50
Dagonville **55** 43 Fc 56
Daguenière, la - **49** 67 Zd 64
Dahlenheim **67** 46 Hd 57
Daignac **33** 117 Ze 80
Daigny **08** 26 Ef 50
Daillancourt **52** 59 Ef 59
Daillecourt **52** 60 Fd 60
Dainville **62** 14 Cd 47
Dainville-Bertheléville **55** 60 Fd 58
Daix **21** 75 Fa 64
Dalem **57** 45 Gf 53
Dalhain **57** 44 Gd 55
Dalhunden **67** 46 Hf 56
Dallet **63** 98 Dc 73
Dallon **02** 24 Db 50
Dalou **09** 147 Bd 90
Dalstein **57** 28 Gc 53
Daluis **06** 140 Ge 84
Damas-aux-Bois **88** 61 Gc 58
Damas-et-Bettegney **88** 61 Gb 59
Damazan **47** 118 Ab 83
Dambach **67** 46 Hd 54
Dambach-la-Ville **67** 62 Hc 59
Dambelin **25** 77 Gd 64
Dambenoît-lès-Colombes **70** 76 Gc 62
Damblain **88** 60 Fd 60
Damblainville **14** 36 Zf 55
Dambron **28** 55 Ca 59
Dame-Marie **27** 37 Ba 56
Dame-Marie **61** 54 Ad 58
Dame-Marie-les-Bois **37** 69 Ba 63
Damelevières **54** 44 Gc 57
Daméraucourt **60** 22 Bf 50
Damerey **71** 89 Fa 68
Damery **80** 24 Cf 50
Damery **51** 41 Df 54
Damgan **56** 65 Xc 63
Damiatte **81** 147 Ca 87
Damloup **55** 43 Fc 53
Dammard **02** 40 Db 54
Dammarie **28** 55 Bb 59
Dammarie-en-Puisaye **45** 72 Cf 63
Dammarie-les-Lys **77** 56 Cf 57
Dammarie-sur-Loing **45** 72 Cf 62
Dammarie-sur-Saulx **55** 43 Fb 57
Dammartin-en-Goële **77** 39 Ce 54
Dammartin-en-Serve **78** 38 Bd 55
Dammartin-les-Templiers **25** 76 Gb 65
Dammartin-Marpain **39** 75 Fd 65
Dammartin-sur-Meuse **52** 60 Fd 61
Dammartin-sur-Tigeaux **77** 40 Cf 56
Damousies **59** 15 Ea 47
Damouzy **08** 26 Ee 50
Dampierre **10** 42 Ee 57
Dampierre **14** 35 Za 54
Dampierre **52** 60 Fc 61
Dampierre-au-Temple **51** 42 Ec 54
Dampierre-en-Bray **76** 22 Bd 51
Dampierre-en-Bresse **71** 89 Fb 68
Dampierre-en-Burly **45** 71 Cd 62
Dampierre-en-Crot **18** 71 Cd 64
Dampierre-en-Graçais **18** 70 Bf 65
Dampierre-en-Montagne **21** 74 Ed 64
Dampierre-en-Yvelines **78** 38 Bf 56
Dampierre-et-Flée **21** 75 Fc 64
Dampierre-les-Bois **25** 77 Gf 63
Dampierre-les-Conflans **70** 61 Gb 61
Dampierre-Saint-Nicolas **76** 22 Bb 49
Dampierre-sous-Brou **28** 54 Ba 59
Dampierre-sur-Avre **28** 37 Ba 56
Dampierre-sur-Boutonne **17** 93 Zd 72
Dampierre-sur-Linotte **70** 76 Gb 64
Dampierre-sur-Moivre **51** 42 Ec 55
Dampierre-sur-Salon **70** 75 Fe 63
Dampjoux **25** 77 Ge 64
Dampleux **02** 24 Da 53
Dampmart **77** 39 Ce 55
Dampmesnil **27** 38 Bd 53
Damprichard **25** 77 Gf 65
Damps, les - **27** 21 Bb 53
Dampsmesnil **27** 38 Bd 53
Dampvalley-lès-Colombe **70** 76 Gb 63
Dampvalley-Saint-Pancras **70** 61 Gb 61
Dampvitoux **54** 43 Ff 54
Damrémont **52** 60 Fd 61
Damville **27** 38 Ba 55
Damvillers **55** 27 Fc 52
Damvix **85** 93 Za 71
Dancé **42** 99 Ea 73
Dancé **61** 54 Ad 58
Dancevoir **52** 59 Ef 61
Dancourt **76** 22 Bd 49
Dancourt-Popincourt **80** 23 Ce 50
Dancy **28** 55 Bc 59
Danestal-le-Bourg **14** 20 Aa 53
Dangé-Saint-Romain **86** 83 Ad 67
Dangeau **28** 55 Bb 59
Dangers **28** 38 Bc 57
Dangeul **72** 53 Ab 59
Dangolsheim **67** 46 Hc 57
Dangu **27** 22 Be 53
Dangy **50** 34 Ye 54
Danizy **02** 24 Dc 50
Danjoutin **90** 77 Gf 63
Danne-et-Quatre-Vents **57** 45 Hb 56
Dannelbourg **57** 45 Hb 56
Dannemarie **25** 77 Gf 64
Dannemarie **78** 38 Bd 56
Dannemarie-sur-Crète **25** 76 Ff 65
Dannemoine **89** 58 Df 61
Dannemois **91** 56 Cc 58
Dannes **62** 12 Bd 45
Dannevoux **55** 27 Fb 53
Danvou-la-Ferrière **14** 35 Zb 55
Danzé **41** 54 Ba 61
Daon **53** 52 Zc 62
Daoulas **29** 30 Ve 58
Daours **80** 23 Cc 49
Darazac **19** 108 Ca 77
Darbonnay **39** 89 Fd 68
Darbres **07** 124 Ed 81
Darcey **21** 74 Ec 64
Dardilly **69** 100 Ee 74
Dardenac **33** 117 Ze 80
Dardez **27** 37 Bb 54
Dareizé **69** 100 Ec 73
Dargies **60** 23 Bf 50
Dargnies **80** 12 Bd 48

Dargoire **42** 112 Ed 75
Darmannes **52** 60 Fb 59
Darmont **55** 43 Fe 53
Darnac **87** 95 Af 71
Darney **88** 61 Ga 60
Darney-aux-Chênes **88** 60 Fe 59
Darnieulles **88** 61 Gc 59
Darois **21** 74 Ef 64
Darvault **77** 56 Ce 59
Darvoy **45** 56 Ca 61
Dasle **25** 77 Gf 64
Daubensand **67** 63 He 58
Daubeuf-la-Campagne **27** 37 Ba 53
Daubeuf-près-Vatteville **27** 22 Bb 53
Daubeuf-Serville **76** 21 Ac 50
Daubèze **33** 117 Ze 80
Dauendorf **67** 46 Hd 55
Daufage **45** 71 Cd 61
Daumazan-sur-Arize **09** 146 Bb 90
Daumeray **49** 67 Zd 62
Dauphin **04** 139 Fe 85
Dausse **47** 119 Af 82
Daux **31** 132 Bb 86
Dauzat-sur-Vodable **63** 110 Da 76
Davayat **63** 98 Da 73
Davayé **71** 100 Ee 71
Davejean **11** 160 Cd 91
Davenescourt **80** 23 Cd 50
Davézieux **07** 112 Ee 77
Davézieux **07** 112 Ee 77
Davignac **19** 108 Ca 76
Davrey **10** 58 Df 60
Davron **78** 38 Bf 55
Dax **40** 129 Yf 86
Deauville **14** 20 Aa 52
Deaux **30** 136 Ea 84
Débats-Rivière-d'Orpa **42** 99 Df 73
Decazeville **12** 120 Cb 81
Déchy **59** 14 Da 46
Decines-Charpieu **69** 100 Ef 74
Decize **58** 86 Dc 68
Dégagnac **46** 119 Bb 80
Degré **72** 53 Aa 60
Dehault **72** 54 Ad 59
Dehlingen **67** 45 Hb 55
Deinvillers **88** 61 Gd 58
Déjointes **18** 86 Cf 66
Delain **70** 75 Fd 63
Delettes **62** 13 Cb 45
Delincourt **60** 22 Be 53
Delle **90** 77 Gf 63
Delme **57** 44 Gc 55
Delouze-Rosières **55** 43 Fd 57
Déluge, le - **60** 23 Ca 53
Delut **25** 27 Fd 52
Deluz **25** 76 Gb 65
Demandolx **04** 140 Gd 85
Demange-aux-Eaux **55** 43 Fc 57
Demangevelle **70** 61 Ga 61
Demie, la - **70** 76 Gb 63
Demigny **71** 88 Ef 67
Démouville **14** 20 Ze 53
Dému **32** 131 Ab 86
Démuin **80** 23 Cd 50
Denain **59** 15 Dc 46
Dénat **81** 134 Cb 85
Denazé **53** 52 Za 61
Denée **49** 67 Zc 64
Deneuille-lès-Chantelle **03** 98 Da 71
Deneuille-les-Mines **03** 97 Ce 70
Denèvre **70** 75 Fd 63
Dénezé-sous-Doué **49** 68 Ze 65
Dénezé-sous-le-Lude **49** 69 Aa 63
Denezières **39** 90 Fe 69
Denguin **64** 144 Zc 89
Denicé **69** 100 Ee 73
Denier **62** 14 Cc 46
Denipaire **88** 62 Ha 58
Dennebrœucq **62** 13 Ca 45
Denneville **50** 18 Yc 53
Denney **90** 77 Gf 63
Dennevy **71** 88 Ed 67
Denonville **28** 55 Bf 58
Denting **57** 45 Gf 53
Déols **36** 84 Be 67
Derbamont **88** 61 Gb 59
Dercé **86** 82 Ab 67
Dercy **02** 25 De 50
Dernacueillette **11** 160 Cd 91
Dernancourt **80** 14 Cd 49
Derval **44** 66 Yb 63
Désaignes **07** 124 Ed 79
Désandans **25** 77 Gd 64
Descartes **37** 83 Ae 67
Deschaux, le - **39** 89 Fd 67
Désert, le - **14** 35 Zb 55
Désertines **03** 97 Ce 70
Désertines **53** 35 Za 58
Déserts, les - **73** 114 Ga 75
Déservillers **25** 90 Ga 66
Desges **43** 122 Dc 78
Designy **74** 102 Ff 73
Desmonts **45** 56 Cd 59
Desnes **39** 89 Fc 68
Dessenheim **68** 63 Hc 61
Dessia **39** 101 Fd 70
Destord **88** 61 Gd 59
Destrousse, la - **13** 152 Fd 88
Destry **57** 44 Gd 55
Desvres **62** 9 Be 44
Détain-et-Bruant **21** 74 Ee 65
Détrier **73** 114 Ga 76
Détroit, le - **14** 35 Zd 55
Dettey **71** 87 Eb 67
Dettwiller **67** 46 Hc 56
Deuil-la-Barre **95** 39 Cb 55
Deuillet **02** 24 Dc 51
Deûlémont **59** 10 Cf 44
Deux-Chaises **03** 98 Da 70
Deux-Évailles **53** 52 Zc 59
Deux-Fays, les - **39** 89 Fc 67
Deux-Jumeaux **14** 19 Za 52
Deux-Villes-Basse, Les - **08** 27 Fb 51
Deux-Villes-Haute, Les - **08** 27 Fb 51
Deuxville **54** 44 Gc 57
Devay **58** 87 Dd 68
Devecey **25** 76 Ga 65
Devesset **07** 112 Ec 78
Devèze **85** 93 Fb 88
Devillac **47** 119 Af 81
Deville **08** 26 Ee 49
Déville-lès-Rouen **76** 21 Ba 52
Devise **80** 24 Da 49
Devrouze **71** 89 Fa 68
Deycimont **88** 61 Gd 59
Deyme **31** 147 Bd 88
Deyvillers **88** 61 Gc 59
Dezert, le - **50** 18 Yf 53
Dezize-lès-Maranges **71** 88 Ed 67
D'Huison-Longueville **91** 56 Cb 58
Dhuisy **77** 40 Da 54
Dhuizon **41** 70 Bd 63
Diancey **21** 74 Ec 65
Diane-et-Kerpich **57** 45 Gf 56
Diant **77** 57 Cf 59
Diarville **54** 61 Ga 58
Diconne **71** 89 Fa 68
Dicy **89** 57 Da 61
Diebling **57** 45 Gf 54
Diebolsheim **67** 63 Hd 59
Diedendorf **67** 45 Ha 55
Diedling **57** 45 Ha 54
Dieffenbach **67** 45 Ha 54
Dieffenbach-au-Val **67** 62 Hc 59
Dieffenthal **67** 62 Hc 59
Diefmatten **68** 77 Ha 62
Dième **69** 100 Ec 73
Diemeringen **67** 45 Hb 55
Diémoz **38** 113 Fa 75
Diénay **21** 75 Fa 63
Dienne **15** 109 Ce 78
Dienné **86** 83 Ad 70
Diennes-Aubigny **58** 87 Dd 67
Dienville **10** 59 Ed 58
Dieppe **76** 12 Ba 49
Dierre **37** 69 Af 64
Dierrey-Saint-Julien **10** 58 De 59
Dierrey-Saint-Pierre **10** 58 De 59
Diesen **57** 44 Ge 53
Dietwiller **68** 78 Hc 63
Dieudonné **60** 23 Cb 53
Dieue-sur-Meuse **55** 43 Fc 54
Dieulefit **26** 125 Fa 81
Dieulivol **33** 118 Aa 80
Dieulouard **54** 44 Ga 55
Dieupentale **82** 132 Bb 85
Dieuze **57** 45 Ge 56
Diéval **62** 13 Cb 46
Diffembach-lès-Hellimer **57** 45 Gf 54
Diges **89** 72 Dc 62
Digna **39** 89 Fc 69
Dignac **16** 106 Ab 75
Digne **04** 139 Gb 84
Digne-d'Aval, la - **11** 147 Cb 90
Dignonville **88** 61 Gc 59
Digny **28** 37 Ba 57
Digny-Saint-Clair **74** 102 Gb 73
Digoin **71** 99 Ea 70
Digosville **50** 18 Ya 50
Digulleville **50** 18 Ya 50
Dijon **21** 75 Fa 65
Dimbsthal **67** 45 Hc 56
Dimechaux **59** 15 Ea 47
Dimont **59** 15 Ea 47
Dinan **22** 33 Xf 58
Dinard **35** 33 Xf 57
Dineault **29** 47 Vf 59
Dingé **35** 51 Yb 58
Dingsheim **67** 46 Hd 57
Dinozé **88** 61 Gc 59
Dinsac **87** 95 Ba 71
Dinsheim **67** 45 Hc 57
Dinteville **52** 59 Ee 60
Dio **34** 135 Db 87
Dionay **38** 113 Fb 77
Dions **30** 136 Eb 85
Diors **36** 84 Be 68
Diou **03** 87 De 69
Diou **36** 85 Ca 66
Dirac **16** 106 Ab 75
Dirinon **29** 30 Ve 58
Dirol **58** 73 Dd 65
Dissangis **89** 73 Df 63
Dissay **86** 82 Ac 68
Dissay-sous-Courcillon **72** 69 Ac 63
Dissé-sous-Ballon **72** 53 Ab 59
Dissé-sous-le-Lude **72** 69 Aa 63
Distré **49** 68 Ze 65
Diusse **64** 130 Ze 87
Divajeu **26** 124 Fa 80
Dives **60** 24 Da 50
Dives-sur-Mer **14** 20 Zf 53
Divion **62** 14 Cd 46
Divonne-les-Bains **01** 102 Ha 70
Dixmont **89** 57 Db 60
Dizimieu **38** 113 Fb 74
Dizy **51** 41 Df 54
Dizy-le-Gros **02** 25 Ea 51
Doazit **40** 129 Zc 86
Docelles **88** 61 Gd 60
Dodenom **57** 28 Gb 52
Dognen **64** 144 Zb 89
Dogneville **88** 61 Gc 59
Dohem **62** 9 Cb 45
Dohis **02** 25 Ea 50
Doignies **59** 14 Da 48
Doingt **80** 24 Cf 49
Doissat **24** 119 Ba 80
Doissin **38** 113 Fc 76
Doix **85** 81 Zb 70
Doizieux **42** 112 Ed 76
Dol-de-Bretagne **35** 34 Yb 57
Dolaincourt **88** 60 Fe 58
Dolancourt **10** 59 Ed 59
Dole **39** 89 Fd 66
Dolignon **02** 25 Ea 50
Dolleren **88** 62 Gf 62
Dollon **72** 54 Ad 60
Dollot **89** 57 Da 59
Dolmayrac **47** 118 Ad 82
Dolo **22** 33 Xe 58
Dolocourt **54** 61 Ff 58
Dolomieu **38** 113 Fc 76
Dolus-d'Oléron **17** 92 Ye 73
Dolus-le-Sec **37** 69 Af 65
Dolving **57** 45 Ha 56
Dom-le-Mesnil **08** 26 Ee 50
Domagné **35** 51 Yd 60
Domaize **63** 110 Dd 75
Domalain **35** 51 Ye 61
Domancy **74** 103 Gd 73
Domarin **38** 113 Fb 75
Domart-en-Ponthieu **80** 13 Ca 48
Domart-sur-la-Luce **80** 23 Cc 50
Domats **89** 57 Da 59
Domazan **30** 137 Ee 85
Dombasle-devant-Darney **88** 61 Ga 60
Dombasle-en-Argonne **55** 43 Fb 54
Dombasle-en-Xaintois **88** 61 Ff 59

Dombasle-sur-Meurthe **54** 44 Gc 57
Domblain **52** 59 Ef 58
Domblans **39** 89 Fd 68
Dombras **55** 27 Fc 52
Dombrot-le-Sec **88** 61 Ff 60
Dombrot-sur-Vair **88** 61 Ff 59
Domecy-sur-Cure **89** 73 De 64
Doméliers **60** 23 Ca 51
Domène **38** 114 Ef 77
Domérat **03** 97 Cd 70
Domesargues **30** 136 Eb 84
Domesmont **80** 13 Ca 48
Domessin **73** 113 Fe 75
Domèvre-sous-Montfort **88** 61 Ga 59
Domèvre-sur-Avière **88** 61 Gc 59
Domèvre-sur-Durbion **88** 61 Gc 59
Domeyrat **43** 110 Dd 77
Domeyrot **23** 97 Ca 71
Domezain **64** 143 Zb 89
Domfaing **88** 62 Ge 59
Domfessel **67** 45 Ha 55
Domfront **60** 23 Cd 51
Domfront **61** 35 Zc 57
Domfront-en-Champagne **72** 53 Aa 60
Domgermain **54** 43 Fe 57
Dominelais, la — **35** 51 Yb 62
Domjean **50** 35 Yf 55
Domjevin **54** 45 Ge 57
Domjulien **88** 61 Ff 59
Domléger-Longvillers **80** 13 Ca 48
Domloup **35** 51 Yc 60
Dommaire-Eulmont **54** 61 Ga 58
Dommartemont **54** 44 Gb 56
Dommartin **01** 100 Ef 70
Dommartin **25** 90 Gb 67
Dommartin **58** 87 Df 66
Dommartin **69** 100 Ee 74
Dommartin **80** 23 Cc 50
Dommartin-aux-Bois **88** 61 Gb 60
Dommartin-Dampierre **51** 42 Ee 54
Dommartin-la-Chaussée **54** 43 Ff 54
Dommartin-la-Montagne **55** 43 Fd 54
Dommartin-le-Coq **10** 59 Ec 57
Dommartin-le-Franc **52** 59 Ef 58
Dommartin-le-Saint-Père **52** 59 Ef 58
Dommartin-lès-Remiremont **88** 62 Gd 61
Dommartin-lès-Toul **54** 44 Ff 56
Dommartin-lès-Vallois **88** 61 Ga 60
Dommartin-Lettrée **51** 41 Eb 56
Dommartin-sous-Amance **54** 44 Gb 56
Dommartin-sous-Hans **51** 42 Ee 54
Dommartin-sur-Vraine **88** 61 Ff 58
Dommartin-Varimont **51** 42 Ee 55
Dommary-Baroncourt **55** 27 Fe 53
Domme **24** 119 Bb 80
Dommery **08** 26 Ec 50
Dommiers **02** 24 Db 52
Domnom-lès-Dieuze **57** 45 Ge 55
Domont **95** 39 Cb 54
Dompaire **88** 61 Gb 59
Dompcevrin **55** 43 Fc 55
Dompierre **15** 99 Df 48
Dompierre **60** 23 Cd 51
Dompierre **61** 35 Zb 58
Dompierre **61** 35 Zc 57
Dompierre **88** 61 Gd 59
Dompierre-aux-Bois **55** 43 Fd 55
Dompierre-Becquincourt **80** 24 Ce 49
Dompierre-du-Chemin **35** 51 Yf 59
Dompierre-en-Morvan **21** 73 Eb 64
Dompierre-les-Églises **87** 95 Bb 71
Dompierre-les-Ormes **71** 100 Ec 70
Dompierre-les-Tilleuls **25** 90 Gb 67
Dompierre-sous-Sanvignes **71** 87 Eb 69
Dompierre-sur-Authie **80** 13 Bf 47
Dompierre-sur-Besbre **03** 87 De 69
Dompierre-sur-Chalaronne **01** 100 Ef 72
Dompierre-sur-Charente **17** 93 Zd 74
Dompierre-sur-Héry **58** 73 Dd 65
Dompierre-sur-Mer **17** 92 Yf 71
Dompierre-sur-Mont **39** 89 Fd 69
Dompierre-sur-Nièvre **58** 72 Db 65
Dompierre-sur-Veyle **01** 101 Fb 72
Dompierre-sur-Yon **85** 80 Yd 68
Dompnac **07** 123 Ea 81
Domprel **25** 76 Gc 65
Dompremy **51** 42 Ee 56
Domprix **54** 27 Fe 53
Domps **87** 108 Be 75
Domptail **88** 61 Gd 58
Domptail-en-l'Air **54** 44 Gb 57
Domptin **02** 40 Db 54
Dompcmqueur **80** 13 Ca 48
Domremy-la-Canne **55** —
Domremy-aux-Bois **55** 43 Fc 56
Domremy-la-Pucelle **88** 60 Fe 58
Domremy-Landéville **52** 60 Fb 58
Domsure **01** 89 Fb 70
Domvallier **88** 61 Ga 59
Domvast **80** 13 Bf 47
Don **59** 14 Cf 45
Donazac **11** 147 Ca 90
Donchery **08** 26 Ef 50
Doncières **88** 62 Gd 58
Doncourt-aux-Templiers **55** 43 Fe 54
Doncourt-lès-Conflans **54** 44 Ff 54
Doncourt-lès-Longuyon **54** 27 Fe 52
Doncourt-sur-Meuse **52** 60 Fd 60
Dondas **47** 132 Af 83
Donges **44** 65 Xf 65
Donjeux **52** 60 Fa 58
Donjeux **57** 44 Gc 55
Donjon, le — **03** 99 De 70
Donnay **14** 35 Zd 55
Donnazac **81** 133 Bf 84
Donnelay **57** 45 Ge 56
Donnemain-Saint-Mamès **28** 55 Bc 60
Donnemarie-Dontilly **77** 57 Da 58
Donnement **10** 59 Ec 57
Donnenheim **67** 46 Hd 56
Donneville **31** 147 Bd 88
Donnezac **33** 105 Zd 77
Dontreix **23** 97 Cd 73
Dontrien **51** 26 Ec 53
Donzac **33** 117 Ze 81
Donzac **82** 132 Ae 84
Donzacq **40** 129 Zb 87
Donzeil, le — **23** 96 Bf 72
Donzenac **19** 108 Bd 77
Donzère **26** 124 Ee 82
Donzy **58** 72 Da 64
Donzy-le-National **71** 88 Ed 70
Donzy-le-Pertuis **71** 88 Ee 70
Docueuil-sur-le-Mignon **17** 93 Zc 72
Doranges **63** 111 Dd 76
Dorans **90** 77 Ge 63
Dorat **63** 98 Dc 73

Dorat, le — **87** 95 Ba 71
Dorceau **61** 54 Ae 58
Dordives **45** 56 Ce 60
Dore-l'Église **63** 111 De 76
Dorée, la — **53** 35 Za 58
Dorengt **02** 15 De 49
Dorlisheim **67** 46 Hc 57
Dormans **51** 41 Dd 54
Dormelles **77** 57 Cf 59
Dornac, la — **24** 107 Bc 78
Dornas **07** 124 Ec 79
Dornecy **58** 73 Dd 64
Dornes **58** 86 Dc 68
Dornot **57** 44 Ga 54
Dorres **66** 159 Bf 93
Dorst **57** 45 Hc 53
Dortan **01** 101 Fd 71
Dosches **10** 58 Eb 59
Dosnon **10** 41 Eb 56
Dossenheim-Kochersberg **67** 46 Hd 57
Dossenheim-sur-Zinsel **67** 45 Hc 56
Douadic **36** 83 Ba 68
Douai **59** 14 Da 46
Douains **27** 38 Bc 54
Douarnenez **29** 47 Vd 60
Douaumont **55** 43 Fc 53
Doubs **25** 90 Gc 67
Doucelles **72** 53 Ab 59
Douchapt **24** 106 Ac 77
Douchy **02** 24 Da 50
Douchy **45** 57 Da 61
Douchy-lès-Ayette **62** 14 Ce 47
Douchy-les-Mines **59** 15 Dc 47
Doucier **39** 90 Fe 69
Doucy-en-Bauges **73** 114 Gb 74
Doudeauville **62** 13 Be 45
Doudeauville **76** 22 Be 51
Doudeauville-en-Vexin **27** 22 Bd 53
Doudelainville **80** 13 Be 48
Doudeville **76** 21 Ae 50
Doudrac **47** 118 Ae 81
Doue **77** 40 Da 55
Doué-la-Fontaine **49** 68 Ze 65
Douelle **46** 119 Bc 82
Douet, le — **17** 93 Zc 74
Douhet, le — **17** 93 Zc 74
Douillet **72** 53 Zf 59
Douilly **80** 24 Da 50
Doulaincourt-Saucourt **52** 60 Fb 59
Doulcon **55** 27 Fa 52
Doulevant-le-Petit **52** 59 Ef 58
Doulieu, le — **59** 10 Ce 44
Doullens **80** 13 Cc 48
Doumely-Bégny **08** 25 Eb 51
Doumy **64** 144 Zd 88
Dounoux **88** 61 Gc 60
Dourbies **30** 135 Dc 84
Dourdain **35** 51 Yd 59
Dourdan **91** 38 Ca 57
Dourdhal **57** 44 Gd 56
Dourges **62** 14 Cf 46
Dourgne **81** 147 Ca 88
Douriez **62** 13 Be 46
Dourlers **59** 15 Df 47
Dourn, le — **81** 134 Cc 84
Dournazac **87** 107 Af 75
Dournon **39** 90 Ff 67
Dours **65** 145 Aa 89
Doussard **74** 102 Gb 74
Doussay **86** 82 Ab 67
Douville **24** 106 Ad 79
Douville-en-Auge **14** 20 Zf 53
Douvres **01** 101 Fc 73
Douvres-la-Délivrande **14** 19 Zd 53
Douvrin **62** 14 De 45
Doux **08** 26 Ec 51
Doux **79** 82 Aa 68
Douy **28** 54 Bb 60
Douy-la-Ramée **77** 40 Cf 54
Douzains **47** 118 Ad 81
Douzat **16** 94 Aa 74
Douze, la — **24** 107 Af 78
Douzens **11** 148 Cd 89
Douzillac **24** 106 Ac 78
Douzy **08** 27 Fa 50
Doye **39** 90 Ga 68
Doyet **03** 97 Ce 70
Dozulé **14** 20 Zf 53
Dracé **69** 100 Ee 72
Draché **37** 83 Ad 66
Dracy-le-Fort **71** 88 Ee 68
Dracy-lès-Couches **71** 88 Ed 67
Dracy-Saint-Loup **71** 88 Ec 66
Dragey-Ronthon **50** 34 Yd 56
Draguignan **83** 154 Gc 87
Drain **49** 66 Ye 65
Draix **04** 139 Gc 84
Draize **08** 25 Ec 51
Drambon **21** 75 Fa 64
Dramelay **39** 101 Fd 70
Drancy **93** 39 Cc 55
Drap **06** 141 Hb 86
Dravegny **02** 41 Dd 53
Drée **21** 74 Ee 64
Dréffeac **44** 65 Xf 64
Drennec, le — **29** 30 Vd 57
Dreuil-lès-Amiens **80** 23 Cb 49
Dreux **28** 38 Bc 56
Drevant **18** 85 Cd 68
Dricourt **08** 26 Ed 52
Driencourt **80** 24 Cf 49
Drincham **59** 9 Cb 43
Droisy **27** 37 Ba 56
Droisy **74** 102 Ff 73
Droiturier **03** 99 De 71
Droizy **02** 24 Db 52
Drom **01** 101 Fc 71
Dromesnil **80** 22 Bf 49
Drosay **76** 21 Ae 50
Drosnay **51** 58 Ef 57
Droué **41** 54 Ba 60
Droue-sur-Drouette **28** 38 Be 57
Drouges **35** 51 Ye 61
Drouilly **51** 42 Ed 56
Droupt-Saint-Basle **10** 58 Df 58
Droupt-Sainte-Marie **10** 58 Df 58
Drouville **54** 44 Gc 56
Droux **87** 95 Ba 72
Droyes **52** 59 Ee 57
Drubec **14** 20 Aa 53
Drucat **80** 13 Bf 48
Drucourt **27** 37 Ac 54

Drudas **31** 132 Ba 86
Druelle **12** 121 Cd 82
Drugeac **15** 109 Cc 77
Druillat **01** 101 Fb 72
Drulhe **12** 120 Ca 82
Drulingen **67** 45 Hb 55
Drummetaz **73** 114 Ff 75
Druy-Parigny **58** 86 Dc 67
Druyé **37** 69 Ad 65
Druyes-les-Belles-Fontaines **89** 72 Dc 63
Dry **45** 70 Be 62
Duault **31** 31 Wd 58
Ducey **50** 34 Ye 57
Duclair **76** 21 Af 52
Ducy-Sainte-Marguerite **14** 19 Zc 53
Duerne **69** 112 Ed 74
Duesme **21** 74 Ee 63
Duffort **32** 145 Ac 88
Dugny-sur-Meuse **55** 43 Fc 54
Duhort-Bachen **40** 130 Ze 86
Duilhac-sous-Peyrepertuse **11** 160 Cd 91
Duingt **74** 102 Gb 74
Duisans **62** 14 Cd 47
Dullin **73** 113 Fe 75
Dumes **40** 130 Zc 86
Dun **09** 147 Be 90
Dun-le-Palestel **23** 96 Bd 71
Dun-le-Poëlier **36** 70 Be 65
Dun-les-Places **58** 73 Ea 65
Dun-sur-Auron **18** 85 Cd 67
Dun-sur-Grandry **58** 87 De 66
Dun-sur-Meuse **55** 27 Fb 52
Duneau **72** 54 Ad 60
Dunes **82** 132 Ae 84
Dunière-sur-Eyrieux **07** 124 Ed 80
Dunières **43** 112 Ec 77
Dunkerque **59** 9 Cc 42
Duntzenheim **67** 46 Hd 56
Duppigheim **67** 46 Hd 57
Duran **32** 131 Ad 86
Durance **47** 131 Aa 84
Duranus **06** 140 Hb 85
Duranville **27** 37 Ad 54
Duras **47** 118 Ab 80
Duravel **46** 119 Ba 81
Durban **09** 146 Bc 90
Durban **32** 145 Ad 87
Durban-Corbières **11** 148 Ce 91
Durcet **61** 35 Zf 56
Durdat-Larequille **03** 97 Ce 71
Dureil **72** 53 Zf 61
Durenque **12** 134 Cd 84
Durfort **09** 146 Bc 89
Durfort **81** 136 Df 85
Durfort **81** 147 Ca 88
Durfort-Lacapelette **82** 132 Ba 83
Durlinsdorf **68** 77 Hb 64
Durmenach **68** 77 Hb 64
Durmignat **63** 98 Cf 71
Durnes **25** 76 Gb 66
Durningen **67** 46 Hd 56
Durrenbach **67** 46 Hf 55
Durrenentzen **68** 63 Hc 60
Durstel **67** 45 Hb 55
Durtal **49** 68 Ze 72
Durtol **63** 98 Da 74
Dury **02** 24 Da 50
Dury **62** 14 Da 47
Dury **80** 23 Cb 49
Dussac **24** 107 Ba 76
Duttlenheim **67** 46 Hd 57
Duvy **60** 24 Cf 53
Duzey **55** 27 Fd 52
Dyé **89** 58 Df 61
Dyo **71** 99 Eb 70

E

Eancé **35** 51 Ye 62
Eaucourt-sur-Somme **80** 13 Bf 48
Eaunes **31** 146 Bc 88
Eaux-Bonnes **64** 144 Zd 91
Eaux-Puiseaux **10** 58 Df 60
Eauze **32** 131 Aa 85
Ebaty **21** 88 Ee 67
Ebblinghem **59** 9 Cc 44
Eberbach-Seltz **67** 46 Ia 55
Ebersheim **67** 63 Hd 59
Ebersmunster **67** 63 Hd 59
Ebersviller **57** 28 Gc 53
Eblange **57** 28 Gc 53
Ebouleau **02** 25 Df 50
Ébréon **16** 94 Aa 73
Ébreuil **03** 98 Da 72
Écaille, l' — **08** 25 Eb 52
Ecaillon **59** 14 Db 47
Ecalles-Alix **76** 21 Ae 51
Ecaquelon **27** 37 Ae 53
Ecardenville-la-Campagne **27** 37 Af 54
Ecardenville-sur-Eure **27** 38 Bb 54
Ecausseville **50** 18 Yd 52
Ecauville **27** 37 Af 54
Eccica-Suarella **2A** 162 If 97
Eccles **59** 16 Ea 47
Echalas **69** 112 Ee 75
Echallat **16** 94 Aa 74
Echallon **01** 101 Fe 71
Echalot **21** 74 Ef 63
Echalou **61** 35 Zd 56
Echandelys **63** 110 Dd 75
Echannay **21** 74 Ee 65
Echarcon **91** 39 Cc 57
Echassières **03** 98 Cf 71
Echay **25** 90 Ff 66
Echebrune **17** 105 Zd 75
Echelle, l' — **08** 26 Ec 50
Echelle, l' — **08** 23 Ce 50
Echelles, les — **73** 113 Fe 76
Echemines, le — **10** 58 Df 58
Echemiré **49** 68 Ze 63
Echenans **70** 77 Ge 63
Echenay **52** 60 Fb 58
Echenevex **01** 102 Ga 71
Echenon **21** 89 Fb 66
Echenoz-la-Méline **70** 76 Ga 63
Echery **68** 62 Ha 59
Echevannes **21** 75 Fb 63
Echevannes **25** 90 Gb 66
Echevronne **21** 88 Ef 66
Echigey **21** 75 Fa 65
Echillais **17** 92 Za 73
Echilleuses **45** 56 Cc 60
Echinghen **62** 8 Bd 44

Échiré **79** 81 Zd 70
Échirolles **38** 113 Fe 78
Échouboulains **77** 57 Cf 58
Echourgnac **24** 106 Ab 78
Eckwersheim **67** 46 He 56
Éclaires **51** 42 Fa 54
Éclance **10** 59 Ed 59
Éclans **39** 75 Fd 66
Éclaron-Braucourt-Sainte-Livière **52** 42 Ef 57
Eclassan **07** 112 Ee 78
Ecleux **39** 90 Fe 66
Eclimeux **62** 13 Ca 46
Eclose **38** 113 Fb 76
Ecluzelles **28** 38 Bc 56
Ecly **08** 25 Eb 51
Ecoche **42** 100 Ea 71
Ecoivres **62** 13 Cb 47
Ecole-Valentin **25** 76 Ff 65
Ecollemont **51** 42 Ee 57
Ecommoy **72** 53 Ab 61
Ecoqueneauville **50** 18 Ye 52
Ecorcei **61** 37 Ad 56
Ecorces, les — **25** 77 Ge 65
Ecorches **61** 36 Aa 55
Ecordal **08** 26 Ed 51
Ecorpain **72** 54 Ad 61
Ecos **27** 38 Bd 53
Ecot **25** 77 Ge 64
Ecot-la-Combe **52** 60 Fc 59
Ecotay-l'Olme **42** 111 Ea 75
Ecouché **61** 36 Zf 56
Ecouen **95** 39 Cc 54
Ecouflant **49** 67 Zc 63
Ecouis **27** 22 Bc 53
Ecourt-Saint-Quentin **62** 14 Cf 47
Ecoust-Saint-Mein **62** 14 Ce 47
Ecouviez **55** 27 Fc 51
Ecouvez, l' — **25** 76 Gb 64
Ecoyeux **17** 93 Zc 73
Ecquedecques **62** 13 Cc 45
Ecques **62** 9 Cb 44
Ecquetot **27** 38 Ba 54
Ecquevilly **78** 38 Bf 55
Ecrainville **76** 20 Ab 51
Ecrammeville **14** 19 Za 53
Ecretteville-lès-Baons **76** 21 Ae 51
Ecretteville-sur-Mer **76** 21 Ac 50
Ecrennes **51** 42 Ed 56
Ecrille **39** 89 Fd 69
Ecromagny **70** 77 Gd 61
Ecrosnes **28** 38 Bf 57
Ecrouves **54** 43 Fe 56
Ectot-l'Auber **76** 21 Af 51
Ectot-lès-Baons **76** 21 Ae 51
Ecublé **28** 38 Bb 57
Ecueil **51** 41 Df 53
Ecueillé **36** 84 Bc 66
Ecuélin **59** 15 Df 47
Ecuelle **70** 31 Fd 63
Ecuelles **71** 89 Fa 67
Ecuelles **77** 57 Ce 58
Ecuillé **49** 67 Zc 63
Ecuires **62** 13 Be 46
Ecuisses **71** 88 Ed 68
Eculleville **50** 18 Yb 50
Ecully **69** 100 Ee 74
Ecuras **16** 94 Af 74
Ecurat **17** 93 Zb 74
Ecurcey **25** 77 Ge 64
Ecurey-en-Verdunois **55** 27 Fc 52
Ecury-le-Repos **51** 41 Eb 56
Ecury-sur-Coole **51** 41 Ec 55
Ecutigny **21** 88 Ed 66
Ecuvilly **60** 24 Cf 50
Edern **29** 48 Wa 60
Edon **16** 106 Ac 76
Eduts, les — **17** 93 Ze 73
Eëcke **59** 10 Cd 44
Effiat **63** 98 Da 72
Effincourt **52** 60 Fb 57
Effry **02** 25 Df 49
Egat **66** 159 Ca 93
Egleny **89** 72 Dc 62
Egletons **19** 108 Ca 76
Egligny **77** 57 Da 58
Eglingen **68** 77 Hb 63
Eglise-aux-Bois, l' — **19** 108 Be 75
Eglise-Neuve-de-Vergt **24** 107 Ae 78
Eglise-Neuve-d'Issac **24** 106 Ac 79
Egliseneuve-d'Entraigues **63** 109 Ce 76
Egliseneuve-des-Liards **63** 110 Dc 75
Egliseneuve-près-Billom **63** 110 Db 74
Eglises-d'Argenteuil, les — **17** 93 Zd 73
Egliseolles **63** 111 Df 76
Eglisottes-et-Chalaures, les — **33** 105 Zf 78
Egly **91** 39 Cb 57
Egreville **77** 57 Cf 59
Egrisrelles-le-Bocage **89** 57 Db 60
Egry **45** 56 Cc 60
Eguelshardt **57** 46 Hc 54
Eguille, l' — **17** 92 Za 74
Eguilly **21** 74 Ec 65
Eguilles **13** 152 Fb 88
Eguisheim **68** 62 Hb 60
Eguzon-Chatqme **36** 84 Bd 70
Ehuns **70** 76 Gb 62
Eichhoffen **67** 63 Hc 58
Eincheville **57** 44 Gd 55
Einvaux **54** 61 Gc 57
Einville-au-Jard **54** 44 Gc 57
Eix **55** 43 Fc 53
Elan **08** 26 Ee 50
Elancourt **78** 38 Bf 56
Elbach **68** 77 Ha 63
Elbeuf **76** 21 Af 53
Elbeuf-en-Bray **76** 22 Bd 52
Elbeuf-sur-Andelle **76** 22 Bc 52
Elencourt **60** 22 Bf 50
Elesmes **59** 15 Ea 47
Eletot **76** 21 Ac 50
Eleu-dit-Leauwette **62** 14 Cf 46
Elincourt **59** 15 Dc 48
Elincourt-Sainte-Marguerite **60** 24 Ce 51
Elise-Daucourt **51** 42 Ef 54
Ellecourt **76** 22 Be 50
Elliant **29** 48 Wa 61
Ellon **14** 19 Zb 53
Elne **66** 160 Cf 93
Elnes **62** 9 Ca 44
Eloie **90** 77 Gf 62
Eloyes **88** 61 Gd 60
Elsenheim **67** 63 Hc 60
Elvange **57** 44 Gd 54
Elven **56** 49 Xc 62
Elzange **57** 28 Gc 53
Emagny **25** 76 Ff 65
Emalleville **27** 37 Ba 54
Emancé **78** 38 Be 57

Emanville **27** 37 Af 54
Emanville **76** 21 Af 51
Embarthe **32** 132 Ae 85
Embermenil **54** 45 Ge 57
Embreville **80** 12 Bd 49
Embrun **05** 127 Gc 81
Embry **62** 13 Be 46
Emerainville **77** 39 Cd 56
Emerchicourt **59** 14 Db 47
Emeringes **69** 100 Ed 71
Emiéville **60** 24 Da 53
Emiéville **14** 36 Ze 54
Emlingen **68** 78 Hb 63
Emmerin **59** 14 Cf 45
Emondeville **50** 18 Yd 52
Empeaux **31** 146 Ba 87
Empurany **07** 112 Ed 78
Empuré **16** 94 Ab 73
Empury **58** 73 De 64
Encamp [AND] **158** Bd 93
Encausse **32** 132 Ba 86
Encausse-les-Thermes **31** 145 Ae 90
Enchenberg **57** 45 Hc 54
Enchastrayes **04** 140 Gd 83
Encourtiech **09** 158 Ba 91
Endoufielle **32** 146 Ba 87
Enencourt-le-Sec **60** 22 Bf 53
Enencourt-Léage **60** 22 Bf 53
Enfonvelle **52** 60 Ff 61
Engarran **47** 132 Af 83
Engente **10** 59 Ee 59
Engenville **45** 56 Cb 59
Enghien **95** 39 Ca 54
Engins **38** 113 Fd 78
Englancourt **02** 25 De 49
Englebelmer **80** 14 Cd 48
Englefontaine **59** 15 Dd 47
Englesqueville-la-Percée **14** 19 Za 52
Englesqueville-en-Auge **14** 20 Aa 53
Engomer **09** 157 Ba 91
Enguinegatte **62** 13 Cb 45
Engwiller **67** 46 Hc 55
Ennemain **80** 24 Cf 49
Ennery **57** 28 Gb 53
Ennery **95** 39 Ca 54
Ennetières-en-Weppes **59** 14 Cf 45
Ennevelin **59** 14 Da 45
Ennezat **63** 98 Db 73
Ennordres **18** 71 Cc 64
Enquin-les-Mines **62** 13 Cb 45
Enquin-sur-Baillons **62** 13 Be 45
Ensigné **79** 93 Ze 72
Ensisheim **68** 62 Hb 61
Ensuès-la-Redonne **13** 152 Fb 88
Entrages **04** 139 Gb 84
Entraigues **38** 126 Ff 79
Entraigues **63** 98 Db 73
Entraigues **84** 137 Ef 84
Entrains-sur-Nohain **58** 72 Db 64
Entrammes **53** 52 Zb 61
Entraunes **06** 140 Ge 83
Entraygues-sur-Truyère **12** 121 Cd 81
Entre-deux-Eaux **88** 62 Gf 59
Entre-Deux-Monts **39** 90 Ff 69
Entrecasteaux **83** 153 Gb 87
Entrechaux **84** 138 Fa 83
Entremont **74** 102 Gc 73
Entremont-le-Vieux **73** 114 Ff 76
Entrepierres **04** 139 Ff 83
Entrevaux **04** 140 Ge 85
Entrevennes **04** 139 Ga 85
Entrevernes **74** 102 Gb 74
Entzheim **67** 46 Hd 57
Enval **63** 98 Da 73
Enveitg **66** 159 Bf 94
Envermeu **76** 22 Bb 50
Environville **76** 21 Ae 50
Eourres **05** 138 Fe 83
Éoux **31** 146 Af 89
Épagne **10** 59 Ec 58
Épagne-Epagnette **80** 13 Bf 48
Épagny **21** 74 Db 52
Épagny **74** 102 Ga 73
Épaignes **27** 21 Ac 53
Epaney **14** 36 Zf 55
Epannes **79** 93 Zc 71
Eparcy **02** 25 Ea 49
Éparges, les — **55** 43 Fd 54
Epargnes **17** 104 Zb 75
Éparres, les — **38** 113 Fb 75
Epaumesnil **80** 22 Bf 49
Epaux-Bézu **02** 40 Dc 54
Epeautrolles **28** 55 Bb 59
Epeaux, les — **17** 93 Zb 75
Épécamps **80** 13 Ca 48
Épégard **27** 37 Af 53
Épehy **80** 14 Da 48
Epeigné-les-Bois **37** 69 Ba 65
Epeigné-sur-Dême **37** 69 Ad 63
Epénancourt **80** 24 Cf 50
Epénède **16** 94 Ad 72
Epenouse **25** 76 Ga 66
Epenoy **70** 76 Gb 62
Epense **51** 42 Ef 55
Eperlecques **62** 9 Ca 44
Epernay **51** 41 Df 54
Epernay-sous-Gevrey **21** 75 Fa 65
Epernon **28** 38 Be 57
Eperrais **61** 54 Ad 58
Epersy **73** 102 Ff 74
Epertully **71** 88 Ed 67
Epervans **71** 88 Ef 67
Epesses, les — **85** 81 Za 67
Epeugney **25** 76 Ga 66
Epfig **67** 63 Hd 58
Epiais **41** 54 Bb 62
Epiais-lès-Louvres **95** 39 Cd 54
Epiais-Rhus **95** 39 Ca 54
Epieds **02** 40 Dc 54
Epieds **27** 38 Bc 55
Epieds **49** 68 Ze 64
Epieds-en-Beauce **45** 55 Bd 61
Epierre **73** 114 Gb 76
Epiez-sur-Chiers **54** 27 Fd 52
Epiez-sur-Meuse **55** 43 Fd 57
Epinac **71** 88 Ed 66
Epinal **88** 61 Gc 60
Epinay **27** 37 Ad 53
Epinay, l' — **35** 51 Zb 58
Epinay-sous-Sénart **91** 39 Cc 56
Epinay-sur-Duclair **76** 21 Af 51
Epinay-sur-Odon **14** 35 Zc 54
Epinay-sur-Orge **91** 39 Cb 56
Epinay-sur-Seine **93** 39 Cb 55
Epine, l' — **05** 125 Fd 82
Epine, l' — **51** 42 Ec 55
Epine, l' — **85** 65 Xe 67

Epine-aux-Bois, l' — **02** 40 Dc 55
Epineau-les-Voves **89** 57 Dc 61
Epineu-le-Chevreuil **72** 53 Zf 60
Epineuil **89** 58 Df 61
Epineuil-le-Fleuriel **18** 85 Cd 69
Epineuse **60** 23 Cc 52
Epineux-le-Seguin **53** 52 Zd 61
Epiniac **35** 34 Yb 57
Epinonville **55** 27 Fa 52
Epinouze **26** 112 Ef 77
Epinoy **62** 14 Da 47
Epiry **58** 73 De 65
Episy **77** 56 Ce 58
Epizon **52** 60 Fc 58
Eplessier **80** 22 Bf 50
Eply **54** 44 Gb 55
Epoisses **21** 73 Eb 63
Epône **78** 38 Be 55
Epothémont **10** 59 Ed 58
Epouville **76** 20 Ab 51
Epoye **51** 25 Eb 53
Eppe-Sauvage **59** 16 Eb 48
Eppes **02** 25 De 51
Eppeville **80** 24 Da 50
Epping **57** 45 Hb 54
Epretot **76** 20 Ab 51
Epreville **76** 20 Ac 50
Epreville-en-Roumois **27** 21 Ae 53
Epreville-près-le-Neubourg **27** 37 Af 54
Epron **14** 19 Zd 53
Eps **62** 13 Cb 46
Equancourt **80** 14 Da 48
Equemauville **14** 20 Ab 52
Equennes-Eramécourt **80** 22 Bf 50
Equeurdreville-Hainneville **50** 18 Yc 51
Equevilley **70** 76 Gb 62
Equevillon **39** 90 Ff 64
Equihen-Plage **62** 8 Bd 44
Equilly **50** 34 Yd 55
Equirre **62** 13 Cb 46
Equisay **41** 54 Af 61
Eragny **95** 39 Ca 54
Eragny-sur-Epte **60** 22 Be 53
Eraines **14** 36 Zf 55
Eraville **16** 105 Zf 75
Erbajolo **2B** 163 Kb 95
Erbéviller-sur-Amezule **54** 44 Gc 56
Erbray **44** 66 Ye 63
Erbrée **35** 51 Yf 60
Erce **09** 158 Bb 91
Erce-en-Lamée **35** 51 Yc 62
Erce-près-Liffre **35** 51 Yc 59
Erceville **45** 55 Ca 59
Erches **80** 23 Ce 50
Erchen **80** 24 Cf 50
Erching **57** 45 Hb 54
Erckartswiller **67** 45 Hc 55
Ercourt **80** 13 Be 48
Ercuis **60** 23 Cb 53
Erdeven **56** 49 Wf 63
Eréac **22** 50 Xd 59
Ergersheim **67** 46 Hd 57
Ergnies **80** 13 Ca 48
Ergny **62** 13 Bf 45
Ergué-Gabéric **29** 48 Vf 61
Erin **62** 13 Cb 46
Eringes **21** 74 Ec 63
Eringhem **59** 9 Cc 43
Erize-la-Brûlée **55** 43 Fb 55
Erize-la-Petite **55** 43 Fb 55
Erize-Saint-Dizier **55** 43 Fb 56
Erlon **02** 25 De 50
Erloy **02** 25 Df 49
Ermenonville **60** 39 Ce 54
Ermenonville-la-Grande **28** 55 Bc 58
Ermenonville-la-Petite **28** 55 Bc 59
Ermenouville **76** 21 Ae 50
Ermont **95** 39 Cb 55
Ernée **53** 52 Za 59
Ernemont-Boutavent **60** 22 Be 51
Ernemont-la-Villette **76** 22 Bd 52
Ernemont-sur-Buchy **76** 22 Bc 51
Ernes **14** 36 Zf 54
Ernestviller **57** 45 Gf 54
Erneville-aux-Bois **55** 43 Fc 56
Ernolsheim **67** 46 Hd 57
Erny-Saint-Julien **62** 13 Cb 45
Erôme **26** 112 Ee 78
Erondelle **80** 13 Bf 48
Erone **2B** 161 Kb 94
Eroudeville **50** 18 Yd 52
Erp **09** 158 Bb 91
Erquery **60** 23 Cc 52
Erquinghem-le-Sec **59** 14 Cf 45
Erquinghem-Lys **59** 10 Cf 44
Erquinvillers **60** 23 Cc 52
Erre **66** 159 Ca 94
Erre **59** 15 Db 46
Errouville **54** 27 Ff 52
Ersa **2B** 161 Kc 91
Erstein **67** 63 Hd 58
Erstroff **57** 45 Ge 55
Ervauville **45** 57 Cf 60
Ervillers **62** 14 Ce 48
Ervy-le-Châtel **10** 58 Df 60
Esbareich **65** 145 Ad 91
Esbarres **21** 89 Fb 66
Esboz-Brest **70** 61 Gc 62
Escagnès **34** 148 Cf 87
Escalans **40** 130 Aa 85
Escaldes, Les — [AND] **158** Bd 93
Escale, l' — **04** 139 Ga 84
Escales **11** 148 Ce 89
Escalles **62** 9 Be 43
Escalquens **31** 147 Bd 87
Escames **60** 22 Be 51
Escamps **46** 120 Bd 82
Escamps **89** 72 Dc 62
Escardes **51** 41 Dd 56
Escarène, l' — **06** 141 Hc 85
Escaro **66** 159 Ca 93
Escassefort **47** 118 Ab 81
Escatalens **82** 132 Bb 85
Escaudain **59** 15 Dc 46
Escaudes **33** 117 Ze 81
Escaudœuvres **59** 14 Db 47
Escautbourg **11** 159 Ca 92
Escaunets **65** 144 Zf 88
Escautpont **59** 15 Dd 46
Escazeaux **82** 132 Ba 85
Eschau **67** 46 He 57
Eschbach **67** 46 Hf 55
Eschbach-au-Val **68** 62 Ha 60
Eschbourg **67** 45 Hb 56

Frotey-lès-Lure **70** 77 Gd 53
Frotey-lès-Vesoul **70** 76 Gb 63
Frouard **54** 44 Ga 56
Frouville **95** 39 Ca 54
Frouzins **31** 146 Bb 87
Froville **54** 62 Gc 58
Froyelles **80** 13 Bf 47
Frozes **86** 82 Aa 69
Frucourt **80** 13 Be 48
Frugères-les-Mines **43** 110 Db 76
Fruges **62** 13 Ca 45
Frugières-le-Pin **43** 110 Dc 77
Fruncé **28** 54 Bb 58
Fry **76** 22 Bd 51
Fuans **25** 77 Gd 66
Fublaines **77** 40 Cf 55
Fugeret, le — **04** 140 Gd 84
Fugerolles-du-Plessis **53** 35 Za 58
Fuilet, le — **49** 66 Yf 65
Fuilla **66** 159 Cc 93
Fuissé **71** 100 Ee 71
Fuligny **10** 59 Ee 58
Fulleren **68** 77 Ha 63
Fultot **76** 21 Ae 50
Fulvy **89** 73 Eb 62
Fumay **08** 16 Ee 49
Fumel **47** 119 Af 82
Fumichon **14** 36 Ac 53
Furchhausen **67** 45 Hc 56
Furdenheim **67** 46 Hd 57
Furiani **2B** 161 Kd 93
Furmeyer **05** 126 Ff 81
Fussey **21** 88 Ef 66
Fussy **18** 71 Cc 66
Fustérouau **32** 130 Aa 86
Fustignac **31** 146 Af 89
Futeau **55** 42 Fa 54
Fuveau **13** 152 Fd 88
Fyé **72** 53 Aa 59

G

Gaas **40** 129 Yf 87
Gabarnac **33** 117 Ze 81
Gabarret **40** 130 Aa 85
Gabaston **64** 144 Ze 88
Gabat **64** 143 Yf 88
Gabian **34** 149 Db 87
Gabillou **24** 107 Ba 77
Gabre **09** 146 Bc 90
Gabriac **12** 121 Ce 82
Gabriac **48** 136 De 84
Gabrias **48** 122 Dc 81
Gacé **61** 36 Ab 56
Gacilly, la — **56** 50 Xf 62
Gâcogne **58** 73 Df 65
Gaconnière, la — **17** 92 Ye 73
Gadancourt **95** 38 Bf 54
Gadencourt **27** 38 Bc 55
Gaël **35** 50 Xe 60
Gageac-et-Rouillac **24** 118 Ac 80
Gagnac **31** 132 Bc 86
Gagnac **46** 120 Bf 79
Gagnières **30** 136 Ea 83
Gagny **93** 39 Cd 55
Gahard **35** 51 Yc 59
Gailhan **30** 136 Ea 85
Gaillac **81** 133 Bf 85
Gaillac-d'Aveyron **12** 122 Cf 82
Gaillac-Toulza **31** 146 Bc 89
Gaillagos **65** 144 Ze 91
Gaillan-en-Médoc **33** 104 Za 77
Gaillardbois-Cressenville **27** 22 Bc 52
Gaillarde, la — **76** 21 Af 49
Gaillefontaine **76** 22 Bd 51
Gaillères **40** 130 Zd 85
Gaillon **27** 38 Bb 54
Gaillon-sur-Montcient **78** 38 Bf 54
Gainneville **76** 20 Ab 51
Gaja-et-Villedieu **11** 147 Cb 90
Gaja-la-Selve **11** 147 Bf 89
Gajac **33** 117 Zf 82
Gajan **09** 146 Ba 90
Gajan **30** 136 Eb 85
Gajoubert **87** 95 Ae 72
Galametz **62** 13 Ca 47
Galan **65** 145 Ac 89
Galapian **47** 118 Ac 83
Galargues **34** 136 Ea 86
Galeria **2B** 161 Id 94
Galeria **2B** 161 Id 94
Galey **09** 157 Af 91
Galfingue **68** 77 Hb 62
Galgan **12** 121 Cb 81
Galgon **33** 105 Ze 79
Galiax **32** 130 Aa 87
Galié **31** 145 Ad 91
Galinagues **11** 159 Ca 92
Gallardon **28** 38 Be 57
Gallet, le — **60** 23 Ca 51
Galluis **78** 38 Be 56
Gamaches **80** 22 Bd 49
Gamaches-en-Vexin **27** 22 Bd 53
Gamarde-les-Bains **40** 129 Za 86
Gamarthe **64** 143 Yf 89
Gambais **78** 38 Be 56
Gambaiseuil **78** 38 Be 56
Gambsheim **67** 46 Hf 56
Gan **64** 144 Zd 89
Ganac **09** 158 Bd 91
Gancourt-Saint-Etienne **76** 22 Be 51
Gandelain **61** 36 Zf 58
Gandelu **02** 40 Db 54
Ganges **34** 136 De 85
Gannat **03** 98 Db 72
Gannay-sur-Loire **03** 87 Dd 68
Gannes **60** 23 Cc 51
Gans **33** 117 Zf 82
Ganties **31** 146 Af 90
Ganzeville **76** 21 Ac 50
Gap **05** 126 Ga 81
Gapennes **80** 13 Bf 47
Gâprée **61** 37 Ab 57
Garac **31** 132 Ba 86
Garancières **78** 38 Be 56
Garancières-en-Beauce **28** 55 Bf 58
Garancières-en-Drouais **28** 38 Bb 56
Garanou **09** 158 Be 92
Garat **16** 106 Ab 75
Garcelles-Secqueville **14** 36 Ze 54
Garches **92** 39 Cb 55
Garchizy **58** 86 Da 66
Garchy **58** 72 Da 65
Gardanne **13** 152 Fc 88
Garde, la — **04** 140 Gd 85
Garde, la — **38** 114 Ga 78
Garde, la — **83** 153 Ga 90
Garde-Adhémar, la — **26** 124 Ee 82
Garde-Freinet, la — **83** 154 Gc 89
Gardefort **18** 72 Cf 65
Gardegan **33** 117 Zf 79
Gardères **65** 144 Zf 89
Gardie **11** 148 Cb 90
Gardonne **24** 118 Ab 79
Gardouch **31** 147 Be 88
Garein **40** 130 Zc 84
Garencières **27** 38 Bb 55
Garentreville **77** 56 Cd 59
Garéoult **83** 153 Ga 88
Garganvillar **82** 132 Ba 85
Gargas **31** 132 Bc 86
Gargas **84** 138 Fc 85
Gargenville **78** 38 Be 55
Garges-lès-Gonesse **95** 39 Cc 55
Gargilesse-Dampierre **36** 84 Bd 69
Garidech **31** 133 Bd 86
Gariès **82** 132 Ba 86
Garigny **18** 86 Cf 66
Garin **31** 157 Ad 92
Garindein **64** 143 Za 89
Garlan **29** 31 Wb 57
Garlède-Montebat **64** 144 Zd 87
Garlin **64** 130 Ze 87
Garn, le — **30** 137 Ec 83
Garnache, la — **85** 79 Yb 67
Garnat-sur-Engièvre **03** 87 De 69
Garnay **28** 38 Bc 56
Garnerans **01** 100 Ef 71
Garons **30** 137 Ec 86
Garos **64** 144 Zd 87
Garravet **32** 146 Af 88
Garrebourg **57** 45 Hb 56
Garrey **40** 129 Za 86
Garrigues **30** 136 Eb 84
Garrigues **34** 136 Ea 86
Garrigues **81** 133 Be 86
Garrosse **40** 129 Za 84
Gars **06** 140 Ge 85
Gartempe **23** 96 Be 72
Gas **28** 38 Be 57
Gasny **27** 38 Bd 54
Gasques **82** 132 Af 84
Gassin **83** 154 Gd 89
Gast, le — **14** 35 Yf 56
Gastes **40** 116 Yf 83
Gastines **53** 51 Yf 61
Gastins **77** 40 Da 57
Gasville **28** 55 Bd 58
Gatey **39** 89 Fc 67
Gathemo **50** 35 Za 56
Gatteville-le-Phare **50** 18 Ye 50
Gatuzières **48** 135 Dc 83
Gaubertin **45** 56 Cc 60
Gaubretière, la — **85** 80 Yf 67
Gauchin-Légal **62** 14 Cd 46
Gauchin-Verloingt **62** 13 Cb 46
Gauchy **02** 24 Db 50
Gauciel **27** 38 Bb 54
Gaudaine, la — **28** 54 Af 59
Gaude, la — **06** 140 Ha 86
Gaudechart **60** 22 Bf 51
Gaudent **65** 145 Ad 91
Gaudiempré **62** 14 Cd 47
Gaudiès **09** 147 Be 89
Gaudonville **32** 132 Af 85
Gaugeac **24** 119 Af 80
Gaujac **30** 137 Ed 84
Gaujac **32** 146 Af 88
Gaujac **47** 118 Aa 82
Gaujacq **40** 129 Zb 87
Gaujan **32** 145 Ae 88
Gault-du-Perche, le — **41** 54 Af 60
Gault-Saint-Denis, le — **28** 55 Bc 59
Gault-Soigny, le — **51** 41 Dd 56
Gauré **31** 133 Bd 87
Gauriac **33** 105 Zc 78
Gauriaguet **33** 105 Zd 78
Gaussan **65** 145 Ac 89
Gausson **22** 49 Xb 59
Gautherets, les — **71** 88 Eb 69
Gauville **61** 37 Ad 56
Gauville **80** 22 Be 50
Gauville-la-Campagne **27** 37 Ba 54
Gavarnie **65** 156 Aa 92
Gavarret-sur-Aulouste **32** 131 Ad 86
Gavaudun **47** 119 Af 81
Gavet, Livet-et- **38** 114 Ff 78
Gavignano **2B** 161 Kb 94
Gavisse **57** 28 Gb 52
Gavray **50** 34 Yd 55
Gâvre, le — **44** 66 Yb 63
Gavrelle **62** 14 Cf 46
Gâvres **56** 48 Wd 62
Gavrus **14** 35 Zc 54
Gayan **65** 144 Aa 89
Gaye **51** 41 De 56
Gayon **64** 144 Ze 88
Gazave **65** 145 Ac 90
Gazax-et-Baccarisse **32** 131 Ab 87
Gazéran **78** 38 Be 57
Gazost **65** 144 Aa 90
Géanges **71** 88 Ef 67
Geaune **40** 130 Zd 87
Geay **17** 93 Zb 73
Geay **79** 81 Ze 67
Gèdre **65** 156 Aa 92
Gée-Rivière **32** 130 Ze 86
Géfossé-Fontenay **14** 19 Yf 52
Gefosses **50** 18 Yc 54
Gehée **36** 84 Bd 66
Geishouse **68** 62 Ha 61
Geispitzen **68** 78 Hc 63
Geispolsheim **67** 46 Hd 57
Geiswasser **68** 63 Hd 61
Geiswiller **67** 46 Hc 56
Gélacourt **54** 62 Ge 58
Gélannes **10** 58 De 58
Gélaucourt **54** 61 Ff 58
Gellainville **28** 55 Bd 58
Gellenoncourt **54** 44 Gc 56
Gellin **25** 90 Gb 68
Geloux **40** 129 Ye 87
Geloux **40** 130 Zc 85
Gélucourt **57** 45 Ge 56
Gelvécourt-et-Adompt **88** 61 Gb 59
Gémages **61** 54 Ad 59
Gemaingoutte **88** 62 Ha 59
Gemeaux **21** 75 Fa 64
Gémigny **45** 55 Be 61
Gémil **31** 133 Bd 86
Géminos **13** 152 Fd 89
Gemmelaincourt **88** 61 Ff 59
Gémonval **25** 77 Gd 63
Gémonville **54** 61 Ff 58
Gémozac **17** 105 Zb 75
Genac **16** 94 Aa 74
Genainville **95** 38 Be 54
Genas **69** 100 Ef 74
Genay **21** 74 Eb 63
Genay **69** 100 Ef 73
Gençay **86** 82 Ab 67
Gençay **86** 82 Ac 70
Gendreville **88** 60 Fe 59
Gendrey **39** 75 Fe 65
Gené **49** 67 Zb 63
Génébrières **82** 133 Bc 85
Genech **59** 14 Db 45
Génelard **71** 88 Eb 69
Générac **30** 137 Ec 86
Génerac **33** 105 Zc 77
Générargues **30** 136 Df 84
Génerest **65** 145 Ad 90
Generville **11** 147 Bf 89
Genesac-de-Boulogne **31** 145 Ad 89
Geneslay **61** 35 Zd 57
Genest, le — **53** 52 Za 60
Genestelle **07** 124 Ec 80
Geneston **44** 66 Yc 66
Genête, la — **71** 89 Fa 69
Genétouze, la — **17** 106 Zf 77
Génétouze, la — **85** 80 Yc 68
Genêts **50** 34 Yd 56
Genettes, les — **61** 37 Ad 57
Geneuille **25** 76 Ff 65
Genevraie, la — **61** 36 Ab 56
Genevraye, la — **77** 56 Ce 59
Genevreuille **70** 76 Gc 62
Genevrey **70** 76 Gb 62
Genevrières **52** 75 Fd 62
Genevroye, la — **52** 59 Fa 59
Geney **25** 77 Gd 64
Geneytouse, la — **87** 96 Bc 74
Génicourt **95** 39 Ca 54
Génicourt-sur-Meuse **55** 43 Fc 54
Genillé **37** 69 Ba 65
Génis **24** 107 Ba 77
Génissac **33** 117 Ze 79
Génissieux **26** 113 Fa 78
Genlis **21** 75 Fb 65
Gennes **25** 76 Ga 65
Gennes **49** 68 Ze 65
Gennes-Ivergny **62** 13 Ca 47
Gennes-sur-Glaize **53** 52 Zc 61
Gennes-sur-Seiche **35** 51 Yf 61
Genneteil **49** 69 Aa 63
Gennetines **03** 86 Dc 69
Genneton **79** 67 Zd 66
Genneville **14** 20 Ab 52
Gennevilliers **92** 39 Cb 55
Genod **39** 101 Fd 70
Génolhac **30** 123 Df 82
Genos **31** 145 Ae 90
Genouillac **16** 94 Ad 73
Genouillac **23** 96 Bf 70
Genouillé **17** 93 Zb 72
Genouilleux **01** 100 Ee 72
Genouilly **18** 70 Bf 66
Genouilly **71** 88 Ed 69
Gensac **33** 118 Aa 80
Gensac **65** 144 Aa 88
Gensac **82** 132 Af 85
Gensac-la-Pallue **16** 93 Ze 75
Gensac-sur-Garonne **31** 146 Ba 89
Genté **16** 105 Ze 75
Gentelles **80** 23 Cc 49
Gentioux-Pigerolles **23** 96 Bf 74
Genvry **60** 24 Cf 51
Géovreisset **01** 101 Fd 71
Ger **50** 35 Zb 56
Ger **64** 144 Zf 89
Ger **65** 144 Zf 90
Geraise **39** 90 Ff 67
Gérardmer **88** 62 Gf 60
Géraudot **10** 58 Eb 59
Gerbaix **73** 113 Fe 75
Gerbamont **88** 62 Ge 61
Gerbécourt **57** 44 Gd 55
Gerbécourt-et-Haplemont **54** 61 Ga 58
Gerbépal **88** 62 Gf 60
Gerberoy **60** 22 Bf 51
Gerbéviller **54** 61 Gd 57
Gercourt-et-Drillantcourt **55** 27 Fb 53
Gercy **02** 25 Df 50
Gerde **65** 145 Ab 90
Gerderest **64** 144 Ze 88
Gère **64** 144 Zd 90
Gergny **02** 25 Df 49
Gergueil **21** 74 Ee 65
Gergy **71** 88 Ef 67
Gerland **21** 89 Fa 66
Germ **65** 157 Ac 92
Germagnat **01** 101 Fc 71
Germagny **71** 88 Ed 68
Germaine **02** 24 Da 50
Germaine **51** 41 Ea 54
Germaines **52** 75 Fa 62
Germainville **28** 38 Bc 56
Germainvilliers **52** 60 Fd 60
Germay **52** 60 Fc 58
Germéfontaine **25** 76 Gc 65
Germenay **58** 73 Dd 65
Germignac **17** 105 Zd 75
Germigney **39** 89 Fe 66
Germigney **70** 75 Fd 64
Germignonville **28** 55 Be 59
Germigny **51** 25 Df 53
Germigny **89** 58 De 61
Germigny-des-Prés **45** 56 Cb 61
Germigny-l'Evêque **77** 40 Cf 55
Germigny-l'Exempt **18** 86 Cf 67
Germigny-sous-Coulombs **77** 40 Da 54
Germigny-sur-Loire **58** 86 Da 66
Germinon **51** 41 Ea 55
Germiny **54** 44 Ga 57
Germisay **52** 60 Fc 58
Germolles-sur-Grosne **71** 100 Ed 71
Germond-Rouvre **79** 81 Zd 70
Germondans **25** 76 Gb 64
Germont **08** 26 Ef 52
Germonville **54** 61 Gb 58
Gernelle **08** 26 Ee 50
Gernicourt **02** 25 Df 52
Géronce **64** 143 Zb 89
Gerponville **76** 21 Ad 50
Gerrots **14** 20 Aa 53
Gerstheim **67** 63 He 58
Gertwiller **67** 63 Hc 58
Geruge **39** 89 Fd 69
Gervans **26** 112 Ef 78
Gerville **76** 20 Ab 50
Géry **55** 43 Fb 56
Gerzat **63** 98 Da 74
Gesnes **53** 52 Zc 60
Gesnes-le-Gandelin **72** 53 Aa 58
Gespunsart **08** 26 Ee 50
Gestas **64** 143 Za 88
Gesté **49** 66 Yf 65
Gestel **56** 48 Wd 62
Gestiès **09** 158 Bd 92
Gesvres **53** 53 Aa 58
Gétigné **44** 66 Ye 66
Gets, les — **74** 103 Ge 72
Geu **65** 144 Zf 90
Geudertheim **67** 46 He 56
Géüs-d'Oloron **64** 143 Zb 89
Géus-d'Arzacq **64** 144 Zc 88
Gévezé **35** 51 Yb 59
Gevigney-et-Mercey **70** 76 Ff 62
Geville **55** 43 Fe 56
Gevingey **39** 89 Fd 69
Gevresin **25** 90 Ga 67
Gevrey-Chambertin **21** 74 Ef 65
Gevrolles **21** 59 Ee 61
Gevry **39** 89 Fc 66
Gex **01** 102 Ga 71
Geyssans **26** 113 Fa 78
Gez **65** 144 Aa 90
Gez **65** 144 Zf 90
Gézaincourt **80** 13 Cb 48
Gezier-et-Fontenelay **70** 76 Ff 64
Gézoncourt **54** 44 Ff 55
Ghisonaccia **2B** 163 Kc 96
Ghisoni **2B** 163 Kb 96
Ghissignies **59** 15 Dd 47
Ghyvelde **59** 10 Cd 42
Giat **63** 97 Cc 74
Giau-de-Mamou **15** 121 Cd 79
Gibeaumeix **54** 43 Fe 57
Gibel **31** 147 Be 89
Gibercourt **02** 24 Db 50
Giberville **14** 20 Ze 53
Gibles **71** 100 Ec 71
Gibourne **17** 93 Ze 73
Gibret **40** 129 Zb 86
Gicq, le — **17** 93 Ze 73
Gidy **45** 55 Bf 61
Giel-Courteilles **61** 36 Ze 56
Gien **45** 71 Cd 62
Gien-sur-Cure **58** 73 Ea 66
Giettaz, la — **73** 102 Gc 73
Gièvres **41** 70 Be 65
Giey-sur-Aujon **52** 59 Fa 61
Giez **74** 102 Gb 74
Gif-sur-Yvette **91** 39 Ca 56
Giffaumont-Champaubert **51** 42 Ee 57
Gigean **34** 150 De 88
Gignac **34** 135 Dd 87
Gignac **46** 108 Bc 78
Gignac **84** 138 Fd 85
Gignac-la-Nerthe **13** 152 Fb 88
Gignat **63** 109 Db 76
Gignéville **88** 61 Ff 60
Gigney **88** 61 Gc 59
Gigny **39** 89 Fc 70
Gigny **89** 74 Eb 62
Gigny-Bussy **51** 58 Ed 57
Gigny-sur-Saône **71** 88 Ef 69
Gigondas **84** 137 Ef 83
Gigors **04** 126 Ga 82
Gigors **26** 125 Fa 80
Gigouzac **46** 119 Bc 81
Gijounet **81** 134 Cd 86
Gilette **06** 140 Ha 85
Gilhoc-sur-Ormèze **07** 124 Ee 79
Gillancourt **52** 59 Ef 60
Gillaumé **52** 60 Fc 58
Gilles **28** 38 Bd 55
Gilley **25** 90 Gc 66
Gilley **52** 75 Fd 62
Gillois **39** 90 Ga 68
Gillonnay **38** 113 Fb 76
Gilly **73** 114 Gc 75
Gilly-lès-Cîteaux **21** 74 Ef 65
Gilly-sur-Loire **71** 87 De 69
Gilocourt **60** 24 Cf 53
Gimat **82** 132 Af 85
Gimbrède **32** 131 Ae 84
Gimeaux **63** 98 Da 73
Gimel-les-Cascades **19** 108 Bf 78
Gimeux **16** 93 Zd 75
Gimont **32** 132 Af 87
Gimouille **58** 86 Da 67
Ginai **61** 36 Ab 56
Ginals **82** 133 Bf 83
Ginasservis **83** 139 Ff 86
Ginchy **80** 14 Cf 48
Gincla **11** 159 Cb 92
Gindou **46** 119 Bb 81
Ginestas **11** 148 Cf 89
Ginestet **24** 118 Ac 79
Gingsheim **67** 46 Hd 56
Ginouillac **46** 120 Bd 80
Gintrac **46** 120 Be 79
Giocatojo **2B** 161 Kc 94
Gionges **51** 41 Df 55
Gioux **23** 96 Ca 75
Gipcy **03** 86 Da 69
Girancourt **88** 61 Gb 60
Giraumont **54** 43 Ff 54
Giraumont **60** 24 Ce 52
Girauvoisin **55** 43 Fd 56
Gircourt-lès-Viéville **88** 61 Gb 58
Girecourt-sur-Durbion **88** 61 Gd 59
Girefontaine **70** 61 Gb 61
Giremoutiers **77** 40 Da 55
Girgols **15** 109 Cc 78
Giriviller **54** 61 Gc 58
Girmont **88** 61 Gc 59
Girmont-Val-d'Ajol **88** 61 Gd 61
Girolles **45** 56 Ce 60
Girolles **89** 73 Df 63
Giromagny **90** 77 Ge 62
Giron **01** 101 Fe 71
Gironcourt-sur-Vraine **88** 61 Ff 59
Gironde-sur-Dropt **33** 117 Zf 81
Girondelle **08** 26 Ec 49
Gironville **77** 56 Cd 59
Gironville-sous-les-Côtes **55** 43 Fe 56
Gironville-sur-Essonne **91** 56 Cc 58
Girouard, le — **85** 80 Yc 69
Giroussens **81** 133 Be 86
Giroux **36** 84 Bf 66
Giry **58** 72 Dc 65
Gisay-la-Coudre **27** 37 Ad 55
Giscaro **32** 132 Af 87
Giscos **33** 117 Ze 83
Gisors **27** 22 Be 53
Gissac **12** 135 Cf 85
Gissey-le-Vieil **21** 74 Ec 65
Gissey-sous-Flavigny **21** 74 Ed 63
Gissey-sur-Ouche **21** 74 Ee 65
Gisy-les-Nobles **89** 57 Db 59
Giuncaggio **2B** 163 Kc 95
Giuncheto **2A** 164 If 99
Givardon **18** 86 Ce 67
Givarlais **03** 85 Cd 70
Givenchy **62** 14 Ce 45
Givenchy-en-Gohelle **62** 14 Ce 46
Givenchy-le-Noble **62** 14 Cd 47
Giverny **27** 38 Bd 54
Giverville **27** 21 Ad 53
Givet **08** 16 Ee 48
Givonne **08** 26 Ef 50
Givors **69** 112 Ee 75
Givraines **45** 56 Cc 60
Givrand **85** 79 Ya 68
Givrauval **55** 43 Fb 57
Givre, le — **85** 80 Yd 70
Givrezac **17** 105 Zc 75
Givron **08** 25 Eb 51
Givry **08** 26 Ed 52
Givry **71** 88 Ee 68
Givry **89** 73 De 63
Givry-en-Argonne **51** 42 Ef 55
Givry-lès-Loisy **51** 41 Df 55
Gizaucourt **51** 42 Ee 54
Gizay **86** 82 Ac 70
Gizeux **37** 68 Ab 64
Gizia **39** 89 Fc 69
Gizy **02** 25 De 51
Glacerie, la — **50** 18 Yc 51
Glageon **59** 16 Ea 48
Glaignes **60** 24 Cf 53
Glaine-Montaigut **63** 98 Dc 74
Glaire **08** 26 Ef 50
Glaizil, le — **05** 126 Ff 80
Glamondans **25** 76 Gb 65
Gland **02** 40 Dc 54
Gland **89** 73 Eb 62
Glandage **26** 125 Fd 80
Glandelles **77** 56 Ce 59
Glandon **87** 107 Bb 76
Glanes **46** 120 Bf 79
Glanges **87** 108 Bc 74
Glannes **51** 42 Ed 56
Glanon **21** 89 Fa 66
Glanville **14** 20 Aa 53
Glatens **82** 132 Af 85
Glatigny **50** 18 Yc 53
Glatigny **57** 44 Gc 54
Glatigny **60** 22 Bf 51
Glay **25** 77 Gf 64
Glénac **56** 50 Xf 62
Glénat **15** 121 Cb 79
Glénay **79** 82 Ze 67
Glénic **23** 96 Bf 71
Glennes **02** 25 De 52
Glénouze **86** 82 Zf 67
Glère **25** 77 Gf 64
Gleyzin **38** 114 Ga 76
Glicourt **76** 12 Bb 49
Glisolles **27** 37 Ba 55
Glisy **80** 23 Cc 49
Glomel **22** 48 Wd 59
Glonville **54** 62 Ge 58
Glorianes **66** 160 Cd 93
Glos **14** 36 Ab 54
Glos-la-Ferrière **61** 37 Ad 55
Glos-sur-Risle **27** 21 Ae 53
Gluiras **07** 124 Ed 79
Glun **07** 124 Ef 78
Glux-en-Glenne **58** 87 Ea 67
Goas **82** 132 Af 86
Godefroy, la — **50** 34 Ye 56
Godenvillers **60** 23 Cd 51
Goderville **76** 20 Ac 51
Godewaersvelde **59** 10 Cd 44
Godisson **61** 36 Ab 56
Godivelle, la — **63** 110 Cf 76
Godoncourt **88** 61 Ff 61
Gœrlingen **67** 45 Ha 56
Gœrsdorf **67** 46 He 55
Goès **64** 144 Zc 89
Gœtzenbruck **57** 45 Hc 55
Gogney **54** 45 Gf 57
Gognies-Chaussée **59** 15 Df 46
Gohannière, la — **50** 34 Ye 56
Gohory **28** 54 Bb 60
Goin **57** 44 Gb 55
Goincourt **60** 23 Ca 52
Golancourt **60** 24 Da 50
Golbey **88** 61 Gc 59
Goldbach **68** 62 Ha 61
Golfech **82** 132 Af 84
Golinhac **12** 121 Cd 81
Golleville **50** 18 Yc 52
Gombergean **41** 69 Ba 63
Gomelange **57** 28 Gc 53
Gomené **22** 50 Xd 59
Gomer **64** 144 Ze 89
Gometz-la-Ville **91** 39 Ca 56
Gometz-le-Châtel **91** 39 Ca 56
Gomiécourt **62** 14 Ce 48
Gommecourt **62** 14 Cd 48
Gommecourt **78** 38 Bd 54
Gommegnies **59** 15 De 47
Gommenech **22** 32 Wf 57
Gommersdorf **68** 77 Ha 63
Gommerville **28** 55 Bf 58
Gommerville **76** 20 Ac 51
Gomméville **21** 59 Ec 61
Gomont **08** 25 Ea 51
Goncelin **38** 114 Ff 76
Goncourt **52** 60 Fd 59
Gondecourt **59** 14 Cf 45
Gondenans-les-Moulins **25** 76 Gc 64
Gondenans-Montby **25** 76 Gc 64
Gondeville **16** 93 Zf 74
Gondrecourt-Aix **54** 27 Fe 53
Gondrecourt-le-Château **55** 60 Fd 57
Gondreville **45** 56 Cc 60
Gondreville **45** 56 Cd 60
Gondreville **54** 44 Ff 56
Gondreville **60** 40 Cf 53
Gondrexange **57** 45 Gf 56
Gondrexon **54** 45 Ge 57
Gondrin **32** 131 Ab 85
Gonds, les — **17** 93 Zc 74
Gonesse **95** 39 Cc 55
Gonez **65** 145 Ab 89
Gonfaron **83** 153 Gb 89
Gonfreville **50** 18 Yd 53
Gonfreville-Caillot **76** 21 Ac 51
Gonfreville-l'Orcher **76** 20 Ab 50
Gonfrière, la — **61** 37 Ac 56
Gonnehem **62** 14 Cd 45
Gonnelieu **59** 14 Da 48
Gonnetot **76** 21 Af 50
Gonneville **50** 18 Yd 51
Gonneville-en-Auge **14** 20 Ze 53
Gonneville-la-Mallet **76** 20 Ab 51
Gonneville-sur-Honfleur **14** 20 Ab 52
Gonneville-sur-Mer **14** 20 Zf 53
Gonneville-sur-Scie **76** 21 Ba 50
Gonsans **25** 76 Gb 65
Gontaud-de-Nogaret **47** 118 Ab 82
Gonterie-Boulouneix, la — **24** 106 Ad 76
Gonzeville **76** 21 Ae 50
Goos **40** 129 Za 86
Gorbio **06** 141 Hc 86
Gorcy **54** 27 Fe 51
Gordes **84** 138 Fb 85
Gorenflos **80** 13 Ca 48
Gorges **44** 66 Ye 66
Gorges **50** 18 Yd 53
Gorges **80** 13 Cb 48
Gorgue, la — **59** 10 Ce 45
Gorhey **88** 61 Gb 59
Gorre **87** 95 Af 74
Gorrevod **01** 100 Ee 70
Gorron **53** 52 Zb 58
Gorses **46** 120 Ca 80
Gorvello, le — **56** 65 Xc 63
Gorze **57** 44 Ga 54
Gosné **35** 51 Yd 59
Gosselming **57** 45 Ha 56
Gottenhouse **67** 45 Hc 56
Gottesheim **67** 46 Hc 56
Gouaix **77** 57 Db 58
Goualade **33** 117 Zf 83
Gouarec **22** 49 We 59
Gouaux **65** 156 Ac 91
Gouaux-de-Larboust **31** 157 Ac 92
Gouaux-de-Luchon **31** 157 Ad 91
Gouberville **50** 18 Ye 50
Gouchaupré **76** 12 Bb 49
Goudargues **30** 137 Ec 83
Goudelancourt-lès-Berrieux **02** 25 Df 52
Goudelancourt-lès-Pierrepont **02** 25 Df 50
Goudelin **22** 32 Wf 57
Goudet **43** 123 Df 79
Goudex **31** 146 Af 88
Goudon **65** 145 Ab 89
Goudourville **82** 132 Af 84
Goudron **06** 140 Gf 86
Gouesnach **29** 47 Vf 61
Gouesnière, la — **35** 33 Ya 57
Gouesnou **29** 30 Vd 58
Gouex **86** 95 Ae 70
Gougenheim **67** 46 Hd 56
Gouhelans **25** 76 Gc 64
Gouhenans **70** 76 Gc 53
Gouillons **28** 55 Bf 58
Gouise **03** 98 Dc 70
Goujounac **46** 119 Bb 81
Goulafrière, la — **27** 36 Ac 55
Goulet **61** 36 Zf 56
Goulien **29** 30 Vc 59
Goulien **29** 47 Vc 60
Goulier **09** 158 Bd 92
Goulles **19** 108 Ca 78
Goulles, les — **21** 59 Ef 61
Gouloux **58** 73 Ea 65
Goult **84** 138 Fb 85
Goulven **29** 30 Ve 57
Goupillières **14** 35 Zd 54
Goupillières **27** 37 Ae 54
Goupillières **78** 38 Be 55
Gouray, le — **22** 50 Xd 59
Gourbera **40** 129 Yf 86
Gourbit **09** 158 Bd 91
Gourchelles **60** 22 Be 50
Gourdan-Polignan **31** 145 Ad 90
Gourdièges **15** 122 Cf 79
Gourdon **07** 124 Ec 80
Gourdon **46** 119 Bc 80
Gourdon **71** 88 Ec 69
Gourdon-Murat **19** 108 Bf 75
Gourfaleur **50** 35 Yf 54
Gourgançon **51** 41 Ea 56
Gourgé **79** 82 Ze 68
Gourgeon **70** 76 Ff 62
Gourgue **65** 145 Ab 90
Gourhel **56** 50 Xd 61
Gourin **56** 48 Wc 60
Gourlizon **29** 47 Ve 60
Gournay **36** 84 Be 69
Gournay **79** 94 Zf 72
Gournay-en-Bray **76** 22 Be 52
Gournay-le-Guérin **27** 37 Ae 56
Gournay-sur-Aronde **60** 23 Ce 52
Gours **33** 106 Aa 79
Gourvieille **11** 147 Be 88
Gourvillette **17** 93 Ze 73
Goussainville **28** 38 Bd 56
Goussainville **95** 39 Cc 54
Goussancourt **02** 41 De 53
Gousse **40** 129 Za 86
Goussonville **78** 38 Be 55
Gout-Rossignol **24** 106 Ac 76
Goutelle, la — **63** 97 Ce 73
Goutevernisse **31** 146 Bb 89
Goutrens **12** 121 Cc 82
Gouts **40** 129 Zb 86
Gouttières **27** 37 Ae 54
Gouttières **63** 97 Ce 72
Goutz **32** 131 Ae 86
Gouvello **56** 49 Wf 59
Gouves **62** 14 Cd 47
Gouvets **50** 35 Yf 55
Gouvieux **60** 39 Cc 53
Gouville **27** 37 Af 55
Gouville-sur-Mer **50** 34 Yc 54
Goux **32** 130 Zf 87
Goux **39** 89 Fd 66
Goux-lès-Dambelin **25** 77 Ge 64
Goux-les-Usiers **25** 90 Gb 67
Goux-sous-Landet **25** 90 Ff 66
Gouy **02** 14 Db 48
Gouy **76** 21 Ba 52
Gouy-en-Artois **62** 14 Cd 47
Gouy-en-Ternois **62** 13 Cc 47
Gouy-les-Groseillers **60** 23 Cb 51
Gouy-Saint-André **62** 13 Bf 46
Gouy-Servins **62** 14 Cd 46
Gouy-sous-Bellonne **62** 14 Da 47
Gouzangrez **95** 38 Bf 54
Gouzeaucourt **59** 14 Da 48
Gouzens **31** 146 Bb 89
Gouzon **23** 97 Cb 71
Goven **35** 50 Ya 60
Goviller **54** 61 Ga 57
Goxwiller **67** 63 Hc 58
Goyencourt **80** 23 Ce 50
Goyrans **31** 146 Bc 88
Grabels **34** 136 Ce 87
Graçay **18** 70 Bf 66
Grâce-Uzel **22** 49 Xb 59
Grâces **22** 32 We 57
Gradignan **33** 117 Zc 80

Frotey-lès-Lure—Gradignan **181**

Graffigny-Chemin 52 60 Fd 59
Gragnague 31 133 Bd 86
Graignes 50 18 Ye 53
Grailhen 65 156 Ac 91
Graimbouville 76 20 Ab 51
Graincourt-lès-Havrincourt 62 14 Da 48
Grainville 27 22 Bc 52
Grainville-la-Teinturière 76 21 Ad 50
Grainville-Langannerie 14 36 Ze 54
Grainville-sur-Odon 14 35 Zc 54
Grainville-sur-Ry 76 22 Bb 52
Grainville-Ymauville 76 21 Ac 51
Grais, le — 61 35 Ze 57
Graissac 12 121 Ce 80
Graissessac 34 135 Da 86
Graix 42 112 Ed 76
Gramat 46 120 Be 80
Gramazie 11 147 Ca 90
Grambois 84 138 Fd 86
Grammond 42 112 Ec 75
Grammont 70 77 Gd 63
Gramond 12 134 Cc 83
Gramont 82 132 Ae 85
Granace 2A 164 Ka 99
Grancey-le-Château-Neuvelle 21 75 Fa 62
Grancey-sur-Durce 21 59 Ed 60
Grand-Abergement, le — 01 101 Fe 72
Grand-Auverné 44 66 Ye 63
Grand-Bord, le — 18 85 Cc 69
Grand-Bornand, le — 74 102 Gc 73
Grand-Bourg, le — 23 96 Bd 72
Grand-Brassac 24 107 Ac 77
Grand-Camp 27 37 Ad 54
Grand-Camp 76 21 Ad 51
Grand-Celland 50 34 Ye 56
Grand-Champ 56 49 Xa 62
Grand-Charmont 25 77 Ge 63
Grand-Combe, la — 30 122 Ea 83
Grand-Corent 01 101 Fc 71
Grand-Couronne 76 21 Ba 52
Grand-Croix, la — 42 112 Ed 76
Grand-Failly 54 27 Fd 52
Grand-Fougeray 35 51 Yb 62
Grand-Laviers 80 13 Be 48
Grand-Lemps, le — 38 113 Fc 76
Grand-Lucé, le — 72 53 Ac 61
Grand-Madieu, le — 16 94 Ac 73
Grand-Pressigny, le — 37 83 Ae 67
Grand-Quevilly, le — 76 21 Ba 52
Grand-Rozoy 02 24 Dc 53
Grand-Rullecourt 62 14 Cc 47
Grand-Serre, le — 26 113 Fa 77
Grand-Vabre 12 121 Cc 81
Grand-Verly 02 15 Dd 49
Grand-Village-Plage, le — 17 92 Ye 73
Grandcamp-Maisy 14 19 Yf 52
Grandchain 27 37 Ad 54
Grandchamp 08 26 Ec 51
Grandchamp 72 53 Ab 59
Grandchamp 89 72 Da 62
Grandchamp-le-Château 14 36 Aa 54
Grandchamps-des-Fontaines 44 66 Yc 64
Grand'Combe-Châteleu 25 91 Gd 66
Grand'Combe-des-Bois 25 77 Ge 66
Grandcourt 80 14 Ce 48
Grande-Fosse, la — 88 61 Gb 60
Grande-Fosse, la — 88 62 Ha 58
Grande-Motte, la — 34 150 Ea 87
Grande-Paroisse, la — 77 57 Cf 58
Grande-Résie, la — 70 75 Fd 65
Grande-Synthe 59 9 Cb 42
Grande-Verrière, la — 71 87 Ea 67
Grandecourt 70 76 Ff 63
Grandes-Armoises, les — 08 26 Ef 51
Grandes-Chapelles, les — 10 58 Ea 58
Grandes-Loges, les — 51 41 Eb 54
Grandes-Ventes, les — 76 22 Bb 50
Grandeyrolles 63 110 Da 75
Grandfontaine 25 76 Ff 65
Grandfontaine 67 45 Ha 57
Grandfontaine-sur-Creuse 25 76 Gc 65
Grandfresnoy 60 23 Cd 52
Grandham 08 26 Ef 53
Grandjean 17 93 Zc 73
Grand'Landes 85 80 Yc 68
Grandlup 02 25 De 51
Grandmesnil 14 36 Aa 55
Grandpré 08 26 Ef 52
Grandpuits-Bailly-Carrois 77 40 Cf 57
Grandrieu 48 123 Dd 80
Grandrieux 02 25 Eb 50
Grandrif 63 111 De 75
Grandris 69 100 Ec 72
Grandrû 60 24 Da 51
Grandrupt 88 62 Ha 58
Grandrupt-de-Bains 88 61 Gb 60
Grands-Chézeaux, les — 87 96 Bc 70
Grandsaigne 19 108 Bf 76
Grandval 63 111 Dd 75
Grandvals 48 122 Da 80
Grandvaux 71 88 Eb 69
Grandvelle-et-le-Perrenot 70 76 Ff 65
Grandville 10 41 Eb 57
Grandville, la — 08 26 Ee 50
Grandvillers 88 62 Ge 59
Grandvilliers 27 37 Ba 56
Grandvilliers 60 22 Bf 50
Grane 26 124 Ef 80
Granès 11 159 Cb 91
Grange, la — 25 77 Ge 65
Grange-de-Vaivre, Port-Lesney- 39 90 Ff 66
Grange-l'Evêque 10 58 Df 59
Grangermont 45 56 Cc 59
Granges 71 88 Ee 68
Granges-d'Ans 24 107 Ba 77
Granges-Gontardes, les — 26 124 Ee 82
Granges-la-Ville 70 77 Gd 63
Granges-le-Bourg 70 77 Gd 63
Granges-le-Roi, les — 91 55 Ca 57
Granges-les-Beaumont 26 112 Ef 78
Granges-Narboz 25 90 Gb 67
Granges-sur-Aube 51 41 Df 57
Granges-sur-Lot 47 118 Ac 82
Granges-sur-Vologne 88 62 Ge 60
Grangettes, les — 25 90 Gb 68
Grangues 14 20 Zf 53
Granier 73 115 Gd 75
Granieu 38 113 Fd 75
Grans 13 152 Fa 87
Granville 50 34 Yc 55
Granzay-Gript 79 93 Zd 71
Gras 07 124 Ed 82
Gras, les — 25 91 Gd 66
Grassac 16 106 Ac 75
Grasse 06 140 Gf 86
Grassendorf 67 46 Hd 56
Grateloup 47 118 Ac 82
Gratens 31 146 Ba 89
Gratentour 31 132 Bc 86
Gratibus 80 23 Cd 50
Gratot 50 34 Yd 54
Gratreuil 51 26 Ee 53
Grattepanche 80 23 Cb 50
Gratteris, le — 25 76 Ga 65
Grattery 70 76 Ga 62
Grau-d'Agde, le — 34 149 Dc 89
Grau-du-Roi, le — 30 150 Ea 87
Graulges, les — 24 106 Ac 76
Graulhet 81 133 Bf 86
Grauves 51 41 Df 55
Graval 76 22 Bd 50
Grave, la — 05 114 Gb 78
Gravelines 59 9 Ca 43
Gravelle, la — 53 52 Yf 60
Gravelotte 57 44 Ga 54
Graverie, la — 14 35 Za 55
Graveron-Sémerville 27 37 Af 54
Graves 16 93 Zf 75
Graveson 13 137 Ee 85
Gravières 07 123 Ea 82
Gravigny 27 37 Ba 54
Gravon 77 57 Da 58
Gray 70 75 Fd 64
Gray-la-Ville 70 76 Fe 64
Graye-et-Charnay 39 89 Fc 70
Graye-sur-Mer 14 19 Zd 53
Grayssac 47 132 Af 84
Grazac 31 146 Bc 89
Grazac 43 111 Eb 77
Grazac 81 133 Bd 85
Grazay 53 52 Zd 59
Gréalou 46 120 Bf 81
Gréasque 13 152 Fd 88
Grebault-Mesnil 80 13 Be 48
Grécourt 80 24 Cf 50
Gredisans 39 75 Fd 66
Grée-Saint-Laurent, la — 56 50 Xd 61
Gréez-sur-Roc 72 54 Ae 60
Greffeil 11 148 Cc 90
Grèges 76 12 Ba 49
Grémecey 57 44 Gc 56
Grémevillers 60 22 Bf 51
Gremilly 55 27 Fc 53
Grémonville 76 21 Ae 50
Grenade 31 132 Bb 86
Grenade-sur-l'Adour 40 130 Zd 86
Grenand-lès-Sombernon 21 74 Ee 65
Grenant 52 75 Fd 62
Grenay 38 113 Fa 75
Grenay 62 14 Ce 46
Grendelbruch 67 45 Hb 57
Greneville-en-Beauce 45 56 Ca 59
Grenier-Montgon 43 110 Db 77
Gréning 57 45 Gf 55
Grenoble 38 113 Fe 77
Grenoble 38 113 Fe 77
Grenois 58 73 Dd 65
Grentheville 14 36 Ze 54
Grentzingen 68 78 Hb 63
Greny 76 12 Bb 49
Gréolières 06 140 Gf 86
Gréoux-les-Bains 04 139 Ff 86
Grépiac 31 146 Bc 88
Grès, le — 31 132 Ba 86
Grésigny-Sainte-Reine 21 74 Ed 63
Gresin 73 113 Fe 75
Gresse-en-Vercors 38 125 Fd 79
Gressey 78 38 Bd 56
Gresswiller 67 45 Hc 57
Gressy 77 39 Ce 55
Grésy 73 102 Ff 74
Grésy-sur-Isère 73 114 Gb 75
Gretz-Armainvilliers 77 39 Ce 56
Greucourt 70 76 Ff 63
Greuville 76 21 Af 50
Greux 88 60 Fe 58
Grève-sur-Mignon, la — 17 93 Zb 71
Gréville-Hague 50 18 Yb 50
Grévillers 62 14 Ce 48
Grevilly 71 88 Ee 69
Grez 60 22 Bf 51
Grez, le — 72 53 Zf 59
Grez-en-Bouère 53 52 Zc 61
Grez-Neuville 49 67 Zc 63
Grez-sur-Loing 77 56 Ce 59
Grézac 17 104 Za 75
Grézels 46 119 Ba 82
Grèzes 24 107 Bc 78
Grèzes 43 122 Dc 79
Grèzes 46 120 Be 81
Grèzes 48 122 Dc 81
Grèzes, les — 46 119 Bb 82
Grézet-Cavagnan 47 118 Aa 82
Grézian 65 156 Ac 91
Grézieu-le-Marché 69 112 Ec 75
Grézieux-le-Fromental 42 111 Ea 75
Grézillac 33 117 Ze 80
Grézillé 49 67 Zd 65
Grézolles 42 99 Df 73
Gricourt 02 24 Db 49
Griéges 01 100 Ef 71
Gries 67 46 He 56
Griesbach-au-Val 68 62 Hb 60
Griesheim-près-Molsheim 67 46 Hd 57
Griesheim-sur-Souffel 67 46 Hd 57
Grignan 26 123 Ef 82
Grigneuseville 76 21 Bb 51
Grignols 24 106 Ad 78
Grignols 33 117 Zf 82
Grignon 21 74 Ec 63
Grignon 73 114 Gc 75
Grignoncourt 88 61 Ff 61
Grigny 62 13 Bf 45
Grigny 62 13 Ca 46
Grigny 91 39 Cc 57
Grigonnais, la — 44 66 Yb 63
Grillon 84 124 Ef 82
Grilly 01 102 Ha 71
Grimaucourt-en-Woëvre 55 43 Fd 53
Grimaucourt-près-Sampigny 55 43 Fc 56
Grimaud 83 154 Gd 89
Grimaudière, la — 86 82 Aa 68
Grimault 89 73 Df 63
Grimbosq 14 35 Zd 54
Grimesnil 50 34 Yd 55
Grimonviller 54 61 Ga 58
Grincourt-lès-Pas 62 14 Cd 47
Grindorff 57 28 Gd 52
Gripperie-Saint-Symphorien, la — 17 92 Za 74
Gripport 54 61 Gb 58
Griscourt 54 44 Ga 55
Griselles 21 59 Ec 61
Griselles 45 57 Ce 60
Grisolles 02 40 Dc 54
Grisy-les-Plâtres 95 39 Ca 54
Grisy-Suisnes 77 39 Ce 56
Grisy-sur-Seine 77 57 Db 58
Grives 24 119 Ba 80
Grivesnes 80 23 Cc 50
Grivillers 80 23 Ce 51
Grivy-Loisy 08 26 Ed 52
Groffliers 62 12 Bd 46
Groise, la — 59 15 De 48
Groises 18 72 Ce 65
Groissiat 01 101 Fd 71
Groisy 74 102 Gb 72
Groix 56 48 Wd 63
Groléjac 24 119 Bb 80
Gron 89 57 Db 60
Gronard 02 25 Df 50
Gros-Chastang 19 108 Bf 77
Gros-Theil, le — 27 21 Af 53
Grosbliederstroff 57 45 Ha 54
Grosbois-en-Montagne 21 74 Ed 65
Grosbois-lès-Tichey 21 89 Fb 66
Grosbreuil 85 80 Yc 69
Groseillers, les — 79 81 Zd 69
Groslay 95 39 Cc 55
Groslée 01 101 Fd 74
Grosley-sur-Risle 27 37 Ae 54
Grosmagny 90 77 Gf 62
Grosne 90 77 Gf 63
Grospierres 07 123 Eb 82
Grosrouvre 78 38 Be 56
Grosrouvres 54 43 Ff 55
Grossa 2A 162 If 99
Grosseto-Prugna 2A 163 If 97
Grossœuvre 27 37 Bb 55
Grossouvre 18 86 Cf 67
Grostenquin 57 45 Ge 55
Grosville 50 18 Yb 51
Grouches-Luchuel 80 13 Cc 47
Grougis 02 15 Dd 49
Groutte, la — 18 85 Cd 68
Grozon 39 89 Fe 67
Gruchet 76 21 Af 50
Gruchet-Saint-Siméon 76 21 Af 50
Grues 85 80 Ye 70
Gruey-lès-Surance 88 61 Gb 60
Gruffy 74 102 Ga 74
Grugé-l'Hôpital 49 51 Yf 62
Grugies 02 24 Db 50
Grugny 76 21 Ba 51
Gruissan 11 149 Da 90
Grumesnil 76 22 Be 51
Grun 24 106 Ad 78
Grundviller 57 45 Gf 54
Gruny 80 24 Ce 50
Grury 71 87 Df 68
Gruson 59 14 Db 45
Grusse 39 89 Fd 69
Grussenheim 68 63 Hc 60
Gruyères 08 26 Ed 50
Gua, le — 17 92 Za 74
Gua, le — 38 113 Fd 78
Guagno 2A 163 If 95
Guagno 2A 163 If 95
Guainville 28 38 Bc 55
Guarguale 2A 162 If 97
Guchen 65 156 Ac 91
Gudas 09 147 Be 90
Gudmont-Villiers 52 60 Fa 58
Gué-d'Alleré, le — 17 92 Za 71
Gué-de-la-Chaîne, le — 61 54 Ad 58
Gué-de-Longroi, le — 28 55 Be 57
Gué-de-Velluire, le — 85 81 Zb 70
Gué-d'Hossus 08 16 Ed 49
Guebenhouse 57 45 Gf 54
Gueberschwihr 68 62 Hb 60
Guébestroff 57 45 Ge 55
Guéblange-lès-Dieuze 57 45 Ge 56
Guébling 57 45 Ge 55
Guebwiller 68 62 Hb 61
Guécélard 72 53 Aa 61
Guédéniau, le — 49 68 Zf 64
Guégon 56 49 Xc 61
Guéhébert 50 34 Yd 55
Guéhenno 56 49 Xc 61
Gueltas 56 49 Wf 60
Gueltas 56 49 Xb 60
Guémappe 62 14 Cf 47
Guémar 68 62 Hc 59
Guémené-Penfao 44 66 Yb 63
Guémené-sur-Scorff 56 49 We 60
Guemps 62 9 Bf 42
Guénange 57 28 Gb 53
Guengat 29 47 Ve 60
Guenroc 22 50 Xf 59
Guenrouet 44 65 Ya 63
Guenviller 57 45 Ge 54
Guêprei 61 36 Zf 56
Guer 56 50 Xf 61
Guérande 44 65 Xd 65
Guérard 77 40 Cf 56
Guerbigny 80 23 Ce 50
Guerche, la — 37 83 Ae 67
Guerche-de-Bretagne, la — 35 51 Ye 61
Guerche-sur-l'Aubois, la — 18 86 Cf 67
Guercheville 77 56 Cd 59
Guerchy 89 57 Dc 61
Guéret 23 96 Bf 72
Guerfand 71 89 Fa 68
Guérigny 58 86 Db 66
Guérin 47 118 Aa 82
Guerinière, la — 85 65 Xe 67
Guerlesquin 29 31 Wc 57
Guermange 57 45 Ge 56
Guermantes 77 39 Ce 55
Guern 56 49 Wf 60
Guernanville 27 37 Af 55
Guerno, le — 56 65 Xd 63
Guerny 27 22 Be 53
Guéroulde, la — 27 37 Af 56
Guerpont 55 43 Fb 56
Guerquesalles 61 36 Ab 55
Guerreaux, les — 71 87 Df 69
Guerting 57 44 Gd 53
Guerville 76 12 Bd 49
Guerville 78 38 Be 55
Gueschart 80 13 Bf 47
Guesnain 59 14 Da 46
Guesnes 86 82 Aa 67
Guessling 57 44 Ge 54
Guéthary 64 142 Yc 88
Gueudecourt 80 14 Cf 48
Gueugnon 71 87 Ea 69
Gueures 76 21 Af 49
Gueutteville 76 21 Ba 51
Gueutteville-les-Grès 76 21 Ae 49
Gueux 51 25 Df 53
Guevenatten 68 77 Ha 62
Guewenheim 68 77 Ha 62
Gueytes 11 147 Ca 90
Gugnécourt 88 61 Gd 59
Gugney 54 61 Ga 58
Gugney-aux-Aulx 88 61 Gb 59
Guiberville 50 35 Za 55
Guichainville 27 37 Bb 55
Guiche, la — 71 88 Ec 69
Guichen 35 50 Yb 61
Guiclan 29 31 Wa 57
Guidel 56 48 Wd 62
Guierche, la — 72 53 Ab 60
Guignecourt 60 23 Ca 52
Guignemicourt 80 23 Cb 49
Guignen 35 50 Ya 61
Guignes 77 40 Ce 57
Guigneville 45 56 Cb 59
Guigneville-sur-Essonne 91 56 Cc 58
Guignicourt 02 25 Df 52
Guignicourt-sur-Vence 08 26 Ed 50
Guigny 62 13 Bf 46
Guiler-sur-Goyen 29 47 Vd 60
Guilers 29 30 Vc 58
Guilherand 07 124 Ef 79
Guillac 33 117 Ze 80
Guillaucourt 80 23 Cd 49
Guillaumes 06 140 Gf 84
Guillemont 80 14 Ce 48
Guillermie, la — 03 99 Dd 73
Guillerval 91 56 Ca 58
Guillestre 05 127 Gd 81
Guilleville 28 55 Be 59
Guilliers 56 50 Xd 60
Guilligomarc'h 29 48 Wd 61
Guillon 89 73 Ea 63
Guillon-les-Bains 25 76 Gc 65
Guillonville 28 55 Bd 60
Guillos 33 117 Zc 81
Guilly 36 84 Be 66
Guilly 45 71 Cb 62
Guilmécourt 76 12 Bb 49
Guilvinec 29 47 Ve 62
Guimaëc 29 31 Wb 56
Guimiliau 29 31 Wa 58
Guimps 16 105 Ze 76
Guinarthe 64 143 Za 88
Guincaggio 2B 163 Kc 95
Guincourt 08 26 Ed 51
Guindrecourt-aux-Ormes 52 59 Fa 58
Guindrecourt-sur-Blaise 52 59 Ef 59
Guinecourt 62 13 Cb 46
Guînes 62 9 Bf 43
Guingamp 22 32 Wf 57
Guinglange 57 44 Gd 54
Guinkirchen 57 28 Gc 53
Guinzeling 57 45 Gf 55
Guipavas 29 30 Vd 58
Guipel 35 51 Yb 59
Guipronvel 29 30 Vc 57
Guipry 35 50 Ya 62
Guipy 58 73 Dd 65
Guiry-en-Vexin 95 38 Bf 54
Guiscard 60 24 Da 51
Guiscriff 56 48 Wc 60
Guise 02 25 Dd 49
Guiseniers 27 22 Bc 53
Guissény 29 30 Vd 57
Guisy 62 13 Bf 46
Guitalens 81 133 Ca 87
Guitera-les-Bains 2A 163 Ka 97
Guitinières 17 105 Zc 76
Guîtres 33 105 Ze 78
Guitry 27 22 Bd 53
Guitté 22 50 Xf 59
Guivry 02 24 Da 51
Guizancourt 80 23 Bf 50
Guizancourt 80 24 Da 50
Guizerix 65 145 Ac 89
Gujan-Mestras 33 116 Yf 81
Gumbrechtshoffen 67 46 Hd 55
Gumery 10 57 Dc 58
Gumiane-Haut 26 125 Fb 81
Gumières 42 111 Df 75
Gumond 19 107 Bc 78
Gumond 19 108 Bf 77
Gundershoffen 67 46 Hd 55
Gundolsheim 68 62 Hb 61
Gungwiller 67 45 Ha 55
Gunsbach 68 62 Hb 60
Gunstett 67 46 He 55
Guntzviller 57 45 Ha 56
Guny 02 24 Db 51
Guran 31 157 Ad 91
Gurcy-le-Châtel 77 57 Da 58
Gurgy 89 57 Dd 61
Gurgy-la-Ville 21 59 Ef 61
Gurgy-le-Château 21 74 Ef 62
Gurs 64 143 Zb 89
Gurunhuel 22 32 We 57
Gury 60 24 Ce 51
Gussainville 55 43 Fe 53
Gussignies 59 15 De 46
Guyancourt 78 39 Ca 56
Guyans-Durnes 25 76 Gb 66
Guyans-Vennes 25 77 Gd 66
Guyencourt 02 25 Df 52
Guyencourt-Saulcourt 80 14 Da 49
Guyencourt-sur-Noye 80 23 Cc 50
Guyonnière, la — 85 80 Yd 67
Guyonnière, la — 85 80 Ye 67
Guyonvelle 52 60 Fe 61
Guzargues 34 136 Df 86
Gy 70 76 Fe 64
Gy-en-Sologne 41 70 Bd 64
Gy-les-Nonains 45 57 Cf 61
Gy-l'Evêque 89 73 Dd 62
Gye 54 43 Ff 57
Gyé-sur-Seine 10 59 Ec 60

H

Habarcq 62 14 Cd 47
Habas 40 129 Za 87
Habère-Lullin 74 102 Gc 71
Habère-Poche 74 102 Gc 71
Habit, l' — 27 38 Bc 55
Hablainville 54 45 Ge 57
Habloville 61 36 Ze 56
Haboudange 57 44 Gd 55
Habsheim 68 78 Hc 62
Hachan 65 145 Ac 89
Hâcourt 52 60 Fd 60
Hacqueville 27 22 Bd 53
Hadancourt-le-Haut-Clocher 60 38 Bf 53
Hadigny-lès-Verrières 88 61 Gc 59
Hadol 88 61 Gc 60
Hadonville-lès-Lachaussée 55 43 Fe 54
Haegen 67 45 Hc 56
Hagécourt 88 61 Ga 59
Hagedet 65 144 Zf 87
Hagen 57 28 Gb 51
Hagenbach 68 77 Ha 63
Hagenthal-le-Bas 68 78 Hc 63
Hagenthal-le-Haut 68 78 Hc 63
Haget 32 145 Aa 88
Hagetaubin 64 129 Zc 87
Hagetmau 40 130 Zc 87
Hagéville 54 43 Ff 54
Hagnéville-et-Roncourt 88 60 Fe 59
Hagnicourt 08 26 Ed 51
Hagondange 57 28 Gb 53
Haguenau 67 46 He 56
Haie-Fouassière, la — 44 66 Yd 66
Haie-Mennaresse, la — 59 15 Dd 48
Haies, les — 69 112 Ee 76
Haigneville 54 61 Gc 58
Haillainville 88 61 Gc 58
Haillan, le — 33 117 Zb 79
Hailles 80 23 Cc 50
Haillicourt 62 14 Cd 46
Haimps 17 93 Ze 73
Haims 86 83 Af 69
Hainvillers 60 23 Ce 51
Haironville 55 42 Fa 56
Haisnes 62 14 De 45
Haleine 61 35 Zd 57
Halinghen 62 13 Be 45
Hallencourt 80 13 Bf 49
Hallennes-lez-Haubourdin 59 14 Cf 45
Hallering 57 44 Gd 54
Halles-sous-les-Côtes 55 26 Fa 52
Hallignicourt 52 42 Ef 57
Hallines 62 9 Cb 44
Hallivillers 80 22 Bf 49
Hallivillers 80 23 Cb 50
Hallotière, la — 76 22 Bc 51
Halloville 54 45 Gf 57
Halloy 60 22 Bf 51
Halloy 62 13 Cc 48
Halloy-lès-Pernois 80 13 Cb 48
Hallu 80 24 Ce 50
Halluin 59 10 Da 44
Halsou 64 142 Yd 88
Halstroff 57 28 Gc 52
Ham 08 16 Ee 48
Ham 80 24 Da 50
Ham, le — 50 18 Yd 52
Ham, le — 53 52 Zd 58
Ham-en-Artois 62 13 Cc 45
Ham-lès-Moines 08 26 Ed 50
Ham-sous-Varsberg 57 44 Gd 53
Hamars 14 35 Zc 55
Hambach 57 45 Ha 54
Hambers 53 52 Zd 59
Hamblain-les-Prés 62 14 Cf 47
Hambye 50 34 Ye 55
Hamel 59 14 Da 47
Hamel, le — 60 23 Bf 51
Hamel, le — 80 23 Cd 49
Hamelet 80 23 Cd 49
Hamelet, le — 80 13 Be 47
Hamelin 50 34 Ye 57
Hamelincourt 62 14 Ce 47
Hames-Boucres 62 9 Be 43
Hammeville 54 61 Ga 57
Hamonville 54 43 Fe 56
Hampigny 10 59 Ed 58
Hampont 57 44 Gd 55
Han-devant-Pierrepont 55 27 Fe 52
Han-lès-Juvigny 55 27 Fb 52
Han-sur-Meuse 55 43 Fd 55
Han-sur-Nied 57 44 Gc 55
Hanc 79 94 Zf 72
Hanches 28 38 Bd 57
Hancourt 80 24 Da 49
Handschuheim 67 46 Hd 57
Hangard 80 23 Cd 50
Hangenbieten 67 46 Hd 57
Hangest-en-Santerre 80 23 Cd 50
Hangest-sur-Somme 80 13 Ca 49
Hangviller 57 45 Hb 56
Hannaches 60 22 Be 51
Hannapes 02 15 Dd 49
Hannappes 08 25 Eb 50
Hannescamps 62 14 Cd 47
Hannocourt 57 44 Gc 55
Hannogne-Saint-Martin 08 26 Ee 50
Hannogne-Saint-Rémy 08 25 Ea 51
Hannonville-sous-les-Côtes 55 43 Fd 54
Hannonville-Suzémont 54 43 Ff 54
Hanouard, le — 76 21 Ad 50
Hans 51 42 Ee 54
Hantay 59 14 Cf 45
Hanvec 29 30 Vf 58
Hanviller 57 45 Hc 54
Hanvoile 60 22 Bf 51
Haplincourt 62 14 Cf 48
Happencourt-Bray 02 24 Db 50
Happonvilliers 28 54 Ba 59
Haramont 02 24 Da 53
Haraucourt 54 44 Gc 56
Haraucourt-sur-Seille 57 44 Gd 56
Haravesnes 62 13 Ca 47
Haravilliers 95 39 Ca 53
Harbonnières 80 23 Ce 49
Harbouey 54 45 Gf 57
Harcanville 76 21 Ae 50
Harchéchamp 88 60 Fe 58
Harcigny 02 25 Df 50
Harcourt 27 37 Ae 53
Harcy 08 26 Ed 49
Hardancourt 88 61 Gd 58
Hardanges 53 52 Ze 58
Hardecourt-aux-Bois 80 14 Ce 49
Hardencourt-Cocherel 27 38 Bb 54
Hardifort 59 10 Cc 44
Hardinghen 62 9 Be 44
Hardinvast 50 18 Yc 51
Hardivillers 60 23 Cb 51
Hardivillers-en-Vexin 60 22 Bf 53
Hardoye, la — 08 25 Eb 50
Hardricourt 78 38 Bf 54
Harengère, la — 27 21 Ba 53
Haréville 88 61 Ga 59
Harfleur 76 20 Ab 51
Hargarten-aux-Mines 57 28 Gd 53
Hargeville 78 38 Be 55
Hargicourt 02 14 Db 49
Hargicourt 80 23 Cd 50
Hargnies 08 16 Ee 48
Hargnies 59 15 Df 47
Harly 02 24 Dc 49
Harmonville 88 60 Ff 58
Harmoye, la — 22 32 Xa 58
Harnes 62 14 Cf 46
Harol 88 61 Gb 60
Haroué 54 61 Gb 58
Harpich 57 44 Gd 55
Harponville 80 14 Cd 48
Harquency 27 22 Bc 53
Harreberg 57 45 Hb 56
Harréville-lès-Chanteurs 52 60 Fd 59
Harricourt 08 26 Ef 52
Harricourt 52 59 Ef 59
Harsault 88 61 Gb 60
Harskirchen 67 45 Ha 55
Hartennes 02 24 Dc 53
Hartmannswiller 68 62 Hb 61
Hartzviller 57 45 Ha 56
Harville 55 43 Fe 54
Hary 02 25 Df 50
Haselbourg 57 45 Hb 56
Hasparren 64 143 Ye 88
Haspelschiedt 57 46 Hc 54
Haspres 59 15 Dc 47
Hastingues 40 129 Yf 87
Hatrize 54 43 Ff 53
Hatten 67 46 Hf 55
Hattencourt 80 24 Ce 50
Hattenville 76 21 Ad 51
Hattigny 57 45 Gf 57
Hattmatt 67 45 Hc 56
Hattstatt 68 62 Hb 60
Hauban 65 145 Aa 90
Haubourdin 59 14 Cf 45
Hauconcourt 57 28 Gb 53
Haucourt 60 22 Bf 51
Haucourt 62 14 Cf 47
Haucourt 76 22 Bd 51
Haucourt, le — 02 24 Db 49
Haucourt-Moulaine 54 27 Fe 52
Haudainville 55 43 Fc 54
Haudiomont 55 43 Fd 54
Haudivillers 60 23 Cb 52
Haudonville 54 61 Gc 57
Haudrecy 08 26 Ed 50
Haudricourt 76 22 Be 50
Haulchin 59 15 Dc 47
Haulies 32 145 Ae 87
Haulmé 08 26 Ee 49
Hauriet 40 129 Zb 86
Hausgauen 68 78 Hb 63
Haussez 76 22 Bd 51
Haussignémont 51 42 Ee 56
Haussimont 51 41 Eb 56
Haussonville 54 44 Gb 57
Haussy 59 15 Dc 47
Haut-Clocher 57 45 Ha 56
Haut-Corlay, le — 22 32 Wf 59
Haut-de-Bosdarros 64 144 Zd 89
Haut-du-Them-Château-Lambert, le — 70 62 Ge 61
Haut-Mauco 40 130 Zc 86
Hautaget 65 145 Ac 90
Hautbos 60 22 Bf 51
Haute-Amance 52 60 Fd 61
Haute-Avesnes 62 14 Cd 47
Haute-Beaume, la — 05 125 Fd 81
Haute-Chapelle, la — 61 35 Zb 57
Haute-Duyes 04 139 Ga 83
Haute-Epine 60 23 Ca 51
Haute-Goulaine 44 66 Yd 65
Haute-Isle 95 38 Bd 54
Haute-Kontz 57 28 Gb 52
Haute-Maison, la — 77 40 Da 55
Haute-Rivoire 69 100 Ec 74
Hautecloque 62 13 Cb 46
Hautecour 39 90 Fe 69
Hautecour 73 115 Gd 76
Hautecourt-Romanèche 01 101 Fc 72
Hautefage 19 108 Bf 78
Hautefage-la-Tour 47 119 Ae 83
Hautefaye 24 106 Ac 75
Hautefond 71 87 Eb 70
Hautefontaine 60 24 Da 52
Hautefort 24 107 Ba 77
Hauteluce 73 103 Gd 74
Hautepierre-le-Châtelet 25 90 Gb 66
Hauterive 03 98 Dc 72
Hauterive 26 112 Fa 77
Hauterive 61 36 Ab 58
Hauterive 89 58 Dd 61
Hauterive-la-Flesse 25 90 Gc 67
Hauteroche 21 74 Ed 64
Hautes-Rivière, les — 08 26 Ef 49
Hautesvignes 47 118 Ac 82
Hautevelle 70 61 Gb 61
Hautevesnes 02 40 Db 54
Hauteville 02 24 Dd 49
Hauteville 08 25 Eb 51
Hauteville 51 42 Ee 57
Hauteville 62 14 Cd 47
Hauteville, la — 78 38 Bd 56
Hauteville-Bocage 50 18 Yd 52
Hauteville-la-Guichard 50 18 Ye 54
Hauteville-lès-Dijon 21 75 Ef 64
Hauteville-Lompnes 01 101 Fd 73
Hauteville-sur-Fier 74 102 Ff 73
Hauteville-sur-Mer 50 34 Yc 55
Haution 02 25 Df 49
Hautmont 59 15 Df 47
Hautmougey 88 61 Gb 60
Hautot-l'Auvray 76 21 Ae 50
Hautot-le-Vatois 76 21 Ae 51
Hautot-sur-Mer 76 21 Ba 49
Hautot-sur-Seine 76 21 Af 52
Hauts-de-Chée, les — 55 43 Fa 55
Hauts-Vals-sous-Nauroy 52 75 Fc 62
Hautvillers 51 41 Df 54
Hautvillers-Ouville 80 13 Be 47
Hauville 27 21 Ae 52
Hauviné 08 26 Ec 53
Haux 33 117 Zd 80
Haux 64 143 Za 90
Havange 57 28 Ff 52
Havelu 28 38 Bd 56
Haveluy 59 15 Dc 46
Havernas 80 13 Cb 48
Haverskerque 59 10 Cd 45
Havre, Le — 76 20 Aa 51
Havrincourt 62 14 Da 48
Hay-les-Roses, l' — 94 39 Cb 56
Hayange 57 28 Ga 53
Haybes 08 26 Ee 48
Haye, la — 76 22 Bc 52
Haye, la — 88 61 Gb 60
Haye-Aubrée, la — 27 21 Ae 52
Haye-Bellefond, la — 50 34 Ye 55
Haye-de-Calleville, la — 27 37 Ae 53
Haye-de-Routot, la — 27 21 Ae 52
Haye-d'Ectot, la — 50 18 Yb 52
Haye-du-Puits, la — 50 18 Yc 53
Haye-du-Theil, la — 27 21 Af 53
Haye-le-Comte, la — 27 37 Ba 53

182 Graffigny-Chemin — Haye-le-Comte, la —

I

J

Jonchery-sur-Suippe **51** 42 Ec 54
Jonchery-sur-Vesle **51** 25 De 53
Jonchiers, les — **26** 138 Fb 83
Joncourt **02** 15 Db 49
Joncreuil **10** 59 Ed 57
Joncy **71** 88 Ed 69
Jongieux **73** 101 Fe 74
Jonquerets-de-Livet, les — **27** 37 Ad 54
Jonquerettes **84** 137 Ef 85
Jonquery **51** 41 De 54
Jonquières **34** 135 Dc 86
Jonquières **60** 23 Ce 52
Jonquières **81** 133 Ca 87
Jonquières **84** 137 Ef 84
Jonquières-Saint-Vincent **30** 137 Ed 86
Jons **69** 101 Fa 74
Jonval **08** 26 Ed 51
Jonvelle **70** 61 Ff 61
Jonville-en-Woëvre **55** 43 Fe 54
Jonzac **17** 105 Zd 76
Jonzier-Epagny **74** 101 Ff 72
Jonzieux **42** 112 Ec 77
Joppécourt **54** 27 Fe 52
Jort **14** 36 Zf 55
Jorxey **88** 61 Gb 59
Joserand **63** 98 Da 72
Josnes **41** 70 Bd 62
Josse **40** 129 Ye 87
Josselin **56** 50 Xc 61
Jossigny **77** 39 Ce 55
Jou-sur-Monjou **15** 121 Cd 79
Jouac **87** 95 Bb 70
Jouaignes **02** 24 Dd 53
Jouancy **89** 73 Ea 62
Jouarre **77** 40 Da 55
Jouars-Pontchartrain **78** 38 Bf 56
Jouaville **54** 44 Ff 54
Joucas **84** 138 Fb 85
Joucou **11** 159 Ca 92
Joudes **71** 89 Fc 70
Joudreville **54** 27 Fe 53
Joué-du-Bois **61** 36 Ze 57
Joué-du-Plain **61** 36 Zf 56
Joué-en-Charnie **72** 53 Ze 60
Joué-l'Abbé **72** 53 Ab 60
Joué-les-Tours **37** 69 Ae 64
Joué-sur-Erdre **44** 66 Yd 64
Jouet-sur-l'Aubois **18** 86 Cf 66
Jouey **21** 74 Ec 66
Jougne **25** 90 Gc 68
Jouhe **39** 75 Fc 66
Jouhet **86** 95 Af 70
Jouillat **23** 96 Bf 71
Jouques **13** 138 Fd 87
Jouqueviel **81** 133 Ca 83
Jourdain **32** 132 Af 86
Jourgnac **87** 95 Bb 74
Journans **01** 101 Fb 72
Journet **86** 83 Af 70
Journiac **24** 119 Af 49
Journiac **24** 119 Af 79
Jours-en-Vaux **21** 88 Ed 66
Jours-lès-Baigneux **21** 74 Ed 63
Jousac **15** 110 Da 78
Joussé **86** 94 Ac 71
Jouvençon **71** 89 Fa 69
Joux **69** 100 Ec 73
Joux-la-Ville **89** 73 Df 63
Jouy **28** 38 Bd 57
Jouy **89** 57 Cf 60
Jouy, Breux- **91** 39 Ca 57
Jouy-aux-Arches **57** 44 Ga 54
Jouy-en-Argonne **55** 43 Fb 54
Jouy-en-Josas **78** 39 Cb 56
Jouy-en-Pithiverais **45** 56 Ca 60
Jouy-le-Châtel **77** 40 Da 56
Jouy-le-Moutier **95** 39 Ca 54
Jouy-le-Potier **45** 70 Be 62
Jouy-lès-Reims **51** 41 Df 53
Jouy-Mauvoisin **78** 38 Bd 55
Jouy-sous-Thelle **60** 22 Bf 53
Jouy-sur-Eure **27** 38 Bb 54
Jouy-sur-Morin **77** 40 Db 56
Joyeuse **07** 123 Eb 82
Joyeux **01** 101 Fa 73
Joze **63** 98 Db 73
Jû-Belloc **32** 130 Aa 87
Juaye-Mondaye **14** 19 Zb 53
Jubainville **88** 60 Fe 58
Jubaudière, la — **49** 67 Za 66
Jublains **53** 52 Zd 59
Juch, le — **29** 47 Ve 60
Jugazan **33** 117 Zf 80
Jugeals-Nazareth **19** 108 Bd 78
Jugon-les-Lacs **22** 33 Xe 58
Jugy **71** 88 Ef 69
Juicq **17** 93 Zc 73
Juif **71** 89 Fa 68
Juignac **16** 106 Aa 76
Juigné-des-Moutiers **44** 66 Ye 62
Juigné-sur-Loire **49** 67 Zd 64
Juigné-sur-Sarthe **72** 52 Ze 61
Juignettes **27** 37 Ad 55
Juillac **19** 107 Bb 77
Juillac **32** 145 Aa 87
Juillac **33** 118 Aa 80
Juillac-le-Coq **16** 105 Ze 75
Juillaguet **16** 106 Ab 76
Juillan **65** 144 Aa 89
Juillé **16** 94 Aa 73
Juillé **72** 53 Aa 59
Juillé **79** 93 Ze 72
Juillenay **21** 74 Eb 64
Juilles **32** 132 Ae 87
Juilley **50** 34 Yd 57
Juilly **21** 74 Ec 64
Juilly **77** 39 Ce 54
Jujols **66** 159 Cb 93
Jujurieux **01** 101 Fc 72
Julianges **48** 122 Db 79
Juliénas **69** 100 Ee 71
Julienne **16** 93 Ze 74
Jullianges **43** 111 De 77
Jullié **69** 100 Ee 71
Jullouville **50** 34 Yc 56
Jully **89** 74 Eb 62
Jully-lès-Buxy **71** 88 Ee 68
Jully-sur-Sarce **10** 58 Eb 60
Julos **65** 144 Aa 90
Julvécourt **55** 43 Fb 54
Jumeauville **78** 38 Be 55
Jumeaux **63** 110 Dc 76
Jumel **80** 23 Cc 50
Jumelles **27** 37 Bb 55
Jumellière, la — **49** 67 Zb 65
Jumièges **76** 21 Ae 52
Jumigny **02** 25 De 52
Jumilhac-le-Grand **24** 107 Ba 76
Junas **30** 136 Ea 86
Junay **89** 58 Df 61
Juncalas **65** 144 Aa 90
Jungholtz **68** 62 Hb 61
Junhac **15** 121 Cc 80
Junies, les — **46** 119 Bb 81
Juniville **08** 26 Ec 52
Jupilles **72** 53 Ac 62
Jurançon **64** 144 Zd 89
Juranville **45** 56 Cc 60
Juré **42** 99 Df 73
Jurignac **16** 106 Zf 75
Jurques **14** 35 Zb 54
Jurvielle **31** 157 Ac 92
Jury **57** 44 Gb 54
Juscorps **79** 93 Zd 71
Jusix **47** 118 Aa 81
Jussac **15** 121 Cc 79
Jussarupt **88** 62 Ge 60
Jussas **17** 105 Zd 77
Jussecourt-Minecourt **51** 42 Ee 56
Jussey **70** 61 Ff 62
Jussy **02** 24 Db 50
Jussy **57** 44 Ga 54
Jussy **89** 73 Dd 62
Jussy-Champagne **18** 85 Cd 67
Jussy-le-Chaudrier **18** 72 Cf 66
Justian **32** 131 Ab 86
Justine **08** 25 Eb 51
Justiniac **09** 146 Bc 89
Jutigny **77** 57 Db 57
Juvaincourt **88** 61 Ga 58
Juvancourt **10** 59 Ee 60
Juvanzé **10** 59 Ed 59
Juvardeil **49** 67 Zd 63
Juvelize **57** 44 Gd 56
Juvigné **53** 51 Yf 59
Juvignies **60** 23 Ca 51
Juvigny **02** 24 Db 52
Juvigny **51** 41 Eb 54
Juvigny-en-Perthois **55** 43 Fa 57
Juvigny-le-Tertre **50** 35 Yf 56
Juvigny-sous-Andaine **61** 35 Zc 57
Juvigny-sur-Loison **55** 27 Fd 52
Juvigny-sur-Orne **61** 36 Aa 56
Juvigny-sur-Seulles **14** 19 Zc 54
Juville **57** 44 Gc 55
Juvincourt-et-Damary **02** 25 Df 52
Juvisy-sur-Orge **91** 39 Cc 56
Juvrecourt **54** 44 Gd 56
Juxue **64** 143 Yf 89
Juzanvigny **10** 59 Ed 58
Juzennecourt **52** 59 Ef 59
Juzes **31** 147 Be 88
Juzet **31** 157 Ad 92
Juzet-d'Izaut **31** 145 Ae 91
Juziers **78** 38 Bf 55

K

Kalhausen **57** 45 Ha 54
Kaltenhouse **67** 46 He 56
Kanfen **57** 28 Ga 52
Kappelen **68** 78 Hc 63
Kappelkinger **57** 45 Gf 55
Katzenthal **68** 62 Hb 60
Kauffenheim **67** 46 Ia 55
Kaysersberg **68** 62 Ha 60
Kédange-sur-Canner **57** 28 Gc 53
Keffenach **67** 46 Hf 55
Kembs **68** 78 Hc 62
Kembs-Loéchlé **68** 78 Hc 63
Kemplich **57** 28 Gc 53
Kerbach **57** 45 Gf 53
Kerbors **22** 32 We 56
Kerfot **22** 32 Wf 56
Kerfourn **56** 49 Xb 60
Kergloff **29** 48 Wc 59
Kergrist **56** 49 Xa 60
Kergrist-Moëlou **22** 32 We 59
Kerien **22** 32 We 58
Kerlaz **29** 47 Ve 60
Kerling-lès-Sierck **57** 28 Gc 52
Kerlouan **29** 30 Vd 57
Kermaria-Sulard **22** 32 Wd 56
Kermoroc'h **22** 32 We 57
Kernével **29** 48 Wb 61
Kernilis **29** 30 Vd 57
Kernouës **29** 30 Ve 57
Kerpert **22** 32 Wf 58
Kerprich-aux-Bois **57** 45 Gf 56
Kersaint-Plabennec **29** 30 Vd 58
Kervignac **56** 49 We 62
Keskastel **67** 45 Ha 55
Kesseldorf **67** 46 Ia 55
Kichompré **88** 62 Gf 60
Kienheim **67** 46 Hd 56
Kientzheim **68** 62 Hb 60
Kiffis **68** 78 Hc 64
Killem **59** 10 Cd 43
Kilstett **67** 46 Hf 56
Kindwiller **67** 46 Hd 55
Kingersheim **68** 62 Hc 62
Kintzheim **67** 62 Hc 59
Kirchheim **67** 46 Hc 57
Kirrberg **67** 45 Ha 56
Kirrwiller **67** 46 Hd 56
Kirsch-lès-Sierck **57** 28 Gc 52
Kirschnaumen **57** 28 Gc 52
Kirviller **57** 45 Gf 55
Klang **57** 28 Gc 53
Kleingœft **67** 45 Hc 56
Knœringue **68** 78 Hc 63
Knœrsheim **67** 46 Hc 56
Knutange **57** 28 Ga 52
Kœnigsmacker **57** 28 Gb 52
Kœstlach **68** 77 Hb 63
Kœtzingue **68** 78 Hc 63
Kœur-la-Grande **55** 43 Fc 55
Kœur-la-Petite **55** 43 Fc 55
Kogenheim **67** 63 Hd 58
Krautergersheim **67** 63 Hd 58
Krautwiller **67** 46 He 56
Kremlin-Bicêtre, le — **94** 39 Cc 56
Kriegsheim **67** 46 He 56
Kruth **68** 62 Gf 61
Kunheim **68** 63 Hd 60
Kuntzig **57** 28 Gb 52
Kurtzenhouse **67** 46 He 56
Kuttolsheim **67** 46 Hd 57
Kutzenhausen **67** 46 Hf 55

L

La Baule-Escoublac **44** 65 Xd 65
La Rochelle **17** 92 Ye 72
Laà **64** 143 Zb 88
Laas **32** 145 Ab 88
Laas **45** 56 Cb 60
Laàs **64** 143 Za 88
Labalme **01** 101 Fc 72
Labarde **33** 105 Zc 78
Labaroche **68** 62 Hb 60
Labarrère **32** 131 Aa 85
Labarthe **32** 145 Ad 88
Labarthe **82** 132 Bb 83
Labarthe-Inard **31** 146 Af 90
Labarthe-Rivière **31** 145 Ae 90
Labarthe-sur-Lèze **31** 146 Bc 88
Labarthète **32** 130 Zf 87
Labassère **65** 144 Aa 90
Labastide **07** 123 Eb 80
Labastide **65** 145 Ac 90
Labastide **65** 145 Ad 88
Labastide-Beauvoir **31** 147 Bd 88
Labastide-Castel-Amouroux **47** 118 Aa 82
Labastide-Cézéracq **64** 144 Zc 89
Labastide-Chalosse **40** 130 Zc 87
Labastide-Clairence **64** 143 Ye 88
Labastide-Clermont **31** 146 Ba 88
Labastide-d'Anjou **11** 147 Bf 88
Labastide-d'Armagnac **40** 130 Ze 85
Labastide-de-Lévis **81** 133 Ca 85
Labastide-de-Penne **82** 133 Bd 83
Labastide-de-Virac **07** 124 Ec 82
Labastide-Dénat **81** 133 Cb 85
Labastide-du-Haut-Mont **46** 120 Ca 79
Labastide-du-Temple **82** 132 Bb 84
Labastide-du-Vert **46** 119 Bb 81
Labastide-en-Val **11** 148 Cc 90
Labastide-Esparbairenque **11** 148 Cc 88
Labastide-Gabausse **81** 133 Ca 84
Labastide-Marnhac **46** 119 Bc 82
Labastide-Monréjeau **64** 144 Zc 89
Labastide-Murat **46** 120 Bd 81
Labastide-Paumès **31** 146 Af 88
Labastide-Rouairoux **81** 148 Cd 88
Labastide-Saint-Pierre **82** 132 Bc 85
Labastide-Saint-Sernin **31** 132 Bc 86
Labastide-Savès **32** 146 Af 87
Labastide-Villefranche **64** 143 Yf 88
Labathude **46** 120 Bf 80
Labatie-d'Andaure **07** 124 Ec 78
Labatmale **64** 144 Zf 89
Labatut **09** 147 Bd 89
Labatut **40** 129 Za 87
Labatut **64** 144 Zf 88
Labatut-Rivière **65** 144 Aa 87
Labbeville **95** 39 Ca 54
Labeaume **07** 123 Eb 82
Labège **31** 147 Bd 87
Labéjan **32** 145 Ad 87
Labenne **40** 128 Yd 87
Labergement-du-Navois **25** 90 Ga 67
Labergement-Foigney **21** 75 Fa 65
Labergement-lès-Auxonne **21** 75 Fc 66
Labergement-lès-Seurre **21** 89 Fa 67
Labergement-Sainte-Marie **25** 90 Gb 68
Laberlière **60** 23 Ce 51
Labesserette **15** 121 Cc 80
Labessette **63** 109 Cd 76
Labessière-Candeil **81** 133 Ca 86
Labets-Biscay **64** 143 Yf 88
Labeuville **55** 43 Fe 54
Labeuvrière **62** 14 Cd 45
Labeyrie **64** 129 Zc 87
Lablachère **07** 123 Eb 82
Laboissière-en-Santerre **80** 23 Ce 50
Laboissière-en-Thelle **60** 23 Ca 53
Laborde **65** 145 Ab 90
Laborel **26** 138 Fd 83
Labosse **60** 22 Bf 52
Labouheyre **40** 116 Za 83
Laboule **07** 123 Ea 81
Labouquerie **24** 119 Ae 80
Labourgade **82** 132 Ba 85
Labourse **62** 14 Ce 46
Laboutarie **81** 133 Ca 86
Labrède **33** 117 Zc 80
Labretonie **47** 118 Ac 82
Labrihe **32** 132 Af 86
Labrit **40** 130 Zc 84
Labroquère **31** 145 Ad 90
Labrosse **45** 56 Cc 59
Labrousse **15** 121 Cd 79
Labroye **62** 13 Bf 47
Labruguière **81** 148 Cb 87
Labruyère **21** 89 Fa 66
Labruyère **60** 23 Cd 52
Labruyère-Dorsa **31** 146 Bc 88
Labry **54** 43 Ff 53
Labuissière **62** 14 Cd 46
Laburgade **46** 120 Bd 82
Lacabarède **81** 148 Cd 88
Lacadée **64** 129 Zc 87
Lacajunte **40** 130 Zd 87
Lacam-d'Ourcet **46** 120 Bf 79
Lacanau **33** 104 Yf 79
Lacapelle-Barrès **15** 121 Ce 79
Lacapelle-Biron **47** 119 Af 81
Lacapelle-Cabanac **46** 119 Ba 82
Lacapelle-Livron **82** 133 Be 83
Lacapelle-Marival **46** 120 Bf 80
Lacapelle-Pinet **81** 134 Cc 84
Lacapelle-Ségalar **81** 133 Bf 84
Lacapelle-Viescamp **15** 121 Cb 79
Lacarre **64** 143 Ye 89
Lacarry **64** 143 Za 90
Lacassagne **65** 145 Aa 88
Lacaugne **31** 146 Bb 89
Lacaune **81** 134 Ce 86
Lacaussade **47** 119 Ae 81
Lacave **09** 146 Ba 90
Lacave **46** 120 Bd 79
Lacaze **81** 134 Cd 86
Lacenas **69** 100 Ed 73
Lacépède **47** 118 Ac 83
Lachaise **16** 105 Ze 75
Lachalade **55** 42 Ef 53
Lachambre **57** 45 Ge 54
Lachamp **48** 122 Dc 81
Lachamp-Raphaël **07** 123 Eb 80
Lachapelle **47** 118 Ab 81
Lachapelle **54** 62 Ge 58
Lachapelle **82** 132 Af 85
Lachapelle-aux-Pots **60** 22 Bf 52
Lachapelle-Auzac **46** 120 Bc 79
Lachapelle-en-Blaisy **52** 59 Ef 59
Lachapelle-Saint-Pierre **60** 23 Cb 53
Lachapelle-sous-Aubenas **07** 124 Ec 81
Lachapelle-sous-Chanéac **07** 123 Eb 79
Lachapelle-sous-Chaux **90** 77 Ge 62
Lachapelle-sous-Gerberoy **60** 22 Bf 51
Lachapelle-sous-Rougemont **90** 77 Ha 62
Lachau **26** 138 Fd 83
Lachaussée **55** 43 Fe 54
Lachaussée-du-Bois-d'Écu **60** 23 Cb 51
Lachaux **63** 99 Dd 73
Lachelle **60** 23 Ce 52
Lachy **51** 41 De 56
Lacollonge **90** 77 Gf 63
Lacombe **11** 148 Cb 88
Lacommande **64** 144 Zc 89
Lacoste **34** 135 Dc 87
Lacoste **84** 138 Fb 85
Lacougotte-Cadoul **81** 133 Be 87
Lacour **82** 119 Af 83
Lacour-d'Arcenay **21** 74 Eb 64
Lacourt **09** 158 Bb 91
Lacourt-Saint-Pierre **82** 132 Bb 85
Lacquy **40** 130 Ze 85
Lacrabe **40** 130 Zc 87
Lacres **62** 13 Be 45
Lacroisille **81** 147 Bf 87
Lacroix-Barrez **12** 121 Cd 80
Lacroix-Falgarde **31** 146 Bc 88
Lacroix-Saint-Ouen **60** 24 Ce 52
Lacroix-sur-Meuse **55** 43 Fd 55
Lacropte **24** 107 Ae 78
Lacrost **71** 88 Ef 69
Lacrouzette **81** 134 Cc 87
Lacs **36** 85 Ca 69
Ladapeyre **23** 96 Ca 71
Ladaux **33** 117 Ze 80
Ladern-sur-Lauquet **11** 148 Cc 90
Ladevèze-Rivière **32** 130 Aa 87
Ladevèze-Ville **32** 130 Aa 87
Ladignac-le-Long **87** 107 Ba 75
Ladignac-sur-Rondelles **19** 108 Bf 77
Ladinhac **15** 121 Cd 80
Ladirat **46** 120 Bf 80
Ladiville **16** 105 Zf 75
Ladon **45** 56 Cd 60
Lados **33** 117 Zf 82
Ladoye-sur-Seille **39** 89 Fe 68
Lafage **11** 147 Bf 90
Lafage-sur-Sombre **19** 108 Ca 77
Lafare **07** 124 Ed 82
Lafare **84** 138 Fa 84
Lafarre **43** 123 Df 79
Lafat **23** 96 Bd 71
Lafauche **52** 60 Fd 59
Laféline **03** 98 Db 70
Laferté-sur-Amance **52** 60 Fe 61
Laferté-sur-Aube **52** 59 Ee 60
Lafeuillade-en-Vézie **15** 121 Cc 80
Laffaux **02** 24 Dc 52
Laffrey **38** 113 Fe 78
Lafitole **65** 144 Aa 88
Lafitte **82** 132 Ba 85
Lafitte **82** 9 Af 84
Lafitte-sur-Lot **47** 118 Ac 82
Lafitte-Toupière **31** 146 Af 90
Lafitte-Vigordane **31** 146 Bb 89
Lafrançaise **82** 132 Bb 84
Lafraye **60** 23 Cb 51
Lafresguimont-Saint-Martin **80** 22 Be 50
Lafrimbolle **57** 45 Ha 57
Lagamas **34** 135 Dd 86
Lagarde **09** 147 Bf 90
Lagarde **31** 146 Ae 88
Lagarde **32** 131 Ad 85
Lagarde **32** 131 Ad 86
Lagarde **57** 45 Ge 56
Lagarde **65** 144 Aa 89
Lagarde-d'Apt **84** 138 Fc 85
Lagarde-Enval **19** 108 Be 78
Lagarde-Hachan **32** 145 Ac 88
Lagarde-Paréol **84** 124 Ee 83
Lagarde-sur-le-Né **16** 105 Ze 75
Lagardelle **46** 119 Bb 82
Lagardelle-sur-Lèze **31** 146 Bc 88
Lagardère **32** 131 Ab 85
Lagardiolle **81** 147 Ca 87
Lagarrigue **47** 118 Ac 83
Lageon **79** 82 Ze 68
Lagery **51** 41 De 53
Lagesse **10** 58 Ea 60
Lagleygeolle **19** 108 Be 78
Laglorieuse **40** 130 Zd 85
Lagnes **84** 138 Fa 85
Lagney **54** 43 Ff 56
Lagnicourt-Marcel **62** 14 Cf 48
Lagnieu **01** 101 Fc 73
Lagny **60** 24 Cf 51
Lagny-le-Sec **60** 39 Ce 54
Lagny-sur-Marne **77** 39 Ce 55
Lagor **64** 143 Zc 88
Lagorce **07** 124 Ec 82
Lagorce **33** 105 Ze 78
Lagord **17** 92 Yf 71
Lagos **64** 144 Ze 89
Lagrâce-Dieu **31** 146 Bc 88
Lagrand **05** 125 Fe 82
Lagrange **40** 130 Zf 85
Lagrange **65** 145 Ac 90
Lagrasse **11** 148 Cd 90
Lagraulet-du-Gers **32** 131 Ab 85
Lagraulet-Saint-Nicolas **31** 132 Ba 86
Lagraulière **19** 108 Bd 76
Lagrave **81** 133 Bf 85
Lagruère **47** 118 Ab 82
Laguenne **19** 108 Be 78
Laguépie **82** 133 Bf 84
Laguinge **64** 143 Za 90
Laguiole **12** 121 Cf 80
Lagujan **32** 145 Ab 88
Lagupie **47** 118 Aa 81
Lahage **31** 146 Ba 88
Lahas **32** 146 Af 87
Lahaymeix **55** 43 Fc 55
Lahayville **55** 43 Fe 55
Laheycourt **55** 42 Fa 55
Lahitte **32** 131 Ae 87
Lahitte-Toupière **65** 144 Zf 88
Lahonce **64** 142 Yd 88
Lahontan **64** 129 Za 87
Lahosse **40** 129 Zb 86
Lahourcade **64** 143 Zc 88
Lahoussoye **80** 14 Cc 49
Laifour **08** 26 Ee 49
Laigné **53** 52 Zb 61
Laigne, la — **17** 93 Zb 71
Laigné-en-Belin **72** 53 Ab 61
Laignelet **35** 51 Yf 58
Laignes **21** 59 Ec 61
Laigneville **60** 23 Cc 53
Laigny **02** 25 Df 49
L'Aigle **61** 37 Ad 56
Laillé **35** 51 Yb 61
Lailly **89** 57 Dd 59
Lailly-en-Val **45** 70 Be 62
Laimière, la — **79** 81 Zc 68
Laimont **55** 42 Fa 55
Lain **89** 72 Dc 63
Laines-aux-Bois **10** 58 Df 59
Lains **39** 101 Fc 70
Lainsecq **89** 72 Db 63
Lainville **78** 38 Be 54
Laires **62** 13 Cb 45
Lairière **11** 148 Cc 90
Lairoux **85** 80 Ye 70
Laisonnay **73** 115 Ge 76
Laissac **12** 121 Ce 82
Laissey **25** 76 Gb 65
Laître-sous-Amance **54** 44 Gb 56
Laives **71** 88 Ef 69
Laix **54** 27 Fe 52
Laiz **01** 100 Ef 71
Laizé **71** 100 Ee 70
Laize-la-Ville **14** 35 Zd 54
Laizy **71** 87 Eb 67
Lajo **48** 122 Dc 79
Lajoux **39** 102 Ff 70
Lalacelle **61** 36 Zf 58
Lalande **89** 72 Db 62
Lalande-de-Pomerol **33** 105 Ze 79
Lalande-en-Son **60** 22 Be 52
Lalandelle **60** 22 Bf 52
Lalandusse **47** 118 Ad 81
Lalanne **32** 131 Ae 86
Lalanne **65** 145 Ad 89
Lalanne-Arqué **32** 145 Ad 89
Lalanne-Trie **65** 145 Ac 89
Lalbarède **81** 133 Ca 87
Lalbenque **46** 120 Bd 82
Laleu **61** 36 Ac 57
Laleu **80** 13 Bf 49
Lalevade **07** 123 Eb 81
Lalheue **71** 88 Ee 69
Lalinde **24** 106 Ab 79
Lalinde **24** 119 Ae 79
Lalizolle **03** 98 Da 72
Lallaing **59** 14 Db 46
Lalleu **35** 51 Yc 61
Lalley **38** 125 Fe 80
Lalleyriat **01** 101 Fe 72
Lalobbe **08** 26 Ec 50
Lalœuf **54** 61 Ga 57
Lalongue **64** 144 Ze 88
Lalonquette **64** 144 Ze 88
Laloubère **65** 144 Aa 89
Lalouret-Laffiteau **31** 145 Ae 89
Lalouvesc **07** 112 Ed 78
Lalugue **40** 129 Za 85
Lama **2B** 161 Kb 93
Lamagdelaine **46** 120 Bc 82
Lamagistère **82** 132 Ae 84
Lamaguere **32** 145 Ae 88
Lamaids **03** 97 Cc 71
Lamalou-les-Bains **34** 149 Da 87
Lamancine **52** 60 Fa 59
Lamanère **66** 159 Cd 94
Lamarche **88** 60 Fe 60
Lamarche-sur-Saône **21** 75 Fc 65
Lamargelle **21** 74 Ef 63
Lamaronde **80** 22 Bf 50
Lamarque **33** 105 Zb 78
Lamarque-Pontacq **65** 145 Zf 90
Lamarque-Rustaing **65** 145 Ab 89
Lamasquère **31** 146 Bb 88
Lamastre **07** 124 Ed 79
Lamath **54** 44 Gc 57
Lamativie **46** 120 Ca 79
Lamayou **64** 144 Zf 88
Lamazère **32** 131 Ac 87
Lamazière-Basse **19** 109 Cb 76
Lamazière-Haute **19** 109 Cc 74
Lambach **57** 45 Hc 54
Lambel **56** 49 Wf 61
Lambersart **59** 10 Da 45
Lamberville **50** 35 Za 54
Lamberville **76** 21 Ba 50
Lambesc **13** 138 Fb 87
Lamblore **28** 37 Af 57
Lambres **62** 13 Cc 45
Lambrey **70** 76 Ff 62
Lambruisse **04** 139 Gc 84
Laméac **65** 145 Ab 89
Lamécourt **60** 23 Cc 52
Lamelouze **30** 136 Df 83
Lamenay-sur-Loire **58** 87 Dd 68
Lamérac **16** 105 Ze 76
Lametz **08** 26 Ee 51
Lamillarié **81** 133 Ca 85
Lammerville **76** 21 Af 50
Lamnay **72** 54 Ae 60
Lamongerie **19** 108 Bd 75
Lamontélarié **81** 134 Cd 87
Lamontgie **63** 110 Dc 76
Lamontjoie **47** 131 Ad 84
Lamonzie-Montastruc **24** 118 Ad 79
Lamonzie-Saint Martin **24** 118 Ac 79
Lamorlaye **60** 39 Cc 54
Lamorville **55** 43 Fd 55
Lamothe **40** 129 Zc 86
Lamothe **43** 110 Dc 77
Lamothe-Capdeville **82** 132 Bc 84
Lamothe-Cassel **46** 120 Bd 81
Lamothe-Cumont **82** 132 Af 85
Lamothe-en-Blaisy **52** 59 Ef 59
Lamothe-Fénelon **46** 119 Bc 79
Lamothe-Goas **32** 131 Ad 85
Lamothe-Landerron **33** 118 Aa 81
Lamothe-Montravel **24** 118 Aa 79
Lamotte-Beuvron **41** 71 Ca 63
Lamotte-Brebière **80** 23 Cc 49
Lamotte-Buleux **80** 13 Bf 47
Lamotte-Warfusée **80** 23 Cd 49
Lamouilly **55** 27 Fb 51
Lamoura **39** 102 Ff 70
Lampaul-Guimiliau **29** 31 Vf 58
Lampaul-Plouarzel **29** 30 Vb 58
Lampaul-Ploudalmézeau **29** 30 Vc 57
Lampertheim **67** 46 He 57
Lampertsloch **67** 46 He 55
Lamure-sur-Azergues **69** 100 Ec 72
Lanans **25** 76 Gc 65
Lanarvilly **29** 30 Vd 57
Lanas **07** 124 Ec 81
Lancé **41** 69 Ba 62
Lanchères **80** 12 Bd 48
Lanches **80** 13 Ca 48
Lanchy **02** 24 Da 50
Lancié **69** 100 Ee 72
Lancieux **22** 33 Xf 57
Lancôme **41** 69 Ba 63
Lançon **08** 26 Ef 53
Lancon **65** 156 Ac 91
Lançon-Provence **13** 152 Fa 87
Landange **57** 45 Gf 56
Landaul **56** 49 Wf 62
Landaville-le-Bas **88** 60 Fe 59
Landaville-le-Haut **88** 60 Fe 59
Landavran **35** 51 Ye 60
Lande Chasles, la — **49** 68 Zf 64
Lande-d'Airou, la — **50** 34 Ye 56
Lande-de-Fronsac, la — **33** 105 Zd 79
Lande-de-Goult, la — **61** 36 Zf 57
Lande-de-Lougé, la — **61** 36 Ze 56
Lande-Patry, la — **61** 35 Zc 56
Lande-Saint-Léger, la — **27** 20 Ac 53
Lande-Saint-Siméon, la — **61** 35 Zd 56
Lande-sur-Drôme, la — **14** 35 Za 54
Lande-sur-Eure, la — **61** 37 Af 57
Landéan **35** 51 Yf 58
Landebaëron **22** 32 We 57
Landébia **22** 33 Xe 57
Landec, la — **22** 33 Xe 58
Landécourt **54** 61 Gc 57
Landéda **29** 30 Vc 57
Landéhen **22** 33 Xc 58
Landeleau **29** 48 Wb 59
Landelles **28** 54 Bb 58
Landelles-et-Coupigny **14** 35 Za 55
Landemont **49** 66 Ye 65
Landepereuse **27** 37 Ad 54
Landerneau **29** 30 Ve 58
Landeronde **85** 80 Yc 69
Landerrouat **33** 118 Aa 80
Landerrouet-sur-Ségur **33** 117 Zf 81
Landersheim **67** 46 Hc 56
Landes **17** 93 Zb 73
Landes-Genusson, les — **85** 80 Yf 67
Landes-le-Gaulois **41** 69 Bb 63
Landes-sur-Ajon **14** 35 Zc 54
Landes-Vieilles-et-Neuves **76** 22 Bd 50
Landevant **56** 49 Wf 62
Landévennec **29** 30 Ve 59
Landevieille **85** 79 Yb 69
Landeyrat **15** 109 Cf 77
Landifay **02** 25 Dd 50
Landigou **61** 35 Zd 56
Landin, le — **27** 21 Ae 52
Landiras **33** 117 Zd 81
Landisacq **61** 35 Zc 56
Landivisiau **29** 31 Vf 57
Landivy **53** 35 Yf 58
Landogne **63** 97 Cd 73
Landorthe **31** 145 Ae 90
Landos **43** 123 De 79
Landouzy-la-Cour **02** 25 Df 49
Landouzy-la-Ville **02** 25 Ea 49
Landrais **17** 92 Za 72
Landreau, le — **44** 30 Ye 65
Landreau, le — **44** 65 Xf 65
Landrecies **59** 15 De 48
Landrecourt-Lempire **55** 43 Fb 54
Landremont **54** 44 Ga 55
Landres **54** 27 Fe 53
Landres-et-Saint-Georges **08** 26 Fa 52
Landresse **25** 76 Gc 65
Landrethun-le-Nord **62** 9 Be 43
Landrethun-lès-Ardres **62** 9 Bf 42
Landrévarzec **29** 48 Vf 60
Landreville **10** 59 Ec 60
Landrichamps **08** 16 Ee 48
Landricourt **02** 24 Dc 51
Landricourt **51** 42 Ee 57
Landroff **57** 44 Gd 55
Landry **73** 115 Ge 75
Landser **68** 78 Hc 63
Landudal **29** 48 Wa 60
Landudec **29** 47 Ve 60
Landujan **35** 50 Ya 59
Landunvez **29** 30 Vb 57
Lanespède **65** 145 Ab 90
Lanester **56** 48 Wd 62
Lanet **11** 159 Cc 91
Laneuvelle **52** 60 Fe 61
Laneuvelotte **54** 44 Gb 56
Laneuveville-aux-Bois **54** 44 Gd 57
Laneuveville-derrière-Foug **54** 43 Fe 56
Laneuveville-devant-Bayon **54** 61 Gb 58
Laneuville **57** 44 Gc 53
Laneuville-au-Pont **52** 42 Ef 57
Laneuville-au-Rupt **55** 43 Fd 56
Laneuville-devant-Nancy **54** 44 Gb 57
Laneuville-lès-Lorquin **57** 45 Ha 57
Laneuville-sur-Meuse **55** 27 Fa 52
Laneuvilleroy **60** 23 Cd 52
Lanfains **22** 32 Xa 58
Lanfroicourt **54** 44 Gc 56
Langan **35** 50 Ya 59
Langast **22** 49 Xc 59
Langatte **57** 45 Gf 56
Langé **36** 84 Bc 66
Langeac **43** 110 Dc 78
Langeais **37** 68 Ac 65
Langennerie **37** 69 Ae 64
Langensoultzbach **67** 46 Hf 55
Langeron **58** 86 Da 68
Langesse **45** 71 Cd 62
Langey **28** 54 Bb 60
Langlade **30** 136 Eb 86
Langoat **22** 32 We 56
Langogne **48** 123 Df 80
Langoiran **33** 117 Zd 80
Langolen **29** 49 Wa 60
Langon **33** 117 Ze 81
Langon **35** 50 Ya 62
Langon **41** 70 Be 65
Langon, le — **85** 81 Za 70
Langonnet **56** 48 Wd 60
Langouet **35** 50 Yb 59
Langourla **22** 50 Xd 59
Langres **52** 60 Fc 61
Langrolay-sur-Rance **22** 33 Ya 57
Langrune-sur-Mer **14** 19 Zd 53
Languédias **22** 33 Xe 58
Languénan **22** 33 Xf 57
Langueux **22** 32 Xb 58
Languevoisin **80** 24 Cf 50
Languidic **56** 49 Wf 62
Languimberg **57** 45 Gf 56
Langy **03** 98 Dc 71
Lanhélin **35** 34 Yb 58
Lanhères **55** 43 Fe 53
Lanhouarneau **29** 30 Ve 57
Lanildut **29** 30 Vb 58
Laning **57** 45 Ge 54
Laniscat **22** 49 Wf 59
Laniscourt **02** 24 Dd 51
Lanleff **22** 32 Wf 56
Lanloup **22** 32 Xa 56
Lanmérin **22** 32 Wd 56
Lanmeur **29** 31 Wb 57
Lanmeur **29** 48 Wb 61
Lanmodez **22** 32 Wf 55
Lanne **64** 143 Zb 90

184 Jonchery-sur-Suippe — Lanne

Lanne 65 144 Aa 90
Lanne-Soubiran 32 130 Zf 86
Lannéanou 29 31 Wc 58
Lannebert 22 32 Xa 57
Lannecaube 64 144 Ze 88
Lannédern 29 31 Wa 59
Lannemaignan 32 130 Ze 85
Lannepax 32 131 Ab 86
Lanneplaá 64 143 Zb 88
Lanneray 28 54 Bb 60
Lannes 47 131 Ab 84
Lanneuffret 29 30 Ve 57
Lannilis 29 30 Vc 57
Lannion 22 31 Wd 56
Lannoy 59 10 Db 45
Lannoy-Cuillère 60 22 Be 50
Lannux 32 130 Ze 87
Lano 2B 161 Kb 94
Lanobre 15 109 Cd 76
Lanouaille 24 107 Ba 76
Lanouée 56 49 Xc 61
Lanoux 09 146 Bc 90
Lanques-sur-Rognon 52 60 Fc 60
Lanquetot 76 21 Ad 51
Lanrelas 22 50 Xe 59
Lanrivain 22 32 We 58
Lanrivoaré 29 30 Vc 58
Lanrodec 22 32 Wf 57
Lans 71 88 Ef 68
Lans-en-Vercors 38 113 Fd 78
Lansac 33 105 Zc 78
Lansac 66 160 Cd 92
Lansargues 34 136 Ea 87
Lanslebourg-Mont-Cenis 73 115 Gf 77
Lanslevillard 73 115 Gf 77
Lanta 31 147 Bd 87
Lantabat 64 143 Yf 89
Lantages 10 58 Eb 60
Lantan 18 85 Ce 67
Lantéfontaine 54 27 Ff 53
Lantenay 01 101 Fd 72
Lantenay 21 74 Ef 64
Lantenne-Vertière 25 76 Fe 65
Lantenot 70 76 Gc 62
Lanterneet-les-Armonts, la — 70 76 Gd 62
Lanteuil 19 108 Bd 78
Lanthes 21 89 Fb 67
Lantheuil 14 19 Zc 53
Lantic 22 32 Xa 57
Lantignié 69 100 Ed 72
Lantillac 56 49 Xc 61
Lanton 33 116 Yf 80
Lantosque 06 140 Hb 85
Lantriac 43 123 Ea 79
Lanty 58 87 Df 68
Lanty-sur-Aube 52 59 Ee 60
Lanuéjols 12 121 Cb 82
Lanuéjols 30 135 Dc 84
Lanuéjouls 48 122 Dd 82
Lanvallay 22 33 Xf 58
Lanvaudan 56 48 Wc 61
Lanvellec 22 31 Wc 57
Lanvénégan 56 48 Wc 61
Lanvéoc 29 30 Vd 59
Lanvollon 22 32 Xa 57
Laon 02 25 Dd 51
Laons 28 37 Bb 56
Lapalisse 03 99 Dd 71
Lapalme 11 160 Cf 91
Lapalud 84 137 Ee 83
Lapan 18 85 Cb 67
Lapanouse-de-Cernon 12 135 Da 85
Laparade 47 118 Ac 82
Laparrouquial 81 133 Ca 84
Lapège 09 158 Bd 92
Lapenche 82 133 Bd 83
Lapenne 09 147 Be 90
Lapenty 50 35 Yf 57
Laperrière-sur-Saône 21 89 Fc 66
Lapesched 47 118 Ac 81
Lapeyrade 40 130 Zf 84
Lapeyre 65 145 Ac 89
Lapeyrère 31 146 Bb 89
Lapeyrouse 01 100 Ef 73
Lapeyrouse 26 112 Ef 77
Lapeyrouse 31 133 Bd 86
Lapeyrouse 63 98 Cf 71
Lapeyrugue 15 121 Cd 80
Lapleau 19 109 Ca 77
Laplume 47 131 Ad 84
Lapoutroie 68 62 Ha 60
Lapouyade 33 105 Ze 78
Lappion 02 25 Df 51
Laprade 11 148 Cb 88
Laprade 16 106 Ab 77
Laprugne 03 99 De 73
Laps 63 111 Db 74
Lapte 43 111 Eb 77
Lapugnoy 62 14 Cd 45
Laquenexy 57 44 Gb 54
Laqueuille 63 109 Ce 75
Laragne-Montéglin 05 126 Fe 83
Larajasse 69 112 Ec 75
Laramière 46 120 Bf 82
Laran 31 132 Bb 87
Laran 65 145 Ac 89
Larbey 40 129 Zb 86
Larbroye 60 24 Cf 51
Larcat 09 158 Bd 92
Larceveau 64 143 Yf 89
Larchamp 53 52 Yf 58
Larchamp 61 35 Zb 56
Larchant 77 56 Cd 59
Larche 04 127 Gd 82
Larche 19 107 Bc 78
Larderet, le — 39 90 Ff 68
Lardier-et-Valença 05 126 Ff 82
Lardiers 04 126 Fe 84
Lardin-Saint Lazare, le — 24 107 Bb 78
Laredorte 11 148 Cc 89
Larée 32 130 Zf 85
Laréole 31 132 Ba 86
Largeasse 79 81 Zd 68
Largentière 07 123 Eb 81
Largillay-Marsonnay 39 89 Fe 69
Largitzen 68 77 Hb 63
Largny-sur-Automne 02 24 Da 53
Larians-et-Munans 70 76 Gb 64
Larivière 90 77 Gf 62
Larivière-Arnoncourt 52 60 Fe 60
Larmor-Baden 56 64 Xa 63
Larmor-Plage 56 48 Wd 62
Larnage 26 112 Ef 78
Larnagol 46 120 Be 82
Larnas 07 124 Ed 82

Larnat 09 158 Bd 92
Larnaud 39 89 Fc 68
Larnod 26 75 Ff 65
Laroche-près-Feyt 19 109 Cd 74
Laroche-Saint-Cydroine 89 57 Dc 61
Larochemillay 58 87 Ea 67
Larodde 63 109 Cd 75
Laroin 64 144 Zd 89
Laronxe 54 44 Gd 57
Laroque 33 117 Ze 81
Laroque 34 136 De 85
Laroque-de-Fa 11 160 Cd 91
Laroque-des-Albères 66 160 Cf 93
Laroque-des-Arcs 46 120 Bc 82
Laroque-d'Olmer 09 147 Bf 91
Laroque-Timbaut 47 119 Ae 83
Laroquebrou 15 121 Cb 79
Laroquevieille 15 109 Cd 79
Larouillies 59 15 Df 48
Larrau 64 143 Za 90
Larrazet 82 132 Ba 85
Larré 56 50 Xc 62
Larré 61 36 Aa 58
Larressingle 32 131 Ab 85
Larressore 64 142 Yd 88
Larret 70 75 Fd 63
Larreule 64 144 Zd 88
Larreule 65 144 Aa 88
Larrey 21 59 Ec 61
Larribar 64 143 Ze 88
Larringes 74 103 Gd 70
Larrivière 40 129 Zc 86
Larroque 65 145 Ac 89
Larroque 31 145 Ad 89
Larroque 81 133 Be 84
Larroque 81 148 Cd 87
Larroque-Engalin 32 131 Ad 85
Larroque-Saint-Sernin 32 131 Ac 86
Larroque-sur-l'Osse 32 131 Ab 85
Larroque-Toirac 46 120 Bf 81
Larruel 55 43 Fc 56
Lartigue 32 130 Aa 86
Lartigue 32 145 Ae 87
Lartigue 33 117 Zf 83
Laruns 64 144 Zd 91
Laruscade 33 105 Zd 78
Larzac 24 119 Ba 80
Larzalier 48 122 Dd 82
Larzicourt 51 42 Ee 57
Lasalle 30 136 Df 84
Lasbordes 11 147 Ca 89
Lascabanes 46 119 Bb 82
Lascaux 19 107 Bc 76
Lasclaveries 64 144 Ze 88
Lasfaillades 81 148 Cd 87
Lasgraisses 81 133 Ca 86
Laslades 65 145 Ab 89
Lassales 65 145 Ab 89
Lassay-les-Châteaux 53 52 Zd 58
Lassay-sur-Croisne 41 70 Bd 64
Lasse 49 68 Aa 63
Lasse 64 143 Ye 90
Lassérasn 32 131 Ad 87
Lasserre 47 131 Aa 84
Lasserre 47 131 Aa 84
Lasserre 64 144 Zf 87
Lasserre-de-Prouille 11 147 Ca 89
Lasseube 64 144 Zd 89
Lasseube-Propre 32 131 Ad 87
Lasseubetat 64 144 Zd 89
Lassicourt 10 59 Ec 58
Lassigny 60 24 Cf 51
Lasson 14 19 Zd 53
Lasson 89 58 De 60
Lassouts 12 121 Cf 82
Lassur 09 158 Be 92
Lassy 14 35 Zb 55
Lassy 35 50 Ya 61
Lastic 63 97 Cd 74
Lastig 15 110 Db 78
Lastours 11 148 Cc 89
Lastours 11 148 Cc 89
Lataule 60 23 Ce 51
Latet, le — 39 90 Ff 68
Latette, la — 39 90 Ga 68
Lathuile 74 102 Gb 74
Lathus-Saint-Rémy 86 95 Af 70
Latillé 86 82 Aa 69
Latilly 02 40 Db 54
Latoue 31 145 Ae 89
Latouille-Lentillac 46 120 Bf 79
Latour 31 146 Bb 89
Latour-Bas-Elne 66 160 Cf 93
Latour-de-France 66 160 Cd 92
Latour-en-Woëvre 55 43 Fe 54
Latrecey-Ormoy 52 59 Ef 61
Latresne 33 117 Zc 80
Latrille 40 130 Ze 87
Latronche 19 109 Cb 77
Latronquière 46 120 Ca 80
Lattainville 60 22 Be 53
Lattes 34 150 Df 87
Lattre-Saint-Quentin 62 14 Cd 47
Laubach 67 47 Hf 55
Laubert 48 123 Dd 81
Laubies, les — 48 122 Dc 80
Laubressel 10 58 Eb 59
Laubrières 53 51 Yf 61
Laucourt 80 23 Ce 50
Laudun 30 137 Ed 84
Laugnac 47 118 Ad 83
Laujuzan 32 130 Zf 86
Laulne 50 18 Yd 53
Laumesfeld 57 28 Gc 52
Launac 31 132 Bb 86
Launaguet 31 132 Bc 86
Launay-Villiers 53 52 Yf 60
Launoy 02 24 Dc 53
Launstroff 57 28 Gd 52
Laupie, la — 26 124 Ef 81
Laurabuc 11 147 Bf 89
Laurac 11 147 Bf 89
Laurac-en-Vivarais 07 123 Eb 81
Lauraët 82 131 Ab 85
Lauraguel 11 147 Cb 90
Laure-Minervois 11 148 Cd 89
Laurede 40 129 Zb 86
Laurens 34 149 Db 87
Lauret 34 136 Df 86
Lauret 40 130 Zd 87
Laurie 15 110 Da 77
Laurier, le — 59 13 Cb 43
Laurière 87 96 Bc 72
Lauris 84 138 Fb 86
Lauroux 34 135 Db 86
Laussonne 43 123 Ea 79

Laussou 47 119 Ae 81
Lautenbach 68 62 Ha 61
Lautenbachzell 68 62 Ha 61
Lauterbourg 67 46 Ia 55
Lauthiers 86 83 Ae 69
Lautignac 31 146 Ba 88
Lautrec 81 133 Ca 86
Lauw 68 77 Ha 62
Lauwin 59 14 Da 46
Laux-Montaux 26 125 Fd 83
Lauzach 65 Xc 63
Lauzerte 82 132 Ba 83
Lauzerville 31 147 Bd 87
Lauzès 46 120 Bd 81
Lauzet-Ubaye, le — 04 126 Gc 82
Lauzun 47 118 Ac 81
Lavacquerie 60 23 Ca 50
Laval 38 114 Ef 77
Laval 53 52 Zb 60
Laval-Atger 48 123 De 80
Laval-d'Aix 26 125 Fc 80
Laval-d'Aurelle 07 123 Df 81
Laval-du-Tarn 48 122 Dc 82
Laval-en-Brie 77 57 Da 58
Laval-en-Laonnais 02 25 Dd 51
Laval-Morency 08 26 Ec 49
Laval-Roquecézière 12 134 Cd 86
Laval-Saint-Roman 30 137 Ed 83
Laval-sur-Doulon 43 110 Dd 76
Laval-sur-Luzège 19 109 Cb 77
Laval-sur-Tourbe 51 42 Ef 54
Laval-sur-Vologne 88 62 Ge 59
Lavalade 24 119 Af 79
Lavalade 24 119 Af 80
Lavaldens 38 126 Ff 79
Lavalette 11 148 Cb 89
Lavalette 31 133 Bd 87
Lavalette 34 135 Df 86
Lavallée 55 43 Fc 56
Lavancia-Epercy 39 101 Fe 71
Lavandou, le — 83 153 Gc 90
Lavangeot 39 75 Fd 66
Lavannes 51 25 Ea 53
Lavans-lès-Dole 39 75 Fd 66
Lavans-lès-Saint-Claude 39 101 Fe 70
Lavans-Quingey 25 75 Fe 66
Lavans-sur-Valouse 39 101 Fd 71
Lavans-Vuillafans 25 90 Gb 66
Lavaqueresse 02 De 49
Lavardac 47 131 Ab 83
Lavardens 32 131 Ad 86
Lavardin 41 69 Af 62
Lavardin 72 53 Aa 60
Lavaré 72 54 Ad 60
Lavars 38 126 Fe 80
Lavastrie 15 122 Da 79
Lavatoggio 2B 161 If 93
Lavatoggio 2B 161 If 93
Lavau 10 58 Eb 58
Lavau 89 72 Cf 63
Lavau-sur-Loire 44 65 Ya 65
Lavaufranche 23 97 Cb 71
Lavault-de-Frétoy 58 87 Ea 66
Lavault-Sainte Anne 03 97 Cd 71
Lavaur 24 119 Ba 81
Lavaur 81 133 Be 86
Lavaurette 82 133 Be 83
Lavausseau 86 82 Aa 69
Lavaveix-les-Mines 23 96 Ca 72
Lavazan 33 117 Zf 82
Laveissenet 15 110 Cf 78
Laveissière 15 109 Ce 78
Lavelanet 09 159 Bf 91
Lavelanet-de-Comminges 31 146 Ba 89
Laveline-devant-Bruyères 88 62 Ge 59
Laveline-du-Houx 88 62 Ge 60
Laventie 62 14 Ce 45
Laveraët 32 145 Aa 88
Lavercantière 46 119 Bb 81
Laverdines 18 86 Ce 66
Lavergne 46 120 Be 80
Lavergne 47 118 Ac 81
Lavernat 72 68 Ac 62
Lavernay 25 76 Fe 65
Lavernhe 12 135 Da 83
Lavernoy 52 60 Fd 61
Laverrière 60 23 Ca 50
Laversine 02 24 Db 52
Laversines 60 23 Cb 52
Lavérune 34 150 Ce 87
Laveyron 26 112 Ee 77
Laveyssière 24 118 Ac 79
Lavieu 42 111 Df 75
Laviéville 80 14 Cd 49
Lavigerie 15 109 Ce 78
Lavignac 87 95 Ba 74
Lavigney 70 76 Fe 63
Lavigny 39 89 Fd 68
Laville-aux-Bois 52 60 Fb 60
Lavilledieu 07 124 Ec 81
Lavilleneuve 52 60 Fd 60
Lavilletertre 60 38 Bf 53
Lavincourt 55 43 Fa 57
Laviolle 07 124 Eb 80
Laviron 25 77 Gd 65
Lavit 82 132 Af 85
Lavoine 03 99 De 73
Lavoncourt 70 76 Fe 63
Lavours 01 101 Fe 74
Lavoûte-Chilhac 43 110 Dc 78
Lavoûte-sur-Loire 43 111 Df 78
Lavoux 86 83 Ad 69
Lavoye 55 43 Fa 54
Lawarde-Mauger-l'Hortoy 80 23 Cb 50
Laxou 54 44 Gb 57
Lay 42 99 Eb 73
Lay 64 143 Zb 89
Lay-Saint-Christophe 54 44 Gb 56
Lay-Saint-Rémy 54 43 Fe 56
Laymont 32 146 Af 88
Layrac 47 131 Ad 84
Layrac-sur-Tarn 31 133 Bd 86
Layrisse 65 144 Aa 90
Lays-sur-le-Doubs 71 89 Fb 67
Laz 29 48 Wa 60
Lazenay 18 85 Ca 67
Le Havre 76 20 Aa 51
Le Mans 72 53 Ab 61
Léalvillers 80 14 Cd 48
Léaupartie 14 20 Aa 53
Léaz 01 101 Fe 72
Lebetain 90 77 Gf 63
Lebeuville 54 61 Gf 58
Lebiez 62 13 Bf 46
Leboulin 32 131 Ae 86
Lebreil 46 119 Bb 83
Lebucquière 62 14 Cf 48
Lécaude 14 20 Aa 54
Lecci 2A 164 Kb 98

Lecelles 59 15 Dc 46
Lecey 52 60 Fb 61
Lechâtelet 21 89 Fa 66
Léchelle 62 14 Cf 48
Léchelle 77 40 Dc 57
Lèches, les — 24 106 Ac 79
Lécluse 59 14 Da 47
Lectoure 32 131 Ad 85
Lecumberry 64 143 Yf 90
Lécussan 31 145 Ac 89
Lédas-et-Penthiès 81 134 Cc 84
Lédat 47 118 Ae 82
Lederzeele 59 9 Cb 44
Ledeuix 64 144 Zc 89
Lédignan 30 136 Ea 85
Ledinghem 62 9 Bf 45
Ledringhem 59 9 Cc 43
Leers 59 10 Db 44
Lées-Athas 64 143 Zc 91
Lefaux 62 13 Bd 45
Leffard 14 36 Ze 55
Leffincourt 08 26 Ed 52
Leffonds 52 60 Fb 61
Leffrinckoucke 59 10 Cc 42
Leforest 62 14 Da 46
Lège 31 157 Ad 91
Legé 44 80 Ye 67
Lège-Cap-Ferret 33 116 Yf 80
Légéville-et-Bonfais 88 61 Ga 59
Léglantiers 60 23 Cd 51
Légna 39 101 Fd 71
Légny 69 100 Ed 73
Léguevin 31 132 Bb 87
Léguillac-de-Cernes 24 106 Ad 76
Léguillac-de-l'Auche 24 106 Ad 77
Léhon 22 33 Xf 58
Leigné-les-Bois 86 83 Ae 68
Leigné-sur-Usseau 86 82 Ac 67
Leignes-sur-Fontaine 86 83 Ae 69
Leigneux 42 99 Df 74
Leimbach 68 62 Ha 62
Leintrey 54 45 Ge 57
Lelin-Lapujolle 32 130 Zf 86
Lelling 57 45 Ge 54
Lemainville 54 61 Gb 57
Lembach 67 46 He 54
Lemberg 57 45 Hc 54
Lembeye 64 144 Zf 88
Léméménil-Mitry 54 61 Gb 58
Lémeré 37 68 Ac 66
Lemmecourt 88 60 Fe 59
Lemmes 55 43 Fb 54
Lemoncourt 57 44 Gc 55
Lempaut 81 147 Ca 87
Lempdes 43 110 Db 76
Lempire 02 14 Da 49
Lemps 07 112 Ee 78
Lemps 26 125 Fc 82
Lempty 63 98 Dc 74
Lempzours 24 107 Ae 76
Lemud 57 44 Gc 54
Lemuy 39 90 Ff 67
Lénault 14 35 Zc 55
Lenax 03 99 De 71
Lencloître 86 82 Ab 68
Lencouacq 40 130 Zd 84
Lengelsheim 57 45 Hc 54
Lengronne 50 34 Yd 55
Lenharrée 51 41 Ea 56
Léning 57 45 Ge 54
Lennon 29 48 Wa 59
Lenoncourt 54 44 Gb 56
Lens 62 14 Ce 46
Lens-Lestang 26 112 Fa 77
Lent 01 101 Fb 72
Lentigny 42 99 Df 73
Lentillac-Lauzès 46 120 Bd 81
Lentillac-Saint-Blaise 46 120 Ca 81
Lentillères 07 123 Eb 81
Lentilles 10 59 Ed 58
Lentilly 69 100 Ed 74
Lentiol 38 113 Fa 77
Lento 2B 161 Kb 93
Léobard 46 119 Bb 80
Léogeats 33 117 Zf 81
Léognan 33 117 Zc 80
Léon 40 129 Ye 85
Léoncel 26 125 Fb 79
Léotoing 43 110 Db 76
Léouville 45 56 Ca 59
Léoville 17 105 Zd 76
Lépanges-sur-Vologne 88 62 Ge 59
Lépaud 23 97 Cc 71
Lépin-le-Lac 73 113 Fe 75
Lépinas 23 96 Bf 72
Lépine 10 58 Ea 60
Lépine 62 13 Be 46
Lépron 08 26 Ec 50
Lepuix 90 77 Ge 62
Lepuix-Neuf 90 77 Ha 63
Léran 09 147 Bf 91
Lercoul 09 158 Bd 92
Léré 18 72 Cf 64
Léren 64 129 Yf 87
Lérigneux 42 111 Df 75
Lerm-et-Musset 33 117 Zf 83
Lerné 37 68 Aa 66
Lérouville 55 43 Fd 56
Lerrain 88 61 Ga 60
Léry 21 74 Ef 63
Léry 27 21 Bb 53
Lerzy 02 15 Df 49
Les Herbiers 85 67 Yf 67
Lesbœufs 80 14 Cf 48
Lesbois 53 35 Zb 58
Lescar 64 144 Zd 89
Leschaux 74 102 Ga 74
Lesche-en-Diois 26 125 Fd 81
Lescheraines 73 102 Ga 74
Leschères 39 102 Ff 70
Leschères-sur-le-Blaiseron 52 59 Fa 58
Lescherolles 77 40 Dc 56
Lescheroux 01 101 Fa 70
Lesches 77 39 Ce 55
Lescouët-Gouarec 22 49 We 60
Lescousse 09 146 Bd 90
Lescout 81 147 Ca 87
Lescun 64 143 Zc 91
Lescuns 31 146 Ba 89
Lescure 09 146 Bc 90
Lescure 81 133 Cb 85

Lescure-Jaoul 12 133 Ca 83
Lescurry 65 145 Aa 88
Lesdain 59 14 Db 48
Lesdins 02 24 Db 49
Lesges 02 24 Dd 53
Lésignac 33 106 Ab 75
Lésignac 16 106 Ab 75
Lésigny 77 39 Cd 56
Lésigny 86 83 Ae 67
Leslay, le — 22 32 Xa 58
Lesme 71 87 De 69
Lesménils 54 44 Ga 55
Lesmont 10 59 Ec 58
Lesneven 29 30 Ve 57
Lesparre-Médoc 33 104 Za 77
Lesparrou 09 159 Bf 91
Lespéron 07 123 De 80
Lespesses 62 13 Cc 45
Lespielle 64 144 Zf 88
Lespignan 34 149 Db 89
Lespinassière 11 148 Cd 88
Lespinasse 31 146 Bc 87
Lespiteau 31 145 Ae 89
Lespouey 65 145 Ab 89
Lespugue 31 145 Ae 89
Lesquerde 66 160 Cd 92
Lesquielles-Saint-Germain 02 25 Dd 49
Lesquin 59 14 Da 46
Lessac 16 95 Ae 72
Lessard-en-Bresse 71 89 Fa 68
Lessard-et-le-Chêne 14 36 Aa 54
Lessard-le-National 71 88 Ef 67
Lessay 50 18 Yc 53
Lesse 57 44 Gd 55
Lessy 57 44 Ga 54
Lestanville 76 21 Af 50
Lestards 19 108 Bf 76
Lestelle-Bétharram 64 144 Ze 90
Lestelle-de-Saint-Martory 31 146 Af 90
Lesterps 16 95 Ae 72
Lestiac 33 117 Zd 80
Lestiou 41 70 Bd 62
Lestrade 12 134 Cd 84
Lestre 50 18 Ye 51
Lestrem 62 14 Ce 45
Létang-la-Ville 78 38 Bf 56
Létanne 08 26 Fa 51
Lételon 03 85 Cd 69
Lethuin 28 55 Bf 58
Letia 2A 162 If 95
Letia 2A 161 If 95
Létra 69 100 Ed 73
Létricourt 54 44 Gb 55
Letteguives 27 22 Bb 52
Letteguives 27 22 Bb 52
Leubringhen 62 9 Be 43
Leuc 11 148 Cb 90
Leucamp 15 121 Cd 80
Leucate 11 160 Da 91
Leuchey 52 75 Fb 62
Leudeville 91 39 Cb 57
Leudon-en-Brie 77 40 Db 56
Leuglay 21 74 Ee 62
Leugny 86 82 Aa 68
Leugny 89 72 Dc 62
Leugny 89 72 Dc 62
Leuhan 29 48 Wa 59
Leuilly-sous-Coucy 02 24 Dc 52
Leulinghem 62 9 Ca 44
Leulinghen 62 9 Be 43
Leurville 52 60 Fd 59
Leury 02 24 Dc 52
Leuville-sur-Orge 91 39 Cb 57
Leuvrigny 51 41 De 54
Leuze 02 25 Ea 49
Levainville 28 55 Be 58
Leval 59 15 Df 47
Leval 90 77 Gf 62
Levaré 53 52 Za 58
Levécourt 52 60 Fd 60
Levens 06 140 Hb 85
Levergies 02 24 Db 49
Levernois 21 88 Ef 66
Lèves 28 55 Be 58
Levesville-la-Chenard 28 55 Be 59
Levet 18 85 Cc 67
Levie 2A 163 Ka 98
Levier 25 90 Ga 67
Lévignac 31 132 Bb 86
Lévignac-de-Guyenne 47 118 Ab 81
Lévignacq 40 129 Ye 84
Lévignen 60 40 Cf 53
Lévigny 10 59 Ec 59
Levis 89 72 Db 63
Lévis-Saint-Nom 78 38 Bf 56
Levoncourt 55 43 Fc 56
Levoncourt 68 77 Hb 64
Levroux 36 84 Bd 67
Lewarde 59 14 Db 46
Lexy 54 27 Fe 52
Ley 57 44 Gd 56
Leychert 09 158 Be 91
Leyme 46 120 Bf 80
Leymen 68 78 Hc 63
Leyment 01 101 Fb 73
Leynes 71 100 Ee 71
Leynhac 15 121 Cd 80
Leyr 54 44 Gb 56
Leyrat 23 97 Cb 70
Leyrieu 38 101 Fb 74
Leyritz-Moncassin 47 118 Ab 82
Leyvaux 15 110 Da 77
Leyviller 57 45 Ge 54
Lez 31 157 Ad 91
Lez-Fontaine 59 16 Ea 47
Lezan 30 136 Ea 84
Lézardrieux 22 32 Wf 56
Lézat-sur-Lèze 09 146 Bc 89
Lezay 79 94 Ze 71
Lezennes 59 14 Da 46
Lezéville 52 60 Fc 58
Lezey 57 44 Gd 56
Lézignan 65 144 Zf 90
Lézignan-Corbières 11 148 Ce 89
Lézignan-la-Cèbe 34 149 Db 87
Lézigneux 42 111 Ea 75
Lezoux 63 98 Dc 74
L'hérault 02 25 Df 50
Lherm 31 146 Bb 88
Lherm 46 119 Bb 81
L'héry 51 41 De 53
Lhommaizé 86 83 Ae 69
Lhomme 72 69 Ad 62
Lhôpital 01 101 Fd 72
Lhor 57 45 Gf 55
Lhospitalet 46 119 Bc 82
Lhoumois 79 82 Zf 68

Lhuis 01 101 Fd 74
Lhuître 10 41 Eb 57
Lhuys 02 24 Dd 53
Liac 65 144 Aa 88
Liancourt 60 23 Cc 52
Liancourt-Fosse 80 24 Ce 50
Liancourt-Saint-Pierre 60 22 Bf 53
Liart 08 25 Ec 50
Lias 32 146 Ba 87
Lias-d'Armagnac 32 130 Zf 85
Liausson 34 135 Dc 87
Libaros 65 145 Ac 89
Libercourt 62 14 Cf 46
Libermont 60 24 Cf 50
Licey-sur-Vingeanne 21 75 Fc 64
Lichans-Sunhar 64 143 Za 90
Lichères 16 94 Ab 73
Lichères-près-Aigremont 89 73 Df 62
Lichères-sur-Yonne 89 73 Dd 63
Lichos 64 143 Zb 89
Lichtenberg 67 46 Hc 55
Licourt 80 24 Cf 50
Licq-Athérey 64 143 Za 90
Licques 62 9 Bf 43
Licy-Clignon 02 40 Db 54
Lidrezing 57 45 Gb 55
Liebenswiller 68 78 Hc 63
Liebsdorf 68 77 Hb 64
Liederschiedt 57 46 Hc 54
Lieffrans 70 76 Ff 63
Liège, le — 37 69 Ba 65
Liéhon 57 44 Gb 54
Liencourt 62 13 Cc 47
Liepvre 68 62 Hb 59
Liéramont 80 14 Da 49
Liercourt 80 13 Bf 49
Lières 62 13 Cc 45
Liergues 69 100 Ed 73
Liernais 21 74 Eb 65
Liernolles 03 99 De 70
Lierval 02 25 Dd 52
Lierville 60 38 Bf 53
Lies 65 145 Ab 90
Liesle 25 90 Fe 66
Liesse 02 25 De 51
Liessies 59 16 Ea 48
Liesville-sur-Douve 50 18 Ye 52
Liettres 62 13 Cc 45
Lieu-Saint-Amand 59 15 Dc 47
Lieuche 06 140 Ha 84
Lieucourt 70 75 Fd 64
Lieurac 09 147 Be 91
Lieuran-Cabrières 34 149 Db 87
Lieuran-lès-Béziers 34 149 Db 88
Lieurey 27 21 Ad 53
Lieuron 35 50 Ya 61
Lieusaint 50 18 Yd 52
Lieusaint 77 39 Cd 57
Lieutadès 15 122 Cf 79
Lieuvillers 60 23 Cd 52
Liévans 70 76 Gc 63
Liévin 62 14 Cd 46
Liez 02 24 Db 50
Liez 85 81 Zb 70
Liézey 88 62 Ge 60
Liffol-le-Grand 88 60 Fd 59
Liffol-le-Petit 52 60 Fd 59
Liffré 35 51 Yd 59
Ligescourt 80 13 Bf 47
Liginiac 19 109 Cb 76
Liginiac 19 109 Cc 76
Liglet 86 83 Ba 69
Lignac 36 83 Bb 70
Lignairolles 11 147 Bf 90
Lignan 33 117 Zd 80
Lignan 34 149 Db 88
Lignan-de-Bazas 33 117 Ze 82
Ligné 16 94 Aa 73
Ligné 44 66 Yd 64
Lignères-la-Doucelle 53 36 Ze 57
Lignereuil 62 13 Cd 47
Lignerolles 03 97 Cd 71
Lignerolles 21 59 Ef 61
Lignerolles 27 38 Bb 55
Lignerolles 36 85 Ca 70
Lignerolles 61 37 Af 57
Lignéville 88 61 Ff 59
Ligneyrac 19 108 Bd 78
Lignières 10 58 Ef 61
Lignières 18 85 Cb 68
Lignières 41 54 Bb 61
Lignières 80 24 Cf 50
Lignières-Châtelain 80 22 Bf 50
Lignières-de-Touraine 37 68 Ac 65
Lignières-en-Vimeu 80 22 Bd 49
Lignières-la-Carelle 72 53 Aa 58
Lignières-Orgères 53 43 Fc 56
Lignol 56 49 We 60
Lignol-le-Château 10 59 Ee 59
Lignon 51 58 Ed 57
Lignorelles 89 73 Dd 62
Lignou 61 35 Zd 56
Ligny-en-Barrois 55 43 Fb 56
Ligny-en-Brionnais 71 99 Eb 71
Ligny-en-Cambrésis 59 15 Dc 48
Ligny-le-Châtel 89 58 De 61
Ligny-le-Ribault 45 70 Be 62
Ligny-lès-Aire 62 13 Cc 45
Ligny-Saint-Flochel 62 13 Cc 46
Ligny-sur-Canche 62 13 Cb 47
Ligny-Thilloy 62 14 Ce 48
Ligré 37 68 Ab 66
Ligron 72 53 Aa 62
Ligsdorf 68 78 Hb 64
Ligueil 37 83 Ae 66
Ligueux 33 118 Ab 80
Ligugé 86 82 Ab 69
Lihons 80 23 Ce 50
Lihus 60 23 Ca 51
Lilhac 31 146 Ae 89
Lille 59 14 Da 45
Lillebonne 76 21 Ad 51
Lillemer 35 33 Ya 57
Lillers 62 13 Cc 45
Lilly 27 22 Bd 52
Limans 04 138 Fe 84
Limanton 38 87 De 67
Limas 69 100 Ed 73
Limbrassac 09 147 Bf 90
Limé 02 24 Dc 53
Limendous 64 144 Ze 89
Limeray 37 69 Ba 64
Limersheim 67 63 Hd 58
Limerzel 56 63 Xd 63
Limésy 76 21 Af 51
Limeuil 24 119 Af 49

Magneux-Haute-Rive **42** 111 Eb 75
Magneville **50** 18 Yc 52
Magnicourt **10** 59 Ec 58
Magnicourt-en-Comte **62** 14 Cc 46
Magnicourt-sur-Canche **62** 13 Cc 47
Magnien **21** 87 Ec 66
Magnières **54** 61 Gd 58
Magnils-Reigniers, les — **85** 80 Ye 70
Magnivray **70** 76 Gc 62
Magnoncourt **70** 61 Gb 61
Magnoray, le — **70** 76 Ga 63
Magny **28** 37 Ba 57
Magny **28** 55 Bb 58
Magny **68** 77 Ha 63
Magny **89** 73 Df 64
Magny, le — **36** 84 Bf 69
Magny, le — **88** 61 Gb 61
Magny, les — **70** 76 Gc 63
Magny-Cours **58** 86 Da 67
Magny-Danigon **70** 77 Gd 61
Magny-en-Bessin **14** 19 Zc 53
Magny-en-Vexin **95** 38 Be 54
Magny-Fouchard **10** 59 Ed 59
Magny-la-Campagne **14** 36 Zf 54
Magny-la-Fosse **02** 24 Db 49
Magny-la-Ville **21** 74 Ec 64
Magny-Lambert **21** 74 Ed 62
Magny-le-Désert **61** 35 Ze 57
Magny-le-Freule **14** 36 Zf 54
Magny-le-Hongre **77** 40 Ce 55
Magny-lès-Aubigny **21** 89 Fb 66
Magny-les-Hameaux **78** 39 Ca 56
Magny-lès-Jussey **70** 61 Ff 61
Magny-lès-Villers **21** 88 Ef 66
Magny-Lormes **58** 73 De 65
Magny-Montarlot **21** 75 Fc 65
Magny-Saint-Médard **21** 75 Fb 64
Magny-sur-Tille **21** 75 Fb 65
Magny-Vernois **70** 76 Gc 62
Magoar **22** 32 We 58
Magrie **11** 147 Cb 90
Magrin **81** 133 Bf 87
Magstatt-le-Bas **68** 78 Hc 63
Magstatt-le-Haut **68** 78 Hc 63
Mahalon **29** 47 Vd 60
Mahéru **61** 37 Ac 57
Maîche **25** 77 Ge 65
Maidières **54** 44 Ga 55
Maignaut-Tauzia **32** 131 Ac 85
Maigné **72** 53 Zf 61
Maignelay-Montigny **60** 23 Cd 51
Mailhac **11** 148 Ce 89
Mailhac-sur-Benaize **87** 95 Bb 71
Mailhoc **81** 133 Ca 84
Mailholas **31** 146 Bb 89
Maillane **13** 137 Ee 85
Maillas **40** 117 Ze 83
Maillat **01** 101 Fd 72
Maillé **37** 83 Ad 66
Maillé **85** 81 Zb 70
Maillé **86** 82 Aa 68
Maillebois **28** 37 Ba 57
Mailleraye-sur-Seine, la — **76** 21 Ae 52
Maillères **40** 130 Zd 84
Mailleroncourt-Charette **70** 76 Gb 62
Mailleroncourt-Saint-Pancras **70** 61 Ga 61
Maillet **03** 85 Cd 70
Maillet **36** 84 Be 69
Mailley-et-Chazelot **70** 76 Ga 63
Maillezais **85** 81 Zb 70
Maillot **89** 57 Db 59
Mailly **71** 99 Ea 71
Mailly-Champagne **51** 41 Ea 54
Mailly-le-Camp **10** 42 Eb 56
Mailly-le-Château **89** 73 Dd 63
Mailly-Maillet **80** 14 Cd 48
Mailly-Raineval **80** 23 Cc 50
Mailly-sur-Seille **54** 44 Gb 55
Maillys, les — **21** 75 Fc 66
Maimbeville **60** 23 Cd 52
Maincourt **78** 38 Bf 56
Maincy **77** 39 Ce 57
Maine-de-Boixe **16** 94 Ab 73
Mainfonds **16** 106 Aa 75
Maing **59** 15 Dc 47
Mainneville **27** 22 Be 52
Mainsat **23** 97 Cc 72
Maintenay **62** 13 Be 46
Maintenon **28** 38 Bd 57
Mainvillers **28** 55 Bc 58
Mainvillers **57** 44 Gd 54
Mainvilliers **45** 56 Cb 59
Mainxe **16** 93 Ze 75
Mainzac **16** 106 Ac 75
Mairé **79** 94 Aa 72
Mairy **08** 26 Fa 51
Mairy-Mainville **54** 27 Ff 53
Mairy-sur-Marne **51** 42 Ec 55
Maisdon-sur-Sèvre **44** 66 Yd 66
Maisey-le-Duc **21** 59 Ee 61
Maisnières **80** 12 Bd 48
Maisnil **62** 13 Ca 44
Maisnil **62** 13 Cb 46
Maisnil, le — **59** 14 Cf 45
Maisnil-Boutry, le — **62** 9 Bf 45
Maisnil-lès-Ruitz **62** 14 Cd 46
Maisod **39** 89 Fe 70
Maison-des-Champs **10** 59 Ed 59
Maison-Dieu, la — **58** 73 Dd 64
Maison-Feyne **23** 96 Be 70
Maison-Maugis **61** 54 Ae 58
Maison-Ponthieu **80** 13 Ca 47
Maison-Roland **80** 13 Ca 48
Maison-Rouge **77** 40 Da 57
Maisoncelle **08** 26 Ef 51
Maisoncelle **62** 13 Ca 46
Maisoncelle-Saint-Pierre **60** 23 Ca 51
Maisoncelle-Tuilerie **60** 23 Cb 51
Maisoncelles **52** 60 Fd 60
Maisoncelles **72** 54 Ad 61
Maisoncelles-du-Maine **53** 52 Zc 61
Maisoncelles-en-Gâtinais **77** 56 Cd 59
Maisoncelles-la-Jordan **14** 35 Za 56
Maisoncelles-Pelvey **14** 35 Zb 54
Maisonnais **18** 85 Cb 69
Maisonnais-sur-Tardoire **87** 95 Ae 74
Maisonnay **79** 94 Zf 71
Maisonneuve **86** 82 Aa 68
Maisonnisses **23** 96 Bf 72
Maisons **11** 160 Cd 91
Maisons **14** 19 Zb 53
Maisons **28** 55 Bf 58
Maisons-Alfort **94** 39 Cc 56
Maisons-du-Bois **25** 90 Gc 67
Maisons-en-Champagne **51** 42 Ec 56
Maisons-Laffitte **78** 39 Ca 55
Maisons-lès-Chaource **10** 58 Eb 60
Maisons-lès-Soulaines **10** 59 Ee 59
Maisonsgoutte **67** 62 Hb 58
Maisontiers **79** 82 Ze 68
Maisse **91** 56 Cc 58
Maissemy **02** 24 Db 49
Maixe **54** 44 Gc 57
Maizeray **55** 43 Fe 54
Maizeroy **57** 44 Gc 54
Maizery **57** 44 Gc 54
Maizet **14** 35 Zd 54
Maizey **55** 43 Fd 55
Maizey **55** 43 Fd 55
Maizières **14** 36 Zf 54
Maizières **52** 59 Fa 58
Maizières **54** 44 Ga 57
Maizières **62** 14 Cc 46
Maizières **70** 76 Ga 64
Maizières-la-Grande-Paroisse **10** 58 De 57
Maizières-lès-Brienne **10** 59 Ed 58
Maizières-lès-Metz **57** 44 Ga 53
Maizières-lès-Vic **57** 45 Ge 56
Maizières-sur-Amance **52** 60 Fd 62
Maizy **02** 25 De 52
Majastres **04** 139 Gb 85
Malabat **32** 145 Ab 88
Malachère, la — **70** 76 Ga 64
Malafretaz **01** 101 Fa 71
Mâlain **21** 74 Ee 65
Malaincourt **88** 60 Fe 59
Malaincourt-sur-Meuse **52** 60 Fd 60
Malancourt **55** 27 Fb 53
Malandry **08** 27 Fb 51
Malange **39** 75 Fd 65
Malans **25** 90 Ga 66
Malans **70** 75 Fd 65
Malansac **56** 50 Xe 62
Malarce-sur-la-Thines **07** 123 Ea 82
Malataverne **26** 124 Ee 82
Malaucène **84** 138 Fa 83
Malaucourt-sur-Seille **57** 44 Gc 55
Malaunay **76** 21 Ba 51
Malause **82** 132 Af 84
Malaussanne **64** 130 Zd 87
Malaussène **06** 140 Ha 85
Malauzat **63** 98 Da 73
Malavillers **54** 27 Ff 52
Malay **71** 88 Ee 69
Malay-le-Grand **89** 57 Dc 59
Malay-le-Petit **89** 57 Dc 59
Malbo **15** 121 Ce 79
Malbosc **07** 123 Ea 82
Malbouhans **70** 77 Gd 61
Malbouzon **48** 122 Da 80
Malbrans **25** 76 Ga 66
Malbuisson **25** 90 Gb 68
Mâle **61** 54 Ae 59
Malegoude **09** 147 Bf 90
Malemort-du-Comtat **84** 138 Fa 84
Malemort-sur-Corrèze **19** 108 Bd 78
Malène, la — **48** 135 Db 83
Malesherbes **45** 56 Cc 59
Malestroit **56** 50 Xd 62
Malétable **61** 37 Ae 57
Maleville **12** 120 Ca 82
Malguénac **56** 49 Wf 60
Malhourne, la — **22** 33 Xd 58
Malicornay **36** 84 Bd 69
Malicorne **03** 97 Ce 71
Malicorne **89** 72 Da 62
Malicorne-sur-Sarthe **72** 53 Zf 62
Maligny **89** 58 De 61
Malijai **04** 139 Ga 84
Malintrat **63** 98 Db 74
Malissard **26** 124 Ef 79
Mallaville **16** 105 Zf 75
Mallefougasse **04** 139 Ff 84
Malleloy **54** 44 Ga 56
Mallemoisson **04** 139 Ga 84
Mallemort **13** 138 Fb 86
Malléon **09** 147 Be 90
Malleret **23** 97 Cb 74
Malleret-Boussac **23** 97 Ca 70
Mallerey **39** 89 Fc 69
Malleval **38** 113 Fc 78
Malleval **42** 112 Ee 76
Malleville-les-Grès **76** 21 Ad 49
Malleville-sur-le-Bec **27** 21 Ae 53
Mallièvre **85** 81 Za 67
Malling **57** 28 Gb 52
Malmaison, la — **02** 25 Df 51
Malmerspach **68** 62 Ha 61
Malmy **51** 42 Ee 53
Malons **30** 123 Ea 82
Malouy **27** 37 Ad 54
Malpart **80** 23 Cd 50
Malplaquet **59** 15 Df 47
Malras **11** 147 Cb 90
Malrevers **43** 111 Df 78
Malroy **57** 44 Gb 53
Maltat **71** 87 De 68
Maltot **14** 35 Zd 54
Malval **23** 96 Bf 70
Malvalette **43** 111 Ea 76
Malves-en-Minervois **11** 148 Cc 89
Malvezie **31** 145 Ae 90
Malvières **43** 111 De 77
Malviès **11** 147 Cb 90
Malville **44** 65 Ya 64
Malvillers **70** 76 Fe 62
Malzéville **54** 44 Gb 56
Malzieu-Forain, le — **48** 122 Dc 79
Malzieu-Ville, le — **48** 122 Dc 79
Malzy **02** 25 De 49
Mambelin **25** 77 Ge 64
Mamers **72** 53 Ac 58
Mametz **62** 9 Cb 45
Mametz **80** 14 Ce 49
Mamey **54** 44 Ff 55
Mamirolle **25** 76 Gb 65
Manas **26** 124 Ef 81
Manas **32** 145 Ac 88
Manaurie **24** 119 Af 49
Mance **54** 27 Ff 53
Mancellière-sur-Vire, la — **50** 35 Yf 54
Mancenans **25** 77 Gd 64
Mancey **71** 88 Ef 69
Manchecourt **45** 56 Cc 59
Manciet **32** 130 Aa 86
Mancieulles **54** 27 Ff 53
Mancioux **31** 146 Af 90
Mancy **51** 41 Df 55
Mandagout **30** 136 Dd 84
Mandelieu **06** 154 Gf 87
Manderen **57** 28 Gc 52
Mandeure **25** 77 Ge 64
Mandeville **27** 21 Ba 53
Mandeville-en-Bessin **14** 19 Za 53
Mandray **88** 62 Gf 59
Mandres **27** 37 Af 56
Mandres-aux-Quatres-Tours **54** 43 Fe 55
Mandres-en-Barrois **55** 60 Fc 58
Mandres-la-Côte **52** 60 Fc 60
Mandres-les-Roses **94** 39 Cd 56
Manduel **30** 137 Ec 86
Mane **04** 139 Fe 85
Mane **31** 146 Af 90
Manéglise **76** 20 Ab 51
Manéhouville **76** 21 Ba 49
Manent-Montané **32** 145 Ad 89
Manerbe **14** 20 Ab 53
Mangiennes **55** 27 Fd 52
Manglieu **63** 110 Dc 75
Mangonville **54** 61 Gb 58
Manhac **12** 134 Cc 83
Manheulles **55** 43 Fd 54
Manhoué **57** 44 Gc 56
Manicamp **02** 24 Db 51
Manin **62** 14 Cd 47
Maninghem **62** 13 Bf 45
Maninghen-Henne **62** 9 Bd 44
Manlay **21** 74 Ec 66
Mannevil-la-Goupil **76** 20 Ac 51
Manneville-ès-Plains **76** 21 Ae 49
Manneville-la-Pipard **14** 20 Ab 53
Manneville-sur-Raoult **27** 20 Ab 52
Manneville-sur-Risle **27** 21 Ad 52
Mannevillette **76** 20 Ab 51
Mano **40** 117 Zb 82
Manoir, le — **14** 19 Zc 53
Manoir, les — **27** 21 Bb 53
Manois **52** 60 Fc 59
Manom **57** 28 Gb 52
Manoncourt-en-Vermois **54** 44 Gb 57
Manoncourt-en-Woëvre **54** 44 Ff 56
Manoncourt-sur-Seille **54** 44 Gb 55
Manonville **54** 44 Ff 55
Manonviller **54** 44 Gd 57
Manosque **04** 139 Fe 85
Manot **16** 94 Ad 73
Manou **28** 37 Af 57
Manre **08** 26 Ee 53
Mans, Le — **72** 53 Ab 61
Mansac **19** 107 Bc 77
Mansan **65** 145 Ab 88
Mansempuy **32** 132 Ae 86
Mansencôme **32** 131 Ac 85
Manses **09** 147 Be 90
Mansigné **72** 68 Aa 62
Mansle **16** 94 Ab 73
Manso **2B** 162 Ie 94
Manso **2B** 162 Ie 94
Mansonville **82** 132 Af 84
Manspach **68** 77 Ha 63
Mant **40** 130 Zc 87
Mantallot **22** 32 We 56
Mantenay-Montlin **01** 101 Fa 70
Mantes-la-Jolie **78** 38 Be 55
Mantes-la-Ville **78** 38 Be 55
Mantet **66** 159 Cb 94
Manteyer **05** 126 Ff 81
Manthelan **37** 69 Ae 66
Manthelon **27** 37 Ba 55
Mantilly **61** 35 Zb 57
Mantoche **70** 75 Fd 64
Mantry **39** 89 Fd 68
Manvieux **14** 19 Zc 52
Many **57** 44 Gd 54
Manzac **24** 106 Ad 78
Manzat **63** 98 Cf 73
Manziat **01** 100 Ef 70
Marac **52** 60 Fb 61
Marainville-sur-Madon **88** 61 Gb 58
Marainviller **54** 44 Gd 57
Marais-la-Chapelle, le — **14** 36 Zf 55
Marais-Vernier **27** 21 Ac 52
Marambat **32** 131 Ab 86
Marange **57** 44 Gd 54
Marange-Silvange **57** 44 Ga 53
Marangea **39** 89 Fd 70
Marans **17** 92 Za 71
Marans **49** 67 Za 63
Maransin **33** 105 Ze 78
Marant **62** 13 Be 46
Maranville **52** 59 Ef 60
Maranwez **08** 25 Ec 50
Marast **70** 76 Gc 63
Marat **63** 111 De 75
Maraussan **34** 149 Da 88
Maravat **32** 131 Ae 86
Maray **41** 70 Bf 65
Maraye-en-Othe **10** 58 Df 60
Marbache **54** 44 Ga 56
Marbeuf **27** 37 Af 54
Marbéville **52** 59 Fa 59
Marboué **28** 55 Bc 60
Marboz **01** 101 Fb 70
Marby **08** 26 Ec 49
Marc-la-Tour **19** 108 Bf 77
Marçais **18** 85 Cc 68
Marçay **37** 68 Ab 66
Marçay **86** 82 Ab 70
Marcé **49** 67 Ze 63
Marcé-sur-Esves **37** 83 Ad 66
Marcei **61** 36 Aa 57
Marcelcave **80** 23 Cd 49
Marcellaz **74** 102 Gc 72
Marcellaz-Albanais **74** 102 Ga 73
Marcellois **21** 74 Ed 64
Marcellus **47** 118 Aa 82
Marcenais **33** 105 Zd 78
Marcenat **03** 98 Dc 71
Marcenat **15** 109 Ce 77
Marcenay **21** 59 Ec 61
Marcenond **42** 112 Ec 75
Marcey-les-Grèves **50** 34 Yd 56
Marchainville **61** 37 Ae 57
Marchais **02** 25 De 51
Marchais-Beton **89** 57 Da 61
Marchais-en-Brie **02** 40 Dc 55
Marchamp **01** 101 Fd 74
Marchampt **69** 100 Ed 72
Marchastel **15** 109 Ce 77
Marchastel **48** 122 Da 81
Marchaux **25** 76 Ga 65
Marche, la — **58** 72 Da 66
Marchélepot **80** 24 Cf 49
Marchemaisons **61** 37 Ab 57
Marchémoret **77** 39 Ce 54
Marchenoir **41** 55 Bc 62
Marcheprime **33** 116 Za 80
Marches **26** 125 Fa 79
Marches, les — **73** 114 Ga 76
Marcheseuil **21** 74 Ec 66
Marchésieux **50** 18 Ye 53
Marchéville **28** 54 Bb 58
Marchéville-en-Woëvre **55** 43 Fe 54
Marchezais **28** 38 Bd 56
Marchiennes **59** 15 Db 46
Marciac **32** 145 Aa 87
Marcieu **38** 125 Fe 79
Marcigny **71** 99 Ea 71
Marcigny-sous-Thil **21** 74 Ec 64
Marcilhac-sur-Célé **46** 120 Be 81
Marcillac **33** 105 Zc 77
Marcillac-la-Croisille **19** 108 Ca 77
Marcillac-la-Croze **19** 108 Be 78
Marcillac-Lanuille **16** 94 Aa 73
Marcillac-Saint-Quentin **24** 119 Bb 79
Marcillac-Vallon **12** 121 Cc 82
Marcillat **63** 98 Da 72
Marcillat-en-Combraille **03** 97 Cd 71
Marcillé-la-Ville **53** 52 Zd 59
Marcillé-Raoul **35** 51 Yc 58
Marcillé-Robert **35** 51 Yd 61
Marcilloles **38** 113 Fb 76
Marcilly **50** 34 Ye 57
Marcilly **77** 40 Cf 54
Marcilly-d'Azergues **69** 100 Ee 73
Marcilly-en-Beauce **41** 69 Ba 62
Marcilly-en-Gault **41** 70 Bf 64
Marcilly-en-Villette **45** 71 Ca 62
Marcilly-la-Campagne **27** 37 Bb 56
Marcilly-la-Gueurce **71** 99 Eb 70
Marcilly-le-Châtel **42** 111 Ea 74
Marcilly-le-Hayer **10** 58 Dd 58
Marcilly-lès-Buxy **71** 88 Ed 68
Marcilly-lès-Vitteaux **21** 74 Ec 64
Marcilly-Ogny **21** 74 Ec 65
Marcilly-Plesnoy **52** 60 Fd 61
Marcilly-sur-Eure **27** 38 Bc 56
Marcilly-sur-Maulne **37** 68 Ab 63
Marcilly-sur-Seine **51** 41 De 57
Marcilly-sur-Tille **21** 75 Fa 63
Marcilly-sur-Vienne **37** 83 Ad 66
Marck **62** 9 Bf 42
Marckolsheim **67** 63 Hd 59
Marclopt **42** 111 Eb 75
Marco-en-Barœul **59** 10 Da 44
Marcoing **59** 14 Db 48
Marcolès **15** 121 Cc 80
Marcollin **38** 113 Fa 77
Marcols-les-Eaux **07** 124 Ec 80
Marconne **62** 13 Ca 46
Marconnelle **62** 13 Ca 46
Marcorignan **11** 149 Cf 89
Marcoussis **91** 39 Cb 57
Marcoux **04** 139 Gb 84
Marcoux **42** 111 Ea 74
Marcq **08** 26 Ef 53
Marcq **78** 38 Be 55
Marcq-en-Ostrevent **59** 14 Db 47
Marcy **02** 24 Dc 49
Marcy **58** 72 Dc 65
Marcy **69** 100 Ee 73
Marcy-l'Etoile **69** 100 Ee 74
Marcy-sous-Marle **02** 25 De 50
Mardeuil **51** 41 Df 54
Mardié **45** 56 Ca 61
Mardilly **61** 36 Ab 56
Mardor **52** 60 Fb 61
Mardore **69** 100 Ec 72
Mardyck **59** 9 Cb 42
Mareau-aux-Bois **45** 56 Cb 60
Mareau-aux-Prés **45** 55 Be 61
Mareil-en-Champagne **72** 53 Zf 61
Mareil-en-France **95** 39 Cc 54
Mareil-le-Guyon **78** 38 Bf 56
Mareil-sur-Loir **72** 68 Aa 62
Mareil-sur-Mauldre **78** 38 Bf 55
Mareilles **52** 60 Fb 59
Marenla **62** 13 Be 46
Marennes **17** 92 Yf 74
Marennes **69** 112 Ef 75
Maresches **59** 15 Dd 47
Maresquel-Ecquemicourt **62** 13 Bf 46
Marest **02** 24 Da 51
Marest **62** 13 Cb 46
Marest-sur-Matz **60** 24 Ce 51
Marestaing **32** 132 Ba 87
Marestmontiers **80** 23 Cd 50
Maresville **62** 13 Be 45
Marêts, les — **77** 40 Db 56
Maretz **59** 15 Dc 48
Mareughol **63** 109 Db 76
Mareuil **16** 93 Zf 74
Mareuil **24** 106 Ac 76
Mareuil-Caubert **80** 13 Be 48
Mareuil-en-Brie **51** 41 De 55
Mareuil-en-Dôle **02** 24 Dd 53
Mareuil-la-Motte **60** 24 Ce 51
Mareuil-le-Port **51** 41 De 54
Mareuil-lès-Meaux **77** 40 Cf 55
Mareuil-sur-Ay **51** 41 Ea 54
Mareuil-sur-Cher **41** 70 Bb 65
Mareuil-sur-Lay-Dissais **85** 77 Ye 69
Mareuil-sur-Ourcq **60** 40 Da 54
Marey **88** 61 Ff 60
Marey-lès-Fussey **21** 88 Ef 66
Marey-sur-Tille **21** 75 Fa 63
Marfaux **51** 41 Df 54
Marfontaine **02** 25 De 50
Margaux **33** 105 Zb 78
Margency **95** 39 Cb 55
Margerides **19** 109 Cc 76
Margerie-Chantagret **42** 111 Ea 75
Margerie-Hancourt **51** 58 Ed 57
Margès **26** 112 Fa 78
Margival **02** 24 Dc 52
Margnès **81** 134 Cd 87
Margny **08** 27 Fc 51
Margny **51** 41 Dd 55
Margny-aux-Cerises **60** 24 Cf 50
Margny-lès-Compiègne **60** 24 Ce 52
Margny-sur-Matz **60** 24 Ce 51
Margon **28** 54 Ae 58
Margouët-Meymes **32** 131 Aa 86
Margueray **50** 34 Yf 55
Marguerittes **30** 137 Ec 85
Margueron **33** 118 Ab 80
Marguestau **32** 130 Zf 85
Margut **08** 27 Fb 51
Mariac **07** 124 Ec 79
Maricourt **80** 14 Ce 49
Marie **06** 140 Ha 84
Marieulles **57** 44 Ga 54
Marieux **80** 13 Cc 48
Marigna-sur-Valouse **39** 89 Fd 70
Marignac **17** 105 Zd 75
Marignac **31** 157 Ad 91
Marignac **82** 132 Af 85
Marignac-en-Diois **26** 125 Fc 80
Marignac-Lasclares **31** 146 Ba 89
Marignac-Laspeyres **31** 146 Af 89
Marignana **2A** 162 Ie 95
Marignana **2A** 162 Ie 95
Marignane **13** 152 Fb 88
Marigné **49** 67 Za 65
Marigné **49** 67 Zc 62
Marigné-Laillé **72** 53 Ac 62
Marigné-Peuton **53** 52 Zb 61
Marignieu **01** 101 Fe 74
Marigny **03** 86 Db 69
Marigny **39** 90 Fe 68
Marigny **50** 34 Ye 54
Marigny **51** 41 Df 57
Marigny **71** 88 Ec 68
Marigny **79** 93 Zd 71
Marigny-Brizay **86** 82 Ab 68
Marigny-Chémereau **86** 82 Ab 70
Marigny-en-Orxois **02** 40 Db 54
Marigny-le-Cahouët **21** 74 Ec 64
Marigny-le-Châtel **10** 58 De 58
Marigny-l'Eglise **58** 73 Df 64
Marigny-lès-Reullée **21** 88 Ef 66
Marigny-les-Usages **45** 55 Ca 61
Marigny-Marmande **37** 83 Ac 67
Marigny-Saint-Marcel **74** 102 Ff 74
Marigny-sur-Yonne **58** 73 Dd 65
Marillac-le-Franc **16** 94 Ac 74
Marillais, le — **49** 67 Yf 64
Marillet **85** 81 Zc 69
Marimbault **33** 117 Ze 82
Marimont-lès-Bénestroff **57** 45 Ge 55
Marines **95** 38 Bf 54
Maringes **42** 112 Ec 75
Maringues **63** 98 Db 73
Mariol **03** 98 Dc 72
Marions **33** 117 Zf 82
Marizy **71** 88 Ec 69
Marizy-Saint-Mard **02** 40 Db 53
Marizy-Sainte-Geneviève **02** 40 Db 53
Marle **02** 25 De 50
Marlemont **08** 26 Ec 50
Marlenheim **67** 46 Hc 57
Marlens **74** 102 Gc 74
Marlers **80** 22 Bf 50
Marles-en-Brie **77** 40 Cf 56
Marles-sur-Canche **62** 13 Be 46
Marliens **21** 75 Fa 65
Marlieux **01** 100 Fa 72
Marlinac **31** 146 Bc 89
Marlioz **74** 102 Ga 72
Marlotte, Bourron- **77** 56 Ce 58
Marly **02** 25 De 49
Marly-la-Ville **95** 39 Cd 54
Marly-le-Roi **78** 39 Ca 55
Marly-sous-Issy **71** 87 Df 68
Marly-sur-Arroux **71** 87 Ea 69
Marmagne **18** 85 Cb 66
Marmagne **21** 74 Ec 63
Marmagne **71** 88 Ec 67
Marmande **47** 118 Aa 81
Marmanhac **15** 121 Cc 78
Marmeaux **89** 73 Ea 63
Marminiac **46** 119 Bb 81
Marmont-Pachas **47** 131 Ad 84
Marmouillé **61** 36 Ab 56
Marmoutier **67** 45 Hc 56
Marnac **24** 119 Ba 79
Marnand **69** 99 Eb 72
Marnans **38** 113 Fb 77
Marnaves **81** 133 Bf 84
Marnay **70** 76 Fe 65
Marnay **71** 88 Ef 68
Marnay **86** 82 Ac 70
Marnay-sur-Marne **52** 60 Fb 60
Marnay-sur-Seine **10** 40 Dd 57
Marnaz **74** 102 Gd 72
Marne, la — **44** 66 Yb 67
Marnefer **61** 37 Ad 55
Marnes **79** 82 Zf 67
Marnézia **39** 89 Fd 69
Marnhagues-et-Latour **12** 135 Da 85
Marnoz **39** 90 Ff 67
Marœuil **62** 14 Cd 47
Maroilles **59** 15 De 48
Marolle-en-Sologne, la — **41** 70 Be 63
Marolles **14** 36 Ac 54
Marolles **41** 70 Bb 63
Marolles **51** 42 Ed 56
Marolles **60** 40 Da 53
Marolles-en-Beauce **91** 56 Cb 58
Marolles-en-Brie **77** 40 Da 56
Marolles-en-Brie **94** 39 Cd 56
Marolles-en-Hurepoix **91** 39 Cb 57
Marolles-lès-Bailly **10** 59 Ec 59
Marolles-les-Braults **72** 53 Ab 59
Marolles-les-Buis **28** 54 Af 58
Marolles-lès-Saint-Calais **72** 54 Ae 61
Marolles-sous-Lignières **10** 58 Df 61
Marolles-sur-Seine **77** 57 Da 58
Marollette **72** 53 Ac 58
Marols **42** 111 Ea 76
Maromme **76** 21 Ba 52
Mâron **36** 84 Bf 68
Maron **54** 44 Ga 57
Maroncourt **88** 61 Ga 59
Marpaps **40** 129 Zb 87
Marpent **59** 16 Ea 47
Marpiré **35** 51 Yd 60
Marquaix **80** 14 Da 49
Marquay **24** 119 Ba 79
Marquefave **31** 146 Bb 89
Marqueglise **60** 23 Ce 51
Marquein **11** 147 Be 89
Marquerie **65** 145 Ab 89
Marques **76** 22 Be 50
Marquette-en-Ostrevent **59** 14 Db 47
Marquigny **08** 26 Ee 51
Marquillies **59** 14 Cf 45
Marquion **62** 14 Da 47
Marquise **62** 9 Be 44
Marquivillers **80** 23 Ce 50
Marquixanes **66** 159 Cc 93
Marray **37** 69 Ae 63
Marre **55** 43 Fb 53
Marre, la — **39** 89 Fe 68
Mars **07** 123 Eb 78
Mars **30** 135 Dd 85
Mars **42** 99 Eb 72
Mars, les — **23** 97 Cc 73
Mars-la-Tour **54** 43 Ff 54
Mars-sous-Bourcq **08** 26 Ed 52
Mars-sur-Allier **58** 86 Da 67
Marsa **11** 159 Ca 92
Marsac **23** 96 Bd 72
Marsac **65** 144 Aa 89
Marsac **82** 132 Ae 85
Marsac-en-Livradois **63** 111 De 76
Marsac-sur-Don **44** 66 Yb 63
Marsac-sur-l'Isle **24** 106 Ad 77
Marsainvilliers **45** 56 Cb 59
Marsais **17** 93 Zc 70
Marsais-Sainte-Radégonde **85** 81 Za 69
Marsal **57** 44 Gd 56
Marsal **81** 134 Cb 85
Marsalès **24** 119 Af 80
Marsan **32** 131 Ae 87
Marsaneix **24** 107 Ae 78
Marsangis **51** 41 Df 57
Marsangy **89** 57 Db 60
Marsannay-la-Côte **21** 74 Ef 65
Marsannay-le-Bois **21** 75 Fa 64
Marsanne **26** 124 Ef 81
Marsas **33** 105 Zd 78
Marsas **65** 145 Ab 90
Marsat **63** 98 Da 73
Marsaz **26** 112 Ef 78
Marseillan **32** 145 Ab 88
Marseillan **34** 149 Dd 88
Marseillan **65** 145 Ab 89
Marseille **13** 152 Fc 89
Marseille-en-Beauvaisis **60** 22 Bf 51
Marseilles-lès-Aubigny **18** 86 Da 66
Marseillette **11** 148 Cd 89
Marsillargues **34** 136 Ea 87
Marsilly **17** 92 Yf 71
Marsilly **57** 44 Gb 54
Marsolan **32** 131 Ad 85
Marson **51** 42 Ed 55
Marson-sur-Barboure **55** 43 Fc 57
Marsonnas **01** 100 Fa 70
Marspich **57** 28 Ga 52
Marssac-sur-Tarn **81** 133 Ca 85
Martagny **27** 22 Bd 52
Martailly-lès-Brancion **71** 88 Ee 69
Martainneville **80** 12 Bc 48
Martainneville **80** 13 Be 48
Martainville **14** 35 Zd 55
Martainville **27** 20 Ac 53
Martainville-Epreville **76** 22 Bb 52
Martaizé **86** 82 Aa 67
Martel **46** 120 Bd 79
Marthemont **54** 44 Ga 57
Marthes **42** 112 Ec 77
Marthille **57** 44 Gd 55
Marthomis **34** 148 Ce 88
Marthon **16** 106 Ac 75
Martiel **12** 120 Bf 82
Martigargues **30** 136 Eb 84
Martigna **39** 101 Fe 70
Martignas-sur-Jalle **33** 116 Zb 79
Martignat **01** 101 Fd 71
Martigné-Briand **49** 67 Zd 65
Martigné-Ferchaud **35** 51 Ye 62
Martigné-sur-Mayenne **53** 52 Zc 59
Martigny **02** 25 De 52
Martigny **02** 25 Ea 49
Martigny **50** 34 Yf 57
Martigny **76** 21 Ba 49
Martigny-le-Comte **71** 88 Eb 69
Martigny-les-Bains **88** 60 Fe 60
Martigny-lès-Gerbonvaux **88** 60 Fe 58
Martigny-sur-l'Ante **14** 36 Ze 55
Martigues **13** 152 Fa 88
Martillaç **33** 117 Zc 80
Martin-Eglise **76** 22 Ba 49
Martincamp **76** 22 Bc 50
Martincourt **54** 44 Ff 55
Martincourt **60** 22 Bf 51
Martincourt-sur-Meuse **55** 27 Fb 51
Martinet **85** 80 Yb 68
Martinet, le — **30** 136 Ea 83
Martinet, le — **85** 81 Zb 68
Martinpuich **62** 14 Ce 48
Martinvast **50** 18 Yc 51
Martinvelle **88** 61 Ga 61
Martizay **36** 83 Ba 68
Martot **27** 21 Ba 53
Martre, la — **83** 140 Gd 86
Martres **33** 117 Ze 80
Martres-de-Rivière **31** 145 Ad 90
Martres-sur-Morge **63** 98 Db 73
Martres-Tolosane **31** 146 Ba 89
Martrin **12** 134 Cd 85
Martrois **21** 74 Ed 65
Martyre, la — **29** 31 Vf 58
Martys, les — **11** 148 Cb 88
Maruéjols-lès-Gardon **30** 136 Ea 84
Marval **87** 107 Ae 75
Marvaux-Vieux **08** 26 Ee 53
Marvejols **48** 122 Db 81
Marvelise **25** 77 Gd 63
Marville **55** 27 Fd 52
Marville-Moutiers-Brûlé **28** 38 Bc 56
Mary **71** 88 Ec 69
Mary-sur-Marne **77** 40 Da 54
Marzan **56** 65 Xe 63
Marzens **81** 133 Bf 87
Marzy **58** 86 Da 67
Mas, le — **48** 123 Df 81
Mas, les — **06** 140 Gf 85
Mas-Blanc-des-Alpilles **13** 137 Ee 86
Mas-Cabardes **11** 148 Cc 88
Mas-d'Artige, le — **23** 97 Cb 74
Mas-d'Auvignon **32** 131 Ad 85
Mas-d'Azil, le — **09** 146 Bc 90
Mas-de-Cours **11** 148 Cc 90
Mas-de-Londres **34** 136 De 86
Mas-de-Tence, le — **43** 112 Ec 78
Mas-Grenier **82** 132 Bb 85
Mas-Saint-Chély **48** 135 Dc 83
Mas-Saintes-Puelles **11** 147 Bf 89
Mascaraàs-Haron **64** 130 Ze 87
Mascaras **32** 145 Ab 87
Mascaras **65** 145 Ab 89
Mascarville **31** 147 Be 87
Masclat **46** 119 Bc 79
Masevaux **68** 77 Gf 62
Maslacq **64** 143 Zb 88
Masléon **87** 96 Bd 74
Maslives **41** 70 Bc 63
Masnau-Massuguiès, le — **81** 134 Cd 86
Masnières **59** 14 Db 48
Masny **59** 14 Db 46
Masos, los — **66** 159 Cc 93
Masparraute **64** 143 Yf 88
Maspie **64** 144 Zf 88
Masquières **47** 119 Ba 82
Massac **11** 160 Cd 91
Massac **17** 93 Ze 73
Massac-Séran **81** 133 Bf 87
Massaguel **81** 147 Ca 88
Massais **79** 81 Zd 66
Massals **81** 134 Cd 85
Massanes **30** 136 Ea 84
Massangis **89** 73 Df 63
Massat **09** 158 Bc 91
Massay **18** 71 Bf 66
Massegros, le — **48** 135 Db 83
Masseilles **33** 117 Zf 82
Massels **47** 119 Af 83
Massérac **44** 65 Ya 62

Magneux-Haute-Rive — Massérac 187

Masseret 19 108 Bd 75
Massiac 15 110 Db 77
Massieu 38 113 Fd 76
Massiges 51 42 Ee 53
Massignac 16 94 Ad 74
Massignieu-de-Rives 01 101 Fe 74
Massigny 74 102 Ff 74
Massigny-lès-Semur 21 74 Ec 63
Massigny-lès-Vitteaux 21 74 Ed 64
Massillargues 30 136 Ea 84
Massilly 71 88 Ee 70
Massingy 21 59 Ed 61
Massognes 86 82 Aa 68
Massoins 06 140 Ha 85
Massoulès 47 119 Af 82
Massugas 33 118 Aa 80
Massy 71 88 Ed 70
Massy 76 22 Bc 50
Massy 91 39 Cb 56
Mastaing 59 15 Db 47
Matafelon-Granges 01 101 Fd 71
Matelles, les — 34 136 De 86
Matemale 66 159 Ca 93
Matha 17 93 Ze 73
Mathaux 10 59 Ec 58
Mathay 25 77 Ge 64
Mathenay 39 89 Fe 67
Mathes, les — 17 92 Yf 74
Mathey 25 77 Ge 64
Mathieu 14 19 Zd 53
Mathons 52 59 Fa 58
Mathonville 76 22 Bb 50
Matignicourt-Goncourt 51 42 Ee 56
Matignon 22 33 Xe 57
Matigny 80 24 Da 50
Matougues 51 41 Eb 55
Matour 71 100 Ed 71
Matra 2B 163 Kc 95
Matringhem 62 13 Ca 45
Mattaincourt 88 61 Ga 59
Mattexey 54 61 Gd 58
Matton 08 27 Fb 51
Matzenheim 67 63 Hd 58
Maubec 82 132 Af 86
Maubec 84 138 Fa 85
Maubert-Fontaine 08 26 Ec 49
Maubeuge 59 15 Df 47
Maubourguet 65 144 Aa 88
Mauchamps 91 39 Cb 57
Maucomble 76 22 Bb 50
Maucor 64 144 Ze 88
Maucourt 80 23 Ce 50
Maucourt-sur-Orne 55 27 Fd 53
Maudétour-en-Vexin 95 38 Be 54
Mauguio 34 150 Ea 87
Maulan 55 43 Fb 56
Maulay 86 82 Ab 67
Maulde 59 15 Dc 45
Maule 78 38 Bf 55
Mauléon 79 81 Zb 67
Mauléon-Barousse 65 145 Ad 91
Mauléon-d'Armagnac 32 130 Zf 85
Mauléon-Licharre 64 143 Za 89
Maulers 60 23 Ca 51
Maulette 78 38 Bd 56
Maulévrier 49 81 Zb 66
Maulévrier-Sainte-Gertrude 76 21 Ae 51
Maulichères 32 130 Zf 86
Maumusson 44 66 Yf 64
Maumusson 82 132 Af 85
Maumusson-Laguian 32 132 Zf 87
Maupas 10 58 Ea 60
Maupas 32 130 Zf 85
Mauperthuis 77 40 Da 56
Maupertuis 50 34 Ye 55
Maupertus-sur-Mer 50 18 Yd 50
Mauprévoir 86 94 Ad 71
Mauquenchy 76 22 Bc 51
Mauran 31 146 Ba 89
Maure-de-Bretagne 35 50 Ya 61
Maurecourt 78 39 Ca 55
Mauregard 77 39 Cd 54
Mauregny-en-Haye 02 25 De 51
Maureilhan 34 149 Da 88
Maureillas-las-Illas 66 160 Ce 94
Mauremont 31 147 Be 88
Maurens 24 118 Ac 79
Maurens 31 147 Be 88
Maurens 32 132 Af 87
Maurepas 78 38 Bf 56
Maurepas 80 14 Cf 49
Mauressac 31 146 Bc 89
Mauressargues 30 136 Ea 85
Maureville 31 147 Be 87
Mauriac 15 109 Cc 77
Mauriac 33 117 Zf 80
Mauries 40 130 Ze 87
Maurines 15 122 Da 79
Maurois 59 15 Dc 48
Mauron 56 50 Xe 60
Mauroux 32 132 Ae 85
Mauroux 46 119 Ba 82
Maurrin 40 130 Zd 86
Maurs 15 121 Cb 80
Maurupt-le-Montois 51 42 Ef 56
Maury 66 160 Cd 92
Mausoléo 2B 161 Ka 93
Maussac 19 109 Ca 76
Maussane-les-Alpilles 13 137 Ee 86
Maussans 70 76 Gb 64
Mauvages 55 43 Fd 57
Mauvaisin 31 147 Bd 88
Mauves 07 112 Ee 78
Mauves-sur-Huisne 61 54 Ad 58
Mauves-sur-Loire 44 66 Yd 65
Mauvezin 31 146 Af 88
Mauvezin 32 132 Af 86
Mauvezin 65 145 Ab 90
Mauvezin-d'Armagnac 40 130 Zf 85
Mauvezin-de-Prat 09 146 Af 90
Mauvezin-de-Sainte-Croix 09 146 Bb 90
Mauvières 36 83 Ba 69
Mauvilly 21 74 Ee 62
Maux 58 87 De 66
Mauzac 24 119 Ae 79
Mauzac 31 146 Bb 88
Mauzé-le-Mignon 79 93 Zb 71
Mauzé-Thouarsais 79 81 Ze 67
Mauzens 24 107 Af 79
Mauzun 63 110 Dc 74
Maves 41 70 Bc 62
Mavilly-Mandelot 21 88 Ee 66
Maxe, la — 57 44 Gb 53
Maxent 35 50 Xf 61
Maxéville 54 44 Ga 56
Maxey-sur-Meuse 88 60 Fe 58
Maxey-sur-Vaise 55 43 Fe 57
Maxilly-Petite-Rive 74 103 Gd 70
Maxilly-sur-Lac 74 103 Gd 70
Maxilly-sur-Saône 21 75 Fc 65
Maxou 46 119 Bc 81
Maxstadt 57 45 Ge 54
May-en-Multien 77 40 Da 54
May-sur-Evre, le — 49 67 Za 66
May-sur-Orne 14 35 Zd 54
Mayac 24 107 Af 77
Mayenne 53 52 Zc 59
Mayet 72 68 Ab 62
Mayet-de-Montagne, le — 03 98 De 72
Mayet-d'Ecole, le — 03 98 Db 72
Maylis 40 129 Zb 86
Maynal 39 89 Fc 69
Mayons, les — 83 153 Gc 89
Mayot 02 24 Dc 50
Mayran 12 121 Cc 82
Mayrègne 31 157 Ad 91
Mayres 07 124 Ee 79
Mayres 63 111 De 76
Mayres-Savel 38 125 Fe 79
Mayreville 11 147 Bf 89
Mayrinhac-Lentour 46 120 Be 80
Mayronnes 11 148 Cd 90
Mazamet 81 148 Cc 88
Mazan 84 138 Fa 84
Mazangé 41 54 Af 62
Mazauges 83 153 Ff 88
Mazaye 63 97 Cf 74
Mazé 49 68 Ze 64
Mazeau, le — 85 81 Zb 70
Mazeirat 23 96 Bf 72
Mazeley 88 61 Gc 59
Mazères 09 147 Be 89
Mazères 33 117 Ze 82
Mazères 47 119 Ba 82
Mazeres 65 130 Zf 87
Mazères 65 145 Ad 90
Mazères-Lezons 64 144 Zd 89
Mazères-sur-Salat 31 146 Af 90
Mazerier 03 98 Db 72
Mazerny 08 26 Ed 51
Mazerolles 16 94 Ad 74
Mazerolles 17 105 Zc 75
Mazerolles 40 130 Zd 85
Mazerolles 64 144 Zd 88
Mazerolles 65 145 Ab 88
Mazerolles 86 83 Ae 70
Mazerolles-du-Razès 11 147 Ca 90
Mazerolles-le-Salin 25 76 Ff 65
Mazerulles 54 44 Gc 56
Mazet-Saint Voy 43 111 Eb 78
Mazeuil 86 82 Aa 68
Mazeyrat-Aurouze 43 110 Dd 77
Mazeyrolles 24 119 Ba 80
Mazière-aux-Bons-Hommes, la — 23 97 Cc 73
Mazières 16 94 Ad 73
Mazières-de-Touraine 37 68 Ac 64
Mazières-en-Gâtine 79 81 Ze 69
Mazières-en-Mauges 49 67 Zb 66
Mazille 71 100 Ed 70
Mazingarbe 62 14 Ce 46
Mazinghem 62 13 Cc 45
Mazinghien 59 15 Dd 48
Mazion 33 105 Zc 78
Mazirat 03 97 Cd 71
Mazirot 88 61 Ga 59
Mazis, le — 80 22 Be 49
Mazoires 63 110 Da 76
Mazouau 65 145 Ac 90
Mazuby 11 159 Ca 92
Mazures, les — 08 26 Ed 49
Mazzola 2B 163 Kb 95
Méasnes 23 84 Be 70
Meaucé 28 54 Ba 58
Méaudre 38 113 Fd 78
Méaugon, la — 22 32 Xb 57
Meaulne 03 85 Cd 69
Méaulte 80 14 Cd 49
Méautis 50 18 Ye 53
Meaux 77 40 Cf 55
Meaux-la-Montagne 69 100 Ec 72
Meauzac 82 132 Bb 84
Mecé 35 51 Ye 59
Mechmont 46 119 Bc 81
Mécleuves 57 44 Gb 54
Mecquignies 59 15 De 47
Mécrin 55 43 Fd 56
Médan 78 38 Bf 55
Medavy 61 36 Aa 56
Medeyrolles 63 111 De 76
Médière 25 77 Gd 64
Médillac 16 106 Aa 77
Médis 17 92 Za 75
Médonville 88 60 Fe 59
Médréac 35 50 Xf 59
Mée 53 52 Za 62
Mée, le — 28 55 Bc 61
Mée-sur-Seine, le — 77 39 Cd 57
Mégange 57 28 Gc 53
Megève 74 103 Gd 73
Mégevette 74 102 Gd 71
Megrit 22 33 Xe 58
Méharicourt 80 23 Ce 50
Méharin 64 143 Yf 89
Méhers 41 70 Bc 65
Méhoncourt 54 44 Gc 57
Méhoudin 61 35 Zd 57
Mehun-sur-Yèvre 18 85 Cb 66
Meignanne, la — 49 67 Zc 63
Meigné 49 68 Ze 65
Meigné-le-Vicomte 49 68 Ab 63
Meigneux 77 57 Da 57
Meigneux 80 22 Bf 50
Meilars 29 47 Vd 60
Meilhac 87 95 Ba 74
Meilhan 32 145 Ae 88
Meilhan 40 129 Zb 85
Meilhan-sur-Garonne 47 118 Aa 81
Meilhards 19 108 Bd 75
Meilhaud 63 110 Da 75
Meillac 35 34 Yb 58
Meillant 18 85 Cd 68
Meillard 03 98 Db 70
Meillard, le — 80 13 Cb 47
Meilleraie-Tillay, la — 85 81 Za 68
Meilleray 77 40 Dc 56
Meilleraye-de-Bretagne, la — 44 66 Yd 63
Meillers 03 86 Da 69
Meillon 64 144 Ze 89
Meillonas 01 101 Fc 71
Meilly-sur-Rouvres 21 74 Ed 65
Meisenthal 57 45 Hc 55
Meistratzheim 67 63 Hd 58
Meix, le — 21 74 Ef 63
Meix, le — 21 89 Fb 66
Meix-Saint-Epoing, le — 51 41 Dd 56
Meix-Tiercelin, le — 51 42 Ec 57
Méjaniel, le — 12 122 Cf 83
Méjannes-le-Clap 30 137 Ec 83
Méjannes-lès-Alès 30 136 Ea 84
Mela 2A 163 Ka 98
Mela 2A 164 Kb 99
Mélamare 76 21 Ac 51
Melay 49 67 Zb 65
Melay 52 60 Fe 61
Melay 71 99 Ea 71
Mêle-sur-Sarthe, le — 61 36 Ac 57
Mélecey 70 76 Gc 63
Melesse 35 51 Yb 59
Melgven 29 48 Wa 61
Mélicocq 60 24 Cf 52
Mélicourt 27 37 Ad 55
Méligny-le-Grand 55 43 Fc 56
Méligny-le-Petit 55 43 Fc 57
Melin 70 76 Fe 62
Melincourt 70 61 Ga 61
Mélisey 70 77 Gd 61
Mélisey 89 58 Ea 61
Meljac 12 134 Cc 84
Mellac 29 48 Wc 61
Mellé 35 34 Ye 58
Melle 79 93 Zf 71
Mellecey 71 88 Ee 68
Melleran 79 94 Zf 72
Melleray 72 54 Ae 60
Melleroy 45 57 Cf 61
Melles 31 157 Ae 91
Melleville 76 12 Bc 49
Mellionnec 22 49 We 59
Mello 60 23 Cc 53
Meloisey 21 88 Ee 66
Melrand 56 49 Wf 61
Melsheim 67 46 Hd 56
Melun 77 39 Cd 57
Membrey 70 75 Fe 63
Membrolle-sur-Choisille, la — 37 69 Ad 64
Membrolle-sur-Longuenée, la — 49 67 Zb 63
Membrolles 41 55 Bc 61
Méménil 88 61 Gd 59
Memmelshoffen 67 46 Hf 55
Mémont, le — 25 77 Ge 66
Menades 89 73 De 64
Ménarmont 88 61 Gd 58
Ménars 41 70 Bc 63
Menat 63 98 Cf 72
Menaucourt 55 43 Fc 57
Mencas 62 13 Ca 45
Menchhoffen 67 46 Hc 55
Mende 48 122 Dd 81
Mendionde 64 143 Ye 88
Menditte 64 143 Za 90
Mendive 64 143 Yf 90
Ménéac 56 50 Xd 60
Ménébres 84 138 Fb 85
Ménerval 76 22 Bd 51
Menesble 21 74 Ef 62
Méneslies 80 12 Bd 48
Ménesplet 24 106 Aa 78
Menesqueville 27 22 Bc 52
Menestreau 58 72 Db 64
Ménestreau-en-Villette 45 71 Ca 62
Menet 15 109 Cd 77
Menetou-Couture 18 86 Cf 66
Menetou-Râtel 18 72 Ce 64
Menetou-Salon 18 71 Cc 65
Menetou-sur-Nahon 36 70 Bd 65
Ménétréol-sous-Sancerre 18 72 Cf 65
Ménétréol-sur-Sauldre 18 71 Cb 64
Ménétréols-sous-Vatan 36 84 Bf 66
Ménetreuil 71 89 Fa 69
Ménétreux-le-Pitois 21 74 Ec 63
Ménétrol 63 98 Da 73
Menétru-le-Vignoble 39 89 Fd 68
Menétrux-en-Joux 39 90 Ff 69
Ménévillers 60 23 Cd 51
Menglon 26 125 Fc 81
Ménière, la — 61 36 Ac 57
Ménigoute 79 82 Zf 70
Ménil 53 52 Zb 62
Ménil, le — 88 61 Gb 60
Ménil, le — 88 61 Gc 60
Ménil, le — 88 62 Ge 61
Ménil, le — 88 62 Gf 58
Ménil-Annelles 08 26 Ec 52
Ménil-aux-Bois 55 43 Fc 56
Ménil-Bérard, le — 61 37 Ad 56
Ménil-Broût, le — 61 36 Ab 58
Ménil-Ciboult, le — 61 35 Zb 56
Ménil-de-Briouze, le — 61 35 Zd 56
Ménil-de-Senones 88 62 Gf 58
Ménil-en-Xaintois 88 61 Ff 59
Ménil-Erreux 61 36 Ab 57
Ménil-Froger 61 36 Ab 56
Ménil-Gondouin 61 36 Ze 56
Ménil-Guyon, le — 61 37 Ab 57
Ménil-Hermei 61 36 Ze 56
Ménil-Hubert-en-Exmes 61 36 Ab 56
Ménil-Hubert-sur-Orne 61 35 Zd 55
Ménil-Jean 61 36 Ze 56
Ménil-la-Horgne 55 43 Fd 56
Ménil-la-Tour 54 43 Ff 56
Ménil-Lépinois 08 25 Eb 52
Ménil-Scelleur, le — 61 36 Zf 57
Ménil-sur-Belvitte 88 62 Ge 58
Ménil-sur-Saulx 55 43 Fb 57
Ménil-Vicomte, le — 61 36 Ab 56
Ménil-Vin 61 36 Ze 55
Menilles 27 38 Bc 54
Ménitré, la — 49 68 Ze 64
Mennecy 91 39 Cc 57
Mennessis 02 24 Db 50
Mennetou-sur-Cher 41 70 Bf 65
Menneval 27 37 Ad 54
Menneville 02 25 Ea 52
Menneville 62 9 Bf 44
Mennevret 02 15 Dd 49
Mennouveaux 52 60 Fc 60
Ménoire 19 108 Be 78
Menomblet 85 81 Zb 68
Menoncourt 90 77 Gf 62
Ménonval 76 22 Bc 50
Menotey 39 75 Fd 66
Menou 58 72 Db 64
Ménouville 95 39 Ca 54
Menoux 70 76 Ga 62
Menoux, le — 36 84 Bd 69
Mensignac 24 106 Ad 77
Menskirch 57 28 Gc 53
Mentheville 76 21 Ac 50
Menthon-Saint-Bernard 74 102 Gb 73
Menthonnex 74 102 Gb 72
Menthonnex-sous-Clermont 74 102 Ff 73
Mentières 15 110 Da 78
Menton 06 141 Hc 86
Mentque 62 9 Ca 44
Menucourt 95 38 Bf 54
Menus, les — 61 37 Af 57
Menville 31 132 Bb 86
Méobecq 36 84 Bc 68
Méon 49 68 Aa 64
Mépieu 38 101 Fc 74
Mer 41 70 Bd 62
Méracq 64 144 Zd 87
Méral 53 52 Za 61
Méras 09 146 Bb 89
Mercatel 62 14 Ce 47
Mercenac 09 146 Ba 90
Merceuil 21 88 Ef 67
Mercey 27 38 Bc 54
Mercey-le-Grand 25 75 Fe 65
Mercey-sur-Saône 70 75 Fe 63
Mercin 02 24 Db 52
Merck-Saint-Liévin 62 13 Ca 45
Merckeghem 59 9 Cb 43
Mercœr 19 108 Bf 78
Mercœur 43 110 Db 77
Mercœur 43 123 Dd 78
Mercuer 07 124 Ec 81
Mercuès 46 119 Bc 82
Mercurey 71 88 Ee 67
Mercurol 26 112 Ef 78
Mercury 73 114 Gc 74
Mercus-Garrabet 09 158 Bd 91
Mercy 03 87 Dd 70
Mercy 89 58 Dd 60
Mercy-le-Bas 54 27 Fe 52
Mercy-le-Haut 54 27 Fe 52
Merdrignac 22 50 Xd 59
Méré 78 38 Be 56
Méré 89 58 De 61
Méreau 18 71 Ca 66
Méréaucourt 80 22 Bf 50
Méréglise 28 54 Bb 59
Mérélessart 80 13 Bf 49
Mérens 32 131 Ad 86
Mérens-les-Vals 09 159 Bf 93
Mérenvielle 31 132 Ba 87
Mereuil 05 125 Fe 82
Méréville 54 44 Ga 57
Méréville 91 56 Ca 59
Merey 27 37 Bc 55
Mérey-sous-Montrond 25 76 Ga 66
Merey-Vieilley 25 76 Ga 65
Merfy 51 25 Df 53
Mergey 10 58 Ea 58
Meria 2B 161 Kc 91
Mérial 11 159 Bf 92
Méribel-les-Allues 73 115 Gd 76
Méricourt 62 14 Cf 46
Méricourt 78 38 Bd 54
Méricourt-en-Vimeu 80 22 Bf 49
Méricourt-l'Abbé 80 14 Cd 49
Méricourt-sur-Somme 80 23 Ce 49
Mériel 95 39 Cb 54
Mérifons 34 135 Db 87
Mérignac 16 93 Zf 74
Mérignac 17 105 Ze 77
Mérignac 33 117 Zc 80
Mérignas 33 117 Zf 80
Mérignat 01 101 Fc 72
Mérignies 59 14 Da 45
Mérigny 36 83 Af 69
Mérilheu 65 145 Ab 90
Mérillac 22 50 Xd 59
Mérinchal 23 97 Cc 73
Mérindol 84 138 Fb 86
Mérindol-les-Oliviers 26 138 Fa 83
Mérinville 45 57 Cf 60
Méritein 64 143 Zb 89
Merkwiller-Pechelbronn 67 46 He 55
Merlatière, la — 85 80 Ye 68
Merlaut 51 42 Ee 56
Merle 42 111 Ea 76
Merléac 22 49 Xa 59
Merlerault, le — 61 36 Ab 56
Merles 82 132 Af 84
Merles-sur-Loison 55 27 Fc 52
Merlevenez 56 49 We 62
Merlieux-et-Fouquerolles 02 24 Dd 51
Merlimont 62 12 Bd 46
Merlimont-Plage 62 12 Bd 46
Merlines 19 109 Cc 75
Mernel 35 50 Ya 61
Mérobert 91 55 Ca 58
Mérona 39 89 Fd 69
Mérouville 28 55 Bf 59
Meroux-Moval 90 77 Gf 63
Merpins 16 93 Zd 74
Merrey 52 60 Fd 60
Merrey-sur-Arce 10 59 Ec 60
Merri 61 36 Zf 55
Merris 59 10 Cd 44
Merry-la-Vallée 89 72 Db 62
Merry-Sec 89 73 Dc 63
Merry-sur-Yonne 89 73 Dd 63
Mers-les-Bains 80 12 Bc 48
Mers-sur-Indre 36 84 Bf 69
Merschweiler 57 28 Gc 52
Mersuay 70 76 Ga 62
Merten 57 28 Ge 53
Mertrud 52 59 Ef 58
Mertzen 68 77 Ha 63
Mertzwiller 67 46 He 55
Méru 60 23 Ca 53
Merval 02 25 De 52
Mervans 71 89 Fb 68
Mervent 85 81 Zb 69
Mervilla 31 146 Bc 87
Merville 31 132 Bb 86
Merville 59 10 Cd 45
Merville-Franceville-Plage 14 20 Ze 53
Merviller 54 62 Ge 58
Merxheim 68 62 Hb 61
Méry 73 114 Ff 75
Méry-Corbon 14 36 Zf 54
Méry-ès-Bois 18 71 Cc 65
Méry-la-Bataille 60 23 Cd 51
Méry-Premecy 51 41 Df 53
Méry-sur-Cher 18 71 Bf 65
Méry-sur-Oise 95 39 Cb 54
Méry-sur-Seine 10 58 Df 57
Merzer, le — 22 32 Wf 57
Mésandans 25 76 Gc 64
Mésanger 44 66 Ye 64
Mésangueville 76 22 Bd 51
Mesbrecourt-Richecourt 02 24 Dd 50
Meschers-sur-Gironde 17 104 Za 75
Mescoules 24 118 Ac 80
Mesge, le — 80 13 Ca 49
Mesgrigny 10 58 Df 58
Mésigny 74 102 Ga 73
Meslan 56 48 Wd 61
Mesland 41 69 Ba 63
Meslay 14 35 Zd 55
Meslay 41 54 Ba 62
Meslay-du-Maine 53 52 Zc 61
Meslay-le-Grenet 28 55 Bc 58
Meslay-le-Vidame 28 55 Bc 59
Meslières 25 77 Gf 64
Meslin 22 33 Xc 58
Mesmay 25 90 Ff 66
Mesmont 08 26 Ec 51
Mesmont 21 74 Ee 65
Mesnac 16 93 Zd 74
Mesnard-la-Barotière 85 80 Yf 67
Mesnay 39 90 Fe 67
Mesneux, les — 51 41 Df 53
Mesnières-en-Bray 76 22 Bc 50
Mesnil 80 14 Cd 48
Mesnil, le — 50 18 Yb 52
Mesnil-Adelée, le — 50 35 Yf 56
Mesnil-Amand, le — 50 34 Yd 55
Mesnil-Amelot, le — 77 39 Cd 54
Mesnil-Amey, le — 50 34 Ye 54
Mesnil-Angot, le — 50 18 Ye 53
Mesnil-au-Grain, le — 14 35 Zc 54
Mesnil-au-Val, le — 50 18 Yc 51
Mesnil-Aubert, le — 50 34 Yd 55
Mesnil-Aubry, le — 95 39 Cc 54
Mesnil-Auzouf, le — 14 35 Zb 55
Mesnil-Benoist, le — 14 35 Za 55
Mesnil-Bœufs, le — 50 34 Yf 57
Mesnil-Bruntel 80 24 Cf 49
Mesnil-Caussois, le — 14 35 Yf 55
Mesnil-Clinchamps 14 35 Za 55
Mesnil-Conteville, le — 60 23 Ca 50
Mesnil-Domqueur 80 13 Ca 48
Mesnil-Durand, le — 14 36 Aa 54
Mesnil-Durdent, le — 76 21 Ae 50
Mesnil-en-Arrouaise 80 14 Cf 48
Mesnil-en-Thelle, le — 60 39 Cb 53
Mesnil-en-Vallée, le — 49 67 Za 64
Mesnil-Esnard, le — 76 21 Ba 52
Mesnil-Eudes, le — 14 36 Ab 54
Mesnil-Eury, le — 50 18 Ye 54
Mesnil-Follemprise 76 22 Bb 50
Mesnil-Fuguet, le — 27 37 Ba 54
Mesnil-Garnier, le — 50 34 Ye 55
Mesnil-Germain, le — 14 36 Ab 54
Mesnil-Gilbert, le — 50 35 Yf 56
Mesnil-Guillaume, le — 14 36 Ab 54
Mesnil-Hardray, le — 27 37 Af 55
Mesnil-Hermann, le — 50 34 Yf 54
Mesnil-Jourdain, les — 27 37 Ba 53
Mesnil-la-Comtesse 10 58 Eb 57
Mesnil-le-Petit 80 24 Cf 50
Mesnil-le-Roi, le — 78 39 Ca 55
Mesnil-Lettre 10 58 Eb 58
Mesnil-Lieubray, le — 76 22 Bd 51
Mesnil-Mauger 76 22 Bd 50
Mesnil-Mauger, le — 14 36 Aa 54
Mesnil-Opac, le — 50 35 Yf 54
Mesnil-Ozenne, le — 50 34 Ye 57
Mesnil-Panneville 76 21 Af 51
Mesnil-Patry, le — 14 19 Zc 53
Mesnil-Rainfray, le — 50 35 Yf 56
Mesnil-Raoul 76 22 Bb 52
Mesnil-Raoult, le — 50 35 Yf 54
Mesnil-Réaume, le — 76 12 Bc 49
Mesnil-Robert, le — 14 35 Za 55
Mesnil-Rogues 50 34 Yd 55
Mesnil-Rousset 27 37 Ad 55
Mesnil-Rouxelin, le — 50 19 Yf 54
Mesnil-Saint-Denis, le — 78 38 Bf 56
Mesnil-Saint-Firmin, le — 60 23 Cc 51
Mesnil-Saint-Georges 80 23 Cd 51
Mesnil-Saint-Laurent 02 24 Dc 50
Mesnil-Saint-Loup 10 58 De 59
Mesnil-Sellières 10 58 Eb 58
Mesnil-Simon, le — 14 36 Aa 54
Mesnil-Simon, le — 28 38 Bd 55
Mesnil-sous-Jumièges, les — 76 21 Af 52
Mesnil-sous-Vienne 27 22 Bd 52
Mesnil-sur-Blangy, le — 14 20 Ab 53
Mesnil-sur-Bulles, le — 60 23 Cc 52
Mesnil-sur-l'Estrée 27 38 Bb 56
Mesnil-sur-Oger, le — 51 41 Ea 55
Mesnil-Thébault, le — 50 34 Ye 57
Mesnil-Theribus, le — 60 22 Bf 53
Mesnil-Thomas, le — 28 37 Ba 57
Mesnil-Tôve, le — 50 35 Yf 56
Mesnil-Véneron, le — 50 18 Yf 53
Mesnil-Verclives 27 22 Bc 53
Mesnil-Vigot, le — 50 18 Ye 54
Mesnil-Villeman, le — 50 34 Ye 55
Mesnil-Villement, le — 14 35 Zd 55
Mesnillard, le — 50 35 Yf 57
Mesnois 39 89 Fe 69
Mesnuls, les — 78 38 Bf 56
Mespaul 29 31 Vf 57
Mesplede 64 143 Zc 88
Mesples 03 85 Cc 70
Mespuits 91 56 Cb 58
Mesquer 44 65 Xd 64
Messac 17 105 Ze 76
Messac 35 50 Yb 62
Messanges 21 74 Ef 66
Messanges 40 128 Yd 86
Messas 45 55 Bd 62
Messé 79 94 Aa 71
Messei 61 35 Zc 56
Messein 54 44 Ga 57
Messeix 63 109 Cd 75
Messemé 86 82 Ab 66
Messery 74 102 Gb 70
Messey-sur-Grosne 71 88 Ee 69
Messia-sur-Sorne 39 89 Fd 69
Messigny-et-Vantoux 21 75 Fa 64
Messimy 69 100 Ee 74
Messimy-sur-Saône 01 100 Ee 72
Messincourt 08 26 Fa 50
Messon 10 58 Df 59
Messy 77 39 Ce 55
Mesterrieux 33 117 Zf 81
Mestes 19 109 Cb 75
Mesves-sur-Loire 58 72 Cf 65
Mesvres 71 88 Eb 67
Métabief 25 90 Gc 68
Métaires-Saint-Quirin 57 45 Ha 57
Métairies, les — 16 93 Zf 74
Méteren 59 10 Ce 44
Méthamis 84 138 Fb 84
Métigny 80 13 Bf 49
Metting 57 45 Hb 56
Mettray 37 69 Ad 64
Metz 57 44 Ga 54
Metz-en-Couture 62 14 Da 48
Metz-le-Comte 58 73 Dd 64
Metz-Robert 10 58 Ea 60
Metz-Tessy 74 102 Ga 73
Metzeral 68 62 Ha 60
Metzeresche 57 28 Gb 53
Metzervisse 57 28 Gb 53
Metzing 57 45 Gf 54
Meucon 56 49 Xb 62
Meuilley 21 74 Ef 66
Meulers 76 22 Bb 49
Meulles 14 36 Ac 55
Meulson 21 74 Ee 62
Meunet-Planches 36 84 Bf 67
Meunet-sur-Vatan 36 84 Bf 66
Meung-sur-Loire 45 55 Be 62
Meurcé 72 53 Ab 59
Meurchin 62 14 Df 45
Meurcourt 70 76 Gb 62
Meurdraquière, la — 50 34 Yd 55
Meures 52 59 Fa 59
Meurival 02 25 De 52
Meursanges 21 88 Ef 67
Meursault 21 88 Ee 67
Meurville 10 59 Ed 59
Meusnes 41 70 Bd 65
Meussia 39 90 Fe 70
Meuvaines 14 19 Zc 53
Meux 17 105 Zd 76
Meux, le — 60 23 Ce 52
Meuzac 87 108 Bc 75
Mévoisins 28 38 Bd 57
Mévouillon 26 138 Fc 83
Meximieux 01 101 Fb 73
Mexy 54 27 Fe 52
Mey 57 44 Gb 54
Meyenheim 68 62 Hc 61
Meylan 38 113 Fe 77
Meymac 19 109 Ca 75
Meynes 30 137 Ed 85
Meyrargues 13 138 Fd 87
Meyrals 24 119 Ba 79
Meyrannes 30 136 Eb 83
Meyras 07 123 Eb 80
Meyreuil 13 152 Fc 87
Meyrié 38 113 Fb 75
Meyrieu-les-Etangs 38 113 Fb 75
Meyrieux-Trouet 73 113 Fe 75
Meyrignac-l'Eglise 19 108 Bf 76
Meyronne 46 120 Bd 79
Meyronnes 04 127 Ge 82
Meyrueis 48 135 Dc 83
Meys 69 100 Ec 74
Meyssac 19 108 Be 78
Meyssiès 38 112 Fa 76
Meyze, la — 87 107 Bb 75
Meyzieu 69 100 Fa 74
Mézangers 53 52 Zd 59
Mèze 34 149 Dd 88
Mézel 04 139 Gb 84
Mezel 63 98 Db 74
Mézens 81 133 Bd 86
Mézeray 72 53 Zf 62
Mézères 43 111 Ea 78
Mézériat 01 100 Fa 71
Mézerolles 80 13 Cb 47
Mézerville 11 147 Be 89
Mézidon-Canon 14 36 Zf 54
Mézière, la — 35 51 Yb 59
Mézières 45 55 Bf 60
Mézières 72 53 Ab 59
Mézières-au-Perche 28 55 Bb 59
Mézières-en-Brenne 36 83 Bb 68
Mézières-en-Drouais 28 38 Bc 56
Mézières-en-Santerre 80 23 Cd 50
Mézières-en-Vexin 27 38 Bd 53
Mézières-lez-Clery 45 55 Be 62
Mézières-sous-Lavardin 72 53 Aa 60
Mézières-sur-Couesnon 35 51 Yd 59
Mézières-sur-Issoire 87 95 Af 72
Mézières-sur-Oise 02 24 Dc 50
Mézières-sur-Seine 78 38 Be 55
Mézilhac 07 124 Ec 80
Mézilles 89 72 Db 62
Méziré 90 77 Gf 63
Mézos 40 129 Ye 84
Mézy 02 40 Dd 54
Mézy-sur-Seine 78 38 Bf 54
Mhère 58 73 Df 65
Mialet 24 107 Af 75
Mialet 30 136 Df 84
Mialos 64 144 Zd 88
Miannay 80 13 Be 48
Michaugues 58 73 Dd 65
Michelbach 68 77 Ha 62
Michelbach-le-Bas 68 78 Hc 63
Michelbach-le-Haut 68 78 Hc 63
Michery 89 57 Db 59
Midrevaux 88 60 Fd 58
Mièges 39 90 Ga 68
Mielan 32 145 Ab 88
Miellin 70 62 Ge 62
Miermaigne 28 54 Af 59
Miers 46 120 Be 79
Miéry 39 89 Fe 68
Mietesheim 67 46 Hd 55
Mieussy 74 102 Gd 72
Mieuxcé 61 53 Aa 58
Migé 89 73 Dd 62
Migennes 89 57 Dd 61
Miginiac 19 108 Bf 77
Miglos 09 158 Bd 92
Mignaloux-Beauvoir 86 82 Ac 69
Mignavillers 70 77 Gd 63
Migné 36 84 Bb 68
Migné-Auxances 86 82 Ab 69
Mignères 45 56 Cd 60
Mignerette 45 56 Cd 60
Mignéville 54 45 Ge 57
Mignières 28 55 Bc 58
Mignovillard 39 90 Ga 68
Migny 36 85 Ca 66
Migré 17 93 Zc 70
Migron 17 93 Zd 74
Mijanès 09 159 Ca 92
Milesse, la — 72 53 Aa 60
Milhac 46 119 Bc 80
Milhac-d'Auberoche 24 107 Af 78
Milhac-de-Nontron 24 107 Ae 76
Milhars 81 133 Bf 84
Milhas 31 145 Ae 91
Milhaud 30 136 Eb 86
Milhavet 81 133 Ca 84
Milizac 29 30 Vc 58
Millac 86 95 Ae 71
Millam 59 9 Cb 43
Millançay 41 70 Be 64
Millas 66 160 Cf 92
Millau 12 135 Da 84
Millay 58 87 Ea 67
Millebosc 76 12 Bc 49
Millemont 78 38 Be 56
Millencourt 80 14 Cd 48

188 Masseret—Millencourt

Millencourt-en-Ponthieu **80** 13 Bf 48
Millery **21** 74 Eb 63
Millery **54** 44 Ga 56
Millery **69** 112 Ee 75
Millevaches **19** 108 Ca 75
Millières **50** 18 Yd 53
Millières **52** 60 Fc 60
Milly **50** 35 Yf 57
Milly-la-Forêt **91** 56 Cc 58
Milly-Lamartine **71** 100 Ee 70
Milly-sur-Bradon **55** 27 Fb 52
Milly-sur-Thérain **60** 23 Bf 51
Milon-la-Chapelle **78** 39 Ca 56
Mimbaste **40** 129 Za 87
Mimet **13** 152 Fd 88
Mimeure **21** 74 Ec 66
Mimizan **40** 116 Ye 83
Mimizan-Plage **40** 116 Ye 83
Minaucourt-le-Mesnil-lès-Hurlus **51** 42 Ee 53
Minerve **34** 148 Ce 88
Mingot **65** 145 Ab 88
Mingoval **62** 14 Cd 46
Miniac-Morvan **35** 33 Ya 57
Miniac-sous-Bécherel **35** 50 Ya 59
Minihic-sur-Rance, le — **35** 33 Xf 57
Minihy-Tréguier **22** 32 We 56
Minorville **54** 43 Ff 56
Minot **21** 74 Ef 62
Minversheim **67** 46 Hd 56
Minzac **24** 106 Aa 79
Minzier **74** 101 Ff 72
Miolles **81** 134 Cd 85
Mionnay **01** 100 Ef 73
Mions **69** 112 Ef 75
Mios **33** 116 Za 81
Miossens-Lanusse **64** 144 Ze 88
Mirabeau **04** 139 Ga 84
Mirabeau **84** 138 Fd 86
Mirabel **07** 124 Ec 81
Mirabel **82** 132 Bc 84
Mirabel-aux-Baronnies **26** 138 Fa 83
Mirabel-et-Blacons **26** 125 Fa 80
Miradoux **32** 131 Ae 85
Miramas **13** 151 Fa 87
Mirambeau **17** 105 Zc 76
Mirambeau **31** 146 Af 88
Miramont-d'Astarac **32** 145 Ac 87
Miramont-de-Comminges **31** 145 Ae 90
Miramont-de-Guyenne **47** 118 Ac 81
Miramont-de-Quercy **82** 132 Ba 83
Miramont-Latour **32** 131 Ae 86
Miramont-sensacq **40** 130 Ze 87
Mirande **32** 145 Ac 87
Mirandol-Bourgnounac **81** 133 Ca 84
Mirannes **32** 131 Ac 87
Miraumont **80** 14 Ce 48
Miraval-Cabardès **11** 148 Cc 88
Mirbel **52** 59 Fa 59
Miré **49** 52 Zd 62
Mirebeau **21** 75 Fb 64
Mirebeau **86** 82 Ab 68
Mirebel **39** 90 Fe 68
Mirecourt **88** 61 Ga 59
Mirefleurs **63** 110 Db 74
Miremont **31** 146 Bc 88
Miremont **63** 97 Ce 73
Mirepeisset **11** 148 Cf 89
Mirepeix **64** 144 Ze 89
Mirepoix **09** 147 Bf 90
Mirepoix **32** 131 Ae 86
Mirepoix-sur-Tarn **31** 133 Bd 86
Mireval **34** 150 De 87
Miribel **01** 100 Ef 74
Miribel **26** 113 Fa 77
Miribel-Lanchâtre **38** 125 Fd 79
Miribel-les-Echelles **38** 113 Fe 76
Mirmande **26** 124 Ef 80
Miroir, le — **71** 89 Fc 69
Mirvaux **80** 13 Cc 48
Mirville **76** 21 Ac 51
Miscon **26** 125 Fd 81
Miserey **27** 38 Bb 54
Miserey-Salines **25** 76 Ff 65
Misérieux **01** 100 Ee 73
Misery **80** 24 Cf 49
Missé **79** 82 Ze 67
Missècle **81** 133 Bf 86
Missègre **11** 148 Cc 91
Missery **21** 74 Ec 65
Missillac **44** 65 Xf 64
Missiriac **56** 50 Xd 61
Misson **40** 129 Za 87
Missy **14** 35 Zc 54
Missy-aux-Bois **02** 24 Db 52
Missy-lès-Pierrepont **02** 25 De 51
Missy-sur-Aisne **02** 24 Dc 52
Misy-sur-Yonne **77** 57 Da 58
Mitry-Mory **77** 39 Cd 55
Mittainville **78** 38 Bd 56
Mittainvilliers **28** 55 Bb 58
Mittelbergheim **67** 63 Hc 58
Mittelbronn **57** 45 Hb 56
Mittelhausbergen **67** 46 He 57
Mittelhausen **67** 46 Hd 56
Mittelschaeffolsheim **67** 46 Hd 56
Mittelwihr **68** 62 Ha 60
Mittersheim **57** 45 Gf 55
Mittlach **68** 62 Ha 61
Mittois **14** 36 Aa 54
Mitzach **68** 62 Ha 61
Mizérieux **42** 99 Eb 74
Mizoën **38** 114 Ga 78
Mobecq **50** 18 Yc 53
Moca-Croce **2A** 163 Ka 98
Modane **73** 115 Gd 77
Modène **84** 138 Fa 84
Moëlan-sur-Mer **29** 48 Wc 62
Moëres, les — **59** 10 Cd 42
Mœrnach **68** 77 Hb 63
Moëslains **52** 42 Ef 57
Mœurs-Verdey **51** 41 De 56
Mœuvres **59** 14 Da 48
Moëze **17** 92 Yf 73
Moffans-et-Vacherssé **70** 77 Gd 63
Mogeville **55** 27 Fd 53
Mogneneins **01** 100 Ee 72
Mognéville **55** 42 Fa 56
Mogneville **60** 23 Cc 53
Mogues **08** 27 Fb 51
Mohon **56** 50 Xc 60
Moidieu-Détourbe **38** 112 Fa 75
Moigné **35** 51 Yb 60
Moigny-sur-Ecole **91** 56 Cc 58
Moimay **70** 76 Gc 63
Moineville **54** 44 Ff 53
Moings **17** 105 Zd 76
Moinville-la-Jeulin **28** 55 Be 58
Moirans **38** 113 Fd 77
Moirans-en-Montagne **39** 90 Fe 70
Moirax **47** 118 Ac 81
Moirax **47** 131 Ad 84
Moiremont **51** 42 Ef 54
Moirey-Flabas-Crépion **55** 27 Fc 53
Moiron **39** 89 Fd 69
Moiry **08** 27 Fb 51
Moisdon-la-Rivière **44** 66 Yd 63
Moisenay **77** 39 Ce 57
Moislains **80** 14 Cf 49
Moissac **82** 132 Ba 84
Moissac-Bellevue **83** 139 Ga 87
Moissac-Vallée-Française **48** 136 De 84
Moissat **63** 98 Dc 74
Moisselles **95** 39 Cc 54
Moissey **39** 75 Fd 65
Moissieu-sur-Dolon **38** 112 Ef 76
Moisson **78** 38 Bd 54
Moissy-Cramayel **77** 39 Cd 57
Moissy-Moulinot **58** 73 De 65
Moisville **27** 37 Ba 55
Moisy **41** 55 Bb 61
Moïta **2B** 163 Kc 95
Moitiers-d'Allonne, les — **50** 18 Yb 52
Moitiers-en-Bauptois **50** 18 Yd 52
Moitron **21** 74 Ee 62
Moitron-sur-Sarthe **72** 53 Aa 59
Moivre **51** 42 Ed 55
Molac **56** 50 Xd 62
Molagnies **76** 22 Be 51
Molain **02** 15 Dd 48
Molain **39** 90 Fe 68
Molamboz **39** 89 Fe 67
Molandier **11** 147 Be 89
Molas **31** 145 Ae 88
Molay **39** 89 Fc 66
Molay **70** 75 Fe 62
Môlay **89** 73 Df 62
Molay-Littry, le — **14** 19 Za 53
Moléans **28** 55 Bc 60
Molèdes **15** 110 Da 77
Molère **65** 145 Ab 90
Molesmes **21** 59 Ec 61
Molesmes **89** 72 Dc 63
Molezon **48** 136 De 83
Moliens **60** 22 Be 50
Molières **24** 119 Ae 80
Molières **46** 120 Bf 80
Molières **82** 132 Bc 82
Molières, les — **91** 39 Ca 56
Molières-sur-Cèze **30** 136 Ea 83
Moliets-et-Maa **40** 128 Yd 85
Molinchart **02** 24 Dd 51
Molinet **03** 87 Df 70
Molineuf **41** 70 Bb 63
Molinges **39** 101 Fe 70
Molinghem **62** 13 Cc 45
Molinons **89** 57 Dd 59
Molinot **21** 88 Ed 66
Molins-sur-Aube **10** 59 Ec 58
Molitg-les-Bains **66** 159 Cc 93
Mollans **70** 76 Gc 53
Mollau **68** 62 Gf 61
Mollegès **13** 137 Ef 86
Molles **03** 98 Dd 72
Molleville **11** 147 Bf 89
Molliens-au-Bois **80** 13 Cc 49
Molliens-Dreuil **80** 23 Ca 49
Mollkirch **67** 45 Hc 57
Molompize **15** 110 Da 77
Molosmes **89** 58 Ea 61
Moloy **21** 74 Ef 63
Molphey **21** 73 Eb 64
Molpré **39** 90 Ga 68
Molring **57** 45 Ge 55
Molsheim **67** 46 Hc 57
Moltifao **2B** 161 Ka 94
Molunes, les — **39** 102 Ff 70
Momas **64** 144 Zd 88
Mombrier **33** 105 Zc 78
Momères **65** 144 Aa 89
Momerstroff **57** 44 Gd 53
Mommenheim **67** 46 Hd 56
Momuy **40** 129 Zc 87
Momy **64** 144 Zf 88
Monacia-d'Aullène **2A** 164 Ka 99
Monacia-d'Orezza **2B** 161 Kc 94
Monaco [MC] 141 Hc 86
Monampteuil **02** 25 Dd 52
Monassut-Audiracq **64** 144 Ze 88
Monastère, le — **12** 121 Cd 82
Monastier, le — **48** 122 Db 81
Monastier-sur-Gazeille, le — **43** 123 Df 79
Monastruc-la-Conseillère **31** 133 Bd 86
Monay **39** 89 Fd 67
Monbadon **33** 117 Zf 79
Monbahus **47** 118 Ad 81
Monbalen **47** 118 Ae 83
Monbardon **32** 145 Ae 88
Monbazillac **24** 118 Ac 80
Monbéqui **82** 132 Bb 85
Monblanc **32** 146 Af 88
Monbrun **32** 132 Ba 87
Moncale **2B** 161 If 93
Moncale **2B** 161 If 93
Moncassin **32** 145 Ac 88
Moncaup **31** 145 Ae 91
Moncaup **64** 144 Zf 88
Moncaut **47** 131 Ac 84
Moncayolle **64** 143 Zb 89
Moncé-en-Belin **72** 53 Ab 61
Moncé-en-Saosnois **72** 53 Ac 59
Monceau-le-Neuf **02** 25 Dd 50
Monceau-le-Waast **02** 25 De 51
Monceau-lès-Leups **02** 24 Dc 50
Monceau-Saint-Waast **59** 15 Df 47
Monceau-sur-Oise **02** 25 De 49
Monceaux **19** 108 Bf 75
Monceaux **19** 108 Bf 78
Monceaux **60** 23 Cd 53
Monceaux **61** 37 Ae 58
Monceaux, les — **14** 36 Aa 54
Monceaux-en-Bessin **14** 19 Zb 53
Monceaux-l'Abbaye **60** 22 Be 51
Monceaux-le-Comte **58** 73 Dd 65
Moncel-lès-Lunéville **54** 44 Gd 57
Moncel-sur-Seille **54** 44 Gc 56
Moncel-sur-Vair **88** 60 Fe 58
Moncelle, la — **08** 26 Ef 50
Moncetz-l'Abbaye **51** 58 Ed 57
Moncetz-Longevas **51** 42 Ec 55
Moncey **25** 76 Ga 64
Monchaux-Soreng **76** 12 Bd 49
Monchaux-sur-Écaillon **59** 15 Dc 47
Moncheaux **59** 14 Da 46
Moncheaux-lès-Frévent **62** 13 Cc 47
Monchecourt **59** 14 Db 47
Monchel-sur-Canche **62** 13 Cb 47
Moncheux **57** 44 Gc 55
Monchiet **62** 14 Cd 47
Monchy-au-Bois **62** 14 Cd 47
Monchy-Breton **62** 13 Cb 46
Monchy-Cayeux **62** 13 Cb 46
Monchy-Humières **60** 23 Ce 52
Monchy-le-Preux **62** 14 Cf 47
Monchy-Saint-Eloy **60** 23 Cc 53
Monchy-sur-Eu **76** 12 Bc 48
Moncla **64** 130 Ze 87
Monclar **32** 130 Zf 85
Monclar **47** 118 Ad 82
Monclar-de-Quercy **82** 133 Bd 85
Monclar-sur-Losse **32** 145 Ab 87
Moncley **25** 76 Ff 65
Moncontour **22** 32 Xc 58
Moncontour **86** 82 Zf 67
Moncourt **57** 44 Gd 56
Moncoutant **79** 81 Zc 68
Moncrabeau **47** 131 Ac 84
Moncy **61** 35 Zb 56
Mondavezan **31** 146 Ba 89
Mondelange **57** 28 Gb 53
Mondement **51** 41 De 56
Mondescourt **60** 24 Da 51
Mondevert **35** 51 Yf 60
Mondeville **14** 20 Ze 53
Mondeville **91** 56 Cc 58
Mondicourt **62** 13 Cc 47
Mondigny **08** 26 Ed 50
Mondilhan **31** 145 Ae 89
Mondion **86** 82 Ac 67
Mondon **25** 76 Gb 64
Mondonville **31** 132 Bb 86
Mondonville-Saint-Jean **28** 55 Be 58
Mondoubleau **41** 54 Af 61
Mondouzil **31** 133 Bd 87
Mondragon **84** 137 Ee 83
Mondrainville **14** 35 Zc 54
Mondrepuis **02** 15 Ea 49
Mondreville **77** 56 Cd 60
Mondreville **78** 38 Bd 55
Monein **64** 144 Zc 89
Monès **31** 146 Ba 88
Monesple **09** 146 Bc 90
Monestier **03** 98 Da 71
Monestier **07** 112 Ed 77
Monestier **24** 118 Ab 80
Monestier, le — **63** 111 De 75
Monestier-de-Clermont **38** 125 Fd 79
Monestier-du-Percy **38** 125 Fd 80
Monestier-Merlines **19** 109 Cc 75
Monestier-Port-Dieu **19** 109 Cc 76
Monestiés **81** 133 Ca 84
Monestrol **31** 147 Be 89
Monétay-sur-Allier **03** 98 Db 70
Monétay-sur-Loire **03** 87 De 70
Monéteau **89** 57 Dd 61
Monfaucon **24** 106 Ad 78
Monfaucon **24** 118 Ab 79
Monfaucon **65** 145 Aa 88
Monferran-Plavès **32** 145 Ad 88
Monferran-savès **32** 132 Af 87
Monflanquin **47** 119 Ae 81
Monfort **32** 132 Ae 86
Mongaillard **47** 131 Ab 83
Mongausy **32** 146 Ae 87
Monget **40** 130 Zc 87
Monguilhem **32** 130 Ze 85
Monheurt **47** 118 Ab 82
Monhoudou **72** 53 Ab 59
Monieux **84** 138 Fc 84
Monistrol-d'Allier **43** 123 Dd 79
Monistrol-sur-Loire **43** 111 Eb 77
Monlaur-Bernet **32** 145 Ad 88
Monléon-Magnoac **65** 145 Ad 89
Monlet **43** 111 De 77
Monlezun **32** 145 Ab 87
Monlezun-d'Armagnac **32** 130 Zf 86
Monmadalès **24** 118 Ad 80
Monmarvès **24** 118 Ad 80
Monnai **61** 36 Ac 55
Monnaie **37** 69 Ae 64
Monneren **57** 28 Gc 52
Monnerie-le-Montel, la — **63** 99 Dd 73
Monnerville **91** 56 Ca 58
Monnes **02** 40 Db 54
Monnet-la-Ville **39** 90 Fe 68
Monnetay **39** 89 Fd 70
Monnetier-Mornex **74** 102 Gb 72
Monneville **60** 38 Bf 53
Monnières **39** 89 Fc 66
Monnières **44** 66 Yd 66
Monoblet **30** 136 Df 85
Monpardiac **32** 145 Ab 88
Monpazier **24** 119 Af 80
Monpezat **64** 144 Zf 87
Monprimblanc **33** 117 Ze 81
Mons **16** 94 Ze 73
Mons **17** 93 Zd 74
Mons **30** 136 Eb 84
Mons **31** 133 Bd 87
Mons **34** 149 Cf 87
Mons **63** 98 Dc 72
Mons **83** 140 Ge 86
Mons, le — **63** 111 De 75
Mons-Boubert **80** 13 Be 48
Mons-en-Barœul **59** 10 Da 45
Mons-en-Laonnais **02** 24 Dd 51
Mons-en-Montois **77** 57 Da 58
Mons-en-Pévèle **59** 14 Da 46
Monsac **24** 118 Ae 80
Monsaguel **24** 118 Ad 80
Monsec **24** 106 Ad 76
Monségur **33** 118 Aa 81
Monségur **40** 130 Zc 87
Monségur **47** 119 Af 82
Monségur **64** 144 Zf 88
Monselie, le — **15** 109 Cd 77
Monsempron **47** 119 Af 82
Monsireigne **85** 81 Za 68
Monsols **69** 100 Ed 71
Monsteroux-Milieu **38** 112 Ef 76
Monsures **80** 23 Cb 50
Monswiller **67** 45 Hc 56
Mont **64** 143 Zc 88
Mont, le — **63** 110 Cf 75
Mont, le — **70** 77 Ge 62
Mont, le — **88** 62 Ha 58
Mont-Bernanchon **62** 14 Cd 45
Mont-Bonvillers **54** 27 Ff 53
Mont-Cauvaire **76** 21 Ba 51
Mont-d'Astarac **32** 145 Ad 89
Mont-Dauphin **05** 127 Gd 80
Mont-de-Laval **25** 77 Gd 65
Mont-de-Marrast **32** 145 Ac 88
Mont-de-Marsan **40** 130 Zd 85
Mont-devant-Sassey **55** 27 Fa 52
Mont-Disse **64** 130 Zf 87
Mont-Dol **35** 34 Yb 57
Mont-Dore, le — **63** 109 Ce 75
Mont-et-Marré **58** 87 Dd 66
Mont-Laurent **08** 26 Ec 52
Mont-le-Vernois **70** 76 Ga 63
Mont-le-Vignoble **54** 43 Ff 57
Mont-lès-Lamarche **88** 60 Fe 60
Mont-lès-Neufchâteau **88** 60 Fd 58
Mont-l'Etroit **54** 60 Fe 57
Mont-Louis **66** 159 Ca 93
Mont-Notre-Dame **02** 25 Dd 53
Mont-Ormel **61** 36 Aa 55
Mont-Saint-Adrien, le — **60** 23 Ca 52
Mont-Saint-Aignan **76** 21 Ba 52
Mont-Saint-Éloi **62** 14 Ce 46
Mont-Saint-Jean **02** 25 Eb 50
Mont-Saint-Jean **21** 74 Ec 65
Mont-Saint-Jean **72** 53 Zf 59
Mont-Saint-Martin **02** 25 Dd 53
Mont-Saint-Martin **08** 26 Ed 52
Mont-Saint-Martin **38** 113 Fe 77
Mont-Saint-Martin **54** 27 Fe 51
Mont-Saint-Michel, le — **50** 34 Yc 57
Mont-Saint-Rémy **08** 26 Ec 52
Mont-Saint-Sulpice **89** 58 Dd 61
Mont-Saint-Vincent **71** 88 Ec 69
Mont-Saxonnex **74** 102 Gc 72
Mont-sous-Vaudrey **39** 89 Fd 67
Mont-sur-Meurthe **54** 44 Gc 57
Mont-sur-Monnet **39** 90 Ff 68
Montabard **61** 36 Zf 56
Montabon **72** 68 Ac 62
Montabots **50** 34 Yf 55
Montacher-Villegardin **89** 57 Da 59
Montadet **32** 146 Af 88
Montady **34** 149 Da 89
Montagagne **09** 146 Bc 91
Montagna-le-Reconduit **39** 89 Fc 70
Montagna-le-Templier **39** 101 Fc 70
Montagnac **04** 139 Ga 86
Montagnac **30** 136 Ea 85
Montagnac **34** 149 Dc 88
Montagnac-d'Auberoche **24** 107 Af 77
Montagnac-la-Crempse **24** 106 Ad 79
Montagnac-sur-Auvignon **47** 131 Ac 84
Montagnac-sur-Lède **47** 119 Af 81
Montagnat **01** 101 Fb 72
Montagne **33** 117 Zf 79
Montagne, la — **44** 66 Yb 65
Montagne-Fayel **80** 23 Bf 49
Montagney **70** 75 Fe 65
Montagnieu **01** 101 Fc 74
Montagnieu **38** 113 Fc 75
Montagnol **12** 135 Da 85
Montagnole **73** 114 Ff 75
Montagny **42** 99 Eb 72
Montagny **69** 112 Ee 75
Montagny **73** 115 Gd 76
Montagny-en-Vexin **60** 38 Be 53
Montagny-lès-Beaume **21** 88 Ef 67
Montagny-lès-Buxy **71** 88 Ee 68
Montagny-lès-Seurre **21** 89 Fb 66
Montagny-près-Louhans **71** 89 Fb 69
Montagny-Sainte-Félicité **60** 39 Ce 54
Montagny-sur-Grosne **71** 100 Ed 70
Montagrier **24** 106 Ac 77
Montagudet **82** 132 Ba 83
Montagut **64** 130 Zc 87
Montaignac-Saint-Hippolyte **19** 108 Ca 76
Montaigou-la-Brisette **50** 18 Yd 51
Montaigu **02** 25 Df 51
Montaigu **39** 89 Fd 69
Montaigu **85** 80 Ye 67
Montaigu-de-Quercy **82** 119 Ba 82
Montaigu-le-Blin **03** 98 Dd 71
Montaigu-les-Bois **50** 34 Ye 55
Montaiguët-en-Forez **03** 99 De 71
Montaigut-le-Blanc **23** 96 Be 72
Montaigut-le-Blanc **63** 110 Da 75
Montaigut-sur-Save **31** 132 Bb 86
Montaillé **72** 54 Ae 61
Montailleur **73** 114 Gb 75
Montaillou **09** 159 Bf 92
Montaimont **73** 114 Gc 76
Montain **39** 89 Fd 68
Montain **82** 132 Ba 85
Montainville **28** 55 Bd 59
Montainville **78** 38 Bf 55
Montalba-le-Château **66** 160 Cd 92
Montalembert **79** 94 Aa 72
Montalet-le-Bois **78** 38 Be 54
Montalieu, Vercieu- **38** 101 Fc 74
Montalieu-Vercieu **38** 101 Fc 74
Montalzat **82** 133 Bc 83
Montambert **58** 87 De 68
Montamel **46** 119 Bc 81
Montamisé **86** 82 Ac 69
Montamy **14** 35 Zb 55
Montanay **69** 100 Ef 73
Montancy **25** 77 Ha 64
Montandon **25** 77 Gf 65
Montanel **50** 34 Yd 58
Montaner **64** 144 Zf 88
Montangon **10** 59 Ec 58
Montans **81** 133 Bf 85
Montapas **58** 87 Dd 66
Montardit **09** 146 Bb 90
Montardon **64** 144 Zd 88
Montaren **30** 137 Ec 84
Montargis **45** 56 Ce 61
Montarlot **77** 57 Cf 58
Montarlot-lès-Rioz **70** 76 Ga 64
Montarnaud **34** 136 Ce 87
Montaron **58** 87 De 67
Montastruc **47** 118 Ad 82
Montastruc **65** 145 Ac 89
Montastruc **82** 132 Bb 84
Montat, le — **46** 119 Bc 82
Montataire **60** 23 Cc 53
Montauban **26** 138 Fd 83
Montauban **35** 50 Xf 59
Montauban **82** 132 Bc 84
Montauban-de-Picardie **80** 14 Ce 48
Montaud **34** 136 Df 86
Montaud **38** 113 Fd 77
Montaudin **53** 52 Yf 58
Montaulieu **26** 125 Fb 82
Montaulin **10** 58 Eb 59
Montaure **27** 21 Ba 53
Montauriol **11** 147 Bf 89
Montauriol **47** 118 Ad 81
Montauriol **66** 160 Ce 93
Montauroux **83** 140 Ge 87
Montaut **09** 146 Ba 90
Montaut **24** 118 Ad 80
Montaut **31** 146 Bb 90
Montaut **32** 145 Ac 88
Montaut **40** 129 Zc 86
Montaut **47** 118 Ae 81
Montaut **64** 144 Ze 90
Montaut-les-Créneaux **32** 131 Ad 86
Montautour **35** 51 Yf 59
Montauville **54** 44 Ga 55
Montay **59** 15 Dd 48
Montayral **47** 119 Af 82
Montazeau **24** 118 Aa 79
Montazels **11** 159 Cb 91
Montbard **21** 74 Ec 63
Montbarla **82** 132 Ba 83
Montbarrey **39** 89 Fd 66
Montbarrois **45** 56 Cc 60
Montbartier **82** 132 Bb 85
Montbazens **12** 121 Cb 82
Montbazin **34** 150 De 87
Montbazon **37** 69 Ae 65
Montbel **09** 147 Bf 91
Montbel **48** 123 De 81
Montbéliard **25** 77 Ge 63
Montbéliardot **25** 77 Gd 65
Montbellet **71** 88 Ee 70
Montbenoît **25** 90 Gc 67
Montbernard **31** 145 Ae 89
Montberon **31** 132 Bc 86
Montbert **44** 66 Yd 66
Montberthault **21** 73 Ea 64
Montbeton **82** 132 Bb 84
Montbeugny **03** 87 Dc 69
Montbizot **72** 53 Ab 60
Montblainville **55** 26 Fa 53
Montblanc **34** 149 Dc 88
Montboillon **70** 76 Ff 64
Montboissier **28** 55 Bc 59
Montbolo **66** 160 Cd 94
Montboucher-sur-Jabron **26** 124 Ee 81
Montboudif **15** 109 Ce 76
Montbouton **90** 77 Gf 64
Montbouy **45** 57 Ce 61
Montboyer **16** 106 Aa 77
Montbozon **70** 76 Gb 64
Montbrand **05** 125 Fe 81
Montbras **55** 43 Fe 57
Montbray **50** 35 Yf 55
Montbré **51** 41 Ea 53
Montbrehain **02** 15 Dc 49
Montbrison **26** 124 Fa 82
Montbrison **42** 111 Ea 75
Montbron **16** 106 Ad 75
Montbronn **57** 45 Hb 54
Montbrun **46** 120 Bf 81
Montbrun **48** 122 Dd 83
Montbrun-Bocage **31** 146 Bb 90
Montbrun-des-Corbières **11** 148 Ce 89
Montbrun-Lauragais **31** 147 Bd 88
Montbrun-les-Bains **26** 138 Fc 83
Montcabrier **46** 119 Ba 81
Montcabrier **81** 133 Be 87
Montcaret **24** 118 Aa 79
Montcarra **38** 113 Fc 75
Montcavrel **62** 13 Be 45
Montceau **38** 113 Fc 75
Montceau-et-Echarnant **21** 88 Ed 66
Montceau-les-Mines **71** 88 Ec 68
Montceaux **01** 100 Ee 72
Montceaux **77** 40 Cf 55
Montceaux-lès-Provins **77** 40 Dc 56
Montceaux-lès-Vaudes **10** 58 Ea 60
Montceaux-l'Etoile **71** 99 Ea 70
Montceaux-Ragny **71** 88 Ef 69
Montcel **63** 98 Da 72
Montcel **73** 102 Ff 74
Montcenis **71** 88 Ec 68
Montcet **01** 101 Fa 71
Montcey **70** 76 Gb 63
Montchaboud **38** 113 Fe 78
Montchâlons **02** 25 De 51
Montchamp **14** 35 Zb 55
Montchamp **15** 110 Db 78
Montchanin **71** 88 Ec 68
Montcharvot **52** 60 Fe 61
Montchaton **50** 34 Yd 54
Montchaude **16** 105 Ze 76
Montchauvent **78** 38 Bd 55
Montchauvet **14** 35 Zb 55
Montchenu **26** 112 Fa 77
Montcheutin **08** 26 Ee 53
Montchevrel **61** 36 Ac 57
Montchevrier **36** 84 Be 70
Montclar **11** 148 Cb 90
Montclar **12** 134 Cd 85
Montclar-de-Comminges **31** 146 Ba 89
Montclar-Lauragais **31** 147 Be 88
Montclar-sur-Gervanne **26** 125 Fa 80
Montclard **43** 110 Dd 77
Montcléra **46** 119 Bb 81
Montclus **05** 125 Fe 82
Montclus **30** 137 Ec 83
Montcombroux-les-Mines **03** 99 De 70
Montcony **71** 89 Fb 68
Montcorbon **45** 57 Da 61
Montcornet **02** 25 Ea 50
Montcornet **08** 26 Ed 49
Montcourt **70** 61 Ff 61
Montcoy **71** 89 Fa 68
Montcresson **45** 56 Ce 61
Montcuit **50** 18 Yd 54
Montcuq **46** 119 Bb 82
Montcusel **39** 101 Fd 70
Montcy-Notre-Dame **08** 26 Ee 50
Montdardier **30** 135 Dd 85
Montdauphin **77** 40 Dc 55
Montdidier **57** 45 Ge 55
Montdidier **80** 23 Cd 51
Montdoré **70** 61 Ga 61
Montdoumerc **46** 133 Bd 83
Montdragon **81** 133 Ca 86
Monte **2B** 161 Kc 94
Monte-Carlo [MC] 141 Hc 86
Monteaux **41** 69 Ba 64
Montebourg **50** 18 Yd 52
Montech **82** 132 Bb 85
Montécheroux **25** 77 Ge 64
Montegrosso **2B** 161 If 93
Montegrosso **2B** 161 If 93
Montégut **40** 130 Ze 85
Montégut-Arros **32** 145 Ab 88
Montégut-Bourjac **31** 146 Ba 89
Montégut-en-Couserans **09** 146 Ba 91
Montégut-Lauragais **31** 147 Bf 88
Montégut-Plantaurel **09** 146 Bd 90
Montégut-Savès **32** 146 Af 88
Monteignet-sur-l'Andelot **03** 98 Db 72
Monteil **15** 109 Cc 78
Monteil, le — **15** 109 Cc 77
Monteil, le — **43** 110 Db 77
Monteil, le — **43** 111 Df 78
Monteil, le — **43** 123 De 79
Monteil-au-Vicomte, la — **23** 96 Bf 73
Monteille **14** 36 Aa 54
Monteils **12** 133 Bf 83
Monteils **12** 134 Cc 83
Monteils **12** 134 Cd 85
Monteils **30** 136 Eb 84
Monteils **30** 137 Ec 83
Monteils **82** 133 Bd 83
Montel-de-Gelat **63** 97 Cd 73
Montéléger **26** 124 Ef 79
Montélier **26** 124 Fa 79
Montélimar **26** 124 Ee 81
Montellier, le — **01** 101 Fa 73
Montels **09** 146 Bc 90
Montels **34** 149 Da 89
Montels **81** 133 Bf 85
Montembœuf **16** 94 Ad 74
Montenach **57** 28 Gc 52
Montenay **53** 52 Za 59
Montendre **17** 105 Zd 77
Montendry **73** 114 Gb 75
Montenescourt **62** 14 Cd 47
Monteneuf **56** 50 Xe 61
Montenils **77** 40 Dc 55
Montenois **25** 77 Ge 64
Montenoison **58** 72 Dc 65
Montenoy **54** 44 Gb 56
Montépilloy **60** 39 Ce 53
Montépreux **51** 41 Ea 56
Monterblanc **56** 49 Xc 62
Montereau **45** 56 Cd 61
Montereau-Faut-Yonne **77** 57 Cf 58
Montereau-sur-le-Jard **77** 39 Ce 57
Monterfil **35** 50 Ya 60
Montérolier **76** 22 Bc 51
Monterrein **56** 50 Xd 61
Montertelot **56** 50 Xd 61
Montescot **66** 160 Cf 93
Montescourt-Lizerolles **02** 24 Db 50
Montespan **31** 146 Af 90
Montesquieu **47** 131 Ac 83
Montesquieu **66** 160 Cf 93
Montesquieu **82** 132 Ba 83
Montesquieu-Avantès **09** 146 Bb 90
Montesquieu-Lauragais **31** 147 Bd 88
Montesquieu-Volvestre **31** 146 Bb 89
Montesquiou **32** 131 Ab 87
Montessaux **70** 77 Gd 62
Montestruc-sur-Gers **32** 131 Ad 86
Montet, le — **03** 98 Da 70
Monteton **47** 118 Ab 81
Monteux **84** 137 Ef 84
Montévrain **77** 39 Ce 55
Monteynard **38** 125 Fe 79
Montfa **09** 146 Bb 90
Montfalcon **38** 113 Fb 77
Montfarville **50** 18 Ye 51
Montfaucon **25** 76 Ga 65
Montfaucon **30** 137 Ef 84
Montfaucon **46** 120 Bd 80
Montfaucon **49** 66 Yf 66
Montfaucon **55** 26 Fa 53
Montfaucon-en-Velay **43** 111 Eb 77
Montfermeil **93** 39 Cd 55
Montfermier **82** 132 Bc 83
Montfermy **63** 97 Ce 73
Montferrand **11** 147 Be 88
Montferrand-du-Périgord **24** 119 Af 80
Montferrand-la-Fare **26** 125 Fc 82
Montferrand-le-Château **25** 76 Ff 65
Montferrat **38** 113 Fd 76
Montferrat **83** 140 Gc 87
Montferrer **66** 160 Cd 94
Montferrier **09** 159 Be 91
Montferrier **34** 136 Cf 87
Montfey **10** 58 Df 60
Montfiquet **14** 19 Za 53
Montfleur **39** 101 Fc 71
Montflours **53** 52 Zb 60
Montflovin **25** 90 Gc 67
Montfort **04** 139 Ff 84
Montfort **25** 90 Ff 66
Montfort **35** 50 Ya 60
Montfort **49** 68 Ze 65
Montfort **64** 143 Za 88
Montfort **73** 114 Ff 75
Montfort-l'Amaury **78** 38 Be 56
Montfort-le-Rotrou **72** 53 Ac 60
Montfort-sur-Argens **83** 153 Ga 88
Montfort-sur-Boulzane **11** 159 Cb 92
Montfort-sur-Risle **27** 21 Ad 53
Montfranc **12** 134 Cd 85
Montfrin **30** 137 Ed 85
Montfroc **26** 138 Fd 83
Montfuron **04** 138 Fe 85
Montgaillard **09** 158 Bd 91
Montgaillard **11** 160 Cd 91
Montgaillard **31** 146 Af 90
Montgaillard **65** 144 Aa 90
Montgaillard **81** 133 Bd 85
Montgaillard **82** 132 Af 85
Montgaillard-Lauragais **31** 147 Be 88
Montgaillard-sur-Save **31** 145 Ae 89
Montgardin **05** 126 Gb 81
Montgardon **50** 18 Yc 53
Montgauch **09** 146 Ba 90
Montgaudry **61** 53 Ac 58
Montgazin **31** 146 Bb 89
Montgé-en-Goële **77** 39 Ce 54
Montgeard **31** 147 Bd 89
Montgellafrey **73** 114 Gb 76
Montgenèvre **05** 126 Ge 79
Montgenost **51** 41 Dd 57
Montgérain **60** 23 Cd 51
Montgermont **35** 51 Yb 60
Montgeron **91** 39 Cc 56
Montgeroult **95** 39 Ca 54
Montgesoye **25** 90 Gb 66
Montgesty **46** 119 Bb 81
Montgey **81** 147 Bf 87
Montgibaud **19** 108 Bc 75
Montgilbert **73** 114 Gb 75
Montgirod **73** 115 Gd 75
Montgiscard **31** 147 Bd 88
Montgivray **36** 84 Bf 69
Montgobert **02** 24 Da 53
Montgon **08** 26 Ee 51
Montgothier **50** 34 Ye 57
Montgradail **11** 147 Ca 90
Montgras **31** 146 Ba 88
Montgreleix **15** 109 Cf 76
Montguers **26** 138 Fc 83
Montgueux **10** 58 Df 59
Montguillon **49** 67 Zb 62
Montguyon **17** 105 Zd 77
Monthairons, les — **55** 43 Fc 54
Montharville **28** 55 Bb 59
Monthault **35** 34 Ye 57
Monthaut **11** 147 Ca 90
Monthelie **21** 88 Ee 67

Millencourt-en-Ponthieu — Monthelie **189**

Monthelon 51 41 Df 55
Monthelon 71 87 Eb 67
Monthenault 02 25 De 52
Montheries 52 59 Ef 59
Montherlant 60 23 Ca 53
Monthermé 08 26 Ee 49
Monthiers 02 40 Db 54
Monthieux 01 100 Ef 73
Monthion 73 114 Gc 75
Monthodon 37 69 Af 63
Monthoiron 86 83 Ad 68
Monthois 08 26 Ee 53
Montholier 39 89 Fd 67
Monthou-sur-Bièvre 41 70 Bb 64
Monthou-sur-Cher 41 70 Bb 64
Monthuchon 50 34 Yd 54
Monthurel 02 40 Dd 54
Monthureux-le-Sec 88 61 Ga 59
Monthureux-sur-Saône 88 61 Ff 60
Monthyon 77 40 Cf 54
Montiargues 30 136 Eb 85
Monticello 2B 161 If 93
Monticello 2B 161 If 93
Montier-en-Der 52 59 Ee 58
Montier-en-Isle 10 59 Ed 59
Montiér-les-Bains, le — 05 126 Gd 79
Montiéramey 10 58 Eb 59
Montierchaume 36 84 Be 67
Montiers 60 23 Cd 51
Montiers-sur-Saulx 55 43 Fb 57
Monties 32 145 Ae 88
Montignac 24 106 Ab 76
Montignac 24 106 Ab 78
Montignac 24 107 Ba 78
Montignac 33 117 Ze 80
Montignac 65 145 Aa 89
Montignac-Charente 16 94 Aa 74
Montignac-de-Lauzun 47 118 Ac 81
Montignac-le-Coq 16 106 Ab 76
Montignac-Toupinerie 47 118 Ac 81
Montigné 16 94 Zf 74
Montigné-le-Brillant 53 52 Zb 61
Montigné-lès-Rairies 49 68 Ze 63
Montigné-sur-Moine 49 66 Yf 66
Montigny 14 35 Zc 54
Montigny 18 71 Ce 65
Montigny 45 56 Ca 60
Montigny 50 34 Yf 57
Montigny 54 45 Ge 57
Montigny 76 21 Af 52
Montigny-aux-Amognes 58 86 Db 66
Montigny-devant-Sassey 55 27 Fa 52
Montigny-en-Arrouaise 02 24 Dc 49
Montigny-en-Cambrésis 59 15 Dc 48
Montigny-en-Gohelle 62 14 Cf 46
Montigny-en-Morvan 58 73 Df 66
Montigny-en-Ostrevent 59 14 Db 46
Montigny-la-Resle 89 58 De 61
Montigny-l'Allier 02 40 Da 54
Montigny-le-Bretonneux 78 39 Ca 56
Montigny-le-Chartif 28 54 Ba 59
Montigny-le-Franc 02 25 Df 50
Montigny-le-Gannelon 28 54 Bb 60
Montigny-le-Guesdier 77 57 Db 58
Montigny-le-Roi 52 60 Fc 61
Montigny-Lencoup 77 57 Da 58
Montigny-Lengrain 02 24 Da 52
Montigny-lès-Arsures 39 90 Fe 67
Montigny-lès-Cherlieu 70 76 Fe 62
Montigny-lès-Condé 02 40 Dd 55
Montigny-lès-Cormeilles 95 39 Cb 55
Montigny-les-Jongleurs 80 13 Ca 47
Montigny-lès-Metz 57 44 Ga 54
Montigny-les-Monts 10 58 Df 60
Montigny-lès-Vaucouleurs 55 43 Fd 57
Montigny-lès-Vesoul 70 76 Ga 63
Montigny-Montfort 21 74 Ec 63
Montigny-Mornay-Villeneuve-sur-Vingeanne 21 75 Fc 63
Montigny-Saint-Barthélemy 21 74 Eb 64
Montigny-sous-Marle 02 25 De 50
Montigny-sur-Armançon 21 74 Ec 64
Montigny-sur-Aube 21 59 Ee 61
Montigny-sur-Avre 28 37 Ba 56
Montigny-sur-Canne 58 87 Dd 67
Montigny-sur-Chiers 54 27 Fd 52
Montigny-sur-Crécy 02 25 Dd 50
Montigny-sur-l'Ain 39 90 Fe 68
Montigny-sur-l'Hallue 80 13 Cc 49
Montigny-sur-Loing 77 56 Ce 58
Montigny-sur-Meuse 08 16 Ee 48
Montigny-sur-Vence 08 26 Ed 51
Montigny-sur-Vesle 51 25 De 53
Montilliers 49 67 Zc 65
Montillot 89 73 De 63
Montilly 03 86 Db 69
Montilly-sur-Noireau 61 35 Zc 56
Montils 17 93 Zc 75
Montils, les — 41 70 Bb 64
Montipouret 36 84 Bf 69
Montirat 11 148 Cc 89
Montirat 81 133 Ca 84
Montireau 28 54 Ba 58
Montiron 32 132 Af 87
Montivilliers 76 20 Ab 50
Montjardin 11 147 Ca 91
Montjaux 12 135 Cf 84
Montjavoult 60 22 Be 53
Montjay 05 125 Fd 82
Montjay 71 89 Fb 68
Montjean 16 94 Aa 72
Montjean 53 52 Za 61
Montjean-sur-Loire 49 67 Za 64
Montjoi 11 148 Cc 91
Montjoi 82 132 Af 83
Montjoie-en-Couserans 09 146 Ba 90
Montjoie-le-Château 25 77 Gf 64
Montjoie-Saint-Martin 50 34 Ye 57
Montjoire 31 133 Bd 86
Montjoux 26 125 Fa 81
Montjoyer 26 124 Ef 82
Montjustin 04 138 Fd 85
Montjustin-et-Velotte 70 76 Gc 53
Montlandon 28 54 Ba 58
Montlaur 11 148 Cd 90
Montlaur 12 134 Cf 85
Montlaur-en-Diois 26 125 Fc 81
Montlaur (Saint-Lauter) 31 147 Bd 88
Montlaux 04 139 Ff 84
Montlauzun 46 119 Bb 83
Montlay-en-Auxois 21 74 Eb 64
Montlebon 25 91 Gd 66
Montlevicq 36 85 Ca 69
Montlevon 02 40 Dd 55
Montlhéry 91 39 Cb 57
Montliard 45 56 Cc 60
Montlieu-la-Garde 17 105 Ze 77
Montlignon 95 39 Cb 54
Montliot-et-Courcelles 21 59 Ed 61
Montlivault 41 70 Bc 63
Montlognon 60 39 Ce 54
Montiouë 02 25 Ea 50
Montlouis 18 85 Cb 68
Montlouis-sur-Loire 37 69 Ae 64
Montluçon 03 97 Cd 70
Montluel 01 100 Fa 73
Montmachoux 77 57 Cf 59
Montmacq 60 24 Cf 52
Montmahoux 25 90 Ga 67
Montmain 21 89 Fa 66
Montmain 76 22 Bb 52
Montmançon 21 75 Fc 64
Montmarault 03 98 Cf 71
Montmarlon 39 90 Ff 67
Montmartin 60 23 Ce 52
Montmartin-en-Graignes 50 19 Yf 53
Montmartin-le-Haut 10 59 Ed 59
Montmartin-sur-Mer 50 34 Yc 55
Montmaur 05 126 Ff 81
Montmaur-en-Diois 26 125 Fc 80
Montmaurin 31 145 Ad 89
Montmédy 55 27 Fc 51
Montmeillant 08 25 Ec 50
Montmelard 71 100 Ec 71
Montmelas-Saint-Sorlin 69 100 Ed 72
Montmélian 73 114 Ga 75
Montmerle-sur-Saône 01 100 Ee 72
Montmerrei 61 36 Aa 57
Montmeyan 83 139 Ga 87
Montmeyran 26 124 Ef 80
Montmin 74 102 Gb 74
Montmirail 51 40 Dd 55
Montmirail 72 54 Ae 60
Montmiral 26 113 Fa 78
Montmirat 30 136 Ea 85
Montmirey-la-Ville 39 75 Fd 65
Montmirey-le-Château 39 75 Fd 65
Montmoreau-Saint-Cybard 16 106 Aa 76
Montmorency 95 39 Cb 55
Montmorency-Beaufort 10 59 Ed 58
Montmorillon 86 83 Af 70
Montmorin 05 125 Fd 82
Montmorin 63 110 Dc 74
Montmorot 39 89 Fd 68
Montmort 71 87 Ea 68
Montmort-Lucy 51 41 De 55
Montmotier 88 61 Gb 61
Montmoyen 21 74 Ee 62
Montmurat 15 121 Cb 81
Montner 66 160 Cf 92
Montoillot 21 74 Ed 65
Montoir-de-Bretagne 44 65 Xf 65
Montoire-sur-le-Loir 41 69 Af 62
Montois-la-Montagne 57 28 Ga 53
Montoison 26 124 Ef 80
Montoldre 03 98 Dc 71
Montolieu 11 148 Cb 89
Montolivet 77 40 Dc 56
Montonvillers 80 13 Cb 49
Montord 03 98 Db 71
Montory 64 143 Zb 90
Montot 21 75 Fb 66
Montot 70 31 Fd 63
Montot-sur-Rognon 52 60 Fb 59
Montouliers 34 148 Cf 89
Montoulieu 09 158 Bd 91
Montoulieu 34 136 De 85
Montoulieu-Saint-Bernard 31 146 Af 89
Montournais 85 81 Zb 68
Montours 35 34 Ye 58
Montourtier 53 52 Zc 59
Montoussé 65 145 Ac 90
Montoussin 31 146 Ba 89
Montoy-Flanville 57 44 Gb 54
Montpaon 12 135 Da 85
Montpascal 73 114 Gc 76
Montpellier 34 150 Df 87
Montpellier-de-Médillan 17 93 Zb 75
Montpensier 63 98 Db 72
Montperreux 25 90 Gc 68
Montpeyroux 12 121 Ce 81
Montpeyroux 24 118 Aa 79
Montpeyroux 63 110 Db 75
Montpezat 04 139 Ga 86
Montpezat 30 136 Ea 85
Montpézat 32 146 Af 88
Montpezat 47 118 Ad 82
Montpezat-de-Quercy 82 133 Bc 83
Montpezat-sous-Bauzon 07 123 Eb 80
Montpinchon 50 34 Ye 54
Montpinçon 14 36 Aa 55
Montpitol 31 133 Bd 86
Montplonne 55 43 Fb 56
Montpollin 49 68 Zf 63
Montpon-Ménestérol 24 106 Aa 78
Montpont-en-Bresse 71 89 Fb 69
Montpothier 10 40 Dd 57
Montpouillan 47 118 Aa 82
Montrabé 31 133 Bd 87
Montracol 01 101 Fa 71
Montrastruc-Savès 31 146 Ba 88
Montravers 79 81 Zb 68
Montréal 07 123 Eb 81
Montréal 11 147 Ca 89
Montréal 32 131 Ab 85
Montréal 89 73 Ea 63
Montréal-la-Cluse 01 101 Fd 71
Montréal-la-Cluse 01 101 Fd 72
Montréal-les-Sources 26 125 Fb 82
Montrécourt 59 15 Dc 47
Montredon 46 121 Cb 81
Montredon-des-Corbières 11 149 Cf 89
Montredon-Labessonié 81 134 Cb 86
Montregard 43 112 Ec 78
Montréjeau 31 145 Ad 90
Montrelais 44 67 Za 64
Montrem 24 106 Ad 78
Montrésor 37 69 Bb 66
Montret 71 89 Fa 68
Montreuil 28 38 Bc 56
Montreuil 62 13 Be 46
Montreuil 85 81 Za 70
Montreuil 93 39 Cc 55
Montreuil-au-Houlme 61 36 Ze 56
Montreuil-aux-Lions 02 40 Db 54
Montreuil-Bellay 49 68 Zf 66
Montreuil-Bonnin 86 82 Aa 69
Montreuil-des-Landes 35 51 Ye 59
Montreuil-en-Auge 14 20 Aa 53
Montreuil-en-Caux 76 21 Ba 50
Montreuil-en-Touraine 37 69 Af 64
Montreuil-Juigné 49 67 Zc 63
Montreuil-la-Cambe 61 36 Aa 55
Montreuil-l'Argillé 27 37 Ac 55
Montreuil-le-Chétif 72 53 Zf 59
Montreuil-le-Gast 35 51 Yb 59
Montreuil-le-Henri 72 54 Ad 61
Montreuil-Poulay 53 52 Zc 58
Montreuil-sous-Pérouse 35 51 Ye 60
Montreuil-sur-Barse 10 58 Eb 59
Montreuil-sur-Blaise 52 59 Ef 58
Montreuil-sur-Brêche 60 23 Cb 51
Montreuil-sur-Epte 95 38 Be 53
Montreuil-sur-Ille 35 51 Yc 59
Montreuil-sur-Loir 49 67 Zd 63
Montreuil-sur-Lozon 50 18 Ye 54
Montreuil-sur-Maine 49 67 Zb 63
Montreuil-sur-Thérain 60 23 Cb 52
Montreuil-sur-Thomance 52 60 Fb 58
Montreuillon 58 73 De 65
Montreux 54 45 Gf 57
Montreux-Château 90 77 Gf 63
Montreux-Jeune 68 77 Ha 63
Montreux-Vieux 68 77 Ha 63
Montrevault 49 66 Yf 65
Montrevel 38 113 Fc 76
Montrevel 39 89 Fd 70
Montrevel-en-Bresse 01 101 Fa 71
Montrichard 41 69 Bb 64
Montricher-Albanne 73 114 Gc 77
Montricoux 82 133 Bd 84
Montrieux-en-Sologne 41 70 Be 63
Montrigaud 26 113 Fa 77
Montriond 74 103 Ge 71
Montrodat 48 122 Db 81
Montrol-Sénard 87 95 Af 72
Montrollet 16 95 Af 73
Montromant 69 112 Ed 74
Montrond 05 125 Fe 82
Montrond 39 90 Fe 68
Montrond-le-Château 25 76 Ga 66
Montrond-les-Bains 42 111 Eb 75
Montrosier 81 133 Bf 84
Montrottier 69 100 Ec 74
Montroty 76 22 Bd 52
Montrouge 92 39 Cb 56
Montrouveau 41 69 Ae 62
Montroy 17 92 Yf 72
Montrozier 12 121 Ce 82
Montry 77 40 Ce 55
Monts 37 69 Ad 65
Monts 60 39 Ca 53
Monts-en-Bessin 14 35 Zc 54
Monts-en-Ternois 62 13 Cc 47
Monts-sur-Guesnes 86 82 Ab 67
Monts-Verts, les — 48 122 Db 79
Montsalès 12 120 Bf 82
Montsalier 04 138 Fd 84
Montsalvy 15 121 Cd 80
Montsapey 73 114 Gc 75
Montsauche 58 73 Ea 65
Montsaugeon 52 75 Fb 63
Montsaunes 31 146 Af 90
Montsec 55 43 Fe 55
Montsecret 61 35 Zb 56
Montségur 09 159 Be 91
Montségur-sur-Lauzon 26 124 Ef 82
Montselgues 07 123 Ea 81
Montséret 11 148 Ce 90
Montsérie 65 145 Ac 90
Montseron 09 146 Bb 90
Montseveroux 38 112 Ef 76
Montsoreau 49 68 Aa 65
Montsoult 95 39 Cb 54
Montsûrs 53 52 Zc 60
Montsuzain 10 58 Ea 58
Montureux-et-Prantigny 70 75 Fd 64
Montureux-lès-Baulay 70 61 Ff 62
Montusclat 43 123 Ea 78
Montussan 33 117 Zd 79
Montvalen 81 133 Bd 85
Montvalent 46 120 Bd 79
Montvalezan 73 115 Ge 75
Montvendre 26 124 Fa 79
Montverdun 42 111 Ea 74
Montvert 15 121 Ca 79
Montvicq 03 97 Ce 71
Montviette 14 36 Aa 55
Montville 76 21 Ba 51
Montviron 50 34 Yd 56
Montzéville 55 43 Fb 53
Monviel 47 118 Ad 81
Monze 11 148 Cc 90
Moon-sur-Elle 50 19 Yf 53
Moosch 68 62 Ha 61
Mooslargue 68 77 Hb 63
Moraches 58 73 Dd 65
Moragne 17 93 Zb 73
Moraianville-Jouveaux 27 21 Ac 53
Morains 51 41 Df 56
Morainvilliers 78 38 Bf 55
Morancé 69 100 Ee 73
Morancez 28 55 Bc 58
Morancourt 52 59 Fa 58
Morand 37 69 Ba 63
Morangis 51 41 Df 55
Morangles 60 39 Cb 53
Morannes 49 67 Zd 62
Moranville 55 43 Fd 53
Moras 38 113 Fb 74
Moras-en-Valloire 26 112 Ef 77
Morbecque 59 14 Cd 44
Morbier 39 90 Ga 69
Morcenx 40 129 Za 84
Morchain 80 24 Cf 50
Morchies 62 14 Cf 48
Morcourt 02 24 Dc 49
Morcourt 80 23 Cd 49
Mordelles 35 50 Ya 60
Moré 69 100 Ed 73
Moréac 56 49 Xb 61
Morée 41 54 Bb 61
Morée 41 70 Bb 62
Moreilles 85 80 Yf 70
Morelmaison 88 61 Ff 59
Morembert 10 58 Ec 57
Morestel 38 113 Fc 74
Moret-sur-Loing 77 57 Ce 58
Morêtel-de-Mailles 38 114 Ga 76
Morette 38 113 Fc 77
Moreuil 80 23 Cc 50
Morey 71 88 Ed 68
Morey-Saint-Denis 21 74 Ef 65
Morez 39 90 Ga 69
Morfontaine 54 27 Fe 52
Morganx 40 130 Zc 87
Morgny 27 22 Bd 52
Morgny-en-Thiérache 02 25 Ea 50
Morgny-la-Pommeraye 76 22 Bb 51
Morgon, Villié- 69 100 Ee 72
Morhange 57 44 Gd 55
Moriat 63 110 Db 76
Morienne 76 22 Be 50
Morienval 60 24 Cf 53
Morières-lès-Avignon 84 137 Ef 85
Moriers 28 55 Bc 59
Morieux 22 33 Xc 57
Morigny 50 35 Yf 55
Morigny-Champigny 91 56 Cb 58
Morillon 74 103 Ge 72
Moringhem 62 9 Ca 44
Morionvilliers 52 60 Fc 58
Morisel 80 23 Cc 50
Moriville 88 61 Gc 58
Moriviller 54 61 Gc 58
Morizécourt 88 60 Ff 60
Morizès 33 117 Zf 81
Morlaàs 64 144 Ze 88
Morlac 18 85 Cb 68
Morlaix 29 31 Wb 57
Morlancourt 80 14 Cd 49
Morlane 64 144 Zc 87
Morlet 71 88 Ed 67
Morley 55 43 Fb 57
Morlhon-le-Haut 12 120 Ca 83
Morlincourt 60 24 Da 51
Mormaison 85 80 Yd 67
Mormant 77 40 Cf 57
Mormant-sur-Vernisson 45 56 Ce 61
Mormès 32 130 Zf 86
Mormoiron 84 138 Fb 84
Mornac 16 94 Ab 74
Mornac-sur-Seudre 17 92 Yf 74
Mornand 42 111 Ea 74
Mornans 26 125 Fa 81
Mornant 69 112 Ee 75
Mornas 84 137 Ee 83
Mornay 71 88 Ec 69
Mornay-Berry 18 86 Cf 66
Mornex 74 102 Gb 72
Moroges 71 88 Ee 68
Morosaglia 2B 161 Kb 94
Morre 25 76 Ga 65
Morsain 02 24 Db 52
Morsains 51 40 Dd 56
Morsalines 50 18 Ye 51
Morsan 27 37 Ad 53
Morsang-sur-Orge 91 39 Cc 57
Morsang-sur-Seine 91 39 Cd 57
Morsbach 57 45 Gf 53
Morsbronn-les-Bains 67 46 He 55
Morschwiller 67 46 Hd 56
Morschwiller-le-Bas 68 77 Hb 62
Morsiglia 2B 161 Kc 91
Mortagne 88 62 Ge 59
Mortagne-au-Perche 61 37 Ad 57
Mortagne-du-Nord 59 15 Dc 45
Mortagne-sur-Gironde 17 104 Zb 76
Mortagne-sur-Sèvre 85 81 Za 67
Mortain 50 35 Za 57
Mortcerf 77 40 Cf 56
Morte, la — 38 114 Ff 78
Morteau 25 91 Gd 66
Morteaux-Coulibœuf 14 36 Zf 55
Mortefontaine 02 24 Da 52
Mortefontaine 60 39 Cd 54
Mortefontaine-en-Thelle 60 23 Cb 53
Mortemart 87 95 Af 72
Mortemer 60 23 Ce 51
Mortemer 76 22 Bd 50
Mortery 77 40 Db 57
Morthomiers 18 85 Cb 66
Mortiers 02 25 De 50
Mortiers 17 105 Ze 76
Morton 86 68 Zf 66
Mortrée 61 36 Aa 57
Mortroux 23 96 Bf 70
Mortzwiller 68 77 Ha 62
Morval 62 14 Cf 48
Morvillars 90 77 Gf 63
Morville 50 18 Yd 52
Morville 88 60 Fe 59
Morville-en-Beauce 45 56 Cb 59
Morville-lès-Vic 57 44 Gd 56
Morville-sur-Andelle 76 22 Bc 52
Morville-sur-Nied 57 44 Gc 55
Morville-sur-Seille 54 44 Ga 55
Morvillers 60 22 Bf 51
Morvillers-Saint-Saturnin 80 22 Be 50
Morvilliers 10 59 Ed 58
Morvilliers 28 37 Af 57
Mory 62 14 Cf 48
Mory-Montcrux 60 23 Cc 51
Morzine 74 103 Gd 71
Mosles 14 19 Zb 53
Moslins 51 41 Df 55
Mosnac 16 106 Zf 75
Mosnac 17 105 Zc 75
Mosnay 36 84 Bd 69
Mosnes 37 69 Ba 64
Mosset 66 159 Cc 92
Mosson 21 59 Ed 61
Mostuéjouls 12 135 Db 83
Mothe-Achard, la — 85 80 Yc 69
Mothe-Saint-Heray, la — 79 82 Zf 70
Mothern 67 46 la 55
Motreff 29 48 Wc 59
Motte, la — 04 126 Ga 82
Motte, la — 22 33 Xe 57
Motte, la — 22 49 Xb 59
Motte, la — 83 154 Gd 87
Motte-Chalancon, la — 26 125 Fc 82
Motte-d'Aigues, la — 84 138 Fd 86
Motte-d'Aveillans, la — 38 125 Fe 79
Motte-de-Galaure, la — 26 112 Ef 77
Motte-en-Bauges, la — 73 102 Ga 74
Motte-en-Champsaur, la — 05 126 Ga 80
Motte-Fanjas, la — 26 113 Fb 78
Motte-Feuilly, la — 36 85 Ca 69
Motte-Fouquet, la — 61 36 Ze 57
Motte-Saint-Jean, la — 71 87 Df 70
Motte-Saint-Martin, la — 38 125 Fe 79
Motte-Servolex, la — 73 114 Ff 75
Motte-Ternant, la — 21 74 Eb 65
Motte-Tilly, la — 10 57 Dc 58
Mottereau 28 54 Bb 59
Motteville 76 21 Af 51
Mottier 38 113 Fb 76
Motz 73 102 Ff 73
Mouais 44 51 Yc 62
Mouans-Sartoux 06 140 Gf 87
Mouaville 54 43 Fe 53
Mouazé 35 51 Yc 59
Mouchamps 85 80 Yf 68
Mouchan 32 131 Ab 85
Mouchard 39 90 Fe 67
Mouche, la — 50 34 Yd 56
Mouchès 32 131 Ac 87
Mouchin 59 15 Dc 46
Mouchy-le-Châtel 60 23 Cb 53
Moudeyres 43 123 Ea 79
Mouen 14 35 Zd 54
Mouettes 27 38 Bc 55
Mouffy 89 73 Dd 63
Mouflaines 27 22 Bd 53
Mouflers 80 13 Ca 48
Mouflières 80 13 Be 49
Mougins 06 140 Gf 87
Mougon 79 93 Ze 71
Mouguerre 64 142 Yd 88
Mouhers 36 84 Be 69
Mouhet 36 96 Bc 70
Mouhous 64 144 Ze 88
Mouillac 33 105 Zd 78
Mouillac 82 133 Bd 83
Mouille, la — 39 90 Ff 69
Mouilleron-en-Pareds 85 81 Za 68
Mouilleron-le-Captif 85 80 Yd 68
Mouilly 55 43 Fd 54
Moulainville 55 43 Fc 54
Moularès 81 134 Cb 84
Moulay 53 52 Zc 59
Moulayres 81 133 Ca 86
Moulédous 65 145 Ab 89
Moulès 34 136 De 85
Mouleydier 24 118 Ad 79
Moulézan 30 136 Ea 85
Moulhard 28 54 Ba 59
Moulicent 61 37 Ae 57
Mouliets-et-Villemartin 33 117 Zf 79
Mouliherne 49 68 Aa 64
Moulin-de-la-Croisée 17 92 Za 72
Moulin-Mage 81 134 Ce 86
Moulin-Neuf 09 147 Bf 90
Moulin-Neuf 24 106 Aa 78
Moulin-sous-Touvent 60 24 Da 52
Moulin-Vieux 38 114 Ff 78
Moulineaux 76 21 Af 52
Moulines 14 36 Ze 55
Moulines 50 35 Yf 57
Moulines-en-Queyras 05 127 Gf 80
Moulinet 06 141 Hc 85
Moulinet-sur-Solin, le — 45 56 Cd 61
Moulins 02 25 De 52
Moulins 02 40 Dd 53
Moulins 03 86 Dc 69
Moulins 35 51 Yd 61
Moulins-en-Tonnerrois 89 73 Ea 62
Moulins-Engilbert 58 87 De 67
Moulins-la-Marche 61 37 Ac 57
Moulins-le-Carbonnel 72 53 Zf 58
Moulins-lès-Metz 57 44 Ga 54
Moulins-Saint-Hubert 55 26 Fa 51
Moulins-sur-Céphons 36 84 Bd 66
Moulins-sur-Orne 61 36 Zf 56
Moulins-sur-Ouanne 89 72 Dc 62
Moulins-sur-Yèvre 18 85 Cd 66
Moulis 09 146 Ba 91
Moulis-en-Médoc 33 104 Zb 78
Moulismes 86 95 Ae 71
Moulle 62 9 Cb 44
Moulon 33 117 Ze 79
Moulon 45 56 Cd 60
Moulotte 55 43 Fe 54
Moult 14 36 Zf 54
Moumoulous 65 145 Ab 88
Moumour 64 143 Zc 89
Mounes-Prohencoux 12 134 Cf 86
Mourède 32 131 Ab 86
Mourens 33 117 Ze 81
Mourenx 64 143 Zc 88
Moureuille 63 98 Cf 72
Mourèze 34 149 Dc 87
Mouriès 13 137 Ef 86
Mouriez 62 13 Be 46
Mourioux 23 96 Bd 72
Mourjou 15 121 Cb 80
Mourmelon-le-Grand 51 42 Ec 54
Mourmelon-le-Petit 51 41 Eb 54
Mournans-Charbonny 39 90 Ff 68
Mournède, Aujan- 32 145 Ac 88
Mouron 08 26 Ee 53
Mouron-sur-Yonne 58 73 De 65
Mouroux 77 40 Da 56
Mours 95 39 Cb 54
Mours-Saint Eusèbe 26 112 Fa 78
Mouscardès 40 129 Za 87
Moussac 30 136 Eb 84
Moussac 86 83 Af 70
Moussac 86 95 Ae 71
Moussages 15 109 Cc 77
Moussan 11 149 Cf 89
Moussé 35 51 Ye 61
Mousseaux-lès-Bray 77 57 Db 58
Mousseaux-Neuville 27 38 Bc 55
Mousseaux-sur-Seine 78 38 Bd 54
Moussey 10 58 Ea 59
Moussey 57 45 Ge 56
Moussey 88 62 Ha 58
Moussières, les — 39 102 Ff 70
Mousson 54 44 Ga 55
Moussonvilliers 61 37 Ae 57
Moussoulens 11 148 Cb 89
Moussy 51 41 Df 54
Moussy 58 72 Dc 65
Moussy 95 38 Bf 54
Moussy-le-Neuf 77 39 Cd 54
Moussy-le-Vieux 77 39 Cd 54
Moussy-Verneuil 02 25 Dd 52
Moustajon 31 157 Ad 92
Moustéru 22 32 We 57
Moustey 40 116 Zb 82
Moustier 47 118 Ab 81
Moustier-en-Fagne 59 16 Eb 48
Moustier-Ventadour 19 108 Ca 76
Moustiers-Sainte-Marie 04 139 Gb 85
Moustoir, le — 22 48 Wc 59
Moustoir-Ac 56 49 Xb 61
Moustoir-Remungol 56 49 Xa 61
Moutade, la — 63 98 Db 73
Moutardon 16 94 Ab 72
Moutaret, le — 38 114 Ga 76
Mouterhouse 57 45 Hc 55
Mouterre-Silly 86 82 Aa 67
Mouterre-sur-Blourde 86 95 Ae 71
Mouthe 25 90 Gb 68
Mouthier-en-Bresse 71 89 Fc 67
Mouthier-Haute-Pierre 25 90 Gb 66
Mouthiers-sur-Boëme 16 106 Aa 75
Mouthoumet 11 160 Cd 91
Moutier-d'Ahun 23 96 Ca 72
Moutier-en-Ginglais, le — 14 35 Zd 54
Moutier-Malcard 23 96 Bf 70
Moutier-Rozeille 23 97 Cb 73
Moutiers 28 55 Be 59
Moutiers 35 51 Ye 61
Moutiers 54 28 Ff 53
Moûtiers 73 115 Gd 76
Moutiers 89 72 Db 63
Moutiers, les — 44 65 Xf 66
Moutiers-au-Perche 61 54 Af 58
Moutiers-Hubert, les — 14 36 Ab 55
Moutiers-les-Mauxfaits 85 80 Yd 70
Moutiers-Saint-Jean 21 73 Eb 63
Moutiers-sous-Argenton 79 81 Zd 67
Moutiers-sous-Chantemerle 79 81 Zc 68
Moutiers-sur-le-Lay 85 80 Yf 69
Moutinet 47 118 Ad 81
Mouton 16 94 Ab 73
Moutonne 39 89 Fd 69
Moutonneau 16 94 Ab 73
Moutoux 39 90 Ff 68
Moutrot 54 43 Ff 57
Mouvaux 59 10 Da 44
Moux 11 148 Cd 89
Mouxy 73 114 Ff 74
Mouy 60 23 Cb 53
Mouy-sur-Seine 77 57 Db 58
Mouzay 37 69 Af 66
Mouzay 55 27 Fb 52
Mouzeil 44 66 Yd 64
Mouzens 24 119 Ba 79
Mouzens 81 147 Bf 87
Mouzeuil-Saint-Martin 85 80 Za 70
Mouzieys-Panens 81 133 Bf 84
Mouzieys-Teulet 81 134 Cb 85
Mouzillon 44 66 Ye 66
Mouzon 08 26 Fa 51
Mouzon 16 94 Ad 74
Moy-de-l'Aisne 02 24 Dc 50
Moyaux 14 20 Ac 53
Moydans 05 125 Fd 82
Moye 74 102 Ff 73
Moyemont 88 61 Gd 58
Moyen 54 61 Gd 58
Moyencourt 80 24 Cf 50
Moyencourt-lès-Poix 80 23 Ca 50
Moyenmoutier 88 62 Gf 58
Moyenneville 60 23 Cd 52
Moyenneville 62 14 Ce 47
Moyenneville 80 13 Be 48
Moyenvic 57 44 Gd 56
Moyeuvre-Grande 57 28 Ga 53
Moyeuvre-Petite 57 28 Ga 53
Moyon 50 35 Yf 55
Moyrazès 12 121 Cc 82
Moyvillers 60 23 Cd 52
Mozac 63 98 Da 63
Mozé-sur-Louet 49 67 Zc 64
Muchedent 76 21 Bb 50
Muel 35 50 Xf 60
Mugron 40 129 Zb 86
Muhlbach-sur-Bruche 67 45 Hb 57
Muhlbach-sur-Munster 68 62 Ha 60
Muides-sur-Loire 41 70 Bd 63
Muidorge 60 23 Ca 51
Muids 27 22 Bb 53
Muille 80 24 Da 50
Muirancourt 60 24 Da 51
Muizon 51 25 Df 53
Mujouls, les — 06 140 Gf 85
Mulcent 78 38 Bd 55
Mulcey 57 44 Ge 56
Mulhausen 67 46 Hd 55
Mulhouse 68 78 Hb 62
Mulsanne 72 53 Ab 61
Mulsans 41 70 Bc 62
Mulsans 41 70 Bc 62
Mun 65 145 Ab 89
Munchhouse 68 63 Hd 61
Muncq-Nieurlet 62 9 Ca 43
Muneville-le-Bingard 50 18 Yd 54
Muneville-sur-Mer 50 34 Yd 55
Mung, le — 17 93 Zb 73
Munster 68 62 Ha 60
Muntzenheim 68 63 Hc 60
Munwiller 68 62 Hc 61
Mur-de-Barrez 12 121 Cd 79
Mur-de-Bretagne 22 49 Xa 59
Mur-de-Sologne 41 70 Bd 64
Muracciole 2B 163 Kb 95
Murasson 12 134 Ce 86
Murat 03 98 Cf 70
Murat 15 109 Cf 78
Murat-le-Quaire 63 109 Ce 75
Murat-sur-Vèbre 81 134 Cf 86
Murato 2B 161 If 93
Murato 2B 161 If 93
Murato 2B 161 Kc 93
Muraz, la — 74 102 Gb 72
Murbach 68 62 Ha 61
Mure, la — 04 140 Gd 85
Mure, la — 38 126 Fe 79
Mureaumont 60 22 Be 51
Mureaux, les — 78 38 Bf 55
Mureils 26 112 Ef 77
Mûres 74 102 Ga 74
Muret 02 24 Dc 53
Muret 31 146 Bb 88
Muret-le-Château 12 121 Cd 82
Murette, la — 38 113 Fd 76
Muriannette 38 114 Fe 77
Murinais 38 113 Fb 77
Murles 34 136 De 86
Murlin 58 72 Db 65
Muro 2B 161 If 93
Muro 2B 161 If 93
Murols 12 121 Cd 80
Murols 63 110 Cf 75
Muron 17 93 Zb 72
Murs 36 83 Ba 67
Murs 84 138 Fb 85
Mûrs-Erigne 49 67 Zc 64
Murs-et-Gélignieux 01 113 Fd 75
Murtin-et-Bogny 08 26 Ed 50
Murvaux 55 27 Fb 52
Murviel-lès-Béziers 34 149 Da 88
Murviel-lès-Montpellier 34 150 Ce 87
Murville 54 27 Fe 52
Murzo 2A 162 Ie 96
Mus 30 136 Eb 86
Musculdy 64 143 Za 89
Mussey-sur-Marne 52 60 Fa 58
Mussidan 24 106 Ac 78
Mussig 67 63 Hd 59
Mussy-la-Fosse 21 74 Ec 63
Mussy-sous-Dun 71 99 Eb 71
Mussy-sur-Seine 10 59 Ec 61
Mutigney 39 75 Fd 65
Mutigny 51 41 Ea 54
Mutrécy 14 35 Zd 54
Muttersholtz 67 63 Hd 59
Mutzenhouse 67 46 Hd 56
Mutzig 67 46 Hc 57
Muy, le — 83 154 Gd 88
Muzeray 55 27 Fd 52
Muzillac 56 65 Xd 63
Muzy 27 38 Bc 56
Myans 73 114 Ff 75
Myennes 58 72 Cf 64
Myon 25 90 Ff 66

190 Monthelon — Myon

N

Nabas 64 143 Zb 89
Nabinaud 16 106 Ab 77
Nabirat 24 119 Bb 80
Nabringhen 62 9 Bf 44
Nachamps 17 93 Zc 70
Nadaillac 24 107 Bc 78
Nadaillac-de-Rouge 46 119 Bc 79
Nades 03 98 Cf 72
Nadillac 46 120 Bd 81
Nagel-Séez-Mesnil 27 37 Af 55
Nages 30 136 Eb 86
Nages 81 134 Ce 86
Nahuja 66 159 Bf 94
Nailhac 24 107 Ba 77
Naillat 23 96 Bd 71
Nailloux 31 147 Bd 88
Nailly 89 57 Db 59
Nailly 89 73 De 63
Naintré 86 82 Ac 68
Nainville-les-Roches 91 56 Cd 57
Naisey-les-Grenges 25 76 Gb 65
Naives-Rosières 55 43 Fb 56
Naix-aux-Forges 55 43 Fc 57
Naizin 56 49 Xb 61
Najac 12 133 Bf 83
Nalliers 85 80 Yf 70
Nalliers 86 83 Af 69
Nalzen 09 158 Be 91
Nambsheim 68 63 Hd 61
Nampcel 60 24 Da 52
Nampcelles-la-Cour 02 25 Ea 50
Nampont 80 13 Be 46
Namps-Maisnil 80 23 Ca 50
Nampteuil-sous-Muret 02 24 Dc 53
Nampty 80 23 Cb 50
Nan-sous-Thil 21 74 Ec 64
Nanc-lès-Saint-Amour 39 89 Fc 70
Nançay 18 71 Cb 64
Nance 39 89 Fc 68
Nances 73 113 Fe 75
Nanclars 16 94 Ab 73
Nançois-le-Grand 55 43 Fc 56
Nançois-sur-Ornain 55 43 Fb 56
Nancras 17 92 Za 74
Nancray 25 76 Gb 65
Nancray-sur-Rimarde 45 56 Cb 60
Nancy 54 44 Ga 56
Nancy-sur-Cluses 74 103 Gd 72
Nandax 42 99 Eb 72
Nandy 77 39 Cd 57
Nangeville 45 56 Cb 59
Nangis 77 40 Da 57
Nangy 74 102 Gb 72
Nannay 58 72 Db 65
Nans 25 76 Gc 64
Nans, les — 39 90 Ff 68
Nans-les-Pins 83 153 Fe 88
Nans-sous-Sainte-Anne 25 90 Ga 67
Nant 12 135 Db 84
Nant-le-Grand 55 43 Fb 56
Nant-le-Petit 55 43 Fb 57
Nanteau-sur-Essonne 77 57 Cc 59
Nanteau-sur-Lunain 77 57 Ce 59
Nanterre 92 39 Cb 55
Nantes 44 66 Yc 65
Nantes-en-Ratier 38 126 Fe 79
Nanteuil 79 82 Ze 70
Nanteuil-Auriac 24 106 Ab 76
Nanteuil-en-Vallée 16 94 Ab 73
Nanteuil-la-Forêt 51 41 Df 54
Nanteuil-la-Fosse 02 24 Dc 52
Nanteuil-le-Haudouin 60 40 Ce 54
Nanteuil-lès-Meaux 77 40 Cf 55
Nanteuil-Notre-Dame 02 40 Dc 53
Nanteuil-sur-Aisne 08 25 Eb 51
Nanteuil-sur-Marne 77 40 Db 55
Nantey 39 101 Fc 70
Nantheuil 24 107 Af 76
Nanthiat 24 107 Af 76
Nantiat 87 95 Bb 72
Nantillé 17 93 Zd 73
Nantilly 70 75 Fd 64
Nantoin 38 113 Fb 76
Nantois 55 43 Fc 57
Nanton 71 88 Ee 69
Nantouillet 77 39 Ce 54
Nantoux 21 88 Ee 66
Nantua 01 101 Fd 73
Naours 80 13 Cb 48
Narbéfontaine 57 44 Gd 54
Narbief 25 77 Ge 66
Narbonne 11 149 Cf 89
Narcastet 64 144 Ze 89
Narcy 52 42 Fa 57
Narcy 58 72 Da 65
Nargis 45 56 Ce 60
Narnhac 15 121 Ce 79
Narp 64 143 Zb 88
Narrosse 40 129 Yf 86
Nasbinals 48 123 Df 80
Nassandres 27 37 Ae 54
Nassiet 40 129 Zb 87
Nassigny 03 97 Cd 70
Nastringues 24 118 Aa 79
Nattages 01 101 Fe 74
Natzwiller 67 62 Hb 58
Naucelle 12 134 Cc 83
Naucelles 15 121 Cc 79
Naujac-sur-Mer 33 104 Yf 77
Naujan-et-Postiac 33 117 Ze 80
Nauroy 02 14 Db 49
Naussac 12 120 Ca 81
Naussac 48 123 Df 80
Naussannes 24 118 Ae 80
Nauviale 12 121 Cc 81
Navacelles 30 135 Eb 84
Navailles-Angos 64 144 Zd 88
Navarrenx 64 143 Zb 89
Naveil 41 69 Ba 62
Navenne 70 76 Ga 63
Naves 03 98 Da 71
Naves 19 108 Be 77
Naves 59 15 Db 47
Nâves-Parmelan 74 102 Gb 73
Navilly 71 89 Fa 67
Nay 50 18 Yd 53
Nay 64 144 Ze 89
Nayemont-les-Fosses 88 62 Ha 59
Nayrac, le — 12 121 Cd 81
Néac 33 117 Ze 79
Néant-sur-Yvel 56 50 Xe 60
Neau 53 52 Zd 60
Neaufles-Auvergny 27 37 Ae 55
Neaufles-Saint-Martin 27 22 Bc 53
Neauphe-sous-Essai 61 36 Ab 57
Neauphe-sur-Dive 61 36 Aa 55
Neauphle-le-Château 78 38 Bf 56
Neauphle-le-Vieux 78 38 Bf 56
Neauphlette 78 38 Bd 55
Neaux 42 99 Eb 73
Nébian 34 149 Dc 87
Nébias 11 159 Ca 91
Nécy 61 36 Zf 56
Nedde 87 96 Be 74
Nédon 62 13 Cc 45
Nédonchel 62 13 Cc 45
Neewiller-près-Lauterbourg 67 46 Ia 55
Neffes 05 126 Ga 81
Neffiès 34 149 Dc 87
Negrepelisse 82 133 Bd 84
Négreville 50 18 Yc 51
Négrondes 24 107 Af 76
Néhou 50 18 Yc 52
Nehwiller-près-Wœrth 67 46 He 55
Nelling 57 45 Gf 55
Nemours 77 56 Ce 59
Nempont-Saint-Firmin 62 13 Be 46
Nénigan 31 145 Ae 88
Néons-sur-Creuse 36 83 Af 68
Néoules 83 153 Ga 89
Néoux 23 97 Cb 73
Nepvant 55 27 Fb 51
Nérac 47 131 Ac 84
Nerbis 40 129 Zb 86
Nercillac 16 93 Ze 74
Néré 17 93 Ze 73
Néret 36 85 Ca 69
Nérignac 86 95 Ae 71
Néris-les-Bains 03 97 Cd 71
Nernier 74 102 Gb 70
Néron 28 38 Bd 57
Néronde-sur-Dore 63 98 Dd 74
Nérondes 18 86 Ce 67
Nerpol-et-Serres 38 113 Fc 77
Ners 30 136 Ea 84
Nersac 16 106 Aa 75
Nervieux 42 99 Ea 74
Nerville-la-Forêt 95 39 Cb 54
Néry 60 23 Ce 53
Neschers 63 110 Db 75
Nescus 09 146 Bc 91
Nesle 80 24 Cf 50
Nesle-et-Massoult 21 74 Ec 62
Nesle-Hodeng 76 22 Bd 50
Nesle-la-Reposte 51 40 Dd 57
Nesle-le-Repons 51 41 De 54
Nesle-l'Hôpital 80 22 Be 49
Nesle-Normandeuse 76 22 Be 49
Nesles 62 9 Bd 45
Nesles-la-Montagne 02 40 Dc 54
Nesles-la-Vallée 95 39 Cb 54
Neslette 80 12 Bd 49
Nesmy 85 80 Yd 69
Nesploy 45 56 Cc 61
Nespouls 19 108 Bc 78
Nessa 2B 161 If 93
Nessa 2B 161 If 93
Nestier 65 145 Ac 90
Nettancourt 55 42 Ef 55
Neublans-Abergement 39 89 Fb 67
Neubois 67 62 Hc 59
Neubourg, le — 27 37 Af 54
Neuf-Berquin 59 10 Ce 44
Neuf-Brisach 68 63 Hd 60
Neuf-Église 63 98 Cf 72
Neufbosc 76 22 Bc 51
Neufbourg, le — 50 35 Za 57
Neufchâteau 88 60 Fe 58
Neufchâtel-en-Bray 76 22 Bc 50
Neufchâtel-Hardelot 62 12 Bd 45
Neufchef 57 28 Ga 53
Neufchelles 60 40 Da 54
Neuffons 33 117 Aa 81
Neuffontaines 58 73 De 64
Neufgrange 57 45 Ha 54
Neuflieux 02 24 Db 51
Neuflize 08 25 Eb 52
Neufmaison 08 26 Ed 50
Neufmaisons 54 62 Gf 58
Neufmanil 08 26 Ee 50
Neufmesnil 50 18 Yc 53
Neufmoulin 80 13 Bf 48
Neufmoulins 57 45 Gf 56
Neufmoutiers-en-Brie 77 40 Cf 56
Neufour, le — 55 42 Ef 54
Neufvillage 57 45 Ge 55
Neufvy-sur-Aronde 60 23 Ce 52
Neugartheim 67 46 Hd 56
Neuhaeusel 67 46 Ia 56
Neuil 37 69 Ad 66
Neuillac 17 105 Zd 75
Neuillay-les-Bois 36 84 Bc 68
Neuillé 49 68 Zf 65
Neuillé-le-Lierre 37 69 Af 63
Neuillé-le-Lierre 37 69 Af 63
Neuillé-Pont-Pierre 37 69 Ad 63
Neuilly 27 38 Bc 55
Neuilly 58 73 Dd 65
Neuilly 89 57 Dc 61
Neuilly-en-Donjon 03 99 Df 70
Neuilly-en-Dun 18 86 Ce 68
Neuilly-en-Sancerre 18 71 Ce 65
Neuilly-en-Thelle 60 23 Cb 53
Neuilly-en-Vexin 95 38 Bf 53
Neuilly-la-Forêt 14 19 Yf 53
Neuilly-le-Bisson 61 36 Ab 58
Neuilly-le-Brignon 37 83 Ae 67
Neuilly-le-Dien 80 13 Ca 47
Neuilly-le-Réal 03 86 Dc 70
Neuilly-le-Vendin 53 35 Zd 58
Neuilly-lès-Dijon 21 75 Ef 65
Neuilly-l'Évêque 52 60 Fc 61
Neuilly-l'Hôpital 80 13 Bf 47
Neuilly-Plaisance 93 39 Cd 55
Neuilly-Saint-Front 02 40 Db 53
Neuilly-sous-Clermont 60 23 Cc 52
Neuilly-sur-Eure 61 37 Af 57
Neuilly-sur-Marne 93 39 Cd 55
Neuilly-sur-Seine 92 39 Cb 55
Neuilly-sur-Suize 52 60 Fa 60
Neulette 62 13 Ca 46
Neulise 42 99 Eb 73
Neulles 17 105 Zd 75
Neulliac 56 49 Xa 60
Neung-sur-Beuvron 41 70 Be 63
Neunkirchen-lès-Bouzonville 57 28 Gd 52
Neure 03 86 Cf 68
Neurey-en-Vaux 70 76 Gb 62
Neurey-lès-la-Demie 70 76 Gb 63
Neussargues-Moissac 15 110 Cf 78
Neuve-Chapelle 62 14 Ce 45
Neuve-Eglise 67 62 Hb 58
Neuve-Grange, la — 27 22 Bd 52
Neuve-Lyre, la — 27 37 Ae 55
Neuve-Maison 02 25 Ea 49
Neuvecelle 74 103 Gd 70
Neuvéglise 15 122 Cf 79
Neuvelle-lès-Cromary 70 76 Ga 64
Neuvelle-lès-la-Charité 70 76 Ff 63
Neuvelle-lès-Lure, la — 70 77 Gd 62
Neuvelle-lès-Scey, la — 70 76 Ff 62
Neuvelle-lès-Voisey 52 60 Fe 61
Neuves-Maisons 54 44 Ga 57
Neuveville-devant-Lépanges, la — 88 62 Ge 60
Neuveville-sous-Châtenois, la — 88 60 Ff 59
Neuveville-sous-Montfort, la — 88 61 Ga 59
Neuvic 19 109 Cb 76
Neuvic 24 106 Ac 78
Neuvic-Entier 87 96 Bd 74
Neuvicq 17 105 Ze 77
Neuvicq-le-Château 17 93 Zf 74
Neuvillalais 72 53 Aa 60
Neuville 08 26 Ee 52
Neuville 19 108 Be 78
Neuville 55 27 Fb 53
Neuville 63 110 Cf 74
Neuville 63 110 Dd 75
Neuville 63 98 Dc 74
Neuville 80 13 Bf 48
Neuville, la — 02 15 De 49
Neuville, la — 59 14 Da 46
Neuville, la — 60 22 Be 50
Neuville-à-Maire, la — 08 26 Ef 51
Neuville-au-Bois 80 13 Be 49
Neuville-au-Cornet 62 13 Cc 46
Neuville-au-Plain 50 18 Ye 52
Neuville-au-Pont, la — 51 42 Ef 54
Neuville-aux-Bois 45 56 Ca 60
Neuville-aux-Bois, la — 51 42 Ef 55
Neuville-aux-Joûtes, la — 08 25 Eb 49
Neuville-aux-Larris, la — 51 41 Df 54
Neuville-Bosc 60 39 Ca 53
Neuville-Bosmont, la — 02 25 Df 50
Neuville-Bourjonval 62 14 Da 48
Neuville-Chant-d'Oisel, la — 76 22 Bb 52
Neuville-d'Aumont, la — 60 23 Ca 53
Neuville-de-Poitou 86 82 Ab 68
Neuville-du-Bosc, la — 27 21 Ae 53
Neuville-en-Avesnois 59 15 Dd 47
Neuville-en-Beaumont 50 18 Yc 52
Neuville-en-Beine, la — 02 24 Da 50
Neuville-en-Ferrain 59 10 Da 44
Neuville-en-Hez, la — 60 23 Cb 52
Neuville-en-Tourne-à-Fuy, la — 08 26 Ec 52
Neuville-en-Verdunois 55 43 Fb 55
Neuville-Ferrières 76 22 Bc 50
Neuville-Garnier, la — 60 23 Ca 52
Neuville-Housset, la — 02 25 De 50
Neuville-les-Dames 01 100 Fa 72
Neuville-lès-Decize 58 86 Db 68
Neuville-lès-Dieppe 76 12 Ba 49
Neuville-lès-Lœuilly 80 23 Cb 50
Neuville-lès-This 08 26 Ed 50
Neuville-lès-Vaucouleurs 55 43 Fe 57
Neuville-lès-Wasigny, la — 08 26 Ec 51
Neuville-Marais 80 13 Be 47
Neuville-près-Sées 61 36 Ab 57
Neuville-Saint-Amand 02 24 Dc 50
Neuville-Saint-Pierre, la — 60 23 Cb 51
Neuville-Saint-Rémy 59 14 Db 47
Neuville-Saint-Vaast 62 14 Ce 46
Neuville-sire-Bernard, la — 80 23 Cd 50
Neuville-sous-Montreuil 62 13 Be 46
Neuville-sur-Ailette 02 25 De 52
Neuville-sur-Ain 01 101 Fc 72
Neuville-sur-Authou 27 21 Ad 53
Neuville-sur-Brenne 37 69 Af 63
Neuville-sur-Brenne 37 69 Af 63
Neuville-sur-Essonne, la — 45 56 Cc 59
Neuville-sur-Margival 02 24 Dc 52
Neuville-sur-Ornain 55 42 Fa 56
Neuville-sur-Oudeuil, la — 60 23 Ca 51
Neuville-sur-Saône 69 100 Ef 73
Neuville-sur-Sarthe 72 53 Ab 60
Neuville-sur-Seine 10 59 Ec 60
Neuville-sur-Touques 61 36 Ab 55
Neuville-sur-Vannes 10 58 De 59
Neuville-Vault, la — 60 22 Bf 52
Neuville-Vitasse 62 14 Ce 47
Neuviller-la-Roche 67 62 Hb 58
Neuviller-lès-Bandonviller 54 45 Gf 57
Neuviller-sur-Moselle 54 61 Gb 58
Neuvillers-sur-Fave 88 62 Ha 59
Neuvillette 02 24 Dc 49
Neuvillette 80 13 Cb 47
Neuvillette-en-Charnie 72 53 Ze 60
Neuvilley 39 89 Fd 67
Neuvilly 59 15 Dd 48
Neuvilly-en-Argonne 55 42 Fa 54
Neuvireuil 62 14 Cf 46
Neuvizy 08 26 Ed 51
Neuvy 03 86 Db 69
Neuvy 41 70 Bd 63
Neuvy 51 40 Dd 56
Neuvy-au-Houlme 61 36 Ze 56
Neuvy-Bouin 79 81 Zd 68
Neuvy-Deux-Clochers 18 71 Ce 65
Neuvy-en-Beauce 28 55 Bf 58
Neuvy-en-Champagne 72 53 Zf 60
Neuvy-en-Dunois 28 55 Bd 59
Neuvy-en-Mauges 49 67 Zb 65
Neuvy-en-Sullias 45 71 Cb 62
Neuvy-Grandchamp 71 87 Df 69
Neuvy-le-Barrois 18 86 Da 67
Neuvy-le-Roi 37 69 Ad 63
Neuvy-Pailloux 36 84 Bf 67
Neuvy-Saint-Sépulchre 36 84 Be 69
Neuvy-Sautour 89 58 De 60
Neuvy-sur-Barangeon 18 71 Cb 65
Neuvy-sur-Loire 58 72 Cf 63
Neuwiller 68 78 Hd 63
Neuwiller-lès-Saverne 67 45 Hc 55
Nevers 58 86 Db 67
Névez 29 48 Wb 62
Névian 11 148 Cf 89
Néville 76 21 Ae 50
Néville-sur-Mer 50 18 Ye 50
Nevoy 45 71 Cd 62
Nevy-lès-Dole 39 89 Fd 66
Nevy-sur-Seille 39 89 Fd 68
Nexon 87 107 Bb 74
Ney 39 90 Ff 68
Neydens 74 102 Ga 72
Neyrolles, les — 01 101 Fd 72
Nézel 78 38 Bf 55
Nézignan-l'Évêque 34 149 Dc 88
Niafles 53 52 Za 61
Niaux 09 158 Bd 92
Nibas 80 12 Bd 48
Nibelle 45 56 Cb 60
Nice 06 141 Hb 86
Nicey 21 58 Eb 61
Nicey-sur-Aire 55 43 Fc 55
Nicole 47 118 Ac 83
Nicorps 50 34 Yd 54
Niderhoff 57 45 Ha 57
Niderviller 57 45 Ha 56
Niederbronn-les-Bains 67 46 Hd 55
Niederbruck 68 77 Gf 62
Niederentzen 68 62 Hc 61
Niederhausbergen 67 46 He 57
Niederhergheim 68 62 Hc 61
Niederlarg 68 77 Hb 63
Niederlauterbach 67 46 Ia 55
Niedermodern 67 46 Hd 55
Niedermorschwihr 68 62 Hb 60
Niedernai 67 63 Hd 58
Niederrœdern 67 46 Ia 55
Niederschaeffolsheim 67 46 He 56
Niedersoultzbach 67 46 Hc 55
Niedersteinbach 67 46 He 54
Niederstinzel 57 45 Ha 55
Niedervisse 57 44 Gd 53
Nielles-lès-Ardres 62 9 Ca 43
Nielles-lès-Bléquin 62 9 Ca 43
Nielles-lès-Calais 62 9 Be 43
Nieppe 59 10 Ce 44
Niergnies 59 14 Db 48
Nieudan 15 121 Cb 79
Nieuil 16 94 Ad 73
Nieuil-l'Espoir 86 82 Ac 70
Nieul 87 95 Bb 73
Nieul-le-Dolent 85 80 Yc 69
Nieul-le-Virouil 17 105 Zc 76
Nieul-lès-Saintes 17 93 Zb 74
Nieul-sur-l'Autise 85 81 Zb 70
Nieulle-sur-Seudre 17 92 Yf 74
Nieurlet 59 9 Cb 44
Niévroz 01 100 Fa 74
Niffer 68 77 Hd 62
Niherne 36 84 Bd 68
Nijon 52 60 Fd 59
Nilvange 57 28 Ga 52
Nîmes 30 137 Ec 85
Ninville 52 60 Fc 60
Niort 79 93 Zd 71
Niort-de-Sault 11 159 Ca 92
Niozelles 04 139 Ff 85
Nissan-lez-Enserune 34 149 Da 89
Nistos 65 145 Ac 90
Nitry 89 73 Df 62
Nitting 57 45 Ha 56
Nivelle 59 15 Dc 46
Nivillac 56 65 Xe 63
Nivillers 60 23 Ca 52
Nivolas-Vermelle 38 113 Fb 75
Nivollet-Montgriffon 01 100 Fc 73
Nixéville-Blercourt 55 43 Fb 54
Nizan, le — 33 117 Ze 82
Nizan-Gesse 31 145 Ad 89
Nizas 32 146 Af 88
Nizas 34 149 Dc 87
Nizerolles 03 99 Dd 72
Nizy-le-Comte 02 25 Ea 51
Noailhac 12 121 Cc 81
Noailhac 19 108 Bd 78
Noailhac 81 148 Cc 87
Noaillac 33 117 Zf 81
Noaillan 33 117 Zd 82
Noailles 19 108 Bd 78
Noailles 60 23 Cb 53
Noailles 81 133 Bf 84
Noailly 42 99 Ea 72
Noalhac 48 122 Da 80
Noalhat 63 98 Dc 73
Noards 27 21 Ad 53
Nocario 2B 161 Kc 94
Nocé 61 54 Ae 58
Noceta 2B 163 Kb 95
Nochize 71 99 Eb 70
Nocle-Maulaix, la — 58 87 De 68
Nod-sur-Seine 21 74 Ed 62
Noé 31 146 Bb 88
Noé 89 57 Dc 60
Noë-Blanche, la — 35 51 Yb 62
Noë-les-Mallets 10 59 Ed 60
Noë-Poulain, la — 27 21 Ad 53
Noël-Cerneux 25 77 Ge 66
Noëllet 49 67 Yf 62
Noërs 54 27 Fd 52
Noës, les — 42 99 Df 72
Noës-près-Troyes, les — 10 58 Ea 59
Nœux-lès-Auxi 62 13 Cb 47
Nœux-les-Mines 62 14 Cd 46
Nogaro 32 130 Zf 86
Nogent 52 60 Fc 60
Nogent-en-Othe 10 58 De 60
Nogent-l'Abbesse 51 25 Ea 53
Nogent-l'Artaud 02 40 Db 55
Nogent-le-Bernard 72 53 Ac 59
Nogent-le-Phaye 28 55 Bd 58
Nogent-le-Roi 28 38 Bd 57
Nogent-le-Rotrou 28 54 Ae 59
Nogent-le-Sec 27 37 Ba 55
Nogent-lès-Montbard 21 74 Ec 63
Nogent-sur-Aube 10 58 Eb 58
Nogent-sur-Eure 28 55 Bc 58
Nogent-sur-Loir 72 68 Ac 63
Nogent-sur-Marne 94 39 Cc 55
Nogent-sur-Oise 60 23 Cc 53
Nogent-sur-Seine 10 57 Dd 58
Nogent-sur-Vernisson 45 56 Ce 61
Nogentel 02 40 Dc 54
Nogna 39 89 Fd 69
Noguères 64 144 Zc 88
Nohant 36 84 Bf 69
Nohant-en-Goût 18 85 Cd 66
Nohèdes 66 159 Cb 93
Nohic 82 132 Bc 85
Nohnat-en-Graçay 18 70 Bf 66
Noidan 21 74 Ec 64
Noidans-le-Ferroux 70 76 Ff 63
Noidans-lès-Vesoul 70 76 Ga 63
Noidant-Chatenoy 52 75 Fc 62
Noidant-le-Rocheux 52 60 Fb 62
Noilhan 32 146 Af 87
Nointel 60 23 Cc 52
Nointel 95 39 Cb 54
Nointot 76 21 Ac 51
Noircourt 02 25 Ea 50
Noirefontaine 25 77 Ge 64
Noirémont 60 23 Cb 51
Noirétable 42 99 De 74
Noirlieu 51 42 Ee 55
Noirmoutier-en-l'Ile 85 65 Xe 66
Noiron 70 75 Fd 64
Noiron-sous-Gevrey 21 75 Fa 65
Noiron-sur-Bèze 21 75 Fb 64
Noiron-sur-Seine 21 59 Ec 61
Noironte 25 76 Ff 65
Noirpalu 50 34 Ye 56
Noirval 08 26 Ee 52
Noiseau 94 39 Cd 56
Noisy 77 39 Cd 55
Noisseville 57 44 Gb 54
Noisy-le-Grand 93 39 Cd 55
Noisy-le-Roi 78 39 Ca 55
Noisy-Rudignon 77 57 Cf 58
Noisy-sur-École 77 56 Cd 58
Noisy-sur-Oise 95 39 Cb 54
Noizay 37 69 Af 64
Nojals-et-Clottes 24 119 Ae 80
Nojean-en-Vexin 27 22 Bd 52
Nolay 21 88 Ed 67
Nolay 58 86 Db 66
Nolléval 76 22 Bc 51
Nollieux 42 99 Ea 74
Nomain 59 14 Db 45
Nomdieu 47 131 Ac 84
Nomécourt 52 59 Fa 58
Nomeny 54 44 Gb 55
Nomexy 88 61 Gc 59
Nompatelize 88 62 Gf 59
Nonac 16 106 Aa 76
Nonancourt 27 37 Bb 56
Nonant 14 19 Zc 53
Nonant-le-Pin 61 36 Ab 56
Nonards 19 108 Be 78
Nonaville 16 105 Zf 75
Noncourt-sur-le-Rongeant 52 60 Fb 58
Nonette 63 109 Db 76
Nonglard 74 102 Ga 73
Nonhigny 54 45 Gf 57
Nonières 07 124 Ec 79
Nonsard 55 43 Fe 55
Nontron 24 106 Ad 75
Nonville 77 56 Ce 59
Nonville 88 61 Ff 60
Nonvilliers-Grandhoux 28 54 Bb 58
Nonza 2B 161 Kc 92
Nonzeville 88 61 Gd 59
Noordpeene 59 9 Cc 44
Nordausques 62 9 Ca 44
Nordheim 67 46 Hd 57
Nordhouse 67 63 He 58
Noreuil 62 14 Cf 47
Norge-la-Ville 21 75 Fa 64
Normandel 61 37 Ae 57
Normanville 27 37 Ba 54
Normanville 76 21 Ad 50
Normier 21 74 Ec 64
Norolles 14 20 Ab 53
Noron-la-Poterie 14 19 Zb 53
Noron-l'Abbaye 14 36 Ze 55
Noroy 60 23 Cd 52
Noroy-le-Bourg 70 76 Gb 63
Noroy-sur-Ourcq 02 40 Db 53
Norrent-Fontes 62 13 Cc 45
Norrey-en-Auge 14 36 Zf 55
Norrey-en-Bessin 14 19 Zc 53
Norrois 51 42 Ed 56
Norroy 54 44 Ga 55
Norroy 88 61 Ff 59
Norroy-le-Sec 54 27 Fe 53
Norroy-le-Veneur 57 44 Ga 53
Nort-Leulinghem 62 9 Ca 44
Nort-sur-Erdre 44 66 Yd 64
Nortkerque 62 9 Ca 43
Norville 76 21 Ad 52
Norville, la — 91 39 Cb 57
Nossage-et-Bénévent 05 125 Fe 83
Nossoncourt 88 62 Ge 58
Nostang 56 49 We 62
Noth 23 96 Bd 71
Nothalten 67 62 Hc 58
Notre-Dame 73 114 Gb 77
Notre-Dame-d'Aliermont 76 22 Bb 49
Notre-Dame-d'Allençon 49 67 Zd 65
Notre-Dame-de-Bellecombe 73 102 Gd 74
Notre-Dame-de-Bliquetuit 76 21 Ae 51
Notre-Dame-de-Boisset 42 99 Ea 73
Notre-Dame-de-Bondeville 76 21 Ba 51
Notre-Dame-de-Cenilly 50 34 Ye 55
Notre-Dame-de-Commiers 38 125 Fe 78
Notre-Dame-de-Courson 14 36 Ab 55
Notre-Dame-de-Gravenchon 76 21 Ad 51
Notre-Dame-de-la-Rouvière 30 136 De 84
Notre-Dame-de-l'Isle 27 38 Bc 54
Notre-Dame-de-Livaye 14 36 Aa 54
Notre-Dame-de-Livoye 50 34 Ye 56
Notre-Dame-de-Londres 34 136 De 86
Notre-Dame-de-l'Osier 38 113 Fc 77
Notre-Dame-de-Mésage 38 113 Fe 78
Notre-Dame-de-Monts 85 79 Xf 68
Notre-Dame-de-Riez 85 79 Ya 68
Notre-Dame-de-Sanilhac 24 107 Ae 78
Notre-Dame-de-Vaulx 38 125 Fe 79
Notre-Dame-d'Epine 27 21 Ad 53
Notre-Dame-des-Landes 44 66 Yb 64
Notre-Dame-des-Millières 73 114 Gc 75
Notre-Dame-d'Estrées 14 36 Aa 54
Notre-Dame-d'Oé 37 69 Ae 64
Notre-Dame-du-Bec 76 20 Ab 51
Notre-Dame-du-Hamel 27 37 Ad 55
Notre-Dame-du-Parc 76 21 Ba 50
Notre-Dame-du-Pé 72 68 Ze 62
Notre-Dame-du-Pré 73 115 Gd 75
Notre-Dame-du-Rocher 61 35 Zd 56
Notre-Dame-du-Touchet 50 35 Za 57
Nottonville 28 55 Bd 60
Nouaille, la — 23 96 Ca 73
Nouaillé-Maupertuis 86 82 Ac 69
Nouainville 50 18 Yb 51
Nouan-le-Fuzelier 41 71 Ca 63
Nouans 72 53 Ab 59
Nouans-les-Fontaines 37 70 Bb 66
Nouart 08 26 Fa 52
Nouâtre 37 83 Ad 66
Nouaye, la — 35 50 Ya 60
Noue, la — 51 41 Dd 56
Noueilles 31 147 Bd 88
Nougaroulet 32 131 Ae 86
Nouhant 23 97 Cc 71
Nouic 87 95 Af 72
Nouilhan 65 144 Aa 88
Nouillers, les — 17 93 Zb 73
Nouillonpont 55 27 Fd 52
Nouilly 57 44 Gb 54
Noulens 32 131 Aa 86
Nourard-le-Franc 60 23 Cc 51
Nourray 41 69 Ba 62
Nousse 40 129 Zb 86
Nousseviller-lès-Bitche 57 45 Hc 54
Nousseviller-Saint-Nabor 57 45 Gf 54
Nousty 64 144 Ze 89
Nouvelle-Église 62 9 Ca 43
Nouvion 80 13 Be 47
Nouvion-en-Thiérache, le — 02 15 De 48
Nouvion-et-Catillon 02 24 Dc 50
Nouvion-le-Comte 02 24 Dc 50
Nouvion-le-Vineux 02 25 Dd 51
Nouvion-sur-Meuse 08 26 Ee 50
Nouvoitou 35 51 Yc 60
Nouvron 02 24 Db 52
Nouzerines 23 97 Ca 70
Nouzerolles 23 96 Be 70
Nouziers 23 84 Bf 70
Nouzilly 37 69 Ae 63
Nouzonville 08 26 Ee 50
Novacelles 63 111 Dd 76
Novalaise 73 113 Fe 75
Novale 2B 163 Kc 95
Novéant-sur-Moselle 57 44 Ga 54
Novella 2B 161 Ka 93
Noves 13 137 Ef 85
Noviant-aux-Prés 54 43 Ff 55
Novillars 25 76 Ga 65
Novillers 60 23 Cb 53
Novion-Porcien 08 26 Ec 51
Novy 08 26 Ec 51
Noyal 22 33 Xd 58
Noyal 35 50 Xf 62
Noyal-Muzillac 56 65 Xd 63
Noyal-Pontivy 56 49 Xa 60
Noyal-sous-Bazouges 35 34 Yc 58
Noyal-sur-Brutz 44 51 Yd 62
Noyal-sur-Seiche 35 51 Yc 60
Noyal-sur-Vilaine 35 51 Yc 60
Noyales 02 24 Dd 49
Noyalo 56 64 Xb 63
Noyant 49 67 Zc 63
Noyant 49 68 Aa 63
Noyant-d'Allier 03 86 Da 70
Noyant-de-Touraine 37 69 Ad 66
Noyant-et-Aconin 02 24 Dc 52
Noyant-la-Gravoyère 49 67 Za 62
Noyant-la-Plaine 49 67 Zd 65
Noyarey 38 113 Fd 77
Noyelle-Vion 62 14 Cd 47
Noyelles 59 14 Da 46
Noyelles 62 14 Ce 46
Noyelles 62 14 Cf 46
Noyelles-en-Chaussée 80 13 Bf 47
Noyelles-Godault 62 14 Cf 46
Noyelles-lès-Humières 62 13 Cb 46
Noyelles-sous-Bellonne 62 14 Da 47
Noyelles-sur-Escaut 59 14 Db 48
Noyelles-sur-Mer 80 13 Be 47
Noyelles-sur-Sambre 59 15 De 47
Noyelles-sur-Selle 59 15 Dc 47
Noyen-sur-Sarthe 72 53 Zf 61
Noyen-sur-Seine 77 57 Dc 58
Noyer, le — 18 71 Ce 64
Noyer-en-Ouche, le — 27 37 Ae 54
Noyers 08 26 Ef 51
Noyers 27 22 Bc 53
Noyers 45 56 Cd 61
Noyers 52 60 Fc 60
Noyers 89 73 Df 62
Noyers, les — 27 22 Be 53
Noyers-Auzécourt 55 42 Ef 55
Noyers-Bocage 14 35 Zc 54
Noyers-Saint-Martin 60 23 Cb 51
Noyers-sur-Cher 41 70 Bc 65
Noyers-sur-Jabron 04 139 Fe 83
Noyon 60 24 Da 51
Nozay 10 58 Ea 57
Nozay 44 66 Yc 63
Nozay 91 39 Cb 57
Nozeroy 39 90 Ga 68
Nozières 07 112 Ed 78
Nozières 18 85 Cc 68
Nuaillé 49 67 Zb 66
Nuaillé-d'Aunis 17 92 Za 71
Nuaillé-sur-Boutonne 17 93 Zd 72
Nuars 58 73 De 64
Nubécourt 55 43 Fb 54
Nucourt 95 38 Bf 54
Nueil-sur-Argent 79 81 Zc 67
Nueil-sur-Layon 49 67 Zd 66
Nuillé-le-Jalais 72 53 Ab 70
Nuillé-sur-Ouette 53 52 Zc 60
Nuillé-sur-Vicoin 53 52 Zb 61
Nuisement 10 59 Ed 59
Nuisement-sur-Coole 51 41 Eb 55
Nuits 89 73 Eb 62
Nuits-Saint-Georges 21 74 Ef 66
Nullemont 76 22 Bd 50
Nully-Trémilly 52 59 Ee 58
Nuncq-Hautecôte 62 13 Cb 47
Nuret-le-Ferron 36 84 Bc 68
Nurieux-Volognat 01 101 Fd 72
Nurlu 80 14 Da 48
Nuzéjouls 46 119 Bc 81
Nyoiseau 49 67 Za 62
Nyons 26 125 Fa 82

O

Obenheim 67 63 He 58
Oberbronn 67 46 Hd 55
Oberbruck 68 62 Gf 62
Oberdorf-Spachbach 67 46 He 55
Oberdorff 57 28 Gd 53
Oberentzen 68 62 Hc 61
Obergailbach 57 45 Hb 54
Oberhaslach 67 45 Hb 57
Oberhausbergen 67 46 He 57
Oberhergheim 68 62 Hc 61
Oberhoffen-Steinseltz 67 46 Hf 54
Oberhoffen-sur-Moder 67 46 Hf 56
Oberlarg 68 77 Hb 64
Oberlauterbach 67 46 Ia 55
Obermodern 67 46 Hd 55
Obermorschwihr 68 62 Hb 60
Obermorschwiller 68 78 Hb 63
Obernai 67 63 Hc 58
Obersaasheim 68 63 Hd 61
Oberschaeffolsheim 67 46 Hd 57
Obersoultzbach 67 45 Hc 55
Obersteinbach 67 46 He 54
Oberstinzel 57 45 Ha 56
Obervisse 57 44 Gd 54
Obies 59 15 De 47
Objat 19 107 Bc 77
Oblinghem 62 14 Cd 45
Obrechies 59 15 Ea 47
Obreck 57 44 Gd 55

Nabas—Obreck 191

Obsonville 77 56 Cd 59
Obterre 36 83 Ba 67
Obtevoz 38 101 Fb 74
Obtrée 21 59 Ed 61
Ocana 2A 162 If 97
Occagnes 61 36 Zf 56
Occey 52 75 Fb 63
Occhiatana 2B 161 Ka 93
Occoches 80 13 Cb 47
Ochancourt 80 12 Bd 48
Oches 08 26 Ef 51
Ochey-Thuilley 54 44 Ff 56
Ochtezeele 59 9 Cc 44
Ocquerre 77 40 Da 54
Ocqueville 76 21 Ae 50
Octeville 50 18 Yc 51
Octeville-l'Avenal 50 18 Yd 51
Octeville-sur-Mer 76 20 Aa 51
Octon 34 135 Db 87
Odars 31 147 Bd 87
Odeillo 66 159 Ca 93
Odeillo 66 159 Ca 94
Odenas 69 100 Ed 72
Oderen 68 62 Gf 61
Odomez 59 15 Dd 46
Odratzheim 67 46 Hc 57
Odos 65 144 Aa 89
Oëlleville 88 61 Ga 58
Oermingen 67 45 Ha 54
Œting 57 45 Gf 53
Œuilly 02 25 De 52
Œuilly 51 41 De 54
Œyregave 40 129 Yf 87
Œyreluy 40 129 Yf 86
Offekerque 62 9 Ca 43
Offemont 90 77 Gf 62
Offendorf 67 46 Hf 56
Offignies 80 22 Bf 50
Offin 62 13 Be 46
Offlanges 39 75 Fd 65
Offoy 60 23 Ca 50
Offoy 80 24 Da 50
Offranville 76 22 Ba 49
Offrethun 62 9 Be 44
Offroicourt 88 61 Ga 59
Offwiller 67 46 Hd 55
Ogenne 64 143 Zb 89
Oger 51 41 Ea 55
Ogeu-les-Bains 64 144 Zc 90
Ogéviller 54 45 Ge 57
Ogliastro 2B 161 Ka 93
Ogliastro 2B 161 Kc 92
Ognes 02 24 Db 51
Ognes 51 41 Df 56
Ognes 60 40 Cc 54
Ognéville 54 61 Ga 58
Ognolles 60 24 Cf 50
Ognon 60 23 Cd 53
Ogy 57 44 Gb 54
Ohain 59 16 Ea 48
Oherville 76 21 Ae 50
Ohis 02 25 Ea 49
Ohlungen 67 46 He 56
Ohnenheim 67 63 Hd 59
Oie, l' 85 80 Yf 68
Oigney 70 76 Ff 62
Oignies 62 14 Cf 46
Oigny 21 74 Ee 63
Oigny 41 54 Af 60
Oigny-en-Valois 02 40 Da 53
Oingt 69 100 Ed 73
Oinville-Saint-Liphard 28 55 Bf 59
Oinville-sous-Auneau 28 55 Be 58
Oiron 79 82 Zf 67
Oiry 51 41 Ea 54
Oiselay-et-Grachaux 70 76 Ff 64
Oisemont 80 13 Be 49
Oisilly 21 75 Fc 64
Oisly 41 70 Bc 64
Oison 45 55 Bf 60
Oisseau 53 52 Zc 58
Oisseau-le-Petit 72 53 Aa 58
Oissel 76 21 Ba 52
Oissery 77 40 Ce 54
Oissy 80 23 Ca 49
Oisy 02 15 De 48
Oisy 58 72 Dc 64
Oisy-le-Verger 62 14 Da 47
Oizé 72 53 Aa 62
Oizon 18 71 Cd 64
Olargues 34 149 Cf 87
Olby 63 98 Cf 74
Olcani 2B 161 Kc 92
Olemps 12 121 Cd 82
Olendon 14 36 Zf 55
Oletta 2B 161 Kc 93
Olette 66 159 Cb 93
Olivese 2A 163 Ka 97
Olivet 45 55 Bf 61
Olivet 53 52 Za 60
Olizy 51 41 De 54
Olizy-Primat 08 26 Ee 52
Olizy-sur-Chiers 55 27 Fb 51
Ollainville 88 61 Fe 59
Ollainville 91 39 Cb 57
Ollans 25 76 Gb 64
Ollé 28 55 Bb 58
Olley 54 43 Fe 54
Ollezy 02 24 Da 50
Ollières 83 153 Fe 88
Ollières, les — 74 102 Gb 73
Ollières-sur-Eyrieux, les — 07 124 Ed 80
Olliergues 63 111 Dd 74
Ollioules 83 153 Ff 90
Olliviers — 05 126 Gb 81
Olloix 63 110 Da 75
Olmes, les — 69 100 Ed 73
Olmet 34 135 Db 86
Olmet 63 111 Dd 74
Olmeta-di-Capocorso 2B 161 Kc 92
Olmeta-di-Tuda 2B 161 Kc 93
Olmeto 2A 162 If 98
Olmi-Cappela 2B 161 Ka 93
Olmiccia 2A 163 Ka 98
Olmo 2B 161 Kc 94
Olonne-sur-Mer 85 79 Yb 69
Olonzac 34 148 Ce 89
Oloron-Sainte-Marie 64 143 Zc 89
Ols-et-Rinhodes 12 120 Bf 82
Olwisheim 67 46 Hd 56
Omblèze 26 125 Fc 79
Omécourt 60 22 Bf 51
Omelmont 54 61 Ga 57
Omergues, les — 04 138 Fd 83
Omerville 95 38 Be 54
Omessa 2B 161 Kb 94

Omet 33 117 Ze 81
Omex 65 144 Zf 90
Omey 51 42 Ec 55
Omicourt 08 26 Ee 51
Omiécourt 80 24 Cf 50
Omissy 02 24 Db 49
Omméel 61 36 Aa 56
Ommeray 57 45 Ge 56
Ommoy 61 36 Zf 55
Omont 08 26 Ee 51
Omonville 76 21 Ba 50
Omonville-la-Petite 50 18 Ya 50
Omonville-la-Rogue 50 18 Ya 50
Omps 15 121 Cb 79
Oms 66 160 Ce 93
Onans 25 77 Gd 63
Onard 40 129 Za 86
Onay 70 75 Fe 64
Oncieu 01 101 Fc 73
Oncourt 88 61 Gc 59
Oncy-sur-École 91 56 Cc 58
Ondefontaine 14 35 Zb 55
Ondes 31 132 Bb 86
Ondres-Plage 40 128 Yd 87
Ondreville-sur-Essonne 45 56 Cc 59
Onesse-et-Laharie 40 129 Yf 84
Onet-le-Château 12 121 Cd 82
Oneux 80 13 Bf 48
Ongles 04 138 Fe 84
Onglières 39 90 Ga 68
Onjon 10 58 Eb 58
Onlay 58 87 Df 67
Onnaing 59 15 Dd 46
Onnion 74 102 Gc 72
Onoz 39 89 Fd 70
Ons-en-Bray 60 22 Bf 52
Onville 54 44 Ff 54
Onzain 41 69 Bb 64
Oô 31 157 Ad 92
Oost-Cappel 59 10 Cd 43
Opoul-Périllos 66 160 Cf 91
Oppède-le-Vieux 84 138 Fa 85
Oppedette 04 138 Fe 85
Oppenans 70 76 Gb 63
Oppierre 05 125 Fe 83
Oppy 62 14 Cf 46
Oraàs 64 143 Za 89
Oradour 15 122 Cf 79
Oradour 16 94 Zf 73
Oradour-Fanais 16 95 Ae 72
Oradour-Saint-Genest 87 95 Ba 71
Oradour-sur-Glane 87 95 Ba 73
Oradour-sur-Vayres 87 95 Af 74
Orain 21 75 Fc 63
Orainville 02 25 Ea 52
Oraison 04 139 Ff 85
Orange 84 137 Ef 84
Orbagna 39 89 Fc 69
Orbais 51 41 De 55
Orban 81 133 Ca 85
Orbec 14 36 Ac 54
Orbeil 63 110 Db 75
Orbessan 32 145 Ad 87
Orbey 68 62 Ha 60
Orbigny 37 70 Bb 65
Orbigny-au-Mont 52 60 Fc 61
Orbigny-au-Val 52 60 Fc 61
Orbrie, l' 85 81 Zb 70
Orçay 41 71 Ca 65
Orcemont 78 38 Be 57
Orcet 63 110 Da 74
Orcevaux 52 75 Fb 62
Orchaise 41 69 Bb 63
Orchamps 39 75 Fd 66
Orchamps-Vennes 25 77 Gd 66
Orches 86 82 Ab 67
Orchies 59 14 Db 46
Orcier 74 102 Gc 71
Orcières 05 126 Gb 80
Orcinas 26 125 Fa 81
Orcines 63 98 Da 74
Orcival 63 109 Cf 74
Orconte 51 42 Ee 56
Ordan-Larroque 32 131 Ac 86
Ordiarp 64 143 Za 89
Ordizan 65 145 Aa 90
Ordonnac 33 104 Za 77
Ordonnaz 01 101 Fd 74
Ore 31 145 Ad 91
Orègue 64 143 Yf 88
Oreilla 66 159 Cb 93
Orelle 73 115 Gd 77
Oresmaux 80 23 Cb 50
Organ 65 145 Ac 89
Orgedeuil 16 94 Ac 74
Orgeix 09 159 Bf 92
Orgelet 39 89 Fd 69
Orgères 35 51 Yb 61
Orgères 61 36 Ac 56
Orgères-en-Beauce 28 55 Be 60
Orgerus 78 38 Be 55
Orges 52 59 Ef 60
Orgeux 21 75 Fb 64
Orgeval 02 25 De 51
Orgeval 78 38 Bf 55
Orgibet 09 157 Af 91
Orgnac 19 108 Bc 77
Orgnac-l'Aven 07 137 Ec 83
Orgon 13 137 Ef 86
Orgueil 82 132 Bc 85
Oricourt 70 76 Gb 63
Orieux 65 145 Ab 89
Orignac 65 145 Ab 90
Origne 33 117 Zc 82
Origné 53 52 Zb 61
Orignolles 17 105 Ze 77
Origny-en-Thiérache 02 25 Ea 49
Origny-le-Butin 61 53 Ac 58
Origny-le-Roux 61 53 Ab 58
Origny-le-Sec 10 58 De 58
Origny-Sainte-Benoîte 02 24 Dc 49
Orin 64 143 Zb 89
Orincles 65 144 Aa 90
Oriocourt 57 44 Gc 56
Oriol-en-Royans 26 125 Fb 78
Oriolles 16 105 Zf 76
Orion 64 143 Za 88
Oris-en-Rattier 38 126 Ff 79
Orist 40 129 Ye 87
Orival 16 106 Aa 77
Orival 76 21 Af 53
Orléans 45 55 Bf 61
Orléat 63 98 Dc 73
Orleix 65 145 Aa 89
Orliac 24 119 Ba 80
Orliac-de-Bar 19 108 Be 76
Orliaguet 24 119 Bc 79
Orliénas 69 112 Ee 75
Orlu 28 55 Bf 58

Orlu 09 159 Bf 92
Orly 94 39 Cc 56
Ormancey 52 60 Fb 61
Ormenans 70 76 Gb 64
Ormersviller 57 45 Hb 54
Ormes 10 41 Ea 57
Ormes 27 37 Af 54
Ormes 45 55 Be 61
Ormes 71 88 Ef 69
Ormes, les — 71 Ba 50
Ormes-sur-Voulzie, les — 77 57 Db 58
Ormesson 77 56 Cd 59
Ormoiche 70 76 Gb 62
Ormoy 28 38 Bc 57
Ormoy 51 55 Bd 59
Ormoy 70 61 Ff 61
Ormoy 89 57 Dc 57
Ormoy-la-Rivière 91 56 Ca 58
Ormoy-le-Davien 60 40 Cf 53
Ormoy-lès-Sexfontaines 52 59 Fa 59
Ornacieux 38 113 Fb 76
Ornaisons 11 148 Cf 89
Ornans 25 90 Ga 66
Ornex 01 102 Ha 71
Ornézan 32 145 Ad 87
Orniac 46 120 Bf 81
Ornolac-Ussat-les-Bains 09 158 Bd 92
Ornon 38 114 Ff 78
Orny 57 44 Gb 54
Oroër 60 23 Ca 52
Oroix 65 144 Zf 89
Oron 57 44 Gc 55
Oroux 79 82 Zf 68
Orphin 78 38 Be 57
Orquevaux 52 60 Fc 59
Orres, les — 05 127 Gd 81
Orriule 64 143 Za 88
Orrouer 28 55 Bb 58
Orrouy 60 24 Cf 53
Orry-la-Ville 60 39 Cd 54
Ors 17 92 Ye 73
Ors 59 15 Dd 48
Orsan 30 137 Ef 84
Orsanco 64 143 Yf 89
Orsans 11 147 Bf 90
Orsans 25 76 Gc 65
Orsay 91 39 Cb 56
Orschwiller 67 62 Hc 59
Orsinval 59 15 Dd 47
Orsonnette 63 110 Db 76
Orsonville 78 55 Be 59
Ortaffa 66 160 Cf 93
Ortale 2B 161 Kc 94
Ortale 2B 161 Kc 93
Ortale 2B 163 Kc 95
Orthevielle 40 129 Yf 87
Orthez 64 143 Zb 88
Orthoux 30 136 Ea 85
Ortillon 10 58 Eb 57
Ortiporio 2B 161 Kc 94
Orto 2A 162 If 96
Orto 2A 162 If 96
Ortoncourt 88 61 Gd 58
Orus 09 158 Bd 92
Orval 18 85 Cc 68
Orval 50 34 Yd 54
Orvault 44 66 Yc 65
Orvaux 27 37 Ba 55
Orveau 91 56 Cb 58
Orveau-Bellesauve 45 56 Cb 59
Orville 21 75 Fb 63
Orville 36 70 Be 66
Orville 45 56 Cc 59
Orville 61 36 Ab 55
Orville 62 13 Ce 48
Orvillers 60 23 Ce 51
Orvilliers 78 38 Be 56
Orvilliers-Saint-Julien 10 58 De 58
Orx 40 128 Yd 87
Os-Marsillon 64 143 Zc 88
Osani 2A 162 Id 95
Osani 2A 162 Id 95
Osches 55 43 Fb 54
Osenbach 68 62 Hb 61
Oslon 71 88 Ef 68
Osly 02 24 Db 52
Osmanville 14 19 Yf 53
Osmery 18 85 Cd 67
Osmets 65 145 Ab 89
Osmoy 18 85 Cd 66
Osmoy 78 38 Be 55
Osne-la-Val 52 60 Fb 57
Osnes 08 27 Fa 51
Osny 95 39 Ca 54
Ossages 40 129 Za 87
Ossas 64 143 Za 89
Osse 25 76 Gb 65
Ossé 35 51 Yd 60
Osse-en-Aspe 64 143 Zc 91
Osséja 64 159 Bf 94
Osselle 25 76 Ff 66
Ossen 65 144 Zf 90
Ossenx 64 143 Zb 88
Osserain 64 143 Ye 89
Ossès 64 143 Ye 89
Ossey-les-Trois-Maisons 10 58 De 58
Ossun 65 144 Zf 90
Ostabat 64 143 Yf 89
Ostel 02 24 Dd 52
Ostheim 68 62 Hb 60
Osthoffen 67 46 Hd 57
Osthouse 67 63 Hd 58
Ostreville 62 13 Cc 46
Ostricourt 59 14 Da 46
Othe 54 27 Fd 52
Othis 77 39 Ce 54
Ottange 57 28 Ga 52
Ottersthal 67 45 Hc 56
Ottersweiler 67 46 Hc 56
Ottmarsheim 68 63 Hd 62
Ottonville 57 28 Gd 53
Ottrott 67 62 Hc 58
Ottwiller 67 45 Hb 55
Ouagne 58 73 Dc 64
Ouanne 89 72 Dc 63
Ouarville 28 55 Be 58
Oubeaux, les — 14 19 Yf 53
Oucques 41 55 Bc 62
Oudalle 76 20 Ab 51
Oudan 58 72 Dc 64
Oudeuil 60 23 Ca 51

Oudezeele 59 10 Cd 43
Oudincourt 52 59 Fa 59
Oudon 44 66 Ye 64
Oudrenne 57 28 Gc 52
Oudry 71 87 Ea 69
Oueilloux 65 145 Ab 90
Ouerre 28 38 Bc 56
Ouessant 29 30 Uf 58
Ouffières 14 35 Zd 54
Ouge 70 75 Fe 62
Ouges 21 75 Fb 65
Ougney 25 76 Gb 65
Ougney-Douvot 39 75 Fe 65
Ougny 58 87 De 66
Ouhans 25 90 Ga 66
Ouides 43 123 De 79
Ouillon 64 144 Ze 89
Ouilly-du-Houley 14 36 Ab 54
Ouilly-le-Tesson 14 36 Ze 55
Ouilly-le-Vicomte 14 20 Ab 53
Ouistreham 14 20 Ze 53
Oulches 36 84 Bb 69
Oulchy-la-Ville 02 40 Dc 53
Oulchy-le-Château 02 40 Dc 53
Oulins 28 38 Bc 55
Oulles 38 114 Ff 78
Oulmes 85 81 Zc 70
Oulon 58 72 Dc 65
Ounans 39 89 Fe 66
Oupia 34 148 Ce 89
Our 39 75 Fd 66
Ourcel-Maison 60 23 Cb 51
Ourches 26 124 Fa 80
Ourches-sur-Meuse 55 43 Fe 57
Ourde 65 145 Ad 90
Ourdis-Cotdoussan 65 144 Aa 90
Ourdon 65 144 Zf 90
Ouroër 58 86 Db 66
Ouroüer-les-Bourdelins 18 86 Ce 67
Ourouüar 65 144 Zf 90
Ouroux-en-Morvan 58 73 Df 65
Ouroux-sous-le-Bois-Sainte-Marie 71 99 Eb 70
Ouroux-sur-Saône 71 88 Ef 68
Ourville-en-Caux 76 21 Ad 50
Ousse-Suzan 40 129 Za 85
Oussières 39 89 Fc 67
Ousson-sur-Loire 45 72 Ce 63
Oussoy-en-Gâtinais 45 56 Cd 61
Oust 09 158 Bb 91
Oust-Marest 80 12 Bc 48
Ousté 65 144 Zf 90
Outarville 45 55 Ca 59
Outreau 62 8 Bd 44
Outrebois 80 13 Cb 47
Outremécourt 52 60 Fc 59
Outrepont 51 42 Ee 56
Outriaz 01 101 Fd 72
Ouvans 25 76 Gc 65
Ouve-Wirquin 62 9 Ca 44
Ouveille 50 126 Fe 81
Ouville 76 Ff 63
Ouville-la-Bien-Tournée 14 36 Zf 54
Ouville-la-Rivière 76 21 Af 49
Ouville-l'Abbaye 76 21 Af 50
Ouvrouer-les-Champs 45 56 Cb 62
Ouzilly 86 82 Ab 68
Ouzilly-Vignolles 86 82 Aa 67
Ouzouer-des-Champs 45 56 Ce 61
Ouzouer-le-Doyen 41 55 Bc 61
Ouzouer-le-Marché 41 55 Bd 61
Ouzouer-sur-Loire 45 71 Cc 62
Ouzouer-sur-Trézée 45 72 Ce 62
Ouzous 65 144 Zf 90
Ovanches 70 76 Ff 63
Ovillers 80 14 Ce 48
Oxelaëre 59 10 Cc 44
Oyé 71 99 Eb 71
Oye-et-Pallet 25 90 Gc 67
Oye-Plage 62 9 Ca 43
Oyes 51 41 Df 56
Oyeu 38 113 Fc 76
Oyonnax 01 101 Fd 71
Oyré 86 83 Ad 67
Oysonville 28 55 Bf 58
Oytier-Saint-Oblas 38 112 Fa 75
Oz 38 114 Ga 78
Ozan 01 100 Ef 70
Oze 05 126 Fe 81
Ozenay 71 88 Ef 69
Ozenx 64 143 Zb 88
Ozerailles 54 27 Fd 53
Ozeville 50 18 Ye 51
Ozières 52 60 Fc 59
Ozillac 17 105 Zd 76
Ozoir-la-Ferrière 77 39 Ce 56
Ozoir-le-Breuil 28 55 Bc 60
Ozolles 71 100 Ec 70
Ozon 07 112 Ee 77
Ozon 65 145 Ab 89
Ozouer-le-Voulgis 77 39 Ce 57
Ozourt 40 129 Za 87

P

Paars 02 25 Dd 52
Pabu 22 32 Wf 57
Pacaudière, la — 42 99 Df 71
Pacé 61 53 Aa 58
Pacé 35 51 Ya 60
Pact 38 112 Ef 76
Pacy-sur-Armançon 89 73 Ea 62
Pacy-sur-Eure 27 38 Bc 54
Padern 11 160 Cd 91
Padirac 46 120 Be 79
Padoux 88 61 Gd 59
Pageas 87 107 Ba 74
Pagney 39 75 Fe 65
Pagney-derrière-Barine 54 43 Ff 56
Pagnoz 39 89 Fd 66
Pagny-la-Blanche-Côte 55 43 Fe 57
Pagny-la-Ville 21 89 Fb 66
Pagny-le-Château 21 89 Fb 66
Pagny-lès-Goin 57 44 Gb 55
Pagny-sur-Meuse 55 43 Fe 57
Pagny-sur-Moselle 54 44 Ga 55
Pagolle 64 143 Za 89
Pailhac 65 156 Ac 91
Pailharès 07 112 Ed 78
Pailherols 15 121 Ce 79
Pailhès 09 158 Bc 90
Pailhès 34 149 Db 88
Paillart 60 23 Cb 51
Paillé 17 93 Zd 73

Paillencourt 59 14 Db 47
Paillet 33 117 Zd 80
Pailloles 47 118 Ad 82
Pailly 89 57 Db 58
Paimbœuf 44 65 Xf 65
Paimpol 22 32 Wf 56
Pair-et-Grandrupt 88 62 Ha 59
Paisy-Cosdon 10 58 De 59
Paizay-le-Chapt 79 93 Ze 72
Paizay-le-Sec 86 83 Ae 69
Paizay-le-Tort 79 93 Zf 71
Paizay-Naudouin-Embourie 16 94 Zf 72
Pajay 38 113 Fd 76
Paladru 38 113 Fd 76
Palairac 11 160 Cd 91
Palais, le — 56 64 Wf 64
Palais-sur-Vienne, le — 87 95 Bb 73
Palaiseau 91 39 Cb 56
Palaja 11 148 Cb 89
Palaminy 31 146 Ba 89
Palante 70 76 Gb 63
Palantine 2B 161 Ka 93
Palasca 2B 161 Ka 93
Palau-de-Cerdagne 66 159 Bf 94
Palau-del-Vidre 66 160 Cf 93
Palavas-les-Flots 34 150 Df 87
Palazinges 19 108 Be 78
Paley 77 57 Cf 59
Palhers 48 122 Db 81
Palinges 71 87 Eb 69
Pâlis 10 57 Dd 59
Palise 25 76 Ga 64
Palisse 19 109 Cb 76
Palladuc 63 99 Dd 73
Pallanne 32 145 Ab 87
Palleau 71 88 Fa 67
Pallegney 88 61 Gc 59
Pallet, le — 44 66 Ye 66
Palluau 85 80 Yc 68
Palluau-sur-Indre 36 84 Bc 67
Palluaud 16 106 Ab 76
Palluel 62 14 Da 47
Palmas 12 121 Cf 82
Palneca 2A 163 Kb 97
Palogneux 42 99 Df 74
Palu, la — 35 Ze 57
Palud, la — 73 114 Ff 76
Palud-sur-Verdon, la — 04 139 Gc 86
Paluel 76 Ad 49
Pamfou 77 57 Cf 58
Pamiers 09 147 Bd 90
Pampelonne 81 134 Cb 84
Pamplie 79 81 Zd 69
Pamproux 79 82 Zf 70
Panazol 87 95 Bb 73
Pancé 35 51 Yc 61
Pancey 52 60 Fb 58
Pancheraccia 2B 163 Kc 95
Pandrignes 19 108 Bf 77
Pange 57 44 Gc 54
Panges 21 74 Ee 64
Panilleuse 27 38 Bc 54
Panissage 38 113 Fc 76
Panissières 42 100 Ea 74
Panjas 32 130 Zf 86
Pannecé 44 66 Ye 64
Pannecières 45 56 Ca 59
Pannes 45 56 Ce 60
Pannes 54 43 Fe 55
Pannessières 39 89 Fd 68
Panon 72 53 Ab 58
Panossas 38 113 Fb 74
Panouse, la — 48 122 Dd 80
Pantin 93 39 Cc 55
Panzoult 37 82 Ab 66
Papleux 02 15 Df 48
Paradou 13 137 Ee 86
Parassy 18 71 Cd 65
Parata 2B 161 Kc 94
Parata 2B 163 Kb 97
Paray-Douaville 78 55 Bf 58
Paray-le-Frésil 03 87 Dd 69
Paray-le-Monial 71 87 Ea 70
Paray-sous-Briailles 03 98 Dc 71
Paray-Vieille-Poste 91 39 Cc 56
Paraza 11 148 Ce 89
Parc-d'Anxtot 76 20 Ac 51
Parçay-les-Pins 49 68 Aa 64
Parçay-Meslay 37 69 Ae 64
Parçay-sur-Vienne 37 69 Ac 66
Parcé 35 51 Ye 59
Parcé-sur-Sarthe 72 52 Ze 61
Parcey 39 89 Fc 66
Parcieux 01 100 Ee 73
Parcoul 24 106 Aa 77
Parcq, le — 62 13 Ca 46
Parcy-Tigny 02 24 Db 53
Pardailhan 34 148 Cf 88
Pardaillan 47 118 Ab 81
Pardies 64 144 Zd 88
Pardies-Piétat 64 144 Ze 89
Pardines 63 110 Db 75
Pareid 55 43 Fe 54
Parempuyre 33 105 Zc 79
Parennes 72 53 Ze 60
Parent 63 110 Db 75
Parentignat 63 110 Db 75
Parentis-en-Born 40 116 Yf 82
Parenty 62 13 Be 45
Parey-Saint-Césaire 54 44 Ga 57
Parey-sous-Montfort 88 61 Ff 59
Parfondeval 02 25 Ea 50
Parfondeval 61 54 Ad 58
Parfondru 02 25 De 51
Parfondrupt 55 43 Fe 54
Parfouru-l'Eclin 14 35 Zb 54
Parfouru-sur-Odon 14 35 Zc 54
Pargnan 02 25 Dd 52
Pargny 80 24 Cf 50
Pargny-Filain 02 24 Dd 52
Pargny-la-Dhuis 02 41 Df 54
Pargny-les-Bois 02 25 Dd 50
Pargny-lès-Reims 51 41 Df 53
Pargny-sous-Mureau 88 60 Fd 58
Pargny-sur-Saulx 51 42 Ef 56
Pargues 10 58 Df 60
Parignargues 30 136 Eb 85
Parigné 35 34 Ye 58
Parigné-le-Pôlin 72 53 Aa 61
Parigné-l'Évêque 72 53 Ac 61
Parigné-sur-Braye 53 52 Zc 59
Parigny 42 99 Df 72
Parigny-la-Rose 58 72 Dc 65
Parigny-les-Vaux 58 86 Da 66
Paris 75 39 Cc 55
Paris-l'Hôpital 71 88 Ef 67
Parisot 81 133 Be 86
Parisot 82 133 Bf 83
Parlan 15 121 Cb 80

Parleboscq 40 130 Aa 85
Parly 89 72 Dc 62
Parmain 95 39 Cb 54
Parmilieu 38 101 Fc 74
Parnac 36 84 Bc 70
Parnac 46 119 Bb 82
Parnans 26 113 Fa 78
Parnay 18 85 Cd 67
Parnay 49 68 Aa 65
Parné-sur-Roc 53 52 Zb 61
Parnoy-en-Bassigny 52 60 Fd 60
Paroches, les — 55 43 Fd 55
Paron 89 57 Db 59
Paroy 25 90 Ff 66
Paroy 77 57 Db 58
Paroy-sur-Saulx 52 60 Fb 57
Paroy-sur-Tholon 89 57 Dc 61
Parpeçay 36 70 Bd 65
Parpeville 02 24 Dc 50
Parranquet 47 119 Ae 81
Parroy 54 44 Gd 56
Pars-lès-Chavanges 10 59 Ec 57
Pars-lès-Romilly 10 58 De 58
Parsac 23 97 Ca 71
Parthenay 79 82 Ze 69
Parthenay-de-Bretagne 35 50 Yb 59
Partinello 2A 162 Id 95
Partinello 2A 162 Ie 95
Parux 54 45 Gf 57
Parves 01 101 Fe 74
Parville 27 37 Ba 54
Parvillers 80 23 Ce 50
Parzac 16 94 Ac 73
Pas, le — 53 52 Zb 58
Pas-de-Jeu 79 82 Zf 67
Pas-en-Artois 62 14 Cd 48
Pas-Saint-l'Homer, le — 61 37 Af 59
Pasilly 89 73 Ea 62
Paslières 63 98 Dc 73
Pasly 02 24 Db 52
Pasques 21 74 Ef 64
Pasquier, le — 39 90 Ff 68
Passa 66 160 Ce 93
Passage, le — 38 113 Fd 75
Passage, le — 47 131 Ad 83
Passais 61 35 Zc 57
Passavant 25 76 Gc 65
Passavant-en-Argonne 51 42 Fa 54
Passavant-la-Rochère 70 61 Ga 61
Passavant-sur-Layon 49 67 Zd 66
Passel 60 24 Cf 51
Passenans 39 89 Fd 68
Passins 38 113 Fc 74
Passirac 16 105 Zf 76
Passonfontaine 25 76 Gc 66
Passy 71 88 Ee 69
Passy 89 57 Db 60
Passy-en-Valois 02 40 Db 53
Passy-Grigny 51 41 De 54
Passy-sur-Marne 02 41 Df 54
Passy-sur-Seine 77 57 Dc 58
Pastricciola 2A 163 If 96
Patay 45 55 Be 60
Patornay 39 89 Fe 69
Patreville 16 94 Ze 73
Patrimonio 2B 161 Kc 92
Pau 64 144 Zd 89
Paucourt 45 56 Ce 60
Paudry 36 84 Bf 66
Pauilhac 32 131 Ad 85
Pauillac 33 105 Zb 77
Paule 22 48 Wd 59
Paulhac 31 133 Bd 86
Paulhac-en-Margeride 48 122 Dc 80
Paulhaguet 43 110 Dd 77
Paulhan 34 149 Dc 87
Paulhe 12 135 Da 84
Paulhenc 15 121 Ce 79
Paulhiac 47 119 Ae 81
Pauligne 11 147 Ca 90
Paulin 24 107 Bc 78
Paulinet 81 134 Cc 85
Paulmy 37 83 Ad 67
Paulnay 36 83 Ba 67
Paulx 44 80 Yb 67
Paunat 24 119 Af 49
Paussac-et-Saint Vivien 24 106 Ad 76
Pautaines-Augeville 52 60 Fb 58
Pauvres 08 26 Ec 52
Pavant 02 40 Db 55
Pavezin 42 112 Ee 76
Pavie 32 131 Ad 87
Pavillon-Sainte-Julie, le — 10 58 Df 58
Pavilly 76 21 Af 51
Payns 10 58 Df 58
Payra-sur-l'Hers 11 147 Bf 89
Payrac 46 120 Bc 80
Payré 86 94 Ab 70
Payrignac 46 119 Bc 80
Payrin 81 147 Ca 88
Payros-Cazautets 40 130 Zd 87
Payroux 86 94 Ac 71
Payssous 31 145 Ae 90
Payzac 24 107 Bb 76
Paziols 11 160 Ce 91
Pazy 58 73 Dd 65
Péas 51 41 De 56
Peaugres 07 112 Ee 77
Péaule 56 65 Xd 63
Péault 85 80 Ye 69
Pébées 32 146 Ba 88
Pébrac 43 110 Dd 78
Pech-Luna 11 147 Bf 89
Péchabou 31 147 Bd 88
Pécharic-et-le-Py 11 147 Bf 89
Péchaudier 81 147 Bf 88
Pechbonnieu 31 132 Bc 86
Pechbusque 31 146 Bd 87
Pêchereau, le — 36 84 Bd 69
Pécorade 40 130 Zf 87
Pecq, le — 78 39 Ca 55
Pecquencourt 59 14 Db 46
Pecqueuse 91 39 Ca 57
Pécy 77 40 Da 57
Pégairolles-de-Buèges 34 135 Dd 86
Pégairolles-de-l'Escalette 34 135 Db 86
Pègue, le — 26 125 Fa 82
Péguilhan 31 145 Ae 89
Peigney 52 60 Fc 61
Peillac 56 50 Xe 62
Peille 06 141 Hc 86
Peillon 06 141 Hc 86
Peillonnex 74 102 Gc 72
Peintre 39 75 Fc 65

Q

Qinsac 33 117 Zd 80
Quaix-en-Chartreuse 38 113 Fe 77
Quantilly 18 71 Cc 65
Quarante 34 149 Cf 88
Quarré-les-Tombes 89 73 Df 64
Quarte, la — 70 75 Fe 62
Quartier, le — 63 97 Ce 72
Quasquara 2A 163 Ka 97
Quatre-Champs 08 26 Ee 52
Quatre-Routes, les — 46 108 Bd 78
Quatremare 27 37 Ba 53
Quatzenheim 67 46 Hd 57
Quéant 62 14 Cf 47
Queaux 86 95 Ae 71
Québriac 35 51 Yb 58
Quédillac 35 50 Xf 59
Queige 73 102 Gc 74
Quelaines-Saint-Gault 53 52 Zb 61
Quelmes 62 9 Ca 44
Quelneuc 56 50 Xf 62
Quéménéven 29 47 Vf 60
Quemigny-Poisot 21 74 Ef 65
Quemigny-sur-Seine 21 74 Ee 63
Quemper-Guézennec 22 32 Wf 56
Quemperven 22 32 We 56
Quend 80 12 Bd 47
Quend-Plage 80 12 Bd 47
Quenne 89 73 Dd 62
Quenoche 70 76 Ga 64
Quenza 2A 163 Ka 98
Quercamps 62 9 Ca 44
Quercitello 2B 161 Kc 94
Quérénaing 59 15 Dd 47
Quérigut 09 159 Ca 92
Quernes 62 13 Cc 45
Querqueville 50 18 Yb 50
Querré 49 67 Zc 62
Querrien 29 48 Wc 61
Querrieu 80 13 Cc 49
Quers 70 76 Gc 62
Quesmy 60 24 Da 51
Quesne, le — 80 22 Be 49
Quesnel, le — 80 23 Cd 50
Quesnel-Aubry, le — 60 23 Cb 51
Quesnoy, le — 59 15 Dd 47
Quesnoy-en-Artois, le — 62 13 Ca 46
Quesnoy-le-Montant 80 13 Be 48
Quesnoy-sur-Airaines 80 13 Bf 49
Quesnoy-sur-Deûle 59 10 Da 44
Quesques 62 9 Bf 44
Quessigny 27 38 Bb 55
Quessoy 22 32 Xc 58
Quessy 02 24 Db 50
Questembert 56 50 Xd 63
Questrecques 62 9 Be 44
Quetigny 21 75 Fa 65
Quettehou 50 18 Ye 51
Quettetot 50 18 Yc 52
Quetteville 14 20 Ab 52
Quettreville-sur-Sienne 50 34 Yd 55
Queudes 51 41 De 57
Queue-les-Yvelines, la — 78 38 Be 56
Queuille 63 97 Cf 73
Quevauvillers 80 23 Ca 49
Quéven 56 48 Wd 62
Quévert 22 33 Xf 58
Quevillon 76 21 Af 52
Quevilloncourt 54 61 Ga 58
Quévreville-la-Poterie 76 21 Bb 52
Queyrières 43 111 Ea 78
Queyssac 24 118 Ad 79
Queyssac-les-Vignes 19 120 Be 79
Quézac 15 121 Cb 80
Quezac 48 122 Dd 82
Quiberon 56 64 Wf 64
Quibou 50 34 Ye 54
Quiers 77 40 Cf 57
Quiéry-la-Motte 62 14 Cf 46
Quierzy 02 24 Da 51
Quiestède 62 9 Cb 44
Quiévelon 59 16 Ea 47
Quiévrecourt 76 22 Bc 50
Quiévy 59 15 Dc 47
Quilen 62 13 Bf 45
Quillan 11 159 Cb 91
Quillebeuf-sur-Seine 27 21 Ad 52
Quillio, le — 22 49 Xa 59
Quilly 44 65 Ya 64
Quily 56 50 Xd 61
Quimper 29 48 Vf 61
Quimperlé 29 48 Wc 61
Quincampoix 76 21 Bb 51
Quincampoix-Fleuzy 60 22 Be 50
Quinçay 86 82 Ab 69
Quincerot 21 74 Eb 63
Quincerot 89 58 Ea 61
Quincey 21 88 Ef 66
Quincey 70 76 Gb 63
Quincié-en-Beaujolais 69 100 Ed 72
Quincieu 38 113 Fc 77
Quincieux 69 100 Ee 73
Quincy 18 71 Ca 66
Quincy-Basse 02 24 Dc 51
Quincy-Landzécourt 55 27 Fb 52
Quincy-le-Vicomte 21 74 Eb 63
Quincy-sous-le-Mont 02 24 Dd 53
Quincy-sous-Sénart 91 39 Cd 56
Quincy-Voisins 77 40 Cf 55
Quinéville 50 18 Ye 51
Quingey 25 90 Ff 66
Quinquempoix 60 23 Cc 51
Quins 12 134 Cc 83
Quinsac 24 107 Ae 76
Quinson 04 139 Ga 86
Quinssaines 03 97 Cd 71
Quint 31 147 Bd 87
Quintal 74 102 Ga 73
Quinte, la — 72 53 Aa 60
Quintenas 07 112 Ee 77
Quintenic 22 33 Xd 57
Quintigny 39 89 Fd 68
Quintillan 11 160 Ce 91
Quintin 22 32 Xa 58
Quiou, le — 22 50 Ya 58
Quirbajou 11 159 Cb 91
Quiry-le-Sec 80 23 Cc 50
Quissac 30 136 Df 85
Quissac 46 120 Be 81
Quistinic 56 49 Wf 61
Quittebeuf 27 37 Ba 54
Quivières 80 24 Da 50
Quœux-Haut-Maînil 62 13 Ca 47

R

Rabastens 81 133 Be 86
Rabat-le-Trois-Seigneurs 09 158 Bd 91
Rabatelière, la — 85 80 Ye 67
Rablay-sur-Layon 49 67 Zc 65
Rabodanges 61 36 Ze 56
Rabou 05 126 Ga 81
Rabouillet 66 159 Cc 92
Racécourt 88 61 Gb 59
Rachecourt-sur-Marne 52 42 Fa 57
Râches 59 14 Da 46
Racines 10 58 Df 60
Racineuse, la — 71 89 Fa 67
Racquinghem 62 9 Cc 44
Racrange 57 44 Ge 55
Raddon-et-Chapendu 70 61 Gc 61
Radenac 56 49 Xb 61
Radinghem 62 13 Ca 45
Radinghem-en-Weppes 59 14 Cf 45
Radon 61 36 Aa 57
Radonvilliers 10 59 Ed 58
Raedersdorf 68 78 Hc 64
Raedersheim 68 62 Hb 61
Raffetot 76 21 Ad 51
Rahart 41 54 Ba 61
Rahay 72 54 Ae 61
Rahecourt-Suzemont 52 59 Ef 58
Rahling 57 45 Hb 55
Rahon 25 77 Gd 65
Rahon 39 89 Fc 67
Rai 61 37 Ad 56
Raids 50 18 Yd 53
Raillencourt-Saint-Olle 59 14 Db 47
Railleu 66 159 Cb 93
Raillicourt 08 26 Ed 51
Raillimont 02 25 Ea 50
Raimbeaucourt 59 14 Da 46
Raincheval 80 13 Cc 48
Raincourt 70 61 Ff 61
Raincy, le — 93 39 Cd 55
Rainfreville 76 21 Af 50
Rainneville 80 13 Cc 49
Rainsars 59 15 Df 48
Rainville 88 60 Ff 58
Rainvillers 60 23 Ca 52
Rairies, les — 49 68 Ze 63
Raismes 59 15 Dc 46
Raissac 09 159 Be 91
Raissac 11 148 Cf 89
Raissac-sur-Lampy 11 147 Ca 89
Raival 55 43 Fb 55
Raix 16 94 Aa 73
Raizeux 78 38 Be 57
Ramasse 01 101 Fc 71
Ramatuelle 83 154 Gd 89
Rambaud 05 126 Ga 81
Rambervillers 88 61 Gd 58
Rambluzin-et-Benoite-Vaux 55 43 Fb 54
Rambouillet 78 38 Bf 57
Rambucourt 55 43 Fe 55
Ramburelles 80 13 Be 49
Rambures 80 13 Be 49
Ramecourt 62 13 Cb 46
Ramecourt 88 61 Ga 59
Ramerupt 10 58 Eb 57
Ramicourt 02 15 Dc 49
Ramillies 59 14 Cb 47
Rammersmatt 68 77 Ha 62
Ramonchamp 88 62 Ge 61
Ramonville-Saint-Agne 31 146 Bc 87
Ramoulu 45 56 Cb 59
Ramous 64 129 Za 87
Ramousies 59 15 Ea 48
Ramouzens 32 131 Ab 86
Rampan 50 18 Yf 54
Rampieux 24 119 Ae 80
Rampillon 77 40 Da 57
Rampoux 46 119 Bb 81
Rancé 01 100 Ef 73
Rancenay 25 76 Ff 65
Rancennes 08 16 Ee 48
Rances 10 59 Ed 58
Ranceville 70 61 Ff 61
Ranchal 69 100 Ec 72
Ranchot 39 75 Fe 66
Ranchy 14 19 Zb 53
Rancon 87 95 Bb 72
Rançonnières 52 60 Fd 61
Rancourt 88 61 Ga 59
Rancourt-sur-Ornain 55 42 Ef 56
Rancy 71 89 Fa 69
Randan 63 98 Dc 72
Randens 73 114 Gb 75
Randevillers 25 77 Gd 65
Randonnai 61 37 Ae 57
Rânes 61 36 Ze 57
Rang 25 77 Gd 64
Rang-du-Fliers 62 12 Bd 46
Rangen-Hohengœft 67 46 Hc 56
Rannée 35 51 Ye 61
Ranrupt 67 62 Hb 58
Rans 39 75 Fe 66
Ransart 62 14 Ce 47
Ranspach 68 62 Ha 61
Ranspach-le-Bas 68 78 Hc 63
Ranspach-le-Haut 68 78 Hc 63
Rantechaux 25 76 Gc 66
Rantigny 60 23 Cc 52
Ranton 86 82 Zf 66
Rantzwiller 68 78 Hc 63
Ranville 14 20 Ze 53
Ranzières 55 43 Fc 54
Raon-aux-Bois 88 61 Gd 60
Raon-lès-Leau 54 45 Ha 57
Raon-l'Etape 88 62 Gf 58
Rapaggio 2B 161 Kc 94
Rapale 2B 161 Kb 93
Rapey 88 61 Gb 59
Rapilly 14 35 Ze 55
Rapsécourt 51 42 Ee 54
Raray 60 23 Ce 53
Rarécourt 55 42 Fa 54
Rasiguères 66 160 Cd 92
Raslay 86 68 Zf 66
Rasteau 84 137 Ef 83
Ratenelle 71 89 Fa 69
Ratte 71 89 Fb 69
Ratzwiller 67 45 Hb 55
Raucoules 43 111 Eb 77
Raucourt 54 44 Gb 55
Raucourt-au-Bois 59 15 De 47
Raucourt-et-Flaba 08 26 Ef 51
Raulecourt 55 43 Fe 56
Raulhac 15 121 Cd 79
Rauret 43 123 De 80
Rauville-la-Bigot 50 18 Yb 51
Rauville-la-Place 50 18 Yc 52
Rauwiller 67 45 Ha 56
Rauzan 33 117 Zf 80
Raveau 58 72 Da 65
Ravel 63 98 Dc 74
Ravenel 60 23 Cd 51
Ravenoville 50 18 Ye 52
Raves 88 62 Ha 59
Ravières 89 73 Eb 62
Ravigny 53 53 Zf 58
Raville 57 44 Gc 54
Raville-sur-Sânon 54 44 Gd 57
Ravilloles 39 90 Fe 70
Ray-sur-Saône 70 76 Fe 63
Raye-sur-Authieu 62 13 Bf 47
Rayet 47 119 Ae 81
Raymond 18 85 Ce 67
Rayol, le — 83 154 Gc 89
Rayssac 81 134 Cc 86
Razac-de-Saussignac 24 118 Ab 80
Razac-d'Eymet 24 118 Ac 80
Razac-sur-l'Isle 24 106 Ad 78
Raze 70 76 Ga 63
Razecueillé 31 145 Ae 91
Razengues 32 132 Af 87
Razès 87 95 Bc 72
Razimet 47 118 Ab 82
Razines 37 82 Ac 67
Réal 66 159 Ca 93
Réalcamp 76 22 Bd 49
Réallon 05 126 Gc 81
Réalmont 81 134 Cb 86
Réalville 82 133 Bc 84
Réans 32 130 Aa 85
Réau 77 39 Cd 57
Réaumont 38 113 Fd 76
Réaumur 85 81 Zb 68
Réaup 47 131 Ab 84
Réauville 26 124 Ef 82
Réaux 17 105 Zd 76
Rebais 77 40 Db 55
Rebecques 62 9 Cb 45
Rébénacq 64 144 Zd 90
Rebergues 62 9 Bf 44
Rebets 76 22 Bc 51
Rebeuville 88 60 Fe 58
Rebigue 31 146 Bc 88
Rebourguil 12 134 Ce 85
Reboursin 36 84 Be 66
Rebréchien 45 55 Ca 61
Rebreuve 62 14 Cd 46
Rebreuve-sur-Canche 62 13 Cc 47
Rebreuviette 62 13 Cc 47
Recanoz 39 89 Fd 68
Recey-sur-Ource 21 74 Ef 62
Réchicourt-la-Petite 54 44 Gd 56
Réchicourt-le-Château 57 45 Gf 56
Récicourt 55 43 Fa 54
Réclainville 28 55 Bd 60
Réclainville 28 55 Be 58
Reclesne 71 88 Eb 66
Réclinghem 62 13 Cb 45
Réclonville 54 45 Ge 57
Recloses 77 56 Cd 58
Recologne 25 76 Ff 65
Recologne 70 76 Fe 63
Recologne-lès-Rioz 70 76 Ff 64
Recoubeau 26 125 Fc 81
Recoules-d'Aubrac 48 122 Da 80
Recoules-du-Fumas 48 122 Dc 81
Recoules-Prévinquières 12 122 Cf 82
Récourt-le-Creux 55 43 Fc 54
Récourt-Saint-Quentin 62 14 Da 47
Recouvrance 90 77 Gf 63
Recoux, le — 48 122 Da 82
Recoux, le — 48 122 Dc 80
Recques-sur-Course 62 13 Be 45
Recques-sur-Hem 62 9 Ca 43
Recquignies 59 16 Ea 47
Reculey, le — 14 35 Za 55
Reculfoz 25 90 Ga 68
Recurt 65 145 Ac 89
Recy 51 41 Eb 55
Rédange 57 27 Ff 52
Rédené 29 48 Wd 61
Redessans 30 137 Ec 85
Réding 57 45 Ha 56
Redon 35 65 Xf 63
Redoute-Plage 34 149 Dc 89
Reffannes 79 82 Ze 69
Reffuveille 50 34 Yf 56
Régardes 31 145 Ae 90
Régat 09 147 Bf 91
Regnauville 62 13 Ca 47
Regnevelle 88 61 Ff 61
Regnéville-sur-Mer 50 34 Yc 54
Regnéville-sur-Meuse 55 27 Fb 53
Regney 88 61 Gb 59
Regnié-Durette 69 100 Ed 72
Regnière-Ecluse 80 13 Be 47
Regniowez 08 16 Ec 49
Regny 02 24 Dc 49
Régny 42 99 Eb 73
Regrippière, la — 44 66 Ye 65
Réguiny 56 49 Xb 61
Réguisheim 68 62 Hc 61
Régusse 83 139 Ga 86
Rehaincourt 88 61 Gc 58
Rehainviller 54 44 Gc 57
Rehaupal 88 62 Ge 60
Reherrey 54 45 Ge 57
Rehon 54 27 Fe 51
Reichsfeld 67 62 Hc 58
Reichshoffen 67 46 Hd 55
Reichstett 67 46 He 57
Reignac 16 105 Ze 76
Reignac 33 105 Zc 77
Reignac-sur-Indre 37 69 Af 65
Reignat 63 110 Da 75
Reigneville-Bocage 50 18 Yd 52
Reignier 74 102 Gb 72
Reigny 18 85 Cc 69
Reilhac 15 121 Cc 79
Reilhac 46 120 Be 80
Reilhaguet 46 120 Bd 80
Reilhanette 26 138 Fc 83
Reillane 04 138 Fd 85
Reillon 54 45 Ge 57
Reilly 60 22 Bf 53
Reims 51 25 Ea 53
Reims-la-Brûlée 51 42 Ee 56
Reinhardsmunster 67 45 Hb 56
Reiningue 68 77 Hb 62
Reipertswiller 67 45 Hc 55
Reithouse 39 89 Fd 69
Réjaumont 32 131 Ad 86
Réjaumont 65 145 Ac 90
Rejet-de-Beaulieu 59 15 Dd 48
Réjouit 33 117 Zc 80
Relanges 88 61 Ga 60
Relans 39 89 Fc 68
Relecq-Kerhuon, le — 29 30 Vd 58
Relevant 01 100 Ef 72
Rely 62 13 Cc 45
Remaisnil 80 13 Cb 47
Rémalard 61 54 Ae 58
Remaucourt 02 24 Dc 49
Remaucourt 08 25 Eb 51
Remaudière, la — 44 66 Ye 65
Remaugies 80 23 Ce 51
Remauville 77 57 Ce 59
Rembercourt-Sommaisne 55 43 Fa 55
Rembercourt-sur-Mad 54 43 Ff 55
Rémécourt 60 23 Cd 52
Rémelfang 57 28 Gd 53
Rémelfing 57 45 Ha 54
Rémeling 57 28 Gc 52
Remennecourt 55 42 Ef 56
Remenoville 54 61 Gc 58
Rémérangles 60 23 Cb 52
Réméréville 54 44 Gc 56
Rémering-lès-Hargarten 57 28 Gd 53
Rémering-lès-Puttelange 57 45 Gf 54
Remicourt 51 41 Ef 55
Remicourt 88 61 Ga 59
Remiencourt 80 23 Cc 50
Remies 02 24 Dd 50
Remigny 02 24 Db 50
Remigny 71 88 Ee 67
Rémilly 57 44 Gc 54
Rémilly 58 87 De 68
Rémilly-Aillicourt 08 26 Ef 51
Remilly-en-Montagne 21 74 Ee 65
Remilly-lès-Pothées 08 26 Ed 50
Remilly-sur-Lozon 50 18 Ye 53
Remilly-sur-Tille 21 75 Fb 65
Remilly-Wirquin 62 9 Ca 44
Réminiac 56 50 Xe 61
Remiremont 88 61 Gd 60
Remoiville 55 27 Fd 52
Remollon 05 126 Gb 82
Remomeix 88 62 Ha 59
Remoncourt 54 45 Ge 57
Remoncourt 88 61 Ga 59
Remoray-Boujeons 25 90 Gb 68
Remouillé 44 66 Yd 66
Remoulins 30 137 Ed 85
Removille 88 60 Ff 58
Rempnat 87 108 Bf 75
Remuée, la — 76 20 Ac 51
Remungol 56 49 Xa 61
Rémuzat 26 125 Fc 82
Remy 60 23 Ce 52
Rémy 62 14 Cf 47
Renac 35 50 Ya 62
Renage 38 113 Fc 77
Renaison 42 99 Df 72
Renansart 02 24 Dc 50
Renaucourt 70 76 Fe 63
Renaudie, la — 63 99 De 74
Renaudière, la — 49 66 Yf 66
Renauvoid 88 61 Gc 60
Renay 41 54 Bb 61
Renazé 53 51 Yf 62
Rencurel 38 113 Fc 78
René 72 53 Ab 59
Renédale 25 90 Gb 66
Renescure 59 9 Cc 44
Renève 21 75 Fc 64
Rennepont 52 59 Ef 60
Rennes 35 51 Yc 60
Rennes-en-Grenouilles 53 35 Zc 58
Rennes-le-Bains 11 159 Cb 91
Rennes-le-Château 11 159 Cb 91
Rennes-sur-Loue 25 90 Ff 66
Renneval 02 25 Ea 50
Renneville 08 25 Ea 51
Renneville 27 22 Bb 52
Renneville 31 147 Be 88
Renno 2A 162 If 95
Renno 2A 162 If 95
Renouard, le — 61 36 Aa 55
Rentières 63 110 Da 76
Renty 62 13 Ca 45
Renung 40 130 Zd 86
Renwez 08 26 Ed 49
Réole, la — 33 117 Zf 81
Réorthe, la — 85 80 Yf 69
Réotier 05 127 Gd 80
Repaix 54 45 Ge 57
Réparsac 16 93 Ze 74
Repel 88 61 Ff 58
Repentigny 14 20 Aa 53
Replonges 01 100 Ef 71
Reposoir-Pralong, le — 74 102 Gd 72
Repôts, les — 39 89 Fc 68
Reppe 90 77 Ha 63
Requeil 72 53 Aa 62
Réquista 12 134 Cd 84
Résie-Saint-Martin, la — 70 75 Fd 65
Résigny 02 25 Eb 50
Ressaincourt 57 44 Gb 55
Resson 55 43 Fb 56
Ressons 60 23 Ca 53
Ressons-le-Long 02 24 Da 52
Ressons-sur-Matz 60 23 Ce 51
Restigné 37 68 Ab 65
Restinclières 34 136 Ea 86
Retail, le — 79 81 Zd 69
Rétaud 17 93 Zb 74
Reterre 23 97 Cc 72
Rethel 08 26 Ec 51
Retheuil 02 24 Da 53
Rethondes 60 24 Cf 52
Rethonvillers 80 24 Cf 50
Réthoville 50 18 Yd 50
Retiers 35 51 Yd 61
Retjons 40 130 Ze 84
Retonfey 57 44 Gb 54
Rétonval 76 22 Bd 50
Retournac 43 111 Ea 77
Retschwiller 67 46 Hf 55
Rettel 57 28 Gc 52
Réty 62 9 Be 44
Retzwiller 68 77 Ha 63
Reugney 25 90 Ga 66
Reugny 03 85 Cd 70
Reugny 37 69 Af 64
Reuil 51 41 De 54
Reuil-en-Brie 77 40 Da 55
Reuil-sur-Brêche 60 23 Cb 51
Reuilly 27 38 Bb 54
Reuilly 36 85 Ca 66
Reulle-Vergy 21 74 Ef 65
Reumont 59 15 Dc 48
Réunion, la — 47 118 Aa 83
Reutenbourg 67 45 Hc 56
Reuves 51 41 De 56
Reuville 76 21 Af 50
Reux 14 20 Aa 53
Réveillon 51 40 Dc 56
Réveillon 61 54 Ad 58
Revel 04 127 Gd 82
Revel 31 147 Ca 88
Revel-Tourdan 38 112 Fa 76
Revelles 80 23 Ca 49
Reventin-Vaugris 38 112 Ef 76
Revercourt 28 37 Ba 56
Revest-du-Bion 04 138 Fd 84
Revest-les-Eaux, le — 83 153 Ff 89
Revest-les-Roches 06 140 Ha 85
Revest-Saint-Martin 04 139 Fe 84
Reviers 14 19 Zd 53
Revigny 39 89 Fd 69
Revigny-sur-Ornain 55 42 Ef 56
Réville 50 18 Ye 51
Réville-aux-Bois 55 27 Fc 52
Révillon 02 25 De 52
Revin 08 26 Ed 49
Revonnas 01 101 Fb 72
Rexingen 67 45 Hb 55
Rexpoëde 59 10 Cd 43
Reyersviller 57 45 Hc 54
Reygade 19 108 Bf 78
Reynel 52 60 Fc 59
Reynès 66 160 Ce 94
Reynies 82 132 Bc 85
Reyrevignes 46 120 Bf 81
Reyrieux 01 100 Ee 73
Reyvroz 74 102 Gd 71
Rezay 18 85 Cb 68
Rezé 44 66 Yc 65
Rézentières 15 110 Da 78
Rezonville 57 44 Ff 54
Rezza 2A 163 If 96
Rhèges-Bessy 10 41 Df 57
Rheu, le — 35 51 Yb 60
Rhinau 67 63 Hd 59
Rhodes 57 45 Gf 56
Rhodon 41 70 Bb 62
Rhuis 60 23 Ce 53
Ri 61 36 Zf 56
Ria 66 159 Cc 93
Riaillé 44 66 Ye 63
Rialet, le — 81 148 Cc 87
Rians 18 71 Cd 65
Rians 83 139 Fe 87
Riantec 56 48 We 62
Riaucourt 52 60 Fa 59
Ribagnac 24 118 Ac 80
Ribarrouy 64 144 Ze 87
Ribaute 11 148 Cd 90
Ribaute-les-Tavernes 30 136 Ea 84
Ribay, le — 53 52 Zd 58
Ribeaucourt 55 43 Fc 57
Ribeaucourt 80 13 Ca 48
Ribeauville 02 15 Dd 48
Ribeauvillé 02 25 Eb 50
Ribeauvillé 68 62 Hb 59
Ribécourt 60 24 Cf 51
Ribécourt-la-Tour 59 14 Da 48
Ribemont 02 24 Dc 50
Ribemont-sur-Ancre 80 14 Cd 49
Ribennes 48 122 Dc 81
Ribérac 24 106 Ac 77
Ribes 07 123 Eb 82
Ribeyret 05 125 Fd 82
Ribiers 05 139 Ff 83
Ribouisse 11 147 Bf 89
Riboux 83 153 Fe 89
Ricamarie, la — 42 112 Ec 76
Ricarville 76 21 Ad 51
Ricarville-du-Val 76 22 Bb 50
Ricaud 11 147 Bf 88
Ricaud 65 145 Ab 90
Riceys, les — 10 59 Ec 61
Richardais, la — 35 33 Xf 57
Richarménil 54 44 Gb 57
Richarville 91 55 Bf 58
Riche 57 44 Gd 55
Richebourg 52 59 Fa 60
Richebourg 62 14 Ce 45
Richebourg 78 38 Bd 56
Richecourt 55 43 Fe 55
Richelieu 37 82 Ab 66
Richeling 57 44 Gf 54
Richeling 57 45 Gf 54
Richemont 57 28 Ga 53
Richemont 76 22 Bd 50
Richerenches 84 124 Ef 82
Richet 40 116 Zb 82
Richeval 57 45 Gf 57
Richeville 27 22 Bd 53
Richtolsheim 67 63 Hd 59
Richwiller 68 77 Hb 62
Ricourt 32 145 Ab 88
Ricquebourg 60 23 Ce 51
Riec-sur-Belon 29 48 Wb 61
Riedisheim 68 78 Hc 62
Riedseltz 67 46 Hf 54
Riedwihr 68 63 Hc 60
Riel-les-Eaux 21 59 Ee 61
Riencourt 80 13 Ca 49
Riencourt-lès-Cagnicourt 62 14 Cf 47
Riespach 68 78 Hb 63
Rieucazé 31 145 Ae 90
Rieucros 09 147 Be 90
Rieulay 59 14 Db 46
Rieumajou 31 147 Be 88
Rieumes 31 146 Ba 88
Rieupeyroux 12 134 Cb 83
Rieussec 34 148 Ce 88
Rieutort-de-Randon 48 122 Dc 81
Rieux 31 146 Bb 89
Rieux 51 40 Dd 55
Rieux 56 65 Xf 63
Rieux 60 23 Ca 51
Rieux 60 23 Cd 53
Rieux 76 12 Bd 49
Rieux-de-Pelleport 09 147 Bd 90
Rieux-en-Cambrésis 59 15 Dc 47
Rieux-en-Val 11 148 Cd 90
Rieux-Minervois 11 148 Cd 89
Riez 04 139 Ga 86
Rigarda 66 160 Cd 93
Rigaud 06 140 Gf 85
Rignac 12 121 Cb 82
Rignac 46 120 Bd 79
Rigney 25 76 Gb 64
Rignieux-le-Franc 01 101 Fb 73
Rignosot 25 76 Gb 64
Rignovelle 70 76 Gc 62
Rigny 70 75 Fd 64
Rigny-la-Nonneuse 10 58 Dd 58
Rigny-la-Salle 55 43 Fe 57
Rigny-le-Ferron 10 58 Dd 59
Rigny-Saint-Martin 55 43 Fe 57
Rigny-sur-Arroux 71 87 Ea 69
Rigny-Ussé 37 68 Ab 65
Riguepeu 32 131 Ac 87
Rilhac-Lastours 87 107 Ba 74
Rilhac-Rancon 87 95 Bb 73
Rilhac-Treignac 19 108 Be 75
Rilhac-Xaintrie 19 109 Cb 77
Rillé 37 68 Ab 64
Rillieux 69 100 Ef 74
Rilly-la-Montagne 51 41 Ea 54
Rilly-Sainte-Syre 10 58 Df 58
Rilly-sur-Aisne 08 26 Ed 52
Rilly-sur-Loire 41 69 Ba 64
Rimaucourt 52 60 Fc 59
Rimbach-près-Guebwiller 68 62 Ha 61
Rimbach-près-Masevaux 68 62 Gf 62
Rimbachzell 68 62 Hb 61
Rimbez-et-Baudiets 40 131 Aa 84
Rimblas 06 140 Ha 84
Rimboval 62 13 Bf 45
Rimeize 48 122 Db 80
Rimling 57 45 Hb 54
Rimogne 08 26 Ed 49
Rimon-et-Savel 26 125 Fb 81
Rimondeix 23 96 Ca 71
Rimons 33 118 Aa 80
Rimont 09 146 Bb 91
Rimoux 35 51 Yc 58
Rimsdorf 67 45 Ha 55
Ringeldorf 67 46 Hd 55
Ringendorf 67 46 Hd 56
Rinxent 62 9 Be 44
Riocaud 33 118 Ab 80
Riolas 31 146 Af 88
Riols 34 148 Ce 88
Riols, le — 81 133 Bf 84
Riom 63 98 Da 72
Riom-ès-Montagnes 15 109 Cd 77
Rion-des-Landes 40 129 Za 85
Rions 33 117 Zd 80
Riorges 42 99 Ea 72
Riotord 43 112 Ec 77
Rioupéroux 38 114 Ff 78
Riousse 58 86 Da 68
Rioux 17 93 Zb 75
Rioux-Martin 16 106 Aa 77
Rioz 70 76 Ga 64
Riquewihr 68 62 Hb 59
Ris 63 98 Dd 73
Ris 65 156 Ac 91
Ris-Orangis 91 39 Cc 57
Riscle 32 130 Zf 87
Risoul 05 127 Gd 81
Ristolas 05 127 Gf 80
Rittershoffen 67 46 Hf 55
Ritzing 57 28 Gc 52
Riupeyrous 64 144 Ze 88
Rivarennes 36 84 Bc 69
Rivarennes 37 68 Ac 65
Rivas 42 111 Eb 75
Rive-de-Gier 42 112 Ed 75
Rivecourt 60 23 Ce 52
Rivedoux-Plage 17 92 Ye 72
Rivehaute 64 143 Za 88
Rivel 11 159 Ca 91
Riventosa 2B 163 Kb 95
Rivèrenert 09 158 Bb 91
Riverie 69 112 Ed 75
Rivery 80 23 Cb 49
Rives 38 113 Fc 76
Rives, les — 34 135 Db 85
Rivesaltes 66 160 Cf 92
Rivier, le — 38 113 Fc 76
Rivière 37 68 Ab 66
Rivière 62 14 Ce 47
Rivière, la — 33 117 Ze 79
Rivière-de-Corps, la — 10 58 Ea 59
Rivière-Drugeon, la — 25 90 Gb 67
Rivière-Enverse, la — 74 103 Gd 72
Rivière-les-Fosses 52 75 Fb 63
Rivière-saas-et-Gourby 40 129 Yf 86
Rivière-Saint-Sauveur, la — 14 20 Ab 52
Rivière-sur-Tarn 12 135 Da 83
Rivières 16 94 Ac 74
Rivières 30 136 Eb 83
Rivières 81 133 Bf 85
Rivières-Henruel, les — 51 58 Ed 57
Rivières-le-Bois 52 75 Fc 62
Riville 76 21 Ad 50
Rivire, la — 38 113 Fd 77
Rivolet 69 100 Ed 73
Rix 39 90 Ga 68
Rix 58 73 Dd 64
Rixheim 68 78 Hc 62
Rixouse, la — 39 102 Ff 70
Rizaucourt-Buchey 52 59 Ef 59
Roaillan 33 117 Ze 81
Roaix 84 137 Fa 83
Roanne 42 99 Ea 72
Roannes-Saint-Mary 15 121 Cc 79
Robécourt 88 60 Fe 60
Robecq 62 14 Cd 45
Robersart 59 15 Dd 47
Robert-Espagne 55 42 Fa 56
Robert-Magny-Laneuville-à-Rémy 52 59 Ef 58
Robertot 76 21 Ae 50
Roberval 60 23 Ce 53
Robiac 30 136 Ea 83
Robiac 30 136 Ea 85
Robine, la — 04 139 Gb 83
Robion 84 138 Fa 85
Roc, le — 46 119 Bc 79
Roc-Saint-André, le — 56 50 Xd 61
Rocbaron 83 153 Ga 89
Rocé 41 54 Ba 62
Rochbrune 05 126 Gb 82
Roche 38 113 Fa 75
Roche 42 111 Df 75
Roche 70 76 Ff 64
Roche, la — 42 111 Ea 76
Roche-Bernard, la — 56 65 Xe 63
Roche-Blanche 63 110 Da 74
Roche-Blanche, la — 44 66 Yf 64
Roche-Canillac, la — 19 108 Bf 77
Roche-Chalais, la — 24 106 Aa 78
Roche-Charles 63 110 Da 76
Roche-Clermault, la — 37 68 Ab 66
Roche-d'Agoux 63 97 Cd 72
Roche-de-Rame, la — 05 127 Gd 80
Roche-Derrien, la — 22 32 We 56
Roche-des-Arnauds, la — 05 126 Ff 81
Roche-en-Brenil, la — 21 73 Eb 64
Roche-Guyon, la — 95 38 Bd 54
Roche-la-Molière 42 111 Eb 76
Roche-l'Abeille, la — 87 107 Bb 75
Roche-le-Peyroux 19 109 Cc 76
Roche-lès-Clerval 25 76 Gc 64
Roche-lez-Beaupré 25 76 Ga 65
Roche-Mabile, la — 61 36 Zf 58

Qinsac — Roche-Mabile, la — 195

Roche-Maurice, la — **29** 30 Ve 58
Roche-Morey, la — **70** 75 Fe 62
Roche-Noire, la — **63** 110 Db 74
Roche-Posay, la — **86** 83 Ae 68
Roche-Régnier **43** 111 Df 77
Roche-Rigault, la — **86** 82 Ab 67
Roche-Saint-Secret-Béconne **26** 124 Fa 82
Roche-sur-Foron, la — **74** 102 Gb 72
Roche-sur-Grane, la — **26** 124 Ef 80
Roche-sur-Linotte **70** 76 Gb 64
Roche-sur-Yon, la — **85** 80 Yd 69
Roche-Vanneau, la — **21** 74 Ed 64
Roche-Vineuse, la — **71** 100 Ee 70
Rochebaudin **26** 124 Fa 81
Rochebeaucourt-et-Argentine, la — **24** 106 Ac 76
Rochebrune **26** 125 Fb 82
Rochechouart **87** 95 Ae 74
Rochecolombe **07** 124 Ec 81
Rochecorbon **37** 69 Ae 64
Rochefort **17** 72 Za 73
Rochefort **21** 74 Ee 62
Rochefort-du-Gard **30** 137 Ee 85
Rochefort-en-Terre **56** 50 Xe 62
Rochefort-en-Yvelines **78** 38 Bf 57
Rochefort-Montagne **63** 97 Ce 74
Rochefort-sur-la-Côte **52** 60 Fb 59
Rochefort-sur-Loire **49** 67 Zc 64
Rochefort-sur-Nenon **39** 75 Fd 66
Rochefoucauld, la — **16** 94 Ac 74
Rochefourchat **26** 125 Fb 81
Rochegiron, la — **04** 138 Fd 84
Rochegude **26** 124 Ee 83
Rochegude **30** 136 Eb 83
Rochejean **25** 90 Gb 68
Rochelle, La — **17** 92 Ye 72
Rochelle, la — **70** 75 Fe 62
Rochelle-Normandie, la — **50** 34 Yd 56
Rochemaur **07** 124 Ee 81
Rochenard, la — **79** 93 Zc 71
Rochepot, la — **21** 88 Ee 67
Rocher **07** 123 Eb 81
Rochère, la — **70** 61 Ga 61
Rochereau, le — **86** 82 Aa 68
Roches **23** 96 Bf 71
Roches **41** 70 Bc 62
Roches, les — **38** 112 Ee 76
Roches-Bettaincourt **52** 60 Fb 59
Roches-lès-Blamont **25** 77 Gf 64
Roches-l'Evêque, les — **41** 69 Af 62
Roches-Prémarie-Andillé **86** 82 Ac 70
Roches-sur-Marne **52** 42 Fa 57
Rocheservière **85** 80 Yc 67
Rochessauve **07** 124 Ed 80
Rochesson **88** 62 Ge 60
Rochetaillée **52** 60 Fa 61
Rochetrejoux **85** 81 Za 68
Rochette, la — **05** 125 Fe 81
Rochette, la — **05** 126 Ga 81
Rochette, la — **07** 123 Eb 79
Rochette, la — **16** 94 Ab 74
Rochette, la — **77** 56 Ce 57
Rocheville **50** 18 Yc 51
Rochonvillers **57** 28 Ga 52
Rochy-Condé **60** 23 Cb 52
Rocles **03** 86 Da 70
Rocles **07** 123 Eb 81
Rocles **48** 123 De 80
Roclincourt **62** 14 Ce 47
Rocourt **88** 60 Fe 60
Rocourt-Saint-Martin **02** 40 Dc 54
Rocquancourt **14** 36 Ze 54
Rocque, la — **14** 35 Zb 55
Rocquefort **76** 21 Ae 50
Rocquemont **60** 24 Ce 53
Rocquemont **76** 22 Bb 51
Rocquencourt **60** 23 Cc 51
Rocques **14** 36 Ab 53
Rocquigny **02** 15 Df 48
Rocquigny **08** 25 Eb 50
Rocquigny **62** 14 Cf 48
Rocroi **08** 26 Ed 49
Rodalbe **57** 45 Ge 55
Rodelinghem **62** 9 Bf 42
Rodelle **12** 121 Cd 82
Rodemack **57** 28 Gb 52
Roderen **68** 77 Ha 62
Rodern **68** 62 Hc 59
Rodès **66** 160 Cd 93
Rodez **12** 121 Cd 82
Rodilhan **30** 137 Ec 86
Rodome **11** 159 Ca 92
Roë, la — **53** 51 Yf 61
Roëllecourt **62** 13 Cb 46
Rœschwoog **67** 46 Ia 55
Rœulx **59** 15 Db 47
Rœux **62** 14 Cf 47
Roëzé-sur-Sarthe **72** 53 Aa 61
Roffey **89** 58 Df 61
Roffiac **15** 110 Da 78
Rogécourt **02** 24 Dc 51
Rogerville **76** 20 Ab 51
Rogéville **54** 44 Ff 56
Roggenhouse **68** 63 Hc 61
Rogliano **2B** 161 Kc 91
Rogna **39** 101 Fe 71
Rognac **13** 152 Fb 88
Rognaix **73** 114 Gc 75
Rognes **13** 138 Fc 86
Rognonas **13** 137 Ee 85
Rogny **02** 25 De 50
Rogny-les-Sept-Ecluses **89** 72 Cf 62
Rogues **30** 135 Dd 85
Rogy **80** 23 Cb 50
Rohaire **28** 37 Af 56
Rohan **56** 49 Xb 60
Rohrbach-lès-Bitche **57** 45 Hb 54
Rohrwiller **67** 46 Hf 56
Roiffé **86** 68 Aa 66
Roiffieux **07** 112 Ed 77
Roiglise **80** 24 Cf 50
Roilly **21** 74 Ec 64
Roinville **28** 55 Be 58
Roinville **91** 39 Ca 57
Roinvilliers **91** 56 Cb 58
Roisel **80** 14 Da 49
Roises, les — **55** 60 Fd 58
Roissard **38** 125 Fd 79
Roissy **77** 39 Cd 56
Roissy-en-France **95** 39 Cd 54
Roiville **61** 36 Ab 55
Roizy **08** 25 Eb 52
Rolampont **52** 60 Fb 61
Rolbing **57** 45 Hc 53
Rollainville **88** 60 Fe 58
Rollancourt **62** 13 Ca 46
Rolleboise **78** 38 Bd 54
Rolleville **76** 20 Ab 51
Rollot **80** 23 Cd 51
Rom **79** 94 Aa 71
Romagnat **63** 98 Da 74
Romagne **33** 117 Ze 80
Romagné **35** 51 Ye 58
Romagne **86** 94 Ab 71
Romagne, la — **08** 25 Eb 50
Romagne, la — **49** 67 Yf 66
Romagne-Gesnes **55** 26 Fa 53
Romagne-sous-les-Côtes **55** 27 Fc 53
Romagnieu **38** 113 Fd 75
Romagny **50** 35 Za 57
Romagny **68** 77 Ha 63
Romain **25** 76 Gc 64
Romain **39** 75 Fe 65
Romain **54** 44 Gc 57
Romain-aux-Bois **88** 60 Fe 60
Romain-sur-Meuse **52** 60 Fd 59
Romains **51** 25 De 52
Romainville **93** 39 Cc 55
Roman **27** 37 Ba 55
Romange **39** 75 Fd 66
Romans **01** 100 Fa 72
Romans **79** 81 Ze 70
Romans-sur-Isère **26** 112 Fa 78
Romanswiller **67** 45 Hc 57
Romazières **17** 93 Ze 73
Romazy **35** 51 Yd 58
Rombach-le-Franc **68** 62 Hb 59
Rombas **57** 28 Ga 53
Rombies-et-Marchipont **59** 15 Dd 46
Romegoux **17** 93 Zb 73
Romelfing **57** 45 Ha 55
Romenay **71** 89 Fa 69
Romeny-sur-Marne **02** 40 Dc 55
Romeries **59** 15 Dd 47
Romery **51** 41 Df 54
Romescamps **60** 22 Be 50
Romestaing **47** 117 Aa 82
Romeyer **26** 125 Fc 80
Romigny **51** 41 De 53
Romillé **35** 50 Ya 59
Romilly **41** 54 Ba 61
Romilly-la-Puthenaye **27** 37 Af 54
Romilly-sur-Aigre **28** 55 Bb 61
Romilly-sur-Andelle **27** 22 Bb 52
Romilly-sur-Seine **10** 58 De 57
Rominguières **34** 135 Db 86
Romont **88** 61 Gd 58
Romorantin-Lanthenay **41** 70 Be 64
Rompon **07** 124 Ee 80
Rônai **61** 36 Zf 56
Ronce-les-Bains **17** 92 Yf 74
Roncenay-Authenay, le — **27** 37 Ba 55
Roncey **50** 34 Ye 55
Ronchamp **70** 77 Gd 62
Ronchaux **25** 90 Ff 66
Ronchères **02** 41 Dd 54
Roncherolles-en-Bray **76** 22 Bc 51
Roncherolles-sur-le-Vivier **76** 21 Bb 52
Ronchin **59** 14 Da 45
Ronchois **76** 22 Bd 50
Roncourt **57** 44 Ga 53
Roncq **59** 10 Da 44
Ronde, la — **17** 93 Zb 71
Ronde-Haye, la — **50** 18 Yd 54
Rondefontaine **25** 90 Gb 68
Ronel **81** 134 Cb 86
Ronfeugerai **61** 35 Zd 56
Rongères **03** 98 Dc 71
Ronnet **03** 97 Ce 71
Ronquerolles **95** 39 Cb 53
Ronsenac **16** 106 Ab 76
Ronssoy **80** 14 Da 49
Rontalon **69** 112 Ed 75
Rontignon **64** 144 Zd 89
Ronvaux **55** 43 Fd 54
Roost-Warendin **59** 14 Da 46
Roppe **90** 77 Gf 62
Roppenheim **67** 46 Ia 55
Roppentzwiller **68** 78 Hb 63
Roppeviller **57** 46 Hd 54
Roque-Alrice, la — **84** 138 Fa 84
Roque-Baignard, la — **14** 20 Aa 53
Roque-d'Anthéron, la — **13** 138 Fb 86
Roque-Esclapon, la — **83** 140 Gd 86
Roque-Sainte-Marguerite, la — **12** 135 Db 84
Roque-sur-Cèze, la — **30** 137 Ed 83
Roque-sur-Pernes **84** 138 Fa 85
Roquebillière-Vieux **06** 141 Hb 84
Roquebrun **34** 149 Da 88
Roquebrune **06** 141 Hc 86
Roquebrune **32** 131 Ab 86
Roquebrune **33** 118 Aa 81
Roquebrune-sur-Argens **83** 154 Gd 88
Roquebrussanne, la — **83** 153 Ff 88
Roquecor **82** 119 Af 83
Roquecourbe **81** 133 Bf 84
Roquecourbe **81** 134 Cb 87
Roquecourbe-Minervois **11** 148 Cd 89
Roquedur **30** 136 Dd 85
Roquefère **11** 134 Cc 88
Roquefeuil **11** 159 Bf 92
Roquefixade **09** 158 Be 91
Roquefort **32** 131 Ad 86
Roquefort **40** 130 Ze 84
Roquefort **47** 131 Ad 83
Roquefort-de-Sault **11** 159 Cb 92
Roquefort-des-Corbières **11** 149 Cf 91
Roquefort-la-Bédoule **13** 152 Fd 89
Roquefort-les-Pins **06** 140 Ha 86
Roquefort-sur-Garonne **31** 146 Af 90
Roquefort-sur-Soulzon **12** 135 Cf 85
Roquelaure **32** 131 Ad 86
Roquelaure-Saint-Aubin **32** 132 Af 86
Roquemaure **30** 137 Ef 84
Roquemaure **81** 133 Bd 86
Roquepine **32** 131 Ac 85
Roqueredonde **34** 135 Db 86
Roques **31** 133 Be 87
Roques **32** 131 Ab 85
Roqueserière **31** 133 Bd 86
Roquessels **34** 149 Db 87
Roquesteron **06** 140 Ha 85
Roquetaillade **11** 147 Cb 91
Roquetoire **62** 9 Cc 44
Roquette, la — **12** 121 Cd 82
Roquette, la — **12** 135 Dc 85
Roquette, la — **27** 22 Bc 53
Roquette-sur-Signane, la — **06** 140 Gf 87
Roquette-sur-Var, la — **06** 140 Hb 85
Roquettes **31** 146 Bc 88
Roquevaire **13** 152 Fd 88
Roquevidal **81** 133 Bf 87
Roquiague **64** 143 Za 89
Roquille, la — **33** 118 Ab 80
Rorbach-lès-Dieuze **57** 45 Gf 55
Rosans **05** 125 Fc 82
Rosay **39** 89 Fc 69
Rosay **51** 42 Ee 56
Rosay **76** 22 Bb 50
Rosay **78** 38 Be 55
Rosay-sur-Lieure **27** 22 Bc 52
Rosazia **2A** 162 If 96
Rosbruck **57** 45 Gf 53
Roscanvel **29** 30 Vc 59
Roschwihr **68** 62 Hc 59
Roscoff **29** 31 Wa 56
Rosel **14** 19 Zd 53
Rosenau **68** 78 Hd 63
Rosendaël **59** 9 Cc 42
Rosenwiller **67** 45 Hc 56
Rosenwiller **67** 45 Hc 57
Roset-Fluans **25** 76 Fe 66
Rosey **70** 76 Ga 63
Rosey **71** 88 Ee 68
Rosheim **67** 46 Hc 57
Rosière, la — **70** 61 Gd 61
Rosières **07** 123 Eb 82
Rosières **43** 111 Df 78
Rosières **60** 39 Ce 53
Rosières-aux-Salines **54** 44 Gc 57
Rosières-en-Haye **54** 44 Ff 56
Rosières-en-Santerre **80** 23 Ce 50
Rosières-près-Troyes **10** 58 Ea 59
Rosières-sur-Barbèche **25** 77 Gd 65
Rosières-sur-Mance **70** 60 Fe 61
Rosiers, les — **49** 68 Ze 64
Rosiers-de-Juillac **19** 107 Bb 77
Rosiers-d'Egletons **19** 108 Ca 76
Rosis **34** 135 Da 87
Rosnay **36** 83 Bb 68
Rosnay **85** 80 Ye 69
Rosnay-l'Hôpital **10** 59 Ec 58
Rosnoën **29** 30 Ve 59
Rosny-sous-Bois **93** 39 Cd 55
Rosny-sur-Seine **78** 38 Bd 55
Rosoy **60** 23 Cd 52
Rosoy-en-Multien **60** 40 Cf 54
Rosoy-le-Vieil **45** 57 Cf 60
Rospez **22** 32 Wd 56
Rospigliani **2B** 163 Kb 95
Rosporden **29** 48 Wb 61
Rossay-sur-Lieure **27** 22 Be 52
Rosselange **57** 28 Ga 53
Rossfeld **67** 63 Hd 58
Rossillon **01** 101 Fd 74
Rossillon **38** 112 Fe 76
Rosteig **67** 45 Hb 55
Rostrenen **22** 49 Wd 59
Rosult **59** 15 Dc 46
Rosureux **25** 77 Ge 65
Rotalier **39** 89 Fc 69
Rotangy **60** 23 Ca 51
Rothau **67** 62 Hb 58
Rothbach **67** 46 Hd 55
Rotherens **73** 114 Ga 76
Rothière, la — **10** 59 Ed 58
Rothois **60** 23 Bf 51
Rothonay **39** 89 Fd 69
Rots **14** 19 Zd 53
Rott **67** 46 Hf 54
Rottelsheim **67** 46 He 56
Rottier **26** 125 Fc 82
Rou-Marson **49** 68 Zf 65
Rouairoux **81** 148 Cd 88
Rouans **44** 65 Ya 65
Rouaudière, la — **53** 51 Ye 62
Roubaix **59** 10 Db 44
Roubia **11** 148 Ce 89
Roubion **06** 140 Ha 84
Roucourt **59** 14 Da 46
Roucy **02** 25 De 52
Rouécourt **52** 59 Fa 59
Rouède **31** 146 Af 90
Rouellé **61** 35 Zb 57
Rouelles **52** 75 Fa 62
Rouen **76** 21 Ba 52
Rouessé-Fontaine **72** 53 Aa 59
Rouessé-Vassé **72** 53 Zd 60
Rouet **34** 136 De 86
Rouez **72** 53 Zf 60
Rouffach **68** 62 Hb 61
Rouffange **39** 75 Fe 65
Rouffiac **17** 93 Zd 74
Rouffiac **81** 133 Ca 85
Rouffiac-d'Aube **11** 148 Cb 90
Rouffiac-des-Corbières **11** 160 Cd 91
Rouffiac-Tolosan **31** 133 Bd 87
Rouffignac **17** 105 Zd 76
Rouffignac **24** 107 Af 78
Rouffignac-de-Sigoulès **24** 118 Ac 80
Rouffigny **50** 34 Ye 56
Rouffilhac **46** 119 Bc 80
Rouffy **51** 41 Ea 55
Rougé **44** 51 Yd 62
Rouge, la — **61** 54 Ae 59
Rouge-Perriers **27** 37 Af 54
Rougefay **62** 13 Cb 47
Rougegoutte **90** 77 Gf 62
Rougemont **21** 74 Eb 62
Rougemont **25** 76 Gc 63
Rougemont-le-Château **90** 77 Gf 62
Rougemontiers **27** 21 Ae 52
Rougemontot **25** 76 Gb 64
Rougeou **41** 70 Bd 64
Rougeries **02** 25 De 50
Rouges-Eaux, les — **88** 62 Ge 59
Rouget, le — **15** 121 Cb 79
Rougeux **52** 75 Fd 62
Rougier **83** 153 Ff 88
Rougnac **16** 106 Ac 75
Rougnat **23** 97 Cd 72
Rougon **04** 139 Gc 86
Rouhe **25** 90 Ff 66
Rouhling **57** 45 Ha 54
Rouillac **16** 94 Zf 74
Rouillac **22** 50 Xd 59
Rouillac **22** 50 Xe 59
Rouillé **86** 82 Aa 70
Rouillon **72** 53 Aa 61
Rouilly **77** 40 Db 57
Rouilly-Sacey **10** 58 Eb 58
Rouilly-Saint-Loup **10** 58 Ea 59
Roujan **34** 149 Db 87
Roulans **25** 76 Gb 65
Roulier, le — **88** 61 Gc 60
Roulier, le — **88** 61 Gd 59
Roullens **11** 148 Cb 90
Roullet-Saint-Estèphe **16** 106 Aa 75
Roullours **14** 35 Za 56
Roumagne **47** 118 Ac 81
Roumare **76** 21 Af 51
Roumazières-Loubert **16** 94 Ad 73
Roumégoux **15** 121 Cb 79
Roumégoux **81** 134 Cb 86
Roumengoux **09** 147 Bf 90
Roumens **31** 147 Bf 88
Roumoules **04** 139 Ga 85
Rountzenheim **67** 46 Hf 56
Roupeldange **57** 28 Gc 53
Rouperroux **61** 36 Zf 57
Rouperroux-le-Coquet **72** 53 Ac 59
Roupy **02** 24 Db 50
Roure **06** 140 Ha 84
Rouret **06** 140 Ha 86
Roussac **87** 95 Bb 72
Roussas **26** 124 Ee 82
Roussay **49** 66 Yf 66
Roussayrolles **81** 133 Be 84
Rousseloy **60** 23 Cc 53
Roussenac **12** 121 Cb 82
Roussent **62** 13 Be 46
Rousses **48** 135 Dd 83
Rousses, les — **39** 90 Ga 70
Rousset **05** 126 Gb 82
Rousset **13** 152 Fd 88
Rousset, le — **71** 88 Ec 69
Rousset-les-Vignes **26** 125 Fa 82
Roussière, la — **27** 37 Ad 55
Roussieux **26** 125 Fc 82
Roussillon **84** 138 Fb 85
Roussillon-en-Morvan **71** 87 Ea 66
Roussines **16** 94 Ad 74
Roussines **36** 84 Bc 70
Rousson **89** 57 Db 60
Roussy-le-Village **57** 28 Gb 51
Routelle **25** 76 Ff 65
Routes **76** 21 Ae 50
Routier **11** 147 Ca 90
Routot **27** 21 Ae 52
Rouvenac **11** 159 Ca 91
Rouves **54** 44 Gb 55
Rouville **60** 40 Cf 53
Rouville **76** 21 Ac 51
Rouvillers **60** 23 Cd 52
Rouvray **21** 73 Ea 64
Rouvray **21** 88 Ed 66
Rouvray **27** 38 Bb 54
Rouvray **89** 58 De 61
Rouvray-Catillon **76** 22 Bc 51
Rouvray-Saint-Denis **28** 55 Bf 59
Rouvray-Saint-Florentin **28** 55 Bd 59
Rouvray-Sainte-Croix **45** 55 Be 60
Rouvre **79** 81 Zd 70
Rouvrel **80** 23 Cc 50
Rouvres **14** 36 Ze 54
Rouvres **28** 38 Bc 55
Rouvres **60** 40 Da 54
Rouvres **77** 39 Ce 54
Rouvres-en-Plaine **21** 75 Fa 65
Rouvres-en-Woëvre **55** 43 Fe 53
Rouvres-en-Xaintois **88** 61 Ga 59
Rouvres-la-Chétive **88** 60 Fe 59
Rouvres-les-Bois **36** 84 Bc 66
Rouvres-les-Vignes **10** 59 Ee 59
Rouvres-Saint-Jean **45** 56 Cb 59
Rouvres-sous-Meilly **21** 74 Ed 65
Rouvrey **02** 25 Eb 50
Rouvrois-sur-Meuse **55** 43 Fd 55
Rouvrois-sur-Othain **55** 27 Fd 52
Rouvroy **02** 24 Db 49
Rouvroy **62** 14 Cf 46
Rouvroy-en-Santerre **80** 23 Ce 50
Rouvroy-les-Merles **60** 23 Cc 51
Rouvroy-Ripont **51** 42 Ee 53
Rouvroy-sur-Audry **08** 26 Ec 50
Rouvroy-sur-Marne **52** 60 Fa 58
Rouxeville **50** 35 Za 54
Rouxière, la — **44** 66 Yf 64
Rouxmesnil-Bouteilles **76** 12 Ba 49
Rouy **58** 87 Dd 66
Rouy-le-Grand **80** 24 Cf 50
Rouy-le-Petit **80** 24 Cf 50
Rouze **09** 159 Ca 92
Rouzède **16** 94 Ad 74
Rouziers **15** 121 Cb 80
Rouziers-de-Touraine **37** 69 Ad 63
Rove, le — **13** 152 Fb 88
Roville-aux-Chênes **88** 61 Gd 58
Roville-devant-Bayon **54** 61 Gb 58
Rovon **38** 113 Fc 77
Roy-Boissy **60** 22 Bf 51
Royan **17** 92 Yf 75
Royas **38** 113 Fa 75
Royat **63** 98 Da 74
Royaucourt **02** 24 Dd 51
Royaucourt **60** 23 Cd 51
Royaumeix **54** 43 Ff 56
Roybon **38** 113 Fb 77
Roye **70** 77 Gd 61
Roye **80** 24 Ce 50
Roye-sur-Matz **60** 23 Ce 51
Royer **71** 88 Ee 69
Royère-de-Vassivière **23** 96 Bf 73
Roynac **26** 124 Ef 81
Royon **62** 13 Be 46
Royville **76** 21 Af 50
Roz-Landrieux **35** 34 Yb 57
Roz-sur-Couesnon **35** 34 Yc 57
Rozay-en-Brie **77** 40 Cf 56
Rozel, le — **50** 18 Yb 52
Rozelay **71** 88 Eb 69
Rozelieures **54** 61 Gc 58
Rozérieulles **57** 44 Ga 54
Rozerotte **88** 61 Ga 59
Rozès **32** 131 Ac 86
Rozet-Saint-Albin **02** 40 Db 53
Rozier-Côtes-d'Aurec **42** 111 Ea 76
Rozier-en-Donzy **42** 99 Eb 74
Rozières-en-Beauce **45** 55 Be 61
Rozières-sur-Crise **02** 24 Dc 53
Rozières-sur-Mouzon **88** 60 Fe 60
Roziers-Saint-Georges **87** 96 Bd 74
Rozoy-Bellevalle **02** 40 Dc 55
Rozoy-sur-Serre **02** 25 Ea 50
Ruages **58** 73 De 65
Ruan **45** 55 Bf 60
Ruan-sur-Egvonne **41** 54 Ba 60
Ruaudin **72** 53 Ab 61
Rubecourt **08** 26 Fa 50
Rubelles **77** 39 Ce 57
Rubempré **80** 13 Cc 48
Rubercy **14** 19 Za 53
Rubescourt **80** 23 Cd 51
Rubigny **08** 25 Eb 50
Rubrouck **59** 9 Cc 43
Ruca **22** 33 Xe 57
Ruch **33** 117 Zf 80
Ruchère, la — **38** 114 Fe 76
Rucqueville **14** 19 Zc 53
Rudeau-Ladosse **24** 106 Ad 76
Rudelle **46** 120 Bf 80
Rue **80** 12 Bd 47
Rue-Saint-Pierre, la — **60** 23 Cb 52
Rue-Saint-Pierre, la — **76** 22 Bb 51
Ruederbach **68** 77 Hb 63
Rueil-la-Gadelière **28** 37 Af 56
Rueil-Malmaison **92** 39 Cb 55
Ruelisheim **68** 62 Hc 62
Ruelle-sur-Touvre **16** 94 Ab 74
Rues-des-Vignes, les — **59** 14 Db 48
Ruesnes **59** 15 Dd 47
Rueyres **46** 120 Bf 80
Ruffec **16** 94 Ab 72
Ruffec **36** 83 Bb 69
Ruffec **36** 83 Bb 69
Ruffey-le-Château **25** 76 Fe 65
Ruffey-lès-Beaune **21** 88 Ef 66
Ruffey-lès-Echirey **21** 75 Fa 64
Ruffey-sur-Seille **39** 89 Fc 68
Ruffiac **56** 50 Xe 62
Ruffieu **01** 101 Fd 73
Ruffieux **73** 102 Ff 73
Ruffigne **44** 51 Yd 62
Rugles **27** 37 Ae 56
Rugney **88** 61 Gb 58
Rugny **89** 58 Ea 61
Ruhans **70** 76 Ga 64
Ruillé-en-Champagne **72** 53 Zf 60
Ruillé-Froid-Fonds **53** 52 Zc 61
Ruillé-le-Gravelais **53** 52 Za 60
Ruillé-sur-Loir **72** 69 Ad 62
Ruisseauville **62** 13 Ca 46
Ruitz **62** 14 Cd 46
Rullac **12** 134 Cc 84
Rully **60** 23 Ce 53
Rully **71** 88 Ee 67
Rumaucourt **62** 14 Da 47
Rumegies **59** 15 Dc 46
Rumersheim-le-Haut **68** 63 Hd 61
Rumesnil **14** 20 Aa 53
Rumigny **08** 25 Eb 50
Rumigny **80** 23 Cb 50
Rumilly **62** 13 Ca 45
Rumilly **74** 102 Ff 73
Rumilly-en-Cambrésis **59** 14 Db 48
Rumilly-lès-Vaudes **10** 58 Eb 60
Ruminghem **62** 9 Ca 43
Rumont **55** 43 Fb 56
Rumont **77** 56 Cd 59
Rungis **94** 39 Cc 56
Ruoms **07** 124 Ec 82
Rupéreux **77** 40 Dc 57
Ruppes **88** 60 Fe 58
Rupt **52** 60 Fa 58
Rupt-aux-Nonains **55** 42 Fa 56
Rupt-en-Woëvre **55** 43 Fc 54
Rupt-sur-Moselle **88** 62 Gd 61
Rupt-sur-Othain **55** 27 Fd 52
Rupt-sur-Saône **70** 76 Ff 63
Rurange-lès-Thionville **57** 28 Gb 53
Rurey **25** 90 Ga 66
Rusio **2B** 161 Kb 94
Russ **67** 45 Hb 57
Russey, le — **25** 77 Ge 65
Russy **14** 19 Zb 52
Rustenhart **68** 63 Hc 61
Rustiques **11** 148 Cc 89
Rustrel **84** 138 Fc 85
Rutali **2B** 161 Kc 93
Ruvigny **10** 58 Eb 59
Ruy **38** 113 Fb 75
Ruyaulcourt **62** 14 Da 48
Ry **76** 22 Bc 52
Rye **39** 89 Fc 67
Ryes **14** 19 Zc 53

S

Saâcy-sur-Marne **77** 40 Db 55
Saales **67** 62 Ha 58
Saâne-Saint-Just **76** 21 Af 50
Saasenheim **67** 63 Hd 59
Sabadel-Latronquière **46** 120 Ca 80
Sabadel-Lauzès **46** 120 Bd 81
Sabaillan **32** 146 Ae 88
Sabalos **65** 145 Aa 89
Sabarat **09** 146 Bc 90
Sabarros **65** 145 Ac 89
Sabazan **32** 130 Aa 86
Sabières **07** 123 Ea 81
Sablé-sur-Sarthe **72** 52 Zd 61
Sableau, le — **85** 80 Za 70
Sables-d'Olonne, les — **85** 79 Yb 70
Sablet **84** 137 Fa 83
Sablon **33** 105 Zf 78
Sablonceaux **17** 92 Za 74
Sablonnières **77** 40 Db 55
Sabonnères **31** 146 Ba 88
Sabotterie, la — **08** 26 Ee 51
Sabres **40** 129 Zb 84
Saccourvielle **31** 157 Ad 92
Sacé **53** 52 Zb 59
Sacey **50** 34 Yd 57
Saché **37** 69 Ad 65
Sachin **62** 13 Cb 46
Sachy **08** 26 Fa 50
Sacierges-Saint-Martin **36** 84 Bc 70
Saclas **91** 56 Ca 58
Saclay **91** 39 Cb 56
Saconin-et-Breuil **02** 24 Db 52
Sacoué **65** 145 Ad 91
Sacq, le — **27** 37 Ba 55
Sacquenay **21** 75 Fb 63
Sacquenville **27** 37 Ba 54
Sacy **51** 41 Df 53
Sacy **89** 73 De 63
Sacy-le-Grand **60** 23 Cd 52
Sacy-le-Petit **60** 23 Cd 52
Sadeillan **32** 145 Ac 88
Sadillac **24** 118 Ac 80
Sadirac **33** 117 Zd 80
Sadournin **65** 145 Ac 89
Sadroc **19** 108 Bd 78
Saessolsheim **67** 46 Hd 56
Saffais **54** 44 Gb 57
Saffloz **39** 90 Ff 68
Saffré **44** 66 Yc 63
Saffres **21** 74 Ed 64
Sagelat **24** 119 Ba 80
Sagnat **23** 96 Bd 71
Sagnes-et-Gaudoulet **07** 123 Eb 80
Sagonne **18** 86 Ce 67
Sagy **71** 89 Fb 69
Sagy **95** 38 Bf 54
Sahorre **66** 159 Cc 93
Sahune **26** 125 Fb 82
Sahurs **76** 21 Af 52
Sai **61** 36 Aa 56
Saignes **15** 109 Cc 77
Saignes **46** 120 Be 80
Saigneville **80** 13 Be 48
Saignon **84** 138 Fc 85
Saiguède **31** 146 Ba 87
Sail-sous-Couzan **42** 99 Df 74
Sailhan **65** 156 Ac 92
Sailla-Gouset **66** 159 Ca 94
Saillac **19** 108 Bd 78
Saillac **46** 120 Be 83
Saillans **26** 125 Fb 80
Saillans **33** 105 Ze 79
Saillant **63** 110 Da 75
Saillant **63** 111 Df 76
Saillenard **71** 89 Fc 68
Sailly **08** 27 Fb 51
Sailly **52** 60 Fb 58
Sailly **59** 10 Db 45
Sailly **59** 14 Cb 47
Sailly **62** 14 Ce 45
Sailly **71** 88 Ed 69
Sailly-Achâtel **57** 44 Gb 55
Sailly-au-Bois **62** 14 Cd 48
Sailly-en-Ostrevent **62** 14 Cf 47
Sailly-Flibeaucourt **80** 13 Be 47
Sailly-Laurette **80** 23 Cd 49
Sailly-le-Sec **80** 23 Cd 49
Sailly-Saillisel **80** 14 Cf 48
Sailly-sur-la-Lys **62** 10 Ce 45
Sain-Bel **69** 100 Ed 74
Saincaize-Meauce **58** 86 Da 67
Sainghin-en-Mélantois **59** 14 Da 45
Sainghin-en-Weppes **59** 14 Cf 45
Sainneville **76** 20 Ab 51
Sainpuits **89** 72 Db 63
Sains **35** 34 Yc 57
Sains **62** 13 Cb 46
Sains-du-Nord **59** 15 Ea 48
Sains-en-Amiénois **80** 23 Cb 50
Sains-en-Gohelle **62** 14 Cd 46
Sains-lès-Fressin **62** 13 Ca 46
Sains-lès-Marquion **62** 14 Da 47
Sains-lès-Pernes **62** 13 Cb 46
Sains-Morainvillers **60** 23 Cc 51
Sains-Richaumont **02** 25 De 49
Saint, le — **56** 48 Wc 60
Saint-Abit **64** 144 Ze 89
Saint-Acheul **80** 13 Ca 47
Saint-Adjutory **16** 94 Ac 74
Saint-Adrien **22** 32 Wf 56
Saint-Adrien **22** 32 Wf 58
Saint-Affrique **12** 134 Cf 85
Saint-Affrique-lès-Montagnes **81** 147 Cb 87
Saint-Agathon **22** 32 Wf 57
Saint-Agil **41** 54 Af 60
Saint-Agnan **02** 41 Dd 54
Saint-Agnan **58** 73 Ea 65
Saint-Agnan **71** 87 Df 69
Saint-Agnan **81** 133 Be 86
Saint-Agnan **89** 57 Da 59
Saint-Agnan-de-Cernières **27** 37 Ad 55
Saint-Agnan-en-Vercors **26** 125 Fc 79
Saint-Agnan-le-Malherbe **14** 35 Zc 54
Saint-Agnan-sur-Erre **61** 54 Ae 59
Saint-Agnan-sur-Sarthe **61** 36 Ac 57
Saint-Agnant **17** 92 Za 73
Saint-Agnant-de-Versillat **23** 96 Bd 71
Saint-Agnant-près-Crocq **23** 97 Cc 74
Saint-Agnant-sous-les-Côtes **55** 43 Fd 55
Saint-Agnet **40** 130 Ze 87
Saint-Agnin-sur-Bion **38** 113 Fb 75
Saint-Agoulin **63** 98 Da 72
Saint-Agrève **07** 124 Ec 78
Saint-Aignan **08** 26 Ef 51
Saint-Aignan **33** 105 Ze 79
Saint-Aignan **41** 70 Bc 65
Saint-Aignan **82** 132 Ba 84
Saint-Aignan-de-Couptrain **53** 35 Ze 58
Saint-Aignan-de-Cramesnil **14** 36 Ze 54
Saint-Aignan-des-Gués **45** 56 Cb 61
Saint-Aignan-des-Noyers **18** 86 Ce 68
Saint-Aignan-Grandlieu **44** 66 Yc 66
Saint-Aignan-le-Jaillard **45** 71 Cc 62
Saint-Aignan-sur-Roë **53** 51 Yf 61
Saint-Aignan-sur-Ry **76** 22 Bc 51
Saint-Aigny **36** 83 Ba 69
Saint-Aigny **36** 83 Ba 69
Saint-Aigulin **17** 106 Zf 78
Saint-Ail **54** 44 Ff 53
Saint-Albain **71** 88 Ee 70
Saint-Alban **01** 101 Fc 72
Saint-Alban **22** 33 Xc 57
Saint-Alban **73** 114 Ff 75
Saint-Alban-d'Ay **07** 112 Ed 77
Saint-Alban-de-Montbel **73** 113 Fe 75
Saint-Alban-de-Roche **38** 113 Fb 75
Saint-Alban-des-Hurtières **73** 114 Gb 76
Saint-Alban-des-Villards **73** 114 Gb 77
Saint-Alban-du-Rhône **38** 112 Ee 76
Saint-Alban-les-Eaux **42** 99 Df 72
Saint-Alban-sur-Limagnole **48** 122 Dc 80
Saint-Albin-de-Vaulserre **73** 113 Fe 75
Saint-Alexandre **30** 137 Ed 83
Saint-Algis **02** 25 De 49
Saint-Alpinien **23** 97 Cb 73
Saint-Alyre-d'Arlanc **63** 111 Dd 76
Saint-Alyre-ès-Montagne **63** 110 Cf 76
Saint-Amadou **09** 147 Be 90
Saint-Amancet **81** 147 Ca 88
Saint-Amand **23** 97 Cb 73
Saint-Amand **50** 35 Za 54
Saint-Amand **62** 14 Cd 48
Saint-Amand-de-Belvès **24** 119 Ba 80
Saint-Amand-de-Coly **24** 107 Bb 78
Saint-Amand-de-Vergt **24** 106 Ae 79
Saint-Amand-des-Hautes-Terres **27** 21 Af 53
Saint-Amand-en-Puisaye **58** 72 Da 63
Saint-Amand-le-Petit **87** 96 Be 74
Saint-Amand-les-Eaux **59** 15 Dc 46
Saint-Amand-Longpré **41** 69 Ba 62
Saint-Amand-Magnazeix **87** 95 Bc 71
Saint-Amand-Montrond **18** 85 Cd 68
Saint-Amand-sur-Fion **51** 42 Ed 56
Saint-Amand-sur-Ornain **55** 43 Fc 57
Saint-Amandin **15** 109 Ce 76
Saint-Amans **09** 147 Bd 90
Saint-Amans **11** 147 Bf 89
Saint-Amans **48** 122 Dc 81
Saint-Amans **82** 132 Bb 84
Saint-Amans **82** 132 Bc 83
Saint-Amans-de-Mounis **34** 135 Cf 86
Saint-Amans-de-Pellagal **82** 132 Ba 83
Saint-Amans-des-Cots **12** 121 Cd 80
Saint-Amans-Soult **81** 148 Cc 88
Saint-Amans-Valtoret **81** 148 Cc 88
Saint-Amant **16** 106 Aa 76
Saint-Amant-de-Boixe **16** 94 Aa 74

196 Roche-Maurice, la — —Saint-Amant-de-Boixe

Saint-Amant-de-Bonnieure 16 94 Ab 73
Saint-Amant-de-Graves 16 105 Zf 75
Saint-Amant-de-Nouère 16 94 Aa 74
Saint-Amant-de-Vergt 24 106 Ae 79
Saint-Amant-Roche-Savine 63 111 Dd 75
Saint-Amant-Tallende 63 110 Da 74
Saint-Amarin 68 62 Ha 61
Saint-Ambreuil 71 88 Ef 68
Saint-Ambroix 18 85 Ca 67
Saint-Ambroix 30 136 Eb 83
Saint-Amé 88 62 Ge 60
Saint-Amour 39 89 Fc 70
Saint-Anastasie 30 137 Ec 85
Saint-Andelain 58 72 Cf 65
Saint-Andéol 26 112 Ef 78
Saint-Andéol 26 125 Fb 80
Saint-Andéol 38 125 Fd 79
Saint-Andéol-de-Berg 07 124 Ed 81
Saint-Andéol-de-Clerguemort 48 136 Df 83
Saint-Andéol-de-Fourchades 07 123 Eb 79
Saint-Andéol-de-Vals 07 124 Ec 80
Saint-Andeux 21 73 Ea 64
Saint-Andiol 13 137 Ef 85
Saint-André 31 146 Af 89
Saint-André 32 131 Ab 85
Saint-André 32 146 Af 87
Saint-André 38 113 Fc 78
Saint-André 59 10 Da 44
Saint-André 66 160 Cf 93
Saint-André 73 115 Gd 77
Saint-André 81 133 Bf 87
Saint-André 81 134 Cc 85
Saint-André-d'Allas 24 119 Bb 79
Saint-André-d'Apchon 42 99 Df 72
Saint-André-de-Bâgé 01 100 Ef 71
Saint-André-de-Boëge 74 102 Gc 71
Saint-André-de-Bohon 50 18 Ye 53
Saint-André-de-Briouze 61 35 Ze 56
Saint-André-de-Buèges 34 136 Dd 85
Saint-André-de-Chalencon 43 111 Df 77
Saint-André-de-Corcy 01 100 Ef 73
Saint-André-de-Cruzières 07 136 Eb 83
Saint-André-de-Cubzac 33 105 Zd 79
Saint-André-de-Double 24 106 Ab 78
Saint-André-de-la-Marche 49 67 Za 66
Saint-André-de-Lancize 48 136 De 83
Saint-André-de-l'Eure 27 38 Bb 55
Saint-André-de-Lidon 17 105 Zb 75
Saint-André-de-Majencoules 30 136 De 84
Saint-André-de-Messei 61 35 Zc 56
Saint-André-de-Najac 12 133 Ca 83
Saint-André-de-Roquelongue 11 148 Cf 90
Saint-André-de-Roquepertuis 30 137 Ec 83
Saint-André-de-Sangonis 34 135 Dd 87
Saint-André-de-Seignanx 40 128 Yd 87
Saint-André-de-Valborgne 30 136 De 84
Saint-André-de-Vézines 12 135 Db 84
Saint-André-d'Embrun 05 127 Gd 81
Saint-André-des-Eaux 22 50 Xf 58
Saint-André-des-Eaux 44 65 Xe 65
Saint-André-d'Hébertot 14 20 Ab 53
Saint-André-d'Huiriat 01 100 Ef 71
Saint-André-d'Olérargues 30 137 Ec 84
Saint-André-du-Bois 33 117 Ze 81
Saint-André-en-Barrois 55 43 Fb 54
Saint-André-en-Bresse 71 89 Fa 69
Saint-André-en-Morvan 58 73 Df 64
Saint-André-en-Terre-Plaine 89 73 Ea 64
Saint-André-en-Vivarais 07 112 Ec 78
Saint-André-Farivillers 60 23 Cb 51
Saint-André-Goule-d'Oie 85 80 Ye 68
Saint-André-la-Côte 69 112 Ed 75
Saint-André-Lachamp 07 123 Ea 81
Saint-André-le-Coq 63 98 Db 73
Saint-André-le-Désert 71 88 Ed 70
Saint-André-le-Gaz 38 113 Fd 75
Saint-André-les-Alpes 04 140 Gd 85
Saint-André-les-Vergers 10 58 Ea 59
Saint-André-sur-Cailly 76 22 Bb 51
Saint-André-sur-Orne 14 35 Zd 54
Saint-André-sur-Sèvre 79 81 Zb 68
Saint-André-sur-Vieux-Jonc 01 100 Fa 72
Saint-André-Treize-Voies 85 80 Yd 67
Saint-Andrée-le-Puy 42 111 Eb 75
Saint-Androny 33 105 Zc 77
Saint-Ange-et-Torçay 28 37 Bb 57
Saint-Ange-le-Vieil 77 57 Cf 59
Saint-Angeau 16 94 Ab 73
Saint-Angel 03 97 Ce 70
Saint-Angel 19 109 Cb 75
Saint-Angel 63 98 Cf 73
Saint-Anthème 63 111 Df 75
Saint-Anthot 21 74 Ed 65
Saint-Antoine 15 121 Cc 80
Saint-Antoine 25 90 Gc 68
Saint-Antoine 32 132 Af 84
Saint-Antoine 33 105 Zd 78
Saint-Antoine 38 113 Fb 77
Saint-Antoine-Cumond 24 106 Ab 77
Saint-Antoine-d'Auberoche 24 107 Af 78
Saint-Antoine-de-Breuilh 24 118 Aa 79
Saint-Antoine-de-Ficalba 47 118 Ae 82
Saint-Antoine-du-Queyret 33 118 Aa 80
Saint-Antoine-du-Rocher 37 69 Ad 64
Saint-Antoine-la-Forêt 76 21 Ac 51
Saint-Antoine-sur-l'Isle 33 106 Aa 78
Saint-Antonin 06 140 Gf 85
Saint-Antonin 32 132 Ae 86
Saint-Antonin-de-Lacalm 81 134 Cb 86
Saint-Antonin-de-Sommaire 27 37 Ad 56
Saint-Antonin-du-Var 83 153 Gb 87
Saint-Antonin-Noble-Val 82 133 Be 84
Saint-Antonin-sur-Bayon 13 152 Fd 87
Saint-Aoustrille 36 84 Bf 67
Saint-Août 36 84 Bf 68
Saint-Apollinaire 05 126 Gc 81
Saint-Apollinaire 21 75 Fa 64
Saint-Apollinard 42 112 Ed 76
Saint-Appolinaire-de-Rias 07 124 Ed 79
Saint-Appolinard 38 113 Fb 77
Saint-Aquilin 24 106 Ac 77
Saint-Aquilin-de-Corbion 61 37 Ad 57
Saint-Araille 31 146 Af 88
Saint-Arailles 32 131 Ac 87
Saint-Arcons-d'Allier 43 110 Dd 78
Saint-Arcons-de-Barges 43 123 Df 79
Saint-Armel 35 51 Yc 60
Saint-Armel 56 49 We 61
Saint-Armel 56 64 Xb 63
Saint-Armou 64 144 Ze 88
Saint-Arnac 66 160 Cd 92
Saint-Arnoult 14 20 Aa 52
Saint-Arnoult 41 69 Af 62
Saint-Arnoult 60 22 Be 51
Saint-Arnoult 76 21 Ae 51
Saint-Arnoult-des-Bois 28 55 Bb 58
Saint-Arnoult-en-Yvelines 78 38 Bf 57
Saint-Arroman 32 145 Ad 88
Saint-Arroman 65 145 Ac 90
Saint-Arroumex 82 132 Af 85
Saint-Astier 24 106 Ad 78
Saint-Astier 47 118 Ab 80
Saint-Auban 06 140 Ge 85
Saint-Auban-d'Oze 05 126 Ff 81
Saint-Auban-sur-l'Ouvèze 26 138 Fc 83
Saint-Aubert 59 15 Dc 47
Saint-Aubert 61 35 Ze 56
Saint-Aubin 02 24 Db 51
Saint-Aubin 10 57 Dd 58
Saint-Aubin 21 88 Ee 67
Saint-Aubin 36 85 Ca 67
Saint-Aubin 40 129 Zb 86
Saint-Aubin 47 119 Af 82
Saint-Aubin 56 49 Xc 61
Saint-Aubin 59 15 Df 47
Saint-Aubin 62 13 Bd 46
Saint-Aubin 62 14 Ce 47
Saint-Aubin 91 39 Ca 56
Saint-Aubin-Celloville 76 21 Ba 52
Saint-Aubin-Château-Neuf 89 72 Db 62
Saint-Aubin-d'Appenai 61 36 Ac 57
Saint-Aubin-d'Aubigné 35 51 Yc 59
Saint-Aubin-de-Blaye 33 105 Zc 77
Saint-Aubin-de-Bonneval 61 36 Ac 55
Saint-Aubin-de-Branne 33 117 Ze 80
Saint-Aubin-de-Cadelech 24 118 Ac 80
Saint-Aubin-de-Courteraie 61 36 Ac 57
Saint-Aubin-de-Lanquais 24 118 Ad 80
Saint-Aubin-de-Locquenay 72 53 Aa 59
Saint-Aubin-de-Luigné 49 67 Zc 65
Saint-Aubin-de-Médoc 33 117 Zb 79
Saint-Aubin-de-Scellon 27 37 Ac 53
Saint-Aubin-de-Terregatte 50 34 Ye 57
Saint-Aubin-d'Ecrosville 27 37 Af 54
Saint-Aubin-des-Bois 28 55 Bc 58
Saint-Aubin-des-Châteaux 44 51 Yd 62
Saint-Aubin-des-Chaumes 58 73 De 64
Saint-Aubin-des-Coudrais 72 54 Ad 59
Saint-Aubin-des-Grois 61 54 Ad 58
Saint-Aubin-des-Hayes 27 37 Ae 54
Saint-Aubin-des-Landes 35 51 Ye 60
Saint-Aubin-des-Ormeaux 85 80 Yf 67
Saint-Aubin-des-Préaux 50 34 Yc 56
Saint-Aubin-du-Cormier 35 51 Yd 59
Saint-Aubin-du-Pavail 35 51 Yd 60
Saint-Aubin-du-Perron 50 18 Yd 54
Saint-Aubin-du-Plain 79 81 Zd 67
Saint-Aubin-du-Thenney 27 37 Ac 54
Saint-Aubin-du-Vieil-Evreux 27 37 Bb 54
Saint-Aubin-en-Bray 60 22 Bf 52
Saint-Aubin-en-Charollais 71 87 Eb 70
Saint-Aubin-Epinay 76 21 Bb 52
Saint-Aubin-Fosse-Louvain 53 35 Zb 58
Saint-Aubin-la-Plaine 85 80 Yf 69
Saint-Aubin-le-Cauf 76 21 Bb 49
Saint-Aubin-le-Cloud 79 81 Zd 69
Saint-Aubin-le-Dépeint 37 68 Ac 63
Saint-Aubin-le-Guichard 27 37 Ae 54
Saint-Aubin-le-Monial 03 86 Da 69
Saint-Aubin-le-Vertueux 27 37 Ad 54
Saint-Aubin-lès-Elbeuf 76 21 Ba 53
Saint-Aubin-les-Forges 58 72 Db 66
Saint-Aubin-Montenoy 80 23 Ca 49
Saint-Aubin-Rivière 80 22 Be 49
Saint-Aubin-Routot 76 20 Ab 51
Saint-Aubin-sous-Erquery 60 23 Cc 52
Saint-Aubin-sur-Aire 55 43 Fc 56
Saint-Aubin-sur-Gaillon 27 38 Bb 54
Saint-Aubin-sur-Loire 71 87 De 69
Saint-Aubin-sur-Mer 14 19 Zd 52
Saint-Aubin-sur-Mer 76 21 Af 49
Saint-Aubin-sur-Quillebeuf 27 21 Ad 52
Saint-Aubin-sur-Scie 76 22 Ba 49
Saint-Aubin-sur-Yonne 89 57 Dc 61
Saint-Augustin 17 92 Yf 74
Saint-Augustin 19 108 Bf 76
Saint-Augustin 77 40 Da 56
Saint-Augustin-des-Bois 49 67 Zb 64
Saint-Aulaire 19 107 Bc 77
Saint-Aulais-la-Chapelle 16 105 Zf 76
Saint-Aulaye 24 106 Aa 77
Saint-Aulaye 24 118 Aa 79
Saint-Aunix-Lengros 32 130 Aa 87
Saint-Aupre 38 113 Fe 76
Saint-Austremoine 43 110 Dc 78
Saint-Auvent 87 95 Af 74
Saint-Avaugourd-des-Landes 85 80 Yd 69
Saint-Avé 56 49 Xb 62
Saint-Aventin 31 157 Ad 92
Saint-Avertin 37 69 Ae 64
Saint-Avit 16 106 Aa 77
Saint-Avit 24 118 Ab 79
Saint-Avit 26 112 Ef 77
Saint-Avit 40 130 Zd 85
Saint-Avit 41 54 Af 60
Saint-Avit 47 118 Ab 81
Saint-Avit 63 97 Cd 73
Saint-Avit 81 147 Ca 87
Saint-Avit-de-Soulège 33 118 Aa 80
Saint-Avit-de-Tardes 23 97 Cb 73
Saint-Avit-de-Vialard 24 119 Af 49
Saint-Avit-de-Vialard 24 119 Af 79
Saint-Avit-Frandat 32 131 Ad 85
Saint-Avit-le-Pauvre 23 96 Ca 73
Saint-Avit-les-Guespières 28 55 Bb 59
Saint-Avit-Rivière 24 119 Af 80
Saint-Avit-Sénieur 24 119 Ae 80
Saint-Avold 57 45 Ge 54
Saint-Avre 73 114 Gb 76
Saint-Ay 45 55 Be 61
Saint-Aybert 59 15 Dd 46
Saint-Babel 63 110 Db 75
Saint-Baldoph 73 114 Ff 75
Saint-Bandry 02 24 Db 52
Saint-Baraing 39 89 Fc 67
Saint-Barbant 87 95 Af 71
Saint-Bard 23 97 Cc 73
Saint-Bardoux 26 112 Ef 78
Saint-Bardoux 26 124 Ef 80
Saint-Barnabé 22 32 Xa 57
Saint-Barnabé 22 49 Xb 60
Saint-Barthélemy 38 113 Fa 76
Saint-Barthélemy 40 128 Ye 87
Saint-Barthélemy 50 35 Za 56
Saint-Barthélemy 56 49 Wf 61
Saint-Barthélemy 70 77 Gd 61
Saint-Barthélemy 77 40 Dc 56
Saint-Barthélemy-d'Agenais 47 118 Ac 81
Saint-Barthélemy-de-Bellegarde 24 106 Ab 78
Saint-Barthélemy-de-Bussière 24 107 Ae 75
Saint-Barthélemy-de-Vals 26 112 Ef 78
Saint-Barthélemy-le-Pin 07 124 Ed 79
Saint-Barthélemy-Lestra 42 112 Eb 74
Saint-Barthélmy-de-Séchilienne 38 114 Fe 78
Saint-Barthélmy-le-Plan 07 112 Ee 78
Saint-Basile 07 124 Ed 79
Saint-Baslemont 88 61 Ff 60
Saint-Baudel 18 85 Cb 67
Saint-Baudelle 53 52 Zc 59
Saint-Baudille-de-la-Tour 38 101 Fc 74
Saint-Baudille-et-Pipet 38 125 Fe 80
Saint-Bauld 37 69 Af 65
Saint-Baussant 54 43 Fe 55
Saint-Bauzeil 09 147 Bd 90
Saint-Bauzély 30 136 Eb 85
Saint-Bauzile 48 122 Dc 82
Saint-Bauzille-de-la-Sylve 34 149 Dd 87
Saint-Bauzille-de-Montmel 34 136 Df 86
Saint-Bauzille-de-Putois 34 136 De 85
Saint-Bazile 87 95 Ae 74
Saint-Bazile-de-la-Roche 19 108 Bf 78
Saint-Bazile-de-Meyssac 19 108 Be 78
Saint-Béat 31 157 Ae 91
Saint-Beaulize 12 135 Da 85
Saint-Beauzeil 82 119 Af 82
Saint-Beauzile 81 133 Be 84
Saint-Beauzire 43 110 Db 77
Saint-Beauzire 63 98 Db 73
Saint-Bénézet 30 136 Ea 85
Saint-Bénigne 01 88 Ee 70
Saint-Benin 59 15 Dd 48
Saint-Benin-d'Azy 58 86 Dc 67
Saint-Benin-des-Bois 58 86 Dc 66
Saint-Benoist-sur-Mer 85 80 Yd 70
Saint-Benoist-sur-Vanne 10 58 De 59
Saint-Benoît 01 113 Fd 74
Saint-Benoît 04 140 Ge 85
Saint-Benoît 11 147 Ca 90
Saint-Benoît 81 133 Ca 84
Saint-Benoît 81 133 Ca 85
Saint-Benoît 86 82 Ac 69
Saint-Benoît-des-Ombres 27 21 Ad 53
Saint-Benoît-des-Ondes 35 34 Ya 57
Saint-Benoît-d'Hébertot 14 20 Ab 53
Saint-Benoît-du-Sault 36 84 Bc 70
Saint-Benoit-en-Diois 26 125 Fb 81
Saint-Benoît-la-Chipotte 88 62 Ge 58
Saint-Benoît-la-Forêt 37 68 Ab 65
Saint-Benoît-sur-Loire 45 71 Cb 62
Saint-Benoît-sur-Seine 10 58 Ea 58
Saint-Berain 43 111 Dd 78
Saint-Bérain-sous-Sanvignes 71 88 Eb 68
Saint-Bérain-sur-Dheune 71 88 Ed 68
Saint-Bernard 01 100 Ee 73
Saint-Bernard 21 75 Fa 66
Saint-Bernard 38 114 Ff 77
Saint-Bernard 57 28 Gc 53
Saint-Bernard 68 77 Hb 62
Saint-Béron 73 113 Fe 75
Saint-Berthevin 53 52 Zb 60
Saint-Berthevin-la-Tannière 53 52 Za 58
Saint-Bertrand-de-Comminges 31 145 Ad 90
Saint-Biez-en-Belin 72 53 Ab 62
Saint-Bihy 22 32 Xa 58
Saint-Blaise 06 141 Hb 86
Saint-Blaise 74 102 Ga 72
Saint-Blaise-du-Buis 38 113 Fd 76
Saint-Blaise-la-Roche 67 62 Ha 58
Saint-Blancard 32 145 Ad 88
Saint-Blimont 80 12 Bd 48
Saint-Blin-Semilly 52 60 Fc 59
Saint-Boès 64 129 Zb 87
Saint-Bohaire 41 70 Bb 63
Saint-Boil 71 88 Ee 69
Saint-Boingt 54 61 Gc 58
Saint-Bois 01 113 Fd 74
Saint-Bomer 28 54 Ae 59
Saint-Bômer-les-Forges 61 35 Zc 57
Saint-Bon 51 40 Dc 56
Saint-Bon-Tarentaise 73 115 Gd 76
Saint-Bonnet 05 126 Ga 80
Saint-Bonnet 16 105 Zf 76
Saint-Bonnet-Avalouze 19 108 Bf 77
Saint-Bonnet-Briance 87 96 Bc 74
Saint-Bonnet-de-Bellac 87 95 Af 71
Saint-Bonnet-de-Chavagne 38 113 Fb 78
Saint-Bonnet-de-Condat 15 109 Ce 77
Saint-Bonnet-de-Cray 71 99 Ea 71
Saint-Bonnet-de-Four 03 98 Cf 71
Saint-Bonnet-de-Joux 71 88 Ec 70
Saint-Bonnet-de-Montauroux 48 123 De 80
Saint-Bonnet-de-Mure 69 112 Fa 74
Saint-Bonnet-de-Rochefort 03 98 Da 72
Saint-Bonnet-de-Salers 15 109 Cc 78
Saint-Bonnet-de-Valclérieux 26 113 Fa 77
Saint-Bonnet-de-Vieille-Vigne 71 88 Eb 69
Saint-Bonnet-des-Bruyères 69 100 Ec 71
Saint-Bonnet-des-Quarts 42 99 Df 72
Saint-Bonnet-du-Gard 30 137 Ed 85
Saint-Bonnet-Elvert 19 108 Bf 78
Saint-Bonnet-en-Bresse 71 89 Fb 67
Saint-Bonnet-le-Bourg 63 111 Dd 76
Saint-Bonnet-le-Chastel 63 111 Dd 76
Saint-Bonnet-le-Château 42 111 Ea 76
Saint-Bonnet-le-Courreau 42 111 Df 75
Saint-Bonnet-le-Froid 43 112 Ec 78
Saint-Bonnet-le-Tvoncy 69 100 Ec 72
Saint-Bonnet-l'Enfantier 19 108 Bd 78
Saint-Bonnet-lès-Allier 63 98 Db 74
Saint-Bonnet-les-Oules 42 112 Ec 75
Saint-Bonnet-les-Tours 19 108 Ca 78
Saint-Bonnet-près-Bort 19 109 Cc 75
Saint-Bonnet-près-Orcival 63 110 Cf 74
Saint-Bonnet-près-Riom 63 98 Da 73
Saint-Bonnet-sur-Gironde 17 105 Zc 76
Saint-Bonnet-Tison 03 98 Da 71
Saint-Bonnet-Tronçais 03 85 Ce 69
Saint-Bonnot 58 72 Db 65
Saint-Boulze 18 72 Cd 65
Saint-Brancher 89 73 Df 64
Saint-Branchs 37 69 Ae 65
Saint-Brandan 22 32 Xa 58
Saint-Brès 30 136 Eb 83
Saint-Brès 32 131 Ae 86
Saint-Brès 34 136 Ea 87
Saint-Bresseu 46 120 Bf 80
Saint-Bresson 30 136 Dd 85
Saint-Bresson 70 61 Gd 61
Saint-Brevin-les-Pins 44 65 Xf 65
Saint-Briac-sur-Mer 35 33 Xf 57
Saint-Brice 16 93 Ze 74
Saint-Brice 33 117 Zf 80
Saint-Brice 50 34 Ye 56
Saint-Brice 53 52 Zd 61
Saint-Brice 61 35 Zc 57
Saint-Brice 77 40 Db 57
Saint-Brice-Courcelles 51 25 Df 53
Saint-Brice-de-Landelles 50 34 Yf 57
Saint-Brice-en-Coglès 35 51 Yd 58
Saint-Brice-sous-Rânes 61 36 Ze 56
Saint-Brice-sur-Vienne 87 95 Af 73
Saint-Brieuc 22 32 Xb 57
Saint-Brieuc-de-Hauron 56 50 Xd 60
Saint-Brieuc-des-Iffs 35 50 Ya 59
Saint-Bris-des-Bois 17 93 Zd 74
Saint-Bris-le-Vineux 89 73 Dd 62
Saint-Brisson 58 73 Ea 65
Saint-Brisson-sur-Loire 45 71 Ce 63
Saint-Broing 70 75 Fe 64
Saint-Broing-les-Moines 21 74 Ef 62
Saint-Broingt-le-Bois 52 75 Fc 62
Saint-Broingt-les-Fosses 52 75 Fb 62
Saint-Broladre 35 34 Yc 57
Saint-Bueil 38 113 Fe 76
Saint-Calais 72 54 Ae 61
Saint-Calais-du-Désert 53 36 Ze 58
Saint-Calez-en-Saosnois 72 53 Ab 59
Saint-Cannat 13 138 Fb 87
Saint-Caprais 03 85 Ce 69
Saint-Caprais 18 85 Cb 67
Saint-Caprais 32 131 Ae 87
Saint-Caprais 46 119 Ba 81
Saint-Caprais-de-Blaye 33 105 Zc 77
Saint-Caprais-de-Bordeaux 33 117 Zd 80
Saint-Caprais-de-Lerm 47 131 Ae 83
Saint-Capraise-de-Lalinde 24 118 Ad 79
Saint-Capraise-d'Eymet 24 118 Ad 80
Saint-Caradec 22 49 Xa 59
Saint-Caradec-Trégomel 56 48 Wd 60
Saint-Carné 22 33 Xf 58
Saint-Carreuc 22 32 Xb 58
Saint-Cassien 24 119 Af 80
Saint-Cassien 38 113 Fd 76
Saint-Cassien 86 82 Aa 67
Saint-Cassin 73 114 Ff 75
Saint-Cast-le-Guildo 22 33 Xe 57
Saint-Castin 64 144 Ze 88
Saint-Célerin 72 53 Ab 70
Saint-Cénéré 53 52 Zc 60
Saint-Céols 18 71 Cd 65
Saint-Céré 46 120 Bf 79
Saint-Cerin 46 120 Bd 81
Saint-Cernin 15 109 Cc 78
Saint-Cernin-de-Labarde 24 118 Ad 80
Saint-Cernin-de-Larche 19 107 Bc 78
Saint-Cernin-de-l'Herm 24 119 Ba 81
Saint-Cerques 74 102 Gb 71
Saint-Césaire 17 93 Zd 74
Saint-Césaire-de-Gauzignan 30 136 Eb 84
Saint-Cézaire-sur-Siagne 06 140 Ge 87
Saint-Cézert 31 132 Bb 86
Saint-Chabrais 23 97 Cb 72
Saint-Chaffrey 05 126 Gd 79
Saint-Chamant 15 109 Cc 78
Saint-Chamant 19 108 Bf 78
Saint-Chamarand 46 120 Bc 80
Saint-Chamas 13 152 Fa 87
Saint-Chamassy 24 119 Af 49
Saint-Chamond 42 112 Ed 76
Saint-Chaptes 30 136 Eb 84
Saint-Charles-la-Forêt 53 52 Zc 61
Saint-Chartier 36 84 Bf 69
Saint-Chef 38 113 Fc 75
Saint-Chels 46 120 Be 81
Saint-Chély-d'Apcher 48 122 Db 80
Saint-Chely-d'Aubrac 12 122 Cf 81
Saint-Chéron 91 39 Ca 57
Saint-Chinian 34 149 Cf 88
Saint-Christ 80 24 Cf 49
Saint-Christaud 31 146 Ba 89
Saint-Christaud 32 145 Ab 87
Saint-Christo-en-Jarez 42 112 Ec 75
Saint-Christol 07 124 Ec 79
Saint-Christol 34 136 Ea 86
Saint-Christol 84 138 Fc 84
Saint-Christol-de-Rodières 30 137 Ed 83
Saint-Christol-lès-Alès 30 136 Ea 84
Saint-Christoly-de-Blaye 33 105 Zc 78
Saint-Christoly-Médoc 33 104 Zb 76
Saint-Christophe 03 98 Dd 72
Saint-Christophe 16 95 Af 72
Saint-Christophe 17 92 Za 72
Saint-Christophe 23 96 Be 72
Saint-Christophe 28 55 Bc 60
Saint-Christophe 69 100 Ed 71
Saint-Christophe 81 133 Ca 84
Saint-Christophe 86 82 Ac 67
Saint-Christophe-à-Berry 02 24 Da 52
Saint-Christophe-d'Allier 43 123 De 79
Saint-Christophe-de-Chaulieu 61 35 Zb 56
Saint-Christophe-de-Double 33 106 Aa 78
Saint-Christophe-de-Valains 35 51 Yd 58
Saint-Christophe-des-Bardes 33 117 Zf 79
Saint-Christophe-des-Bois 35 51 Ye 59
Saint-Christophe-du-Bois 49 67 Za 66
Saint-Christophe-du-Foc 50 18 Yb 51
Saint-Christophe-du-Jambet 72 53 Aa 59
Saint-Christophe-du-Ligneron 85 79 Yb 68
Saint-Christophe-du-Luat 53 52 Zd 60
Saint-Christophe-en-Bazelle 36 70 Be 65
Saint-Christophe-en-Boucherie 36 85 Ca 68
Saint-Christophe-en-Bresse 71 89 Ef 68
Saint-Christophe-en-Brionnais 71 99 Eb 71
Saint-Christophe-en-Champagne 72 53 Zf 61
Saint-Christophe-en-Oisans 38 126 Gb 79
Saint-Christophe-et-le-Laris 26 113 Fa 77
Saint-Christophe-la-Couperie 49 66 Ye 65
Saint-Christophe-la-Grotte 73 113 Fe 76
Saint-Christophe-le-Chaudry 18 85 Cc 69
Saint-Christophe-le-Jajolet 61 36 Aa 57
Saint-Christophe-sur-Avre 27 37 Ae 56
Saint-Christophe-sur-Condé 27 21 Ad 53
Saint-Christophe-sur-Dolaison 43 123 De 79
Saint-Christophe-sur-Giers 38 113 Fe 76
Saint-Christophe-sur-le-Nais 37 69 Ac 63
Saint-Christophe-sur-Roc 79 81 Zd 70
Saint-Christophe-Vallon 12 121 Cc 82
Saint-Cibard 33 117 Zf 79
Saint-Cierge-sous-le-Cheylard 07 124 Ec 79
Saint-Ciergues 52 60 Fb 61
Saint-Ciers-Champagne 17 105 Ze 76
Saint-Ciers-d'Abzac 33 105 Ze 78
Saint-Ciers-de-Canesse 33 105 Zc 78
Saint-Ciers-du-Taihon 17 105 Zc 76
Saint-Ciers-sur-Bonnieure 16 94 Ab 73
Saint-Ciers-sur-Gironde 33 105 Zc 77
Saint-Cirgue 81 134 Cc 85
Saint-Cirgues 46 120 Ca 80
Saint-Cirgues-de-Jordanne 15 109 Cd 78
Saint-Cirgues-de-Malbert 15 109 Cc 78
Saint-Cirgues-de-Prades 07 123 Eb 81
Saint-Cirgues-la-Loutre 19 108 Ca 78
Saint-Cirgues-sur-Couze 63 110 Da 75
Saint-Cirguest 43 110 Dc 78
Saint-Cirice 82 132 Af 84
Saint-Cirq 24 119 Af 49
Saint-Cirq 24 119 Af 79
Saint-Cirq 82 133 Bd 84
Saint-Cirq-Lapopie 46 120 Be 82
Saint-Cirq-Madelon 46 119 Bb 80
Saint-Cirq-Souillaguet 46 120 Bc 80
Saint-Civran 36 84 Bc 70
Saint-Clair 07 112 Ee 77
Saint-Clair 46 119 Bc 80
Saint-Clair 46 120 Be 82
Saint-Clair 82 132 Af 84
Saint-Clair 86 82 Aa 67
Saint-Clair-d'Arcey 27 37 Ae 54
Saint-Clair-de-Halouze 61 35 Zc 56
Saint-Clair-de-la-Tour 38 113 Fc 75
Saint-Clair-du-Rhône 38 112 Ee 76
Saint-Clair-sur-Epte 95 38 Be 53
Saint-Clair-sur-Galaure 38 113 Fa 77
Saint-Clair-sur-l'Elle 50 19 Yf 53
Saint-Clair-sur-les-Monts 76 21 Ae 51
Saint-Clar 32 131 Ae 85
Saint-Clar-de-Rivière 31 146 Bb 88
Saint-Claud 16 94 Ac 73
Saint-Claude 39 102 Ff 70
Saint-Claude-de-Diray 41 70 Bc 63
Saint-Clément 02 25 Ea 50
Saint-Clément 03 99 De 72
Saint-Clément 05 127 Gd 81
Saint-Clément 07 123 Eb 79
Saint-Clément 19 108 Be 76
Saint-Clément 30 136 Ea 86
Saint-Clément 54 44 Gd 57
Saint-Clément 89 57 Db 59
Saint-Clément-à-Arnes 08 26 Ec 53
Saint-Clément-de-la-Place 49 67 Zb 63
Saint-Clément-de-Régnat 63 98 Db 73
Saint-Clément-de-Rivière 34 136 Df 86
Saint-Clément-de-Valorgue 63 111 Df 76
Saint-Clément-de-Vers 69 100 Ec 71
Saint-Clément-des-Baleines 17 92 Yc 71
Saint-Clément-des-Levées 49 68 Ze 65
Saint-Clément-les-Place 69 100 Ec 74
Saint-Clément-Rancoudray 50 35 Za 56
Saint-Clément-sur-Guye 71 88 Ed 69
Saint-Clément-sur-Valsonne 69 100 Ec 73
Saint-Clémentin 79 81 Zc 67
Saint-Clet 22 32 Wf 57
Saint-Cloud 92 39 Cb 55
Saint-Cloud-en-Dunois 28 55 Bc 60
Saint-Colomb-de-Lauzun 47 118 Ac 81
Saint-Colomban 44 66 Yc 66
Saint-Colomban-des-Villards 73 114 Gb 77
Saint-Côme 30 136 Eb 86
Saint-Côme 33 117 Ze 82
Saint-Côme-de-Fresne 14 19 Zc 52
Saint-Côme-d'Olt 12 121 Ce 81
Saint-Côme-du-Mont 50 18 Ye 52
Saint-Congard 56 50 Xe 62
Saint-Connan 22 32 Wf 58
Saint-Connec 22 49 Xa 59
Saint-Constant 15 121 Cb 80
Saint-Contest 14 19 Zd 53
Saint-Corneille 72 53 Ab 70
Saint-Cornier-des-Landes 61 35 Zb 56
Saint-Cosme 68 77 Ha 62
Saint-Cosme-en-Vairais 72 53 Ac 59
Saint-Couat-d'Aude 11 148 Cd 89
Saint-Couat-du-Razès 11 147 Ca 91
Saint-Coulitz 29 48 Vf 59
Saint-Coutant 16 94 Ac 72
Saint-Coutant 79 94 Zf 71
Saint-Coutant-le-Grand 17 93 Zb 73
Saint-Créac 32 132 Ae 85
Saint-Crépin 05 127 Gd 80
Saint-Crépin 17 93 Zb 72
Saint-Crépin-aux-Bois 60 24 Cf 52
Saint-Crépin-d'Auberoche 24 107 Af 78
Saint-Crépin-de-Richemont 24 106 Ad 76
Saint-Crépin-Ibouvillers 60 23 Ca 53
Saint-Crespin-sur-Moine 49 66 Ye 66
Saint-Cricq 32 132 Ba 86
Saint-Cricq-Chalosse 40 129 Zb 87
Saint-Cricq-du-Gave 40 129 Yf 87
Saint-Cricq-Villeneuve 40 130 Zd 85
Saint-Croix-sur-Aizier 27 21 Ad 52
Saint-Cybard 16 106 Aa 76
Saint-Cybardeaux 16 94 Zf 74
Saint-Cyprien 19 107 Bc 77
Saint-Cyprien 24 119 Ba 79
Saint-Cyprien 42 111 Eb 75
Saint-Cyprien 46 119 Bb 83
Saint-Cyprien 66 160 Cf 93
Saint-Cyprien-Plage 66 160 Da 93
Saint-Cyprien-sur-Dourdou 12 121 Cc 81
Saint-Cyr 07 112 Ee 77
Saint-Cyr 50 18 Yd 52
Saint-Cyr 69 100 Ee 74
Saint-Cyr 71 88 Ef 68
Saint-Cyr 86 82 Ac 68
Saint-Cyr 87 95 Af 74
Saint-Cyr-de-Favières 42 99 Ea 73
Saint-Cyr-de-Salerne 27 37 Ad 53
Saint-Cyr-de-Valorges 42 99 Eb 73
Saint-Cyr-des-Gâts 85 81 Za 69
Saint-Cyr-du-Bailleul 50 35 Zb 57
Saint-Cyr-du-Gault 41 69 Ba 63
Saint-Cyr-du-Ronceray 14 36 Ab 54
Saint-Cyr-en-Arthies 95 38 Be 54
Saint-Cyr-en-Bourg 49 68 Zf 65
Saint-Cyr-en-Pail 53 53 Ze 58
Saint-Cyr-en-Talmondais 85 80 Yd 70
Saint-Cyr-en-Val 45 55 Bf 62
Saint-Cyr-la-Campagne 27 21 Ba 53
Saint-Cyr-la-Lande 79 82 Zf 66
Saint-Cyr-la-Rivière 91 56 Ca 58
Saint-Cyr-la-Roche 19 107 Bc 77
Saint-Cyr-la-Rosière 61 54 Ad 59
Saint-Cyr-le-Chatoux 69 100 Ed 72
Saint-Cyr-le-Gravelais 53 52 Yf 60
Saint-Cyr-l'École 78 39 Ca 56
Saint-Cyr-les-Champagnes 24 107 Bb 76
Saint-Cyr-les-Colons 89 73 De 62
Saint-Cyr-lès-Vignes 42 111 Eb 74
Saint-Cyr-Montmalin 39 90 Fe 67
Saint-Cyr-sous-Dourdan 91 39 Ca 57
Saint-Cyr-sur-Loire 37 69 Ae 64
Saint-Cyr-sur-Menthon 01 100 Ef 71
Saint-Cyr-sur-Mer 83 152 Fe 80
Saint-Cyran-du-Jambot 36 83 Ba 66
Saint-Daunès 46 119 Bb 82
Saint-Denis 30 136 Eb 83
Saint-Denis 89 57 Db 59
Saint-Denis 93 39 Cc 55
Saint-Denis-Catus 46 119 Bc 81
Saint-Denis-Combarnazat 63 98 Db 73
Saint-Denis-Combarnazat 63 98 Dc 73
Saint-Denis-d'Aclon 76 21 Af 49
Saint-Denis-d'Anjou 53 52 Zd 62
Saint-Denis-d'Augerons 27 37 Ac 55
Saint-Denis-d'Authou 28 54 Af 58
Saint-Denis-de-Béhélan 27 37 Af 55
Saint-Denis-de-Cabanne 42 99 Eb 72
Saint-Denis-de-Gastines 53 52 Za 58
Saint-Denis-de-Jouhet 36 84 Bf 69
Saint-Denis-de-l'Hôtel 45 56 Ca 61
Saint-Denis-de-Mailloc 14 36 Ab 54
Saint-Denis-de-Méré 14 35 Zc 55
Saint-Denis-de-Palin 18 85 Cd 67
Saint-Denis-de-Pile 33 105 Ze 79
Saint-Denis-de-Vaux 71 88 Ee 68
Saint-Denis-de-Villenette 61 35 Zc 57
Saint-Denis-des-Coudrais 72 54 Ad 60
Saint-Denis-des-Monts 27 21 Ae 53
Saint-Denis-des-Murs 87 96 Bd 74
Saint-Denis-des-Puits 28 54 Bb 58
Saint-Denis-d'Oléron 17 92 Yd 72
Saint-Denis-d'Orques 72 52 Ze 60
Saint-Denis-du-Maine 53 52 Zc 61
Saint-Denis-du-Payré 85 80 Ye 70
Saint-Denis-du-Pin 17 93 Zb 73
Saint-Denis-en-Bugey 01 101 Fb 73
Saint-Denis-en-Margeride 48 122 Dc 80
Saint-Denis-en-Val 45 55 Bf 61
Saint-Denis-la-Chevasse 85 80 Yd 68
Saint-Denis-la-Vêtu 50 34 Yd 55
Saint-Denis-le-Ferment 27 22 Be 53
Saint-Denis-le-Gast 50 34 Ye 55
Saint-Denis-le-Thiboult 76 22 Bc 52
Saint-Denis-lès-Bourg 01 101 Fa 71
Saint-Denis-lès-Martel 46 120 Bd 79
Saint-Denis-les-Ponts 28 55 Bb 60
Saint-Denis-lès-Rebais 77 40 Db 55
Saint-Denis-sur-Coise 42 112 Ec 75
Saint-Denis-sur-Loire 41 70 Bc 63
Saint-Denis-sur-Ouanne 89 72 Da 62
Saint-Denis-sur-Sarthon 61 53 Zf 58
Saint-Denis-sur-Scie 76 21 Ba 50
Saint-Deniscourt 60 22 Bf 51
Saint-Denœux 62 13 Be 46
Saint-Denoual 22 33 Xd 57
Saint-Derrien 29 31 Vf 57
Saint-Désert 71 88 Ee 68
Saint-Désir 14 36 Ab 54
Saint-Désirat 07 112 Ee 72
Saint-Désiré 03 85 Cc 69
Saint-Dézéry 30 136 Eb 84
Saint-Didier 07 124 Ec 81
Saint-Didier 21 73 Eb 65
Saint-Didier 35 51 Yd 60
Saint-Didier 39 89 Fd 68
Saint-Didier 58 73 Dd 64
Saint-Didier 69 100 Ee 74
Saint-Didier 84 138 Fa 84
Saint-Didier-d'Aussiat 01 100 Fa 71
Saint-Didier-de-Bizonnes 38 113 Fc 76
Saint-Didier-de-Formans 01 100 Ee 73
Saint-Didier-de-la-Tour 38 113 Fc 75
Saint-Didier-des-Bois 27 21 Ba 53
Saint-Didier-en-Bresse 71 89 Fa 67
Saint-Didier-en-Brionnais 71 99 Ea 71
Saint-Didier-en-Donjon 03 99 Df 70
Saint-Didier-en-Velay 43 111 Eb 77
Saint-Didier-la-Forêt 03 98 Dc 71
Saint-Didier-sous-Ecouves 61 36 Zf 57
Saint-Didier-sous-Riverie 69 112 Ed 75
Saint-Didier-sur-Arroux 71 87 Ea 67
Saint-Didier-sur-Beaujeu 69 100 Ed 72
Saint-Didier-sur-Chalaronne 01 100 Ee 71
Saint-Didier-sur-Doulon 43 110 Dd 77
Saint-Didier-sur-Rochefort 42 99 Df 74
Saint-Dié 88 62 Gf 59
Saint-Dier-d'Auvergne 63 110 Dc 74
Saint-Diéry 63 110 Da 75
Saint-Dionisy 30 136 Eb 86
Saint-Disdier 05 126 Ff 80
Saint-Divy 29 30 Ve 58
Saint-Dizant-du-Bois 17 105 Zc 76
Saint-Dizant-du-Gua 17 105 Zb 76
Saint-Dizier 52 42 Ef 57
Saint-Dizier-en-Diois 26 125 Fc 81
Saint-Dizier-la-Tour 23 97 Ca 72
Saint-Dizier-les-Domaines 23 96 Ca 71
Saint-Dizier-l'Evêque 90 77 Gf 64
Saint-Dizier-Leyrenne 23 96 Bc 72
Saint-Dolay 56 65 Xf 63
Saint-Domet 23 97 Cb 72
Saint-Domineuc 35 50 Ya 58
Saint-Donan 22 32 Xa 58
Saint-Donat 63 109 Ce 76
Saint-Donat-sur-l'Herbasse 26 112 Ef 78
Saint-Dos 64 143 Yf 88
Saint-Doulchard 18 85 Cc 66
Saint-Drézéry 34 136 Df 86
Saint-Dyé-sur-Loire 41 70 Bc 63
Saint-Ebremond-de-Bonfossé 50 34 Yf 54
Saint-Edmond 71 99 Eb 71

Saint-Amant-de-Bonnieure — Saint-Edmond 197

Saint-Elier 27 37 Af 55
Saint-Eliph 28 54 Ba 58
Saint-Elix 32 145 Ae 88
Saint-Elix-le-Château 31 146 Ba 89
Saint-Elix-Séglan 31 146 Af 89
Saint-Elix-Theux 32 145 Ac 88
Saint-Ellier-du-Maine 53 52 Yf 58
Saint-Ellier-les-Bois 61 36 Zf 57
Saint-Eloi 01 101 Fa 73
Saint-Eloi 23 96 Be 72
Saint-Eloi 58 86 Db 67
Saint-Eloi-de-Fourques 27 21 Ae 53
Saint-Eloy 29 31 Vf 58
Saint-Eloy-d'Allier 03 85 Cc 70
Saint-Eloy-de-Gy 18 71 Cb 66
Saint-Eloy-la-Glacière 63 110 Dd 75
Saint-Eloy-les-Mines 63 97 Cf 72
Saint-Eloy-les-Tuileries 19 107 Bb 76
Saint-Eman 28 54 Bb 59
Saint-Emiland 71 88 Ec 67
Saint-Emilion 33 117 Zf 79
Saint-Ennemond 03 86 Dc 68
Saint-Epain 37 69 Ad 66
Saint-Epvre 57 44 Gc 55
Saint-Erblon 35 51 Yc 60
Saint-Erblon 53 51 Yf 62
Saint-Erme 02 25 Df 51
Saint-Esteben 64 143 Ye 88
Saint-Estèphe 24 106 Ad 75
Saint-Estèphe 33 104 Zb 77
Saint-Estève 66 160 Cf 92
Saint-Estève-Janson 13 138 Fc 86
Saint-Etienne 04 139 Fe 84
Saint-Etienne 42 112 Ec 76
Saint-Etienne 43 111 Df 78
Saint-Etienne-à-Arnes 08 26 Ec 53
Saint-Etienne-au-Mont 62 8 Bd 44
Saint-Etienne-au-Temple 51 42 Ec 54
Saint-Etienne-aux-Clos 19 109 Cc 75
Saint-Etienne-Cantalès 15 121 Cb 79
Saint-Etienne-d'Albagnan 34 148 Cf 87
Saint-Etienne-de-Baïgorry 64 142 Yd 89
Saint-Etienne-de-Boulogne 07 124 Ec 80
Saint-Etienne-de-Brillouet 85 80 Yf 69
Saint-Etienne-de-Carlat 15 121 Cd 79
Saint-Etienne-de-Chigny 37 69 Ad 64
Saint-Etienne-de-Chomeil 15 109 Cd 76
Saint-Etienne-de-Crossey 38 113 Fd 76
Saint-Etienne-de-Cuines 73 114 Gb 76
Saint-Etienne-de-Fontbellon 07 124 Ec 81
Saint-Etienne-de-Fougères 47 118 Ad 82
Saint-Etienne-de-Fursac 23 96 Bd 72
Saint-Etienne-de-Gourgas 34 135 Dc 86
Saint-Etienne-de-Gué-de-l'Isle 22 49 Xc 60
Saint-Etienne-de-Lisse 33 117 Zf 79
Saint-Etienne-de-l'Olm 30 136 Eb 84
Saint-Etienne-de-Mer-Morte 44 80 Yb 67
Saint-Etienne-de-Montluc 44 66 Yb 65
Saint-Etienne-de-Puycorbier 24 106 Ab 78
Saint-Etienne-de-Saint-Geoirs 38 113 Fc 77
Saint-Etienne-de-Serre 07 124 Ed 80
Saint-Etienne-de-Tinée 06 140 Gf 83
Saint-Etienne-de-Tulmont 82 132 Bc 84
Saint-Etienne-de-Vicq 03 98 Dd 71
Saint-Etienne-de-Villeréal 47 119 Ae 81
Saint-Etienne-des-Champs 63 97 Cd 74
Saint-Etienne-des-Guérets 41 69 Ba 63
Saint-Etienne-des-Oullières 69 100 Ed 72
Saint-Etienne-des-Sorts 30 137 Ee 83
Saint-Etienne-d'Orthe 40 129 Ye 87
Saint-Etienne-du-Bois 01 101 Fb 71
Saint-Etienne-du-Bois 85 80 Yc 68
Saint-Etienne-du-Grès 13 137 Ee 86
Saint-Etienne-du-Rouvray 76 21 Ba 52
Saint-Etienne-du-Valdonnez 48 122 Dd 82
Saint-Etienne-du-Vauvray 27 22 Bb 53
Saint-Etienne-du-Vigan 43 123 Df 80
Saint-Etienne-en-Bresse 71 89 Fa 68
Saint-Etienne-en-Coglès 35 51 Ye 58
Saint-Etienne-en-Dévoluy 05 126 Ff 80
Saint-Etienne-Estréchoux 34 135 Da 87
Saint-Etienne-la-Cigogne 79 93 Zc 70
Saint-Etienne-la-Geneste 19 109 Cc 76
Saint-Etienne-la-Thillaye 14 20 Aa 53
Saint-Etienne-la-Varenne 69 100 Ed 72
Saint-Etienne-l'Allier 27 21 Ad 53
Saint-Etienne-le-Laus 05 126 Ga 81
Saint-Etienne-le-Molard 42 99 Ea 74
Saint-Etienne-lès-Remiremont 88 61 Gd 60
Saint-Etienne-Roilaye 60 24 Da 52
Saint-Etienne-sous-Barbuise 10 58 Ea 57
Saint-Etienne-sur-Blesle 43 110 Da 77
Saint-Etienne-sur-Chalaronne 01 100 Ef 72
Saint-Etienne-sur-Reyssouze 01 100 Fa 70
Saint-Etienne-sur-Suippe 51 25 Ea 52
Saint-Etienne-sur-Usson 63 110 Dc 75
Saint-Etienne-Vallée-Française 48 136 Df 84
Saint-Eugène 02 40 Dd 54
Saint-Eugène 71 87 Eb 68
Saint-Eulalie-d'Ans 24 107 Ba 77
Saint-Eulalie-en-Vercors 26 113 Fc 78
Saint-Eulien 51 42 Ef 56
Saint-Euphème-sur-Ouvèze 26 138 Fc 83
Saint-Euphraise-et-Clairizet 51 41 Df 53
Saint-Euphrône 21 74 Ec 64
Saint-Eusèbe 71 88 Ec 68
Saint-Eusèbe 74 102 Ff 73
Saint-Eusèbe-en-Champsaur 05 126 Ga 80
Saint-Eustache 74 102 Ga 74
Saint-Eustache-la-Forêt 76 21 Ac 51
Saint-Eutrope 16 106 Aa 76
Saint-Eutrope-de-Born 47 118 Ae 81
Saint-Evarzec 29 48 Vf 61
Saint-Evroult-de-Montfort 61 36 Ab 56
Saint-Evroult-Notre-Dame-du-Bois 61 37 Ac 56
Saint-Exupéry 33 117 Zf 81
Saint-Exupéry-les-Roches 19 109 Cc 75
Saint-Fargeau 89 72 Da 63
Saint-Fargeau-Ponthierry 77 39 Cd 57
Saint-Fargeol 03 97 Cd 72
Saint-Faust 64 144 Zd 89
Saint-Félicien 07 112 Ed 78
Saint-Féliu-d'Amont 66 160 Cf 92
Saint-Féliu-d'Avall 66 160 Cf 92
Saint-Félix 03 98 Dc 71
Saint-Félix 16 106 Aa 76
Saint-Félix 17 93 Zc 70
Saint-Félix 46 119 Ba 82
Saint-Felix 46 120 Ca 81
Saint-Félix 60 23 Cb 52
Saint-Félix 74 102 Ff 74
Saint-Félix-de-Bourdeilles 24 106 Ad 76
Saint-Félix-de-Foncaude 33 117 Zf 81
Saint-Félix-de-l'Héras 34 135 Db 86
Saint-Félix-de-Lodez 34 135 Dc 87
Saint-Félix-de-Lunel 12 121 Cd 81
Saint-Félix-de-Pallières 30 136 Df 84
Saint-Félix-de-Reillac 24 107 Af 78
Saint-Félix-de-Rieutord 09 147 Be 90
Saint-Félix-de-Sorgues 12 135 Cf 85
Saint-Félix-de-Tournegat 09 147 Be 90
Saint-Felix-de-Villadeix 24 118 Ae 79
Saint-Félix-de-Villadeix 24 118 Ae 79
Saint-Félix-Lauragais 31 147 Bf 88
Saint-Fergeux 08 25 Eb 51
Saint-Ferme 33 118 Aa 80
Saint-Ferréol 31 145 Ae 88
Saint-Ferréol 31 147 Ca 88
Saint-Ferréol 74 102 Gb 74
Saint-Ferreol-d'Aurore 43 111 Eb 76
Saint-Ferréol-des-Côtes 63 111 De 75
Saint-Ferréol-Trente-Pas 26 125 Fb 82
Saint-Ferriol 11 159 Cb 91
Saint-Fiacre 22 32 Wf 58
Saint-Fiacre 77 40 Cf 55
Saint-Fiacre-sur-Maine 44 66 Yd 66
Saint-Fiel 23 96 Bf 71
Saint-Firmin 05 126 Ga 80
Saint-Firmin 54 61 Ga 58
Saint-Firmin 58 86 Dc 66
Saint-Firmin 71 88 Ec 67
Saint-Firmin-des-Bois 45 57 Cf 61
Saint-Firmin-des-Prés 41 54 Ba 61
Saint-Firmin-sur-Loire 45 72 Ce 63
Saint-Flavy 10 58 De 58
Saint-Florent 2B 161 Kb 92
Saint-Florent 45 71 Cc 62
Saint-Florent-des-Bois 85 80 Ye 69
Saint-Florent-le-Vieil 49 67 Yf 64
Saint-Florent-sur-Auzonnet 30 136 Ea 83
Saint-Florent-sur-Cher 18 85 Cb 67
Saint-Florentin 89 58 De 61
Saint-Floret 63 110 Da 75
Saint-Floris 62 14 Cd 45
Saint-Flour 15 110 Da 78
Saint-Flour 63 110 Dd 74
Saint-Flour 63 111 Df 76
Saint-Flour-de-Mercoire 48 123 De 80
Saint-Flovier 37 83 Ba 67
Saint-Floxel 50 18 Yd 51
Saint-Fohs 69 112 Ef 74
Saint-Folquin 62 9 Ca 43
Saint-Forgeot 71 88 Eb 66
Saint-Forgeux-Lespinasse 42 99 Df 72
Saint-Fort 53 52 Zb 62
Saint-Fort-sur-Gironde 17 105 Zb 76
Saint-Fort-sur-le-Né 16 105 Ze 75
Saint-Fortunat-sur-Eyrieux 07 124 Ee 80
Saint-Fraigne 16 94 Zf 73
Saint-Fraimbault 61 35 Zb 58
Saint-Fraimbault-de-Prières 53 52 Zc 58
Saint-Frajou 31 146 Af 88
Saint-Franchy 58 72 Dc 66
Saint-François-de-Sales 73 114 Ga 74
Saint-François-Lacroix 57 28 Gc 52
Saint-Frégant 29 30 Vd 57
Saint-Fréjoux 19 109 Cc 75
Saint-Frézal-d'Albuges 48 123 De 81
Saint-Frézal-de-Ventalon 48 136 Df 83
Saint-Frichoux 11 148 Cd 89
Saint-Frion 23 97 Cb 73
Saint-Fromond 50 19 Yf 53
Saint-Front 16 94 Ab 73
Saint-Front 43 123 Ea 79
Saint-Front-d'Alemps 24 107 Ae 77
Saint-Front-de-Pradoux 24 106 Ac 78
Saint-Front-la-Rivière 24 107 Ae 76
Saint-Front-sur-Lémance 47 119 Af 81
Saint-Front-sur-Nizonne 24 106 Ad 76
Saint-Froult 17 92 Yf 73
Saint-Fulgent 85 80 Ye 67
Saint-Fulgent-des-Ormes 61 53 Ac 59
Saint-Fuscien 80 23 Cb 49
Saint-Gabriel-Brécy 14 19 Zc 53
Saint-Gal 48 122 Dc 81
Saint-Gal-sur-Sioule 63 98 Da 72
Saint-Galmier 42 111 Eb 75
Saint-Gand 70 76 Ff 64
Saint-Ganton 35 50 Ya 62
Saint-Gatien-des-Bois 14 20 Ab 52
Saint-Gaudens 31 145 Ae 90
Saint-Gaudent 86 94 Ab 72
Saint-Gaudéric 11 147 Bf 90
Saint-Gaultier 36 84 Bc 69
Saint-Gauzens 81 133 Bf 86
Saint-Gein 40 130 Ze 85
Saint-Gelven 22 49 Wf 59
Saint-Gély-du-Fesc 34 136 De 86
Saint-Gemmes-d'Andigné 49 67 Za 62
Saint-Génard 79 93 Zf 71
Saint-Gence 87 95 Ba 73
Saint-Généroux 79 82 Zf 67
Saint-Genès-Champanelle 63 98 Da 74
Saint-Genès-Champespe 63 109 Ce 76
Saint-Genès-de-Blaye 33 105 Zc 78
Saint-Genès-de-Castillon 33 117 Zf 79
Saint-Genès-de-Fronsac 33 105 Zd 78
Saint-Genès-de-Lombaud 33 117 Zd 80
Saint-Genès-du-Retz 63 98 Db 72
Saint-Genès-la-Tourette 63 110 Dc 75
Saint-Genest 03 97 Cd 71
Saint-Genest 88 61 Gd 58
Saint-Genest-d'Ambière 86 82 Ab 68
Saint-Genest-de-Beauzon 07 123 Eb 82
Saint-Genest-de-Contest 81 133 Ca 86
Saint-Genest-Lerpt 42 112 Eb 76
Saint-Genest-Malifaux 42 112 Ec 77
Saint-Genest-sur-Roselle 87 96 Bc 74
Saint-Geneys 43 111 De 78
Saint-Gengoulph 02 40 Db 54
Saint-Gengoux-de-Scissé 71 88 Ee 70
Saint-Gengoux-le-National 71 88 Ee 69
Saint-Geniès 24 107 Bb 79
Saint-Geniès-Bellevue 31 132 Bc 86
Saint-Geniès-de-Comolas 30 137 Ef 84
Saint-Geniès-de-Malgoire 30 136 Eb 85
Saint-Geniès-de-Varensal 34 135 Da 86
Saint-Geniès-des-Mourgues 34 136 Ea 86
Saint-Geniès-le-Bas 34 149 Db 88
Saint-Geniez 04 139 Ga 83
Saint-Geniez-d'Olt 12 122 Cf 82
Saint-Geniez-ô-Merle 19 108 Ca 78
Saint-Genis 05 126 Fe 82
Saint-Genis-de-Saintonge 17 105 Zc 76
Saint-Génis-des-Fontaines 66 160 Cf 93
Saint-Genis-d'Hiersac 16 94 Aa 74
Saint-Genis-du-Bois 33 117 Ze 80
Saint-Genis-l'Argentière 69 100 Ec 74
Saint-Genis-Laval 69 100 Ee 74
Saint-Genis-les-Ollières 69 100 Ee 74
Saint-Genis-Pouilly 01 102 Ga 71
Saint-Genis-sur-Menthon 01 100 Fa 71
Saint-Genou 36 84 Bc 67
Saint-Genouph 37 69 Ad 64
Saint-Geoire-en-Valdaine 38 113 Fd 76
Saint-Geoirs 38 113 Fc 77
Saint-George 15 109 Cd 78
Saint-George-Lagricol 43 111 Df 77
Saint-Georges 16 94 Ab 73
Saint-Georges 32 132 Af 86
Saint-Georges 47 119 Af 82
Saint-Georges 57 44 Gf 56
Saint-Georges 62 13 Ca 46
Saint-Georges 82 133 Bd 83
Saint-Georges-Armont 25 77 Gd 64
Saint-Georges-Blancaneix 24 118 Ac 79
Saint-Georges-Buttavent 53 52 Zb 59
Saint-Georges-d'Annebecq 61 36 Ze 57
Saint-Georges-d'Antignac 17 105 Zc 76
Saint-Georges-d'Aunay 14 35 Zb 54
Saint-Georges-d'Aurac 43 110 Dd 78
Saint-Georges-de-Baroille 42 99 Ea 73
Saint-Georges-de-Bohon 50 18 Ye 53
Saint-Georges-de-Chesné 35 51 Ye 59
Saint-Georges-de-Commiers 38 113 Fe 78
Saint-Georges-de-Didonne 17 104 Yf 75
Saint-Georges-de-Gréhaigne 35 34 Yc 57
Saint-Georges-de-la-Couée 72 54 Ad 61
Saint-Georges-de-la-Rivière 50 18 Yb 52
Saint-Georges-de-Lévéjac 48 135 Db 83
Saint-Georges-de-Livoye 50 34 Ye 56
Saint-Georges-de-Longuepierre 17 93 Zd 72
Saint-Georges-de-Luzençon 12 135 Cf 84
Saint-Georges-de-Mons 63 97 Cf 73
Saint-Georges-de-Montaigu 85 80 Ye 67
Saint-Georges-de-Montclard 24 118 Ad 79
Saint-Georges-de-Noisné 79 81 Ze 70
Saint-Georges-de-Pointindoux 85 80 Yc 69
Saint-Georges-de-Poisieux 18 85 Cc 68
Saint-Georges-de-Reintembault 35 34 Ye 57
Saint-Georges-de-Reneins 69 100 Ee 72
Saint-Georges-de-Rex 79 93 Zc 71
Saint-Georges-de-Rouelley 50 35 Zb 57
Saint-Georges-d'Elle 50 19 Za 54
Saint-Georges-des-Agoûts 17 105 Zc 76
Saint-Georges-des-Côteaux 17 93 Zb 74
Saint-Georges-des-Groseillers 61 35 Zc 56
Saint-Georges-des-Hurtières 73 114 Gb 75
Saint-Georges-d'Espérance 38 113 Fa 75
Saint-Georges-d'Oléron 17 92 Ye 73
Saint-Georges-d'Orques 34 150 Ce 87
Saint-Georges-du-Bois 17 93 Zb 72
Saint-Georges-du-Bois 49 68 Ze 64
Saint-Georges-du-Bois 72 53 Aa 61
Saint-Georges-du-Mesnil 27 21 Ad 53
Saint-Georges-du-Puy-de-la-Garde 49 67 Zb 66
Saint-Georges-du-Rosay 72 54 Ad 59
Saint-Georges-du-Vièvre 27 21 Ad 53
Saint-Georges-en-Auge 14 36 Aa 55
Saint-Georges-en-Couzan 42 111 Df 74
Saint-Georges-Haute-Ville 42 111 Ea 75
Saint-Georges-la-Pouge 23 96 Bf 73
Saint-Georges-le-Fléchard 53 52 Zc 60
Saint-Georges-le-Gaultier 72 53 Zf 59
Saint-Georges-les-Baillargeaux 86 82 Ac 69
Saint-Georges-les-Bains 07 124 Ee 79
Saint-Georges-les-Landes 87 95 Bc 70
Saint-Georges-Montcocq 50 19 Yf 54
Saint-Georges-Motel 27 38 Bb 56
Saint-Georges-Nigremont 23 97 Cb 74
Saint-Georges-sur-Allier 63 110 Db 74
Saint-Georges-sur-Arnon 36 85 Ca 67
Saint-Georges-sur-Baulche 89 73 Dd 62
Saint-Georges-sur-Cher 41 69 Ba 65
Saint-Georges-sur-Erve 53 52 Ze 60
Saint-Georges-sur-Eure 28 55 Bc 58
Saint-Georges-sur-Fontaine 76 21 Bb 51
Saint-Georges-sur-la-Prée 18 70 Bf 65
Saint-Georges-sur-l'Aa 59 9 Cb 43
Saint-Georges-sur-Layon 49 67 Zd 65
Saint-Georges-sur-Loire 49 67 Zb 64
Saint-Georges-sur-Moulon 18 71 Cc 65
Saint-Georges-sur-Renon 01 100 Fa 72
Saint-Geours-d'Auribat 40 129 Za 86
Saint-Geours-de-Maremme 40 129 Ye 86
Saint-Gérand-de-Vaux 03 98 Dc 70
Saint-Gérand-le-Puy 03 98 Dd 71
Saint-Géraud 47 118 Aa 81
Saint-Géraud-de-Corps 24 118 Ab 79
Saint-Germain 07 124 Ec 81
Saint-Germain 10 58 Ea 59
Saint-Germain 54 61 Gc 58
Saint-Germain 70 77 Gd 61
Saint-Germain 73 102 Ff 74
Saint-Germain-au-Mont-d'Or 69 100 Ee 73
Saint-Germain-Beaupré 23 96 Bd 71
Saint-Germain (Chadeaux) 63 97 Cd 74
Saint-Germain-Chassenay 58 86 Dc 68
Saint-Germain-d'Anxure 53 52 Zb 59
Saint-Germain-d'Arcé 72 68 Ab 63
Saint-Germain-d'Aunay 61 36 Ac 55
Saint-Germain-de-Belvès 24 119 Ba 80
Saint-Germain-de-Bois 18 85 Cc 67
Saint-Germain-de-Calberte 48 136 De 83
Saint-Germain-de-Clairefeuille 61 36 Ab 56
Saint-Germain-de-Confolens 16 95 Ae 72
Saint-Germain-de-Coulamer 53 53 Zf 59
Saint-Germain-de-Fresney 27 38 Bb 55
Saint-Germain-de-Grave 33 117 Ze 81
Saint-Germain-de-la-Coudre 61 54 Ad 59
Saint-Germain-de-la-Grange 78 38 Bf 56
Saint-Germain-de-la-Rivière 33 105 Zd 79
Saint-Germain-de-Livet 14 36 Ab 54
Saint-Germain-de-Longue-Chaume 79 81 Zd 68
Saint-Germain-de-Lusignac 17 105 Zd 76
Saint-Germain-de-Marencennes 17 93 Zb 72
Saint-Germain-de-Martigny 61 36 Ac 57
Saint-Germain-de-Modéon 21 73 Ea 64
Saint-Germain-de-Montbron 16 106 Ac 75
Saint-Germain-de-Montgommery 14 36 Ab 55
Saint-Germain-de-Pasquier 27 21 Ba 53
Saint-Germain-de-Prés 49 67 Zb 64
Saint-Germain-de-Prinçay 85 80 Yf 68
Saint-Germain-de-Salles 03 98 Db 71
Saint-Germain-de-Tallevende 14 35 Za 56
Saint-Germain-de-Tournebut 50 18 Yd 51
Saint-Germain-de-Varreville 50 18 Ye 52
Saint-Germain-de-Vibrac 17 105 Ze 76
Saint-Germain-d'Ectot 14 35 Zb 54
Saint-Germain-d'Elle 50 35 Za 54
Saint-Germain-des-Angles 27 37 Ba 54
Saint-Germain-des-Bois 58 73 Dd 64
Saint-Germain-des-Champs 89 73 Df 64
Saint-Germain-des-Essourts 76 22 Bb 51
Saint-Germain-des-Fossés 03 98 Dc 71
Saint-Germain-des-Grois 61 54 Ae 58
Saint-Germain-des-Prés 24 107 Af 76
Saint-Germain-des-Prés 45 57 Cf 61
Saint-Germain-des-Prés 81 147 Ca 87
Saint-Germain-des-Vaux 50 18 Ya 50
Saint-Germain-d'Esteuil 33 104 Za 77
Saint-Germain-d'Etables 76 22 Bb 49
Saint-Germain-du-Bel-Air 46 119 Bc 81
Saint-Germain-du-Bois 71 89 Fb 68
Saint-Germain-du-Corbéis 61 53 Aa 58
Saint-Germain-du-Grioult 14 35 Zc 55
Saint-Germain-du-Pert 14 19 Yf 52
Saint-Germain-du-Pinel 35 51 Yf 60
Saint-Germain-du-Plain 71 89 Ef 68
Saint-Germain-du-Puch 33 117 Ze 79
Saint-Germain-du-Puy 18 85 Cc 66
Saint-Germain-du-Salembre 24 106 Ac 78
Saint-Germain-du-Seudre 17 105 Zb 75
Saint-Germain-du-Teil 48 122 Db 82
Saint-Germain-en-Brionnais 71 99 Eb 70
Saint-Germain-en-Coglès 35 51 Ye 58
Saint-Germain-en-Laye 78 39 Ca 55
Saint-Germain-en-Montagne 39 90 Ff 68
Saint-Germain-et-Mons 24 118 Ad 79
Saint-Germain-la-Blanche-Herbe 14 19 Zd 53
Saint-Germain-la-Campagne 27 36 Ac 54
Saint-Germain-la-Montagne 42 100 Ec 71
Saint-Germain-la-Poterie 60 22 Bf 52
Saint-Germain-la-Ville 51 42 Ec 55
Saint-Germain-l'Aiguiller 85 81 Za 68
Saint-Germain-Laprade 43 111 Df 78
Saint-Germain-Laval 42 99 Ea 74
Saint-Germain-Laval 77 57 Cf 58
Saint-Germain-Lavolps 19 109 Cb 75
Saint-Germain-Laxis 77 39 Ce 57
Saint-Germain-le-Châtelet 90 77 Gf 62
Saint-Germain-le-Fouilloux 53 52 Zb 60
Saint-Germain-le-Gaillard 28 55 Bb 58
Saint-Germain-le-Gaillard 50 18 Yb 52
Saint-Germain-le-Guillaume 53 52 Zb 59
Saint-Germain-le-Rocheux 21 74 Ee 62
Saint-Germain-le-Vasson 14 36 Ze 55
Saint-Germain-le-Vieux 61 37 Ab 57
Saint-Germain-Lembron 63 110 Db 76
Saint-Germain-lès-Arlay 39 89 Fd 68
Saint-Germain-lès-Arpajon 91 39 Cb 57
Saint-Germain-les-Belles 87 108 Bc 75
Saint-Germain-lès-Buxy 71 88 Ee 68
Saint-Germain-lès-Corbeil 91 39 Cd 57
Saint-Germain-les-Paroisses 01 101 Fd 74
Saint-Germain-lès-Senailly 21 74 Eb 63
Saint-Germain-les-Vergnes 19 108 Bd 78
Saint-Germain-Lespinasse 42 99 Df 72
Saint-Germain-l'Herm 63 110 Dd 76
Saint-Germain-Source-Seine 21 74 Ee 64
Saint-Germain-sous-Cailly 76 21 Bb 51
Saint-Germain-sous-Doue 77 40 Da 55
Saint-Germain-sur-Avre 27 38 Bb 56
Saint-Germain-sur-Ay 50 18 Yc 53
Saint-Germain-sur-Bresle 80 22 Be 49
Saint-Germain-sur-Eaulne 76 22 Bd 50
Saint-Germain-sur-Ecole 77 56 Cd 58
Saint-Germain-sur-Ille 35 51 Yc 59
Saint-Germain-sur-l'Arbresle 69 100 Ed 73
Saint-Germain-sur-Meuse 55 43 Fe 57
Saint-Germain-sur-Moine 49 66 Yf 66
Saint-Germain-sur-Morin 77 40 Cf 55
Saint-Germain-sur-Renon 01 100 Fa 72
Saint-Germain-sur-Sarthe 72 53 Aa 59
Saint-Germain-sur-Vienne 37 68 Aa 65
Saint-Germain-Village 27 21 Ad 52
Saint-Germainmont 08 25 Ea 51
Saint-Germains-sur-Sèves 50 18 Yd 53
Saint-Germé 32 130 Zf 86
Saint-Germer-de-Fly 60 22 Be 52
Saint-Germier 31 147 Be 88
Saint-Germier 32 132 Af 86
Saint-Germier 79 82 Zf 70
Saint-Germier 81 133 Bf 87
Saint-Germier 81 134 Cb 86
Saint-Géron 43 110 Db 76
Saint-Gérons 15 121 Cb 79
Saint-Gervais 33 105 Zd 78
Saint-Gervais 38 113 Fc 77
Saint-Gervais 85 79 Xf 67
Saint-Gervais 95 38 Be 53
Saint-Gervais-d'Auvergne 63 97 Ce 72
Saint-Gervais-de-Vic 72 54 Ae 61
Saint-Gervais-des-Sablons 61 36 Aa 55
Saint-Gervais-du-Perron 61 36 Aa 57
Saint-Gervais-en-Belin 72 53 Ab 61
Saint-Gervais-en-Vallière 71 88 Ef 67
Saint-Gervais-la-Forêt 41 70 Bc 63
Saint-Gervais-les-Bains 74 103 Ge 73
Saint-Gervais-les-Trois-Clochers 86 82 Ac 67
Saint-Gervais-sous-Meymont 63 111 Dd 74
Saint-Gervais-sur-Couches 71 88 Ed 67
Saint-Gervais-sur-Mare 34 135 Da 87
Saint-Gervais-sur-Roubion 26 124 Ef 81
Saint-Gervasy 30 137 Ec 85
Saint-Gervazy 63 110 Db 76
Saint-Géry 24 106 Ab 79
Saint-Géry 46 120 Bd 82
Saint-Geyrac 24 107 Af 78
Saint-Gibrien 51 41 Eb 55
Saint-Gildas 22 32 Xa 58
Saint-Gildas-de-Rhuys 56 64 Xa 63
Saint-Gildas-des-Bois 44 65 Xf 63
Saint-Gilles 30 137 Ec 86
Saint-Gilles 35 50 Yb 60
Saint-Gilles 36 84 Bc 70
Saint-Gilles 51 25 De 53
Saint-Gilles 71 88 Ed 67
Saint-Gilles-Croix-de-Vie 85 79 Ya 68
Saint-Gilles-de-Crétot 76 21 Ad 51
Saint-Gilles-de-la-Neuville 76 20 Ac 51
Saint-Gilles-des-Marais 61 35 Zb 57
Saint-Gilles-du-Mené 22 50 Xc 59
Saint-Gilles-les-Bois 22 32 Wf 57
Saint-Gilles-les-Forêts 87 108 Bd 75
Saint-Gilles-Pligeaux 22 32 Wf 58
Saint-Gilles-Vieux-Marché 22 49 Xa 59
Saint-Gineis-en-Coiron 07 124 Ed 81
Saint-Gingolph 74 103 Ge 70
Saint-Girod 73 102 Ff 74
Saint-Girons 09 146 Ba 91
Saint-Girons 64 129 Za 87
Saint-Girons-d'Aiguevives 33 105 Zc 78
Saint-Gladie 64 143 Za 88
Saint-Glen 22 33 Xc 58
Saint-Goazes 29 48 Wb 60
Saint-Gobain 02 24 Db 51
Saint-Gobain 02 24 Dc 51
Saint-Gobert 02 25 De 50
Saint-Goin 64 143 Zb 89
Saint-Gondon 45 71 Cd 62
Saint-Gondran 35 50 Yb 59
Saint-Gonlay 35 50 Xf 60
Saint-Gonnery 56 49 Xb 60
Saint-Gor 40 130 Ze 84
Saint-Gorgon 56 65 Xe 63
Saint-Gorgon 88 61 Gd 59
Saint-Gorgon-Main 25 90 Gc 66
Saint-Gouéno 22 50 Xc 59
Saint-Gourgon 41 69 Ba 63
Saint-Gourson 16 94 Ab 73
Saint-Goussaud 23 96 Bd 72
Saint-Gratien 80 13 Cc 49
Saint-Gratien 95 39 Cb 55
Saint-Gratien-Savigny 58 87 De 67
Saint-Gravé 56 50 Xe 62
Saint-Grégoire 35 51 Yb 60
Saint-Grégoire 81 134 Cb 85
Saint-Grégoire-d'Ardennes 17 105 Zd 75
Saint-Grégoire-du-Vièvre 27 21 Ad 53
Saint-Griède 32 130 Zf 86
Saint-Groux 16 94 Aa 73
Saint-Guen 22 49 Xa 59
Saint-Guilhem-le-Désert 34 135 Dd 86
Saint-Guillaume 38 125 Fd 79
Saint-Guinoux 35 33 Ya 57
Saint-Guiraud 34 135 Dc 86
Saint-Guyomard 56 50 Xc 62
Saint-Haon 43 123 De 79
Saint-Haon-le-Châtel 42 99 Df 72
Saint-Haon-le-Vieux 42 99 Df 72
Saint-Helen 22 33 Ya 58
Saint-Hélier 21 74 Ee 64
Saint-Hellier 76 22 Bb 50
Saint-Hénand 42 112 Ec 75
Saint-Herblain 44 66 Yc 65
Saint-Herblon 44 66 Yf 64
Saint-Hérent 63 110 Da 76
Saint-Hernin 29 48 Wc 59
Saint-Hervé 22 32 Xb 57
Saint-Hilaire 03 86 Da 70
Saint-Hilaire 11 148 Cb 90
Saint-Hilaire 25 76 Gb 65
Saint-Hilaire 31 146 Bb 88
Saint-Hilaire 43 110 Dc 76
Saint-Hilaire 46 120 Bd 83
Saint-Hilaire 63 97 Cd 72
Saint-Hilaire 91 56 Ca 58
Saint-Hilaire-au-Temple 51 42 Ec 54
Saint-Hilaire-Bonneval 87 95 Bc 74
Saint-Hilaire-Cottes 62 13 Cc 45
Saint-Hilaire-Cusson-la-Valmitte 42 111 Ea 76
Saint-Hilaire-de-Beauvoir 34 136 Ea 86
Saint-Hilaire-de-Brens 38 113 Fb 74
Saint-Hilaire-de-Brethmas 30 136 Ea 84
Saint-Hilaire-de-Briouze 61 35 Ze 56
Saint-Hilaire-de-Chaléons 44 65 Ya 66
Saint-Hilaire-de-Clisson 44 66 Ye 66
Saint-Hilaire-de-Court 18 71 Ca 65
Saint-Hilaire-de-Gondilly 18 86 Cf 66
Saint-Hilaire-de-la-Côte 38 113 Fb 76
Saint-Hilaire-de-la-Noaille 33 117 Aa 81
Saint-Hilaire-de-Lavit 48 136 Df 83
Saint-Hilaire-de-Loulay 85 66 Ye 66
Saint-Hilaire-de-Lusignan 47 131 Ad 83
Saint-Hilaire-de-Riez 85 79 Ya 68
Saint-Hilaire-de-Villefranche 17 93 Zc 73
Saint-Hilaire-de-Voust 85 81 Zc 69
Saint-Hilaire-des-Landes 35 51 Yd 58
Saint-Hilaire-des-Loges 85 81 Zc 70
Saint-Hilaire-d'Estissac 24 106 Ad 78
Saint-Hilaire-d'Ozilhan 30 137 Ed 85
Saint-Hilaire-du-Bois 17 105 Zc 76
Saint-Hilaire-du-Bois 33 117 Zf 80
Saint-Hilaire-du-Harcouët 50 34 Yf 57
Saint-Hilaire-du-Maine 53 52 Za 59
Saint-Hilaire-du-Rosier 38 113 Fb 78
Saint-Hilaire-en-Lignières 18 85 Cb 68
Saint-Hilaire-en-Morvan 58 87 Df 66
Saint-Hilaire-en-Woëvre 55 43 Fe 54
Saint-Hilaire-Foissac 19 108 Ca 77
Saint-Hilaire-Fontaine 58 87 Dd 68
Saint-Hilaire-la-Croix 63 98 Da 72
Saint-Hilaire-la-Forêt 85 80 Yc 70
Saint-Hilaire-la-Gérard 61 36 Aa 57
Saint-Hilaire-la-Gravelle 41 54 Bb 61
Saint-Hilaire-la-Palud 79 93 Zb 71
Saint-Hilaire-la-Plaine 23 96 Bf 72
Saint-Hilaire-la-Treille 87 95 Bb 71
Saint-Hilaire-le-Château 23 96 Bf 73
Saint-Hilaire-le-Châtel 61 37 Ad 57
Saint-Hilaire-le-Grand 51 42 Ec 53
Saint-Hilaire-le-Lierru 72 53 Ac 60
Saint-Hilaire-le-Petit 51 26 Ec 53
Saint-Hilaire-le-Vouhis 85 80 Yf 68
Saint-Hilaire-les-Andrésis 45 57 Da 60
Saint-Hilaire-les-Courbes 19 108 Be 75
Saint-Hilaire-les-Monges 63 97 Cd 74
Saint-Hilaire-les-Places 87 107 Ba 75
Saint-Hilaire-lez-Cambrai 59 15 Dc 47
Saint-Hilaire-Luc 19 109 Cb 76
Saint-Hilaire-Peyroux 19 108 Bd 78
Saint-Hilaire-Saint-Mesmin 45 55 Be 61
Saint-Hilaire-sous-Charlieu 42 99 Eb 72
Saint-Hilaire-sous-Romilly 10 58 Dd 57
Saint-Hilaire-sur-Benaize 36 83 Ba 69
Saint-Hilaire-sur-Erre 61 54 Ae 59
Saint-Hilaire-sur-Puiseaux 45 56 Ce 61
Saint-Hilaire-sur-Risle 61 37 Ac 56
Saint-Hilaire-sur-Yerre 28 54 Bb 60
Saint-Hilarion 78 38 Be 57
Saint-Hilliers 77 40 Db 57
Saint-Hippolyte 12 121 Cd 80
Saint-Hippolyte 15 109 Ce 77
Saint-Hippolyte 17 92 Za 73
Saint-Hippolyte 25 77 Ge 65
Saint-Hippolyte 37 83 Ba 66
Saint-Hippolyte 66 160 Cf 92
Saint-Hippolyte 68 62 Hc 59
Saint-Hippolyte-de-Caton 30 136 Eb 84
Saint-Hippolyte-de-Montaigue 30 137 Ec 84
Saint-Hippolyte-du-Fort 30 136 Df 85
Saint-Hippolyte-le-Graveron 84 138 Fa 84
Saint-Honoré 38 126 Fe 79
Saint-Honoré 76 21 Ba 50
Saint-Honoré-les-Bains 58 87 Df 67
Saint-Hostien 43 111 Ea 78
Saint-Hubert 57 28 Gc 53
Saint-Huruge 71 88 Ed 69
Saint-Hymer 14 20 Ab 53
Saint-Hymetière 39 101 Fd 70
Saint-Igeaux 22 49 Wf 59
Saint-Igest 12 120 Ca 82
Saint-Ignan 31 145 Ae 90
Saint-Ignat 63 98 Db 73
Saint-Igny-de-Roche 71 99 Eb 71
Saint-Igny-de-Vers 69 100 Ec 71
Saint-Illide 15 109 Cb 78
Saint-Illiers-la-Ville 78 38 Bd 55
Saint-Illiers-le-Bois 78 38 Bd 55
Saint-Ilpize 43 110 Dc 77
Saint-Imoges 51 41 Df 54
Saint-Inglevert 62 9 Be 43
Saint-Ismier 38 114 Fe 77
Saint-Izaire 12 134 Ce 85
Saint-Jacques 04 139 Gc 85
Saint-Jacques-d'Aliermont 76 22 Bb 49
Saint-Jacques-d'Ambur 63 97 Ce 73
Saint-Jacques-de-la-Landes 35 51 Yb 60
Saint-Jacques-de-Néhou 50 18 Yc 52
Saint-Jacques-de-Thouars 79 82 Ze 67
Saint-Jacques-des-Arrêts 69 100 Ed 71
Saint-Jacques-des-Blats 15 109 Ce 78
Saint-Jacques-des-Guérets 41 69 Ae 62
Saint-Jacques-en-Valgodemard 05 126 Ga 80
Saint-Jacques-sur-Darnetal 76 22 Bb 52
Saint-Jacut-de-la-Mer 22 33 Xe 57
Saint-Jacut-du-Mené 22 50 Xd 59
Saint-Jacut-les-Pins 56 50 Xe 62
Saint-Jal 19 108 Bd 76
Saint-Jalle 26 125 Fb 82
Saint-James 50 34 Ye 57
Saint-Jammes 64 144 Ze 88
Saint-Jans-Cappel 59 10 Ce 44
Saint-Jean 27 20 Ac 53
Saint-Jean 31 133 Bc 86
Saint-Jean 54 44 Ff 55
Saint-Jean 63 110 Dc 76
Saint-Jean-aux-Amognes 58 86 Dc 66
Saint-Jean-aux-Bois 08 25 Eb 50
Saint-Jean-aux-Bois 60 24 Cf 52
Saint-Jean-Brévelay 56 49 Xb 61
Saint-Jean-Brévelay 56 49 Xc 61
Saint-Jean-Cap-Ferrat 06 141 Hb 86
Saint-Jean-Chambre 07 124 Ed 79
Saint-Jean-d'Alcapiès 12 135 Cf 85
Saint-Jean-d'Angély 17 93 Zc 73
Saint-Jean-d'Angle 17 92 Za 74
Saint-Jean-d'Arves 73 114 Gb 77
Saint-Jean-d'Arvey 73 114 Ff 75
Saint-Jean-d'Assé 72 53 Aa 60
Saint-Jean-d'Aubrigoux 43 111 De 76
Saint-Jean-d'Aulps 74 103 Gd 71
Saint-Jean-de-Barrou 11 160 Cf 91
Saint-Jean-de-Bassel 57 45 Gf 56
Saint-Jean-de-Belleville 73 114 Gc 76
Saint-Jean-de-Beugné 85 80 Yf 69
Saint-Jean-de-Blaignac 33 117 Zf 80
Saint-Jean-de-Bœuf 21 74 Ee 65
Saint-Jean-de-Boiseau 44 75 Yb 65
Saint-Jean-de-Bonneval 10 58 Ea 59
Saint-Jean-de-Bournay 38 113 Fa 76
Saint-Jean-de-Braye 45 55 Bf 61
Saint-Jean-de-Buèges 34 136 Dd 86
Saint-Jean-de-Ceyrargues 30 136 Eb 84
Saint-Jean-de-Chevelu 73 102 Fe 74
Saint-Jean-de-Cornies 34 136 Ea 86
Saint-Jean-de-Couz 73 114 Fe 76
Saint-Jean-de-Crieulon 30 136 Df 85
Saint-Jean-de-Cuculles 34 136 De 86
Saint-Jean-de-Daye 50 19 Yf 53
Saint-Jean-de-Duras 47 118 Ab 80
Saint-Jean-de-Folleville 76 21 Ad 51
Saint-Jean-de-Fos 34 135 Dd 86
Saint-Jean-de-Gonville 01 102 Ff 71
Saint-Jean-de-la-Blaquière 34 135 Dc 86
Saint-Jean-de-la-Croix 49 67 Zc 64
Saint-Jean-de-la-Forêt 61 54 Ad 58
Saint-Jean-de-la-Haize 50 34 Yd 56
Saint-Jean-de-la-Motte 72 68 Aa 62
Saint-Jean-de-la-Neuville 76 21 Ac 51
Saint-Jean-de-la-Porte 73 114 Ga 75
Saint-Jean-de-la-Rivière 50 18 Yb 52
Saint-Jean-de-la-Ruelle 45 55 Bf 61
Saint-Jean-de-Laur 46 120 Bf 82
Saint-Jean-de-Lier 40 129 Za 86
Saint-Jean-de-Linières 49 67 Zc 64
Saint-Jean-de-Livet 14 36 Ab 54
Saint-Jean-de-Losne 21 89 Fb 66
Saint-Jean-de-Luz 64 142 Yb 88
Saint-Jean-de-Marcel 81 134 Cb 84
Saint-Jean-de-Marsacq 40 129 Ye 87
Saint-Jean-de-Maruéjols 30 136 Eb 83
Saint-Jean-de-Maurienne 73 114 Gc 77
Saint-Jean-de-Minervois 34 148 Ce 88
Saint-Jean-de-Moirans 38 113 Fd 76
Saint-Jean-de-Monts 85 79 Xf 68
Saint-Jean-de-Muzols 07 112 Ee 78

198 Saint-Elier — Saint-Jean-de-Muzols

Saint-Jean-de-Nay 43 111 De 78
Saint-Jean-de-Niost 01 101 Fb 74
Saint-Jean-de-Paracol 11 159 Ca 91
Saint-Jean-de-Rebervilliers 28 38 Bb 57
Saint-Jean-de-Rives 81 133 Be 86
Saint-Jean-de-Sauves 86 82 Aa 67
Saint-Jean-de-Savigny 50 19 Za 53
Saint-Jean-de-Serres 30 136 Ea 85
Saint-Jean-de-Sixt 74 102 Gc 73
Saint-Jean-de-Tholome 74 102 Gc 72
Saint-Jean-de-Thurac 47 131 Ae 84
Saint-Jean-de-Thurigneux 01 100 Ef 73
Saint-Jean-de-Touslas 69 112 Ed 75
Saint-Jean-de-Trézy 71 88 Ed 67
Saint-Jean-de-Valériscle 30 136 Ea 83
Saint-Jean-de-Vals 81 134 Cb 86
Saint-Jean-de-Vaulx 38 113 Fe 78
Saint-Jean-de-Vaux 71 88 Ee 68
Saint-Jean-de-Védas 34 150 De 87
Saint-Jean-de-Verges 09 147 Bd 90
Saint-Jean-Delnous 12 134 Cc 84
Saint-Jean-des-Bois 61 35 Zb 56
Saint-Jean-des-Champs 50 34 Yd 56
Saint-Jean-des-Echelles 72 54 Ae 60
Saint-Jean-des-Essartiers 14 35 Zb 54
Saint-Jean-des-Mauvrets 49 67 Zd 64
Saint-Jean-des-Ollières 63 110 Dc 75
Saint-Jean-des-Vignes 69 100 Ee 73
Saint-Jean-d'Estissac 24 106 Ad 78
Saint-Jean-d'Estissac 24 106 Ad 78
Saint-Jean-d'Etreux 39 101 Fc 70
Saint-Jean-devant-Possesse 51 42 Ee 55
Saint-Jean-d'Eyraud 24 118 Ac 79
Saint-Jean-d'Herans 38 125 Fe 79
Saint-Jean-d'Heurs 63 98 Dc 74
Saint-Jean-d'Illac 33 116 Zb 80
Saint-Jean-d'Ormont 88 62 Gf 58
Saint-Jean-du-Bois 72 53 Zf 61
Saint-Jean-du-Bouzet 82 132 Af 85
Saint-Jean-du-Bruel 12 135 Dc 84
Saint-Jean-du-Cardonnay 76 21 Ba 51
Saint-Jean-du-Castillonnais 09 157 Af 91
Saint-Jean-du-Corail 50 35 Za 57
Saint-Jean-du-Doigt 29 31 Wb 56
Saint-Jean-du-Falga 09 147 Bd 90
Saint-Jean-du-Gard 30 136 Df 84
Saint-Jean-du-Pin 30 136 Ea 84
Saint-Jean-du-Thenney 27 37 Ac 54
Saint-Jean-en-Val 63 110 Dc 75
Saint-Jean-Froidmentel 41 54 Bb 61
Saint-Jean-Kerdaniel 22 32 Wf 57
Saint-Jean-Kourtzerode 57 45 Hb 56
Saint-Jean-la-Bussière 69 99 Eb 73
Saint-Jean-la-Fouillouse 48 123 De 80
Saint-Jean-la-Poterie 56 65 Xf 63
Saint-Jean-la-Vêtre 42 99 De 74
Saint-Jean-Lachalm 43 123 De 79
Saint-Jean-Lagineste 46 120 Bf 80
Saint-Jean-Lasseille 66 160 Cf 93
Saint-Jean-le-Blanc 14 35 Zc 55
Saint-Jean-le-Blanc 45 55 Bf 61
Saint-Jean-le-Centenier 07 124 Ed 81
Saint-Jean-le-Comtal 32 131 Ad 87
Saint-Jean-le-Thomas 50 34 Yc 56
Saint-Jean-le-Vieux 01 101 Fc 72
Saint-Jean-le-Vieux 38 114 Ef 77
Saint-Jean-le-Vieux 64 143 Ye 89
Saint-Jean-lès-Buzy 55 43 Fe 53
Saint-Jean-les-Deux-Jumeaux 77 40 Da 55
Saint-Jean-Lespinasse 46 120 Bf 79
Saint-Jean-Ligoure 87 95 Bb 74
Saint-Jean-Mirabel 46 120 Ca 81
Saint-Jean-Pied-de-Port 64 143 Ye 89
Saint-Jean-Pierre-Fixte 28 54 Ae 59
Saint-Jean-Pla-de-Corts 66 160 Ce 93
Saint-Jean-Poudge 64 144 Ze 87
Saint-Jean-Poutge 32 131 Ac 86
Saint-Jean-Rohrbach 57 45 Gf 54
Saint-Jean-Roure 07 124 Ec 79
Saint-Jean-Saint-Germain 37 83 Ba 66
Saint-Jean-Saint-Maurice-sur-Loire 42 99 Ea 73
Saint-Jean-Saverne 67 45 Hc 56
Saint-Jean-Soleymieux 42 111 Ea 75
Saint-Jean-sur-Couesnon 35 51 Yd 59
Saint-Jean-sur-Erve 53 52 Zd 60
Saint-Jean-sur-Mayenne 53 52 Zb 60
Saint-Jean-sur-Moivre 51 42 Ed 55
Saint-Jean-sur-Reyssouze 01 100 Fa 70
Saint-Jean-sur-Tourbe 51 42 Ee 54
Saint-Jean-sur-Veyle 01 100 Ef 71
Saint-Jean-sur-Vilaine 35 51 Yd 60
Saint-Jean-Trolimon 29 38 Ve 61
Saint-Jeannet 04 139 Ga 85
Saint-Jeannet 06 140 Ha 86
Saint-Jeanvrin 18 85 Cb 69
Saint-Jeoire 74 102 Gc 72
Saint-Jeoire-Prieuré 73 114 Ff 75
Saint-Jeure-d'Andaure 07 112 Ec 78
Saint-Jeure-d'Ay 07 112 Ee 78
Saint-Jeures 43 111 Eb 78
Saint-Joachim 44 65 Xe 64
Saint-Jodard 42 99 Ea 73
Saint-Joire 55 43 Fc 57
Saint-Jores 50 18 Yd 53
Saint-Jorioz 74 102 Ga 74
Saint-Jory 31 132 Bc 86
Saint-Jory-de-Chalais 24 107 Af 76
Saint-Jory-las-Bloux 24 107 Af 76
Saint-Joseph 42 112 Ed 75
Saint-Joseph 50 18 Yc 51
Saint-Joseph-de-Rivière 38 113 Fe 76
Saint-Joseph-des-Bancs 07 124 Ec 80
Saint-Josse 62 13 Bd 46
Saint-Jouan-de-l'Isle 22 50 Xf 59
Saint-Jouan-des-Guérets 35 33 Ya 57
Saint-Jouin 14 20 Zf 53
Saint-Jouin-Bruneval 76 20 Aa 51
Saint-Jouin-de-Blavou 61 53 Ac 58
Saint-Jouin-de-Marnes 79 82 Zf 67
Saint-Jouin-de-Milly 79 81 Zc 68
Saint-Jouvent 87 95 Bb 73
Saint-Juan 25 76 Gc 65
Saint-Judoce 22 50 Ya 58
Saint-Juéry 12 134 Ce 85
Saint-Juéry 48 122 Da 80
Saint-Juéry 81 134 Cb 85
Saint-Juire-Champgillon 85 80 Yf 69
Saint-Julia 31 147 Bf 88
Saint-Julien 21 75 Fa 64
Saint-Julien 22 32 Xb 58
Saint-Julien 22 49 Xc 59
Saint-Julien 25 77 Ge 65
Saint-Julien 31 146 Ba 89
Saint-Julien 31 146 Bc 89
Saint-Julien 33 105 Zb 78
Saint-Julien 39 101 Fc 70
Saint-Julien 69 100 Ed 72
Saint-Julien 81 134 Cb 84
Saint-Julien 81 134 Cc 85
Saint-Julien 83 139 Ff 86
Saint-Julien 88 61 Ff 60
Saint-Julien-aux-Bois 19 108 Ca 78
Saint-Julien-Boutières 07 124 Ec 79
Saint-Julien-Chapteuil 43 111 Ea 78
Saint-Julien-d'-Armagnac 40 130 Zf 85
Saint-Julien-d'Ance 43 111 Df 77
Saint-Julien-d'Arpaon 48 136 Dd 83
Saint-Julien-d'Asse 04 139 Ga 85
Saint-Julien-de-Bourdeilles 24 106 Ad 76
Saint-Julien-de-Brida 11 147 Bf 90
Saint-Julien-de-Cassagnes 30 136 Eb 83
Saint-Julien-de-Chédon 41 70 Bb 65
Saint-Julien-de-Civry 71 99 Eb 70
Saint-Julien-de-Concelles 44 66 Yd 65
Saint-Julien-de-Copper 63 110 Db 74
Saint-Julien-de-Crempse 24 118 Ad 79
Saint-Julien-de-Gras-Capou 09 147 Bf 90
Saint-Julien-de-Jonzy 71 99 Ea 71
Saint-Julien-de-la-Liegue 27 38 Bb 54
Saint-Julien-de-la-Nef 30 136 De 85
Saint-Julien-de-Lampon 24 119 Bc 79
Saint-Julien-de-l'Escap 17 93 Zd 73
Saint-Julien-de-l'Herms 38 113 Fa 76
Saint-Julien-de-Mailloc 14 36 Ab 54
Saint-Julien-de-Peyrolas 30 137 Ed 83
Saint-Julien-de-Raz 38 113 Fd 76
Saint-Julien-de-Toursac 15 121 Cb 80
Saint-Julien-de-Vouvantes 44 66 Ye 63
Saint-Julien-des-Chazes 43 110 Dd 78
Saint-Julien-des-Landes 85 80 Yb 69
Saint-Julien-des-Points 48 136 Df 83
Saint-Julien-d'Eymet 24 118 Ac 80
Saint-Julien-d'Oddes 42 99 Df 73
Saint-Julien-du-Gua 07 124 Ec 80
Saint-Julien-du-Pinet 43 111 Ea 78
Saint-Julien-du-Puy 81 133 Ca 86
Saint-Julien-du-Sault 89 57 Db 60
Saint-Julien-du-Serre 07 124 Ec 81
Saint-Julien-du-Terroux 53 35 Zd 58
Saint-Julien-du-Tournel 48 123 De 82
Saint-Julien-du-Verdon 04 140 Gd 85
Saint-Julien-en-Born 40 129 Ye 84
Saint-Julien-en-Genevois 74 101 Ga 72
Saint-Julien-en-Quint 26 125 Fb 79
Saint-Julien-en-Saint Alban 07 124 Ee 80
Saint-Julien-en-Vercors 26 113 Fc 78
Saint-Julien-la-Geneste 63 97 Ce 72
Saint-Julien-la-Genête 23 97 Cc 72
Saint-Julien-la-Vêtre 42 99 De 74
Saint-Julien-l'Ars 86 82 Ad 69
Saint-Julien-le-Châtel 23 97 Cb 72
Saint-Julien-le-Faucon 14 36 Aa 54
Saint-Julien-le-Pèlerin 19 108 Ca 78
Saint-Julien-le-Petit 87 96 Be 74
Saint-Julien-le-Roux 07 124 Ee 79
Saint-Julien-le-Vendômois 19 107 Bb 76
Saint-Julien-lès-Gorze 54 43 Ff 54
Saint-Julien-lès-Metz 57 44 Gb 54
Saint-Julien-lès-Montbéliard 70 77 Ge 63
Saint-Julien-les-Rosiers 30 136 Ea 83
Saint-Julien-les-Villas 10 58 Ea 59
Saint-Julien-Molhesabate 43 112 Ec 77
Saint-Julien-Molins-Molette 42 112 Ed 77
Saint-Julien-Mont-Denis 73 114 Gc 77
Saint-Julien-Puy-Lavèze 63 109 Ce 75
Saint-Julien-sous-les-Côtes 55 43 Fd 56
Saint-Julien-sur-Bibost 69 100 Ed 74
Saint-Julien-sur-Calonne 14 20 Ab 53
Saint-Julien-sur-Cher 41 70 Be 65
Saint-Julien-sur-Dheune 71 88 Ed 68
Saint-Julien-sur-Reyssouze 01 101 Fa 70
Saint-Julien-sur-Sarthe 61 36 Ac 58
Saint-Julien-sur-Veyle 01 100 Ef 71
Saint-Julien-Vocance 07 112 Ed 77
Saint-Junien 87 95 Af 73
Saint-Junien-les-Combes 87 95 Ba 72
Saint-Junier-la-Bregère 23 96 Be 73
Saint-Jure 57 44 Gb 55
Saint-Jurs 04 139 Gb 85
Saint-Just 01 101 Fb 71
Saint-Just 07 137 Ed 83
Saint-Just 11 159 Cb 91
Saint-Just 15 122 Db 79
Saint-Just 18 85 Cd 67
Saint-Just 24 106 Ad 76
Saint-Just 30 136 Eb 84
Saint-Just 34 136 Ea 87
Saint-Just 35 50 Ya 62
Saint-Just 43 110 Dc 77
Saint-Just 63 111 De 76
Saint-Just 64 143 Yf 89
Saint-Just-Chaleyssin 38 112 Ef 75
Saint-Just-de-Claix 38 113 Fb 78
Saint-Just-en-Bas 42 99 Df 74
Saint-Just-en-Brie 77 40 Da 57
Saint-Just-en-Chaussée 60 23 Cc 51
Saint-Just-en-Chevalet 42 99 Df 73
Saint-Just-la-Pendue 42 99 Eb 73
Saint-Just-le-Martel 87 96 Bc 73
Saint-Just-Luzac 17 92 Yf 74
Saint-Just-Malmont 43 111 Eb 77
Saint-Just-Saint-Rambert 42 111 Eb 76
Saint-Just-Sauvage 51 41 De 57
Saint-Justin 32 145 Aa 88
Saint-Justin 40 130 Ze 85
Saint-Juvat 22 50 Xf 58
Saint-Juvin 08 26 Ef 52
Saint-Lachtencin 36 84 Bc 67
Saint-Lager 69 100 Ee 72
Saint-Lager-Bressac 07 124 Ee 80
Saint-Lamain 39 89 Fd 68
Saint-Lambert 08 26 Ed 51
Saint-Lambert 14 35 Zc 55
Saint-Lambert 78 39 Ca 56
Saint-Lambert-du-Lattay 49 67 Zc 65
Saint-Lambert-la-Potherie 49 67 Zb 64
Saint-Lambert-sur-Dive 61 36 Aa 56
Saint-Langis-lès-Mortagne 61 37 Ad 57
Saint-Lanne 65 130 Zf 87
Saint-Laon 86 82 Zf 67
Saint-Lary 09 157 Af 91
Saint-Lary 31 145 Ae 89
Saint-Lary 32 131 Ad 86
Saint-Lary-Soulan 65 156 Ab 92
Saint-Lattier 38 113 Fb 78
Saint-Launeuc 22 50 Xd 59
Saint-Laure 63 98 Db 73
Saint-Lauren-le-Minier 30 136 Dd 85
Saint-Laurent 08 26 Ee 50
Saint-Laurent 18 71 Cb 65
Saint-Laurent 22 32 We 57
Saint-Laurent 22 32 Xa 56
Saint-Laurent 22 32 Xb 58
Saint-Laurent 22 33 Xd 57
Saint-Laurent 23 96 Bf 72
Saint-Laurent 31 145 Ae 89
Saint-Laurent 33 118 Aa 80
Saint-Laurent 47 131 Ac 83
Saint-Laurent 56 50 Xe 62
Saint-Laurent 58 72 Cf 64
Saint-Laurent 62 14 Cd 47
Saint-Laurent 74 102 Gc 72
Saint-Laurent-Bretagne 64 144 Ze 88
Saint-Laurent-Chabreuges 43 110 Dc 77
Saint-Laurent-d'Acre 33 105 Zd 78
Saint-Laurent-d'Agny 69 112 Ee 75
Saint-Laurent-d'Aigueze 30 136 Ea 87
Saint-Laurent-d'Andenay 71 88 Ed 68
Saint-Laurent-de-Belzagot 16 106 Aa 76
Saint-Laurent-de-Brévedent 76 20 Ab 51
Saint-Laurent-de-Carnols 30 137 Ed 83
Saint-Laurent-de-Cerdans 66 160 Cd 94
Saint-Laurent-de-Céris 16 94 Ac 73
Saint-Laurent-de-Chamousset 69 100 Ec 74
Saint-Laurent-de-Condel 14 35 Zd 54
Saint-Laurent-de-Cuves 50 34 Yf 56
Saint-Laurent-de-Gosse 40 129 Ye 87
Saint-Laurent-de-Jourdes 86 83 Ad 70
Saint-Laurent-de-la-Barrière 17 93 Zb 72
Saint-Laurent-de-la-Cabrerisse 11 148 Ce 90
Saint-Laurent-de-la-Plaine 49 67 Zb 65
Saint-Laurent-de-la-Prée 17 92 Yf 73
Saint-Laurent-de-la-Salanque 66 160 Cf 92
Saint-Laurent-de-la-Salle 85 81 Za 69
Saint-Laurent-de-Lévézou 12 135 Cf 83
Saint-Laurent-de-Lin 37 68 Ab 63
Saint-Laurent-de-Mure 69 112 Fa 74
Saint-Laurent-de-Muret 48 122 Db 81
Saint-Laurent-de-Neste 65 145 Ac 90
Saint-Laurent-de-Terregatte 50 34 Ye 57
Saint-Laurent-de-Trèves 48 135 Dd 83
Saint-Laurent-de-Vaux 69 112 Ed 74
Saint-Laurent-de-Veyrès 48 122 Da 80
Saint-Laurent-des-Arbres 30 137 Ef 84
Saint-Laurent-des-Autels 49 66 Ye 65
Saint-Laurent-des-Bâtons 24 119 Ae 79
Saint-Laurent-des-Bois 27 38 Bb 55
Saint-Laurent-des-Bois 41 55 Bc 61
Saint-Laurent-des-Combes 16 106 Aa 76
Saint-Laurent-des-Combes 33 117 Zf 79
Saint-Laurent-des-Hommes 24 106 Ab 78
Saint-Laurent-des-Mortiers 53 52 Zc 62
Saint-Laurent-des-Vignes 24 118 Ac 80
Saint-Laurent-d'Onay 26 113 Fa 77
Saint-Laurent-du-Bois 33 117 Zf 81
Saint-Laurent-du-Cros 05 126 Ga 81
Saint-Laurent-du-Mottay 49 67 Za 64
Saint-Laurent-du-Pape 07 124 Ee 80
Saint-Laurent-du-Plan 33 117 Zf 81
Saint-Laurent-du-Pont 38 113 Fe 76
Saint-Laurent-du-Var 06 141 Hb 86
Saint-Laurent-en-Beaumont 38 126 Ff 79
Saint-Laurent-en-Brionnais 71 99 Eb 71
Saint-Laurent-en-Caux 76 21 Af 50
Saint-Laurent-en-Gâtines 37 69 Ae 63
Saint-Laurent-en-Grandvaux 39 90 Ff 69
Saint-Laurent-en-Royans 26 113 Fb 78
Saint-Laurent-la Conche 42 111 Eb 74
Saint-Laurent-la-Gâtine 28 38 Bd 56
Saint-Laurent-la-Roche 39 89 Fd 69
Saint-Laurent-la-Vallée 24 119 Ba 80
Saint-Laurent-la-Vernède 30 137 Ec 84
Saint-Laurent-les-Églises 23 96 Bc 73
Saint-Laurent-les-Tours 46 120 Bf 79
Saint-Laurent-Lolmie 46 119 Bb 83
Saint-Laurent-Nouan 41 70 Bd 62
Saint-Laurent-sous-Coiron 07 124 Ec 81
Saint-Laurent-sur-Gorre 87 95 Af 74
Saint-Laurent-sur-Manoire 24 107 Ae 78
Saint-Laurent-sur-Mer 14 19 Za 52
Saint-Laurent-sur-Othain 55 27 Fd 52
Saint-Laurent-sur-Saône 01 100 Ef 71
Saint-Laurent-sur-Sèvre 85 81 Za 67
Saint-Laurs 79 81 Zc 69
Saint-Léger 06 140 Ge 84
Saint-Léger 17 105 Zc 75
Saint-Léger 47 118 Ab 83
Saint-Léger 47 119 Af 82
Saint-Léger 53 52 Zd 60
Saint-Léger 62 14 Cf 47
Saint-Léger 73 114 Gb 76
Saint-Léger-aux-Bois 60 24 Cf 52
Saint-Léger-aux-Bois 76 22 Bd 49
Saint-Léger-Bridereix 23 96 Bd 71
Saint-Léger-de-Balson 33 117 Zd 82
Saint-Léger-de-Fougeret 58 87 Df 66
Saint-Léger-de-la-Martinière 79 93 Zf 71
Saint-Léger-de-Montbrillais 86 68 Zf 66
Saint-Léger-de-Montbrun 79 82 Zf 66
Saint-Léger-de-Peyre 48 122 Db 81
Saint-Léger-de-Rôtes 27 37 Ad 54
Saint-Léger-des-Aubées 28 55 Be 58
Saint-Léger-des-Bois 49 67 Zb 64
Saint-Léger-des-Prés 35 51 Yc 58
Saint-Léger-des-Vignes 58 86 Dc 67
Saint-Léger-du-Bois 71 88 Ec 66
Saint-Léger-du-Bourg-Denis 76 21 Ba 52
Saint-Léger-du-Gennetey 27 21 Ae 53
Saint-Léger-du-Malzieu 48 122 Db 79
Saint-Léger-du-Ventoux 84 138 Fb 83
Saint-Léger-Dubosq 14 20 Zf 53
Saint-Léger-en-Bray 60 23 Ca 52
Saint-Léger-en-Yvelines 78 38 Be 56
Saint-Léger-la-Montagne 87 96 Bc 72
Saint-Léger-le-Guérétois 23 96 Be 72
Saint-Léger-le-Petit 18 86 Da 66
Saint-Léger-lès-Authie 80 14 Cd 48
Saint-Léger-lès-Domart 80 13 Ca 48
Saint-Léger-les-Melèzes 05 126 Gb 81
Saint-Léger-lès-Paray 71 87 Ea 70
Saint-Léger-les-Vignes 44 66 Yb 66
Saint-Léger-Magnazeix 87 95 Bb 71
Saint-Léger-près-Troyes 10 58 Ea 59
Saint-Léger-sous-Beuvray 71 87 Ea 67
Saint-Léger-sous-Brienne 10 59 Ed 58
Saint-Léger-sous-Cholet 49 67 Za 66
Saint-Léger-sous-la-Bussière 71 100 Ed 71
Saint-Léger-sous-Margerie 10 59 Ec 57
Saint-Léger-sur-Roanne 42 99 Df 72
Saint-Léger-sur-Sarthe 61 36 Ac 58
Saint-Léger-sur-Vouzance 03 99 Df 70
Saint-Léger-Triey 21 75 Fc 65
Saint-Léger-Vauban 89 73 Ea 64
Saint-Léomer 86 83 Af 70
Saint-Leon 03 99 De 70
Saint-Léon 31 147 Bd 88
Saint-Léon 33 117 Ze 80
Saint-Léon 47 118 Ab 83
Saint-Léon-d'Issigeac 24 118 Ae 80
Saint-Léon-sur-l'Isle 24 106 Ac 78
Saint-Léon-sur-Vézère 24 107 Ba 78
Saint-Léonard 32 131 Ae 85
Saint-Léonard 35 34 Yb 57
Saint-Léonard 51 41 Ea 53
Saint-Léonard 62 8 Bd 44
Saint-Léonard 76 20 Ac 50
Saint-Léonard-de-Noblat 87 96 Bc 73
Saint-Léonard-des-Bois 72 53 Zf 58
Saint-Léonard-des-Parcs 61 37 Ab 57
Saint-Léonard-en-Beauce 41 55 Bc 62
Saint-Léons 12 135 Cf 83
Saint-Léopardin-d'Augy 03 86 Da 68
Saint-Leu-d'Esserent 60 39 Cc 53
Saint-Leu-la-Forêt 95 39 Cb 54
Saint-Lézer 65 144 Aa 88
Saint-Lézin 49 67 Zb 65
Saint-Lieux-Lafenasse 81 134 Cb 86
Saint-Lieux-lès-Lavour 81 133 Be 86
Saint-Lin 79 81 Ze 69
Saint-Lions 04 139 Gc 85
Saint-Lizier 09 146 Ba 90
Saint-Lizier-du-Planté 32 146 Af 88
Saint-Lô 50 35 Yf 54
Saint-Lô-d'Ourville 50 18 Yc 52
Saint-Lon-les-Mines 40 129 Yf 87
Saint-Lormel 22 33 Xe 57
Saint-Lothain 39 89 Fd 68
Saint-Loubauer 40 130 Zd 86
Saint-Loube 32 146 Af 88
Saint-Loubert 33 117 Zf 82
Saint-Loubès 33 117 Zd 79
Saint-Louet-sur-Seulles 14 35 Zc 54
Saint-Louis 11 159 Cb 91
Saint-Louis 57 45 Hb 56
Saint-Louis 68 78 Hd 63
Saint-Louis-de-Montferrand 33 105 Zc 79
Saint-Louis-la-Chaussée 68 78 Hd 63
Saint-Louis-lès-Bitche 57 45 Hc 54
Saint-Loup 03 98 Dc 70
Saint-Loup 08 26 Ed 51
Saint-Loup 17 93 Zb 73
Saint-Loup 23 97 Cb 71
Saint-Loup 39 89 Fb 66
Saint-Loup 41 70 Bf 65
Saint-Loup 50 34 Ye 57
Saint-Loup 51 41 De 56
Saint-Loup 58 72 Da 64
Saint-Loup 69 100 Ec 73
Saint-Loup 82 132 Af 84
Saint-Loup-Cammas 31 132 Bc 86
Saint-Loup-Champagne 08 25 Eb 52
Saint-Loup-de-Buffigny 10 58 Dd 58
Saint-Loup-de-Fribois 14 36 Aa 54
Saint-Loup-de-la-Salle 71 88 Ef 67
Saint-Loup-des-Chaumes 18 85 Cc 68
Saint-Loup-des-Vignes 45 56 Cc 60
Saint-Loup-d'Ordon 89 57 Db 60
Saint-Loup-du-Dorat 53 52 Zd 61
Saint-Loup-du-Gast 53 52 Zc 58
Saint-Loup-en-Comminges 31 145 Ad 89
Saint-Loup-Hors 14 19 Zb 53
Saint-Loup-Lamaire 79 82 Zf 68
Saint-Loup-Nantouard 70 75 Fe 64
Saint-Loup-sur-Aujon 52 59 Fa 61
Saint-Loup-sur-Semouse 70 61 Gb 61
Saint-Loyer-des-Champs 61 36 Aa 56
Saint-Lubin-de-Cravant 28 37 Ba 56
Saint-Lubin-de-la-Haye 28 38 Bd 56
Saint-Lubin-des-Joncherets 28 37 Bb 56
Saint-Lubin-en-Vergonnois 41 70 Bb 63
Saint-Luc 27 38 Bb 55
Saint-Lucien 28 38 Bd 57
Saint-Lumier-en-Champagne 51 42 Ed 56
Saint-Lumier-la-Populeuse 51 42 Ee 56
Saint-Lumine-de-Clisson 44 66 Yd 66
Saint-Lumine-de-Coutais 44 66 Yb 66
Saint-Lunaire 35 33 Xf 57
Saint-Luperce 28 55 Bb 58
Saint-Lupicin 39 101 Fe 70
Saint-Lupien 10 58 De 58
Saint-Lyé 10 58 Ea 58
Saint-Lyé-la-Forêt 45 55 Bf 60
Saint-Lyphard 44 65 Xe 64
Saint-Lys 31 146 Bb 87
Saint-Macaire-du-Bois 49 68 Ze 66
Saint-Macaire-en-Mauges 49 67 Za 66
Saint-Maclou 27 20 Ac 52
Saint-Maclou-de-Folleville 76 21 Ba 50
Saint-Maclou-la-Brière 76 21 Ac 51
Saint-Macoux 86 94 Ab 72
Saint-Maden 22 50 Xf 59
Saint-Magne 33 117 Zc 81
Saint-Magne 33 117 Zf 79
Saint-Maigner 63 97 Ce 72
Saint-Maigrin 17 105 Ze 76
Saint-Maime 04 139 Fe 85
Saint-Maixant 23 97 Cb 73
Saint-Maixant 33 117 Ze 81
Saint-Maixent 72 54 Ad 60
Saint-Maixent-de-Beugné 79 81 Zc 70
Saint-Maixent-l'École 79 82 Ze 70
Saint-Maixent-sur-Vie 85 79 Yb 68
Saint-Maixme-Hauterive 28 37 Bb 57
Saint-Malo 35 33 Xf 57
Saint-Malo 35 51 Yc 62
Saint-Malo-de-Beignon 56 50 Xf 61
Saint-Malo-de-Guersac 44 65 Xe 64
Saint-Malo-de-la-Lande 50 34 Yc 54
Saint-Malo-de-Phily 35 50 Yb 61
Saint-Malo-des-Trois-Fontaines 56 50 Xd 60
Saint-Malô-du-Bois 85 81 Za 67
Saint-Malo-en-Donziois 58 72 Db 65
Saint-Mamert 69 100 Ed 71
Saint-Mamert-du-Gard 30 136 Eb 85
Saint-Mamet 31 157 Ad 92
Saint-Mamet-la-Salvetat 15 121 Cb 79
Saint-Mammès 77 57 Ce 58
Saint-Mandé-sur-Brédoire 17 93 Ze 72
Saint-Mandrier-sur-Mer 83 153 Ff 90
Saint-Manvieu-Bocage 14 35 Za 56
Saint-Marc 15 122 Db 79
Saint-Marc-à-Frongier 23 96 Ca 73
Saint-Marc-à-Loubaud 23 96 Bf 73
Saint-Marc-du-Cor 41 54 Af 61
Saint-Marc-Jaumgarde 13 152 Fd 87
Saint-Marc-la-Lande 79 81 Zd 69
Saint-Marc-le-Blanc 35 51 Yd 58
Saint-Marc-sur-Couesnon 35 51 Yd 59
Saint-Marc-sur-Seine 21 74 Ed 62
Saint-Marcal 66 160 Cd 93
Saint-Marceau 08 26 Ee 50
Saint-Marceau 72 53 Aa 59
Saint-Marcel 01 100 Ef 73
Saint-Marcel 08 26 Ed 50
Saint-Marcel 11 149 Cf 89
Saint-Marcel 27 38 Bc 54
Saint-Marcel 36 84 Bd 69
Saint-Marcel 54 44 Ff 54
Saint-Marcel 56 50 Xc 62
Saint-Marcel 70 60 Ff 62
Saint-Marcel 71 88 Ef 68
Saint-Marcel 73 115 Gd 75
Saint-Marcel 81 133 Ca 84
Saint-Marcel-Bel-Accueil 38 113 Fb 75
Saint-Marcel-d'Ardèche 07 124 Ed 83
Saint-Marcel-de-Careinet 30 137 Ec 84
Saint-Marcel-de-Félines 42 99 Eb 73
Saint-Marcel-du-Périgord 24 118 Ae 79
Saint-Marcel-d'Urfé 42 99 Df 73
Saint-Marcel-en-Marcillat 03 97 Cd 72
Saint-Marcel-en-Murat 03 98 Da 71
Saint-Marcel l'Eclairé 69 100 Ec 73
Saint-Marcel-lès-Annonay 07 112 Ed 77
Saint-Marcel-lès-Sauzet 26 124 Ee 81
Saint-Marcel-lès-Valence 26 124 Ef 79
Saint-Marcel-Paulel 31 133 Bd 87
Saint-Marcelin-de-Cray 71 88 Ed 69
Saint-Marcellin 38 113 Fb 78
Saint-Marcellin-en-Forez 42 111 Ea 76
Saint-Marcet 31 145 Ae 89
Saint-Marcory 24 119 Af 80
Saint-Marcouf 14 19 Za 53
Saint-Marcouf 50 18 Ye 52
Saint-Mard 02 25 Dd 52
Saint-Mard 17 93 Zb 72
Saint-Mard 54 44 Gb 57
Saint-Mard 77 39 Ce 54
Saint-Mard 80 23 Ce 50
Saint-Mard-de-Reno 61 37 Ad 57
Saint-Mard-de-Vaux 71 88 Ee 68
Saint-Mard-lès-Rouffy 51 41 Ea 55
Saint-Mard-sur-Auve 51 42 Ee 54
Saint-Mard-sur-le-Mont 51 42 Ef 55
Saint-Mards 76 21 Ba 50
Saint-Mards-de-Blacarville 27 21 Ad 52
Saint-Mards-de-Fresne 27 37 Ac 54
Saint-Mards-en-Othe 10 58 De 59
Saint-Marie-de-Vatimesnil 27 22 Bd 53
Saint-Marien 23 85 Cb 70
Saint-Mariens 33 105 Zd 78
Saint-Mars-de-Coutais 44 66 Yb 66
Saint-Mars-de-Locquenay 72 53 Ac 61
Saint-Mars-d'Ergenne 61 35 Zb 57
Saint-Mars-d'Outillé 72 53 Ac 61
Saint-Mars-du-Désert 44 66 Yd 64
Saint-Mars-du-Désert 53 53 Zf 59
Saint-Mars-la-Brière 72 53 Ac 60
Saint-Mars-la-Jaille 44 66 Ye 63
Saint-Mars-la-Réorthe 85 81 Za 67
Saint-Mars-sur-Colmont 53 52 Zb 58
Saint-Mars-sur-la-Futaie 53 35 Yf 58
Saint-Mars-Vieux-Maisons 77 40 Db 56
Saint-Martial 07 123 Eb 79
Saint-Martial 15 122 Da 79
Saint-Martial 16 106 Aa 76
Saint-Martial 17 93 Zd 72
Saint-Martial 30 136 De 84
Saint-Martial 33 117 Ze 81
Saint-Martial 33 118 Ab 80
Saint-Martial-d'Albarède 24 107 Ba 77
Saint-Martial-d'Artenset 24 106 Ab 78
Saint-Martial-de-Gimel 19 108 Bf 77
Saint-Martial-de-Nabirat 24 119 Bb 80
Saint-Martial-de-Valette 24 106 Ad 75
Saint-Martial-de-Vitaterne 17 105 Zd 76
Saint-Martial-Entraygues 19 108 Bf 78
Saint-Martial-le-Mont 23 96 Ca 72
Saint-Martial-le-Vieux 23 109 Cb 74
Saint-Martial-sur-Isop 87 95 Af 72
Saint-Martial-sur-Né 17 105 Zd 75
Saint-Martial-Viveyrol 24 106 Ac 76
Saint-Martin 17 92 Za 74
Saint-Martin 23 96 Be 71
Saint-Martin 32 145 Ac 87
Saint-Martin 32 145 Ad 87
Saint-Martin 54 45 Ge 57
Saint-Martin 56 50 Xe 62
Saint-Martin 65 144 Aa 90
Saint-Martin 66 159 Cc 92
Saint-Martin 67 62 Hb 58
Saint-Martin 81 133 Bf 85
Saint-Martin 81 133 Bf 86
Saint-Martin 81 133 Ca 86
Saint-Martin 83 153 Ff 87
Saint-Martin 83 154 Gc 88
Saint-Martin 83 154 Gd 88
Saint-Martin, Revest- 04 139 Fe 84
Saint-Martin-au-Bosc 76 22 Bd 49
Saint-Martin-au-Laërt 62 9 Cb 44
Saint-Martin-Audouville 50 18 Yd 51
Saint-Martin-aux-Arbres 76 21 Af 51
Saint-Martin-aux-Bois 60 23 Cd 51
Saint-Martin-aux-Buneaux 76 21 Ad 49
Saint-Martin-aux-Champs 51 42 Ec 56
Saint-Martin-aux-Chartrains 14 20 Aa 53
Saint-Martin-Belle-Roche 71 100 Ef 70
Saint-Martin-Bellevue 74 102 Ga 73
Saint-Martin-Boulogne 62 8 Bd 44
Saint-Martin-Cantalès 15 109 Cb 78
Saint-Martin-Château 23 96 Be 73
Saint-Martin-Chocquel 62 9 Bf 44
Saint-Martin-d'-Arcé 49 68 Zf 63
Saint-Martin-d'Abbat 45 56 Cb 61
Saint-Martin-d'Ablois 51 41 Df 54
Saint-Martin-d'Août 26 112 Ef 77
Saint-Martin-d'Arberoue 64 143 Ye 88
Saint-Martin-d'Ardèche 07 137 Ed 83
Saint-Martin-d'Armagnac 32 130 Zf 86
Saint-Martin-d'Arrossa 64 142 Ye 89
Saint-Martin-d'Ary 17 105 Ze 77
Saint-Martin-d'Aubigny 50 18 Yd 54
Saint-Martin-d'Auxigny 18 71 Cc 65
Saint-Martin-d'Auxy 71 88 Ed 68
Saint-Martin-de-Bavel 01 101 Fe 73
Saint-Martin-de-Beauville 47 132 Ae 83
Saint-Martin-de-Belleville 73 114 Gc 76
Saint-Martin-de-Bernegoue 79 93 Zd 71
Saint-Martin-de-Bienfaite-la-Cressonnière 14 36 Ac 54
Saint-Martin-de-Blagny 14 19 Za 53
Saint-Martin-de-Bonfossé 50 34 Yf 54
Saint-Martin-de-Boubaux 48 136 Df 83
Saint-Martin-de-Bréhal 50 34 Yc 55
Saint-Martin-de-Bréthencourt 78 55 Bf 57
Saint-Martin-de-Brômes 04 139 Ff 86
Saint-Martin-de-Caralp 09 147 Bd 91
Saint-Martin-de-Castillon 84 138 Fd 85
Saint-Martin-de-Celles 38 125 Fd 79
Saint-Martin-de-Cenilly 50 34 Ye 55
Saint-Martin-de-Commune 71 88 Ed 67
Saint-Martin-de-Connée 53 53 Ze 59
Saint-Martin-de-Coux 17 105 Zf 78
Saint-Martin-de-Crau 13 137 Ee 87
Saint-Martin-de-Curton 47 117 Aa 83
Saint-Martin-de-Fontenage 14 35 Zd 54
Saint-Martin-de-Fraigneau 85 81 Zb 70
Saint-Martin-de-Fressengeas 24 107 Af 76
Saint-Martin-de-Fugères 43 123 Df 79
Saint-Martin-de-Goyne 32 131 Ad 84
Saint-Martin-de-Gurçon 24 106 Aa 79
Saint-Martin-de-Hinx 40 129 Ye 87
Saint-Martin-de-Juillers 17 93 Zd 73
Saint-Martin-de-Jussac 87 95 Af 73
Saint-Martin-de-la-Brasque 84 138 Fd 86
Saint-Martin-de-la-Cluze 38 125 Fd 79
Saint-Martin-de-la-Lieue 14 36 Ab 54
Saint-Martin-de-la-Mer 21 73 Eb 65
Saint-Martin-de-la-Place 49 68 Zf 65
Saint-Martin-de-Lamps 36 84 Bd 67
Saint-Martin-de-Landelles 50 34 Yf 57
Saint-Martin-de-Lansuscle 48 136 De 83
Saint-Martin-de-l'Arcon 34 149 Cf 87
Saint-Martin-de-Laye 33 105 Ze 78
Saint-Martin-de-Lenne 12 122 Cf 82
Saint-Martin-de-Lerm 33 117 Zf 81
Saint-Martin-de-Lixy 71 99 Eb 71
Saint-Martin-de-Londres 34 136 De 86
Saint-Martin-de-Mâcon 79 82 Zf 66
Saint-Martin-de-Mailloc 14 36 Ab 54
Saint-Martin-de-Mieux 14 36 Ze 55
Saint-Martin-de-Nigelles 28 38 Bd 57
Saint-Martin-de-Queyrières 05 126 Gd 79
Saint-Martin-de-Ré 17 92 Yd 71
Saint-Martin-de-Ribérac 24 106 Ac 77
Saint-Martin-de-Saint-Maixent 79 82 Ze 70
Saint-Martin-de-Salencey 71 88 Ed 69
Saint-Martin-de-Sallen 14 35 Zc 55
Saint-Martin-de-Sanzay 79 68 Ze 66
Saint-Martin-de-Seignanx 40 128 Yd 87
Saint-Martin-de-Sescas 33 117 Zf 81
Saint-Martin-de-Valgalgues 30 136 Ea 84
Saint-Martin-de-Valmas 07 124 Ec 79
Saint-Martin-de-Varreville 50 18 Ye 52
Saint-Martin-de-Vers 46 120 Bd 81
Saint-Martin-de-Villeréal 47 119 Ae 81
Saint-Martin-de-Villereglan 11 147 Cb 90
Saint-Martin-d'Ecublei 61 37 Ae 56
Saint-Martin-d'Entraunes 06 140 Ge 84
Saint-Martin-des-Besaces 14 35 Za 54
Saint-Martin-des-Bois 41 69 Ae 62
Saint-Martin-des-Bois 41 69 Af 62
Saint-Martin-des-Champs 18 72 Cf 66
Saint-Martin-des-Champs 29 31 Wb 57
Saint-Martin-des-Champs 50 34 Ye 57
Saint-Martin-des-Champs 77 40 Dc 56
Saint-Martin-des-Champs 78 38 Be 55
Saint-Martin-des-Champs 89 72 Da 63
Saint-Martin-des-Entrées 14 19 Zb 53
Saint-Martin-des-Fontaines 85 81 Za 69
Saint-Martin-des-Lais 03 87 Dd 68
Saint-Martin-des-Landes 61 36 Zf 57
Saint-Martin-des-Monts 72 54 Ad 60
Saint-Martin-des-Noyers 85 80 Ye 68
Saint-Martin-des-Olmes 63 111 De 75
Saint-Martin-des-Pézerits 61 37 Ac 57
Saint-Martin-des-Plaines 63 110 Db 76
Saint-Martin-des-Prés, l' — 22 49 Xa 59
Saint-Martin-des-Puits 11 148 Cd 90
Saint-Martin-des-Tilleuls 85 80 Yf 67
Saint-Martin-d'Estréaux 42 99 De 71
Saint-Martin-d'Hères 38 113 Fe 78
Saint-Martin-d'Heuille 58 86 Db 66
Saint-Martin-d'Ollières 63 110 Dc 76
Saint-Martin-d'Oney 40 130 Zc 85
Saint-Martin-d'Ordon 89 57 Db 60
Saint-Martin-d'Oydes 09 146 Bc 90
Saint-Martin-du-Bec 76 20 Ab 51
Saint-Martin-du-Bois 33 105 Ze 78
Saint-Martin-du-Bois 49 67 Zb 62
Saint-Martin-du-Boschet 77 40 Dc 56
Saint-Martin-du-Clocher 16 94 Aa 72
Saint-Martin-du-Fouilloux 49 67 Zb 64
Saint-Martin-du-Fouilloux 79 82 Zf 69
Saint-Martin-du-Frêne 01 101 Fd 72
Saint-Martin-du-Lac 71 99 Ea 71
Saint-Martin-du-Limet 53 51 Yf 62
Saint-Martin-du-Manoir 76 20 Ab 51
Saint-Martin-du-Mont 01 101 Fb 72
Saint-Martin-du-Mont 21 74 Ee 64
Saint-Martin-du-Mont 71 89 Fb 69
Saint-Martin-du-Puy 33 117 Zf 80
Saint-Martin-du-Puy 58 73 Df 65
Saint-Martin-du-Tartre 71 88 Ed 69
Saint-Martin-du-Tertre 89 57 Db 59
Saint-Martin-du-Tertre 95 39 Cc 54
Saint-Martin-du-Tilleul 27 37 Ad 54
Saint-Martin-du-Var 06 141 Hb 86
Saint-Martin-du-Vieux-Bellême 61 54 Ad 58
Saint-Martin-du-Vivier 76 21 Ba 52
Saint-Martin-d'Uriage 38 114 Ff 78
Saint-Martin-en-Bière 77 56 Cd 58
Saint-Martin-en-Bresse 71 89 Fa 68
Saint-Martin-en-Campagne 76 12 Bb 49
Saint-Martin-en-Gâtinois 71 89 Fa 67
Saint-Martin-en-Haut 69 112 Ed 75
Saint-Martin-en-Vercors 26 113 Fc 78
Saint-Martin-Gimois 32 146 Ae 87
Saint-Martin-la-Campagne 27 37 Ba 54
Saint-Martin-la-Garenne 78 38 Be 54
Saint-Martin-la-Méanne 19 108 Bf 77
Saint-Martin-la-Patrouille 71 88 Ed 69
Saint-Martin-la-Plaine 42 112 Ed 75
Saint-Martin-la-Sauveté 42 99 Df 74
Saint-Martin-Labouval 46 120 Be 82
Saint-Martin-Lacaussade 33 105 Zc 78
Saint-Martin-l'Aiguillon 61 36 Ze 57
Saint-Martin-Lalande 11 147 Ca 89

Saint-Jean-de-Nay — Saint-Martin-Lalande 199

Saint-Martin-l'Ars **86** 94 Ad 71
Saint-Martin-Lars-en-Sainte-Hermine **85** 81 Za 69
Saint-Martin-l'Astier **24** 106 Ac 78
Saint-Martin-le-Bossenay **10** 58 De 58
Saint-Martin-le-Châtel **01** 101 Fa 71
Saint-Martin-le-Gaillard **76** 12 Bc 49
Saint-Martin-le-Hébert **50** 18 Yc 51
Saint-Martin-le-Mault **87** 95 Bb 70
Saint-Martin-le-Nœud **60** 23 Ca 52
Saint-Martin-le-Pin **24** 106 Ad 75
Saint-Martin-le-Redon **46** 119 Ba 81
Saint-Martin-le-Vieil **11** 147 Ca 89
Saint-Martin-le-Vieux **87** 95 Ba 74
Saint-Martin-les-Eaux **04** 138 Fe 85
Saint-Martin-lès-Langres **52** 60 Fb 61
Saint-Martin-lès-Melles **79** 93 Ze 71
Saint-Martin-lès-Seyne **04** 126 Gb 82
Saint-Martin-Lestra **42** 100 Ec 74
Saint-Martin-l'Heureux **51** 26 Ec 53
Saint-Martin-l'Hortier **76** 22 Bc 50
Saint-Martin-Longueau **60** 23 Cd 52
Saint-Martin-Lys **11** 159 Cb 91
Saint-Martin-Osmonville **76** 22 Bb 51
Saint-Martin-Petit **47** 118 Aa 81
Saint-Martin-Rivière **02** 15 Dd 48
Saint-Martin-Saint-Firmin **27** 21 Ad 53
Saint-Martin-Sepert **19** 108 Bc 76
Saint-Martin-sous-Montaigu **71** 88 Ee 68
Saint-Martin-sous-Vigouroux **15** 121 Ce 79
Saint-Martin-sur-Armançon **89** 58 Ea 61
Saint-Martin-sur-Arve **74** 103 Gd 73
Saint-Martin-sur-Coieul **62** 14 Cf 47
Saint-Martin-sur-Ecaillon **59** 15 Dd 47
Saint-Martin-sur-la-Chambre **73** 114 Gb 76
Saint-Martin-sur-le-Pré **51** 41 Ec 55
Saint-Martin-sur-Nohain **58** 72 Cf 64
Saint-Martin-sur-Ocre **45** 71 Cd 63
Saint-Martin-sur-Ouanne **89** 57 Da 61
Saint-Martin-Terressus **23** 96 Bc 73
Saint-Martin-Valmeroux **15** 109 Cc 78
Saint-Martin-Vésubie **06** 141 Hb 84
Saint-Martinien **03** 97 Cc 70
Saint-Martory **31** 146 Af 90
Saint-Mary **16** 94 Ac 73
Saint-Mary-le-Pein **15** 110 Da 77
Saint-Masmes **51** 25 Eb 53
Saint-Mathieu **87** 95 Ae 74
Saint-Mathieu-de-Tréviers **34** 136 Df 86
Saint-Mathurin **85** 80 Yb 69
Saint-Mathurin-sur-Loire **49** 67 Ze 64
Saint-Matré **46** 119 Ba 82
Saint-Maudan **22** 49 Xb 60
Saint-Maudez **22** 33 Xe 58
Saint-Maugan **35** 50 Xf 60
Saint-Maulvis **80** 22 Bf 49
Saint-Maur **18** 85 Cb 69
Saint-Maur **32** 145 Ac 88
Saint-Maur **36** 84 Bd 68
Saint-Maur **39** 89 Fd 69
Saint-Maur **60** 22 Bf 51
Saint-Maur **60** 23 Ce 51
Saint-Maur-des-Fossés **94** 39 Cc 56
Saint-Maur-sur-le-Loir **28** 55 Bc 60
Saint-Maurice **38** 112 Ee 76
Saint-Maurice **52** 60 Fc 61
Saint-Maurice **58** 87 Dd 66
Saint-Maurice **63** 110 Db 74
Saint-Maurice **67** 62 Hc 59
Saint-Maurice-aux-Forges **54** 45 Gf 57
Saint-Maurice-aux-Riches-Hommes **89** 57 Dd 58
Saint-Maurice-Colombier **25** 77 Gd 64
Saint-Maurice-Crillat **39** 90 Ff 69
Saint-Maurice-d'Ardèche **07** 124 Ec 81
Saint-Maurice-de-Beynost **01** 100 Ef 74
Saint-Maurice-de-Cazevieille **30** 136 Eb 84
Saint-Maurice-de-Gourdans **01** 101 Fb 74
Saint-Maurice-de-Lestapel **47** 118 Ad 81
Saint-Maurice-de-Lignon **43** 111 Ea 77
Saint-Maurice-de-Rémens **01** 101 Fb 73
Saint-Maurice-de-Rotherens **73** 113 Fe 75
Saint-Maurice-de-Satonnay **71** 100 Ee 70
Saint-Maurice-de-Tavernole **17** 105 Zd 76
Saint-Maurice-de-Ventalon **48** 136 De 83
Saint-Maurice-des-Champs **71** 88 Ed 69
Saint-Maurice-des-Lions **16** 95 Ae 73
Saint-Maurice-des-Noues **85** 81 Zb 69
Saint-Maurice-d'Etelan **76** 21 Ad 52
Saint-Maurice-d'Ibie **07** 124 Ec 81
Saint-Maurice-du-Désert **61** 35 Zd 57
Saint-Maurice-en-Cotentin **50** 18 Yb 52
Saint-Maurice-en-Quercy **46** 120 Bf 80
Saint-Maurice-en-Rivière **71** 89 Fa 67
Saint-Maurice-en-Trièves **38** 125 Fd 80
Saint-Maurice-en-Valgodemard **05** 126 Ga 80
Saint-Maurice-la-Clouère **86** 82 Ac 70
Saint-Maurice-la-Souterraine **23** 96 Bc 71
Saint-Maurice-le-Vieil **89** 72 Dc 62
Saint-Maurice-les-Brousses **87** 95 Bb 74
Saint-Maurice-lès-Charencey **61** 37 Ae 57
Saint-Maurice-lès-Châteauneuf **71** 99 Eb 71
Saint-Maurice-lès-Couches **71** 88 Ed 67
Saint-Maurice-Montcouronne **91** 39 Ca 57
Saint-Maurice-Navacelles **34** 135 Dd 85
Saint-Maurice-près-Crocq **23** 97 Cb 73
Saint-Maurice-près-Pionsat **63** 97 Cd 72
Saint-Maurice-Saint-Germain **28** 54 Ba 58
Saint-Maurice-sous-les-Côtes **55** 43 Fe 54
Saint-Maurice-sur-Adur **40** 130 Zd 86
Saint-Maurice-sur-Aveyron **45** 57 Cf 61
Saint-Maurice-sur-Dargoire **69** 112 Ed 75
Saint-Maurice-sur-Eygues **26** 137 Fa 83
Saint-Maurice-sur-Fessard **45** 56 Cd 61
Saint-Maurice-sur-Huisne **61** 54 Ae 58
Saint-Maurice-sur-Mortagne **88** 61 Gd 58
Saint-Maurice-sur-Moselle **88** 62 Ge 61
Saint-Maurice-sur-Vingeanne **21** 75 Fc 63
Saint-Maurice-Thizouaille **89** 57 Dc 62
Saint-Maurin **47** 132 Af 83
Saint-Max **54** 44 Gb 56
Saint-Maxent **80** 13 Be 48
Saint-Maximin **38** 114 Ga 76
Saint-Maximin **60** 39 Cc 53
Saint-Maximin-la-Sainte Baume **83** 153 Ff 88
Saint-Maxire **79** 81 Zd 70
Saint-May **26** 125 Fb 82
Saint-Mayeux **22** 49 Wf 59
Saint-Mayme-de-Péreyrol **24** 106 Ad 78
Saint-Méard **87** 108 Bd 74
Saint-Méard-de-Drône **24** 106 Ac 77
Saint-Méard-de-Gurçon **24** 118 Ab 79
Saint-Médard **16** 105 Zf 75
Saint-Médard **17** 105 Zd 76
Saint-Médard **31** 146 Af 90
Saint-Médard **32** 145 Ac 88
Saint-Médard **36** 84 Bb 67
Saint-Médard **46** 119 Bb 81
Saint-Médard **57** 44 Gd 56
Saint-Médard **64** 130 Zc 87
Saint-Médard **79** 93 Ze 71
Saint-Médard-d'Aunis **17** 92 Za 72
Saint-Médard-de-Guizières **33** 105 Zf 78
Saint-Médard-de-Mussidan **24** 106 Ac 78
Saint-Médard-de-Presque **46** 120 Bf 79
Saint-Médard-d'Excideuil **24** 107 Ba 76
Saint-Médard-en-Jalles **33** 117 Zb 79
Saint-Médard-la-Rochette **23** 97 Ca 72
Saint-Médard-Nicourby **46** 120 Ca 80
Saint-Médard-sur-Ille **35** 51 Yc 59
Saint-Médart **16** 93 Zf 73
Saint-Médart-d'Eyrans **33** 117 Zc 80
Saint-Méen **29** 30 Ve 57
Saint-Méen-le-Grand **35** 50 Xe 59
Saint-Melaine-sur-Aubance **49** 67 Zd 64
Saint-Mélany **07** 123 Ea 81
Saint-Méloir **22** 33 Xe 58
Saint-Méloir-des-Ondes **35** 33 Ya 57
Saint-Même-le-Tenu **44** 65 Yb 66
Saint-Memmie **51** 42 Ec 55
Saint-Menge **88** 61 Ff 59
Saint-Menges **08** 26 Ef 50
Saint-Menoux **03** 86 Da 69
Saint-Merd-la-Breuille **23** 97 Cc 74
Saint-Merd-les-Oussines **19** 108 Ca 75
Saint-Méry **77** 40 Cf 57
Saint-Meslin-du-Bosc **27** 21 Af 53
Saint-Mesmes **77** 39 Ce 55
Saint-Mesmin **10** 58 Df 58
Saint-Mesmin **21** 74 Ed 64
Saint-Mesmin **24** 107 Bb 76
Saint-Mesmin **85** 81 Zb 68
Saint-Mexant **19** 108 Bd 78
Saint-Mézard **32** 131 Ad 84
Saint-M'Hervé **35** 51 Yf 59
Saint-M'Hervon **35** 50 Xf 59
Saint-Micaud **71** 88 Ed 68
Saint-Michel **02** 25 Ea 49
Saint-Michel **09** 146 Bd 90
Saint-Michel **16** 106 Aa 75
Saint-Michel **32** 145 Ac 88
Saint-Michel **34** 135 Dc 85
Saint-Michel **40** 129 Ye 85
Saint-Michel **45** 56 Cc 60
Saint-Michel **64** 143 Ye 90
Saint-Michel **82** 132 Af 84
Saint-Michel-Chef-Chef **44** 65 Xf 65
Saint-Michel-d'Aurence **07** 124 Ec 79
Saint-Michel-de-Bannières **46** 120 Be 79
Saint-Michel-de-Chabrillanoux **07** 124 Ed 79
Saint-Michel-de-Chaillol **05** 126 Ga 80
Saint-Michel-de-Chavaignes **72** 54 Ad 60
Saint-Michel-de-Dèze **48** 136 Df 83
Saint-Michel-de-Double **24** 106 Ab 78
Saint-Michel-de-Feins **53** 52 Zc 62
Saint-Michel-de-Fronsac **33** 117 Ze 79
Saint-Michel-de-la-Roë **53** 51 Yf 61
Saint-Michel-de-Lanès **11** 147 Be 89
Saint-Michel-de-Lapujade **33** 118 Aa 81
Saint-Michel-de-Livet **14** 36 Aa 54
Saint-Michel-de-Llotes **66** 160 Cd 93
Saint-Michel-de-Maurienne **73** 114 Gc 77
Saint-Michel-de-Montaigne **24** 118 Aa 79
Saint-Michel-de-Montjoie **50** 35 Yf 56
Saint-Michel-de-Plélan **22** 33 Xe 58
Saint-Michel-de-Rieufret **33** 117 Zd 81
Saint-Michel-de-Rivière **24** 106 Zf 78
Saint-Michel-de-Saint-Geoirs **38** 113 Fc 77
Saint-Michel-de-Vax **81** 133 Be 84
Saint-Michel-de-Veisse **23** 96 Ca 73
Saint-Michel-de-Villadeix **24** 107 Ae 79
Saint-Michel-de-Volangis **18** 71 Cc 66
Saint-Michel-des-Andaines **61** 35 Zd 57
Saint-Michel-des-Loups **50** 34 Yc 56
Saint-Michel-d'Euzet **30** 137 Ed 83
Saint-Michel-d'Halescourt **76** 22 Bd 51
Saint-Michel-en-Beaumont **38** 126 Ff 79
Saint-Michel-en-Brenne **36** 83 Ba 68
Saint-Michel-en-Grève **22** 31 Wc 56
Saint-Michel-en-l'Herm **85** 80 Ye 70
Saint-Michel-et-Chanveaux **49** 66 Yf 62
Saint-Michel-Labadié **81** 134 Cc 84
Saint-Michel-le-Cloucq **85** 81 Zb 70
Saint-Michel-les-Portes **38** 125 Fd 79
Saint-Michel-l'Observatoire **04** 138 Fe 85
Saint-Michel-Loubéjou **46** 120 Bf 79
Saint-Michel-Mont-Mercure **85** 81 Za 68
Saint-Michel-sous-Bois **62** 13 Bf 45
Saint-Michel-sur-Loire **37** 68 Ac 65
Saint-Michel-sur-Meurthe **88** 62 Gf 59
Saint-Michel-sur-Rhône **42** 112 Ee 76
Saint-Michel-sur-Savasse **26** 113 Fa 78
Saint-Michel-sur-Ternoise **62** 13 Cc 46
Saint-Michel-Tubœuf **61** 37 Ae 56
Saint-Mihiel **55** 43 Fd 55
Saint-Mitre-les-Remparts **13** 151 Fa 88
Saint-Molf **44** 65 Xd 64
Saint-Momelin **59** 9 Cb 44
Saint-Mont **32** 130 Zf 87
Saint-Moré **89** 73 De 63
Saint-Moreil **23** 96 Be 73
Saint-Morel **08** 26 Ee 52
Saint-Morillon **33** 117 Zc 80
Saint-Mury-Monteymond **38** 114 Ef 77
Saint-Myon **63** 98 Da 73
Saint-Nabor **67** 62 Hc 58
Saint-Nabord **88** 61 Gd 60
Saint-Nabord-sur-Aube **10** 58 Eb 57
Saint-Nauphary **82** 132 Bc 85
Saint-Nazaire **11** 148 Cf 89
Saint-Nazaire **30** 137 Ed 83
Saint-Nazaire **38** 114 Ef 77
Saint-Nazaire **44** 65 Xe 65
Saint-Nazaire **66** 160 Cf 92
Saint-Nazaire-de-Ladarez **34** 149 Da 87
Saint-Nazaire-de-Pézan **34** 136 Ea 87
Saint-Nazaire-de-Valentane **82** 132 Ba 83
Saint-Nazaire-en-Royans **26** 113 Fb 78
Saint-Nazaire-le-Désert **26** 125 Fb 81
Saint-Nazaire-sur-Charente **17** 92 Yf 73
Saint-Nectaire **63** 110 Cf 75
Saint-Nic **29** 47 Ve 59
Saint-Nicodème **22** 32 We 58
Saint-Nicolas **62** 9 Ca 43
Saint-Nicolas-aux-Bois **02** 24 Dc 51
Saint-Nicolas-d'Aliermont **76** 22 Bb 49
Saint-Nicolas-d'Attez **27** 37 Af 56
Saint-Nicolas-de-Bliquetuit **76** 21 Ae 51
Saint-Nicolas-de-Bourgueil **37** 68 Aa 65
Saint-Nicolas-de-la-Balerme **47** 132 Ae 84
Saint-Nicolas-de-la-Grave **82** 132 Ba 84
Saint-Nicolas-de-la-Haie **76** 21 Ad 51
Saint-Nicolas-de-la-Taille **76** 21 Ac 51
Saint-Nicolas-de-Pierrepont **50** 18 Yc 53
Saint-Nicolas-de-Port **54** 44 Gb 57
Saint-Nicolas-de-Redon **44** 65 Xf 63
Saint-Nicolas-de-Sommaire **61** 37 Ad 56
Saint-Nicolas-des-Biefs **03** 99 De 72
Saint-Nicolas-des-Bois **50** 34 Ye 56
Saint-Nicolas-des-Bois **61** 36 Aa 58
Saint-Nicolas-des-Laitiers **61** 36 Ac 56
Saint-Nicolas-des-Motets **37** 69 Ba 63
Saint-Nicolas-du-Bosc **27** 21 Af 53
Saint-Nicolas-du-Pélem **22** 49 Wf 59
Saint-Nicolas-du-Tertre **56** 50 Xe 62
Saint-Nicolas-la-Chapelle **10** 57 Dc 57
Saint-Nicolas-la-Chapelle **73** 102 Gc 74
Saint-Nicolas-lès-Cîteaux **21** 89 Fa 66
Saint-Nicolas-Macherin **38** 113 Fd 76
Saint-Nizier **42** 111 Ea 76
Saint-Nizier-d'Azergues **69** 100 Ec 72
Saint-Nizier-du-Moucherotte **38** 113 Fd 77
Saint-Nizier-le-Bouchoux **01** 89 Fa 70
Saint-Nizier-le-Désert **01** 101 Fa 72
Saint-Nizier-sous-Charlieu **42** 99 Ea 72
Saint-Nizier-sur-Arroux **71** 87 Ea 68
Saint-Nolff **56** 49 Xc 62
Saint-Nom-la-Bretèche **78** 39 Ca 55
Saint-Offenge **73** 102 Ff 74
Saint-Omer **14** 35 Zd 55
Saint-Omer **62** 9 Cb 44
Saint-Omer-Capelle **62** 9 Ca 43
Saint-Omer-en-Chaussée **60** 23 Ca 51
Saint-Ondras **38** 113 Fd 75
Saint-Onen-la-Chapelle **35** 50 Xf 59
Saint-Oradoux-de-Chirouze **23** 97 Cb 74
Saint-Oradoux-près-Crocq **23** 97 Cc 73
Saint-Orens **32** 131 Ac 85
Saint-Orens **32** 132 Af 86
Saint-Orens-de-Gameville **31** 147 Bd 87
Saint-Ost **32** 145 Ac 88
Saint-Ouen **41** 54 Ba 62
Saint-Ouen **80** 13 Ca 48
Saint-Ouen **93** 39 Cc 55
Saint-Ouen-d'Attez **27** 37 Af 56
Saint-Ouën-de-la-Cour **61** 54 Ad 58
Saint-Ouen-de-Mimbré **72** 53 Aa 59
Saint-Ouen-de-Pontcheuil **27** 21 Af 53
Saint-Ouen-de-Sécherouvre **61** 37 Ac 57
Saint-Ouen-de-Thouberville **27** 21 Af 52
Saint-Ouen-des-Alleux **35** 51 Yd 59
Saint-Ouen-des-Champs **27** 21 Ad 52
Saint-Ouën-des-Toits **53** 52 Za 60
Saint-Ouën-des-Vallons **53** 52 Zc 60
Saint-Ouen-Domprot **51** 42 Ec 57
Saint-Ouen-du-Breuil **76** 21 Ba 51
Saint-Ouen-du-Mesnil-Oger **14** 36 Zf 54
Saint-Ouen-du-Tilleul **27** 21 Af 53
Saint-Ouen-en-Belin **72** 53 Ab 62
Saint-Ouen-en-Brie **77** 40 Cf 57
Saint-Ouen-en-Champagne **72** 53 Ze 61
Saint-Ouen-la-Rouërie **35** 34 Yd 58
Saint-Ouen-l'Aumône **95** 39 Ca 54
Saint-Ouen-le-Brisoult **61** 35 Zd 57
Saint-Ouen-le-Houx **14** 36 Ab 55
Saint-Ouen-le-Mauger **76** 21 Af 50
Saint-Ouen-le-Pin **14** 36 Aa 54
Saint-Ouen-lès-Parey **88** 60 Fe 59
Saint-Ouen-les-Vignes **37** 69 Af 64
Saint-Ouen-Marchefroy **28** 38 Bd 55
Saint-Ouen-sous-Bailly **76** 22 Bb 49
Saint-Ouen-sur-Gartempe **87** 95 Ba 72
Saint-Ouen-sur-Iton **61** 37 Ae 56
Saint-Ouen-sur-Loire **58** 86 Db 67
Saint-Ouen-sur-Maire **61** 36 Ze 56
Saint-Ouen-sur-Morin **77** 40 Db 55
Saint-Oulph **10** 58 Df 57
Saint-Ours **63** 98 Cf 73
Saint-Ours **73** 102 Ff 74
Saint-Outrille **18** 70 Bf 66
Saint-Ovin **50** 34 Ye 56
Saint-Oyen **73** 114 Gc 76
Saint-Pabu **29** 30 Vc 57
Saint-Paër **76** 21 Af 51
Saint-Pair **14** 20 Ze 53
Saint-Pair-sur-Mer **50** 34 Yc 56
Saint-Pal-de-Mons **43** 111 Eb 77
Saint-Pal-de-Senouire **43** 111 Dd 77
Saint-Palais **03** 85 Cb 70
Saint-Palais **18** 71 Cc 65
Saint-Palais **33** 105 Zc 77
Saint-Palais **64** 143 Yf 89
Saint-Palais-de-Négrignac **17** 105 Ze 77
Saint-Palais-de-Phiolin **17** 105 Zc 75
Saint-Palais-du-Né **16** 105 Ze 75
Saint-Palais-sur-Mer **17** 92 Yf 75
Saint-Pancrace **24** 106 Ae 76
Saint-Pancrace **73** 114 Gb 77
Saint-Pancrasse **38** 114 Ff 77
Saint-Pancré **54** 27 Fd 51
Saint-Pandelon **40** 129 Yf 86
Saint-Pantaléon **46** 119 Bb 82
Saint-Pantaléon **84** 138 Fb 85
Saint-Pantaléon-de-Lapleau **19** 109 Cb 77
Saint-Pantaléon-de-Larche **19** 108 Bc 78
Saint-Pantaléon-les-Vignes **26** 124 Fa 82
Saint-Pantaly-d'Ans **24** 107 Af 77
Saint-Papoul **11** 147 Ca 89
Saint-Pardon-de-Conques **33** 117 Ze 81
Saint-Pardoult **17** 93 Zd 73
Saint-Pardoux **23** 97 Cc 72
Saint-Pardoux **63** 109 Ce 75
Saint-Pardoux **79** 98 Da 72
Saint-Pardoux **79** 81 Ze 69
Saint-Pardoux **87** 95 Bb 72
Saint-Pardoux-Corbier **19** 108 Bc 76
Saint-Pardoux-d'Arnet **23** 97 Cc 73
Saint-Pardoux-de-Drône **24** 106 Ac 77
Saint-Pardoux-du-Breuil **47** 118 Ab 82
Saint-Pardoux-Isaac **47** 118 Ac 81
Saint-Pardoux-la-Croissille **19** 108 Bf 77
Saint-Pardoux-la-Rivière **24** 107 Ae 76
Saint-Pardoux-le-Neuf **19** 109 Cb 75
Saint-Pardoux-le-Neuf **23** 97 Cb 73
Saint-Pardoux-le-Vieux **19** 109 Cb 75
Saint-Pardoux-les-Cards **23** 97 Ca 72
Saint-Pardoux-l'Ortigier **19** 108 Bd 78
Saint-Pargoire **34** 149 Dd 87
Saint-Parize-en-Viry **58** 86 Dc 68
Saint-Parize-le-Châtel **58** 86 Db 67
Saint-Parres-aux-Tertres **10** 58 Ea 59
Saint-Parres-lès-Vaudes **10** 58 Eb 59
Saint-Parthem **12** 121 Cb 81
Saint-Pastour **47** 118 Ad 82
Saint-Pastous **65** 144 Zf 90
Saint-Paterne **72** 53 Aa 58
Saint-Paterne-Racan **37** 69 Ac 63
Saint-Pathus **77** 40 Ce 54
Saint-Patrice **37** 68 Ab 65
Saint-Patrice-de-Claids **50** 18 Yd 53
Saint-Patrice-du-Désert **61** 35 Ze 57
Saint-Paul **04** 127 Ge 81
Saint-Paul **06** 140 Ha 86
Saint-Paul **19** 108 Bf 77
Saint-Paul **33** 105 Zc 78
Saint-Paul **34** 136 Ce 87
Saint-Paul **60** 23 Ca 52
Saint-Paul **61** 35 Zc 56
Saint-Paul **65** 145 Ad 90
Saint-Paul **73** 113 Fe 74
Saint-Paul **87** 96 Bc 74
Saint-Paul **88** 61 Ff 59
Saint-Paul, Épercieux- **42** 99 Eb 74
Saint-Paul-aux-Bois **02** 24 Db 51
Saint-Paul-Cap-de-Joux **81** 133 Bf 87
Saint-Paul-de-Baïse **32** 131 Ac 86
Saint-Paul-de-Fourques **27** 21 Ae 53
Saint-Paul-de-Jarrat **09** 158 Bd 91
Saint-Paul-de-Loubressac **46** 119 Bc 83
Saint-Paul-de-Salers **15** 109 Cd 78
Saint-Paul-de-Serre **24** 106 Ad 78
Saint-Paul-de-Varax **01** 101 Fa 72
Saint-Paul-de-Varces **38** 113 Fd 78
Saint-Paul-de-Vern **46** 120 Bf 79
Saint-Paul-de-Vézelin **42** 99 Ea 73
Saint-Paul-des-Landes **15** 121 Cb 79
Saint-Paul-d'Espis **82** 132 Af 84
Saint-Paul-d'Izeaux **38** 113 Fc 77
Saint-Paul-d'Oueil **31** 157 Ad 92
Saint-Paul-du-Bois **49** 67 Zc 66
Saint-Paul-du-Vernay **14** 19 Zb 53
Saint-Paul-d'Uzore **42** 111 Ea 74
Saint-Paul-en-Born **40** 116 Yf 83
Saint-Paul-en-Chablais **74** 103 Gd 70
Saint-Paul-en-Forêt **83** 154 Ge 87
Saint-Paul-en-Jarez **42** 112 Ed 76
Saint-Paul-en-Pareds **85** 81 Za 68
Saint-Paul-la-Coste **30** 136 Df 84
Saint-Paul-la-Roche **24** 107 Ba 76
Saint-Paul-le-Fenouillet **66** 159 Cc 92
Saint-Paul-le-Froid **48** 122 Dd 80
Saint-Paul-le-Gaultier **72** 53 Zf 59
Saint-Paul-le-Jeune **07** 123 Ea 82
Saint-Paul-lès-Durance **13** 138 Fe 86
Saint-Paul-les-Fonts **30** 137 Ed 84
Saint-Paul-les-Romans **26** 113 Fa 78
Saint-Paul-Lizonne **24** 106 Ab 77
Saint-Paul-Mont-Penit **85** 80 Yc 68
Saint-Paul-sur-Isère **73** 114 Gc 75
Saint-Paul-Trois-Châteaux **26** 124 Ee 82
Saint-Paulet-de-Caisson **30** 137 Ed 83
Saint-Paulien **43** 111 De 78
Saint-Pavace **72** 53 Ab 60
Saint-Pé-d'Ardet **31** 145 Ae 91
Saint-Pé-de-Bigorre **65** 144 Zf 90
Saint-Pé-de-Léren **64** 143 Yf 88
Saint-Pé-Delbosc **31** 145 Ae 89
Saint-Pé-saint Simon **47** 131 Aa 84
Saint-Pée-sur-Nivelle **64** 142 Yc 88
Saint-Pellerin **50** 18 Ye 53
Saint-Péran **35** 50 Xf 60
Saint-Péravy-la-Colombe **45** 55 Be 61
Saint-Péray **07** 124 Ef 79
Saint-Perdoux **24** 118 Ad 80
Saint-Perdoux **46** 120 Ca 80
Saint-Père **35** 33 Ya 57
Saint-Père **58** 72 Cf 64
Saint-Père **89** 73 De 64
Saint-Père-en-Retz **44** 65 Xf 65
Saint-Père-sur-Loire **45** 71 Cc 62
Saint-Péreuse **58** 87 De 66
Saint-Pern **35** 50 Ya 59
Saint-Perreux **56** 50 Xf 62
Saint-Péver **22** 32 Wf 58
Saint-Pey-d'Armens **33** 117 Zf 79
Saint-Pey-de-Castets **33** 117 Zf 80
Saint-Phal **10** 58 Df 60
Saint-Philbert-de-Grand-Lieu **44** 66 Yc 66
Saint-Philbert-des-Champs **14** 20 Ab 53
Saint-Philbert-du-Peuple **49** 68 Zf 64
Saint-Philbert-en-Mauges **49** 67 Yf 66
Saint-Philbert-sur-Risle **27** 21 Ad 53
Saint-Philibert **21** 75 Fa 65
Saint-Philibert **56** 64 Wf 63
Saint-Philippe-d'Aiguille **33** 117 Zf 79
Saint-Piat **28** 38 Bd 57
Saint-Pierre **02** 25 De 50
Saint-Pierre **04** 140 Gf 85
Saint-Pierre **31** 133 Bd 87
Saint-Pierre **39** 90 Ff 69
Saint-Pierre **51** 41 Eb 55
Saint-Pierre **67** 63 Hc 58
Saint-Pierre-à-Arnes **08** 26 Ec 53
Saint-Pierre-Aigle **02** 24 Db 53
Saint-Pierre-Avez **05** 139 Fe 83
Saint-Pierre-Azif **14** 20 Aa 53
Saint-Pierre-Bellevue **23** 96 Bf 73
Saint-Pierre-Bénouville **76** 21 Af 50
Saint-Pierre-Bois **67** 62 Hc 59
Saint-Pierre-Brouck **59** 9 Cb 43
Saint-Pierre-Canivet **14** 36 Ze 55
Saint-Pierre-Colamine **63** 110 Cf 75
Saint-Pierre-d'Albigny **73** 114 Ga 75
Saint-Pierre-d'Alvey **73** 113 Fe 75
Saint-Pierre-d'Amilly **17** 93 Zb 71
Saint-Pierre-d'Argençon **05** 125 Fe 81
Saint-Pierre-d'Arthéglise **50** 18 Yb 52
Saint-Pierre-d'Aubézies **32** 131 Aa 87
Saint-Pierre-d'Aurillac **33** 117 Ze 81
Saint-Pierre-d'Autils **27** 38 Bc 54
Saint-Pierre d'Avellard **38** 114 Ga 76
Saint-Pierre-de-Bat **33** 117 Ze 80
Saint-Pierre-de-Bœuf **42** 112 Ee 76
Saint-Pierre-de-Bressieux **38** 113 Fb 77
Saint-Pierre-de-Buzet **47** 131 Ab 83
Saint-Pierre-de-Cernières **27** 37 Ad 55
Saint-Pierre-de-Chandieu **69** 112 Fa 75
Saint-Pierre-de-Chartreuse **38** 114 Fe 76
Saint-Pierre-de-Chérennes **38** 113 Fc 78
Saint-Pierre-de-Chevillé **72** 69 Ac 63
Saint-Pierre-de-Chignac **24** 107 Af 78
Saint-Pierre-de-Clairac **47** 132 Ae 83
Saint-Pierre-de-Côle **24** 107 Ae 76
Saint-Pierre-de-Curtille **73** 102 Fe 74
Saint-Pierre-de-Forcats **66** 159 Ca 94
Saint-Pierre-de-Frugie **24** 107 Ba 75
Saint-Pierre-de-Fursac **23** 96 Bd 72
Saint-Pierre-de-Genebroz **73** 113 Fe 76
Saint-Pierre-de-Jards **36** 84 Bf 66
Saint-Pierre-de-Juillers **17** 93 Zd 73
Saint-Pierre-de-la-Fage **34** 135 Dc 86
Saint-Pierre-de-Lages **31** 147 Bd 87
Saint-Pierre-de-Maillé **86** 83 Af 68
Saint-Pierre-de-Mailloc **14** 36 Ab 54
Saint-Pierre-de-Manneville **76** 21 Af 52
Saint-Pierre-de-Méaroz **38** 126 Fe 79
Saint-Pierre-de-Plesguen **35** 33 Ya 58
Saint-Pierre-de-Rivière **09** 158 Bd 91
Saint-Pierre-de-Salerne **27** 21 Ad 53
Saint-Pierre-de-Semilly **50** 35 Za 54
Saint-Pierre-de-Soucy **73** 114 Ga 76
Saint-Pierre-de-Trivisy **81** 134 Cc 86
Saint-Pierre-de-Varengeville **76** 21 Af 51
Saint-Pierre-de-Varennes **71** 88 Ec 67
Saint-Pierre-de-Vassols **84** 138 Fa 84
Saint-Pierre-d'Entremont **61** 35 Zc 56
Saint-Pierre-d'Entremont **73** 114 Ff 76
Saint-Pierre-des-Bois **72** 53 Zf 61
Saint-Pierre-des-Champs **11** 148 Cd 90
Saint-Pierre-des-Corps **37** 69 Ae 64
Saint-Pierre-des-Echaubrognes **79** 81 Zb 67
Saint-Pierre-des-Fleurs **27** 21 Af 53
Saint-Pierre-des-Ifs **14** 36 Ab 54
Saint-Pierre-des-Ifs **27** 21 Ad 53
Saint-Pierre-des-Jonquières **76** 22 Bc 49
Saint-Pierre-des-Landes **53** 52 Yf 59
Saint-Pierre-des-Loges **61** 37 Ac 56
Saint-Pierre-des-Nids **53** 53 Zf 58
Saint-Pierre-des-Ormes **72** 53 Ac 59
Saint-Pierre-des-Tripiers **48** 135 Db 83
Saint-Pierre-d'Exideuil **86** 94 Ab 72
Saint-Pierre-d'Eyraud **24** 118 Ab 79
Saint-Pierre-d'Irube **64** 142 Yd 88
Saint-Pierre-d'Oléron **17** 92 Ye 73
Saint-Pierre-du-Bosguérard **27** 21 Af 53
Saint-Pierre-du-Bû **14** 36 Ze 55
Saint-Pierre-du-Champ **43** 111 Df 77
Saint-Pierre-du-Chemin **85** 81 Zb 68
Saint-Pierre-du-Fresne **14** 35 Za 54
Saint-Pierre-du-Jonquet **14** 20 Zf 53
Saint-Pierre-du-Lorouër **72** 53 Ad 62
Saint-Pierre-du-Mesnil **27** 37 Ad 55
Saint-Pierre-du-Mont **14** 19 Za 52
Saint-Pierre-du-Mont **58** 72 Dc 64
Saint-Pierre-du-Palais **17** 105 Zf 77
Saint-Pierre-du-Perray **91** 39 Cd 57
Saint-Pierre-du-Val **27** 20 Ac 52
Saint-Pierre-du-Vauvray **27** 22 Bb 53
Saint-Pierre-Eglise **50** 18 Yd 50
Saint-Pierre-en-Faucigny **74** 102 Gc 72
Saint-Pierre-en-Port **76** 21 Ac 50
Saint-Pierre-en-Val **76** 12 Bc 48
Saint-Pierre-en-Vaux **21** 88 Ed 66
Saint-Pierre-ès-Champs **60** 22 Be 52
Saint-Pierre-la-Bourlhonne **63** 111 De 74
Saint-Pierre-la-Bruyère **61** 54 Ae 58
Saint-Pierre-la-Cour **53** 52 Yf 60
Saint-Pierre-la-Noaille **42** 99 Ea 71
Saint-Pierre-la-Palud **69** 100 Ed 74
Saint-Pierre-la-Roche **07** 124 Ed 81
Saint-Pierre-la-Vieille **14** 35 Zc 55
Saint-Pierre-Lafeuille **46** 119 Bc 81
Saint-Pierre-Langers **50** 34 Yd 56
Saint-Pierre-Laval **03** 99 De 71
Saint-Pierre-le-Bost **23** 97 Cb 70
Saint-Pierre-le-Chastel **63** 97 Cf 74
Saint-Pierre-le-Moûtier **58** 86 Da 68
Saint-Pierre-le-Vieux **71** 100 Ed 71
Saint-Pierre-le-Vieux **76** 21 Af 49
Saint-Pierre-le-Vieux **85** 81 Zb 70
Saint-Pierre-le-Viger **76** 21 Af 49
Saint-Pierre-lès-Bitry **60** 24 Da 52
Saint-Pierre-les-Bois **18** 85 Cb 69
Saint-Pierre-les-Etieux **18** 85 Cd 68
Saint-Pierre-lès-Nemours **77** 56 Ce 59
Saint-Pierre-Montlimart **49** 67 Yf 65
Saint-Pierre-Quiberon **56** 64 Wf 63
Saint-Pierre-Roche **63** 97 Ce 74
Saint-Pierre-sur-Dives **14** 36 Zf 54
Saint-Pierre-sur-Doux **07** 112 Ec 78
Saint-Pierre-sur-Dropt **47** 118 Ab 81
Saint-Pierre-sur-Erve **53** 52 Zc 60
Saint-Pierre-sur-Orthe **53** 53 Ze 59
Saint-Pierre-sur-Vence **08** 26 Ee 50
Saint-Pierre-Tarentaine **14** 35 Zb 55
Saint-Pierre-Toirac **46** 120 Bf 81
Saint-Pierremont **02** 25 Df 50
Saint-Pierremont **08** 26 Ef 52
Saint-Pierremont **88** 61 Gd 58
Saint-Pierreville **07** 124 Ec 80
Saint-Pierrevillers **55** 27 Fe 52
Saint-Plaisir **03** 86 Cf 69
Saint-Plancard **31** 145 Ad 89
Saint-Planchers **50** 34 Yc 56
Saint-Plantaire **36** 84 Be 70
Saint-Point **71** 100 Ed 70
Saint-Point-Lac **25** 90 Gb 68
Saint-Pois **50** 35 Yf 56
Saint-Poix **53** 51 Yf 61
Saint-Pol-de-Léon **29** 31 Wa 56
Saint-Pol-sur-Ternoise **62** 13 Cc 46
Saint-Polgues **42** 99 Df 73
Saint-Polycarpe **11** 148 Cb 90
Saint-Pompain **79** 81 Zc 70
Saint-Pompont **24** 119 Ba 80
Saint-Pons **04** 127 Gd 82
Saint-Pons **07** 124 Ed 81
Saint-Pons-de-Mauchiens **34** 149 Dd 87
Saint-Pons-de-Thomières **34** 148 Ce 88
Saint-Pons-la-Calm **30** 137 Ed 84
Saint-Pont **03** 98 Db 72
Saint-Porchaire **17** 93 Zb 74
Saint-Porquier **82** 132 Bb 84
Saint-Pôtan **22** 33 Xe 57
Saint-Pouange **10** 58 Ea 59
Saint-Pourçain-sur-Besbre **03** 87 Dd 70
Saint-Pourçain-sur-Sioule **03** 98 Db 71
Saint-Prancher **88** 61 Ff 58
Saint-Préjet-Armandon **43** 110 Dd 77
Saint-Préjet-d'Allier **43** 123 Dd 79
Saint-Prest **28** 38 Bd 58
Saint-Preuil **16** 105 Ze 75
Saint-Priest **07** 124 Ed 80
Saint-Priest **23** 97 Cc 72
Saint-Priest **69** 112 Ef 74
Saint-Priest-Bramefant **63** 98 Dc 72
Saint-Priest-d'Andelot **03** 98 Db 72
Saint-Priest-de-Gimel **19** 108 Bf 78
Saint-Priest-des-Champs **63** 97 Ce 73
Saint-Priest-en-Jarrez **42** 112 Ec 76
Saint-Priest-en-Murat **03** 98 Cf 70
Saint-Priest-la-Feuille **23** 96 Bd 71
Saint-Priest-la-Marche **18** 85 Cb 70
Saint-Priest-la-Plaine **23** 96 Bd 71
Saint-Priest-la-Prugne **42** 99 De 73
Saint-Priest-la-Roche **42** 99 Ea 73
Saint-Priest-la-Vêtre **42** 99 De 74
Saint-Priest-les-Pougères **24** 107 Ba 75
Saint-Priest-Ligoure **87** 107 Bb 75
Saint-Priest-sous-Aixe **87** 95 Ba 74
Saint-Priest-Taurion **87** 96 Bc 73
Saint-Prim **38** 112 Ee 76
Saint-Privat **07** 124 Ec 81
Saint-Privat **19** 108 Ca 78
Saint-Privat **24** 106 Ab 77
Saint-Privat **24** 107 Af 77
Saint-Privat **34** 135 Dc 86
Saint-Privat-d'Allier **43** 123 De 79
Saint-Privat-de-Champclos **30** 137 Ec 83
Saint-Privat-de-Vallongue **48** 136 Df 83
Saint-Privat-des-Vieux **30** 136 Ea 84
Saint-Privat-du-Dragon **43** 110 Dc 77
Saint-Privat-du-Fau **48** 122 Dc 79
Saint-Privat-la-Montagne **57** 44 Ga 53
Saint-Privé **71** 88 Ed 68
Saint-Privé **89** 72 Da 62
Saint-Prix **03** 99 Dd 71
Saint-Prix **07** 124 Ec 79
Saint-Prix **71** 87 Ea 67
Saint-Prix-lès-Arnay **21** 87 Ec 66
Saint-Projet **46** 120 Bc 80
Saint-Projet **82** 120 Be 82
Saint-Projet-de-Salers **15** 109 Cd 78
Saint-Projet-Saint-Constant **16** 94 Ac 74
Saint-Prouant **85** 81 Za 68
Saint-Python **59** 15 Dc 47
Saint-Pyvré-Saint-Mesmin **45** 55 Bf 61
Saint-Quantin-de-Rançanne **17** 105 Zc 75
Saint-Quay **22** 32 Xa 57
Saint-Quay-Perros **22** 32 Wd 56
Saint-Quay-Portrieux **22** 32 Xb 57
Saint-Quentin **02** 24 Db 49
Saint-Quentin-au-Bosc **76** 12 Bb 49
Saint-Quentin-de-Baron **33** 117 Ze 80
Saint-Quentin-de-Blavou **61** 53 Ac 58
Saint-Quentin-de-Caplong **33** 118 Aa 80
Saint-Quentin-de-Chalais **16** 106 Aa 77
Saint-Quentin-des-Isles **27** 37 Ad 54
Saint-Quentin-des-Prés **60** 22 Be 51
Saint-Quentin-du-Dropt **47** 118 Ad 80
Saint-Quentin-en-Mauges **49** 67 Za 65
Saint-Quentin-en-Tourmont **80** 12 Bd 47
Saint-Quentin-Fallavier **38** 113 Fa 75
Saint-Quentin-la-Chabanne **23** 97 Ca 73
Saint-Quentin-la-Motte-Croix-au-Bailly **80** 12 Bc 48
Saint-Quentin-la-Poterie **30** 137 Ec 84
Saint-Quentin-la-Tour **09** 147 Bf 90
Saint-Quentin-le-Petit **08** 25 Ea 51
Saint-Quentin-le-Verger **51** 41 De 57
Saint-Quentin-les-Anges **53** 52 Za 62
Saint-Quentin-lès-Beaurepaire **49** 68 Zf 63
Saint-Quentin-les-Chardonnets **61** 35 Zb 56
Saint-Quentin-les-Marais **51** 42 Ed 56
Saint-Quentin-sur-Charente **16** 95 Ae 73
Saint-Quentin-sur-Coole **51** 41 Eb 55
Saint-Quentin-sur-Indrois **37** 69 Ba 65
Saint-Quentin-sur-Isère **38** 113 Fd 77
Saint-Quentin-sur-le-Homme **50** 34 Ye 57
Saint-Quentin-sur-Nohain **58** 72 Da 64
Saint-Quentin-sur-Sauxillanges **63** 110 Dc 75
Saint-Quintin-sur-Sioule **63** 98 Da 72
Saint-Quirc **09** 146 Bd 89
Saint-Quirin **57** 45 Ha 57
Saint-Rabier **24** 107 Ba 77
Saint-Racho **71** 100 Ec 71
Saint-Rambert, Saint-Just- **42** 111 Eb 76
Saint-Rambert-en-Bugey **01** 101 Fc 73
Saint-Raphaël **24** 107 Ba 77
Saint-Raphaël **83** 154 Ge 88
Saint-Regis-du-Coin **42** 112 Ec 77
Saint-Règle **37** 69 Ba 64
Saint-Remèze **07** 124 Ed 82
Saint-Remimont **54** 61 Gb 57
Saint-Remimont **88** 61 Ff 59
Saint-Rémy **01** 101 Fa 71
Saint-Rémy **12** 120 Ca 82
Saint-Rémy **12** 134 Ce 84
Saint-Rémy **14** 35 Zd 55
Saint-Rémy **19** 109 Cb 75
Saint-Rémy **21** 74 Eb 63
Saint-Rémy **24** 118 Ab 79
Saint-Rémy **70** 61 Ga 61
Saint-Rémy **71** 88 Ef 68
Saint-Rémy **79** 81 Zc 70
Saint-Rémy **79** 81 Ze 70
Saint-Rémy **88** 62 Ge 58
Saint-Rémy-au-Bois **62** 13 Bf 46
Saint-Rémy-aux-Bois **54** 61 Gc 58
Saint-Rémy-Blanzy **02** 24 Db 53
Saint-Rémy-Boscrocourt **76** 12 Bc 48
Saint-Rémy-Chaussée **59** 15 Df 47
Saint-Rémy-de-Blot **63** 98 Cf 72
Saint-Rémy-de-Chargnat **63** 110 Db 75
Saint-Rémy-de-Chaudes-Aigues **15** 122 Da 80
Saint-Rémy-de-Maurienne **73** 114 Gb 76
Saint-Rémy-de-Provence **13** 137 Ee 86
Saint-Rémy-des-Landes **50** 18 Yc 53
Saint-Rémy-des-Monts **72** 53 Ac 59
Saint-Rémy-du-Nord **59** 15 Df 47
Saint-Rémy-du-Plain **35** 51 Yc 58
Saint-Rémy-du-Val **72** 53 Ab 58
Saint-Rémy-en-Bouzemont-Saint-Genest-et-Isson **51** 58 Ed 57
Saint-Rémy-en-l'Eau **60** 23 Cc 52
Saint-Rémy-en-Mauges **49** 66 Yf 65

200 **Saint-Martin-l'Ars — Saint-Rémy-en-Mauges**

Saint-Rémy-en-Rollat 03 98 Dc 71
Saint-Rémy-la-Calonne 55 43 Fd 54
Saint-Rémy-la-Vanne 77 40 Db 56
Saint-Rémy-lès-Chevreuse 78 39 Ca 56
Saint-Rémy-l'Honoré 78 38 Bf 56
Saint-Rémy-sous-Barbuise 10 58 Ea 58
Saint-Rémy-sur-Avre 28 38 Bb 56
Saint-Rémy-sur-Bussy 51 42 Ed 54
Saint-Rémy-sur-Creuse 86 83 Ae 67
Saint-Rémy-sur-Durolle 63 98 Dd 73
Saint-Renan 29 30 Vc 58
Saint-Révérend 85 79 Yb 68
Saint-Révérien 58 73 Dd 65
Saint-Rieul 22 33 Xd 58
Saint-Rimay 41 69 Af 62
Saint-Riquier 80 13 Bf 48
Saint-Riquier-en-Rivière 76 22 Bd 49
Saint-Riquier-ès-Plains 76 21 Ad 49
Saint-Rirand 42 99 Df 72
Saint-Rivoal 29 31 Wa 58
Saint-Robert 19 107 Bb 77
Saint-Robert 47 132 Ae 83
Saint-Roch 37 69 Ad 64
Saint-Roch-sur-Ergenne 61 35 Zb 57
Saint-Rogatien 17 92 Yf 72
Saint-Romain 16 106 Aa 77
Saint-Romain 21 88 Ee 66
Saint-Romain 63 111 Df 76
Saint-Romain 86 94 Ac 71
Saint-Romain-de-Benet 17 92 Za 74
Saint-Romain-de-Colbosc 76 20 Ac 51
Saint-Romain-de-Lerps 07 124 Ee 79
Saint-Romain-de-Monpazier 24 119 Af 80
Saint-Romain-de-Popey 69 100 Ed 74
Saint-Romain-de-Popey 69 100 Ed 73
Saint-Romain-de-Surieu 38 111 Ef 76
Saint-Romain-d'Urfé 42 99 De 73
Saint-Romain-en-Jarez 42 112 Ed 75
Saint-Romain-en-Viennois 84 138 Fa 83
Saint-Romain-la-Motte 42 99 Df 72
Saint-Romain-la-Virvée 33 105 Zd 79
Saint-Romain-Lachalm 43 111 Eb 77
Saint-Romain-Lachalm 43 112 Eb 77
Saint-Romain-le-Noble 47 132 Ae 84
Saint-Romain-le-Preux 89 57 Db 61
Saint-Romain-le-Puy 42 111 Ea 75
Saint-Romain-les-Atheux 42 112 Ec 76
Saint-Romain-sous-Gourdon 71 88 Ec 68
Saint-Romain-sous-Versigny 71 87 Eb 69
Saint-Romain-sur-Cher 41 70 Bc 65
Saint-Romain-sur-Gironde 17 105 Zb 76
Saint-Roman 26 125 Fc 80
Saint-Roman-de-Codières 30 136 De 85
Saint-Roman-de-Malegarde 84 124 Ee 83
Saint-Romans-des-Champs 79 93 Zd 71
Saint-Romans-lès-Melle 79 93 Ze 71
Saint-Rome 31 147 Be 88
Saint-Rome-de-Cernon 12 135 Cf 84
Saint-Rome-de-Dolan 48 135 Db 83
Saint-Rome-de-Tarn 12 135 Cf 84
Saint-Romphaire 50 35 Yf 54
Saint-Rustice 31 132 Bc 86
Saint-Saëns 76 22 Bb 50
Saint-Saire 76 22 Bc 50
Saint-Salvadour 19 108 Be 76
Saint-Salvi-de-Carcavès 81 134 Cd 86
Saint-Salvy 47 118 Ac 83
Saint-Salvy-de-la-Balme 81 134 Cc 87
Saint-Samson 14 20 Zf 53
Saint-Samson 53 36 Ze 58
Saint-Samson-de-Bonfossé 50 35 Yf 54
Saint-Samson-de-la-Roque 27 21 Ac 52
Saint-Samson-la-Poterie 60 22 Be 51
Saint-Samson-sur-Rance 22 33 Xf 58
Saint-Sandoux 63 110 Da 75
Saint-Santin-Cantalès 15 109 Cb 78
Saint-Sardos 47 118 Ac 82
Saint-Sardos 82 132 Ba 85
Saint-Satin 12 121 Cb 81
Saint-Satur 18 72 Cf 64
Saint-Saturnin 15 109 Ce 77
Saint-Saturnin-lès-Avignon 84 137 Ef 85
Saint-Saturnin 16 94 Aa 75
Saint-Saturnin 18 85 Cb 69
Saint-Saturnin 34 135 Dc 86
Saint-Saturnin 48 122 Db 82
Saint-Saturnin 51 41 Df 57
Saint-Saturnin 63 110 Da 75
Saint-Saturnin 72 53 Aa 60
Saint-Saturnin-d'Apt 84 138 Fc 85
Saint-Saturnin-de-Lenne 12 122 Da 82
Saint-Saturnin-du-Bois 17 93 Zb 72
Saint-Saturnin-du-Limet 53 51 Yf 62
Saint-Saturnin-sur-Loire 49 67 Zd 64
Saint-Saufieu 80 23 Ca 50
Saint-Saulge 58 73 Dd 66
Saint-Saulve 59 15 Dd 46
Saint-Saury 15 120 Ca 79
Saint-Sauvant 17 93 Zd 74
Saint-Sauvant 86 82 Aa 70
Saint-Sauves-d'Auvergne 63 109 Ce 75
Saint-Sauveur 21 75 Fc 64
Saint-Sauveur 24 118 Ad 79
Saint-Sauveur 29 31 Wa 58
Saint-Sauveur 29 48 Wc 59
Saint-Sauveur 31 132 Bc 86
Saint-Sauveur 33 104 Za 77
Saint-Sauveur 54 45 Gf 57
Saint-Sauveur 60 24 Ce 53
Saint-Sauveur 80 13 Cb 49
Saint-Sauveur 86 83 Ad 68
Saint-Sauveur-d'Aunis 17 92 Za 71
Saint-Sauveur-de-Bonnefossé 50 34 Ye 54
Saint-Sauveur-de-Carrouges 61 36 Zf 57
Saint-Sauveur-de-Cruzières 07 136 Eb 83
Saint-Sauveur-de-Flée 49 52 Zb 62
Saint-Sauveur-de-Ginestoux 48 122 Dd 80
Saint-Sauveur-de-Landemont 49 66 Ye 65
Saint-Sauveur-de-Meilhan 47 117 Zf 82
Saint-Sauveur-de-Peyre 48 122 Db 81
Saint-Sauveur-de-Puynormand 33 105 Zf 79
Saint-Sauveur-d'Emalleville 76 20 Ab 51
Saint-Sauveur-des-Landes 35 51 Ye 58
Saint-Sauveur-des-Pourcils 30 135 Dc 84
Saint-Sauveur-en-Puisaye 89 72 Db 63
Saint-Sauveur-en-Rue 42 112 Ec 77

Saint-Sauveur-la-Pommeraye 50 34 Yd 55
Saint-Sauveur-la-Vallée 46 120 Bd 81
Saint-Sauveur-le-Vicomte 50 18 Yc 52
Saint-Sauveur-Lendelin 50 18 Yd 54
Saint-Sauveur-lès-Bray 77 57 Db 58
Saint-Sauveur-Marville 28 38 Bb 57
Saint-Sauveur-sur-École 77 56 Cd 58
Saint-Sauvier 03 97 Cb 70
Saint-Sauvy 32 132 Ae 86
Saint-Sauveur 05 127 Gd 81
Saint-Sauveur 70 76 Gc 62
Saint-Sauveur-de-Montagut 07 124 Ed 80
Saint-Sauveur-en-Diois 26 125 Fa 80
Saint-Sauveur-Gouvernet 26 125 Fc 82
Saint-Sauveur-sur-Tinée 06 140 Ha 84
Saint-Savin 33 105 Zd 78
Saint-Savin 38 113 Fb 75
Saint-Savin 65 144 Zf 91
Saint-Savin 86 83 Af 69
Saint-Savinien 17 93 Zb 73
Saint-Saviol 86 94 Ab 72
Saint-Savournin 13 152 Fd 88
Saint-Sébastien 38 126 Fe 79
Saint-Sébastien 23 96 Bd 70
Saint-Sébastien-de-Morsent 27 37 Ba 54
Saint-Sébastien-de-Raids 50 18 Yd 53
Saint-Sébastien-sur-Loire 44 66 Yc 65
Saint-Secondin 86 94 Ac 71
Saint-Ségal 29 48 Vf 59
Saint-Séglin 35 50 Xf 61
Saint-Seine 58 87 De 68
Saint-Seine-en-Bâche 21 75 Fc 66
Saint-Seine-l'Abbaye 21 74 Ee 64
Saint-Seine-sur-Vingeanne 21 75 Fc 63
Saint-Selve 33 117 Zd 80
Saint-Senier-de-Beuvron 50 34 Ye 57
Saint-Senier-sous-Avranches 50 34 Yd 56
Saint-Senoch 37 83 Af 66
Saint-Senoux 35 50 Yb 61
Saint-Sériès 34 136 Ea 86
Saint-Sernin 07 124 Ec 81
Saint-Sernin 11 147 Be 89
Saint-Sernin 11 147 Ca 91
Saint-Sernin-du-Bois 71 88 Ec 67
Saint-Sernin-du-Plain 71 88 Ed 67
Saint-Sernin-lès-Lavaur 81 147 Bf 87
Saint-Sernin-sur-Rance 12 134 Cd 85
Saint-Sérotin 89 57 Da 59
Saint-Servais 22 32 Wd 58
Saint-Servais 29 31 Wa 58
Saint-Servant 56 50 Xc 61
Saint-Setiers 19 108 Ca 75
Saint-Seurin 33 105 Zc 78
Saint-Seurin-de-Cadourne 33 104 Zb 77
Saint-Seurin-de-Cursac 33 105 Zc 78
Saint-Seurin-de-Palenne 17 105 Zc 75
Saint-Seurin-de-Prats 24 118 Aa 79
Saint-Seurin-sur-l'Isle 33 106 Zf 78
Saint-Sève 33 117 Zf 81
Saint-Sever 40 130 Zc 86
Saint-Sever-Calvados 14 35 Yf 56
Saint-Sever-de-Rustan 65 145 Ab 88
Saint-Sever-de-Saintonge 17 93 Zd 74
Saint-Séverin 16 106 Ab 77
Saint-Séverin-sur-Boutonne 17 93 Zd 72
Saint-Siffret 30 137 Ec 84
Saint-Sigismond 45 55 Be 61
Saint-Sigismond 49 67 Za 64
Saint-Sigismond 74 103 Gd 72
Saint-Sigismond 85 81 Zb 70
Saint-Sigismond-de-Clermont 17 105 Zc 76
Saint-Silvain-Bas-le-Roc 23 97 Cb 71
Saint-Silvain-Bellegarde 23 97 Cb 73
Saint-Silvain-Montaigut 23 96 Be 72
Saint-Silvain-Sous-Toulx 23 97 Cb 71
Saint-Siméon 27 21 Ad 53
Saint-Siméon 61 35 Zb 58
Saint-Siméon 77 40 Db 56
Saint-Simeux 16 106 Zf 75
Saint-Simon 02 24 Db 50
Saint-Simon 15 121 Cc 79
Saint-Simon 46 120 Bf 80
Saint-Simon-de-Bordes 17 105 Zd 76
Saint-Simon-de-Pellouaille 17 105 Zb 75
Saint-Sixt 74 102 Gb 72
Saint-Sixte 42 99 Df 74
Saint-Sixte 47 132 Ae 84
Saint-Solve 19 107 Bd 77
Saint-Sorlin 69 112 Ed 75
Saint-Sorlin-d'Arves 73 114 Gb 77
Saint-Sorlin-de-Cônac 17 105 Zb 76
Saint-Sorlin-de-Morestel 38 113 Fc 75
Saint-Sorlin-de-Vienne 38 112 Ef 76
Saint-Sorlin-en-Bugey 01 101 Fc 73
Saint-Sorlin-en-Valloire 26 112 Ef 77
Saint-Sornin 03 98 Da 70
Saint-Sornin 16 94 Ac 74
Saint-Sornin 17 92 Za 74
Saint-Sornin-la-Marche 87 95 Af 71
Saint-Sornin-Lavolps 19 107 Bc 76
Saint-Sornin-Leulac 87 95 Bb 71
Saint-Soulan 32 146 Af 87
Saint-Souplet 59 15 Dd 48
Saint-Souplet-sur-Py 51 26 Ec 53
Saint-Soupplets 77 40 Ce 54
Saint-Sozy 46 120 Bd 79
Saint-Stail 88 62 Ha 58
Saint-Suliac 35 33 Ya 57
Saint-Sulpice 01 100 Fa 71
Saint-Sulpice 33 117 Zd 79
Saint-Sulpice 41 70 Bb 63
Saint-Sulpice 46 120 Be 81
Saint-Sulpice 53 52 Zd 61
Saint-Sulpice 58 23 Ca 52
Saint-Sulpice 60 23 Cd 52
Saint-Sulpice 63 109 Cd 75
Saint-Sulpice 70 76 Gc 63
Saint-Sulpice 81 133 Be 86
Saint-Sulpice-d'Arnoult 17 92 Za 74
Saint-Sulpice-de-Cognac 16 93 Zd 74
Saint-Sulpice-de-Faleyrens 33 117 Ze 79
Saint-Sulpice-de-Favières 91 39 Cb 57
Saint-Sulpice-de-Grimbouville 27 21 Ac 52
Saint-Sulpice-de-Guilleragues 33 118 Aa 81
Saint-Sulpice-de-Mareuil 24 106 Ad 76

Saint-Sulpice-de-Pommiers 33 117 Zf 80
Saint-Sulpice-de-Roumagnac 24 106 Ac 77
Saint-Sulpice-de-Royan 17 92 Yf 74
Saint-Sulpice-de-Ruffec 16 94 Ab 73
Saint-Sulpice-des-Landes 35 51 Yc 62
Saint-Sulpice-des-Landes 44 66 Ye 63
Saint-Sulpice-des-Rivoires 38 113 Fd 76
Saint-Sulpice-d'Excideuil 24 107 Ba 76
Saint-Sulpice-en-Pareds 85 81 Za 69
Saint-Sulpice-la-Forêt 35 51 Yc 59
Saint-Sulpice-Laurière 87 96 Bc 72
Saint-Sulpice-le-Dunois 23 96 Be 71
Saint-Sulpice-le-Guérétois 23 96 Be 71
Saint-Sulpice-le-Verdon 85 80 Yd 67
Saint-Sulpice-les-Bois 19 109 Ca 75
Saint-Sulpice-les-Champs 23 96 Ca 73
Saint-Sulpice-les-Feuilles 87 96 Bc 71
Saint-Sulpice-sur-Lèze 31 146 Bb 89
Saint-Sulpice-sur-Risle 61 37 Ad 56
Saint-Supplet 54 27 Fe 52
Saint-Sylvain 14 36 Ze 54
Saint-Sylvain 19 109 Cd 77
Saint-Sylvain 76 21 Ae 49
Saint-Sylvestre 07 124 Ee 79
Saint-Sylvestre 74 102 Ga 73
Saint-Sylvestre-Cappel 59 10 Cd 44
Saint-Sylvestre-de-Cormeilles 27 20 Ac 53
Saint-Sylvestre-Pragoulin 63 98 Dc 72
Saint-Sylvestre-sur-Lot 47 119 Ae 82
Saint-Symphoirien-de-Lay 42 99 Eb 73
Saint-Symphorien 18 85 Cb 68
Saint-Symphorien 27 21 Ac 53
Saint-Symphorien 33 117 Zd 81
Saint-Symphorien 48 123 Dd 79
Saint-Symphorien 72 53 Zf 60
Saint-Symphorien 79 93 Zd 71
Saint-Symphorien-de-Mahun 07 112 Ec 78
Saint-Symphorien-de-Marmagne 71 88 Eb 67
Saint-Symphorien-de-Thenières 12 121 Ce 80
Saint-Symphorien-des-Bois 71 99 Eb 71
Saint-Symphorien-des-Bruyères 61 37 Ad 56
Saint-Symphorien-des-Monts 50 35 Za 57
Saint-Symphorien-d'Ozon 69 112 Ef 75
Saint-Symphorien-le-Château 28 38 Be 57
Saint-Symphorien-les-Ponceaux 37 68 Ac 64
Saint-Symphorien-sous-Chomérac 07 124 Ee 80
Saint-Symphorien-sur-Coise 69 112 Ec 75
Saint-Symphorien-sur-Couze 87 95 Bb 72
Saint-Symphorien-sur-Saône 21 89 Fb 66
Saint-Thegonnec 29 31 Wa 57
Saint-Thélo 22 49 Xb 59
Saint-Theodorit 30 136 Ea 85
Saint-Théoffrey 38 126 Fe 79
Saint-Thibault-de-Couz 73 114 Ff 75
Saint-Thibault 10 58 Ea 59
Saint-Thibault 21 74 Ec 64
Saint-Thibault 60 22 Bf 50
Saint-Thibéry 34 149 Dc 88
Saint-Thiébaud 39 90 Ff 67
Saint-Thiébault 52 60 Fd 59
Saint-Thierry 51 25 Df 53
Saint-Thois 29 48 Wa 60
Saint-Thomas 02 25 De 52
Saint-Thomas 31 146 Ba 87
Saint-Thomas-de-Conac 17 105 Zb 76
Saint-Thomas-de-Courceriers 53 53 Ze 59
Saint-Thomas-en-Argonne 51 42 Ef 53
Saint-Thomas-la-Garde 42 111 Ea 75
Saint-Thomé 07 124 Ed 81
Saint-Thonan 29 30 Ve 58
Saint-Thual 35 50 Ya 58
Saint-Thurial 35 50 Ya 60
Saint-Thuriau 56 49 Xa 60
Saint-Thurien 27 21 Ad 52
Saint-Thurien 29 48 Wc 61
Saint-Thurin 42 99 Df 74
Saint-Tricat 62 9 Be 43
Saint-Trimoël 22 49 Xb 59
Saint-Trinit 84 138 Fc 84
Saint-Trivier-de-Courtes 01 89 Fa 70
Saint-Trivier-sur-Moignans 01 100 Ef 72
Saint-Trojan 33 105 Zc 78
Saint-Trojan-les-Bains 17 92 Ye 73
Saint-Tropez 83 154 Gd 89
Saint-Tugdual 56 49 Wd 60
Saint-Tulle 04 139 Fe 86
Saint-Ulphace 72 54 Ae 60
Saint-Ulrich 68 77 Ha 63
Saint-Uniac 35 50 Xf 59
Saint-Urbain 29 30 Ve 58
Saint-Urbain 85 79 Xf 67
Saint-Urbain-Maconcourt 52 60 Fb 58
Saint-Urcisse 32 146 Ae 84
Saint-Urcisse 81 133 Bd 85
Saint-Urcize 15 122 Da 80
Saint-Ursin 50 34 Yd 56
Saint-Usage 10 59 Ef 59
Saint-Usage 21 89 Fb 66
Saint-Usuge 71 89 Fa 68
Saint-Utin 51 58 Ed 57
Saint-Uze 26 112 Ef 77
Saint-Vaast-de-Longmont 60 23 Ce 53
Saint-Vaast-d'Equiqueville 76 22 Bb 50
Saint-Vaast-Dieppedalle 76 21 Ae 50
Saint-Vaast-du-Val 76 21 Ba 50
Saint-Vaast-en-Auge 14 20 Aa 53
Saint-Vaast-en-Cambrésis 59 15 Dc 47
Saint-Vaast-en-Chaussée 80 13 Cb 49
Saint-Vaast-la-Hougue 50 18 Ye 51
Saint-Vaast-lès-Mello 80 23 Cc 53
Saint-Vaize 17 93 Zc 74
Saint-Valbert 70 61 Gc 61
Saint-Valentin 36 84 Bf 67
Saint-Valérien 85 81 Za 69
Saint-Valérien 89 57 Da 59
Saint-Valery 60 22 Be 52
Saint-Valery-en-Caux 76 21 Ae 49
Saint-Valery-sur-Somme 80 12 Bd 47
Saint-Vallerin 71 88 Ed 68
Saint-Vallier 16 105 Zf 77
Saint-Vallier 26 112 Ee 77

Saint-Vallier 71 88 Ec 69
Saint-Vallier 88 61 Gb 59
Saint-Vallier-sur-Marne 52 60 Fc 61
Saint-Varent 62 14 Cd 45
Saint-Vaury 23 96 Be 71
Saint-Venant 62 14 Cd 45
Saint-Vénérand 43 123 De 79
Saint-Vérain 58 72 Da 63
Saint-Véran 05 127 Gf 80
Saint-Vérand 38 113 Fb 77
Saint-Vérand 69 100 Ee 71
Saint-Vert 43 111 Dd 77
Saint-Viance 19 108 Bc 76
Saint-Viâtre 41 70 Bf 63
Saint-Viaud 44 65 Xf 65
Saint-Victeur 72 53 Ze 59
Saint-Victoire 07 112 Ee 78
Saint-Victor 03 97 Cc 70
Saint-Victor 12 134 Ce 84
Saint-Victor 15 109 Cb 78
Saint-Victor 19 109 Cc 76
Saint-Victor 24 106 Ac 77
Saint-Victor-de-Buthon 28 54 Af 58
Saint-Victor-de-Chrétienville 27 37 Ad 54
Saint-Victor-de-Malcap 30 136 Eb 83
Saint-Victor-de-Morestel 38 113 Fc 74
Saint-Victor-de-Reno 61 37 Ae 57
Saint-Victor-d'Épine 27 21 Ad 53
Saint-Victor-en-Marche 23 96 Be 72
Saint-Victor-la-Coste 30 137 Ed 84
Saint-Victor-la-Rivière 63 110 Cf 75
Saint-Victor-l'Abbaye 76 21 Ba 50
Saint-Victor-Malescours 43 111 Eb 77
Saint-Victor-Montvianeix 63 99 Dd 73
Saint-Victor-Rouzaud 09 147 Bd 90
Saint-Victor-sur-Arlac 43 111 De 76
Saint-Victor-sur-Avre 27 37 Af 56
Saint-Victor-sur-Ouche 21 74 Ee 65
Saint-Victor-sur-Rhins 42 99 Eb 73
Saint-Victoret 13 152 Fb 88
Saint-Victurnien 87 95 Ba 73
Saint-Vidal 43 111 De 78
Saint-Vigor 27 38 Bb 54
Saint-Vigor-des-Mézerets 14 35 Zc 55
Saint-Vigor-des-Monts 50 35 Yf 55
Saint-Vigor-d'Ymonville 76 20 Ac 51
Saint-Vigor-le-Grand 14 19 Zb 53
Saint-Vincent 15 109 Cd 77
Saint-Vincent 31 147 Be 88
Saint-Vincent 43 111 Df 78
Saint-Vincent 63 110 Da 75
Saint-Vincent 64 142 Zf 90
Saint-Vincent 82 132 Bc 84
Saint-Vincent 88 61 Gd 58
Saint-Vincent, Jonquières- 30 137 Ed 85
Saint-Vincent-Bragny 71 87 Ea 69
Saint-Vincent-Cramesnil 76 20 Ac 51
Saint-Vincent-de-Barbeyrargues 34 136 Df 86
Saint-Vincent-de-Boisset 42 99 Ea 72
Saint-Vincent-de-Connezac 24 106 Ac 78
Saint-Vincent-de-Cosse 24 119 Ba 79
Saint-Vincent-de-Durfort 07 124 Ed 80
Saint-Vincent-de-Lamontjoie 47 131 Ad 84
Saint-Vincent-de-Paul 33 105 Zd 79
Saint-Vincent-de-Paul 40 129 Yf 86
Saint-Vincent-de-Pertignas 33 117 Zf 80
Saint-Vincent-de-Reins 69 100 Ec 72
Saint-Vincent-de-Tyrosse 40 129 Ye 87
Saint-Vincent-des-Bois 27 38 Bc 54
Saint-Vincent-des-Landes 44 66 Yd 63
Saint-Vincent-des-Prés 71 88 Ed 70
Saint-Vincent-des-Prés 72 53 Ze 59
Saint-Vincent-d'Olargues 34 148 Cf 87
Saint-Vincent-du-Boulay 27 37 Ac 54
Saint-Vincent-du-Lorouër 72 53 Ac 62
Saint-Vincent-du-Pendit 46 120 Bf 79
Saint-Vincent-en-Bresse 71 89 Fa 69
Saint-Vincent-Jalmoutiers 24 106 Ab 77
Saint-Vincent-la-Châtre 79 94 Zf 71
Saint-Vincent-la-Commanderie 26 125 Fa 79
Saint-Vincent-Lespinasse 82 132 Af 84
Saint-Vincent-Rive-d'Olt 46 119 Bb 82
Saint-Vincent-Sterlanges 85 80 Yf 68
Saint-Vincent-sur-Graon 85 80 Yd 69
Saint-Vincent-sur-Jabron 04 138 Fe 83
Saint-Vincent-sur-Jard 85 80 Yc 70
Saint-Vincent-sur-l'Isle 24 107 Af 77
Saint-Vincent-sur-Oust 56 50 Xf 62
Saint-Vit 25 76 Fe 65
Saint-Vital 73 114 Gb 75
Saint-Vite 47 119 Af 82
Saint-Vitte 18 85 Cd 69
Saint-Vitte-sur-Briance 87 108 Bd 75
Saint-Vivien 17 92 Yf 72
Saint-Vivien 24 106 Ad 77
Saint-Vivien 24 118 Aa 79
Saint-Vivien-de-Blaye 33 105 Zc 78
Saint-Vivien-de-Monségur 33 118 Aa 81
Saint-Voir 03 98 Dc 71
Saint-Vougay 29 31 Vf 57
Saint-Vrain 51 42 Ee 57
Saint-Vrain 91 39 Cb 57
Saint-Vran 22 50 Xd 59
Saint-Vulbas 01 101 Fb 74
Saint-Waast 59 15 De 47
Saint-Wandrille-Rançon 76 21 Ae 51
Saint-Witz 95 39 Cd 54
Saint-Xandre 17 92 Yf 71
Saint-Yaguen 40 129 Zb 85
Saint-Yan 71 99 Ea 70
Saint-Ybard 19 108 Bd 76
Saint-Ybars 09 146 Bc 89
Saint-Yorre 03 98 Dc 72
Saint-Yrieix-la-Montagne 23 96 Ca 73
Saint-Yrieix-la-Perche 87 107 Bb 75
Saint-Yrieix-le-Déjalat 19 108 Bf 76
Saint-Yrieix-les-Bois 23 96 Bf 72
Saint-Yrieix-sous-Aixe 87 95 Ba 73
Saint-Yrieix-sur-Charente 16 94 Aa 74
Saint-Ythaire 71 88 Ed 69
Saint-Yvoine 63 110 Db 75
Saint-Yvy 29 48 Wa 61
Saint-Yzan-de-Soudiac 33 105 Zd 78
Saint-Yzans-de-Médoc 33 104 Zb 77
Saint-Zacharie 83 152 Fe 88
Sainte-Adresse 76 20 Aa 51
Sainte-Agathe 63 99 De 74
Sainte-Agathe-d'Aliermont 76 22 Bb 49
Sainte-Agathe-en-Donzy 42 99 Eb 73
Sainte-Agnès 06 141 Hc 86

Sainte-Agnès 38 114 Ef 77
Sainte-Agnès 39 89 Fc 69
Sainte-Alauzie 46 119 Bb 83
Sainte-Anastasie 15 110 Cf 77
Sainte-Anastasie-sur-Issole 83 153 Ga 88
Sainte-Anne 25 90 Ff 67
Sainte-Anne 32 132 Af 86
Sainte-Anne 41 69 Ba 62
Sainte-Anne-d'Auray 56 49 Xa 62
Sainte-Anne-Saint-Priest 87 96 Be 74
Sainte-Anne-sur-Brivet 44 65 Xf 64
Sainte-Anne-sur-Gervonde 38 113 Fb 76
Sainte-Aulde 77 40 Db 55
Sainte-Aurence-Cazaux 32 145 Ac 88
Sainte-Austreberthe 62 13 Ca 46
Sainte-Austreberthe 76 21 Af 51
Sainte-Barbe 57 44 Gb 54
Sainte-Barbe 88 62 Ge 58
Sainte-Bazeille 47 118 Aa 81
Sainte-Beuve-en-Rivière 76 22 Bd 50
Sainte-Blandine 38 113 Fc 75
Sainte-Blandine 79 93 Ze 71
Sainte-Brigitte 56 49 Wf 60
Sainte-Camelle 11 147 Be 89
Sainte-Catherine 62 14 Ce 47
Sainte-Catherine 63 110 Dc 76
Sainte-Catherine 69 112 Ed 75
Sainte-Catherine-de-Fierbois 37 69 Ad 66
Sainte-Cécile 36 70 Be 65
Sainte-Cécile 71 100 Ed 70
Sainte-Cécile 85 80 Yf 68
Sainte-Cécile-d'Andorge 30 136 Df 83
Sainte-Cécile-du-Cayrou 81 133 Be 84
Sainte-Cécile-les-Vignes 84 124 Ee 83
Sainte-Céronne-lès-Mortagne 61 37 Ad 57
Sainte-Cérotte 72 54 Ae 61
Sainte-Christie 32 131 Ad 86
Sainte-Christie-d'Armagnac 32 130 Zf 86
Sainte-Christine 49 67 Za 65
Sainte-Christine 63 97 Cf 72
Sainte-Colombe 05 138 Fe 83
Sainte-Colombe 16 94 Ab 73
Sainte-Colombe 17 105 Ze 77
Sainte-Colombe 21 74 Ec 64
Sainte-Colombe 25 90 Gb 67
Sainte-Colombe 33 117 Zf 79
Sainte-Colombe 35 51 Yd 61
Sainte-Colombe 40 130 Zc 86
Sainte-Colombe 46 120 Ca 80
Sainte-Colombe 50 18 Yc 52
Sainte-Colombe 66 160 Cd 93
Sainte-Colombe 69 100 Ee 73
Sainte-Colombe 76 21 Ae 50
Sainte-Colombe 77 40 Db 57
Sainte-Colombe 89 73 Df 63
Sainte-Colombe-de-Duras 47 118 Aa 80
Sainte-Colombe-de-Peyre 48 122 Db 80
Sainte-Colombe-de-Villeneuve 47 118 Ad 82
Sainte-Colombe-en-Bruilhois 47 131 Ad 83
Sainte-Colombe-la-Commanderie 27 37 Af 54
Sainte-Colombe-sur-Gand 42 99 Eb 73
Sainte-Colombe-sur-Guette 11 159 Cb 92
Sainte-Colombe-sur-l'Hers 11 159 Bf 91
Sainte-Colombe-sur-Loing 89 72 Db 63
Sainte-Colombe-sur-Seine 21 59 Ed 61
Sainte-Colome 64 144 Zd 90
Sainte-Croix 01 100 Fa 73
Sainte-Croix 12 120 Bf 82
Sainte-Croix 24 119 Ae 80
Sainte-Croix 26 125 Fb 80
Sainte-Croix 46 119 Ba 81
Sainte-Croix 71 89 Fa 69
Sainte-Croix 81 133 Ca 85
Sainte-Croix-à-Lauze 04 138 Fd 85
Sainte-Croix-aux-Mines 68 62 Hb 59
Sainte-Croix-de-Caderle 30 136 Df 84
Sainte-Croix-de-Mareuil 24 106 Ac 76
Sainte-Croix-de-Quintillargues 34 136 Df 86
Sainte-Croix-de-Verdon 04 139 Ga 86
Sainte-Croix-du-Mont 33 117 Ze 81
Sainte-Croix-en-Jarez 42 112 Ed 76
Sainte-Croix-en-Plaine 68 62 Hc 60
Sainte-Croix-Grand-Tonne 14 19 Zc 53
Sainte-Croix-Hague 50 18 Yb 51
Sainte-Croix-sur-Buchy 76 22 Bc 51
Sainte-Croix-sur-Mer 14 19 Zc 53
Sainte-Croix-sur-Orne 61 36 Ze 56
Sainte-Croix-Vallée-Française 48 136 De 83
Sainte-Croix-Volvestre 09 146 Bb 90
Sainte-Dode 32 145 Ac 88
Sainte-Eanne 79 82 Zf 70
Sainte-Engrâce 64 143 Zb 90
Sainte-Enimie 48 122 Dc 82
Sainte-Eugénie-de-Villeneuve 43 111 Dd 78
Sainte-Eulalie 07 123 Eb 80
Sainte-Eulalie 11 147 Bf 89
Sainte-Eulalie 15 109 Cd 77
Sainte-Eulalie 33 117 Zd 79
Sainte-Eulalie 48 122 Dc 80
Sainte-Eulalie-de-Cernon 12 135 Da 85
Sainte-Eulalie-d'Eymet 24 118 Ac 80
Sainte-Eulalie-d'Olt 12 122 Cf 82
Sainte-Eulalie-en-Born 40 116 Ye 83
Sainte-Euphémie 01 100 Ee 73
Sainte-Eusoye 60 23 Cb 51
Sainte-Fauste 36 84 Bf 67
Sainte-Féréole 19 108 Bd 77
Sainte-Feyre 23 96 Bf 72
Sainte-Feyre-la-Montagne 23 97 Cb 73
Sainte-Flaive-des-Loups 85 80 Yc 69
Sainte-Florence 33 117 Zf 80
Sainte-Florence 85 80 Yf 68
Sainte-Florine 43 110 Db 76
Sainte-Foi 09 147 Bf 90
Sainte-Fortunade 19 108 Be 78
Sainte-Foy 71 99 Ea 71
Sainte-Foy 76 21 Bb 50
Sainte-Foy 85 80 Yb 69
Sainte-Foy-d'Aigrefeuille 31 147 Bd 87
Sainte-Foy-de-Belvès 24 119 Ba 80
Sainte-Foy-de-Longas 24 119 Ae 80
Sainte-Foy-de-Montgommery 14 36 Ab 55
Sainte-Foy-la-Grande 33 118 Ab 79

Sainte-Foy-la-Longue 33 117 Zf 81
Sainte-Foy-l'Argentière 69 100 Ec 74
Sainte-Foy-lès-Lyon 69 100 Ee 74
Sainte-Foy-Saint-Sulpice 42 99 Ea 74
Sainte-Foy-Tarentaise 73 115 Gf 75
Sainte-Gauburge-Sainte-Colombe 61 36 Ac 56
Sainte-Gemme 17 92 Za 74
Sainte-Gemme 32 132 Ae 86
Sainte-Gemme 33 118 Aa 81
Sainte-Gemme 36 84 Bc 67
Sainte-Gemme 51 41 De 54
Sainte-Gemme 79 81 Ze 67
Sainte-Gemme 81 134 Cb 84
Sainte-Gemme-en-Sancerrois 18 72 Ce 64
Sainte-Gemme-la-Plaine 85 80 Yf 70
Sainte-Gemme-Martaillac 47 118 Aa 82
Sainte-Gemme-Moronval 28 38 Bc 56
Sainte-Gemmes 41 70 Bb 62
Sainte-Gemmes-le-Robert 53 52 Zd 59
Sainte-Gemmes-sur-Loire 49 67 Zc 64
Sainte-Geneviève 02 25 Dd 50
Sainte-Geneviève 50 18 Ye 51
Sainte-Geneviève 54 44 Ga 55
Sainte-Geneviève 60 23 Cb 53
Sainte-Geneviève 76 22 Bc 51
Sainte-Geneviève-des-Bois 45 72 Ce 62
Sainte-Geneviève-des-Bois 91 39 Cb 57
Sainte-Geneviève-sur-Argence 12 121 Ce 80
Sainte-Hélène 33 104 Za 79
Sainte-Hélène 56 49 We 62
Sainte-Hélène 71 88 Ed 68
Sainte-Hélène 88 61 Gd 59
Sainte-Hélène-Bondeville 76 21 Ac 50
Sainte-Hélène-du-Lac 73 114 Ga 76
Sainte-Hélène-sur-Isère 73 114 Gb 75
Sainte-Hermine 85 80 Yf 69
Sainte-Honorine-de-Ducy 14 19 Zb 54
Sainte-Honorine-des-Perres 14 19 Zb 52
Sainte-Honorine-du-Fay 14 19 Zb 54
Sainte-Honorine-la-Chardonne 61 35 Zd 56
Sainte-Honorine-la-Guillaume 61 35 Zd 56
Sainte-Innocence 24 118 Ac 80
Sainte-Jamme-sur-Sarthe 72 53 Aa 60
Sainte-Julie 01 101 Fb 73
Sainte-Juliette 12 134 Cd 83
Sainte-Juliette 82 119 Bb 83
Sainte-Lheurine 17 105 Zd 75
Sainte-Livrade 31 132 Ba 87
Sainte-Livrade-sur-Lot 47 118 Ad 82
Sainte-Lizaigne 36 85 Ca 66
Sainte-Luce 38 126 Ff 79
Sainte-Lucie-de-Porto-Vecchio 2A 163 Kc 98
Sainte-Lucie-de-Tallano 2A 163 Ka 98
Sainte-Lunaise 18 85 Cc 67
Sainte-Magnance 89 73 Ea 64
Sainte-Marguerite 43 110 Dd 77
Sainte-Marguerite 44 65 Xe 65
Sainte-Marguerite 88 62 Gf 59
Sainte-Marguerite-de-Carrouges 61 36 Zf 57
Sainte-Marguerite-de-l'Autel 27 37 Af 55
Sainte-Marguerite-de-Viette 14 36 Aa 54
Sainte-Marguerite-d'Elle 14 19 Yf 53
Sainte-Marguerite-des-Loges 14 36 Ab 54
Sainte-Marguerite-en-Ouche 27 37 Ad 54
Sainte-Marguerite-Lafigère 07 123 Df 82
Sainte-Marguerite-sur-Duclair 76 21 Af 51
Sainte-Marguerite-sur-Fauville 76 21 Ad 50
Sainte-Marguerite-sur-Mer 76 12 Af 49
Sainte-Marie 05 125 Fc 82
Sainte-Marie 08 26 Ee 52
Sainte-Marie 25 77 Ge 63
Sainte-Marie 32 132 Af 87
Sainte-Marie 35 50 Xf 62
Sainte-Marie 58 86 Dc 66
Sainte-Marie 66 160 Da 92
Sainte-Marie-à-Py 51 26 Ed 53
Sainte-Marie-au-Bosc 76 20 Ab 50
Sainte-Marie-aux-Anglais 14 36 Aa 54
Sainte-Marie-aux-Chênes 57 44 Ga 53
Sainte-Marie-aux-Mines 68 62 Hb 59
Sainte-Marie-Cappel 59 10 Cd 44
Sainte-Marie-d'Alvey 73 113 Fe 75
Sainte-Marie-de-Chignac 24 107 Ba 78
Sainte-Marie-de-Cuines 73 114 Gb 76
Sainte-Marie-de-Gosse 40 129 Ye 87
Sainte-Marie-de-Ré 17 92 Ye 72
Sainte-Marie-de-Vaux 87 95 Ba 73
Sainte-Marie-des-Champs 76 21 Ae 50
Sainte-Marie-du-Bois 53 35 Zd 58
Sainte-Marie-du-Lac-Nuisement 51 42 Ee 57
Sainte-Marie-en-Chanois 70 61 Gd 61
Sainte-Marie-Kerque 62 9 Ca 43
Sainte-Marie-la-Blanche 21 88 Ef 67
Sainte-Marie-la-Robert 61 36 Zf 57
Sainte-Marie-Lapanouze 19 109 Cc 76
Sainte-Marie-Outre-l'Eau 14 35 Yf 55
Sainte-Marie-Plage 66 160 Da 92
Sainte-Marie-sur-Ouche 21 74 Ee 65
Sainte-Marthe 27 37 Af 55
Sainte-Marthe 47 118 Aa 82
Sainte-Maure 10 58 Ea 58
Sainte-Maure-de-Peyriac 47 131 Aa 84
Sainte-Maure-de-Touraine 37 69 Ad 66
Sainte-Maxime 83 154 Gd 89
Sainte-Même 17 93 Zd 73
Sainte-Menehould 51 42 Ef 54
Sainte-Mesme 78 39 Bf 57
Sainte-Mondane 24 119 Bc 79
Sainte-Montaine 18 71 Cb 64
Sainte-Nathalène 24 119 Bb 79
Sainte-Néomaye 79 81 Ze 70
Sainte-Olive 01 100 Ef 72
Sainte-Opportune 61 35 Zd 56
Sainte-Opportune-du-Bosc 27 37 Af 54
Sainte-Opportune-la-Mare 27 21 Ad 52
Sainte-Orse 24 107 Ba 77
Sainte-Osmane 72 54 Ad 61
Sainte-Ouenne 79 81 Zd 70
Sainte-Pallaye 89 73 De 63
Sainte-Paule 69 100 Ed 73

Sainte-Pazanne **44** 65 Yb 66
Sainte-Pexine **85** 80 Yf 69
Sainte-Pôle **54** 45 Ge 57
Sainte-Preuve **02** 25 Df 51
Sainte-Radegonde **12** 121 Cd 83
Sainte-Radegonde **17** 92 Za 73
Sainte-Radegonde **24** 118 Ae 80
Sainte-Radegonde **32** 131 Ad 85
Sainte-Radegonde **33** 118 Aa 80
Sainte-Radegonde **71** 87 Ea 68
Sainte-Radegonde **79** 82 Ze 67
Sainte-Radegonde **86** 83 Ae 69
Sainte-Radégonde-des-Noyers **85** 80 Yf 70
Sainte-Ramée **17** 105 Zc 76
Sainte-Reine **70** 76 Fe 64
Sainte-Reine **73** 114 Ga 75
Sainte-Reine-de-Bretagne **44** 65 Xe 64
Sainte-Sabine **21** 74 Ed 65
Sainte-Sabine **24** 119 Ae 80
Sainte-Savine **10** 58 Ea 59
Sainte-Scolasse-sur-Sarthe **61** 36 Ac 57
Sainte-Segrée **80** 22 Bf 50
Sainte-Sévère **16** 93 Ze 74
Sainte-Sévère-sur-Indre **36** 85 Ca 70
Sainte-Sigolène **43** 111 Eb 77
Sainte-Solange **18** 71 Cd 66
Sainte-Soline **79** 94 Aa 71
Sainte-Souline **16** 106 Zf 76
Sainte-Soulle **17** 92 Yf 71
Sainte-Suzanne **09** 146 Bc 89
Sainte-Suzanne **53** 52 Zd 60
Sainte-Terre **33** 117 Zf 80
Sainte-Thérence **03** 97 Cd 71
Sainte-Thorette **18** 85 Cb 66
Sainte-Tréphine **22** 49 Wf 59
Sainte-Trie **24** 107 Bb 77
Sainte-Valière **11** 148 Cf 89
Sainte-Vaubourg **08** 26 Ed 52
Sainte-Verge **79** 82 Ze 66
Sainte-Vertu **89** 73 Df 62
Sainteny **50** 18 Ye 53
Saintes **17** 93 Zc 74
Saintes-Maries-de-la-Mer **13** 151 Ec 87
Saintines **60** 23 Ce 53
Saintry-sur-Seine **91** 39 Cd 57
Saints **77** 40 Da 56
Saints **89** 72 Db 63
Saints-Geosmes **52** 60 Fc 61
Sainville **28** 55 Bf 58
Saires **86** 82 Ab 67
Saires-la-Verrerie **61** 35 Zd 56
Saisseval **80** 23 Ca 49
Saisy **71** 88 Ed 67
Sait Jean-Saint Nicolas **05** 126 Gb 80
Saivres **79** 81 Ze 70
Saïx **81** 147 Cb 87
Saix **86** 68 Zf 66
Saix, le — **05** 126 Fe 82
Saizenay **39** 90 Ff 67
Saizerais **54** 44 Ga 56
Saizy **58** 73 De 64
Sajas **31** 146 Ba 88
Salagnac **24** 107 Bb 77
Salagnon **38** 113 Fc 75
Salans **39** 76 Fe 66
Salasc **34** 149 Db 87
Salaunes **33** 104 Zb 79
Salavas **07** 124 Ec 82
Salavre **01** 101 Fc 70
Salazac **30** 137 Ed 83
Salbris **41** 71 Ca 64
Saléchan **65** 145 Ad 91
Saleich **31** 146 Af 90
Saleignes **17** 93 Ze 72
Saleilles **66** 160 Cf 93
Salèlles **34** 135 Dc 86
Salelles, les — **07** 123 Ea 82
Salelles, les — **07** 124 Ec 82
Salelles, les — **48** 122 Db 82
Salency **60** 24 Da 51
Salenthal **67** 45 Hc 56
Saléon **05** 126 Fe 82
Salérans **05** 138 Fe 83
Salerm **31** 146 Ae 89
Salers **15** 109 Cc 78
Sales **74** 102 Ff 73
Salesches **59** 15 Dd 47
Salette-Fallavaux, la — **38** 126 Ff 79
Salettes **26** 124 Ef 81
Salettes **43** 123 Df 79
Saleux **80** 23 Cb 49
Salice **2A** 162 If 96
Saliceto **2B** 161 Kb 94
Saliès **81** 133 Ca 85
Salies-de-Béarn **64** 143 Za 89
Salies-du-Salat **31** 146 Af 90
Salignac **04** 139 Ff 83
Salignac **33** 105 Zd 78
Salignac-de-Mirambeau **17** 105 Zd 76
Salignac-Eyvignes **24** 119 Bb 79
Salignac-sur-Charente **17** 93 Zd 74
Saligney **39** 75 Fd 65
Saligny **85** 80 Yd 68
Saligny **89** 57 Dc 59
Saligny-le-Vif **18** 86 Ce 66
Saligny-sur-Roudon **03** 87 De 70
Saligos **65** 156 Zf 91
Salindres **30** 136 Ea 83
Salinelles **30** 136 Ea 86
Salins **77** 57 Da 58
Salins-les-Bains **39** 90 Ff 67
Salins-les-Thermes **73** 115 Gd 76
Salives **21** 74 Ef 63
Sallagriffon **06** 140 Gf 85
Sallanches **74** 103 Gd 73
Sallaumines **62** 14 Cf 46
Salle, la — **71** 100 Ef 70
Salle, la — **88** 62 Ge 59
Salle, la — **05** 126 Gd 79
Salle-de-Vihiers, la — **49** 67 Zc 66
Salle-en-Beaumont, la — **38** 126 Ff 79
Salle-et-Chapelle-Aubry **49** 67 Za 65
Sallebœuf **33** 117 Zd 79
Sallèdes **63** 110 Db 75
Sallèles-Cabardès **11** 148 Cc 89
Sallèles-d'Aude **11** 149 Cf 89
Sallen **14** 35 Zb 54
Sallenelles **14** 20 Ze 53
Sallenôves **74** 102 Ff 73
Sallertaine **85** 79 Ya 67
Salles **33** 116 Za 81
Salles **47** 119 Af 81
Salles **65** 144 Zf 90
Salles **79** 82 Zf 70
Salles **81** 133 Ca 84
Salles, les — **30** 136 Dd 84
Salles, les — **30** 136 Ea 83
Salles, les — **33** 118 Aa 79
Salles, les — **42** 99 De 73
Salles, les - — **33** 118 Zf 79
Salles-Adour **65** 144 Aa 89
Salles-Arbuissonnas-en-Beaujolais **69** 100 Ed 72
Salles-Courbatiès **12** 120 Ca 82
Salles-Curan **12** 134 Ce 83
Salles-d'Angles **16** 105 Zd 75
Salles-d'Armagnac **32** 130 Zf 86
Salles-d'Aube **11** 149 Da 89
Salles-de-Barbezieux **16** 105 Zf 76
Salles-de-Belvès **24** 119 Af 80
Salles-de-Villefagnan **16** 94 Aa 73
Salles-et-Pratvie **31** 157 Ad 92
Salles-la-Source **12** 121 Cd 82
Salles-Lavalette **16** 106 Ab 76
Salles-Lavauguyon, les — **87** 95 Ae 74
Salles-Mongiscard **64** 143 Za 88
Salles-sous-Bois **26** 124 Ef 82
Salles-sur-Garonne **31** 146 Bb 89
Salles-sur-l'Hers **11** 147 Be 89
Salles-sur-Mer **17** 92 Yf 72
Salles-sur-Verdon, les — **83** 139 Gb 86
Sallespisse **64** 129 Zb 87
Salmagne **55** 43 Fb 56
Salmaise **21** 74 Ed 64
Salmbach **67** 46 Ia 55
Salmiech **12** 134 Cd 83
Salomé **59** 14 Cf 45
Salon **10** 41 Ea 57
Salon **24** 107 Ae 78
Salon **24** 107 Ba 79
Salon-de-Provence **13** 138 Fa 87
Salon-la-Tour **19** 108 Bd 75
Salonnes **57** 44 Gd 56
Salornay-sur-Guye **71** 88 Ed 69
Salouël **80** 23 Cb 49
Salperwick **62** 9 Cb 44
Salsein **09** 157 Ba 91
Salses **66** 160 Cf 91
Salsigne **11** 148 Cc 89
Salt-en-Donzy **42** 99 Eb 74
Salvagnac **81** 133 Be 85
Salvagnac-Cajarc **12** 120 Bf 82
Salvetat-Belmontet, la — **82** 133 Bd 85
Salvetat-Lauragais, la — **31** 147 Be 87
Salvetat-Peyralès, la — **12** 134 Cb 83
Salvetat-Saint Gilles, la — **31** 146 Bb 87
Salvetat-sur-Agout, la — **34** 148 Ce 87
Salvezines **11** 159 Cb 92
Salviac **46** 119 Bb 80
Salvizinet **42** 99 Eb 73
Salza **11** 148 Cc 91
Salzuit **43** 110 Dc 77
Samadet **40** 130 Zd 87
Saman **31** 145 Ae 89
Samaran **65** 145 Ad 88
Samatan **32** 146 Af 88
Samazan **47** 118 Aa 82
Sambin **41** 70 Bb 64
Sambourg **89** 73 Ea 62
Saméon **59** 15 Db 46
Samer **62** 9 Be 45
Samerey **21** 89 Fc 66
Sames **64** 129 Yf 87
Sammarçolles **86** 82 Aa 66
Sammeron **77** 40 Da 55
Samoëns **74** 103 Ge 72
Samognat **01** 101 Fd 71
Samogneux **55** 27 Fc 53
Samois-sur-Seine **77** 56 Ce 58
Samonac **33** 105 Zc 78
Samoreau **77** 56 Ce 58
Samouillan **31** 146 Af 89
Samoussy **02** 25 De 51
Sampans **39** 75 Fc 66
Sampigny **55** 43 Fd 56
Sampigny-lès-Maranges **71** 88 Ed 67
Sampolo **2A** 163 Ka 97
Samson **25** 90 Ff 66
Samsons-Lion **64** 144 Zf 88
San-Gavino-di-Tenda **2B** 161 Kb 93
San Martino-di-Lota **2B** 161 Kc 92
San Nicolao **2B** 161 Kd 94
Sana **31** 146 Ba 89
Sanary-sur-Mer **83** 153 Fe 90
Sancé **71** 100 Ee 71
Sancergues **18** 72 Cf 66
Sancerre **18** 72 Cf 65
Sancey-le-Grand **25** 77 Gd 65
Sancey-le-Long **25** 77 Gd 65
Sancheville **28** 55 Bd 59
Sanchey **88** 61 Gc 59
Sancoins **18** 86 Cf 68
Sancourt **27** 22 Be 52
Sancourt **59** 14 Db 47
Sancourt **80** 24 Da 50
Sancy **54** 27 Ff 52
Sancy **77** 40 Cf 55
Sancy-les-Cheminots **02** 24 Dc 52
Sancy-lès-Provins **77** 40 Dc 56
Sand **67** 63 Hd 58
Sandarville **28** 55 Bc 58
Sandaucourt **88** 60 Ff 59
Sandillon **45** 55 Ca 61
Sandouville **76** 20 Ab 51
Sandrans **01** 100 Ef 72
Sangatte **62** 9 Be 43
Sangry-lès-Vigy **57** 44 Gb 53
Sangry-sur-Nied **57** 44 Gc 54
Sanguinet **40** 116 Yf 82
Sanilhac **07** 123 Eb 81
Sannat **23** 97 Cc 72
Sannerville **14** 20 Ze 53
Sannes **84** 138 Fc 86
Sansa **66** 159 Cb 93
Sansac-de-Marmiesse **15** 121 Cc 79
Sansac-Veinazès **15** 121 Cc 80
Sansan **32** 145 Ad 87
Sanssac-l'Eglise **43** 111 De 78
Sanssat **03** 98 Dc 71
Sant Julià de Lòria [AND] 158 Bc 94
Santa Lucia-di-Mercurio **2B** 163 Kb 95
Santa Lucia-di-Moriani **2B** 161 Kc 94
Santa Maria-di-Lota **2B** 161 Kc 92
Santa Maria-Figaniella **2A** 163 Ka 98
Santa Maria-Poggio **2B** 161 Kd 94
Santa Maria-Siché **2A** 163 If 97
Santa Reparata-di-Balagna **2B** 161 If 93
Santa Reparata-di-Balagna **2B** 161 If 93
Santa Reparata-di-Moriani **2B** 161 Kc 94
Sant'Andréa **2A** 163 Ka 98
Sant'Andréa — d'Orcino **2A** 162 Ie 96
Sant'Andrea-di-Bozio **2B** 163 Kb 95
Sant'Andrea-di-Cotone **2B** 163 Kc 95
Santans **39** 89 Fe 66
Sant'Antonino **2B** 161 If 93
Sant'Antonino **2B** 161 If 93
Santeau **45** 56 Ca 60
Santec **29** 31 Vf 56
Santenay **41** 69 Ba 63
Santeny **94** 39 Cd 56
Santes **59** 14 Cf 45
Santeuil **28** 55 Be 58
Santeuil **95** 38 Bf 54
Santigny **89** 73 Ea 63
Santilly **28** 55 Bf 60
Santilly **71** 88 Ee 69
Santilly-le-Vieux **28** 55 Bf 60
Santo Pietro-di-Trenda **2B** 161 Kb 93
Santo Pietro-di-Venaco **2B** 163 Kb 95
Santosse **21** 88 Ed 66
Santranges **18** 72 Ce 63
Sanvensa **12** 133 Ca 83
Sanvignes-les-Mines **71** 88 Eb 68
Sanxay **86** 82 Zf 70
Sanzay **79** 81 Zd 67
Sanzey **54** 43 Ff 56
Saon **14** 19 Za 53
Saône **25** 76 Ga 65
Saonnet **14** 19 Za 53
Saorge **06** 141 Hd 84
Saosnes **72** 53 Ab 59
Saou **26** 125 Fa 81
Sap, le — **61** 36 Ac 55
Sap-André, le — **61** 36 Ac 56
Sapignies **62** 14 Cf 48
Sapogne **08** 26 Ee 51
Sapogne-sur-Marche **08** 27 Fb 51
Sapois **39** 90 Ff 64
Sapois **88** 62 Ge 60
Saponay **02** 40 Dc 53
Saponcourt **70** 61 Ga 61
Sappey, le — **74** 102 Ga 72
Sappey-en-Chartreuse **38** 113 Fe 77
Saramon **32** 145 Ae 87
Saran **45** 55 Bf 61
Saraz **25** 90 Ff 66
Sarbazan **40** 130 Ze 84
Sarcé **72** 68 Ab 62
Sarceaux **61** 36 Zf 56
Sarcelles **95** 39 Cc 55
Sarcenas **38** 113 Fe 77
Sarcey **52** 60 Fb 60
Sarcey **69** 100 Ed 73
Sarcos **32** 145 Ae 88
Sarcus **60** 22 Bf 50
Sarcy **51** 41 De 53
Sardan **30** 136 Ea 85
Sardent **23** 96 Bf 72
Sardieu **38** 113 Fb 76
Sardon **63** 98 Db 73
Sardy-lès-Épiry **58** 73 De 65
Sare **64** 142 Yc 89
Sargé-lès-le-Mans **72** 53 Ab 60
Sargé-sur-Braye **41** 54 Af 61
Sari-d'Orcino **2A** 162 If 96
Sariac-Magnoac **65** 145 Ad 89
Sarlabous **65** 145 Ab 90
Sarlande **24** 107 Ba 76
Sarlat-la-Canéda **24** 119 Bb 79
Sarniguet **65** 144 Aa 89
Sarnois **60** 22 Bf 50
Saron-sur-Aube **51** 41 De 57
Sarp **65** 145 Ad 90
Sarpourenx **64** 143 Zb 88
Sarragachies **32** 130 Zf 86
Sarrageois **25** 90 Gb 68
Sarraguzan **32** 145 Ac 88
Sarralbe **57** 45 Ha 54
Sarraltroff **57** 45 Ha 56
Sarran **19** 108 Bf 76
Sarrance **64** 143 Zc 90
Sarrancolin **65** 145 Ac 91
Sarrant **32** 132 Af 86
Sarras **07** 112 Ee 77
Sarrazac **46** 108 Bd 78
Sarraziet **40** 130 Zd 86
Sarre-Union **67** 45 Ha 55
Sarrebourg **57** 45 Ha 56
Sarrecave **31** 145 Ad 89
Sarreguemines **57** 45 Hb 54
Sarremezan **31** 145 Ae 89
Sarrewerden **67** 45 Ha 55
Sarrey **52** 60 Fc 60
Sarriac-Bigorre **65** 145 Aa 88
Sarrians **84** 137 Ef 84
Sarrigné **49** 67 Zd 64
Sarrogna **39** 89 Fd 70
Sarrola-Carcopino **2A** 162 If 96
Sarron **40** 130 Ze 87
Sarrouilles **65** 145 Aa 89
Sarroux **19** 109 Cc 76
Sarry **51** 41 Ec 55
Sarry **71** 99 Ea 71
Sarry **89** 73 Ea 62
Sars, le — **62** 14 Ce 48
Sars-le-Bois **62** 13 Cc 47
Sars-Poteries **59** 15 Ea 47
Sartene **2A** 164 If 99
Sartes **88** 60 Fe 59
Sartilly **50** 34 Yd 56
Sarton **62** 13 Cc 48
Sartrouville **78** 39 Cb 55
Sarzay **36** 84 Bf 69
Sarzeau **56** 64 Xb 63
Sasnières **41** 69 Af 62
Sassangy **71** 88 Ed 68
Sassay **41** 70 Bc 64
Sassegnies **59** 15 De 47
Sassenage **38** 113 Fd 77
Sassenay **71** 88 Ef 68
Sassetot-le-Malgardé **76** 21 Af 50
Sassetot-le-Mauconduit **76** 21 Ad 50
Sasseville **76** 21 Ae 50
Sassey **27** 38 Bb 54
Sassierges-Saint-Germain **36** 84 Bf 88
Sassis **65** 156 Zf 91
Sassy **14** 36 Zf 55
Sathonay-Camp **69** 100 Ef 74
Sathonay-Village **69** 100 Ef 74
Satillieux **07** 112 Ed 78
Satolas **38** 113 Fa 74
Saturargues **34** 136 Ea 86
Saubion **40** 128 Yd 86
Saubole **64** 144 Zf 89
Saubrigues **40** 129 Ye 87
Saubusse **40** 129 Ye 87
Saucats **33** 117 Zc 81
Saucède **64** 143 Zb 89
Sauchy-Cauchy **62** 14 Da 47
Sauchy-Lestrée **62** 14 Da 47
Saucle-sur-Rhône **26** 124 Ee 80
Sauclières **12** 135 Dc 85
Saudemont **62** 14 Da 47
Saudoy **51** 41 De 56
Saudron **52** 60 Fb 58
Saudropt **55** 42 Fa 56
Saugeot **39** 90 Ff 69
Saugnacq-et-Muret **40** 116 Zb 82
Saugon **33** 105 Zc 77
Saugues **43** 122 Db 79
Sauguis **64** 143 Za 90
Saugy **18** 85 Ca 67
Saujac **12** 120 Bf 82
Saujon **17** 92 Za 74
Saulce, la — **05** 126 Ga 82
Saulces-Champenoises **08** 26 Ed 52
Saulces-Monclin **08** 26 Ec 51
Saulcet **03** 98 Db 71
Saulchery **02** 40 Db 55
Saulchoy **62** 13 Be 46
Saulchoy, le — **60** 23 Ca 51
Saulcy **10** 59 Ef 59
Saulcy, le — **88** 62 Ha 58
Saulcy-sur-Meurthe **88** 62 Gf 59
Saules **25** 76 Gb 66
Saules **71** 88 Ee 69
Saulgé **86** 95 Af 70
Saulgé-l'Hôpital **49** 67 Zd 65
Saulges **53** 52 Zd 61
Saulgond **16** 95 Ae 73
Sauliac-cur-Célé **46** 120 Be 81
Saulieu **21** 73 Eb 65
Saulles **52** 75 Fd 62
Saulnay **36** 84 Bb 67
Saulnières **28** 38 Bb 57
Saulnières **35** 51 Yc 61
Saulnot **70** 77 Gd 63
Saulny **57** 44 Ga 54
Saulon-la-Chapelle **21** 75 Ef 65
Saulon-la-Rue **21** 75 Fa 65
Saulsotte, la — **10** 40 Dd 57
Sault **84** 138 Fc 84
Sault-Brénaz **01** 101 Fc 73
Sault-de-Navailles **64** 129 Zb 87
Sault-lès-Rethel **08** 26 Ec 52
Sault-Saint-Rémy **08** 25 Eb 52
Saultain **59** 15 Dd 46
Saulty **62** 14 Cd 47
Saulx **70** 76 Gb 62
Saulx-le-Duc **21** 75 Fa 63
Saulx-les-Chartreux **91** 39 Cb 56
Saulx-Marchais **78** 38 Bf 55
Saulxerotte **54** 61 Ff 58
Saulxures **67** 62 Ha 58
Saulxures-lès-Bulgnéville **88** 60 Fe 59
Saulxures-lès-Nancy **54** 44 Gb 56
Saulxures-lès-Vannes **54** 43 Fe 57
Saulxures-sur-Moselotte **88** 62 Ge 61
Saulzais-le-Potier **18** 85 Cd 69
Saulzet **03** 98 Db 72
Saulzet-le-Chaud **63** 110 Da 74
Saulzet-le-Froid **63** 110 Cf 75
Saulzoir **59** 15 Dc 47
Saumane **30** 136 De 84
Saumane-de-Vaucluse **84** 138 Fa 85
Sauméjan **47** 130 Zf 83
Saumeray **28** 55 Bb 59
Saumont **47** 131 Ac 84
Saumos **33** 104 Za 79
Saumur **49** 68 Zf 65
Saunay **37** 69 Af 63
Saunière, la — **23** 96 Bf 72
Saunières **71** 89 Fa 67
Saurat **09** 158 Bd 91
Sauret-Besserve **63** 97 Ce 73
Saurier **63** 110 Da 75
Sausheim **68** 62 Hc 62
Saussan **34** 150 Ce 87
Saussay **28** 38 Bc 55
Saussay **76** 21 Af 51
Saussay, le — **28** 54 Bb 59
Saussay-la-Campagne **27** 22 Bd 53
Saussaye, la — **27** 21 Af 53
Saussemesnil **50** 18 Yd 51
Saussenac **81** 134 Cb 85
Saussens **31** 147 Be 87
Sausses **04** 140 Ge 84
Sausset-les-Pins **13** 152 Fa 88
Sausseuzemare-en-Caux **76** 20 Ac 50
Saussey **21** 88 Ed 66
Saussey **50** 34 Yd 54
Saussignac **24** 118 Ab 80
Saussines **34** 136 Ea 86
Saussy **21** 74 Ef 64
Sautel **09** 147 Be 91
Sauternes **33** 117 Zd 81
Sauteyrargues **34** 136 Df 86
Sautron **44** 66 Yb 65
Sauvagère, la — **61** 25 Zd 57
Sauvages, les — **69** 100 Ec 73
Sauvagnac **16** 94 Ad 74
Sauvagnas **47** 131 Ae 83
Sauvagnat **63** 97 Cd 74
Sauvagnat-Sainte-Marthe **63** 110 Db 75
Sauvagney **25** 76 Ff 65
Sauvagnon **64** 144 Zd 88
Sauvagny **03** 86 Ce 70
Sauvain **42** 111 Df 74
Sauvat **15** 109 Cc 77
Sauve **30** 136 Df 85
Sauve, la — **33** 117 Ze 80
Sauvelade **64** 143 Zb 88
Sauverny **01** 102 Ha 71
Sauvessanges **63** 111 Df 76
Sauvetat-de-Savères, la — **47** 132 Ae 83
Sauvetat, la — **32** 131 Ad 85
Sauvetat, la — **63** 110 Db 75
Sauvetat-du-Dropt, la — **47** 118 Ac 81
Sauvetat-sur-Lède **47** 118 Ae 82
Sauveterre **30** 137 Ef 84
Sauveterre **32** 146 Af 88
Sauveterre **65** 145 Aa 88
Sauveterre **81** 148 Cd 88
Sauveterre **82** 132 Bb 83
Sauveterre-de-Béarn **64** 143 Za 88
Sauveterre-de-Comminges **31** 145 Ae 90
Sauveterre-de-Guyenne **33** 117 Zf 80
Sauveterre-de-Rouergue **12** 134 Cb 83
Sauveterre-la-Lémance **47** 119 Ba 81
Sauviac **32** 145 Ac 88
Sauviac **33** 117 Ze 82
Sauvian **34** 149 Db 89
Sauviat **63** 110 Dd 74
Sauviat-sur-Vige **87** 96 Bd 73
Sauvignac **16** 105 Zf 77
Sauvigney-lès-Gray **70** 75 Fe 64
Sauvigney-lès-Pesmes **70** 75 Fd 65
Sauvigny **55** 60 Fe 57
Sauvigny-le-Beuréal **89** 73 Ea 64
Sauvigny-les-Bois **58** 86 Db 67
Sauville **08** 26 Ee 51
Sauville **88** 60 Fe 60
Sauvillers-Mongival **80** 23 Cc 50
Sauvimont **32** 146 Af 88
Sauvoy **55** 43 Fd 57
Sauvterre-saint Denis **47** 131 Ae 84
Saux **46** 119 Ba 82
Sauxillanges **63** 110 Dc 75
Sauze **06** 140 Ge 84
Sauze, le — **05** 126 Gb 82
Sauzé-Vaussais **79** 94 Aa 72
Sauzelle **17** 92 Ye 73
Sauzelles **36** 83 Ba 69
Sauzelles **36** 83 Ba 69
Sauzet **26** 124 Ee 81
Sauzet **30** 136 Eb 84
Sauzet **46** 119 Bb 82
Sauzière-Saint-Jean, la — **81** 133 Bd 85
Sauzon **56** 64 We 64
Savarthès **31** 145 Ae 90
Savas **07** 112 Ee 77
Savas-Mépin **38** 113 Fa 76
Savasse **26** 124 Ee 81
Savenay **44** 65 Ya 64
Savenès **82** 132 Bb 86
Savennes **23** 96 Be 72
Savennes **63** 109 Cc 75
Savennières **49** 67 Zc 64
Saverdun **09** 147 Bd 89
Savères **31** 146 Ba 88
Saverne **67** 45 Hc 56
Saveuse **80** 23 Cb 49
Savianges **71** 88 Ed 68
Savières **10** 58 Df 58
Savigna **39** 89 Fd 70
Savignac **12** 120 Bf 82
Savignac **33** 117 Zf 81
Savignac-de-Duras **47** 118 Ab 80
Savignac-de-l'Isle **33** 105 Ze 79
Savignac-de-Miremont **24** 119 Af 49
Savignac-de-Miremont **24** 119 Af 79
Savignac-de-Nontron **24** 107 Ae 75
Savignac-les-Églises **24** 107 Af 77
Savignac-les-Ormeaux **09** 158 Be 92
Savignac-Mona **32** 146 Ba 88
Savignac-sur-Leyze **47** 119 Ae 82
Savignargues **30** 136 Ea 85
Savigné **86** 94 Ab 72
Savigné-l'Évêque **72** 53 Ab 60
Savigné-sous-le-Lude **72** 69 Aa 63
Savigné-sur-Lathan **37** 68 Ab 64
Savigneux **01** 100 Ef 73
Savigneux **42** 111 Ea 75
Savigneux **42** 112 Ec 75
Savignies **60** 22 Bf 52
Savigny **50** 34 Yd 54
Savigny **69** 100 Ed 74
Savigny **74** 101 Ff 72
Savigny **88** 61 Gb 58
Savigny-en-Revermont **71** 89 Fc 69
Savigny-en-Sancerre **18** 72 Ce 64
Savigny-en-Septaine **18** 85 Cd 66
Savigny-en-Terre-Plaine **89** 73 Ea 64
Savigny-en-Véron **37** 68 Aa 65
Savigny-le-Bois **89** 73 Df 63
Savigny-le-Sec **21** 75 Fa 64
Savigny-le-Temple **77** 39 Cd 57
Savigny-le-Vieux **50** 35 Yf 57
Savigny-lès-Beaume **21** 87 Ee 66
Savigny-Lévescault **86** 82 Ac 69
Savigny-Poil-Fol **58** 87 Df 68
Savigny-sous-Faye **86** 82 Ab 67
Savigny-sous-Mâlain **21** 74 Ee 65
Savigny-sur-Aisne **08** 26 Ee 52
Savigny-sur-Ardres **51** 25 De 53
Savigny-sur-Clairis **89** 57 Da 60
Savigny-sur-Grosne **71** 88 Ee 69
Savigny-sur-Orge **91** 39 Cc 56
Savigny-sur-Seille **71** 89 Fa 69
Savilly **21** 88 Eb 66
Savines-le-Lac **05** 126 Gc 81
Savins **77** 57 Db 57
Savoillan **84** 138 Fc 83
Savoisy **21** 74 Ec 62
Savolles **21** 75 Fb 64
Savonnières **37** 69 Ad 64
Savonnières-devant-Bar **55** 43 Fb 56
Savonnières-en-Perthois **55** 43 Fa 57
Savonnières-en-Woëvre **55** 43 Fd 55
Savouges **21** 75 Fa 65
Savournon **05** 126 Fe 82
Savoyeux **70** 75 Fe 63
Savy **02** 24 Db 50
Savy-Berlette **62** 14 Cd 46
Saxel **74** 102 Gc 71
Saxi-Bourdon **58** 87 Dc 66
Saxon-Sion **54** 61 Ga 58
Sayat **63** 98 Da 74
Saze **30** 137 Ee 85
Sazeret **03** 98 Cf 70
Sazos **65** 156 Zf 91
Scaër **29** 48 Wb 60
Scata **2B** 161 Kc 94
Sceau-Saint Angel **24** 107 Ae 76
Sceautres **07** 124 Ed 81
Sceaux **89** 73 Ea 63
Sceaux **92** 39 Cb 56
Sceaux-d'Anjou **49** 67 Zc 63
Sceaux-du-Gâtinais **45** 56 Cd 60
Sceaux-sur-Huisne **72** 54 Ad 60
Scey-Maisières **25** 90 Ga 66
Scey-sur-Saône-et-Saint-Albin **70** 76 Ff 62
Schaeffersheim **67** 63 Hd 58
Schaffhouse-près-Seltz **67** 46 Ia 55
Schaffhouse-sur-Zorn **67** 46 Hd 56
Schalbach **57** 45 Hb 56
Schalkendorf **67** 46 Hd 55
Scharrachbergheim **67** 46 Hc 57
Scheibenhard **67** 46 Ia 55
Scherlenheim **67** 46 Hd 56
Scherwiller **67** 62 Hc 59
Schillersdorf **67** 46 Hd 55
Schiltigheim **67** 46 He 57
Schirmeck **67** 62 Hb 58
Schirrhein **67** 46 Hf 56
Schirrhoffen **67** 46 Hf 56
Schleithal **67** 46 Fa 55
Schlierbach **68** 78 Hc 63
Schmittviller **57** 45 Hb 54
Schneckenbusch **57** 45 Ha 56
Schnersheim **67** 46 Hd 57
Schœnau **67** 63 Hd 59
Schœnbourg **67** 45 Hb 55
Schœnenbourg **67** 46 Hf 55
Schopperten **67** 45 Ha 55
Schorbach **57** 45 Hc 54
Schweighouse-sur-Moder **67** 46 He 56
Schweighouse-Thann **68** 77 Ha 62
Schwenheim **67** 45 Hc 56
Schwerdorff **57** 28 Gd 52
Schweyen **57** 45 Hc 53
Schwinratzheim **67** 46 Hd 56
Schwoben **68** 78 Hb 63
Schwobsheim **67** 63 Hd 59
Sciecq **79** 81 Zd 70
Scientrier **74** 102 Gb 72
Scieurac-et-Flourès **32** 131 Ab 87
Sciez **74** 102 Gc 71
Scillé **79** 81 Zc 69
Scionzier **74** 102 Gd 72
Scolca **2B** 161 Kc 93
Scorbé-Clairvaux **86** 82 Ab 68
Scrignac **29** 31 Wb 58
Scrupt **51** 42 Ee 56
Scy-Chazelles **57** 44 Ga 54
Scye **70** 76 Ga 63
Séailles **32** 131 Aa 86
Séauve-sur-Semène, la — **43** 111 Eb 77
Sébazac-Concourès **12** 121 Cd 82
Sébécourt **27** 37 Af 55
Sébeville **50** 18 Ye 52
Seboncourt **02** 15 Dc 49
Sébrazac **12** 121 Cd 81
Séby **64** 144 Zd 88
Séchault **08** 26 Ee 53
Sécheras **07** 112 Ee 78
Sécheval **08** 26 Ed 49
Séchilienne **38** 114 Fe 78
Séchin **25** 76 Gb 65
Seclin **59** 14 Da 45
Secondigné-sur-Belle **79** 93 Ze 72
Secondigny **79** 81 Zd 69
Secourt **57** 44 Gb 55
Secqueville-en-Bessin **14** 19 Zc 53
Sedan **08** 26 Ef 50
Séderon **26** 138 Fd 83
Sedze-Maubecq **64** 144 Zf 88
Sedzère **64** 144 Ze 88
Sées **61** 36 Ab 57
Séez **73** 115 Ge 75
Ségalas **47** 118 Ad 81
Ségalas **65** 145 Aa 88
Ségalassière, la — **15** 121 Cb 79
Séglien **56** 49 Wf 60
Ségny **01** 102 Ga 71
Segonzac **16** 105 Ze 75
Segonzac **19** 107 Bb 77
Segonzac **24** 106 Ac 77
Segonzac **24** 119 Bb 80
Ségos **32** 130 Ze 87
Segré **49** 67 Za 62
Ségrie **72** 53 Aa 59
Ségrie-Fontaine **61** 35 Zd 56
Ségry **36** 85 Ca 67
Séguinière, la — **49** 67 Za 66
Ségur **12** 134 Cf 83
Ségur, le — **81** 133 Ca 84
Ségur-le-Château **19** 107 Bb 76
Ségur-les-Villas **15** 109 Ce 77
Ségura **09** 147 Be 90
Séguret **84** 137 Fa 83
Seich **65** 145 Ac 90
Seichamps **54** 44 Gb 56
Seichebrières **45** 56 Cb 61
Seicheprey **54** 43 Fe 55
Seiches-sur-le-Loir **49** 67 Zd 63
Seignalens **11** 147 Bf 90
Seigné **17** 93 Ze 73
Seignelay **89** 58 Dd 61
Seigneulles **55** 43 Fb 55
Seigny **21** 74 Ec 63
Seigy **41** 70 Bc 65
Seilh **31** 132 Bc 86
Seilhac **19** 108 Be 76
Seillac **41** 69 Ba 63
Seillans **83** 140 Gd 87
Seillonnaz **01** 101 Fc 74
Seillons-Source-d'Argens **83** 153 Ff 87
Seine-Port **77** 39 Cd 57
Seingbouse **57** 45 Ge 54
Seissan **32** 145 Ad 88
Seix **09** 158 Bb 91
Sel-de-Bretagne, le — **35** 51 Yc 61
Selaincourt **54** 61 Ff 57
Selens **02** 24 Db 51
Sélestat **67** 63 Hc 59
Séligné **79** 93 Ze 72
Séligney **39** 89 Fd 67
Selle-Craonnaise, la — **53** 51 Yf 61
Selle-en-Hermoy, la — **45** 57 Cf 60
Selle-en-Luitré, la — **35** 51 Yf 59
Selle-Guerchaise, la — **35** 51 Yf 61
Selle-la-Forge, la — **61** 35 Zc 56
Selle-sur-le-Bied, la — **45** 57 Cf 60
Selles **27** 21 Ad 53
Selles **62** 9 Bf 44
Selles **70** 61 Ga 61
Selles-Saint-Denis **41** 70 Bf 64
Selles-sur-Cher **41** 70 Bd 65
Selles-sur-Nahon **36** 84 Bc 66
Sellières **39** 89 Fd 68
Selommes **41** 70 Bb 62
Seloncourt **25** 77 Gf 64
Selongey **21** 75 Fb 63
Selonnet **04** 126 Gb 82
Seltz **67** 46 Ia 55
Selve, la — **02** 25 Ea 51
Selve, la — **12** 134 Cd 84
Sem **09** 158 Bd 92
Sémalens **81** 147 Ca 87
Semalle **61** 36 Aa 58
Semarey **21** 74 Ed 65
Sembadel **43** 111 De 77
Sembas **47** 118 Ad 83
Semblançay **37** 69 Ad 64
Sembleçay **36** 70 Be 65
Semboués **32** 145 Aa 88
Séméac **65** 144 Aa 89
Séméacq-Blachon **64** 144 Zf 87
Semécourt **57** 44 Ga 53
Sémelay **58** 87 Df 67
Semens **33** 117 Ze 81
Sementron **89** 72 Dc 63
Séméries **59** 15 Ea 48
Semerville **41** 55 Bc 61
Semezanges **21** 74 Ef 65
Sémézies-Cachan **32** 145 Ae 88
Semide **08** 26 Ed 52
Sémillac **17** 105 Zc 76
Semmadon **70** 76 Ff 62
Semoine **10** 41 Ea 56
Semond **21** 74 Ed 62
Semons **38** 113 Fb 76
Semoussac **17** 105 Zc 76
Semoutiers-Montsaon **52** 59 Fa 60
Semoy **45** 55 Bf 61
Sempesserre **32** 131 Ad 84
Sempigny **60** 24 Da 51
Sempy **62** 13 Be 46
Semur-en-Auxois **21** 74 Ec 64

202 **Sainte-Pazanne — Semur-en-Auxois**

Tourouzelle 11 148 Ce 89
Tourreilles 11 147 Cb 90
Tourrenquets 32 131 Ae 86
Tourrette-Levens 06 141 Hb 86
Tourrettes 83 140 Ge 87
Tourriers 16 94 Ab 74
Tours 37 69 Ae 64
Tours-en-Savoie 73 114 Gc 75
Tours-en-Vimeu 80 13 Be 48
Tours-sur-Marne 51 41 Ea 54
Tours-sur-Meymont 63 110 Dd 74
Tourtenay 79 82 Zf 66
Tourteron 08 26 Ed 51
Tourtour 83 153 Gb 87
Tourtouse 09 146 Ba 90
Tourtrès 47 118 Ac 81
Tourtrol 09 147 Be 90
Tourves 83 153 Ff 88
Tourville-en-Auge 14 20 Ab 53
Tourville-la-Campagne 27 21 Af 53
Tourville-la-Chapelle 76 12 Bb 49
Tourville-la-Rivière 76 21 Ba 53
Tourville-les-Ifs 76 21 Ac 50
Tourville-sur-Arques 76 21 Ba 49
Tourville-sur-Odon 14 35 Zd 54
Tourville-sur-Pont-Audemer 27 21 Ad 53
Tourville-sur-Sienne 50 34 Yc 54
Toury 28 55 Bf 59
Toury-Lurcy 58 103 Dc 68
Tourzel 63 110 Da 75
Toussaint 76 21 Ac 50
Toussieu 69 112 Ef 75
Toussieux 01 100 Ee 73
Tousson 77 56 Cc 58
Toussus-le-Noble 78 39 Ca 56
Toutainville 27 21 Ac 52
Toutenant 71 89 Fa 67
Toutencourt 80 13 Cc 48
Toutens 31 147 Be 88
Toutlemonde 49 67 Zb 66
Toutry 21 73 Ea 63
Touvérac 16 105 Ze 76
Touville 27 21 Ae 53
Touvois 44 80 Yb 67
Touvre 16 94 Ab 74
Touzac 16 105 Zf 75
Touzac 46 119 Ba 82
Tox 2B 163 Kc 95
Toy-Viam 19 108 Bf 75
Tracy-Bocage 14 35 Zb 54
Tracy-le-Mont 60 24 Da 52
Tracy-le-Val 60 24 Da 52
Tracy-sur-Loire 58 72 Cf 65
Tracy-sur-Mer 14 19 Zc 52
Trades 69 100 Ed 71
Traenheim 67 46 Hc 57
Tragny 57 44 Gc 55
Trainou 45 56 Ca 61
Trait, le — 76 21 Ae 52
Traize 73 113 Fe 74
Tralaigues 63 97 Cd 73
Tralonca 2B 161 Kb 94
Tramain 22 33 Xd 58
Tramayes 71 100 Ed 71
Trambly 71 100 Ed 71
Tramecourt 62 13 Ca 46
Tramery 51 41 De 53
Tramezaïgues 65 156 Ab 92
Tramont-Emy 54 61 Ff 58
Tramont-Lassus 54 61 Ff 58
Tramont-Saint-André 54 61 Ff 58
Tramoyes 01 100 Ef 73
Tranche-sur-Mer, la — 85 80 Yd 70
Tranclière, la — 01 101 Fb 72
Trancrainville 28 55 Bf 59
Trangé 72 53 Aa 60
Tranger, le — 36 84 Bb 67
Trannes 10 59 Ed 59
Tranqueville-Graux 88 60 Ff 58
Trans 35 34 Yc 58
Trans 53 52 Ze 59
Trans-en-Provence 83 154 Gc 87
Trans-sur-Erdre 44 66 Yd 64
Translay, le — 80 13 Be 49
Transloy, le — 62 14 Cf 48
Tranzault 36 84 Bf 69
Trappes 78 38 Bf 56
Trassanel 11 148 Cc 88
Traubach-le-Bas 68 77 Ha 63
Traubach-le-Haut 68 77 Ha 62
Trausse 11 148 Cd 89
Travaillan 84 137 Ef 83
Travecy 02 24 Dc 50
Traversères 32 145 Ad 87
Travet, le — 81 134 Cc 86
Trayes 79 81 Zd 68
Tréal 56 50 Xe 61
Tréauville 50 18 Yb 51
Trébabu 29 30 Vb 58
Treban 03 98 Db 70
Tréban 81 134 Cc 84
Trebas 81 134 Cc 85
Trébédan 22 33 Xf 58
Trèbes 11 148 Cc 89
Trébeurden 22 31 Wc 56
Trébons 31 157 Ad 92
Trébons 65 145 Aa 90
Trébons-sur-la-Grasse 31 147 Be 88
Trébrivan 22 31 Wd 59
Trébry 22 33 Xc 58
Tréclun 21 75 Fa 65
Trécon 51 41 Ea 55
Trédaniel 22 32 Xc 58
Trédarzec 22 32 We 56
Trédion 56 49 Xc 62
Trédrez 22 31 Wc 56
Tréduder 22 31 Wc 57
Trefcon 02 24 Da 49
Treffendel 35 50 Xe 60
Treffiagat 29 47 Ve 62
Treffieux 44 66 Yc 63
Treffort 38 125 Fd 79
Treffort-Cuisiat 01 101 Fc 71
Treffrin 22 31 Wc 59
Tréflaouénan 29 31 Vf 57
Tréflévénez 29 31 Vf 58
Tréflez 29 30 Ve 57
Tréfols 51 40 Dd 56
Tréfumel 22 50 Xf 58
Trégarantec 29 30 Ve 57
Trégarvan 29 30 Ve 59
Trégastel 22 31 Wd 56
Tréglamus 22 32 We 57
Tréglonou 29 30 Vc 57
Trégomeur 22 32 Xa 57
Trégon 22 33 Xe 57
Trégonneau 22 32 Wf 57
Trégornan 22 48 Wd 59
Trégourez 29 48 Wa 60
Trégrom 22 32 Wd 57
Tréguennec 29 47 Ve 61
Trégueux 22 32 Xb 58
Tréguidel 22 32 Xa 57
Tréguier 22 32 We 56
Tréhorenteuc 56 50 Xe 60
Tréhou, le — 29 31 Vf 58
Treignac 19 108 Be 75
Treignat 03 97 Cc 70
Treilles 11 160 Cf 91
Treilles-en-Gâtinais 45 56 Cd 60
Treillières 44 66 Yc 65
Treix 52 60 Fb 60
Treize-Septiers 85 80 Ye 67
Treize-Vents 85 81 Za 67
Tréjouls 82 132 Bb 83
Trélans 48 122 Da 82
Trélazé 49 67 Zd 64
Trélévern 22 32 Wd 56
Trelins 42 99 Ea 74
Trélissac 24 107 Ae 77
Trélivan 22 33 Xf 58
Trelly 50 34 Yd 55
Trélon 59 16 Ea 48
Trélou-sur-Marne 02 41 Dd 54
Trémaouézan 29 30 Ve 57
Trémargat 22 32 We 59
Trémauville 76 21 Ad 50
Tremblade, la — 17 92 Yf 74
Tremblay 35 34 Yd 58
Tremblay, le — 27 37 Af 54
Tremblay, le — 49 67 Yf 62
Tremblay-lès-Gonesse 93 39 Cd 55
Tremblay-les-Villages 28 38 Bc 57
Tremblay-sur-Mauldre, le — 78
38 Bf 56
Tremblecourt 54 44 Ff 56
Tremblois, le — 70 75 Fd 64
Tremblois-lès-Carignan 08 27 Fb 51
Tremblois-lès-Rocroi 08 26 Ec 49
Trémeheuc 35 34 Yb 58
Trémel 22 31 Wc 57
Tréméloir 22 32 Xa 57
Trémentines 49 67 Zb 66
Tréméoc 29 47 Ve 61
Tréméreuc 22 33 Xf 57
Trémery 57 28 Gb 53
Trémeur 22 50 Xe 58
Tréméven 22 32 Wf 56
Tréméven 29 48 Wc 61
Tréminis 38 125 Fe 80
Trémoins 70 77 Ge 63
Trémolat 24 119 Ae 79
Trémons 47 119 Af 82
Trémont 49 67 Zd 66
Trémont 61 37 Ab 57
Trémont-sur-Saulx 55 42 Fa 56
Trémonzey 88 61 Gb 61
Trémorel 22 50 Xe 59
Trémouille 15 109 Ce 76
Trémouille-Saint-Loup 63 109 Cd 76
Trémouilles 12 134 Cd 83
Tremoulet 09 147 Be 90
Tremuson 22 32 Xa 57
Trenal 39 89 Fc 69
Trensacq 40 129 Zb 83
Trentels 47 119 Af 82
Tréogan 29 48 Wc 59
Tréon 28 38 Bb 56
Tréouergat 29 30 Vc 57
Trépail 51 41 Eb 54
Tréport, le — 76 12 Bc 48
Trépot 25 76 Ga 65
Trept 38 113 Fb 74
Trésauvaux 55 43 Fd 54
Tresbœuf 35 51 Yc 61
Trescault 62 14 Da 48
Trescléoux 05 125 Fe 82
Trésilley 70 76 Ga 64
Treslon 51 25 De 53
Tresnay 58 86 Db 68
Trespoux-Rassiels 46 119 Bc 82
Tresques 30 137 Ed 84
Tressan 34 149 Dc 87
Tressange 57 28 Ff 52
Tressé 35 33 Ya 58
Tresserre 66 160 Ce 93
Tresses 33 117 Zd 79
Tressignaux 22 32 Xa 57
Tressin 59 14 Db 45
Tresson 72 54 Ad 61
Treteau 03 98 Dd 70
Trétoire, la — 77 40 Db 55
Trets 13 152 Fe 88
Treux 80 14 Cd 49
Treuzy-Levelay 77 57 Ce 59
Trévé 22 49 Xb 59
Trévenans 90 77 Gf 63
Tréveneuc 22 32 Xa 57
Tréveray 55 43 Fc 57
Trévérec 22 32 Wf 57
Trévérien 35 50 Ya 58
Trèves 30 135 Dc 84
Trèves 69 112 Ee 75
Trévien 81 133 Ca 84
Trévières 14 19 Za 53
Trévignin 73 114 Ff 74
Trevillach 66 160 Cd 92
Trévillers 25 77 Gf 65
Trévilly 89 73 Ea 63
Trévol 03 86 Db 69
Trévou-Tréguignec 22 32 Wd 56
Trévoux 01 100 Ee 73
Trévoux, le — 29 48 Wc 61
Trévron 22 33 Xf 58
Trézelles 03 99 Dd 71
Trézény 22 32 Wd 56
Tréziers 11 147 Bf 90
Trézilidé 29 31 Vf 57
Trézioux 63 110 Dc 74
Triac-Lautrait 16 93 Zf 74
Triadou, le — 34 136 Df 86
Triaize 85 80 Ye 70
Tribehou 50 18 Ye 53
Trichey 89 58 Ea 61
Tricot 60 23 Cd 51
Tricqueville 27 21 Ac 52
Trie-Château 60 22 Be 53
Trie-la-Ville 60 22 Be 53
Trie-sur-Baïse 65 145 Ac 89
Triel-sur-Seine 78 39 Ca 55
Triembach-au-Val 67 62 Hb 58
Trieux 54 28 Ff 53
Trigance 83 139 Gc 86
Trignac 44 65 Xe 65
Trigny 51 25 Df 53
Triguères 45 57 Cf 61
Trilbardou 77 40 Ce 55
Trilla 66 160 Cd 92
Trilport 77 40 Cf 55
Trimbach 67 46 Ia 55
Trimer 35 50 Ya 58
Trimouille, la — 86 83 Ba 70
Trinay 45 55 Bf 60
Trinitat, la — 15 122 Cf 80
Trinité, la — 06 141 Hb 86
Trinité, la — 27 38 Bb 55
Trinité, la — 50 34 Ye 56
Trinité, la — 73 114 Ga 76
Trinité-de-Réville, la — 27 37 Ad 55
Trinité-des-Laitiers, la — 61 36 Ac 56
Trinité-du-Mont, la — 76 21 Ad 51
Trinité-Porhoët, la — 56 50 Xc 60
Trinité-sur-Mer, la — 56 64 Wf 63
Trinité-Surzur, la — 56 65 Xc 63
Triors 26 113 Fa 78
Trioulou, le — 15 121 Cb 80
Tripleville 41 55 Bc 61
Triquerville 76 21 Ad 51
Trith-Saint-Léger 59 15 Dc 46
Tritteling 57 44 Gd 54
Trivy 71 100 Ec 70
Trizac 15 109 Cd 77
Trizay 17 92 Za 74
Trizay-Coutretot-Saint-Serge 28
54 Af 59
Trizay-lès-Bonneval 28 55 Bc 59
Troarn 14 20 Ze 53
Troche 19 108 Bc 76
Trochères 21 75 Fb 64
Troësnes 02 40 Db 53
Troguéry 22 32 We 56
Trogues 37 69 Ac 66
Trois-Domaines, les — 55 43 Fb 55
Trois-Fonds 23 97 Cb 71
Trois Fontaines 51 42 Ef 56
Trois-Monts 14 35 Zd 54
Trois-Moutiers, les — 86 68 Aa 66
Trois Palis 16 106 Aa 75
Trois-Pierres, les — 76 21 Ac 51
Trois-Puits 51 41 Ea 53
Trois-Vèvres 58 86 Dc 67
Trois-Villes 64 143 Za 90
Troisfontaines 57 45 Ha 56
Troisfontaines-la-Ville 52 42 Fa 57
Troisgots 50 35 Yf 54
Troissereux 60 23 Ca 52
Troissy 51 41 De 54
Troisvilles 59 15 Dc 48
Tromarey 70 75 Fe 64
Tromborn 57 28 Gd 53
Troncens 32 145 Ab 88
Tronchet, le — 35 34 Yb 58
Tronchet, le — 72 53 Aa 59
Tronchoy 89 58 Df 61
Tronchy 71 89 Fa 68
Troncq, le — 27 37 Af 53
Trondes 54 43 Fe 56
Tronget 03 86 Da 70
Tronquay, le — 14 19 Zb 53
Tronquay, le — 27 22 Be 52
Tronsanges 58 86 Da 66
Tronville 54 43 Ff 54
Tronville-en-Barrois 55 43 Fb 56
Trôo 41 69 Ae 62
Trosly 60 24 Cf 52
Trosly-Loire 02 24 Db 51
Trouans 10 41 Eb 57
Troubat 65 145 Ad 91
Trouhans 21 75 Fb 66
Trouhaut 21 74 Ee 64
Trouillas 66 160 Ce 93
Trouley-Labarthe 65 145 Ab 89
Troussencourt 60 23 Cb 51
Troussey 55 43 Fe 56
Troussures 60 22 Bf 52
Trouville 76 21 Ad 51
Trouville-la-Haule 27 21 Ad 52
Trouville-sur-Mer 14 20 Aa 52
Trouy 18 85 Cc 66
Troyes 10 58 Ea 59
Troyon 55 43 Fc 54
Truchère, la — 71 88 Ef 69
Truchtersheim 67 46 Hd 56
Trucy 02 25 Dd 52
Trucy-l'Orgueilleux 58 72 Dc 64
Trucy-sur-Yonne 89 73 Dd 63
Truel, le — 12 134 Ce 84
Trugny 21 89 Fa 67
Truinas 26 125 Fa 81
Trumilly 60 24 Ce 53
Trun 61 36 Aa 55
Trungy 14 19 Zb 53
Truyes 37 69 Af 65
Tubersent 62 13 Be 45
Tuchan 11 160 Ce 91
Tucquegnieux 54 27 Ff 53
Tudeils 19 108 Be 78
Tudelle 32 131 Ab 86
Tuffé 72 54 Ad 60
Tugéras 17 105 Zd 76
Tugny-et-Pont 02 24 Da 50
Tuilière, la — 42 99 De 73
Tulette 26 ~~124 Ee 83~~ 137 Ef 83
Tulle 19 108 Be 77
Tullins 38 113 Fc 77
Tully 80 12 Bd 48
Tupigny 02 15 Dd 49
Tupin 69 112 Ee 76
Turballe, la — 44 65 Xc 64
Turbie, la — 06 141 Hc 86
Turcey 21 74 Ee 64
Turckheim 68 62 Ha 60
Turenne 19 108 Bd 78
Turgon 16 94 Ac 73
Turgy 10 58 Ea 60
Turny 89 58 De 60
Turquant 49 68 Aa 65
Turquestein-Blancrupt 57 45 Ha 57
Turqueville 50 18 Ye 52
Turriers 04 126 Gb 82
Tursac 24 119 Ba 79
Tusson 16 94 Aa 73
Tuzaguet 65 145 Ac 90
Tuzan, le — 33 117 Zc 82
Tuzie 16 94 Aa 73

U

Uberach 67 46 Hd 55
Ubexy 88 61 Gb 58
Ubraye 04 140 Ge 85
Ucciani 2A 163 If 96
Ucel 07 124 Ec 81
Uchacq-et-Parentis 40 130 Zc 85
Uchaud 30 136 Eb 86
Uchaux 84 124 Ee 83
Uchentein 09 157 Ba 91
Uchizy 71 88 Ef 69
Uchon 71 88 Eb 68
Uckange 57 28 Ga 53
Ueberstrass 68 77 Ha 63
Uffheim 68 78 Hc 63
Uffholtz 68 62 Hb 62
Ugine 73 102 Gc 74
Uglas 65 145 Ac 90
Ugnouas 65 145 Aa 88
Ugny 54 27 Fe 52
Ugny-le-Gay 02 24 Db 51
Ugny-l'Equipée 80 24 Da 50
Ugny-sur-Meuse 55 43 Fe 57
Uhart-Cize 64 143 Ye 90
Uhart-Mixe 64 143 Yf 89
Uhlwiller 67 46 He 56
Uhrwiller 67 46 Hd 55
Ulcot 79 81 Zd 66
Ulis, les — 91 39 Cb 56
Ully-Saint-Georges 60 23 Cb 53
Ulmes, les — 49 68 Ze 65
Umpeau 28 55 Be 58
Unac 09 158 Be 92
Uncey-le-Franc 21 74 Ed 64
Unchair 51 25 De 53
Ungersheim 68 62 Hb 61
Unienville 10 59 Ed 59
Union, l' — 31 132 Bc 87
Unlas 42 111 Eb 75
Unverre 28 54 Ba 59
Unzent 09 147 Bd 89
Upaix 05 126 Ff 83
Upie 26 124 Ef 80
Urau 31 146 Af 90
Urbalacone 2A 163 If 97
Urbanya 66 159 Cb 93
Urbeis 67 62 Hb 59
Urbès 68 62 Gf 61
Urbise 42 99 Df 71
Urçay 03 85 Cd 69
Urcel 02 24 Dd 52
Urcerey 90 77 Ge 63
Urciers 36 85 Ca 69
Urcuit 64 142 Yd 88
Urcy 21 74 Ef 65
Urdens 32 131 Ae 85
Urdès 64 144 Zc 89
Urdos 64 155 Zc 91
Urepel 64 142 Yd 90
Urgons 40 130 Zd 87
Urgosse 32 130 Zf 86
Uriménil 88 61 Gc 60
Urmatt 67 45 Hb 57
Urou-et-Crennes 61 36 Aa 56
Urrugne 64 142 Yb 88
Urs 09 158 Be 92
Urschenheim 68 63 Hc 60
Urt 64 129 Ye 87
Urtaca 2B 161 Kb 93
Uruffe 54 43 Fe 57
Urville 10 59 Ed 60
Urville 14 36 Ze 54
Urville 50 18 Yd 52
Urville-Naqueville 50 18 Yb 50
Urvillers 02 24 Db 50
Ury 77 56 Cd 58
Urzy 58 86 Db 66
Us 95 38 Bf 54
Usclas-d'Hérault 34 149 Dc 87
Usines 74 102 Ff 73
Ussac 19 108 Bd 78
Ussat 09 158 Bd 91
Usseau 79 93 Zc 71
Usseau 86 83 Ad 67
Ussel 15 110 Cf 78
Ussel 19 109 Cb 75
Ussel 46 120 Bc 81
Ussel-d'Allier 03 98 Db 71
Usson 63 110 Dc 75
Usson-du-Poitou 86 94 Ad 71
Usson-en-Forez 42 111 Df 76
Ussy 14 36 Ze 55
Ussy-sur-Marne 77 40 Da 55
Ustaritz 64 142 Yd 88
Ustou 09 158 Bb 92
Utelle 06 140 Hb 85
Uttenheim 67 63 Hd 58
Uttenhoffen 67 46 Hd 55
Uttwiller 67 46 Hc 55
Uxeau 71 87 Ea 69
Uxegney 88 61 Gc 59
Uxelles 39 90 Fe 69
Uxem 59 10 Cc 42
Uza 40 129 Ye 84
Uzan 64 144 Zc 88
Uzay-le-Venon 18 85 Cc 68
Uzech 46 119 Bc 81
Uzein 64 144 Zd 88
Uzel 22 31 Wc 57
Uzel 22 49 Wa 59
Uzelle 25 76 Gc 64
Uzemain 88 61 Gc 60
Uzer 07 123 Eb 81
Uzer 65 145 Ab 90
Uzès 30 137 Ec 84
Uzeste 33 117 Ze 82
Uzos 64 144 Zd 89

V

Vaas 72 68 Ab 63
Vabre 81 134 Cc 86
Vabre-Tizac 12 133 Ca 83
Vabres 15 110 Db 78
Vabres 30 136 Df 84
Vabres-l'Abbaye 12 134 Cf 85
Vacherauville 55 43 Fc 53
Vachères 04 138 Fd 85
Vacheresse 74 103 Ge 71
Vacheresse-et-la-Rouillie, la — 88
60 Fe 60
Vacherie, la — 27 37 Ae 54
Vacherie, la — 27 37 Ba 54
Vacognes-Neuilly 14 35 Zc 54
Vacon 55 43 Fd 56
Vacquerie 80 13 Ca 48
Vacquerie-et-Saint-Martin-de-Castries, la
— 34 135 Dc 86
Vacquerie-le-Boucq 62 13 Cb 47
Vacqueriette-Erquières 62 13 Ca 47
Vacqueville 54 62 Ge 58
Vacqueyras 84 137 Ef 84
Vacquières 34 136 Df 85
Vacquiers 31 132 Bc 86
Vadans 39 89 Fe 67
Vadans 70 75 Fd 64
Vadelaincourt 55 43 Fb 54
Vadenay 51 42 Ec 54
Vadencourt 02 25 Dd 49
Vadencourt 80 14 Cc 48
Vadonville 55 43 Fd 56
Vagney 88 62 Ge 60
Vahl-Ebersing 57 45 Ge 54
Vahl-lès-Bénestroff 57 45 Ge 55
Vahl-lès-Faulquemont 57 44 Gd 54
Vaiges 53 52 Zd 60
Vailhan 34 149 Db 87
Vailhauquès 34 136 De 86
Vailhourles 12 120 Bf 83
Vaillac 46 120 Bd 80
Vaillant 52 75 Fa 62
Vailly 10 58 Ea 58
Vailly 74 102 Gd 71
Vailly-sur-Aisne 02 24 Dd 52
Vailly-sur-Saudre 18 71 Cd 64
Vains 50 34 Yd 56
Vairé 85 79 Yb 69
Vaire-Arcier 25 76 Ga 65
Vaire-le-Petit 25 76 Ga 65
Vaire-sous-Corbie 80 23 Cd 49
Vaires-sur-Marne 77 39 Cd 55
Vaison-la-Romaine 84 138 Fa 83
Vaissac 82 133 Bd 84
Vaivre, la — 70 61 Gc 61
Vaivre-et-Montoille 70 76 Ga 63
Val, le — 83 153 Ga 88
Val André, le — 22 33 Xc 57
Val-d'Auzon 10 59 Ec 58
Val-David, le — 27 38 Bb 55
Val-de-Bride 57 45 Ge 55
Val-de-Fier 74 102 Ff 73
Val-de-Guéblange, le — 57 45 Gf 55
Val-de-Mercy 89 73 Dd 62
Val-de-Meuse 52 60 Fd 60
Val-de-Reuil 27 21 Bb 53
Val-de-Roulans 25 76 Gb 64
Val-de-Vesle 51 41 Eb 53
Val-de-Vière 51 42 Ee 56
Val-d'Epy 39 101 Fc 70
Val-des-Marais 51 41 Df 55
Val-d'Esnoms 52 75 Fb 62
Val-d'Isère 73 115 Gf 76
Val-d'Izé 35 51 Ye 59
Val-d'Ornain 55 42 Fa 56
Val-d'Orvin 10 58 Dd 58
Val-et-Châtillon 54 45 Gf 57
Val-Saint-Eloi, le — 70 76 Gb 62
Val-Saint-Germain, le — 91 39 Ca 57
Val-Saint-Père, le — 50 34 Yd 57
Valady 12 121 Cc 82
Valailles 27 37 Ad 54
Valaire 41 70 Bb 64
Valanjou 49 67 Zc 65
Valaurie 26 124 Ee 82
Valavoire 04 139 Ga 83
Valay 70 75 Fd 65
Valbeleix 63 110 Cf 76
Valbelle 04 139 Ff 84
Valbois 55 43 Fd 55
Valbonnais 38 126 Ff 79
Valbonne 06 140 Ha 78
Valcabrère 31 145 Ad 90
Valcanville 50 18 Ye 51
Valcebollère 66 159 Ca 94
Valcivières 63 111 De 75
Valdahon 25 76 Gc 66
Valdampierre 60 23 Ca 53
Valdécie 50 18 Yc 52
Valderiès 81 134 Cb 84
Valderoue 06 140 Ge 86
Valdieu-Lutran 68 77 Ha 63
Valdivienne 86 83 Ad 69
Valdoie 90 77 Gf 62
Valdrôme 26 125 Fd 81
Valdurenque 81 148 Cb 87
Valeille 42 111 Eb 74
Valeilles 82 119 Af 82
Valeins 01 100 Ef 72
Valempoulières 39 90 Ff 68
Valençay 36 70 Bd 66
Valence 16 94 Ab 73
Valence 26 124 Ef 79
Valence 82 132 Af 84
Valence-d'Albigeois 81 134 Cc 84
Valence-en-Brie 77 57 Cf 58
Valence-sur-Baïse 32 131 Ac 85
Valenciennes 59 15 Dd 46
Valencin 38 112 Fa 75
Valendcogne 38 113 Fd 76
Valennes 72 54 Ae 61
Valensole 04 139 Ff 85
Valentigney 25 77 Ge 64
Valentine 31 145 Ae 90
Valenton 94 39 Cc 56
Valergues 34 136 Ea 87
Valernes 04 139 Ff 83
Valescourt 60 23 Cc 52
Valette 15 109 Cd 77
Valette, la — 38 126 Ff 79
Valette-du-Var, la — 83 153 Ff 90
Valeuil 24 106 Ad 77
Valezan 73 115 Ge 75
Valff 67 63 Hd 58
Valfin-lès-Saint-Claude 39 90 Ff 70
Valfin-sur-Valouse 39 101 Fd 70
Valflaunès 34 136 Df 86
Valfleury 42 112 Ec 75
Valframbert 61 53 Aa 58
Valfroicourt 88 61 Ga 59
Valgorge 07 123 Ea 81
Valhey 54 44 Gc 56
Valhuon 62 13 Cb 46
Valiergues 19 109 Cb 76
Valignat 03 98 Da 71
Valigny 03 86 Ce 68
Valjouffrey 38 126 Ga 79
Valjouze 15 110 Da 78
Valla, la — 42 99 Df 74
Valla-en-Gier, la — 42 112 Ed 76
Vallabrègues 30 137 Ed 85
Vallabrix 30 137 Ec 84
Vallan 89 73 Dd 62
Vallangoujard 95 39 Ca 54
Vallans 79 93 Zc 71
Vallant-Saint-Georges 10 58 Df 58
Vallauris 06 140 Ha 87
Valle-d'Alesani 2B 163 Kc 95
Valle-di-Campoloro 2B 163 Kd 95
Valle-di-Mezzana 2A 162 Ie 96
Valle-di-Rostino 2B 161 Kb 94
Valle-d'Orezza 2B 161 Kc 94
Valleraugue 30 136 Dd 84
Vallecalle 2B 161 Kc 93
Vallée, la — 17 92 Za 73
Vallée-au-Blé, la — 02 25 De 49
Vallée-Mulâtre, la — 02 15 Dd 48
Vallègue 31 147 Be 88
Valleiry 74 101 Ff 72
Vallenay 18 85 Cc 68
Vallentigny 10 59 Ed 58
Vallerange 57 44 Ge 55
Vallérargues 30 137 Ec 84
Vallères 37 69 Ac 65
Valleret 52 59 Fa 58
Vallereuil 24 106 Ad 78
Vallerois-le-Bois 70 76 Gb 63
Vallerois-Lorioz 70 76 Ga 63
Valleroy 25 76 Ga 64
Valleroy 52 75 Fe 62
Valleroy 54 44 Ff 53
Valleroy-aux-Saules 88 61 Ga 59
Valleroy-le-Sec 88 61 Ga 59
Vallery 89 57 Da 59
Vallesvilles 31 147 Bd 87
Vallet 44 66 Ye 66
Valletot 27 21 Ad 52
Vallica 2B 161 Ka 93
Vallière 23 97 Cc 71
Vallières 10 58 Ea 61
Vallières 23 96 Ca 73
Vallières 74 102 Ff 73
Vallières-les-Grandes 41 69 Ba 64
Valliguières 30 137 Ed 84
Valliquerville 76 21 Ae 51
Valloire 73 114 Gc 78
Vallois 54 61 Gd 58
Vallois, les — 88 61 Ga 60
Vallon-en-Sully 03 85 Cd 69
Vallon-Pont-d'Arc 07 124 Ec 82
Vallon-sur-Gée 72 53 Zf 61
Vallorcine 74 103 Gf 72
Vallouise 05 126 Gd 79
Valmanya 66 160 Cd 93
Valmascle 34 149 Db 87
Valmeinier 73 114 Gc 77
Valmestroff 57 28 Gb 52
Valmigère 11 148 Cc 91
Valmondois 95 39 Cb 54
Valmont 76 21 Ad 50
Valmunster 57 28 Gd 53
Valmy 51 42 Ee 54
Valognes 50 18 Yd 51
Valojoulx 24 107 Ba 78
Valonne 25 77 Gd 64
Valoreille 25 77 Ge 65
Valouse 26 125 Fb 82
Valprionde 46 119 Ba 82
Valprivas 43 111 Ea 77
Valpuiseaux 91 56 Cb 58
Valras-Plage 34 149 Db 89
Valréas 84 124 Ef 82
Valros 34 149 Dc 88
Valroufié 46 120 Bc 81
Vals 09 147 Be 90
Vals 43 111 Df 78
Vals-des-Tilles 52 75 Fa 62
Vals-le-Chastel 43 110 Dd 77
Vals-les-Bains 07 124 Ec 81
Valsemé 14 20 Aa 53
Valserres 05 126 Ga 82
Valsonne 69 100 Ec 73
Valtin, le — 88 62 Ha 60
Valuéjols 15 110 Cf 78
Valvignères 07 124 Ed 82
Valz-sous-Châteauneuf 63 110 Dc 76
Valzergues 12 121 Cb 82
Vanault-le-Châtel 51 42 Ee 55
Vanault-les-Dames 51 42 Ee 55
Vançais 79 94 Aa 71
Vancé 72 54 Ad 62
Vancelle, la — 67 62 Hb 59
Vanclans 25 90 Gc 66
Vandeins 01 100 Fa 71
Vandelainville 54 44 Ff 54
Vandelans 70 76 Gb 64
Vandeléville 54 61 Ff 58
Vandélicourt 60 24 Ce 51
Vandenesse 58 87 De 67
Vandenesse-en-Auxois 21 74 Ed 65
Vandeuil 51 25 De 53
Vandières 51 41 De 54
Vandières 54 44 Ga 55
Vandœuvre-lès-Nancy 54 44 Gb 57
Vandoncourt 25 77 Gf 64
Vandré 17 93 Zb 72
Vandrimare 27 22 Bc 52
Vandy 08 26 Ee 52
Vanlay 10 58 Ea 60
Vanne 70 76 Ff 63
Vanneau, le — 79 93 Zc 71
Vannecourt 57 44 Gd 55
Vannecrocq 27 21 Ac 53
Vannes 56 49 Xb 63
Vannes-le-Châtel 54 43 Fe 57
Vannes-sur-Cosson 45 71 Cb 62
Vannoz 39 90 Ff 68
Vanosc 07 112 Ed 77
Vans, les — 07 123 Ea 82
Vantoux 57 44 Gb 54
Vantouxet-Longevelle 70 76 Ff 64
Vanvey 21 59 Ee 61
Vanvillé 77 40 Da 57
Vanxains 24 106 Ab 77
Vany 57 44 Gb 54
Vanzac 17 105 Ze 76
Vanzay 79 94 Aa 71
Vanzy 74 101 Ff 72
Vaour 81 133 Be 84
Varacieux 38 113 Fc 77
Varades 44 67 Yf 64
Varages 83 153 Ff 87
Varaignes 24 106 Ad 75
Varaire 46 120 Be 82
Varaize 17 93 Zd 73
Varambon 01 101 Fb 72
Varanges 21 75 Fa 65
Varangéville 54 44 Gb 57
Varaville 14 20 Zf 53
Varces 38 113 Fe 78
Vareille, la — 23 96 Bf 74
Vareilles 23 96 Bc 71
Vareilles 71 99 Eb 71
Vareilles 89 57 Dc 59
Varen 82 133 Be 84
Varengeville-sur-Mer 76 12 Af 49
Varenguebec 50 18 Yd 52
Varenne, la — 49 66 Ye 65
Varenne, la — 49 67 Za 63
Varenne-l'Arconce 71 99 Ea 70
Varenne-Saint-Germain 71 87 Ea 70
Varennes 24 118 Ae 80
Varennes 31 147 Be 88
Varennes 37 83 Af 66

Tourouzelle—Varennes 205

Varennes **37** 83 Af 66
Varennes **43** 110 Dc 78
Varennes **43** 123 De 78
Varennes **80** 14 Cd 48
Varennes **82** 133 Bd 85
Varennes **86** 82 Ab 68
Varennes **89** 58 De 61
Varennes **89** 72 Dc 62
Varennes-Changy **45** 56 Cd 61
Varennes-en-Argonne **55** 42 Fa 53
Varennes-Jarcy **91** 39 Cd 56
Varennes-le-Grand **71** 88 Ef 68
Varennes-lès-Mâcon **71** 100 Ee 71
Varennes-lès-Narcy **58** 72 Da 65
Varennes-S..... **43** 111 Dd 77
Varennes-Saint-Sauveur **71** 89 Fb 70
Varennes-sous-Dun **71** 100 Eb 71
Varennes-sur-Allier **03** 98 Dc 71
Varennes-sur-Fouzon **36** 70 Bd 65
Varennes-sur-le-Doubs **71** 89 Fb 67
Varennes-sur-Loire **49** 68 Aa 65
Varennes-sur-Morge **63** 98 Db 73
Varennes-sur-Seine **77** 57 Cf 58
Varennes-sur-Têche **03** 99 Dd 71
Varennes-Vauzelles **58** 86 Da 66
Varès **47** 118 Ac 82
Varesnes **60** 24 Da 51
Varessia **39** 89 Fd 69
Varetz **19** 108 Bc 77
Varilhes **09** 147 Bd 90
Varinfroy **60** 40 Da 54
Variscourt **02** 25 Df 52
Varize **28** 55 Bd 60
Varize **57** 44 Gc 54
Varmonzey **88** 61 Gb 59
Varnéville **55** 43 Fd 55
Varneville-Bretteville **76** 21 Ba 51
Varogne **70** 76 Gb 62
Varois-et-Chaignot **21** 75 Fa 64
Varouville **50** 18 Yd 50
Varreddes **77** 40 Cf 54
Varrennes-sur-Ussan **63** 110 Db 75
Vars **05** 127 Ge 81
Vars **16** 94 Aa 74
Vars **70** 31 Fd 63
Vars-sur-Roseix **19** 107 Bc 77
Varsberg **57** 44 Gd 53
Varzay **17** 93 Zb 74
Varzy **58** 72 Dc 64
Vascœuil **27** 22 Bc 52
Vasles **79** 82 Zf 69
Vasperviller **57** 45 Ha 57
Vassel **63** 98 Db 74
Vasselay **18** 71 Cc 66
Vasselin **38** 113 Fc 75
Vassens **02** 24 Da 52
Vasseny **02** 24 Dc 52
Vassieux-en-Vercors **26** 125 Fc 79
Vassimont-et-Chapelaine **51** 41 Ea 56
Vassogne **02** 25 De 52
Vassonville **76** 21 Ba 50
Vassy **14** 35 Zb 55
Vassy **89** 72 Dc 63
Vassy **89** 73 Df 63
Vassy **89** 73 Eb 63
Vast, le — **50** 18 Yd 51
Vasteville **50** 18 Yb 51
Vastres, les — **43** 123 Eb 79
Vatan **36** 84 Be 66
Vathiménil **54** 44 Gd 57
Vatierville **76** 22 Bc 50
Vatilieu **38** 113 Fc 77
Vatimont **57** 44 Gc 55
Vatry **51** 41 Eb 56
Vattetot-sous-Beaumont **76** 21 Ab 51
Vattetot-sur-Mer **76** 20 Ab 50
Vatteville **27** 22 Bb 53
Vatteville-la-Rue **76** 21 Ae 52
Vaubadon **14** 19 Zb 53
Vauban **71** 99 Eb 71
Vaubecourt **55** 42 Fa 55
Vaubexy **88** 61 Gb 59
Vaucé **53** 35 Zb 58
Vaucelles **14** 19 Zb 53
Vauchamps **25** 76 Gb 65
Vauchamps **51** 41 Dd 55
Vauchassis **10** 58 Df 59
Vauchelles **60** 24 Cf 51
Vauchelles **80** 13 Bf 48
Vauchelles-lès-Authie **80** 13 Cc 48
Vauchelles-lès-Domart **80** 13 Ca 48
Vauchignon **21** 88 Ed 67
Vauchonvilliers **10** 59 Ed 59
Vauchoux **70** 76 Ga 63
Vauchrétien **49** 67 Zd 65
Vauciennes **51** 41 Df 54
Vauciennes **60** 24 Da 53
Vauclaix **58** 73 De 65
Vauclerc **51** 42 Ed 56
Vauclusotte **25** 77 Ge 65
Vaucogne **10** 58 Ec 57
Vauconcourt-Nervezain **70** 76 Fe 63
Vaucouleurs **55** 43 Fe 56
Vaucourt **54** 45 Ge 56
Vaucourtois **77** 40 Cf 55
Vaucremont **57** 44 Gc 54
Vaudancourt **60** 22 Be 53
Vaudebarrier **71** 99 Eb 70
Vaudelnay **49** 68 Ze 66
Vaudeloges **14** 36 Zf 55
Vaudemanges **51** 41 Eb 54
Vaudémont **54** 61 Ga 58
Vaudes **10** 58 Eb 59
Vaudesincourt **51** 42 Ec 53
Vaudesson **02** 24 Dc 52
Vaudeurs **89** 57 Dd 60
Vaudevant **07** 112 Ed 78
Vaudeville **54** 61 Gb 58
Vaudéville **88** 61 Gd 59
Vaudeville-le-Haut **55** 60 Fd 58
Vaudioux, le — **39** 90 Ff 68
Vaudoncourt **88** 60 Fe 59
Vaudoué, le — **77** 56 Cd 58
Vaudoy-en-Brie **77** 40 Da 56
Vaudrecourt **52** 60 Fd 59
Vaudrémont **52** 59 Ef 60
Vaudreuil, le — **27** 22 Bb 53
Vaudreuille **31** 147 Bf 88
Vaudreville **50** 18 Yd 51
Vaudrey **39** 89 Fd 67
Vaudricourt **62** 14 Cd 45
Vaudricourt **80** 12 Bd 48
Vaudrimesnil **50** 18 Yd 54
Vaudringhem **62** 9 Ca 43
Vaudrivillers **25** 76 Gc 65
Vaudry **14** 35 Za 55
Vaufrey **25** 77 Gf 64
Vaugines **84** 138 Fc 86
Vaugneray **69** 100 Ed 74
Vaugrigneuse **91** 39 Ca 57
Vauhallan **91** 39 Cb 56
Vaujany **38** 114 Ga 78
Vaulandry **49** 68 Zf 63
Vaulmier, le — **15** 109 Cd 77
Vaulnaveys-le-Haut **38** 114 Fe 78
Vaulry **87** 95 Ba 72
Vault-de-Lugny **89** 73 Df 64
Vaulx **62** 13 Ca 47
Vaulx **74** 102 Ff 73
Vaulx-en-Velin **69** 100 Ef 74
Vaulx-Milieu **38** 113 Fb 75
Vaulx-Vraucourt **62** 14 Cf 48
Vaumain, le — **60** 22 Bf 52
Vaumas **03** 87 Dd 70
Vaumeilh **04** 139 Ff 83
Vaumoise **60** 24 Cf 53
Vaumort **89** 57 Dc 60
Vaunac **24** 107 Af 76
Vaunaveys-sur-la-Rochette **26** 124 Fa 80
Vaunoise **61** 53 Ac 58
Vaupalière, la — **76** 21 Af 52
Vaupillon **28** 54 Ba 58
Vaupoisson **10** 58 Eb 57
Vauquois **55** 42 Fa 53
Vauréal **95** 39 Ca 54
Vaureilles **12** 121 Cb 82
Vauroux, le — **60** 22 Bf 52
Vausseroux **79** 82 Zf 69
Vautebis **79** 82 Zf 69
Vauthiermont **90** 77 Ha 62
Vautorte **53** 52 Zb 59
Vauvenargues **13** 152 Fd 87
Vauvert **30** 136 Eb 86
Vauville **14** 20 Aa 53
Vauville **50** 18 Ya 51
Vauvillers **70** 61 Ga 61
Vauvillers **80** 23 Ce 49
Vaux **03** 85 Cd 70
Vaux **08** 25 Eb 50
Vaux **08** 26 Ec 50
Vaux **16** 106 Aa 77
Vaux **31** 147 Bf 88
Vaux **57** 44 Ga 54
Vaux **86** 94 Ab 71
Vaux-Andigny **02** 15 Dd 48
Vaux-Champagne **08** 26 Ed 52
Vaux-devant-Damloup **55** 43 Fc 53
Vaux-en-Amiénois **80** 13 Cb 49
Vaux-en-Beaujolais **69** 100 Ed 72
Vaux-en-Bugey **01** 101 Fc 73
Vaux-en-Dieulet **08** 26 Ef 52
Vaux-en-Pré **71** 88 Ed 69
Vaux-en-Vermandois **02** 24 Da 50
Vaux-et-Chantegrue **25** 90 Gb 68
Vaux-la-Douce **52** 60 Fe 61
Vaux-Lavalette **16** 106 Ab 76
Vaux-le-Moncelot **70** 76 Ff 64
Vaux-le-Pénil **77** 39 Ce 57
Vaux-lès-Mouron **08** 26 Ee 53
Vaux-lès-Mouzon **08** 26 Fa 51
Vaux-lès-Palameix **55** 43 Fd 54
Vaux-les-Prés **25** 76 Ff 65
Vaux-lès-Saint-Claude **39** 101 Fe 70
Vaux-Marquenneville **80** 13 Be 49
Vaux-Montreuil **08** 26 Ed 51
Vaux-Rouillac **16** 93 Zf 74
Vaux-Saules **21** 74 Ee 64
Vaux-sous-Aubigny **52** 75 Fb 63
Vaux-sur-Aure **14** 19 Zb 53
Vaux-sur-Blaise **52** 59 Ef 58
Vaux-sur-Eure **27** 38 Bc 54
Vaux-sur-Lunain **77** 57 Cf 59
Vaux-sur-Mer **17** 92 Yf 75
Vaux-sur-Poligny **39** 89 Fe 68
Vaux-sur-Saint-Urbain **52** 60 Fb 58
Vaux-sur-Seine **78** 38 Bf 54
Vaux-sur-Seulles **14** 19 Zc 53
Vaux-sur-Somme **80** 23 Cd 49
Vaux-sur-Vienne **86** 83 Ad 67
Vauxaillon **02** 24 Dc 52
Vauxbons **52** 60 Fa 61
Vauxbuin **02** 24 Db 52
Vauxcéré **02** 25 Dd 52
Vauxtin **02** 25 Dd 52
Vauxvenard **69** 100 Ed 71
Vavincourt **55** 43 Fb 56
Vavray-le-Grand **51** 42 Ee 56
Vavray-le-Petit **51** 42 Ee 56
Vaxainville **54** 45 Ge 57
Vaxoncourt **88** 61 Gc 59
Vaxy **57** 44 Gd 55
Vay **44** 66 Yb 63
Vaychis **09** 158 Be 92
Vaylats **46** 120 Bd 82
Vayrac **46** 120 Be 79
Vayres **33** 117 Ze 79
Vayres **87** 95 Ae 74
Vayres-sur-Essonne **91** 56 Cc 58
Vazeilles-Limandre **43** 111 De 78
Vazeilles-près-Saugues **43** 122 Dd 79
Vazerac **82** 132 Bb 83
Veauce **03** 98 Da 72
Veauche-les-Quatre-Routes **42** 111 Eb 75
Veaugues **18** 72 Ce 65
Veaunes **26** 112 Ef 78
Veauville-lès-Baons **76** 21 Ae 51
Vèbre **09** 158 Be 92
Vebret **15** 109 Cd 76
Veckersviller **57** 45 Hb 55
Veckring **57** 28 Gc 52
Vecquemont **80** 23 Cc 49
Vecqueville **52** 60 Fa 58
Vedène **84** 137 Ef 85
Védrines-Saint-Loup **15** 110 Db 78
Vého **54** 45 Ge 57
Veigné **37** 69 Ae 65
Veilhes **81** 133 Be 87
Veilleins **41** 70 Be 64
Veix **19** 108 Bf 75
Velaine-en-Haye **54** 44 Ga 56
Velaine-sous-Amance **54** 44 Gb 56
Velaines **55** 43 Fb 56
Velanne **38** 113 Fd 76
Velars-sur-Ouche **21** 74 Ef 65
Velaux **13** 152 Fb 87
Velennes **60** 23 Cb 52
Velennes **80** 23 Ca 50
Velesmes-Echevanne **70** 75 Fe 64
Velesmes-Essarts **25** 76 Ff 65
Velet **70** 75 Fd 64
Vélieux **34** 148 Ce 88
Vélines **24** 118 Aa 79
Vélizy-Villacoublay **78** 39 Cb 56
Velle **54** 44 Gb 57
Velle-le-Châtel **70** 76 Ga 63
Vellèches **86** 83 Ad 67
Vellechevreux-et-Courbenans **70** 77 Gd 63
Velleclaire **70** 76 Ff 64
Vellefaux **70** 76 Ga 63
Vellefrey-et-Vellefrange **70** 76 Ff 64
Velleguindry-et-Levrecey **70** 76 Ga 63
Velleminfroy **70** 76 Gb 63
Vellemoz **70** 76 Fe 64
Velleron **84** 137 Fa 85
Vellerot-lès-Belvoir **25** 77 Gd 64
Vellerot-lès-Vercel **25** 76 Gc 65
Velles **36** 84 Bd 68
Velles **52** 60 Fe 61
Vellescot **90** 77 Ha 63
Vellevans **25** 76 Gc 65
Vellexon-Queutrey-et-Vaudey **70** 76 Fe 63
Velloreille-lès-Choye **70** 75 Fe 64
Velluire **85** 81 Za 70
Velluire **85** 81 Za 70
Velogny **21** 74 Ec 64
Velone-Orneto **2B** 161 Kc 94
Velorcrey **70** 76 Gb 62
Velosnes **55** 27 Fc 51
Velotte-et-Tatignécourt **88** 61 Gb 59
Vélu **62** 14 Cf 48
Velving **57** 28 Gd 53
Vélye **51** 41 Ea 55
Velzi **15** 121 Cd 79
Vémars **95** 39 Cd 54
Venables **27** 38 Bb 53
Venaco **2B** 163 Kb 95
Venansault **85** 80 Yc 68
Venanson **06** 141 Hb 84
Venarey-les-Laumes **21** 72 Ec 63
Venarsal **19** 108 Bd 78
Venas **03** 86 Ce 70
Venasque **84** 138 Fa 84
Vence **06** 140 Ha 86
Vendargues **34** 136 Cf 87
Vendat **03** 98 Dc 72
Vendays-Montalivet **33** 104 Yf 76
Vendegies-au-Bois **59** 15 Dd 47
Vendegies-sur-Ecaillon **59** 15 Dd 47
Vendel **35** 51 Ye 59
Vendelée, la — **50** 34 Yd 54
Vendelles **02** 24 Da 49
Vendémian **34** 149 Dd 87
Vendenesse-lès-Charolles **71** 88 Ec 70
Vendenesse-sur-Arroux **71** 87 Ea 69
Vendenheim **67** 46 He 56
Vendes **14** 19 Zc 54
Vendeuil **02** 24 Dc 50
Vendeuil-Caply **60** 23 Cb 51
Vendeuvre **14** 36 Zf 55
Vendeuvre-du-Poitou **86** 82 Ab 68
Vendeuvre-sur-Barse **10** 59 Ec 59
Vendeville **59** 14 Da 45
Vendhuile **02** 14 Db 48
Vendières **02** 40 Dc 55
Vendin **62** 14 Cd 45
Vendin-le-Vieil **62** 14 Cf 46
Vendine **31** 147 Be 87
Vendœuvres **36** 84 Bc 68
Vendoire **24** 106 Ab 76
Vendôme **41** 54 Ba 62
Vendranges **42** 99 Ea 73
Vendrennes **85** 80 Yf 68
Vendres **34** 149 Db 89
Vendresse **02** 25 De 52
Vendresse **08** 26 Ee 51
Vendrest **77** 40 Da 54
Vendue-Mignot, la — **10** 58 Ea 60
Vénéjan **30** 137 Ed 83
Venelles **13** 152 Fc 87
Vénérand **17** 93 Zc 74
Venère **70** 75 Fe 64
Vénérieu **38** 113 Fb 75
Venerque **31** 146 Bc 88
Vénès **81** 134 Cb 86
Venesmes **18** 85 Cb 67
Venette **60** 24 Ce 52
Veneux-les-Sablons **77** 56 Ce 58
Veney **54** 62 Ge 58
Vengeons **50** 35 Za 56
Venise **25** 76 Ga 64
Venisey **70** 61 Ff 61
Venissieux **69** 112 Ef 74
Vénizel **02** 24 Dc 52
Venizy **89** 58 De 60
Venlenac-en-Minervois **11** 148 Cf 89
Vennecy **45** 56 Ca 61
Vennes **25** 77 Gd 66
Vennezey **54** 62 Gc 58
Venon **27** 37 Ba 53
Venon **38** 114 Fe 77
Vénosc **38** 126 Ga 79
Venouse **89** 58 De 61
Venoy **89** 73 Dd 62
Vens **06** 127 Gf 83
Ventabren **13** 152 Fb 87
Ventavon **05** 126 Ff 82
Ventelay **51** 25 De 52
Ventenac **09** 147 Be 90
Ventenac-Cabardès **11** 148 Cb 89
Venterol **04** 126 Ga 82
Ventes, les — **27** 37 Ba 55
Ventes-de-Bourse, les — **61** 37 Ab 57
Ventes-Saint-Rémy **76** 22 Bb 50
Venteuges **43** 122 Dd 79
Venteuil **51** 41 Df 54
Ventiseri **2B** 163 Kc 97
Ventouse **16** 94 Ab 73
Ventron **88** 62 Gf 61
Ventrouze, la — **61** 37 Ae 57
Venzolasca **2B** 161 Kc 94
Ver **50** 34 Yd 55
Ver-sur-Launette **60** 39 Ce 54
Ver-sur-Mer **14** 19 Zc 52
Vérac **33** 105 Zd 79
Véranne **42** 112 Ed 76
Vérargues **34** 136 Ea 86
Véraza **11** 148 Cb 91
Verberie **60** 23 Ce 53
Verbiesles **52** 60 Fb 60
Vercel-Villedieu-le-Camp **25** 76 Gc 65
Verchain-Maugré **59** 15 Dc 47
Verchaix **74** 103 Ge 72
Vercheny **26** 125 Fb 80
Verchers-sur-Layon, les — **49** 67 Ze 66
Verchin **62** 13 Cb 46
Verchocq **62** 13 Ca 45
Vercia **39** 89 Fc 69
Verclause **26** 125 Fc 82
Vercoiran **26** 138 Fc 83
Verconcey **50** 34 Yd 57
Vercourt **80** 13 Be 47
Verdaches **04** 126 Gc 83
Verdalle **81** 147 Ca 87
Verdelais **33** 117 Ze 81
Verdelot **77** 40 Dc 55
Verdenal **54** 45 Ge 57
Verderel-lès-Sauqueuse **60** 23 Ca 51
Verderonne **60** 23 Cd 53
Verdes **41** 55 Bc 61
Verdese **2B** 161 Kc 94
Verdets **64** 143 Zc 89
Verdier **81** 148 Cd 87
Verdier, le — **81** 133 Be 85
Verdière, la — **83** 139 Ff 87
Verdigny **18** 72 Ce 64
Verdille **16** 93 Zf 73
Verdon **24** 118 Ad 80
Verdon **51** 41 Dd 55
Verdon-sur-Mer, le — **33** 104 Yf 75
Verdonnet **21** 74 Ec 62
Verdun **09** 159 Be 92
Verdun **55** 43 Fc 54
Verdun-en-Lauragais **11** 147 Ca 88
Verdun-sur-Garonne **82** 132 Bb 85
Verdun-sur-le-Doubs **71** 89 Fa 67
Vereaux **18** 86 Cf 67
Verel **73** 114 Ff 75
Verel-de-Montbel **73** 113 Fe 75
Véretz **37** 69 Ae 64
Vereux **70** 75 Fd 64
Verfeil **31** 133 Bd 87
Verfeil **82** 133 Bf 83
Verfeuil **30** 137 Ec 83
Vergaville **57** 45 Ge 55
Vergéal **35** 51 Ye 60
Vergenne, la — **70** 76 Gd 63
Verger, le — **35** 50 Ya 60
Verger-sur-Dive **86** 82 Aa 68
Verges **39** 89 Fe 69
Vergetot **76** 20 Ab 51
Vergezac **43** 111 De 78
Vergèze **30** 136 Eb 86
Vergheas **63** 97 Cd 72
Vergies **80** 13 Bf 49
Vergigny **89** 58 De 61
Vergisson **71** 100 Ee 71
Vergné **17** 93 Zc 70
Vergne, la — **17** 93 Zb 73
Vergoignan **32** 130 Ze 86
Vergongheon **43** 110 Db 76
Vergonnes **49** 51 Yf 62
Vergons **04** 140 Gd 85
Vergranne **25** 76 Gc 64
Vergt **24** 107 Ae 78
Verguier, le — **02** 24 Db 49
Véria **39** 89 Fc 70
Vérignon **83** 139 Gb 87
Vérigny **28** 38 Bb 57
Vérine **42** 99 De 74
Vérissey **71** 89 Fa 68
Verjon **01** 101 Fc 70
Verjux **71** 88 Ef 67
Verlans **70** 77 Ge 63
Verlhac-Tescou **82** 133 Bd 85
Verlin **89** 57 Db 60
Verlincthun **62** 9 Bd 45
Verlinghem **59** 10 Cf 44
Vermand **02** 24 Da 49
Vermandovillers **80** 24 Ce 49
Vermelles **62** 14 Ce 46
Vermenton **89** 73 De 63
Vermondans **25** 77 Ge 64
Vermont, le — **88** 62 Ha 58
Vern-d'Anjou **49** 67 Zb 63
Vernais **18** 85 Ce 68
Vernaison **69** 112 Ee 75
Vernajoul **09** 158 Bd 91
Vernancourt **51** 42 Ee 55
Vernantes **49** 68 Aa 64
Vernantois **39** 89 Fd 69
Vernas **38** 101 Fb 74
Vernassal **43** 111 De 78
Vernaux **09** 158 Be 92
Vernay **69** 100 Ed 72
Vernay **69** 112 Ee 76
Vernaz, la — **74** 103 Gd 71
Verne **25** 76 Gc 64
Vernègues **13** 138 Fb 86
Verneiges **23** 97 Cc 71
Verneil, le — **73** 114 Gb 76
Verneil-le-Chétif **72** 68 Ab 62
Verneix **03** 97 Ce 70
Vernelle, la — **36** 70 Bd 65
Vernet **31** 146 Bc 88
Vernet, le — **03** 98 Dc 72
Vernet, le — **04** 126 Gc 83
Vernet, le — **09** 147 Bd 89
Vernet, le — **43** 111 De 78
Vernet-la-Varenne **63** 110 Dc 76
Vernet-les-Bains **66** 159 Cc 93
Vernet-Saint-Marguerite, le — **63** 110 Cf 75
Verneughoel **63** 97 Cd 74
Verneuil **16** 95 Ae 74
Verneuil **18** 85 Cd 68
Verneuil **51** 41 De 54
Verneuil **58** 87 Dd 67
Verneuil-en-Bourbonnais **03** 98 Db 70
Verneuil-en-Halatte **60** 23 Cd 53
Verneuil-Grand **55** 27 Fc 51
Verneuil-le-Château **37** 82 Ac 66
Verneuil-l'Étang **77** 40 Cf 57
Verneuil-Moustiers **87** 95 Ba 70
Verneuil-Petit **55** 27 Fc 51
Verneuil-sous-Coucy **02** 24 Db 51
Verneuil-sur-Avre **27** 37 Af 56
Verneuil-sur-Igneraie **36** 85 Ca 69
Verneuil-sur-Indre **37** 83 Ba 66
Verneuil-sur-Seine **78** 38 Bf 55
Verneuil-sur-Serre **02** 25 De 51
Verneuil-sur-Vienne **87** 95 Ba 73
Verneusses **27** 37 Ac 55
Vernéville **57** 44 Ga 54
Vernie **72** 53 Aa 59
Vernierfontaine **25** 76 Gb 66
Vernines **63** 110 Cf 75
Verniolle **09** 147 Bd 90
Vernioz **38** 112 Ef 76
Vernix **50** 34 Ye 56
Vernoil **49** 68 Aa 64
Vernois, le — **21** 74 Eb 65
Vernois, le — **39** 89 Fd 68
Vernois-lès-Belvoir **25** 77 Gd 65
Vernois-lès-Vesvres **21** 75 Fa 63
Vernois-sur-Mance **70** 60 Fe 61
Vernols **15** 110 Cf 77
Vernon **07** 123 Eb 81
Vernon **27** 38 Bc 54
Vernon **86** 82 Ac 70
Vernonvilliers **10** 59 Ee 59
Vernosc **07** 112 Ee 77
Vernot **21** 74 Ef 64
Vernotte, la — **70** 76 Ff 64
Vernou-en-Sologne **41** 70 Be 64
Vernou-la-Celle-sur-Seine **77** 57 Cf 58
Vernou-sur-Brenne **37** 69 Af 64
Vernouillet **28** 38 Bc 56
Vernouillet **78** 38 Bf 55
Vernoux **01** 89 Fa 70
Vernoux-en-Vivarais **07** 124 Ed 79
Vernoux-sur-Boutonne **79** 93 Ze 72
Vernoy **89** 57 Da 60
Vernusse **03** 98 Cf 71
Verny **57** 44 Gb 54
Vero **2A** 162 If 96
Véron **89** 57 Db 60
Véronne **26** 125 Fb 80
Véronnes **21** 75 Fb 63
Verpel **08** 26 Ef 52
Verpillière, la — **38** 113 Fa 75
Verpillières **80** 24 Ce 50
Verpillières-sur-Durce **10** 59 Ed 60
Verquigneul **62** 14 Cd 45
Verquin **62** 14 Cd 45
Verquiȓes **13** 137 Ef 85
Verrens-Arvey **73** 114 Gb 75
Verreriès-de-Moussans **34** 148 Ce 88
Verrey-sous-Drée **21** 74 Ee 64
Verrey-sous-Salmaise **21** 74 Ed 64
Verricourt **10** 58 Ec 58
Verrie **49** 68 Ze 65
Verrie, la — **85** 81 Za 67
Verrière, la — **78** 38 Bf 56
Verrières **08** 26 Ef 52
Verrières **10** 58 Ea 59
Verrières **12** 135 Da 83
Verrières **16** 105 Ze 75
Verrières **51** 42 Ef 54
Verrières **61** 54 Ae 58
Verrières **63** 110 Da 75
Verrières **86** 83 Ad 70
Verrières-de-Joux **25** 90 Gc 67
Verrières-du-Grosbois **25** 76 Gb 65
Verrières-en-Forez **42** 111 Df 75
Verrue **86** 82 Ab 67
Verruyes **79** 81 Ze 69
Vers **30** 137 Ed 85
Vers **46** 120 Bd 82
Vers **71** 88 Ef 69
Vers **74** 102 Ga 72
Vers-en-Montagne **39** 90 Ff 68
Vers-lès-Chartres **28** 55 Bc 58
Vers-sous-Sellières **39** 89 Fd 68
Vers-sur-Seiche **35** 51 Yc 60
Vers-sur-Selle **80** 23 Cb 49
Versailles **78** 39 Ca 56
Versailleux **01** 101 Fa 73
Versainville **14** 36 Ze 55
Versanne, la — **42** 112 Ed 77
Versaugues **71** 99 Ea 70
Verseilles-le-Bas **52** 75 Fb 62
Verseilles-le-Haut **52** 75 Fb 62
Versigny **02** 24 Dc 51
Versigny **60** 39 Ce 54
Versols-et-Lapeyre **12** 135 Cf 85
Verson **14** 19 Zd 54
Versonnex **01** 102 Ha 71
Versonnex **74** 102 Ff 73
Vert **40** 130 Zc 84
Vert **78** 38 Be 55
Vert, le — **79** 93 Zd 72
Vert-en-Drouais **28** 38 Bb 56
Vert-le-Grand **91** 39 Cc 57
Vert-le-Petit **91** 39 Cc 57
Vert-Saint-Denis **77** 39 Cd 57
Vert-Toulon **51** 41 Df 55
Vertain **59** 15 Dd 47
Vertaizon **63** 98 Db 74
Vertamboz **39** 90 Fe 69
Vertault **21** 59 Ec 61
Verteillac **24** 106 Ac 76
Verteuil-d'Agenais **47** 118 Ac 82
Verteuil-sur-Charente **16** 94 Ab 73
Verthemex **73** 113 Fe 75
Vertheuil **33** 104 Za 77
Vertolaye **63** 111 De 75
Verton **62** 12 Bd 46
Vertou **44** 66 Yd 65
Vertrieu **38** 101 Fc 73
Vertus **51** 41 Ea 55
Vervant **16** 94 Aa 73
Vervezelle **88** 62 Ge 59
Vervins **02** 25 Df 49
Véry **55** 26 Fa 53
Verzé **71** 100 Ee 70
Verzeille **11** 148 Cb 90
Verzenay **51** 41 Ea 54
Verzy **51** 41 Eb 54
Vesaignes-sous-Lafauche **52** 60 Fc 59
Vesaignes-sur-Marne **52** 60 Fb 60
Vesancy **01** 102 Ha 70
Vesc **26** 125 Fa 81
Vescemont **90** 77 Gf 62
Veschheim **57** 45 Hb 56
Vescles **39** 101 Fd 70
Vescours **01** 89 Fa 70
Vescovato **2B** 161 Kc 94
Vesdun **18** 85 Cc 69
Vésenex-Crassy **01** 102 Ha 70
Vésigneul-sur-Marne **51** 42 Ec 55
Vésines **01** 100 Ef 70
Vésinet, le — **78** 39 Ca 55
Vesles-et-Caumont **02** 25 De 50
Veslud **02** 25 De 51
Vesly **27** 22 Bd 53
Vesly **50** 18 Yd 53
Vesoul **70** 76 Ga 63
Vesseaux **07** 124 Ec 81
Vessey **50** 34 Yd 57
Vestric **30** 136 Eb 86
Vesvres **21** 74 Ed 64
Vesvres-sous-Chalancey **52** 75 Fb 62
Vétheuil **95** 38 Be 54
Vétraz-Monthouz **74** 102 Gb 71
Veuil **36** 70 Bc 66
Veuilly-la-Poterie **02** 40 Db 54
Veules-les-Roses **76** 21 Ae 49
Veulette-sur-Mer **76** 21 Ad 49
Veurdre, le — **03** 86 Da 68
Veurey-Voiroize **38** 113 Fd 77
Veuve, la — **51** 41 Eb 54
Veuves **41** 69 Ba 64
Veuvey-sur-Ouche **21** 74 Ee 65
Veuxhaulles-sur-Aube **21** 59 Ee 61
Vevy **39** 89 Fd 69
Vexaincourt **88** 45 Ha 57
Vey, le — **14** 35 Zd 55
Veynes **05** 126 Fe 81
Veyrac **87** 95 Ba 73
Veyras **07** 124 Ed 80
Veyre-Monton **63** 110 Da 74
Veyreau **12** 135 Db 83
Veyrier-du-Lac **74** 102 Gb 73
Veyrières **15** 109 Cc 77
Veyrignac **24** 119 Bb 80
Veyrines-de-Domme **24** 119 Ba 80
Veyrines-de-Vergt **24** 107 Ae 78
Veyrins **38** 113 Fd 75
Veys **50** 19 Yf 53
Veyssilieu **38** 113 Fb 74
Vez **60** 24 Da 53
Vézac **15** 121 Cd 79
Vézac **24** 119 Ba 79
Vézannes **89** 58 Df 61
Vézaponin **02** 24 Db 52
Vèzé **15** 110 Cf 77
Vèze, la — **25** 76 Ga 65
Vézelay **89** 73 De 64
Vézelise **54** 61 Ga 58
Vézelois **90** 77 Gf 63
Vezels-Roussy **15** 121 Cd 80
Vezenobres **30** 136 Ea 84
Vezet **70** 76 Ff 63
Vézezoux **43** 110 Dc 76
Vézier, le — **51** 40 Dc 56
Vézières **86** 68 Aa 66
Vézillon **27** 22 Bc 53
Vézilly **02** 41 De 53
Vezin-le-Coquet **35** 51 Yb 60
Vézinnes **89** 58 Df 61
Vezins **49** 67 Zb 66
Vézins-de-Lévézou **12** 135 Cf 83
Vezot **72** 53 Ab 58
Vezzani **2B** 163 Kb 95
Viabon **28** 55 Be 59
Viala-du-Pas-de-Jaux **12** 135 Da 85
Viala-du-Tarn, le — **12** 134 Cf 84
Vialard, le — **19** 108 Bf 78
Vialas **48** 123 Df 83
Vialer **64** 144 Ze 87
Viam **19** 108 Bf 75
Viane **81** 134 Cd 86
Vianges **21** 74 Eb 66
Vianne **47** 131 Ab 83
Viâpres-le-Petit **10** 41 Ea 57
Viarmes **95** 39 Cc 54
Vias **34** 149 Dc 89
Viazac **46** 120 Ca 81
Vibal, le — **12** 121 Ce 83
Vibersviller **57** 45 Gf 55
Vibeuf **76** 21 Af 50
Vibrac **16** 106 Zf 75
Vibrac **17** 105 Zd 76
Vibraye **72** 54 Ae 60
Vic-de-Chassenay **21** 74 Eb 64
Vic-des-Prés **21** 88 Ed 66
Vic-en-Bigorre **65** 144 Aa 88
Vic-Fézensac **32** 131 Ab 86
Vic-la-Gardiole **34** 150 De 88
Vic-le-Compte **63** 110 Db 75
Vic-le-Fesq **30** 136 Ea 85
Vic-sous-Thil **21** 74 Eb 64
Vic-sur-Aisne **02** 24 Da 52
Vic-sur-Cère **15** 121 Cd 79
Vic-sur-Seille **57** 44 Gd 56
Vicdessos **09** 158 Bc 92
Vicel, le — **50** 18 Ye 51
Vichel-Nanteuil **02** 40 Db 53
Vichères **28** 54 Af 59
Vichy **03** 98 Dc 72
Vico **2A** 162 Ie 96
Vicogne, la — **80** 13 Cb 48
Vicomté, la — **22** 33 Ya 58
Vicq **03** 98 Da 72
Vicq **52** 60 Fd 61
Vicq **59** 15 Dd 46
Vicq **78** 38 Be 56
Vicq-d-'Auribat **40** 129 Za 86
Vicq-Exemplet **36** 85 Ca 69
Vicq-sur-Breuilh **87** 107 Bc 75
Vicq-sur-Gartempe **86** 83 Af 68
Vicq-sur-Nahon **36** 70 Bc 66
Vicques **14** 36 Zf 55
Victot-Rontfol **14** 36 Zf 54
Vidai **61** 53 Ac 58
Vidaillac **46** 120 Be 82
Vidaillat **23** 96 Bf 73
Vidauban **83** 153 Gc 88
Videcosville **50** 18 Yd 51
Videix **87** 95 Ae 74
Videlles **91** 56 Cc 58
Vidou **65** 145 Ab 89
Vidouville **50** 35 Za 54
Vidouze **65** 144 Zf 88
Vieil-Dampierre, le — **51** 42 Ef 55
Vieil-Evreux, le — **27** 38 Bb 54
Vieil-Hesdin **62** 13 Ca 46
Vieille-Adour **65** 145 Aa 90
Vieille-Brioude **43** 110 Dc 77
Vieille-Çhapelle **62** 14 Ce 45
Vieille-Église **62** 9 Ca 43
Vieille-Eglise-en-Yvelines **78** 38 Bf 56
Vieille-Lauron **65** 156 Ac 91
Vieille-Loye, la — **39** 89 Fd 66
Vieille-Lyre, la — **27** 37 Ae 55
Vieille-Toulouse **31** 146 Bc 87
Vieillepesse **15** 110 Da 78
Vieilles-Maisons-sur-Joudry **45** 56 Cc 61
Vieillevie **15** 121 Cc 81
Vieillevigne **31** 147 Bd 88
Vieillevigne **44** 80 Yd 67
Vieilley **25** 76 Ga 64
Vieils-Maisons **02** 40 Dc 55
Viel-Arcy **02** 25 Dd 52
Viel-Saint-Remy **08** 26 Ec 51
Viella **32** 130 Zf 87
Vielle **40** 129 Ye 85
Vielle-Aure **65** 156 Ab 92
Vielle-Soubiran **40** 130 Ze 84
Vielle-Tursan **40** 130 Zd 86
Viellenave-d'Arthez **64** 144 Zd 88
Viellenave-de-Navarrenx **64** 143 Zb 88
Viellenave-sur-Bidouze **64** 143 Yf 88
Vielleségure **64** 143 Zb 88
Vielmanay **58** 72 Da 65
Vielmoulin **21** 74 Ee 65
Vielmur-sur-Agout **81** 133 Ca 87
Vielprat **43** 123 Df 79
Vielverge **21** 75 Fc 65
Vienne **38** 112 Ef 75
Vienne-en-Arthies **95** 38 Be 54
Vienne-en-Bessin **14** 19 Zc 53
Vienne-en-Val **45** 71 Ca 62
Vienne-la-Ville **51** 42 Ef 53
Vienne-le-Château **51** 42 Ef 53
Viens **84** 138 Fd 85
Vienville **88** 62 Gf 59
Viersat **23** 97 Cc 71
Vierville **28** 55 Bf 58
Vierville **50** 18 Ye 52

206 Varennes—Vierville

Stadtpläne · City maps · Plans de villes · Stadsplattegronden
Piante di città · Planos de ciudades · Byplaner · Stadskartor
Zeichenerklärung · Legend · Légende · Legenda · Segni convenzionali
Signos convencionales · Tegnforklaring · Teckenförklaring
1:20.000

D	GB	F	NL
Autobahn	Motorway	Autoroute	Autosnelweg
Vierspurige Straße	Road with four lanes	Route à quatre voies	Weg met vier rijstroken
Durchgangsstraße	Through road	Route de transit	Weg voor doorgaand verkeer
Hauptstraße	Main road	Route principale	Hoofdroute
Sonstige Straßen	Other roads	Autres routes	Overige wegen
Fußgängerzone	Pedestrian zone	Zone piétonne	Voetgangerzone
Parkplatz, Parkhaus	Parking	Parking	Parkeerplaats
Hauptbahn	Main railway	Chemin de fer principal	Belangrijke spoorweg
Nebenbahn	Other railways	Chemin de fer secondaire	Spoorweg
S-Bahn	Rapid city railway	Réseaux express régional	Stadsspoor
U-Bahn	Subway	Métro	Ondergrondse spoorweg
Information	Information	Information	Informatie
Polizei	Police station	Poste de police	Politiebureau
Post	Post office	Bureau de poste	Postkantoor
Krankenhaus	Hospital	Hôpital	Ziekenhuis
Denkmal	Monument	Monument	Monument
Jugendherberge	Youth hostel	Auberge de jeunesse	Jeugdherberg
Bebauung – Öffentliches Gebäude	Built-up area – Public building	Zone bâtie – Bâtiment public	Woongebied – Openbaar gebouw
Industriegebiet	Industrial area	Zone industrielle	Industrieterrein
Park, Wald	Park, forest	Parc, bois	Park, bos

I	E	DK	S
Autostrada	Autopista	Motorvej	Motorväg
Strada a quattro corsie	Carretera de cuatro carriles	Firesporet vej	Fyrfilig väg
Strada di attraversamento	Carretera de tránsito	Hovedvej	Genomfartsled
Strada principale	Carretera principal	Anden vigtig vej	Huvudled
Altre strade	Otras carreteras	Anden mindre vej	Annan väg
Zona pedonale	Zona peatonal	Gågade	Gågata
Parcheggio	Aparcamiento	Parkere	Parkering
Ferrovia principale	Ferrocarril principal	Hovedjernbane	Stambana
Ferrovia secondaria	Ferrocarril secundario	Sidebane	Annan järnväg
Ferrovia urbana	Metro	Bybane	Snabbtåg
Metropolitana	Subterráneo	Underjordisk bane	Tunnelbana
Informazioni	Información	Information	Information
Posto di polizia	Comisaria de policia	Politi	Polisstation
Ufficio postale	Correos	Posthus	Postkontor
Ospedale	Hospital	Sygehus	Sjukhus
Monumento	Monumento	Mindesmærke	Monument
Ostello della gioventù	Albergue de juventud	Vandrerhjem	Vandrarhem
Caseggiato – Edificio pùbblico	Zona edificada – Edificio público	Bebyggelse – Offentlig bygning	Bebyggt område – Offentlig byggnad
Terreno industriale	Zona industrial	Industriområde	Industriområde
Parco, bosco	Zona verde	Park, skov	Park, skog

Avignon

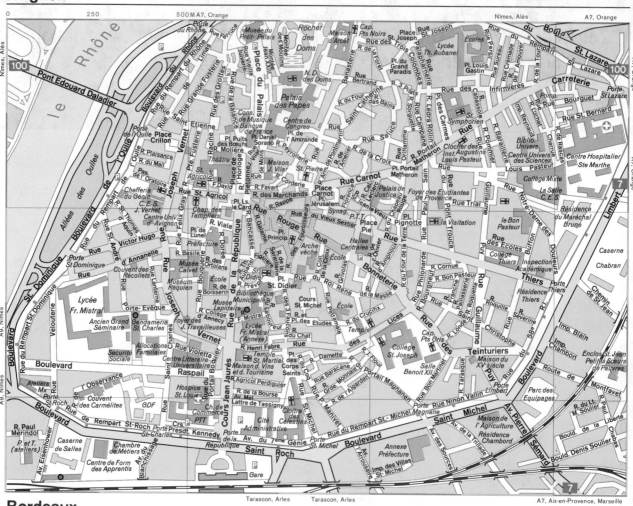

Bordeaux

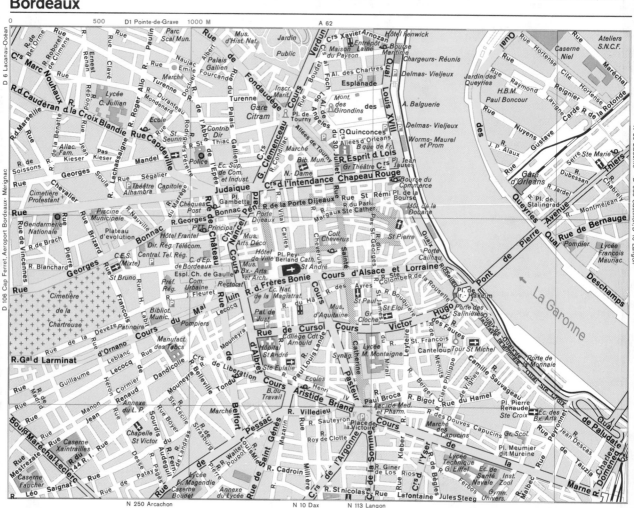

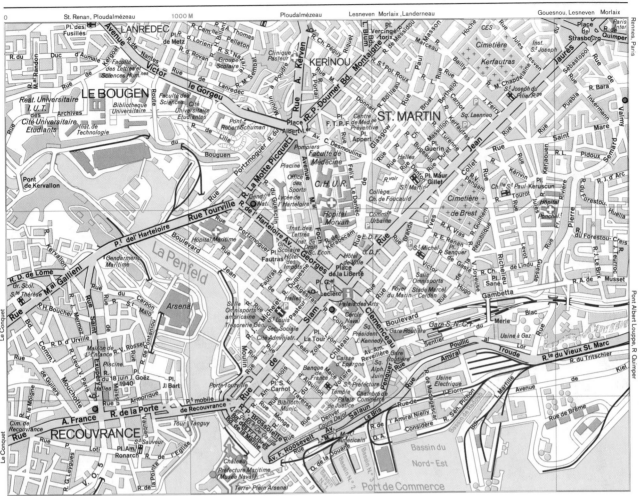

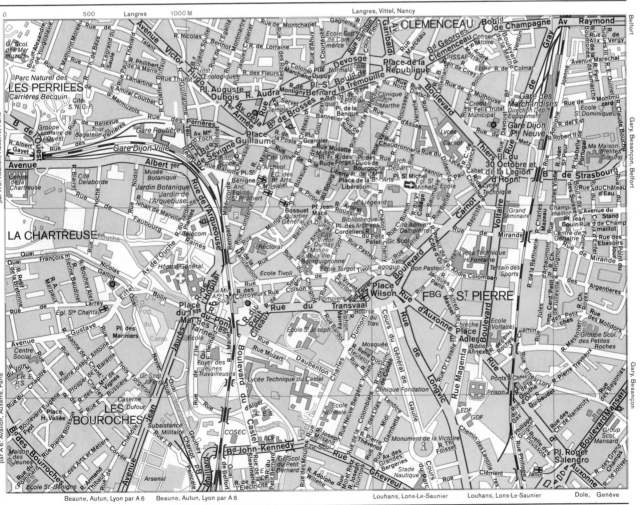

Grenoble

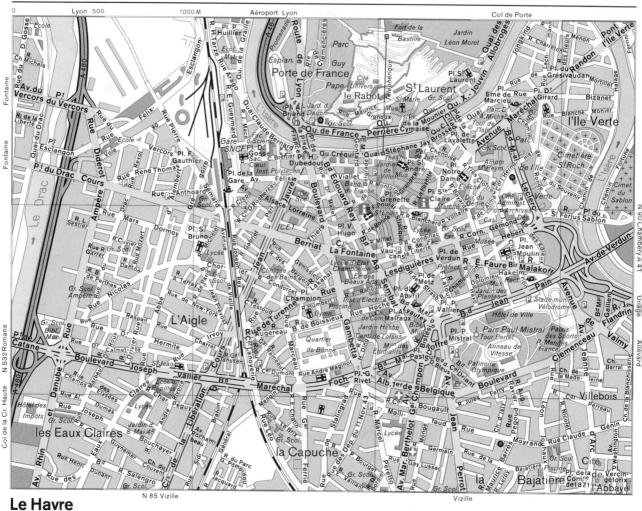

Le Havre

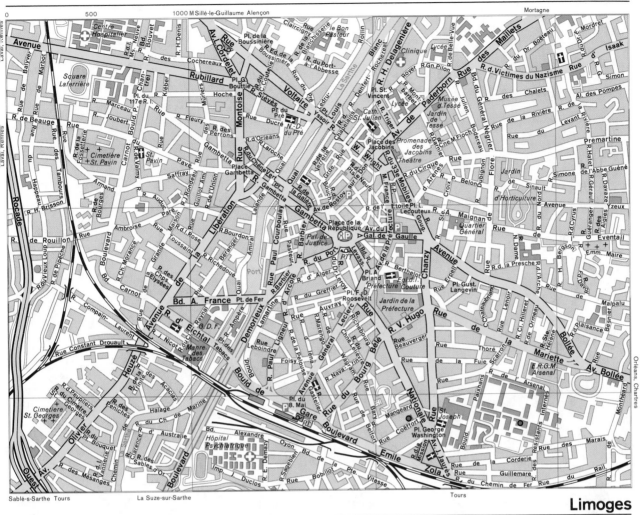

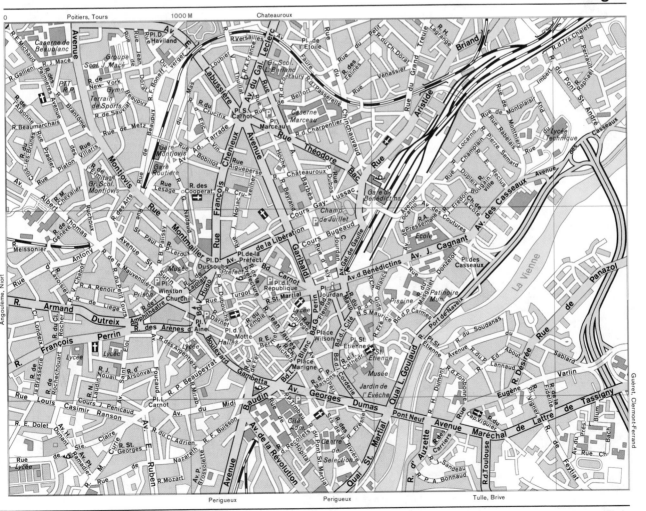

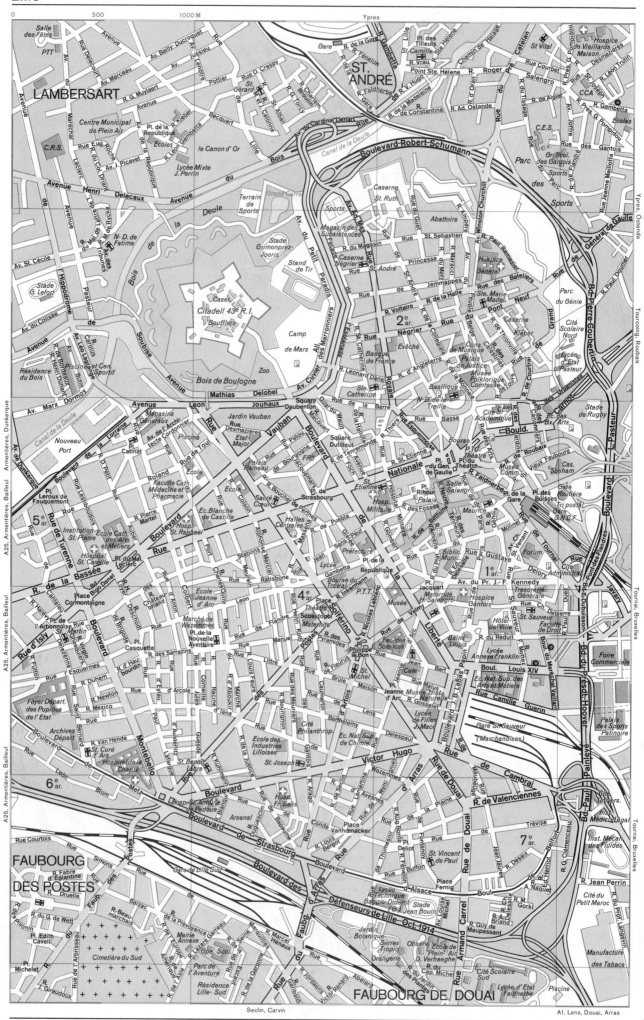

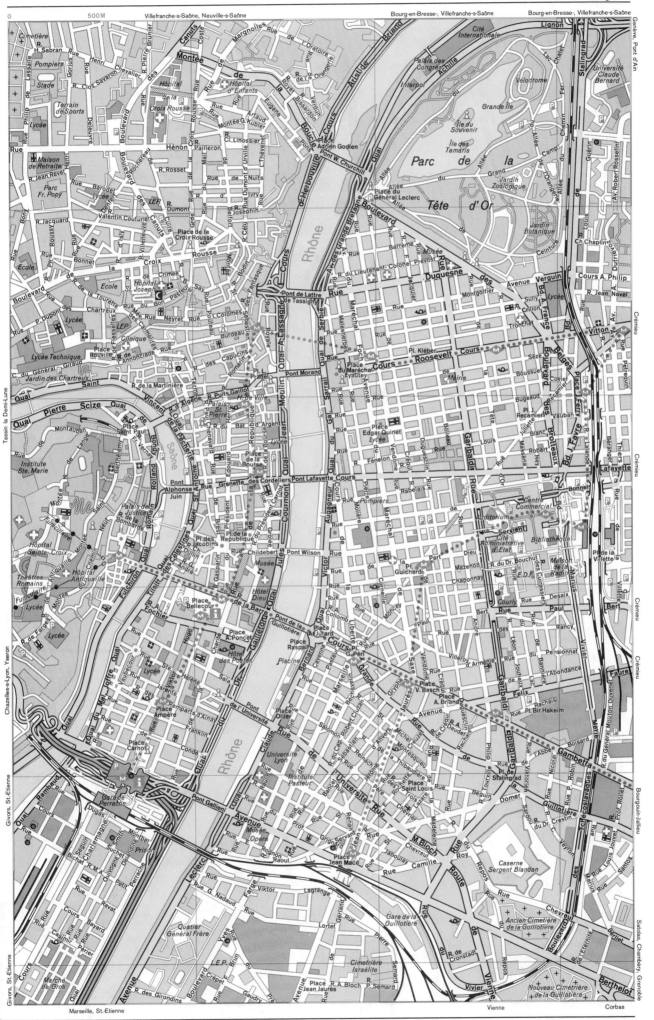

Lyon

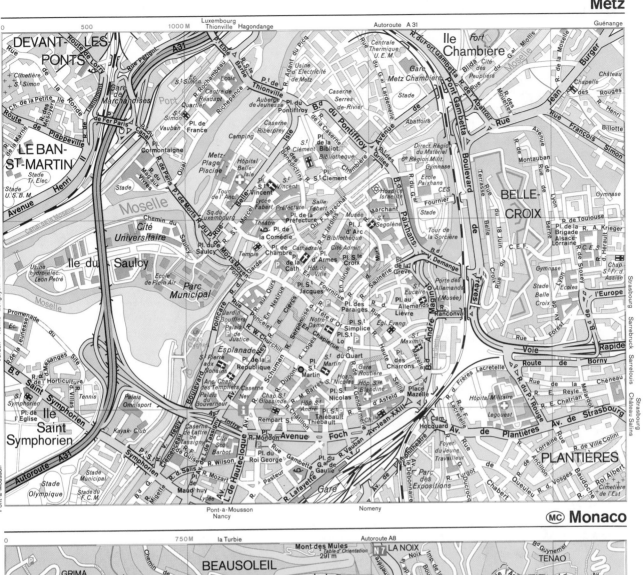

Monaco

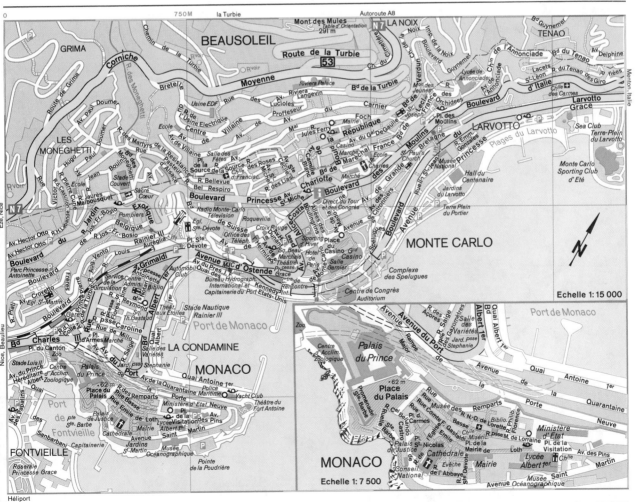

Echelle 1: 15 000

Echelle 1: 7 500

Nancy

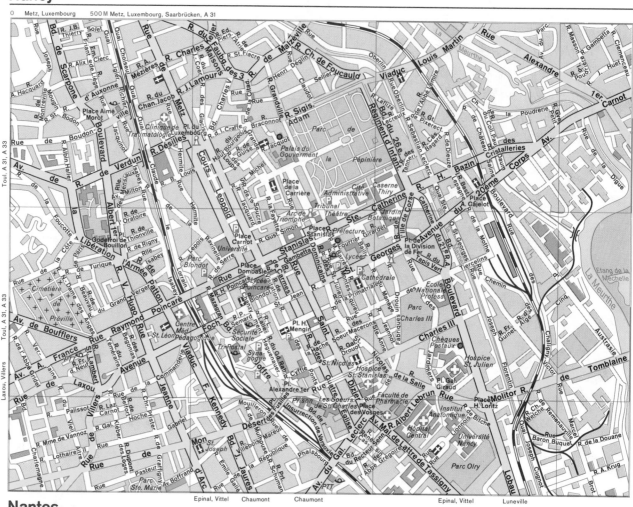

Nantes

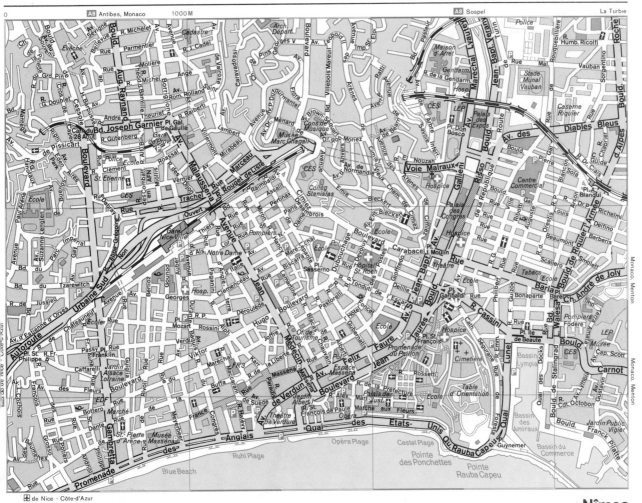

✛ de Nice - Côte-d'Azur

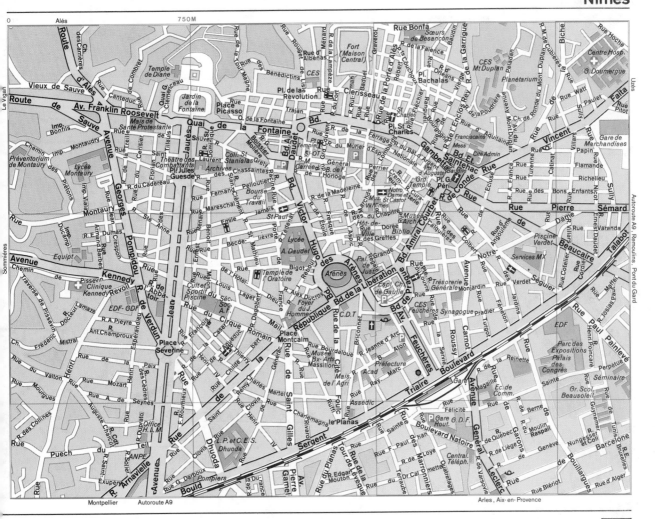

Orléans

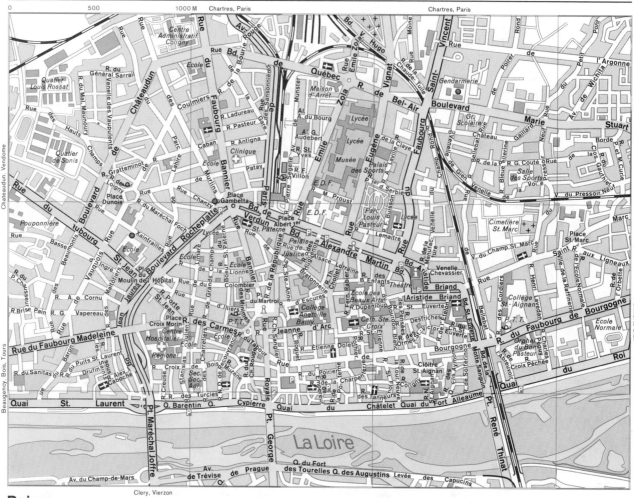

Reims

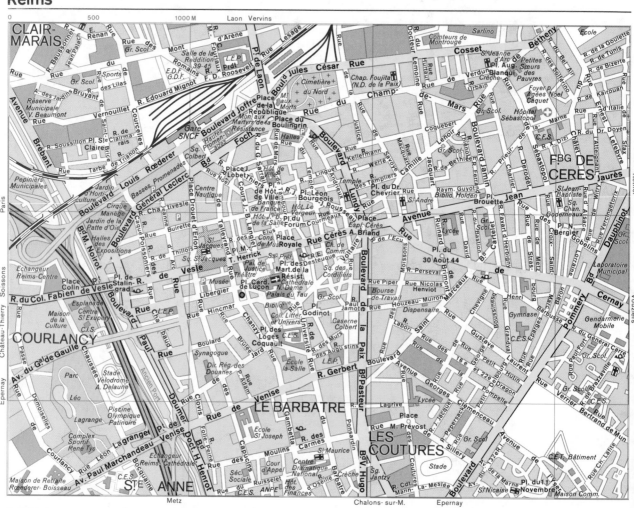

Rennes

Rouen

Strasbourg

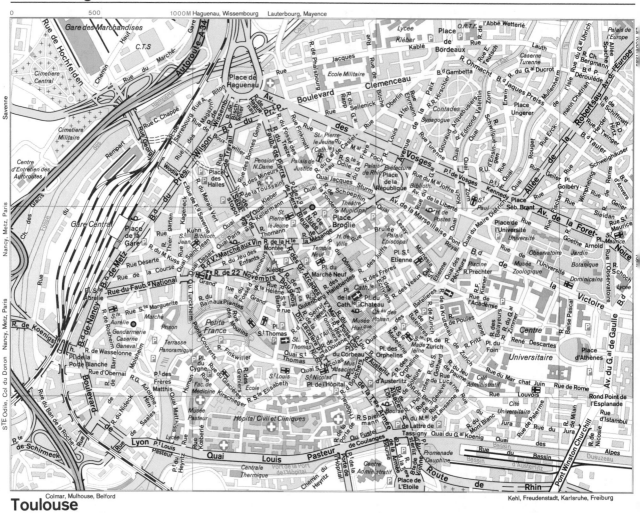

Toulouse

Europa · Europe
1 : 4.500.000

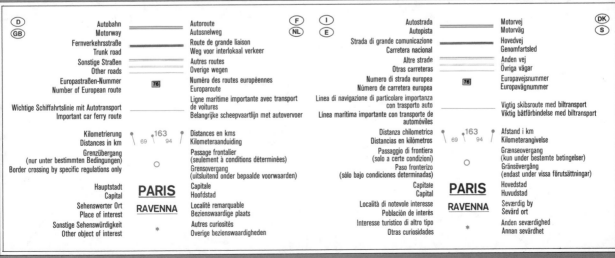

	Autobahn		Autoroute			F I		Autostrada		Motorvej	DK
GB	Motorway		Autosnelweg			NL E		Autopista		Motorväg	S
	Fernverkehrsstraße		Route de grande liaison					Strada di grande comunicazione		Hovedvej	
	Trunk road		Weg voor interlokaal verkeer					Carretera nacional		Genomfartsled	
	Sonstige Straßen		Autres routes					Altre strade		Anden vej	
	Other roads		Overige wegen					Otras carreteras		Övriga vägar	
	Europastraßen-Nummer	76	Numéro des routes européennes					Numero di strada europea	76	Europavejsnummer	
	Number of European route		Europaroute					Número de carretera europea		Europavägnummer	
	Wichtige Schiffahrtslinie mit Autotransport		Ligne maritime importante avec transport de voitures					Linea di navigazione di particolare importanza con trasporto auto		Vigtig skibsroute med biltransport	
	Important car ferry route		Belangrijke scheepvaartlijn met autovervoer					Linea marítima importante con transporte de automóviles		Viktig båtförbindelse med biltransport	
	Kilometrierung	163	Distances en kms					Distanza chilometrica	163	Afstand i km	
	Distances in km	69 94	Kilometeraanduiding					Distancias en kilómetros	69 94	Kilometerangivelse	
	Grenzübergang		Passage frontalier					Passaggio di frontiera		Grænseovergang	
	(nur unter bestimmten Bedingungen)		(seulement à conditions déterminées)					(solo a certe condizioni)		(kun under bestemte betingelser)	
	Border crossing by specific regulations only	○	Grensovergang (uitsluitend onder bepaalde voorwaarden)					Paso fronterizo (sólo bajo condiciones determinadas)	○	Gränsövergång (endast under vissa förutsättningar)	
	Hauptstadt	**PARIS**	Capitale					Capitale	**PARIS**	Hovedstad	
	Capital		Hoofdstad					Capital		Huvudstad	
	Sehenswerter Ort	RAVENNA	Localité remarquable					Località di notevole interesse	RAVENNA	Seværdig by	
	Place of interest		Bezienswaardige plaats					Población de interés		Sevärd ort	
	Sonstige Sehenswürdigkeit	*	Autres curiosités					Interesse turistico di altro tipo	*	Anden seværdighed	
	Other object of interest		Overige bezienswaardigheden					Otras curiosidades		Annan sevärdhet	

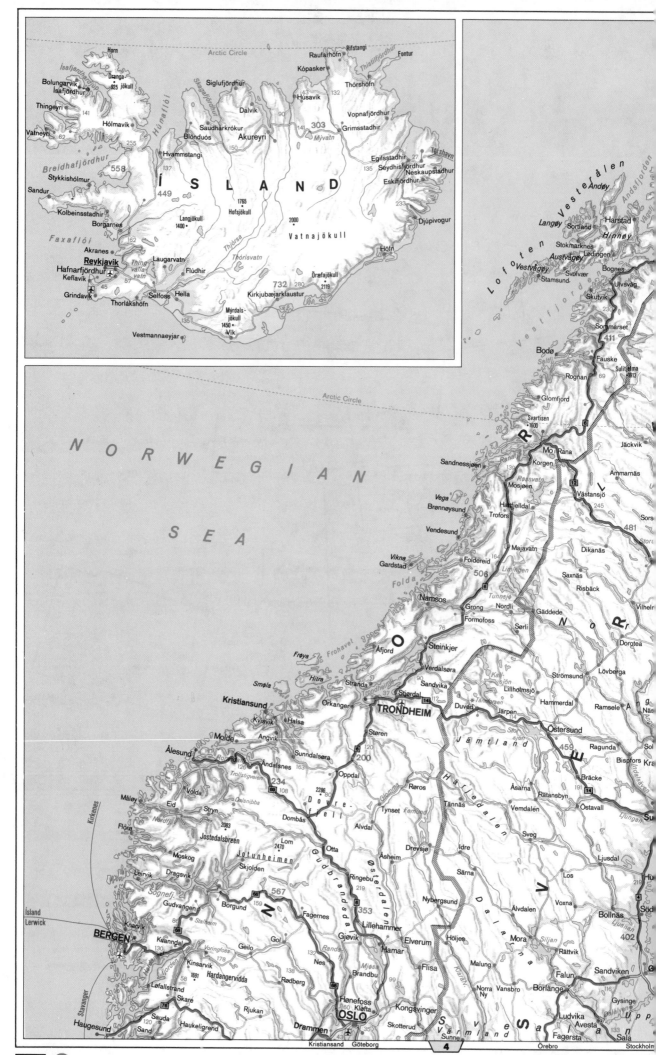

ÍSLAND

Arctic Circle

Horn
Dranga-
925 jökull
Bolungarvík
Ísafjördhur
Thingeyri
141
Hólmavík
Vatneyri 62
255
Breidhafjördhur 137
558
Stykkishólmur
Sandur
Kolbeinsstadhir
Borgarnes
Faxaflói 62
Akranes
Reykjavík
Hafnarfjördhur
Keflavík 45
Grindavík
Thorlákshöfn

Ísafjardardjup
Húnaflói
Skagafjördhur
Siglufjördhur
Raufarhöfn
Rifstangi
Fontur
Kópasker
Thórshöfn
Thistilfjördhur
Thórshöfn
Húsavík
43
132
Vopnafjördhur
Dalvík
90
Saudhárkrókur
141
303
Grimsstadhir
Blönduós
Akureyri
Myvatn
Egilsstadhir
135
27
Seydhisfjördhur
Hvammstangi
150
Neskaupstadhur
Eskifjördhur
Tórshavn

449
Langjökull
1400
1765
Hofsjökull
233
2000
Vatnajökull
Djúpivogur
Laugarvatn
Thing-
valla-
vatn
Flúdhir
Höfn
Thjórsá
Thórisvatn
732 280
Öræfajökull
2119
Hella
Selfoss
Kirkjubæjarklaustur
Myrdals-
jökull
1450
Vík
135
Vestmannaeyjar

Arctic Circle

NORWEGIAN

SEA

Ísland
Lerwick

Lofoten
Vesterålen
Andøy
Langøy
Sortland
Harstad
Hinnøy
Stokmarknes
Lødingen
Vestvågøy
Austvågøy
Stamsund
Svolvær
Bognes
Ulvsvåg
Skutvik
Sommarset
411
Bodø
Saltf
Fauske
Sulitjelma
1913
Rognan
69
Glomfjord
R
Svartisen
1600
6
Jäckvik
Mo i Rana
Sandnessjøen
Korgen
Ammarnäs
Røssvatn
12
Mosjøen
Västansjö
245
Vega
Hattfjelldal
Brønnøysund
Trofors
Sors
481
Vendesund
Majavatn
Dikanäs
Storu
Vikna
Foldereid 164
Saxnäs
506
Gardstad
Liminjen
Risbäck
Folda
Tunnsjø
N
Namsos
O
Grong
Nordli
Gäddede
Vilhelr
Formofoss
Sørli
Dorotea
R
76
Åfjord
O
Steinkjer
Strömsund
Lövberga
Frøya
Frohavet
Verdalsøra
Hitra
90
Sandvika
Lillholmsjö
Hammerdal
Smøla
Stranda
37
Stjørdal
Duved
Järpen
Ramsele
Näs
Kristiansund
Orkanger
14
TRONDHEIM
114
Kvisvik
Halsa
Östersund
Molde
Angvik
Støren
Jämtland
459
E
Ragunda
Sol
Ålesund
Sunndalsøra
120
Bispfors
Kra
Åndalsnes 163
6
200
Åsarna
Bräcke
234
Oppdal
2286
Rätansbyn
191
14
Volda
108
Dovre-
Røros
Tännäs
Vemdalen
Östavall
Måløy
Eid
Dalsnibba
fjell
Tynset Femund
Ljung
Stryn
Dombås
Alvdal
Sveg
2083
Lom
Dreysjö
Idre
Ljusdal
Jostedalsbreen
2470
Otta
Åsheim
Särna
Los
Moskog
Jotunheimen
Ringebu
Østerdalen
Skjolden
219
Nybergsund
Älvdalen
Voxna
Bollnäs
567
353
Söd
Gudvangen 159
Fagernes
402
Sognefj.
Borgund
N
Lillehammer
Dragsvik
Leirvik
Stalheim
Gjøvik
Elverum
Mora
Siljan
Flóra
86
Gol
Hamar
Malung
Rättvik
BERGEN
Kvanndal
Geilo
Nes
132
Flisa
Sandviken
Voringfoss
Rand
Brandbu
Kinsarvik 178
99
Falun
Hardangervidda
Rødberg
Norra Vansbro
116
58 1691
138
Ny
Borlänge
Løfallstrand
66
Hønefoss
Gysinge
Skare
160
Klofta
Kongsvinger
Ludvika
Upp
Sauda
Rjukan
OSLO
Avesta
Sand
Haukeligrend
Drammen
35
Skotterud
Fagersta
Sala
Haugesund
Kristiansand Göteborg
4
Örebro
Stockholm

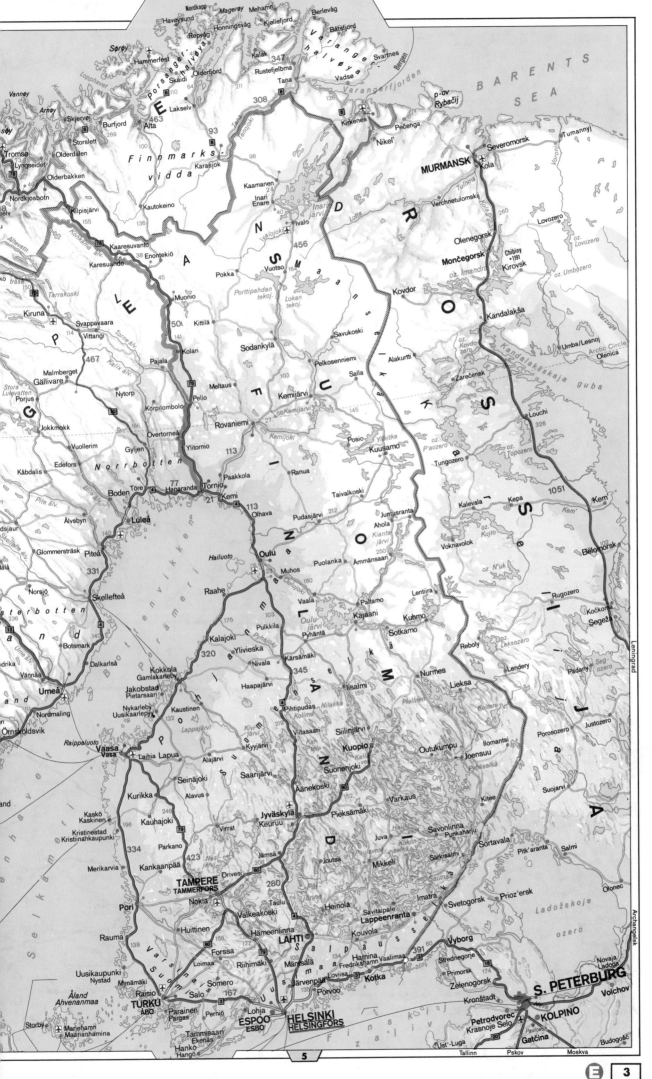

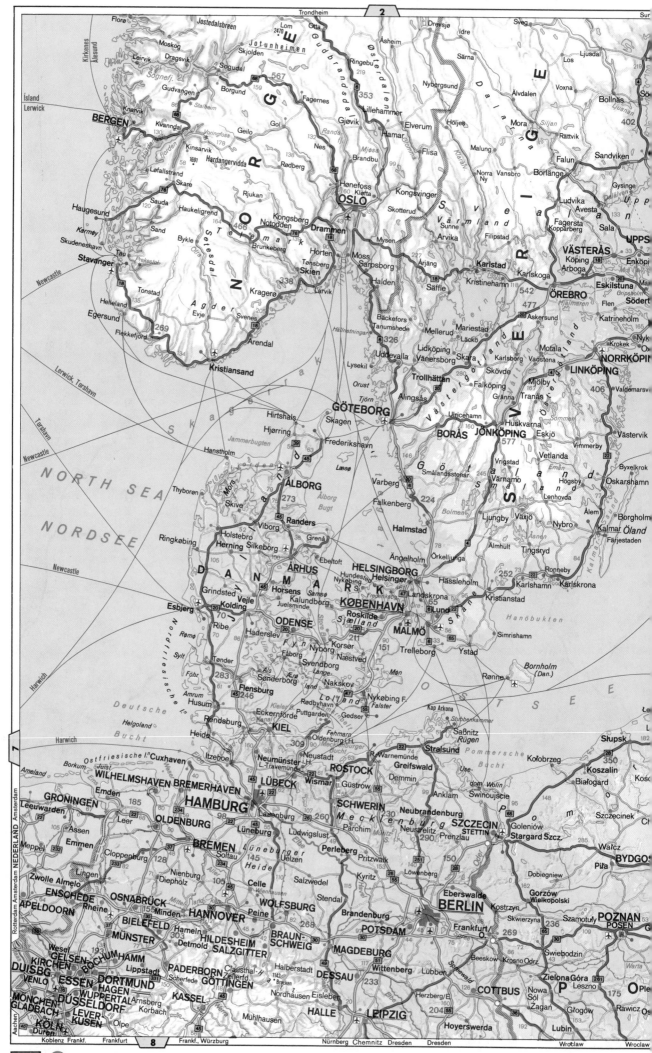

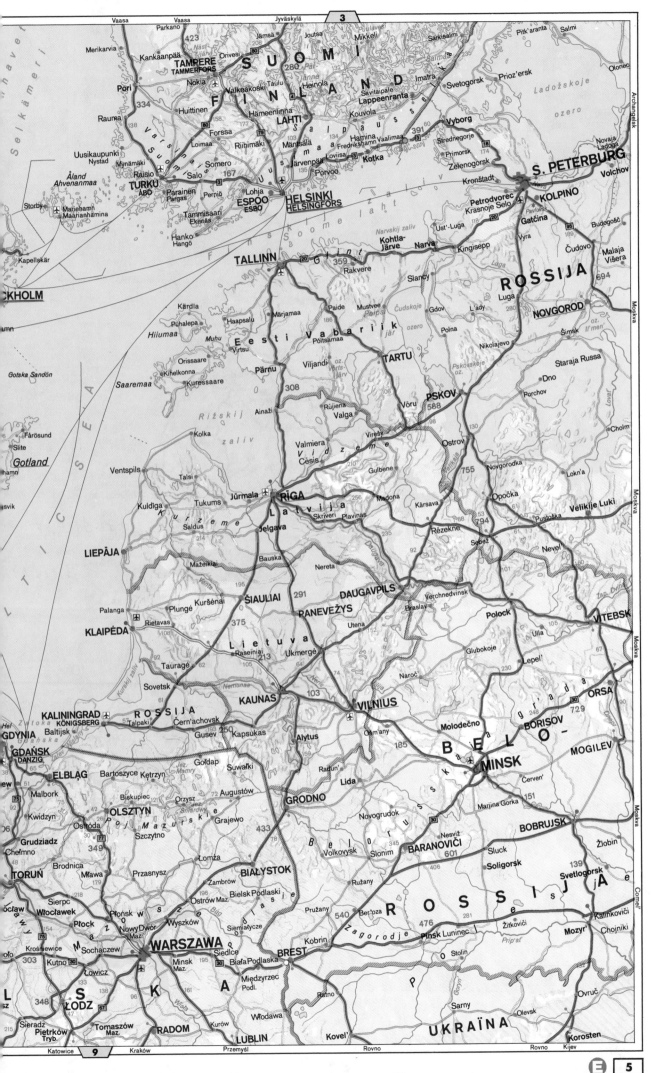

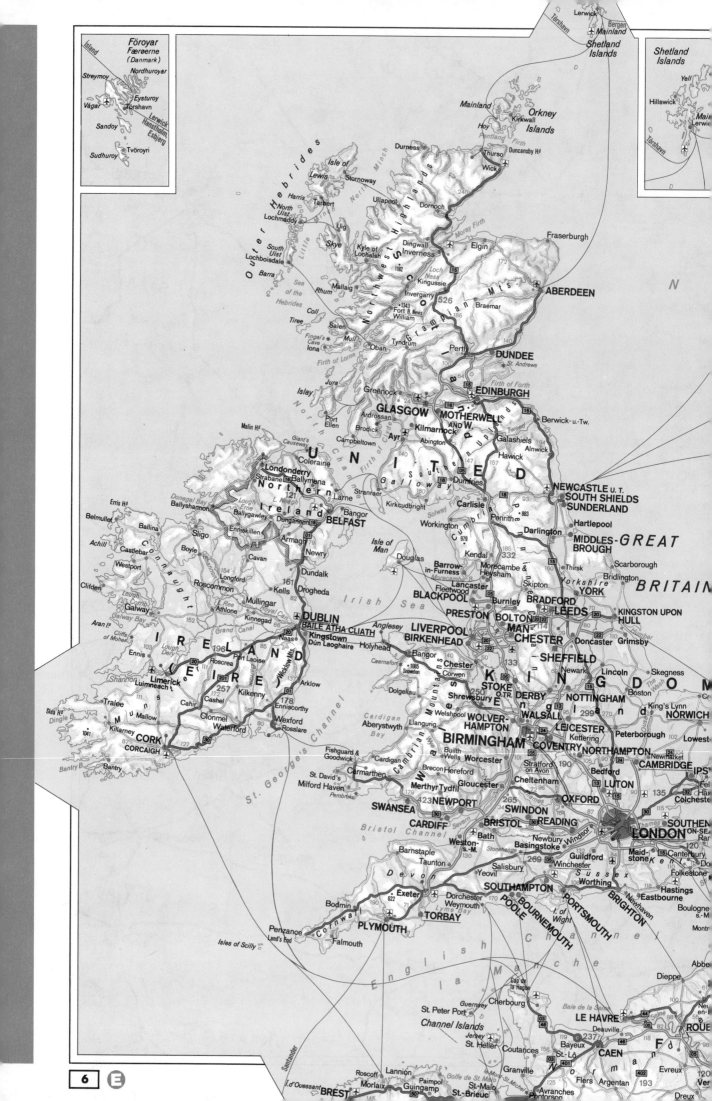

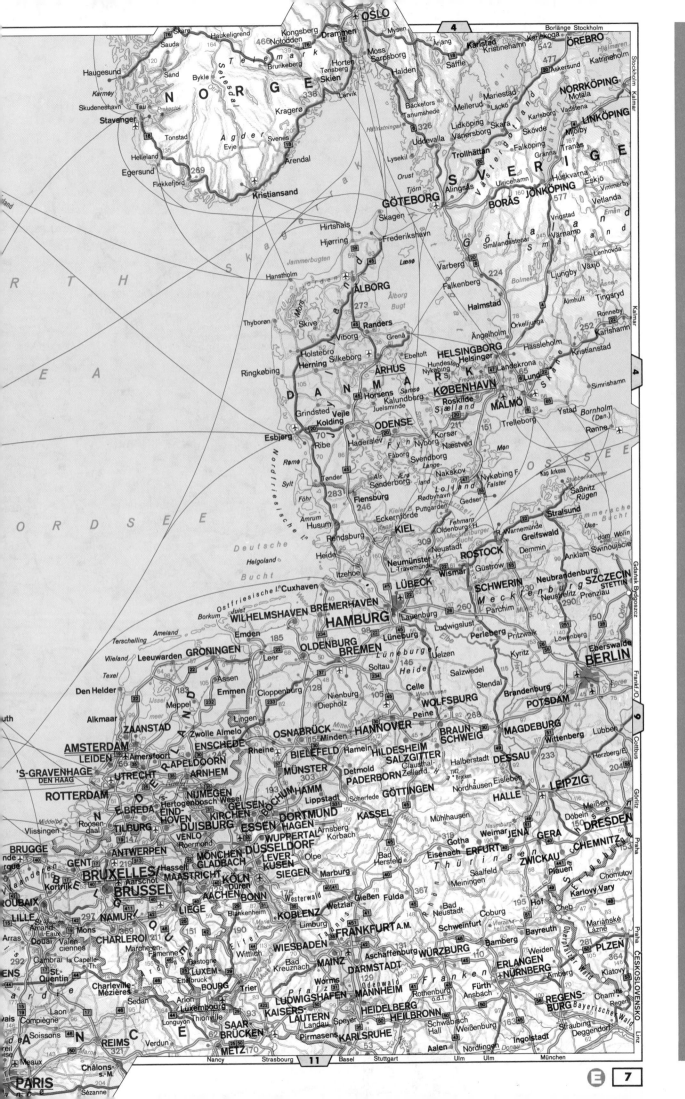

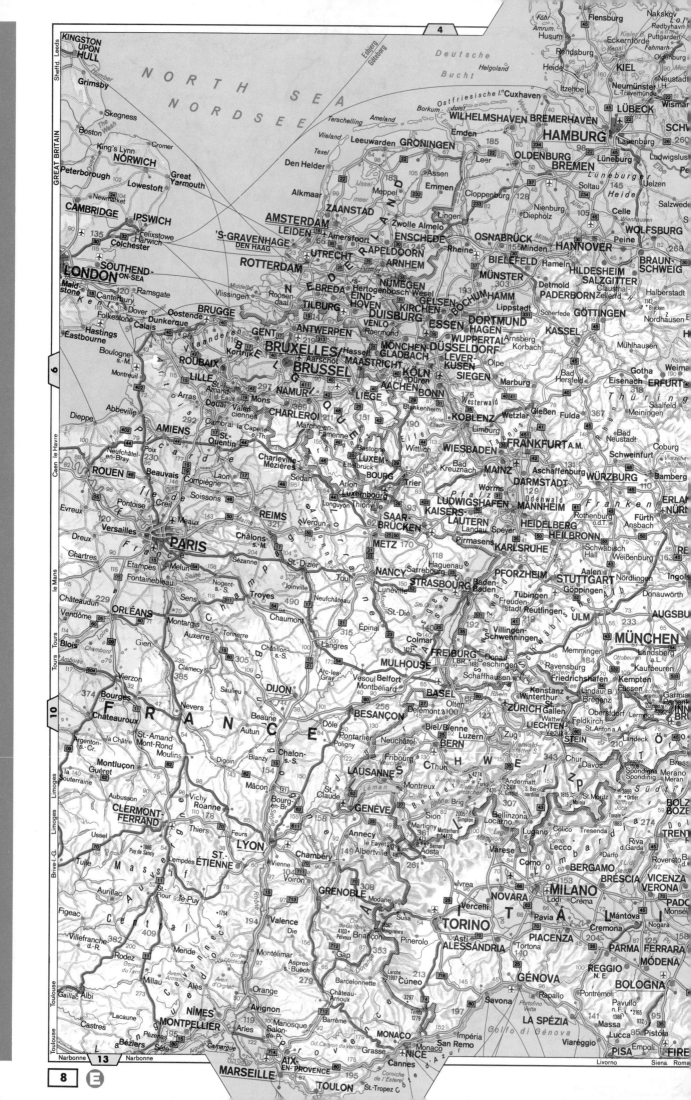

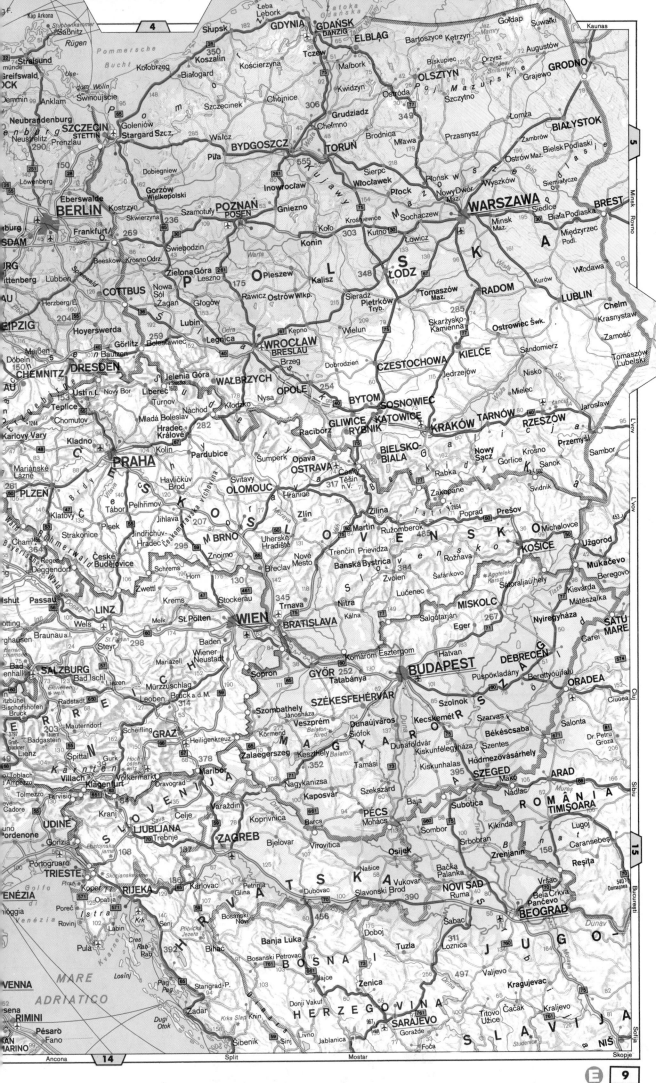

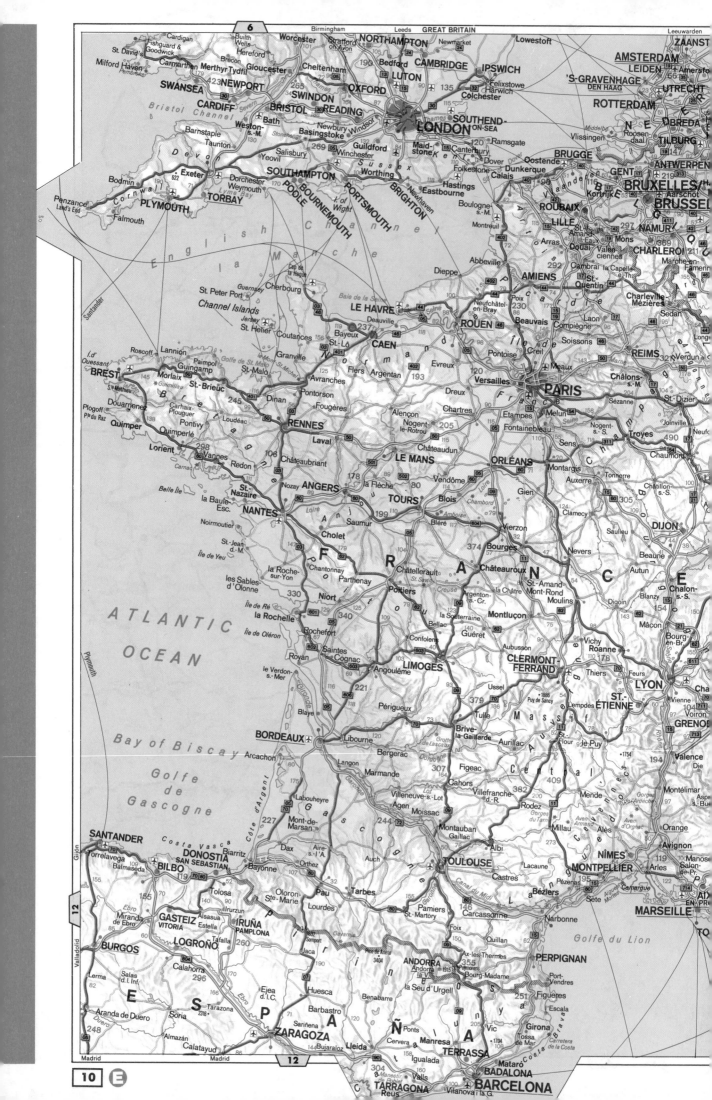

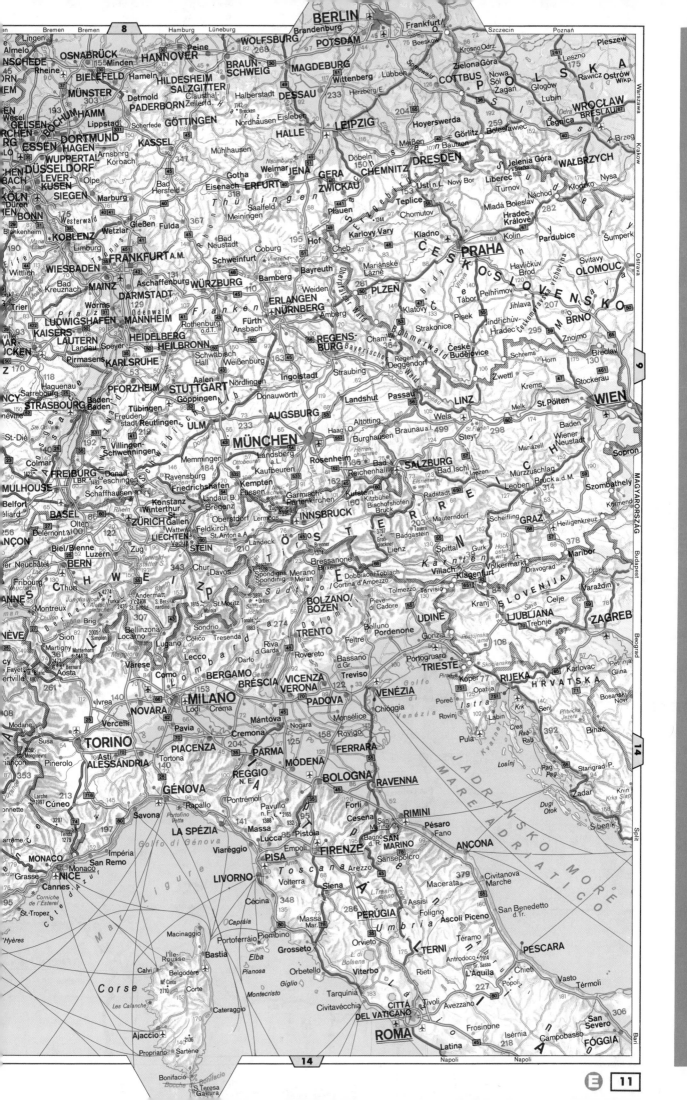

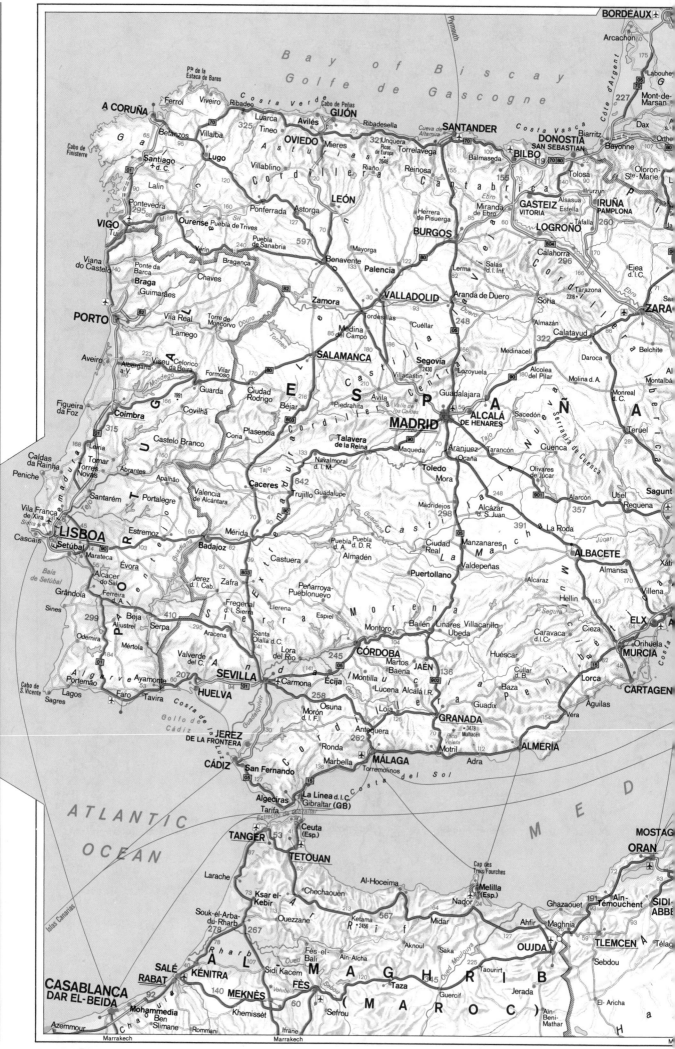

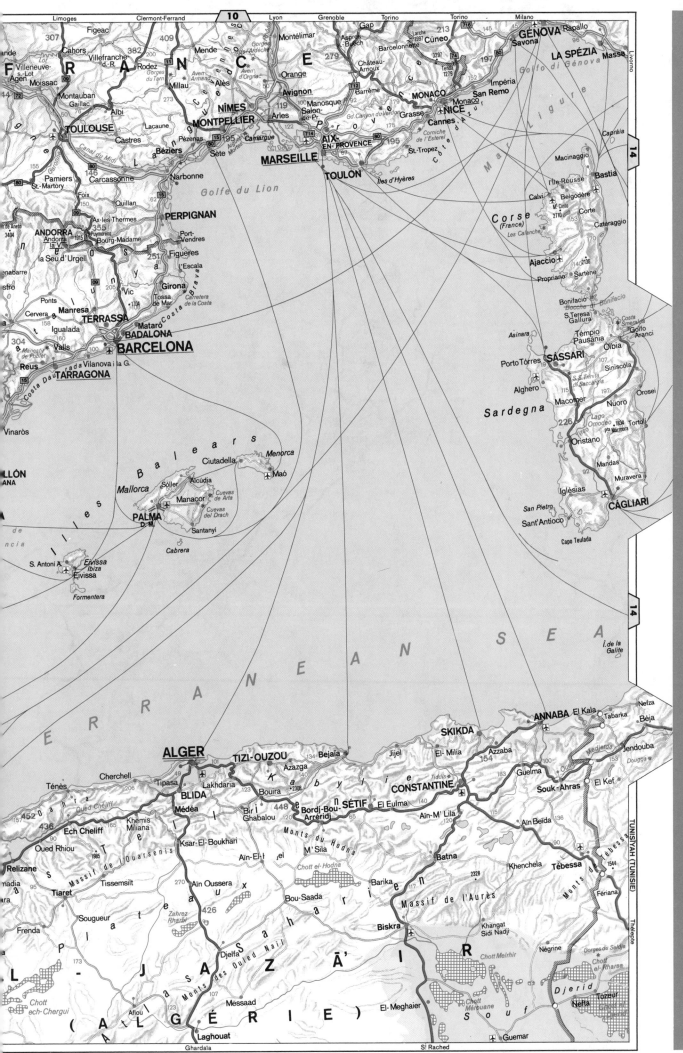

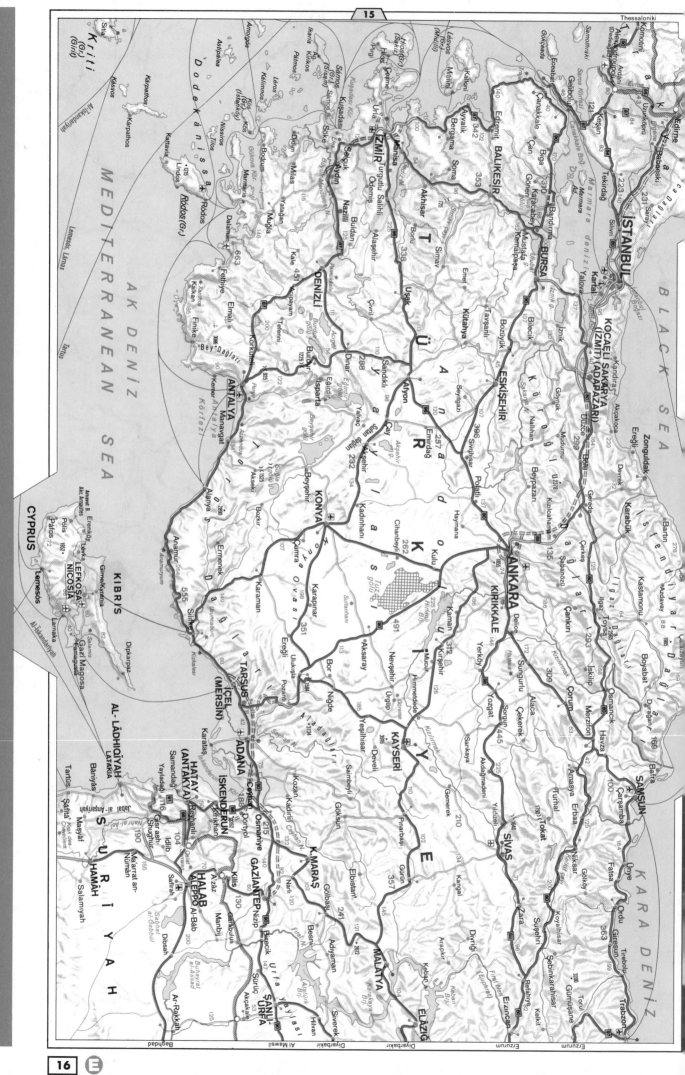